D0544858

# QUÉBEC :
## ÉTAT ET SOCIÉTÉ

# Du même auteur

Stephen Brooks et Alain-G. Gagnon, *Les Spécialistes des sciences sociales et la politique au Canada*, Montréal, Boréal Express, 1994.

Stephen Brooks et Alain-G. Gagnon, dirs, *The Political Influence of Ideas*, New York, Praeger, 1994.

James Bickerton et Alain-G. Gagnon, dirs, *Canadian Politics*, 2e édition, Peterborough, Broadview Press, 1994.

Michael Burgess et Alain-G. Gagnon, dirs, *Comparative Federalism and Federation : Competing Traditions and Future Directions*, London et Toronto, Harvester and Wheatsheaf et University of Toronto Press, 1993.

Alain-G. Gagnon et Brian Tanguay, dirs, *La juste démocratie : mélanges à la mémoire de Khayyam Zev Paltiel/Democracy With Justice : Essays in Honours of Khayyam Zev Paltiel*, Ottawa, Carleton University Press, 1992.

Alain-G. Gagnon et François Rocher, dirs, *Répliques aux détracteurs de la souveraineté du Québec,* Montréal, VLB, 1992.

Alain-G. Gagnon et Mary Beth Montcalm, *Québec : Au-delà de la Révolution tranquille,* Montréal, VLB, 1992.

Munroe Eagles, James Bickerton, Alain-G. Gagnon et Patrick Smith, *The Almanac of Canadian Politics : Federal Constituencies and the 1988 General Election*, Peterborough, Broadview Press, 1991.

Alain-G. Gagnon et Daniel Latouche, *Allaire, Bélanger, Campeau et les autres*, Montréal, Québec/Amérique, 1991.

Alain-G. Gagnon et Brian Tanguay, dirs, *Canadian Parties in Transition : Discourse, Organization, Representation*, 1re édition, Toronto, Nelson Canada, 1989.

Stephen Brooks et Alain-G. Gagnon, *Social Scientists and Politics in Canada : Between Clerisy and Vanguard*, Montréal et Kingston, McGill-Queen's University Press, 1988.

Alain-G. Gagnon, dir., *Intellectuals in Liberal Democracies*, New York, Praeger, 1987.

Alain-G. Gagnon, *Le développement régional, l'État et les groupes populaires*, Hull, Asticou, 1985.

# QUÉBEC :
## ÉTAT ET SOCIÉTÉ

Alain-G. Gagnon

**ÉDITIONS QUÉBEC/AMÉRIQUE**

425, RUE SAINT-JEAN-BAPTISTE, MONTRÉAL (QUÉBEC) H2Y 2Z7 (514) 393-1450

**Données de catalogage avant publication (Canada)**

Vedette principale au titre :
Québec : État et Société
(Dossiers Documents)
Traduction de la 2ᵉ éd. de : Québec : State and Society.
Comprend des réf. bibliogr.
ISBN 2-89037-731-8
1. Québec (Province) – Politique et gouvernement – 1960-   . 2. Québec (Province) –
Conditions sociales – 1960-   . I. Gagnon, Alain-G. (Alain-Gustave), 1954-   . II. Collection:
Dossiers documents (Montréal, Québec).
FC2925.Q4214   1994                    971'.4'04                    C94-941480-8
F1053.2.Q4214   1994

*Les Éditions Québec/Amérique bénéficient du programme de subvention globale
du Conseil des Arts du Canada.*

Dépôt légal : 4ᵉ trimestre 1994
Bibliothèque nationale du Québec
Bibliothèque nationale du Canada

Mise en page : Andréa Joseph

*À ma mère, Éliane Normand, et à toutes celles qui donnent à ma région natale, le Bas-Saint-Laurent, sa vitalité et son originalité.*

# REMERCIEMENTS

Je tiens à remercier les auteurs pour leur précieuse collaboration tout au long de la préparation de l'édition française. Les personnes qui ont travaillé à la traduction de quelques chapitres méritent à leur tour notre reconnaissance. Je pense ici à Stéphane Éthier (programme d'études sur le Québec de l'Université McGill), à Sarah Fortin et à Dimitrios Karmis (département de science politique, Université McGill) et à Michel Sarra-Bournet (département d'histoire, Université d'Ottawa). Je tiens en outre à remercier Jacques Chouinard, directeur des publications aux Presses de l'Université Laval, qui nous a autorisés à reproduire une analyse remarquable de Charles Taylor (Université McGill) sur le pluralisme et le dualisme. Je ne pouvais passer sous silence le travail d'Alain Desruisseaux et le dévouement de Lise Faubert, secrétaire administrative au programme d'études sur le Québec. Mes remerciements vont enfin à Louiselle Lévesque qui m'a épaulé sans compter depuis le début de ce projet.

# TABLE DES MATIÈRES

# NOTES SUR LES COLLABORATEURS

**Louis Balthazar**

Louis Balthazar est professeur titulaire au département de science politique de l'Université Laval. Il a publié plusieurs articles sur des sujets tels que la politique extérieure des États-Unis, les relations canado-américaines et le nationalisme. Il a publié de nombreux ouvrages, dont *Bilan du nationalisme au Québec* (1986), *Contemporary Québec and the United States* (1988), *Le Québec et la restructuration du Canada, 1980-1992 : enjeux et perspectives* (1991) et *Trente ans de politique extérieure du Québec, 1960-1990* (1993).

**Louis Bélanger**

Louis Bélanger est chargé de recherche au Centre québécois de relations internationales de l'Université Laval. Ses recherches portent sur la politique extérieure du Canada et du Québec ainsi que sur les théories de la politique étrangère et des relations internationales. Il a publié en 1993, avec Louis Balthazar et Gordon Mace, *Trente ans de politique extérieure du Québec, 1960-1990* (1993) et est auteur ou co-auteur de plusieurs chapitres et d'articles parus, entre autres, dans *Études internationales*, le *Journal of Interamerican Studies and World Affairs* et la *Revue québécoise de science politique*.

**Yves Bélanger**

Yves Bélanger est professeur au département de science politique de l'Université du Québec à Montréal. Il a publié plusieurs livres, dont *L'entreprise québécoise, développement historique et dynamique contemporaine* (1987), *L'ère des libéraux : le pouvoir fédéral de 1963 à 1984* (1988), *Le Québec militaire* (1989) et *Les défis économiques du désarmement, vers la reconversion des économies militaires* (1993).

**Luc Bernier**

Luc Bernier est professeur à l'École nationale d'administration publique. Il est le co-auteur de *L'administration publique* (1992) et de *The Quebec democracy : structures, processes and policies* (1993). Il est également auteur de *From Paris to Washington : Quebec facing foreign policy in a changing world* (à paraître).

## Jacques Bourgault

Jacques Bourgault est professeur au département de science politique de l'Université du Québec à Montréal. Ses travaux portent surtout sur les administrations publiques. Il a publié dans diverses revues, dont *Politiques et management public* et la *Revue québécoise de science politique*.

## Yolande Cohen

Yolande Cohen est professeure titulaire au département d'histoire de l'Université du Québec à Montréal. Elle a publié plusieurs études portant sur le rôle des femmes, des jeunes et des minorités en politique. Elle est la co-auteure de *Juifs marocains à Montréal : témoignages d'une immigration moderne* (1987) et est l'auteure de *Femmes de parole : l'histoire des cercles de fermières du Québec, 1915-1990* (1990). Elle a aussi dirigé *Femmes et contre pouvoirs* (1987). Elle est membre fondatrice de l'Institut de politique alternative de Montréal.

## Roch Denis

Roch Denis est professeur au département de science politique de l'Université du Québec à Montréal. Il est président de la Fédération québécoise des professeures et professeurs d'Universités. Il a publié notamment *Luttes de classes et question nationale au Québec* (1979), *Québec, 10 ans de crise constitutionnelle* (1990) et *Les syndicats face au pouvoir* (1992).

## Serge Denis

Serge Denis est professeur agrégé au département de science politique de l'Université d'Ottawa où il occupe les fonctions de doyen associé et de secrétaire de la Faculté des sciences sociales. Il a publié notamment *Un syndicalisme pur et simple : mouvements ouvriers et pouvoir politique aux États-Unis, 1919-1939* (1986), *Le long malentendu : le Québec vu par les intellectuels progressistes au Canada anglais, 1970-1991* (1992) et *Les syndicats face au pouvoir* (1992).

## Stéphane Dion

Stéphane Dion est professeur agrégé au département de science politique de l'Université de Montréal. Il a surtout publié des travaux sur les administrations publiques. Parmi ses publications, on remarque notamment la co-direction de l'ouvrage *The Budget Maximizing Bureaucrat : The Evidence* (1991). Il a publié dans divers ouvrages et revues, dont *Politiques et management public* et la *Revue québécoise de science politique*.

## Alain-G. Gagnon

Alain-G. Gagnon est professeur titulaire au département de science politique de l'Université McGill. Il est directeur du Programme d'études sur le Québec à la même université. Il a publié plusieurs articles sur le fédéralisme comparé, les spécialistes des sciences sociales et les partis politiques. Parmi ses plus récents ouvrages figurent notamment *Comparative federalism and federation* (1993), *Les spécialistes des sciences sociales au Canada et au Québec* (1993), *The political influence of ideas* (1994) et *Canadian politics* (1994).

### Guy Gosselin

Guy Gosselin est professeur agrégé au département de science politique de l'Université Laval. Spécialiste des relations internationales, il participe aux travaux du groupe de recherches sur la politique étrangère de l'Institut québécois des hautes études internationales (Université Laval). Ses publications récentes ont porté sur les relations internationales des provinces canadiennes, notamment dans *Trente ans de politique extérieure du Québec, 1960-1990* et dans le numéro spécial d'*Études internationales* de septembre 1994.

### Éric Gourdeau

Éric Gourdeau est consultant économique et ingénieur forestier. Il a fondé la Direction générale du Nouveau-Québec du ministère des Ressources naturelles et il a été sous-ministre d'État pour le développement économique au Conseil exécutif. Il a mis sur pied le Secrétariat des activités gouvernementales en milieu amérindien et inuit (SAGMAI), qu'il dirigea à titre de sous-ministre. Il est l'auteur de plusieurs études sur la question autochtone au Québec.

### James Iain Gow

James Iain Gow est professeur titulaire au département de science politique de l'Université de Montréal. Il travaille principalement sur l'administration publique. Il a publié notamment *Histoire de l'administration publique québécoise, 1867-1970* (1986) et *Un État réduit?* (1994). Il a également contribué à plusieurs revues scientifiques, dont la *Revue québécoise de science politique, L'administration publique du Canada* et la *Revue internationale des sciences administratives*.

### Jacques Henripin

Jacques Henripin est professeur titulaire à l'Université de Montréal, où il a fondé le département de démographie. Ses études portent sur la mortalité infantile, la fécondité, la démolinguistique, le vieillissement et les politiques de population. Il a publié plusieurs ouvrages, dont *Les enfants qu'on n'a plus au Québec* (1981), *Naître ou ne pas être* (1989) et *La population du Québec d'hier à demain* (1991).

### Dimitrios Karmis

Dimitrios Karmis est candidat au Ph.D. au département de science politique de l'Université McGill. Il se spécialise en histoire de la pensée politique, en philosophie politique et en politique comparée. Il s'intéresse plus particulièrement à la pensée démocratique, à la pensée libérale, à la comparaison des nationalismes et aux questions relatives à la citoyenneté et à l'identité dans les sociétés occidentales. Il a publié «Cultures autochtones et libéralisme au Canada» dans la *Revue canadienne de science politique* (mars 1993).

### Anne Legaré

Docteure en sociologie politique, Anne Legaré est professeure au département de science politique à l'Université du Québec à Montréal (UQAM) depuis 1975. Elle a été directrice d'études associée à l'École des Hautes Études en Sciences Sociales à Paris et maître de conférence à l'Université de Picardie. Ses cours et ses travaux actuels portent sur la démocratie. Elle a publié de nombreux ouvrages, dont *Le Québec : la question nationale* (1979), *La société distincte de l'État : Québec-Canada, 1930-1980* (1989) et *La Souveraineté est-elle dépassée ?* (1992).

### Vincent Lemieux

Vincent Lemieux est professeur titulaire au département de science politique de l'Université Laval. Ses recherches et ses enseignements portent principalement sur les partis et les politiques publiques ainsi que sur la théorie du pouvoir, des réseaux et des coalitions. Il a publié de nombreux ouvrages, dont les plus récents sont *La structuration du pouvoir dans les systèmes politiques* (1989), *Les relations de pouvoir dans les lois* (1991) et *Le Parti libéral du Québec* (1993).

### Kenneth McRoberts

Kenneth McRoberts est professeur titulaire au département de science politique de l'Université York. Il a été directeur du Robarts Centre for Canadian Studies de 1992 à 1994. Il est rédacteur en chef du *International Journal of Canadian Studies*. Il est l'auteur de nombreux ouvrages portant notamment sur la politique linguistique, la politique québécoise, le fédéralisme canadien et la question constitutionnelle. Il a publié notamment *Quebec : Social change and political crisis* (1988), *English-Canada and Quebec : avoiding the issue* (1991) et *The Charlottetown Accord, the referendum, and the future of Canada* (1993).

### Henry Milner

Henry Milner est professeur de science politique au Collège Vanier et professeur adjoint au département de science politique de l'Université Laval. Il est également rédacteur de la revue *Inroads*. Il a publié notamment *Politics in the new Quebec* (1978), *La réforme scolaire au Québec* (1984) et *Sweden : Social Democracy in Practive* (1989). Son plus récent ouvrage est *Social democracy and rational choice, the Scandinavian experience and beyond* (1994).

**Alain Noël**

Alain Noël est professeur adjoint au département de science politique de l'Université de Montréal. Spécialisé en économie politique et en politique comparée, il travaille principalement sur les politiques sociales et les politiques du marché du travail. Il a publié dans divers ouvrages et revues, dont *International Organization*, la *Revue canadienne de science politique*, *Analyse de politiques*, *Studies in Political Economy*, *Inroads*, les *Cahiers de recherche sociologique* et *Nouvelles pratiques sociales*.

**François Rocher**

François Rocher est professeur agrégé au département de science politique de l'Université Carleton. Il s'intéresse particulièrement aux dynamiques sociales et politiques inscrites dans le processus de continentalisation des économies canadienne et québécoise ainsi qu'au fédéralisme canadien. Il a dirigé *Bilan québécois du fédéralisme canadien* et co-dirigé *New Trends in Canadian Federalism*. Il compte de nombreuses publications dans des revues scientifiques et des ouvrages collectifs.

**Robert C.H. Sweeny**

Robert C.H. Sweeny est professeur agrégé au département de science politique de l'Université Memorial. Ses travaux portent surtout sur les mutations socio-économiques qui ont permis la révolution industrielle au Canada. Ses recherches les plus récentes s'intéressent au rôle de la petite bourgeoisie dans une perspective comparative Québec – Terre-Neuve. Il est l'auteur de plusieurs travaux, dont *Internal Dynamics and the International Cycle : questions of the transition in Montreal, 1821-1828* (1985).

**Charles Taylor**

Charles Taylor est professeur titulaire de philosophie à l'Université McGill. Ses recherches portent sur la pensée allemande, l'épistémologie et l'interprétation de l'identité moderne. Il est l'auteur de *Grandeur et misère de la modernité* (1992) *Rapprocher les solitudes* (1992), et *Multiculturalisme : politique et reconnaissance d'autrui* (1994).

**Jean-Philippe Thérien**

Jean-Philippe Thérien est professeur agrégé au département de science politique de l'Université de Montréal. Parallèlement à ses travaux sur les relations internationales du Québec, il s'intéresse aux enjeux du développement international. Il est l'auteur de *Une voix pour le Sud : le discours de la CNUCED* (1990). Ses articles ont notamment été publiés dans *Études internationales*, *International Journal*, *Journal of Inter-American Studies and World Affairs*, *Politique africaine*, *Revue canadienne de science politique* et *Revue internationale de sciences sociales*.

**James Tully**

James Tully est professeur titulaire au département de philosophie de l'Université McGill. Il est l'auteur de nombreux ouvrages, dont, parmi les plus récents, *An approach to political philosophy : Locke in contexts* (1993) et *Strange multiplicity : constitutionalism in an age of diversity* (à paraître en 1995). Il a dirigé *Philosophy in an age of pluralism : the philosophy of Charles Taylor in question* (1994). Il a aussi publié plusieurs articles sur la souveraineté autochtone.

# INTRODUCTION

Face à ce que je percevais comme une incompréhension chez les chercheurs anglophones de la réalité québécoise, j'ai réuni en 1983 un groupe de politicologues et de sociologues de grand calibre. L'année suivante, nous publiions la première édition de *Québec : State and Society*. Dix ans plus tard, soit en 1993, nous récidivions avec une deuxième édition enrichie grâce à la contribution de nouveaux auteurs. Le livre a été très bien reçu par les étudiants, les chercheurs et le public en général. L'idée de préparer une version française m'est venue à l'automne 1989 alors que je me joignais au corps professoral de l'Université McGill. J'y pris l'engagement de mieux faire connaître le Québec à la communauté anglophone et francophone.

La première édition française de *Québec : État et société* comprend plusieurs chapitres de l'édition anglaise qui furent depuis remis à jour. Compte tenu des préoccupations différentes des publics québécois et canadien, il a fallu repenser certaines composantes du livre et demander à de nouveaux auteurs d'y apporter leur concours. C'est ainsi, par exemple, que Kenneth McRoberts a été invité à prépaper un chapitre sur les perceptions que les Canadiens anglais ont de la réalité québécoise, que James Tully a traité des rapports entre le libéralisme, le fédéralisme et les chartes des droits canadienne et québécoise et que Yolande Cohen a proposé une interprétation novatrice de la citoyenneté québécoise en abordant sans détour les mouvements de femmes au Québec.

Au moment où les Québécois sont appelés à prendre des décisions fondamentales sur le lien qui les unit à la fédération canadienne, la pertinence de ce livre ne fait aucun doute. Dans la première partie de l'ouvrage, il m'est apparu essentiel de faire connaître les contributions de Louis Balthazar, d'Anne Legaré, de Kenneth McRoberts, de Charles Taylor, de James Tully et d'Alain Gagnon sur la dynamique constitutionnelle canadienne.

Dans la deuxième partie du livre, les auteurs mettent systématiquement l'accent sur la dynamique État-société au Québec depuis 1960. C'est ainsi que Roch Denis et Serge Denis présentent un tableau complet de l'action politique des syndicats, que Yolande Cohen aborde la place des femmes comme actrices politiques, que Vincent Lemieux présente une analyse pointue des partis et des élections, que Jacques Bourgault, Stéphane Dion et Iain Gow passent en revue l'évolution des organismes centraux, que Luc Bernier traite de l'importance des sociétés d'État et que Jean-Philippe Thérien, Louis Bélanger et Guy Gosselin abordent la politique extérieure québécoise depuis le début de la révolution tranquille.

19

Dans la troisième section de l'ouvrage, trois grands chantiers sont proposés : la démographie, l'«ethnicité» et la langue. Tout d'abord, Jacques Henripin analyse en profondeur les questions démographiques et politiques. Dimitrios Karmis propose aux lecteurs différentes façons d'aborder la question de l'identité et pose les premiers jalons de l'identité québécoise. Les rapports entre autochtones et Québécois francophones sont analysés par Éric Gourdeau, qui voit l'évolution du dossier constitutionnel comme une occasion unique pour les Premières Nations de se libérer d'une tutelle qui leur a été imposée depuis trop longtemps. La question des relations entre anglophones et francophones au Québec est abordée à partir d'une démarche historique par Robert Sweeny. Puis, Henry Milner vient clore cette section en utilisant une démarche prescriptive pour répondre aux problèmes nombreux qui sont le lot depuis plusieurs années des milieux de l'éducation au Québec.

La dernière partie traite de l'économie québécoise sous plusieurs angles. Alain Noël se penche sur la question du chômage au Québec et indique jusqu'à quel point les conditions difficiles qui affectent cet espace économique sont inscrites dans l'histoire. Yves Bélanger remet en question certaines idées préconçues au sujet du «Québec inc.» et avance des hypothèses de travail fort pertinentes. François Rocher ferme la marche en situant la question économique québécoise sur une base beaucoup plus large, soit une perspective continentaliste.

À la fin de l'ouvrage, les lecteurs pourront consulter «La Charte québécoise des droits et libertés de la personne», un document trop peu connu même s'il représente un témoignage éloquent de l'apport des Québécois à la défense des droits individuels.

Contrairement aux autres travaux sur la politique québécoise, le collectif que nous proposons ici met à contribution des chercheurs d'universités anglophones et francophones, de même que des chercheurs québécois du Canada hors-Québec. Ce livre offre en outre une lecture composite et intégrée de la réalité québécoise et propose aux étudiants qui s'intéressent à ce domaine de recherche des interprétations complémentaires et des analyses exhaustives sur les grands sujets de l'heure. La démarche proposée est essentiellement pluridisciplinaire et s'inspire d'une approche pluraliste.

Au lendemain de l'élection québécoise du 12 septembre 1994, les textes que l'on retrouve dans ce livre présentent de façon éloquente les enjeux en présence et sont d'une actualité désarmante. Une des forces de cet ouvrage, à la veille de l'échéance référendaire, est de poser les balises qui permettront aux Québécois d'être informés sur les rivalités entre fédéralistes et nationalistes, sociaux-démocrates et néo-libéraux, centralisateurs et décentralisateurs, francophones et anglophones, et Québécois francophones et Canadiens anglais, pour ne nommer que celles-là.

En tant que directeur du Programme d'études sur le Québec de l'Université McGill, je souhaite que ce collectif devienne un incontournable de la politique québécoise.

Alain-G. Gagnon,
le 13 septembre 1994

# PARTIE 1

# Le nationalisme québécois et la réforme constitutionnelle

# CHAPITRE 1

## Les nombreux visages du nationalisme au Québec

### LOUIS BALTHAZAR

Pour le meilleur et pour le pire, le nationalisme n'a jamais cessé d'accompagner l'existence collective des francophones du Québec. Au moment même où on annonçait la disparition des mouvements d'affirmation ou de revendication fondés sur la conscience nationale, d'autres manifestations de nationalisme faisaient surface. Tout se passe comme s'il s'agissait d'un phénomène destiné à revenir en force dès lors qu'on cesse d'en tenir compte. Cela vaut pour l'ensemble du monde autant que pour le Québec. Ainsi, dès 1983, Anthony D. Smith (1983, p. XXXVI) prévoyait l'émergence de nombreux mouvements nationalistes au cours des années à venir. L'effondrement soudain des régimes communistes a conféré à cet énoncé une force et une pertinence particulière, bien au-delà de ce que quiconque pouvait entrevoir. Le nationalisme est donc plus vivant et plus contagieux que jamais au Québec et en divers points du globe. Nous aurions bien tort cependant d'embrasser d'un seul regard et d'assimiler les unes aux autres les diverses manifestations nationalistes.

Au Québec même, le nationalisme s'est montré sous des visages fort différents. Il est donc nécessaire, avant toute tentative d'évaluation du phénomène, d'établir la signification de concepts aussi vagues et généraux que *nation* et *nationalisme*, pour en venir à coiffer les diverses facettes de leurs applications. L'examen de quelques théories explicatives pourra aussi contribuer à l'intelligence du passage d'un nationalisme traditionnel canadien-français à un nationalisme québécois de type moderne, qui s'est manifesté de diverses façons. C'est la forme modérée qui a été la plus proche de faire l'objet d'un consensus dans la majorité de la population. Enfin, au cours des années 1980, ce nationalisme majoritaire a pris des allures nouvelles.

Définitions et théories, nationalisme canadien-français, émergence d'une identité québécoise, éléments du consensus modéré et nouveaux paramètres feront donc l'objet de ce chapitre[1].

## QU'EST-CE QUE LE NATIONALISME ?

On trouve dans la littérature d'innombrables définitions du nationalisme, très différentes les unes des autres, parfois même contradictoires. Pour la plupart, ces définitions sont négatives et renvoient à une doctrine perverse, à un comportement fanatique, à un dévouement total à la nation considérée comme un tout parfaitement englobant devant encourager la haine de tous ceux qui n'appartiennent pas à cet ensemble. De telles définitions ne peuvent guère être utiles à l'analyste canadien qui cherche à comprendre le comportement de personnes qui se laissent rarement aller à de tels excès. Qu'il s'agisse du nationalisme canadien, de celui des Québécois ou de celui des autochtones, il est plutôt rare qu'on puisse les caractériser par un sentiment d'appartenance intransigeant, haineux et incompatible avec l'ouverture à l'extérieur.

Personne ne saurait nier cependant que le nationalisme ait souvent produit d'horribles résultats, tout particulièrement lorsqu'il a été associé à des régimes fascistes, notamment dans la première moitié du XXᵉ siècle. La meilleure définition sera donc celle qui sera assez neutre pour ne pas anticiper les bons ou les mauvais effets du phénomène. Anthony D. Smith (1976, p. 1) nous offre une telle définition : «Un mouvement idéologique en vue de la conquête et du maintien de l'autonomie, de la cohésion et de l'individualité d'un groupe social considéré par ses membres comme une nation en fait ou en puissance[2]».

Le nationalisme apparaît donc, à Smith et à plusieurs autres, à la fois comme un mouvement et comme une idéologie. Smith (1983, p. 21) évoque une doctrine nationaliste selon laquelle les nations ne se réalisent que dans des États qui leur correspondent et la loyauté à l'État-nation doit primer toutes les autres. Voilà une idéologie à laquelle beaucoup de nationalistes québécois ne sont pas disposés à souscrire. Par ailleurs, le nationalisme peut fort bien être considéré comme une coquille vide susceptible de recevoir des contenus idéologiques divers. Libéralisme, fascisme, socialisme ont été tour à tour associés au nationalisme, comme l'a bien montré Léon Dion (1975) dans le cas du Québec.

Tout en acceptant les autres éléments de la définition de Smith, il semble donc préférable d'en retirer le mot «idéologique» et de considérer le nationalisme comme un mouvement qui ne relève, comme tel, d'aucune idéologie particulière mais bien plutôt d'une valorisation de l'appartenance nationale plus ou moins intense selon les cas.

Cela nous ramène au mot *nation*. Voilà un concept plus fluide encore que celui de nationalisme. Dans son acception contemporaine, qui ne remonte qu'à environ deux cents ans, la nation trouve son sens dans le «Contrat social» tel qu'il a été conçu par Jean-Jacques Rousseau et appliqué ensuite à l'État de la Révolution française. Le cri de «Vive la nation» lancé à Valmy par les soldats révolutionnaires devint presque instantanément un mythe fort puissant qui se propagea rapidement à travers l'Europe et, plus tard, à travers le monde.

La nation a été repensée par la suite, non plus comme une création artificielle mais comme un fait de nature enraciné dans l'histoire. Contrairement aux Français et aux Américains, qui envisageaient l'appartenance nationale comme résultat de la volonté libre, les intellectuels allemands ont défini la nation en fonction des origines ethniques et culturelles. Ernest Renan leur opposa la formule du «plébiscite de tous les jours». C'est là un idéal de citoyenneté et d'égalité qu'on peut encore aujourd'hui confronter aux manifestations ethnocentristes du nationalisme.

Le concept de *nation* demeure tellement arbitraire que bien des auteurs n'y ont vu autre chose qu'une conception purement subjective de la communauté (Seton-Watson, 1977, p. 5). On peut tout de même relever quelques facteurs qui permettent le plus souvent à des personnes de se constituer en nation : des habitudes de vie, des liens culturels qui perdurent depuis un certain temps dans la trame d'une histoire commune. Sans durcir indûment le concept, tout en lui conservant ses notes subjectives évidentes, il est donc possible de lui attribuer quelques éléments objectifs comme la culture commune, l'histoire commune, des aspirations partagées, un territoire donné et, le plus souvent, une organisation politique au moins embryonnaire.

On a souvent décrit la nation comme un produit imaginaire, une pure construction de l'esprit, une illusion entretenue dans la population par des élites en mal de pouvoir. Il est bien vrai que le sentiment national a toujours été, pour une bonne part, le produit d'un certain conditionnement social. Mais comme cela est également vrai pour tous les mouvements sociaux et politiques, pour à peu près tous les regroupements imaginables, on n'est guère plus instruit sur le sens du concept de *nation* quand on a établi son caractère artificiel. Car il se trouve peu de personnes aujourd'hui pour considérer la nation comme un donné naturel ou comme une essence éternelle! Par contre, on peut mettre en évidence les fondements sociologiques sur lesquels s'appuie le plus souvent la construction nationale. Quelques théories ont été élaborées dans ce sens et nous éclairent sur le passage d'une forme de nationalisme à une autre.

Pour Karl Deutsch (1966, 1979), le nationalisme doit s'entendre surtout comme un produit des communications modernes, plus particulièrement de ce qu'il dénomme mobilisation sociale, c'est-à-dire le passage d'une économie de subsistance et de l'isolement aux pratiques résultant de la technologie moderne et des progrès des moyens de communication (1979, p. 302). Tant que des populations demeurent non mobilisées, regroupées dans de petites localités, où les individus communiquent relativement peu entre eux et très peu avec l'extérieur, l'appartenance nationale ne peut être très significante. En revanche, au moment où un grand nombre de personnes est mobilisé par des communications intenses et fréquentes de type urbain (bien que cela ne se produise pas nécessairement dans les villes), les anciennes formes de solidarité comme la famille, l'organisation religieuse, le village ou la région perdent leur pertinence et leur force d'attraction. Ces personnes seront facilement happées par de nouvelles allégeances. C'est alors qu'une langue et une culture communes à de grands ensembles sociaux anonymes constituent des points de ralliement nouveaux. «Plus le besoin est grand de communiquer pour faire sa vie, plus grande est l'importance de la langue et plus grande sera la motivation de préférer sa propre langue.» (Deutsch, 1979, p. 303). Voilà qui correspond assez bien à la situation québécoise de l'après-guerre, comme on le verra plus bas. Une population récemment et rapidement mobilisée peut éprouver une sorte de choc quand elle se trouve subitement face à la domination des moyens de communication moderne par une minorité linguistique. Un tel choc peut se traduire en nationalisme.

Ernest Gellner souligne aussi l'importance d'une langue maternelle enseignée à l'école et largement utilisée par des élites dans la production du nationalisme. «On assiste à la mise en place d'une société anonyme et impersonnelle [...] dont la cohésion dépend surtout d'une culture commune [...], là où se trouvait une structure complexe de groupes locaux, pétris de culture populaire [...]» (1989, p. 88). Pour Gellner, le nationalisme est une construction mais il reflète le phénomène *réel* de la modernisation et de l'urbanisation : «Si la mobilité et la communication hors contexte deviennent l'essence de la vie sociale, la culture dans laquelle on a *appris* à communiquer devient le centre de l'identité.» (1989, p. 94).

Les nations sont donc aménagées, consolidées, construites, mais elles s'appuient habituellement sur des liens culturels bien établis et sur le besoin nouveau qu'éprouvent les populations de se regrouper pour se retrouver dans l'univers dense des communications modernes devenues nécessaires.

Ces théories peuvent bien rendre compte de la montée du nationalisme moderne dans les sociétés industrialisées. Mais elles ne nous renseignent guère sur les formes plus traditionnelles de nationalisme. Il nous faut, pour cela, porter le regard sur le nationalisme qui s'est développé au centre de l'Europe au XIXᵉ siècle. Hans Köhn a bien dépeint ce phénomène. Alors que la Révolution française avait lancé l'idée d'une nation égalitaire fondée sur les droits et libertés tels qu'ils avaient été conçus par la philosophie des lumières, les Allemands et autres Européens du centre et de l'est ont réagi en opposant un sentiment national enraciné dans les traditions culturelles et le *Volksgeist* comme moteurs d'énergie et de solidarité préexistant à l'organisation politique (Köhn, 1956, p. 4). L'État français avait créé la nation française. La nation germanique allait créer l'État allemand. Cette réaction traditionaliste face à la modernité correspond assez bien à ce qu'on a appelé nationalisme au Québec entre 1840 et 1960. Voyons ce qu'il en restait durant les années de l'après-guerre antérieures à la révolution tranquille.

## *LE NATIONALISME CANADIEN-FRANÇAIS*

Le nationalisme traditionnel était à la fois omniprésent et remis en question au Québec durant la période qui a suivi la Deuxième Guerre mondiale. Ce nationalisme alimentait l'idéologie dominante, mais il devenait de plus en plus anachronique et en contradiction avec la vie quotidienne de la plupart des Canadiens français du Québec. Conçu pour animer une société rurale et attachée à ses traditions, un tel nationalisme perdait inévitablement sa pertinence auprès d'une population urbanisée et livrée aux effets spectaculaires de l'industrialisation.

Il peut apparaître même plutôt paradoxal que l'idéologie traditionnelle puisse encore animer le nationalisme officiel des Canadiens français dans une province déjà fortement industrialisée et dont la majorité de la population habitait la ville au moins depuis 1921. Les élites bourgeoises et cléricales du Québec ont réussi, à l'encontre de l'évolution sociale, à perpétuer l'idéal traditionnel pendant une trentaine d'années. Cela est dû, en grande partie, au fait que la population francophone du Québec accédait très lentement à la prise de conscience des nouvelles conditions de vie, ayant été plutôt imperméable dans l'ensemble à l'esprit du libéralisme économique. Ainsi, à l'intérieur même des villes, les vieilles structures paroissiales conçues en fonction de la vie rurale ont pu encadrer pendant plusieurs années les populations canadiennes-françaises du Québec. L'industrialisation ambiante était subie bien qu'acceptée, toujours considérée comme étant naturellement du ressort des Anglais tandis que les Canadiens français étaient encouragés à se concentrer sur la survivance, c'est-à-dire la préservation de leurs traditions culturelles, lesquelles s'exprimaient surtout à travers la langue et la religion. Ces consignes n'étaient pas suivies par tous. Mais elles n'ont pas été sérieusement remises en question par une idéologie bien articulée avant la Deuxième Guerre mondiale.

On peut dégager cinq traits caractéristiques de ce nationalisme traditionnel. D'abord, il était beaucoup plus culturel que politique. Non pas qu'il ait été absent des tribunes politiques. Bien au contraire, les nationalistes canadiens-français se sont fait entendre au Parlement d'Ottawa aussi bien qu'à l'Assemblée nationale du Québec. On se souvient des combats livrés, entre autres, par Honoré Mercier et Henri Bourassa. Mais il est révélateur de noter que ce nationalisme a rarement atteint le niveau des réalisations politiques et qu'il n'a jamais produit une puissante organisation politique. Les tentatives du Parti national d'Henri Bourassa en 1911, de l'Action libérale nationale en 1935, du Bloc populaire en 1944 et 1945, sont demeurées plutôt improductives et sujettes à être récupérées par la politique partisane. Lionel Groulx, le plus prestigieux leader nationaliste des années 1930, était un prêtre qui n'a jamais osé faire le saut en politique. C'est Maurice Duplessis qui a habilement récolté les fruits du mouvement nationaliste de son époque. Quoi qu'on en dise, sa politique fut bien plus pragmatique que nationaliste.

Ensuite, le nationalisme canadien-français est demeuré dépourvu d'une véritable dimension économique. Il n'encourageait pas ses adeptes à s'engager dans des activités économiques en vue de la promotion des intérêts nationaux. Sans doute quelques voix ont crié dans le désert, comme Errol Bouchette et Édouard Montpetit. Alphonse Desjardins a lancé avec succès le mouvement coopératif, mais ce mouvement est longtemps demeuré confiné aux structures paroissiales sans imprimer d'effets majeurs sur l'économie québécoise dans son ensemble. Quelques nationalistes, au cours des années 1930, se sont préoccupés du secteur des ressources naturelles et ont fait campagne pour la nationalisation de la production hydro-électrique. Mais quels succès ont-ils obtenus ? Il faudra attendre 1944 pour voir apparaître Hydro-Québec, dont le territoire se limitait alors à quelques régions.

Bien davantage que l'économie, la religion occupait une place de choix dans le nationalisme de l'époque. L'identité canadienne-française était indissolublement liée au catholicisme. Encore ici, les dissidences n'ont pas fait défaut. On a toujours compté des libres penseurs au Canada français. Mais on ne peut les considérer que comme l'exception qui confirme la règle, tant on leur a fait la vie dure. Toujours le message nationaliste était affecté de sa référence obligée aux traditions catholiques les plus rigides. La langue française était considérée comme «gardienne de la foi». Encore au début des années 1960, certaines élites pouvaient affirmer que «le Canada français sera catholique ou ne sera pas[3]».

En outre, ce nationalisme traditionnel était essentiellement replié sur lui-même. Bien sûr, cette caractéristique, pas plus que les précédentes, n'était universelle. Le gouvernement du Québec s'est donné des représentants à Paris, à Londres, à Bruxelles et à New York, à des époques diverses. Certains premiers ministres ont voyagé hors du pays. D'autres, comme Gouin et Taschereau, se sont montrés très ouverts à l'endroit des chefs de grandes entreprises britanniques et américaines. Mais rarement les leaders nationalistes se sont-ils intéressés à la conjoncture internationale. Leur première préoccupation, c'était la protection des Canadiens français contre les influences extérieures : l'Amérique du Nord anglophone, l'immigration, l'Europe laïque. Seuls le Vatican, la France catholique et les entreprises missionnaires constituaient des fenêtres sur le monde dans cet édifice fermé.

En conséquence, la nation canadienne-française demeurait peu accueillante aux nouveaux venus. Mis à part les Irlandais catholiques et quelques autres ethnies de même foi, peu d'immigrants pouvaient s'intégrer au Canada français. La nation était conçue comme une entité ethnique. Son homogénéité raciale était souvent soulignée, bien que la population canadienne-française ait été fortement métissée par de nombreux mariages avec des Amérindiens.

Telle était l'image de la nation qu'entretenaient encore les élites québécoises entre 1945 et 1960. Mais cette image correspondait de moins en moins à la conscience populaire. Particulièrement auprès des jeunes, le discours nationaliste n'obtenait guère de succès au cours de ces années de l'après-guerre. Le gouvernement de Maurice Duplessis reprenait ce discours comme une sorte de rituel, mais il se gardait bien de le prendre au pied de la lettre. Car il ne correspondait plus aux besoins d'une société qui devenait de plus en plus complexe et dynamique.

Les cinq traits du nationalisme canadien-français ont été remis en question, critiqués, contredits au sein de la société québécoise au cours de ces années. Ainsi, à l'encontre de Duplessis qui se contentait de protéger les compétences constitutionnelles de la province, on s'est mis à promouvoir, dans certains milieux, une autonomie positive et signifiante. En 1953, les Chambres de commerce ont exercé assez de pression auprès du gouvernement du Québec pour que ce dernier prenne les devants en récupérant son pouvoir de taxation directe et mette sur pied une Commission d'enquête sur les problèmes constitutionnels. Le rapport de cette Commission, présidée par le juge Thomas Tremblay, fut déposé en 1956 et devint plus tard une sorte de bible de la révolution tranquille en matière constitutionnelle. Deux solutions étaient proposées dans ce document quant à l'avenir du Québec : décentralisation des pouvoirs ou statut particulier. Le destin du Canada français était désormais lié à celui du Québec. Cela annonçait la politisation du nationalisme.

De plus, comme en témoignait l'intérêt nouveau porté aux pouvoirs fiscaux, les questions financières et économiques faisaient surface durant cette ère de prospérité. Un certain matérialisme se manifestait à l'intérieur d'une société que le progrès économique rendait effervescente et peu attentive au message éthéré des élites traditionnelles.

Sur le front religieux, le questionnement se faisait plus discret. On dénonçait la collusion entre certaines autorités cléricales et le pouvoir politique. Mais l'omniprésence des leaders religieux était moins critiquée que l'usage de la religion pour des objectifs temporels. Le pluralisme religieux s'affirmait peu à peu à l'encontre du discours cléricaliste.

Les Canadiens français sortaient lentement de leur cocon. Quelques jeunes voyageaient en Europe, étudiaient en France. La télévision ouvrait une fenêtre sur le monde. Un reporter du nom de René Lévesque animait une émission fort populaire portant presque exclusivement sur les questions internationales. Les Canadiens français découvraient des occasions de franchir les frontières de leurs régions.

La conscience ethnique était ébranlée par les contacts plus fréquents avec les anglophones et les immigrants de la région de Montréal. Pour certains, cela se traduisait par l'assimilation. Pour d'autres, cela entraînait une aspiration nouvelle à l'affirmation nationale. Le mot «culture» remplaçait le mot «race» désormais banni après les révélations des horreurs du régime nazi.

À l'endroit du vieux nationalisme, toujours prêché par les élites officielles, la critique prenait deux formes différentes. L'une prônait le rejet total au nom du libéralisme ou de la social-démocratie : cet antinationalisme était bien représenté par la revue *Cité libre* et ses rédacteurs les mieux connus, Pierre Elliott Trudeau et Gérard Pelletier. Des institutions fédérales comme Radio-Canada, l'Office national du film et le Conseil des Arts leur paraissaient beaucoup plus prometteuses pour le développement de la culture francophone que les organisations québécoises archaïques toujours dominées par l'Église. L'autre forme de critique opposait à l'idéologie traditionnelle un nouveau nationalisme politique, économique, laïque, territorial et ouvert sur le monde. Des personnes comme André Laurendeau, Jean-Marc Léger, Michel Brunet incarnaient bien ce courant de pensée dans les pages de *L'Action nationale* et du journal *Le Devoir*. Les fédéralistes se manifestaient davantage à Radio-Canada et à la Faculté des sciences sociales de l'Université Laval.

La révolution tranquille devait être, au moins dans ses débuts, à compter de 1960, un amalgame de ces deux attitudes. Fédéralistes et nationalistes avaient appelé de leurs vœux et ont appuyé avec ferveur les réformes qui répondaient aux besoins criants de la société et de la politique québécoises. À mesure que se développera et prendra forme le nouveau nationalisme, les fédéralistes les plus attachés à la primauté des institutions canadiennes se démarqueront du mouvement québécois.

## LE DÉVELOPPEMENT DU NATIONALISME QUÉBÉCOIS

Le nouveau nationalisme des années 1960 peut être considéré, dans une certaine mesure, comme le prolongement du nationalisme canadien-français traditionnel. Autant, sinon davantage, que ce dernier, il était voué à la préservation d'une nation française en Amérique du Nord. Mais, à plus d'un titre, il s'engageait sur des voies radicalement différentes. Pour plusieurs de ses adeptes, ce nouveau nationalisme ne pouvait être embrassé sans qu'on ait auparavant répudié l'ancien.

Comment peut-on rendre compte des progrès rapides de ce mouvement chez des personnes qui étaient devenues tout à fait allergiques au message nationaliste des générations précédentes ? Les théories de Deutsch et de Gellner, dont il a été question plus haut, peuvent nous apporter quelques lumières.

Comme on l'a vu, les Canadiens français du Québec avaient été urbanisés, donc mobilisés dans un certain sens, depuis le début du siècle. Mais comme ils tardaient à en prendre conscience, ils étaient demeurés relativement isolés, s'insérant assez peu dans les systèmes modernes de communication. La crise économique des années 1930 avait aussi retardé l'inévitable cassure de ce monde fermé. Deux phénomènes l'ont déclenchée après la Deuxième Guerre mondiale : l'usage généralisé de l'automobile et l'avènement de la télévision. Au cours des années 1950, une majorité de Canadiens français ont accédé à l'univers des communications. Ils ont pris conscience, plus vivement que jamais, du fait que ces communications étaient contrôlées, au Québec même, par des anglophones. Le téléphone interurbain, le transport ferroviaire, l'aviation, l'hôtellerie des grandes villes, la restauration, les grands magasins de Montréal, le monde des affaires et de la finance étaient presque entièrement soumis à l'usage obligé de la langue anglaise. Tout cela dans la très française province de Québec.

Comme Deutsch l'a bien montré, l'aliénation d'une population mise face à la domination d'une langue qui ne lui est pas familière peut avoir deux effets opposés. Comme cela s'est produit, dans une certaine mesure, au Québec mais surtout dans les autres provinces canadiennes, on peut s'assimiler à la langue dominante. Mais l'assimilation se poursuit beaucoup plus lentement que la mobilisation sociale de telle sorte que, d'après les données recueillies par Deutsch au cours des années 1950, quatre personnes sur cinq sont mobilisées sans être assimilées. Ces personnes sont susceptibles de devenir des recrues d'un mouvement nationaliste (Deutsch, 1979, p. 305). C'est le second effet du choc langagier produit par la mobilisation sociale.

Au Canada, ces deux effets se sont manifestés fort différemment. Hors du Québec, vu la faible proportion des francophones à l'intérieur des aires de communication, l'assimilation s'est produite presque aussi rapidement que la mobilisation sociale. Ainsi, quand Saint-Boniface, au Manitoba, devient une banlieue de Winnipeg, les francophones se rallient à l'usage de l'anglais en grande majorité. En général, la loi qui semble s'imposer aux francophones à l'extérieur du Québec est la suivante : plus on est éloigné du réseau québécois, plus le taux d'assimilation est élevé.

Au Québec, par contre, en raison de la masse critique des francophones, le nationalisme l'a emporté largement sur l'assimilation. Au cours des années 1950, pour citer un exemple bien typique, des artistes francophones, en nombre croissant, se retrouvèrent à Radio-Canada, qui leur offrait des occasions d'expression aussi abondantes que nouvelles. Il fallait tout à coup produire une programmation quotidienne complète sans s'appuyer sur aucune source étrangère. Montréal devint un lieu exceptionnel de production culturelle francophone. Tous ces artistes enthousiastes et effervescents se retrouvaient dans des studios situés dans un quartier on ne peut plus anglophone du Montréal d'alors : l'ancien boulevard Dorchester, entre les rues Bishop et Mackay. Quel choc pour ces communicateurs par excellence, fervents utilisateurs de la langue française, que de faire face subitement à l'unilinguisme anglophone dans les restaurants et bars d'une ville officiellement bilingue. René Lévesque (le boulevard porte maintenant son nom) affirmait que son nationalisme datait de cette période, en particulier de la grève des réalisateurs de 1958, alors que les francophones de Radio-Canada se sont sentis isolés de leurs collègues anglophones de Toronto.

Il est paradoxal que la Société Radio-Canada, une institution fédérale conçue pour rapprocher tous les Canadiens, soit devenue peu à peu un milieu de propagation du nationalisme. Dès 1952, quand la télévision est apparue, on s'est vu forcé de créer deux réseaux et de faire face à la réalité : les francophones du Canada étaient fortement concentrés au Québec. Le réseau français de Radio-Canada devait donc prendre forme d'abord sur le territoire québécois. En attendant qu'on trouve les moyens d'étendre le réseau aux autres régions du pays où se trouvaient des francophones, le réseau français demeurait proprement québécois et jouait le rôle d'un agent de cohésion pour le Québec. Voilà que de Gaspé à Hull, de Jonquière à Sherbrooke, les Québécois se voyaient tous dans un même miroir et prenaient conscience de former une nation. Si une nation québécoise a pu être créée, construite, imaginée, cela s'est fait, pour une bonne part, à l'intérieur d'une institution contrôlée par le gouvernement fédéral ! Radio-Canada ne parvint même pas à rapprocher les Québécois de langue anglaise de la majorité francophone. Car les anglophones ont mis beaucoup de temps à profiter de l'occasion pour s'intégrer au Québec français, mieux connaître sa culture et sa langue. Encore aujourd'hui, il se trouve un plus grand nombre de francophones adeptes des médias anglophones que d'Anglo-Québécois intéressés aux médias de langue française.

Les Canadiens français du Québec ont donc éprouvé, plus ou moins explicitement, le besoin de créer et de promouvoir leur propre réseau de communication, c'est-à-dire leur propre nation sur le territoire québécois. Ils en vinrent à prendre conscience, comme l'exemple de Radio-Canada en témoigne de façon éloquente, que ce réseau de communication coïncidait, pratiquement, avec le territoire québécois. Si le Canada français devait produire un réseau moderne et dynamique, il ne pouvait guère le faire en dehors du Québec. C'est probablement ce que Jean Lesage reconnaissait quand il déclarait en 1964 : «Nous croyons que le Québec est l'expression politique du Canada français et qu'il joue le rôle de mère-patrie de tous ceux qui, au pays, parlent notre langue.» (Morin, 1973, p. 68-69) Jean-Jacques Bertrand tenait un discours semblable : «Sans le Québec, il y aurait des minorités françaises, mais il n'y aurait pas de Canada français.» (Morin, 1973, p. 69) Seul le Québec pouvait être le lieu d'une société globale francophone, moderne et bien organisée. Voilà comment est apparu un nationalisme proprement québécois.

Voilà aussi comment ont été établis les fondements d'un nouveau rôle assigné à l'État du Québec. Car il apparaissait alors indubitable que le protagoniste par excellence de la nouvelle nation devait être le gouvernement de la province de Québec. Comme les changements de la révolution tranquille prenaient forme sous la direction d'une fonction publique renouvelée et aguerrie, une nouvelle classe moyenne faisait surface et allait se donner des moyens pour légitimer son autorité. Quoi de mieux que ce nouveau sens de la communauté qui se manifestait chez les Québécois francophones? Il fallait favoriser et promouvoir cette nouvelle allégeance québécoise. On a donc conçu un rôle tout à fait particulier pour le gouvernement du Québec : celui de présider à l'épanouissement d'une culture unique et spécifique. Car ce gouvernement était le seul qui fût vraiment francophone sur le continent nord-américain. «Les Québécois n'ont qu'une seule institution puissante : leur gouvernement. Et maintenant, ils veulent se servir de cette institution pour construire l'ère nouvelle à laquelle ils ne pourraient pas aspirer autrement.» Ainsi parlait Lesage en 1963 (*Le Devoir*, 10 octobre 1963, p. 8). Les leaders politiques du Québec étaient donc bien engagés dans la construction nationale. Le nouveau nationalisme se développait autour de la notion d'un gouvernement provincial désormais ennobli par une nouvelle désignation : «L'État du Québec».

Ernest Gellner (1989, p. 16) note fort à propos que «le nationalisme [...] n'émerge que dans les milieux où l'on considère comme déjà acquise l'existence de l'État». On pourrait aller plus loin et affirmer que plus l'État est présent, puissant et interventionniste, plus le nationalisme s'avère intense. Cela peut signifier une utilisation du mouvement pour justifier ou rationaliser des interventions étatiques. Mais cela peut vouloir dire aussi que la conscience nationale se développe en réaction à l'intervention de l'État et à ses efforts constants pour favoriser l'homogénéité. Le nationalisme peut être étatique ou antiétatique ou les deux à la fois, comme celui du Québec.

Car la croissance de l'État québécois durant la révolution tranquille ne doit pas nous faire oublier le contexte plus large d'un État canadien en progression fulgurante surtout depuis 1945. Ottawa avait connu sa révolution tranquille au cours des années de l'après-guerre, bien que cela se soit produit d'une façon moins subite et moins spectaculaire que dans le Québec des années 1960. Toute une classe de fonctionnaires, d'intellectuels et de politiciens s'était engagée, depuis un certain temps, dans la construction d'une véritable nation canadienne moderne. Cela remontait aux années 1930, dans la foulée du statut de Westminster et de l'accession du Canada à la souveraineté entière. Le rapport Rowell-Sirois, déposé en 1940, correspondait aux aspirations de cette classe et proposait que le gouvernement fédéral assume des responsabilités jusque-là dévolues aux provinces pour appliquer des «normes nationales» comme l'assurance-chômage et la redistribution de la richesse à l'échelle du pays.

L'application de ces «normes nationales» s'est faite après la guerre dans une atmosphère nouvelle de fierté et de nationalisme croissant. Sous la houlette d'un premier ministre canadien-français, le Canada se présentait comme une puissance moyenne. La citoyenneté canadienne était établie en 1947, le Conseil des Arts du Canada était créé en 1957 et le gouvernement fédéral s'ingérait dans les domaines de la culture et de l'éducation. Les mots «nation» et «national» devenaient partie du vocabulaire courant à Ottawa et, de plus en plus, dans l'ensemble du Canada anglais. Une grande nation canadienne émergeait.

La commission Tremblay, mentionnée plus haut, avait été créée par le gouvernement du Québec pour offrir un contrepoids aux nouvelles politiques outaouaises et au nationalisme qu'elles incarnaient. De toute évidence, les Canadiens français du Québec ne se sentaient pas à l'aise à l'intérieur de cette nation canadienne qui ne correspondait pas à leur sentiment d'appartenance. La révolution tranquille peut donc être considérée, dans une large mesure, comme une réaction à l'État-providence canadien et à son nationalisme. Presque toutes les nouvelles politiques québécoises peuvent être vues comme des répliques aux actions d'Ottawa. En fait, plusieurs artisans du renouveau québécois avaient été formés dans la capitale fédérale. Au keynésianisme outaouais, on en opposait un autre à Québec. Comme on l'a vu plus haut dans le cas de Radio-Canada, une entreprise «nationale» canadienne a pu indirectement servir aux fins du nationalisme québécois. On pourrait en inférer la proposition suivante : plus le Canada cherche à créer son unité, plus le Québec affirme la sienne. Il est donc possible de considérer le nationalisme québécois comme un produit inattendu du nationalisme canadien. L'État-nation canadien a engendré l'État-nation du Québec.

N'est-ce pas là un des grands paradoxes de l'histoire du Canada ? Les plus célèbres architectes de «l'unité nationale», les premiers ministres issus du Québec, Wilfrid Laurier, Louis Saint-Laurent et Pierre Elliott Trudeau, ont tous mieux réussi à cimenter l'unité du Canada anglais qu'à créer une nouvelle conscience canadienne chez leurs compatriotes québécois. Tout populaires qu'ils aient été au Québec (obtenant toujours d'énormes majorités parlementaires), ils ont invariablement fini par renforcer le nationalisme des leurs. Le Parti national d'Henri Bourassa a été créé en réaction aux politiques de Laurier et, comme on l'a vu précédemment, le rapport Tremblay et l'esprit de la révolution tranquille sont des réponses au canadianisme des années Saint-Laurent. Quant à Trudeau, il est bien évident que son concept de Canada uni et bilingue et sa Charte des droits et libertés ont été beaucoup mieux accueillis au Canada anglais qu'au

Québec. Le nationalisme d'après Meech n'est-il pas une réaction tardive aux manœuvres du premier ministre canadien en 1981 et 1982?

On pourrait même pousser le paradoxe plus loin encore en affirmant que, dans une certaine mesure, ce nouveau Canada, issu de l'évolution récente, est plus français (dans un sens bien particulier) que la fédération plutôt pragmatique et fonctionnelle qui évoluait au cours des premières décennies du XXᵉ siècle. Christian Dufour (1989) a déjà souligné ce phénomène d'un Canada devenu tout à coup plus déclaratoire et porté vers l'affirmation des principes, avec une Charte des droits et libertés bien plus près du modèle franco-américain que de la tradition britannique. En se rapprochant ainsi de la conception jacobine de la souveraineté indivisible, le Canada jetait de l'huile sur le feu du nationalisme québécois, susceptible d'être entraîné à son tour sur la voie du jacobinisme.

Le Canada en est donc venu à ressembler plus que jamais aux États-Unis, au système même qu'on s'était donné pour vocation de répudier. Il n'y aurait pas de Canada aujourd'hui si les Canadiens français, forts de leur reconnaissance comme société distincte par l'Acte de Québec, n'avaient refusé de se joindre à la révolution américaine comme les loyalistes devaient le faire aussi pour leurs propres raisons. Il n'y aurait pas de Canada si des sujets britanniques n'avaient renoncé à se constituer en nation en Amérique du Nord.

Les Québécois sont toujours désireux de participer à une forme de fédération canadienne, mais leur nationalisme les incite à ne pas accorder leur allégeance à une nation canadienne indivisible, selon le modèle américain. Même une nation québécoise tout à fait souveraine ne semble pas correspondre aux aspirations de la majorité. Comment donc définir ce nationalisme qui a pris forme au cours des années 1960 et qui correspond aux vœux de la majorité des Québécois?

## *LES TRAITS DU NATIONALISME QUÉBÉCOIS MAJORITAIRE*

Assez étrangement, les Québécois n'ont jamais accepté massivement, du moins au cours des années 1970 et 1980, les idéaux que leur proposaient leurs leaders politiques les plus célèbres. Pierre Elliott Trudeau et René Lévesque figurent certainement parmi les politiciens les plus remarquables que le Québec ait connus. Le premier était sans doute plus admiré qu'adulé, mais il a réussi à rallier le vote des Québécois dans toutes les batailles électorales auxquelles il s'est livré, dont la plus importante, le référendum de 1980. Les Québécois n'en ont pas pour cela endossé sa conception d'un Canada bilingue, multiculturel, animé par un centre puissant et constituant une nation plus grande et plus signifiante que la somme de ses parties. Ceux qui ont été séduits par le slogan référendaire, «MON NON EST QUÉBÉCOIS», ne croyaient pas devoir renoncer à leur allégeance québécoise en refusant la souveraineté-association. Trudeau errait quand il annonçait la fin du nationalisme québécois au lendemain de sa victoire. Claude Ryan et les leaders du OUI auraient corrigé le premier ministre canadien s'il les avait consultés. Le même Ryan, loyal fédéraliste, s'est opposé fortement au processus de rapatriement de la constitution mis en œuvre par Trudeau. Comme chef du Parti libéral du Québec, il n'a pas voulu participer aux cérémonies officielles de la ratification de cette constitution en avril 1982. Par la voix de leur Assemblée nationale (renouvelée en avril 1981), les Québécois ont répudié le nouveau Canada tel qu'il avait été conçu par Pierre Elliott Trudeau.

René Lévesque a été fort populaire au Québec. Il a été porté au pouvoir en 1976, puis encore en 1981, malgré sa défaite au référendum de 1980. Mais les Québécois lui ont refusé son projet de souveraineté-association pour lequel il avait lutté durant treize ans.

En conséquence, durant toute la décennie de 1970, les Québécois ont été écartelés, par l'action de leurs chefs vénérés, entre deux options. Leur nationalisme refusait le fédéralisme centralisé, mais il s'arrêtait à la formule de Jean Lesage : «Québec expression politique du Canada français». On voulait un État national québécois mais à l'intérieur du Canada. Déjà, en 1966, Daniel Johnson avait énoncé une réponse claire et nette à la fameuse question «What does Quebec want ?» :

> Comme point d'appui d'une nation, il (le Québec) veut être maître de ses décisions en ce qui a trait à la croissance humaine de ses citoyens (c'est-à-dire à l'éducation, à la sécurité sociale et à la santé sous toutes leurs formes), à leur affirmation économique (c'est-à-dire au pouvoir de mettre sur pied les instruments économiques et financiers qu'ils croient nécessaires), à leur épanouissement culturel (c'est-à-dire non seulement aux arts et aux lettres, mais aussi à la langue française) et au rayonnement de la communauté québécoise (c'est-à-dire aux relations avec certains pays et organismes internationaux) (Morin, 1973, p. 66).

Voilà le type d'autonomie jugée nécessaire, semble-t-il, par une majorité de Québécois. Ce jugement prend la forme du nationalisme parce qu'il est régulièrement battu en brèche par Ottawa et par les autres provinces canadiennes. Comme l'écrivait Claude Morin, tous les leaders québécois :

> [...] ont inexorablement été fidèles (au moins dans leurs déclarations officielles) à ce qu'on pourrait appeler «une certaine idée du Québec». Et cette «certaine idée du Québec» n'est au fond que la notion mal exprimée et longtemps hésitante d'un «Québec certain». Elle n'a de toute façon rien à voir avec un quelconque régionalisme attardé. Mais, cela, Ottawa ne l'a jamais compris. Et probablement, en toute honnêteté [...] Le nationalisme québécois, cette recherche séculaire et instinctive du «pays du Québec», ne correspond absolument en rien aux paramètres de l'équation fédérale normale (Morin, 1973, p. 60-61).

Quelque vingt ans plus tard, ces lignes sont aussi valides et pertinentes qu'elles l'étaient au début des années 1970. Même si cette «certaine idée du Québec» n'a jamais été reconnue par le reste du Canada, il faut bien souligner que le thème d'une «société distincte» au Québec fait partie de l'histoire du pays depuis 1774. Ce thème a été associé, par le rapport préliminaire de la Commission royale sur le bilinguisme et le biculturalisme en 1965, au concept des deux majorités. Il est réapparu dans le rapport du groupe de travail sur l'unité canadienne (Pepin-Robarts) en 1979 : «Le Québec est différent et devrait détenir les pouvoirs nécessaires à la préservation et au développement de son caractère distinct au sein d'un Canada viable.» (Commission de l'unité canadienne, 1979, p. 92).

En 1987, ce caractère distinct était finalement reconnu officiellement par le gouvernement fédéral et par les neuf premiers ministres des autres provinces. Il a été rejeté, en définitive, en 1990, non pas tellement par deux petites législatures récalcitrantes que par une forte majorité de l'opinion publique au Canada anglais. Le premier ministre Bourassa n'avait plus d'autre choix que de déclarer alors : «Les Québécois sont libres d'assumer leur propre destin, de déterminer leur statut politique et d'assurer leur développement économique, social et culturel.» Au-delà des aspects techniques qui ont servi au rejet des accords du lac Meech, c'est le nouveau Canada, animé par l'esprit de la Charte des droits et libertés, qui a écarté, comme un corps étranger, l'expression minimale de l'idée moderne du Québec. Il n'est pas étonnant que le nationalisme québécois en ait été ravivé.

La Commission sur l'avenir politique et constitutionnel du Québec, présidée par Michel Bélanger et Jean Campeau, devint alors le canal par excellence des aspirations nationalistes des Québécois au cours de l'automne et de l'hiver 1990-1991. La commission Bélanger-Campeau a donné lieu à un remarquable consensus qui reflétait le nationalisme de la majorité : ou les revendications québécoises classiques étaient reconnues ou l'on devrait recourir à la souveraineté, même si elle n'était pas le premier choix. Le rapport de la Commission, contrastant avec le rapport Allaire du Parti libéral du Québec déposé un mois plus tôt, ne dressait pas une longue liste de pouvoirs revendiqués par le Québec. Il se contentait d'énoncer les paramètres qui faisaient écho aux propos de Daniel Johnson, vingt-cinq ans auparavant. Les changements nécessaires à la constitution devaient comporter :

> — la nécessité d'instaurer entre le Québec et les autres parties du Canada une nouvelle relation fondée sur la reconnaissance et le respect de l'identité des Québécoises et des Québécois et de leur droit à la différence ;
> — un partage des compétences et responsabilités qui garantisse au Québec une autorité exclusive à l'égard des matières et secteurs qui font déjà partie de ses champs de compétence exclusive, ce qui implique, entre autres, l'abolition dans ces secteurs du pouvoir fédéral de dépenser et l'élimination des chevauchements d'intervention ;
> — l'attribution au Québec, à titre exclusif, de compétences et responsabilités liées à son développement social, économique et culturel ainsi qu'au domaine de la langue […] (Commission sur l'avenir politique et constitutionnel du Québec, 1991, p. 54-55).

Le nationalisme majoritaire des Québécois s'est encore exprimé dans le vote référendaire de rejet de l'accord constitutionnel de Charlottetown, à l'automne de 1992. Le caractère vague de cet accord, surtout en ce qui a trait au partage des compétences, le projet de création d'un Sénat où le Québec aurait été proprement relégué à une représentation minime et d'autres aspects inquiétants l'ont emporté sur la bonne volonté québécoise à l'endroit du Canada et sur une reconnaissance frileuse de la société distincte.

En résumé, le nationalisme québécois traduit une volonté commune d'existence collective et l'aspiration à la reconnaissance politique de cette existence. Advenant cette reconnaissance et une certaine sécurité quant au caractère français du Québec, les Québécois accorderont volontiers leur allégeance au Canada. Quand l'idée de souveraineté devient populaire au sein de la population québécoise, cela ne reflète rien d'autre que le pessimisme quant à la possibilité de voir cette reconnaissance entérinée par les autres Canadiens. Les nationalistes québécois, en majorité, ne considèrent pas la souveraineté comme une fin en soi mais comme un recours ultime. D'ailleurs, les changements sociaux intervenus au cours des années 1980 ont fait que le concept d'un Québec fort et celui d'un Québec souverain ont évolué considérablement. Un nouveau nationalisme a pris forme.

## LE NOUVEAU NATIONALISME

Après le référendum de 1980, le Québec a été en proie à une sorte de malaise, non seulement au sein de cette population assez nombreuse qui avait voté **oui** mais aussi chez plusieurs qui avaient opté pour le **non**. Car on ne savait plus trop à quoi on aurait pu dire oui. Le navire québécois semblait voguer à la dérive. Un Lévesque travaillant à assurer au Québec un meilleur statut dans le fédéralisme canadien n'avait guère plus de crédibilité qu'un Trudeau qui prétendait respecter l'autonomie des provinces. Le coup de force de novembre 1981 qui avait isolé le Québec n'avait pas soulevé de grandes protestations dans une population plutôt abattue. La constitution proclamée en 1982 fut tout simplement ignorée par les Québécois. Il faut dire qu'une récession économique, la plus sévère depuis les années 1930, avait créé une atmosphère de morosité qui rappelait l'échec des Patriotes en 1838. Le Parti québécois survivait, mais l'esprit de la révolution tranquille s'était évaporé. Les Québécois ne paraissaient pas aussi outragés par la constitution de 1982 que leurs ancêtres l'avaient été par le rapport Durham. Mais les effets de cette constitution allaient être aussi durement ressentis que ceux du rapport de 1839.

Comme jadis en 1840, une nouvelle élite devait prendre la relève et s'imposer à la collectivité. La classe des gens d'affaires a fini par occuper la place des politiciens et des haut fonctionnaires dans la considération populaire. L'atmosphère des années 1980 et 1990 est propre au désenchantement quant au rôle de l'État. Alors que le référendum de 1980 signifiait un «non» au projet de souveraineté-association et que la constitution représentait un autre «non» à un Québec fort au sein du Canada, la récession portait avec elle un «non» au leadership du gouvernement du Québec. Le nationalisme québécois s'était développé autour d'un État du Québec inspiré du keynésianisme de la révolution tranquille, un véritable État national susceptible d'accéder à la souveraineté si nécessaire. Vers 1982, ce rêve s'est évanoui et la classe politique a perdu son prestige. Dans le contexte international du néo-libéralisme, les Québécois allaient se tourner vers les leaders de l'entreprise privée comme source d'inspiration. Cette nouvelle élite était elle-même animée par une sorte de nationalisme.

La classe des nouveaux entrepreneurs québécois peut être vue comme un fruit mûr de la révolution tranquille. Contrairement à ce qu'on croyait, les politiques économiques des gouvernements québécois des années 1960 et 1970 étaient bien plus propices à produire une société libérale qu'à alimenter la social-démocratie. On avait annoncé une économie mixte où l'État jouerait un grand rôle. Mais les grandes politiques étatiques ont surtout contribué à créer, puis à consolider l'entreprise privée francophone. Hydro-Québec, une entreprise d'État, a favorisé la progression de l'esprit entrepreneurial auprès des ingénieurs et des administrateurs qu'elle formait. La Société générale de financement (SGF) a été créée pour venir en aide aux petites et moyennes entreprises. La Caisse de dépôt et placement, créée pour des fins analogues, a suscité de spectaculaires prises de contrôle de la part de gens d'affaires francophones. Plusieurs sociétés gouvernementales ont par la suite été privatisées.

Le nationalisme québécois s'était manifesté surtout sur les plans politique et culturel. Mais ses effets économiques, évoluant plus lentement, ont fini par se révéler plus durables et peut-être plus importants. Tout naturellement, les grands commis de l'État qui faisaient la fierté de la révolution tranquille sont devenus les grands financiers des années 1980.

Comme tous les entrepreneurs privés, les gens d'affaires du Québec ont eu tendance à dévaloriser le rôle de l'État, bien qu'ils aient contracté une grande dette envers ce même État. Mais ils n'ont pas oublié, pour la plupart, leur allégeance québécoise, surtout lorsqu'ils ont dû faire face aux élites économiques anglo-canadiennes. Comme la révolution tranquille avait mis sur pied un réseau de communication francophone, un nouveau réseau économique francophone allait favoriser chez les hommes et femmes d'affaires un certain alignement québécois. Ces personnes n'ont pas agi comme les hérauts classiques du nationalisme. Mais ils ont eu tendance à valoriser leur allégeance québécoise et à promouvoir la reconnaissance du Québec comme société distincte.

Le mouvement coopératif s'était développé sur une voie parallèle. Il évoluait comme une entreprise privée d'une nature toute particulière et s'associait volontiers au nationalisme en raison de ses origines et de ses objectifs fondamentaux. La montée des entreprises privées québécoises a conféré un nouveau prestige au Mouvement Desjardins qui, tout en demeurant un symbole des succès économiques québécois, apparaît de plus en plus comme une grande entreprise privée au même titre que les autres. Le nationalisme de ses leaders n'en devient que plus évident.

Les gens d'affaires, tout en demeurant très influents auprès du gouvernement québécois (qu'il fût libéral ou péquiste), ont conféré peu à peu une nouvelle orientation au nationalisme québécois. Comme interprètes des grands courants mondiaux contemporains, interdépendance économique et mondialisation, ils ont contribué à accentuer cet aspect du nationalisme qui s'ouvrait sur l'association et sur les échanges internationaux. Le libre-échange avec les États-Unis et ensuite avec le Mexique faisait l'objet d'un appui généralisé chez les nationalistes. Pour la plupart des membres de la nouvelle élite, l'union canadienne devrait toutefois être préservée.

Cette vision semble assez bien reflétée au sein de la majorité de la population québécoise. Elle tend à produire un nouveau type d'identité, celle d'un peuple fier de ses réussites, jaloux de sa culture mais plus tourné que jamais vers l'extérieur. En 1988, par exemple, les Québécois ont pu, du même souffle, exercer des pressions sur le gouvernement Bourassa pour qu'il maintienne des restrictions quant à la langue de l'affichage commercial et appuyer le gouvernement Mulroney sur sa politique libre-échangiste. Il existe certainement un lien entre la sécurité linguistique et l'ouverture sur le monde.

Les meilleures réussites économiques québécoises, cela est devenu évident, sont liées aux exportations et à une présence dynamique à l'étranger. En raison des succès de sociétés comme Bombardier, SNC-Lavalin, Téléglobe, Cascades et plusieurs autres, non seulement en Amérique du Nord mais aussi en Europe et ailleurs dans le monde, les nationalistes québécois sont désormais persuadés qu'un statut plus autonome du Québec (à l'intérieur ou en dehors de la Confédération canadienne) doit être accompagné d'une ouverture sur le monde. La dynamique des institutions économiques internationales de même que l'engagement québécois dans la zone nord-américaine de libreéchange (même s'il doit être renégocié par un Québec souverain) rendent l'isolement tout à fait impossible, quelle que soit la tournure des événements et l'orientation du statut constitutionnel du Québec.

Le nationalisme québécois est donc devenu compatible avec l'internationalisme. Il l'est aussi avec le pluralisme de l'intérieur. Déjà le passage d'une conception ethnique de la nation à un nationalisme territorial indiquait une certaine démarcation quant à l'homogénéité traditionnelle de la société canadienne-française. Au moins théoriquement, les anglophones et les immigrants étaient invités à s'intégrer à un Québec francophone moderne. Les nationalistes québécois sont demeurés cependant plutôt maladroits dans leur nouvelle volonté de bâtir une nation territoriale. Plusieurs ont même continué de se définir comme des Canadiens français tout en se disant québécois. Alors que la baisse du taux de natalité rendait absolument nécessaire l'intégration des immigrants au milieu francophone, les structures d'accueil ne se mettaient en place que très lentement. Les nationalistes déploraient le fait que les anglophones et les immigrants ne s'intègrent pas au réseau francophone. Mais, de leur côté, ils ne remettaient guère en question leurs comportements comme majorité.

À mesure que se manifestait une nouvelle génération de Québécois directement façonnée par les grandes législations des années 1970, la Charte des droits de la personne en 1975 et celle de la langue française en 1977, le caractère tout à fait contradictoire et improductif de cette attitude s'est révélé comme une évidence. Les Québécois ont mieux accueilli les immigrants et se sont ouverts davantage à la communauté anglophone. Cette dernière s'est longtemps braquée contre les nouvelles exigences gouvernementales et sociales en matière de langue. Mais on peut dire que, malgré tout, de grands progrès ont été réalisés. La majorité des anglophones québécois et, plus encore, la majorité des immigrants parlent français et fonctionnent dans le réseau francophone. Il se trouvera toujours des nationalistes pour insister sur les différences entre les «vrais» Québécois (les francophones de naissance) et les autres. Mais, dans l'ensemble, le nationalisme québécois évolue vers une conception de l'identité qui intègre les diverses composantes du Québec moderne.

Quoi qu'il en soit, ce nationalisme n'a aucun sens ni aucun avenir s'il doit être défini en termes ethniques. Sans doute il ne sera pas aisé pour les Québécois d'adopter résolument la conception pluraliste de la nation dite «citoyenne», selon les traditions française et américaine. Cette voie est difficile pour un petit peuple dont la langue est très minoritaire en Amérique du Nord, bien que le français soit toujours une des grandes langues universelles de notre monde. Cela est d'autant plus difficile que les modèles français et américain donnent des signes d'essoufflement. La France n'est plus la terre d'asile qu'elle était encore récemment, et les États-Unis ne parviennent plus à intégrer aussi allègrement. Il faudra trouver, au Québec comme dans ces pays, la façon de concilier le respect des cultures d'origine et l'intégration toujours souhaitable à une culture publique commune.

Les populations autochtones ne sont pas incluses dans ce processus. Car elles se refusent à l'intégration et, tout comme les Québécois, elles revendiquent une plus large autonomie. Les nationalistes québécois ne peuvent s'opposer à ces revendications des Premières Nations. Le Parti québécois, pour sa part, produisait en 1991 un programme plutôt ouvert au dialogue et au partenariat, à l'occasion de son congrès national. Le Parti libéral du Québec a souscrit au droit des autochtones à l'autodétermination tel qu'il est enchâssé dans l'accord constitutionnel de Charlottetown. Notons que cet aspect n'a pas suscité d'opposition dans la population, qui rejetait par ailleurs la proposition globale au référendum de 1992.

La crise d'Oka de 1990 a pu être perçue, surtout dans la presse anglophone en Amérique du Nord, comme un affrontement entre autochtones et nationalistes québécois. De même, les vives réactions québécoises à l'endroit de la contrebande qui se pratique à travers les réserves des Indiens mohawks à la frontière canado-américaine ont pu aussi apparaître comme des manifestations de racisme. Il est bien vrai que certains comportements ont renforcé ces impressions. Mais la situation est beaucoup plus complexe qu'elle ne paraît. Des membres de la nation mohawk déplorent eux-mêmes l'arrogance du groupe des guerriers qui ont souvent, semble-t-il, fait la loi dans la réserve. Mais une longue tradition d'accommodement (nonobstant le paternalisme colonial toujours présent) entre Canadiens français et Indiens, qui remonte aux premiers jours du régime français et qui a donné lieu à la formation d'une nombreuse population de métis, est toujours vivante au Québec. Louis Riel était acclamé et appuyé comme un frère en 1885. Il semble bien que la population du Québec, encore aujourd'hui, demeure, dans l'ensemble, plus près des autochtones que ne le sont les autres Canadiens, bien que le racisme et l'injustice menacent toujours (Philpot, 1992).

## CONCLUSION

Le nationalisme québécois est devenu très fort dans l'opinion publique en 1990. Au lendemain du rejet de l'accord du lac Meech, en juin 1990, la souveraineté était favorisée par une proportion de la population jamais atteinte auparavant. Ce nationalisme était cependant apparu sous un nouveau visage. Il s'était adouci grâce à l'influence d'une vive conscience internationale et d'une reconnaissance croissante du pluralisme interne. Même si les Québécois en viennent à réaliser la souveraineté, cette souveraineté serait inévitablement limitée par les nécessités de notre monde contemporain et les perceptions qu'en entretiennent les Québécois.

Un nationalisme défini comme une manifestation de chauvinisme correspond de moins en moins au nationalisme québécois. Comme on l'a vu plus haut, le passage d'une conscience nationale canadienne-française et traditionaliste à la conception nouvelle d'une allégeance québécoise a impliqué une redéfinition graduelle de l'identité québécoise. La territorialité a succédé à l'«ethnicité». Tel qu'il était conçu par une majorité de Québécois, le nationalisme s'est contenté d'une reconnaissance politique à l'intérieur du Canada. Le nationalisme qui a pris forme au cours des années 1980 est apparu comme encore plus modéré, bien qu'il puisse conduire à la souveraineté, faute d'accommodement dans un Canada *chartiste* et uniformisé.

## NOTES

1. Je reprends ici plusieurs thèmes déjà élaborés dans *Bilan du nationalisme au Québec*, Montréal, L'Hexagone, 1986.
2. Cette traduction est la mienne, de même que celles qui suivent.
3. «À mon sens, nous resterons français et catholiques dans nos conceptions culturelles, ou nous disparaîtrons.» François-Albert Angers, conférence à la Société Saint-Jean-Baptiste de Montréal, 24 janvier 1962, cité par Georges Robitaille, S.J. «Une conférence historique», *Relations*, mars 1962, p. 81-82.

## BIBLIOGRAPHIE

BALTHAZAR, Louis, 1986, *Bilan du nationalisme au Québec*, Montréal, L'Hexagone.
COMMISSION DE L'UNITÉ CANADIENNE, 1979, *Rapport : se retrouver*, Ottawa, Approvisionnements et Services.
COMMISSION SUR L'AVENIR POLITIQUE ET CONSTITUTIONNEL DU QUÉBEC, 1991, *Rapport*, Québec, Assemblée nationale.
COMMISSION ROYALE D'ENQUÊTE SUR LE BILINGUISME ET LE BICULTU-RALISME, 1965, *Rapport préliminaire*, Ottawa, Imprimeur de la Reine.
COMMISSION ROYALE D'ENQUÊTE SUR LES PROBLÈMES CONSTITUTION-NELS, 1956, *Rapport*, Québec, Imprimeur de la Reine.
DEUTSCH, Karl, 1966, *Nationalism and Social Communication*, Cambridge, Mass., M.I.T. Press.
DEUTSCH, Karl, 1979, *Tides Among Nations*, New York, The Free Press.
DION, Léon, 1975, *Nationalisme et politique au Québec*, Montréal, Hurtubise HMH.
DUFOUR, Christian, 1989, *Le Défi québécois*, Montréal, L'Hexagone.
GELLNER, Ernest, 1989, *Nations et nationalisme*, Paris, Payot.
KÖHN, Hans, 1956, *The Idea of Nationalism*, New York, Macmillan.
MORIN, Claude, 1973, *Le Combat québécois*, Montréal, Boréal Express.
PHILPOT, Robin, 1991, *Oka : dernier alibi du Canada anglais*, Montréal, VLB.
SMITH, Anthony D. (dir.), 1976, *Nationalist Movements*, London, Duckworth.
SMITH, Anthony D., 1983, *Theories of Nationalism*, London, Duckworth.

# CHAPITRE 2

# *La souveraineté:*
# *nation ou raison?*

ANNE LEGARÉ

Vues de l'extérieur, les transformations politiques qui ont cours au Québec depuis quelques années ne sont pas aisément saisissables. Elles sont parfois réduites à des catégories non pertinentes, décolonisation attardée, nationalisme ethnique ou frileux, protectionnisme, isolationnisme, provincialisme, etc. Outre l'esprit de facilité qui caractérise ces interprétations rapides, parfois démagogiques, il demeure que le fait québécois n'est pas d'une évidence absolue.

Les coordonnées objectives et subjectives du processus québécois sont difficilement comparables à celles de n'importe quelle situation extérieure; c'est pourquoi la compréhension du mouvement qui les porte demande une attention particulière. Ce qui caractérise en effet ce mouvement, c'est une complexité d'éléments qui, à certains égards, peuvent apparaître contradictoires. Le Québec est une province économiquement développée, fortement intégrée à l'espace économique nord-américain, prospère et démocratique. À l'heure de la formation de grands ensembles économiques, à l'heure de l'ALÉNA, le Québec aspire à former un État souverain. Certains diront qu'il s'agit là d'une dérive nationaliste, d'une aspiration ethnique appuyée exclusivement sur la langue et la culture, d'une tendance protectionniste, d'une volonté de repli sur soi.

Pourtant, la protection de la langue et de la culture d'un peuple sont des aspirations fondamentales, bien légitimes, liées à son identité. Elles sont, de plein droit, démocratiques, et le droit international les reconnaît. C'est le caractère d'exclusion à l'endroit des cultures qui cohabitent en sol québécois qui enlèverait toute légitimité à ces aspirations, surtout dans un contexte de voisinage interculturel étroit, comme c'est le cas du Québec.

Or, contrairement à ce que soutiennent les détracteurs de la souveraineté du Québec, ce mouvement se caractérise par le pluralisme, traduit dans ses lois, l'ouverture et son respect de l'interdépendance continentale. Le Parti québécois a de longue date appuyé les accords visant à l'intégration économique continentale puis à l'ALÉNA, et sa conception de la démocratie se fonde sur les droits politiques et sur la non-discrimination culturelle ou ethnique. Le Bloc québécois, parti souverainiste sur la scène fédérale, se caractérise par les mêmes options. Ce mouvement représente une forme avancée de libéralisme politique, appuyée sur le respect des droits des minorités, sur ceux de la communauté anglophone et sur les droits collectifs des nations autochtones qui résident en sol québécois. Ce respect des droits des minorités est exhaustif. Non seulement préconise-t-il la reconnaissance des droits sociaux et culturels de ces minorités, mais encore il souscrit à des mesures de protection de ces héritages spécifiques. Il faut aussi ajouter que la Charte des droits et libertés de la personne au Québec (tout particulièrement les articles 10, 43 et 86 à 92), qui continuera de s'appliquer advenant la souveraineté, est un engagement décisif en faveur de la diversité (Commission, 1992). Entretenir le doute sur ces faits, c'est extrapoler de façon inappropriée les retombées des nationalismes ethniques qui font suite à la chute de l'empire soviétique ou, encore, c'est projeter sur la communauté francophone un regard de suspicion, inspiré de siècles de domination, à l'effet que cette collectivité serait incapable d'égalité. Si on a raison de mettre en garde contre ces projections, il est important de saisir la portée réelle du cas québécois, car il échappe à toute configuration classique.

Qu'en est-il exactement ? Quelle est la nature du mouvement souverainiste ? Je tenterai d'abord de répondre à cette question en m'appuyant sur quelques prémisses théoriques à propos de la démocratie ainsi que sur les liens entre la citoyenneté et la nation. Je présenterai ensuite le poids spécifique de l'État dans la logique du mouvement souverainiste québécois qui fonde le principal horizon idéologique du mouvement québécois, ce que j'appellerai la *rationalité subjective* des partisans de la souveraineté, en lieu et place d'une idéologie nationaliste passéiste. L'État sera vu comme facteur aussi bien externe qu'interne. C'est à l'égard de ces diverses coordonnées que le Québec représente un cas d'espèce. Cette réflexion vise donc à poser les paramètres d'une lecture du mouvement souverainiste à la lumière des droits et des enjeux démocratiques qui le traversent.

Dans un premier temps, sur le plan de sa dynamique interne, cette volonté de changement soulève des questions décisives quant aux nouveaux liens qui se mettront en place entre la citoyenneté, l'État et la nation. C'est une nouvelle nation qui prendra forme. C'est un nouveau « vouloir vivre ensemble », selon la belle formule de Renan (1992, p. 54-55), qui dirait encore qu'« une nation est une grande solidarité, constituée par le sentiment des sacrifices qu'on a faits et de ceux qu'on est disposé à faire encore. Elle suppose un passé ; *elle se résume pourtant dans le présent par un fait tangible : le consentement, le désir exprimé de continuer la vie commune.* » Dans le cas de la nouvelle nation en formation à travers la transition qu'inaugurera la souveraineté, « la vie commune », cet « ensemble » évoqué ici devra donc comprendre le lien social et politique entre les divers ensembles culturels réunis en sol québécois.

Dans un deuxième temps, l'aspiration souverainiste sera abordée par rapport au statut spécifique des États souverains à l'égard de la démocratie, dans le cadre de la formation des grands ensembles. C'est pourquoi ce texte comprend deux parties. L'une qui établit un lien, sur le plan interne, entre citoyenneté et État dans la formation de la nouvelle nation ; la seconde qui relie, sur le plan externe, ce sujet politique aux enjeux de la communauté d'intérêts formée par un ensemble d'États, en même temps que son fondement là où s'exerce véritablement la démocratie, c'est-à-dire à l'intérieur de chaque espace national.

## LA SOUVERAINETÉ : UNE NATION À REDÉFINIR

La volonté souverainiste qui s'exprime sur l'échiquier politique du Québec désigne un mouvement d'affirmation politique régional et national à caractère démocratique et libéral, dans une des aires économiques parmi les plus prospères du monde. Ce mouvement est l'initiative d'un ensemble dont les caractéristiques culturelles et linguistiques en font une communauté francophone spécifique. Cependant, au-delà de ces caractéristiques socio-démographiques, c'est l'unité des composantes politiques et économiques du Québec qui transgressent la spécificité de ce seul groupe et font de ce mouvement un cas d'espèce. En effet, le fait que le Québec appartient à l'aire économique nord-américaine (tout en aspirant à dénouer des liens coloniaux pour devenir souverain) invite ce mouvement à être créateur vis-à-vis des conceptions anciennes de la souveraineté, de l'État et de son lien à la nation. La parenté intime qui associe la communauté francophone à son partenaire immédiat en sol québécois, la communauté anglophone, sous-tend aussi l'ouverture de ce mouvement. C'est pourquoi le mouvement souverainiste du Québec, dans les orientations explicites qui caractérisent ses tendances dominantes, fait exception aux catégories politiques tout usage. Il est une expression typique du Nouveau Monde. La forte volonté souverainiste qui caractérise le Québec tend à assigner du même coup les processus actuels de légitimation nationale à l'enseigne de la transition.

La définition de la souveraineté véhiculée par ce mouvement se fonde sur ce que le juriste Jacques-Yvan Morin appelle «la souveraineté qualitative», à savoir une conception qui autorise à faire toutes ses lois, à prélever ses impôts et à signer des traités. Cependant, ce mouvement, parce qu'il veut adhérer à l'ALÉNA à titre d'État, accepte du même coup le principe de restriction de la souveraineté «quantitative» dans la mesure où, comme le dit J.-Y. Morin (1992, p. 14), la souveraineté demeure «la faculté pour un État de déterminer lui-même l'étendue de ses compétences, dans les limites dictées par le droit international».

C'est cet esprit qui guidera notre analyse. En effet, «ce dont nous sommes témoins, dira J.-Y. Morin (1992, p. 3), [...] et qui doit éclairer notre lecture des événements québécois et canadiens, c'est de l'affirmation de deux tendances en apparence contradictoires : d'une part l'acception à l'Ouest, dans les pays développés, de restrictions à la souveraineté quantitative des États, tout en prenant garde de n'en pas abandonner le principe, la souveraineté "qualitative" et, d'autre part, le refus, surtout à l'Est et dans certaines parties du Tiers Monde, des limitations de souveraineté imposées par l'histoire à une époque où la force paraissait plus acceptable qu'elle ne l'est aujourd'hui, à la fin du siècle des droits de l'homme et du droit des peuples. Dans ce contexte, le cas du Québec [...] pourrait être exemplaire, s'il venait à être réglé correctement dans le contexte plus particulier du monde développé et de l'Amérique du Nord, continent qui, contrairement à l'Europe, n'est pas fondé sur le principe de diversité.» C'est l'ensemble de ces nouveaux enjeux que ce texte veut aborder afin de poser le caractère spécifique des conditions entourant le mouvement qui aspire à la souveraineté du Québec.

L'éclairage premier par lequel se pose, selon nous, la question québécoise est qu'elle induit le caractère mouvant et transitoire de la définition de la nation et de son lien avec l'État. Comme l'écrivait Renan (1992, p. 55), encore une fois, «les nations ne sont pas quelque chose d'éternel. Elles ont commencé, elles finiront.» Si on peut dire qu'il existe une nation culturelle québécoise définissable empiriquement et historiquement, à travers les liens sociaux et culturels des communautés qui résident en sol québécois, la consolidation juridico-politique des liens de ses différentes composantes dans la perspective souverainiste reste encore un enjeu. Dans ce futur contexte, ces liens amèneront cette nation à se redéfinir. La consolidation de cette nation dans des conditions qui la constitueront par rapport à l'État du Québec et à ses institutions de droit demeure en effet un enjeu parce que ses liens avec les minorités seront plus directement visés par un processus d'élargissement, d'intégration et de légitimation. C'est la transition vers la souveraineté qui devra veiller à assurer la cohésion de cette nouvelle nation. La réussite d'un référendum annoncera cette transition : ce consentement devra s'approfondir par l'exemplarité des droits et s'appuyer sur le citoyen québécois comme sujet de la future constitution. C'est à travers une symbolique renouvelée que prendra forme ce nouveau consentement.

C'est pourquoi la redéfinition de la nation québécoise et sa dynamique interne est le véritable centre de cette transition politique. Son apport au futur État conditionne sa définition et son statut. Rappelons la définition de l'abbé Sieyès de 1789 : «La nation est un corps d'associés vivant sous une loi commune et représentée par la même législature.» (Sieyès, 1982, p. 31) Et encore, «toute société ne peut être que l'ouvrage d'une convention entre tous les associés [...], il n'y a point d'engagement s'il n'est fondé sur la volonté libre des contractants. Donc, point d'association légitime si elle ne s'établit sur un contrat réciproque, volontaire et libre de la part des co-associés [...]» Ainsi, «la volonté générale est donc formée par la volonté de la pluralité. Tous les pouvoirs publics, sans distinction, sont une émanation de la volonté générale ; tous viennent du peuple, c'est-à-dire de la nation. Les deux termes doivent être synonymes.» (Legaré, 1991, p. 72-73) Au-delà de la formation des grands ensembles, la nation dans son lien avec l'État demeure donc l'assise de ce contrat démocratique.

Le mouvement souverainiste québécois est ainsi traversé par une série de questions : la définition de cette nation en transformation, son lien avec la citoyenneté, la relation, enfin, entre la citoyenneté, la nation et l'État, le statut et la définition de la souveraineté dans le cadre de ce nouvel État au cœur d'un ensemble économique intégré, etc. Voilà autant de questions qu'on doit analyser pour évaluer le mouvement souverainiste dans son ampleur véritable, une ampleur théorique tout autant que politique.

## UNE SUBJECTIVITÉ POLITIQUE RATIONNELLE

Pour en saisir les assises, nous évoquerons d'abord le concept de démocratie. Il est déplorable, en effet, que le projet démocratique soit la plupart du temps évalué par rapport à sa manifestation comptable, à une majorité électorale ou référendaire. Il s'agit là, bien entendu, de l'expression d'un droit fondamental, le droit de vote. Le choix entre des partis exprime, quelles qu'en soient les apparences, des différences entre grandes familles politiques, entre pôles et rives d'appartenance. Toutefois, la démocratie, pour être véritable, traduit non seulement l'existence d'un sujet de droit mais aussi celle d'un sujet politique comme auteur de ce choix. Et ce sujet n'est jamais donné, *a priori*, comme dans une sorte de causalité structurelle ; il est, bien au contraire, en perpétuelle formation.

Toute volonté démocratique, exprimée dans un plébiscite, est l'indice de l'existence d'un sujet politique. Ce sujet politique peut être éclaté, fragmenté, mais il peut aussi être traversé par une série de caractéristiques qui en traduisent la relative unité. Cette tendance à l'unité n'est pas donnée par des structures qui lui préexisteraient. Elle est, bien au contraire, le fruit de multiples contingences historiques qui s'amalgament, s'associent, se consolident au cours des événements, comme un mouvement de convergences qui déborde toute prédiction.

C'est ainsi que la démocratie évolue, s'approfondit, élargit le spectre des possibles. Toute son histoire est celle d'émergences nouvelles. Peut-être est-ce là le premier constat qui demande modestie : la signification de la démocratie impose qu'on prenne acte de son parcours. Le mouvement souverainiste peut ainsi se comprendre à la lumière de ce présupposé fondamental : l'histoire voit l'émergence des subjectivités qui se constituent à travers la série de choix politiques auxquels les événements invitent. C'est donc historiquement que la démocratie se définit. C'est historiquement, par des acteurs politiques, que le fédéralisme canadien a été conçu. C'est historiquement, par la conscience d'autres acteurs, qu'il est remis en cause.

L'actuelle convergence souverainiste au Québec représente donc l'expression d'un tel parcours démocratique. Le caractère principal de ce mouvement, sa logique profonde, a pris forme d'abord à l'occasion de la commission Tremblay, en 1956, qui a inauguré le souci de rationalité étatique du Québec, thème qui deviendra ensuite central pour la population québécoise. À partir de ce moment, le mouvement historique d'affirmation souverainiste s'est divisé en deux principales tendances. La première, minoritaire, était inspirée par la référence aux origines, l'autre, largement dominante aujourd'hui, issue de la préoccupation politico-administrative de 1956, est caractérisée par la volonté de rationalisation étatique. La commission Bélanger-Campeau, en 1991, a aussi marqué un autre moment fort de cette tendance étatico-rationnelle. Le mouvement actuel, dans une logique et une rationalité approfondies, donne maintenant à toute sa démarche cette signification. C'est ainsi que la démocratie avance, par la clarification de plus en plus large d'un enjeu unificateur qui sous-tend l'émergence d'un nouveau sujet politique.

Qu'on le veuille ou non, le mouvement souverainiste repose sur un imaginaire étatico-politique et, disons-le, de tendance plutôt républicaine. C'est pourquoi il appartiendra à la société souveraine de créer, le cas échéant, les conditions d'une autonomie plus accomplie vis-à-vis de l'État et d'un espace public plus autonome. Le principe de diversité, inscrit à l'agenda souverainiste, y trouvera nécessairement une actualité. Le rationalisme souverainiste, si rassurant soit-il, accompagne donc des enjeux fondamentaux à l'égard de l'autonomie de la société vis-à-vis de l'État, hérités d'une longue culture politique québécoise d'intégration au bénéfice de l'État (Legaré, 1989). La transition suscitée par la souveraineté après le référendum devra donc être l'occasion de solliciter la subjectivité nécessaire à une démocratie politique encore plus accomplie.

La volonté souverainiste qui traverse la population québécoise, dans son expression récente (présence du Bloc québécois sur la scène fédérale, élection du Parti québécois), demande donc à être interprétée comme une phase dans une dynamique en mouvement qui s'inscrira en profondeur dans cette histoire de la démocratie bien au-delà du moment stratégique que constituera le référendum. À la présente heure de son évolution, cette subjectivité politique s'exprime dans un contexte auquel elle s'ajuste, qui agit sur elle et qu'elle définit en retour. Elle se caractérise de façon prédominante par une volonté rationnelle, qui associe logiquement la souveraineté aux impasses du régime fédéral canadien, sans cesse éprouvées par le Québec depuis la Confédération et ayant fait l'objet de compromis répétés de la part du Québec.

Ce processus s'éclaire aussi à cause des tendances internes et externes qui agitent son environnement. Le mouvement souverainiste québécois s'évalue à la lumière de deux coordonnées du monde actuel. La première est le caractère à dominante technocratique des transformations politiques de l'État moderne dans son rapport à la société civile, transformations qui engendrent des représentations particulières de la souveraineté et de l'action politique. La seconde est le lien d'interdépendance qui s'établit entre les États et qui dessine les nouvelles exigences de la démocratie *au sein* des États, dans le cadre de la formation des grands ensembles inter-étatiques. Dans ce contexte, par exemple, la relation entre l'État et la nation change en ouvrant cette dernière du côté de la rationalité au détriment de l'«ethnicité». Ainsi, ces grandes coordonnées du monde actuel agissent sur la nature même du mouvement qui aspire à faire du Québec un État souverain caractérisé par la rationalité subjective des citoyens. C'est cette symbolique qui transcendera les relations de différenciation à l'intérieur de la communauté nationale qui se formera autour de ce nouvel État.

L'objectif de cette réflexion consiste donc à rendre plus clair le fait que c'est à travers une série d'oppositions étatico-politiques qu'apparaît l'émergence de cette subjectivité. C'est pourquoi les caractéristiques de ce mouvement d'affirmation nationale ne sont pas conformes aux projections des catégories politiques traditionnelles.

## LA CITOYENNETÉ COMME CREUSET DE LA NATION

La formation de la nouvelle nation est tout d'abord sous-tendue par des polarités indissociables qui en conditionnent le caractère paradoxal et font son intérêt spécifique. Ces tensions renvoient au lien entre nation et citoyenneté.

1) La première question qui fait surface quand on examine le mouvement souverainiste, c'est le rapport entre la nation et les paramètres de la citoyenneté. En effet, la question qui se pose est de savoir de quelle manière ces deux pôles sous-tendent le sujet politique qui prend naissance, le citoyen du Québec, et qui sera sujet de droit de la future constitution. Le caractère propre de la nation québécoise et son poids politique pourraient faire penser que cette nation naturelle représente le dénominateur central dans cet enjeu. Nous pensons qu'il faut regarder les choses à la lumière d'autres critères. La nation est un processus en constante définition par son lien intime avec le social et le culturel et elle n'est pas donnée *a priori*, de façon empirique et définitive. La nation québécoise est liée, dans son affirmation, à la complexité culturelle changeante et différenciée du tissu social québécois. Le rôle important que joue au Québec la communauté anglophone, qui a un poids qualitatif décisif, sa place dans l'économie québécoise, le poids des diverses communautés culturelles ainsi que le rôle des peuples et nations autochtones, tous ces éléments doivent s'associer de nouveau de façon consensuelle au cœur d'une redéfinition de la nation. C'est pourquoi celle-ci constitue une

dimension stratégique dans l'architecture de la souveraineté. La définition de la nation québécoise formée par l'adhésion volontaire est l'horizon moral qui s'impose comme problématique essentielle de cette transition.

2) Si la nation n'est pas, *a priori*, un donné culturel, elle est, comme on l'a dit, formation, processus et espace d'auto-institution du politique. L'enjeu souverainiste québécois est ainsi l'expression d'un nouvel imaginaire démocratique. Cet imaginaire est traversé par une double mutation. D'un côté, la réussite de son objectif auto-instituant s'appuie sur la consolidation du lien entre les communautés qui doivent s'associer à la redéfinition de la nation. D'un autre côté, elle repose en même temps sur ce «vouloir vivre ensemble», selon l'expression consacrée de Renan et répétée souvent par René Lévesque, dont la communauté francophone se veut l'instigatrice. Cette volonté consensuelle a aussi été recherchée à travers la culture politique d'immigration mise en œuvre ces dernières années. Cette subjectivité nouvelle est donc, à cause des processus qui l'instituent, une subjectivité doublement consensuelle.

3) C'est dans ce sens aussi que cette nation libérale moderne, rouage du politique, entretient un rapport particulier à l'État. À ce palier, compte tenu du fait que l'État post-keynésien implique un changement dans les termes de son rapport à la société, le statut de la nation québécoise et sa transformation doivent tenir compte aussi de ces déplacements. De plus, compte tenu du poids des grands ensembles, le statut de la souveraineté devient partout au centre de la démocratie. Si la nation n'est pas naturelle, c'est qu'elle bouge, elle s'élargit; nouveau sujet politique, elle s'articule d'une manière souple à un État lui-même en mutation et soumis aux contingences de la coopération multilatérale. C'est dans ce contexte que cette nouvelle communauté d'adhésion nationale se définira comme projet de toutes ses composantes.

C'est dans ces conditions que la citoyenneté tend à avoir le primat sur la nation dans la définition du sujet politique qui préside à la transition vers la souveraineté du Québec. En parlant de tendance, nous voulons indiquer que ce rapport constitue un enjeu-clé dans la formation du Québec en État souverain, qu'il est à la fois nœud et condition de sa réussite. En effet, l'ouverture de la société pluraliste et de la nation l'une sur l'autre, comme condition inévitable, force à accorder une attention particulière à la citoyenneté. Pourquoi? Parce que même si l'État est l'horizon de rationalité de ce processus, c'est dans une sorte d'antériorité fondatrice que la démocratie se pose. Elle représente le principe premier qui guide ensuite l'analyse de la série de relations qui se mettront en place entre la nation et l'État. Cet ordre assigne les paliers de l'architecture comme suit: société-peuple, peuple-État, citoyen-État, nation-État, puis État-nation et, enfin, États-sociétés.

À l'origine, la société se donne en effet comme principe de diversité, de pluri-«ethnicité», composée d'atomes: individus, regroupements «naturels» s'opposant les uns aux autres, conflits, passions, rattachements, différenciation, pluralité. Il s'agit de l'ordre de nature où règne l'inégalité, la division, la différence. Les individus à l'origine de la société sont de culture, de tradition, de sexe, de provenance divers. Cet ensemble multiple n'existe pas comme sujet. C'est un principe naturel, antérieur à toute construction juridico-politique, un état de fait observable, descriptible; un objet sociologique qui précède la subjectivité. On peut le décrire par ses critères apparents, socio-démographiques, et par les relations qui le traversent. Cela n'en fait pas pour autant un sujet. Quand ce magma de différences devient-il alors sujet ? Ou à quelles conditions cette pluralité devient-elle unité, consensus, harmonie, lien social, nation ?

Cette diversité fondatrice devient sujet par un pacte que le peuple (sujet abstrait) contracte avec l'État, instance supposément à distance de la diversité qui fonde la société. C'est donc cette entente à deux qui fait du peuple un sujet. À partir de ce mouvement contractuel, le passage d'une société multiple au peuple-sujet, au peuple-citoyen, fonde le principe d'égalité des droits inscrit dans la constitution. À ce moment, le citoyen devient le sujet et le fondement légitime de l'État.

Il n'y a donc pas de citoyen ni de sujet sans l'existence de ce contrat qui, pour être consensuel, doit résoudre le mieux possible les divisions, les intérêts opposés, les passions, les différences qui sont au principe de la société, en préservant la pluralité et en garantissant en même temps l'égalité de tous qui est constitutive de la citoyenneté. Il y a donc toujours cette tension théorique à la base de la relation entre la société et la citoyenneté ; c'est pourquoi la citoyenneté (principe d'égalité des droits) devient centrale pour que ne soit pas laissée prise à la violence, réelle ou ressentie, engendrée par la pluralité des identités et des intérêts. C'est la citoyenneté qui préside à la formation de la nation élective. Elle en assure la cohésion et, avant que cette nation soit politiquement instituée, la citoyenneté désigne le nouveau sujet collectif qui régit les droits et obligations inscrits dans la constitution.

Par le droit, la citoyenneté assure l'égalité de tous à l'endroit du bien commun (la langue nationale et les langues des minorités, par exemple, en font partie) ; par ailleurs, parce qu'elle est sanctionnée par ceux qu'elle désigne, elle fonde la légitimité sur la reconnaissance mutuelle d'une égalité au-delà de la diversité des intérêts de chacun. Dans le régime fédéral, par l'opposition des communautés francophone et anglophone traduite sur le plan politique, la situation politique québécoise exprime une fracture de cette reconnaissance. Le Parti québécois, dans ses orientations, cherche au Québec à unifier ces divisions. Le projet de souveraineté, pour réussir, devra, quoi qu'il en soit, établir sa légitimité sur la base d'un renouveau du consensus. La reconnaissance par le plus grand nombre de la légitimité de ce pacte consacrera le statut de citoyen du Québec comme nouveau sujet national et comme support de la nouvelle nation. Lorsque se consolident les liens sociaux autour d'une citoyenneté mutuellement reconnue et conclue par un pacte légitime avec l'État, les liens politiques citoyen/État sont légitimement établis et la création d'une communauté consensuelle devient possible. Lorsque le citoyen est en mesure de dire « voici mes institutions, voici mes lois, voici l'État qui me représente », il sanctionne ainsi l'existence de ce pacte. Alors, la légitimité de l'État est fondée et, en même temps, sont créées les conditions de la subjectivité : la nation politique est possible. C'est dans ces conditions qu'émerge un sujet politique et que sa vocation communautaire est sanctionnée.

Au Québec, il est clair que la présente situation politique, caractérisée par la transition, traduit un processus de déplacement et de recomposition des termes de ce contrat. La nation ou une communauté politique peut devenir une forme, l'expression de ce lien politique. Mais au-delà d'une série de critères sociologiques, elle risque de rester un fantasme régressif et même spontanément répressif si elle n'est pas sanctionnée par un contrat avec l'État. Jusque-là, cette nation, prise dans la dynamique canadienne, révélait un processus de transformation de la nation naturelle à la nation politique. La nation, pour exister comme sujet politique, pour s'extraire du naturalisme, a besoin de l'État de droit qui garantit qu'elle fonctionne à la citoyenneté, c'est-à-dire à l'égalité des droits. C'est à cette condition que s'élabore cette véritable cohésion nationale que l'État est chargé de protéger. Le régime fédéral canadien représente cette forme de légitimation, mais une grande partie de la société québécoise ne s'y retrouve pas. Par conséquent, cette légitimation cherche maintenant une nouvelle voie. La nation politique consacre donc un processus de rationalisation des rapports subjectifs divers à travers l'État. Pour ne pas être ethnique, le mouvement souverainiste repose en effet pour une large part sur cette rationalité subjective.

C'est donc dans une phase contractuelle avec l'État que la nation élective, consensuelle, émerge comme sujet légitime, c'est-à-dire appuyé sur la reconnaissance du citoyen. La citoyenneté, ouverture et droit, est donc l'épicentre de la nation. C'est elle qui assure les droits égaux au cœur de la nation. Aussi la reconnaissance des droits de tous les ensembles et sous-ensembles de citoyens représente-t-elle un enjeu stratégique pour que le mouvement souverainiste réalise le passage de la nation-culture à la nation-raison. Ce passage signifie que l'identité culturelle qui s'affirme à travers le mouvement souverainiste s'appuiera désormais sur les paramètres d'une communauté politique fondée sur le droit plutôt que sur l'«ethnicité», passage que le rapport à l'État du Québec induira. La redéfinition de la nation, en cours à travers la transition vers de nouvelles représentations de l'État et de la société qui seront légitimées par la souveraineté, implique la primauté de la citoyenneté sur toute représentation culturelle excluante de ce nouveau sujet politique. L'imaginaire politique qui préside à la volonté souverainiste est donc celui d'une nation ouverte et élective, basée sur l'égalité dans la citoyenneté.

## LA SOUVERAINETÉ COMME RATIONALITÉ SUBJECTIVE INTERNE

C'est à l'intérieur des paramètres invoqués au début de ce texte, rationalité et interdépendance étatique, que s'esquisse le projet de souveraineté du Québec. La nation québécoise ne se suffit donc pas d'être «naturelle», réunissant ainsi anglophones et francophones dans un vague contrat canado-québécois, et c'est pourquoi, avant la souveraineté, elle constitue une figure transitoire. Elle deviendra le véritable sujet politique de l'État québécois lorsque, par la souveraineté, elle réunira un consensus qui inclura les minorités nationales dans un nouveau pacte légitime autour du futur État souverain.

Il importe par conséquent de prêter à la conscience souverainiste des termes appropriés. Dans cet esprit, l'évolution des consciences qui a cours, surtout depuis la commission Bélanger-Campeau, se traduit mieux par la notion de rationalité subjective que par l'idée de nationalisme. Par rationalité subjective, nous entendons l'intériorisation par les citoyens des éléments rationnels d'une transformation caractérisée par un projet d'auto-institution du politique. En d'autres mots, il ne s'agit pas de l'expression d'une identité culturelle préexistante mais de la prise en considération par le citoyen du Québec d'une rationalité qui commande des réaménagements majeurs du système politique.

Les conséquences concrètes de la prédominance de cette rationalité sont que les transformations projetées relèvent d'abord d'un imaginaire étatique au détriment d'une ferveur au sujet de l'identité. Si ce *désir d'auto-institution de l'État* n'est qu'un volet de l'expression démocratique et s'il est vrai qu'il devra être suivi, en cours de transition, par l'autonomisation de la société civile, il demeure que cette rationalité favorise la mise en place d'une culture politique centrée sur le droit. C'est à ce titre d'ailleurs que le cas québécois est spécifique dans la mesure où il conjugue l'idée d'une subjectivité politique plus affranchie en même temps qu'il respecte les enjeux propres aux grands ensembles.

En effet, toute population, en démocratie accomplie, tout ensemble constitué, est sollicité par cette auto-institution de structures propres (réformes constitutionnelles, appartenance à de grands ensembles, débats sur la démocratie, etc.). Par exemple, la formation d'une identité européenne est typique d'une telle constitution en sujet rationnel. Car au stade de la formation des grands ensembles, ce qui justifie l'imposition de la rationalité sur la formation du sujet, c'est justement le caractère post-national de cette subjectivité politique. Ou bien la nation historique est déjà constituée comme sujet et sa cohésion est garantie par l'État, ou bien la nation est une figure transitoire et, pour devenir un sujet politique, elle doit se consolider en s'appuyant sur la citoyenneté, qui repose sur l'universel, par définition un produit de la raison. C'est pourquoi la rationalité préside à cette logique «ensembliste», sans quoi le mouvement d'auto-institution serait convié à une dérive passéiste, ethnocentriste ou romantique, sur le modèle des nationalismes qui ont pris tristement la relève depuis l'éclatement de l'empire soviétique.

Qu'en est-il donc du Québec ? Trois rationalités objectives et subjectives internes peuvent le définir. Le mouvement de rationalisation et de légitimation de la souveraineté du Québec repose a) sur une logique de substitution du modèle de coopération inter-étatique (association d'États souverains) au modèle fédéral (dédoublements politico-administratifs) ; b) sur la valorisation de l'espace québécois de représentation démocratique par rapport à l'espace canadien : le lien contractuel entre le peuple-citoyen et l'État souverain projeté ne reconnaît pas la légitimité de l'État canadien et veut poser autrement les termes de la reconnaissance symbolique et en redéfinir les limites ; et c) sur la primauté du politique sur l'économique : à l'heure des grands ensembles, la souveraineté n'est pas une idéologie de l'exclusion culturelle, elle devient ici le processus de rationalisation du politique pour créer de meilleures conditions à l'économique (au social, au culturel, etc.). Ce processus de symbolisation («voici <u>mon</u> État, voici mes institutions») est par essence le fondement de l'acte démocratique. Il importe de s'interroger de la même manière sur la signification des conditions externes de cette nouvelle souveraineté.

## *LA SOUVERAINETÉ COMME RATIONALITÉ OBJECTIVE EXTERNE*

Les liens de coopération et d'interdépendance avec les États-partenaires voisins, liés à la subjectivité de droit, représenteront une responsabilité directe de l'État du Québec, reconnu comme légitime par les autres États. Le déplacement du droit interne fédératif vers le droit externe inter-étatique traduit une nouvelle force politique : il ne s'agit pas seulement de se reconnaître soi-même dans ses institutions mais d'être reconnu par les autres. Là s'exprime de nouveau la volonté de favoriser la primauté du politique sur l'économique, en associant le mouvement d'intégration continentale à ce rapport de force obtenu par la souveraineté. Le Québec, en devenant souverain, impose l'État comme lieu de l'interdépendance, de la solidarité communautaire comme de l'autonomie juridico-politique. C'est le secrétaire général des Nations Unies, Boutros Boutros-Ghali, qui définit la souveraineté comme « l'art de rendre égales des puissances inégales » (Legaré, 1992, p. 151). C'est dans cet esprit que la démarche souverainiste du Québec exprime une volonté rationnelle d'établir un nouveau cadre de légitimité, informé par des relations inter-étatiques soumises à un nouveau code de juridiction et à l'espace politique québécois en tant qu'État.

Cette revendication se fait à l'intérieur des nouvelles tendances à la formation de régionalismes politiques. L'importance croissante des modèles de coopération et d'intégration sous la forme de grands ensembles, tout comme le modèle de confédération à l'européenne (Union européenne), pèse sur l'évolution du Québec. L'enjeu est de taille, car il stipule que les États unissent leurs compétences sur certaines questions et décident conjointement. Dans un tel contexte, que signifie accéder à la souveraineté ? Celle-ci n'est-elle pas une notion dépassée ? Rappelons-le, la souveraineté est d'abord, sur le plan interne, un contrat dans lequel le peuple exprime qu'il se reconnaît dans ses institutions ; sur le plan externe, c'est ensuite la reconnaissance de cet État par les autres États en tant que sujet de droit international. Le fait qu'un État délègue l'exercice de certaines de ses prérogatives à des instances qu'il gère avec d'autres États est un problème d'une tout autre nature. Pourtant, ces questions agitent les interprétations de l'enjeu souverainiste et il faut s'y attarder. Les glissements dans les liens de pouvoir qui vont des États vers les instances communautaires entraînent-ils une déperdition de sens pour l'État et pour la souveraineté ?

Une question de départ à ce sujet consiste à se demander, par exemple, si le modèle de formation de l'Europe communautaire, amorcé par le traité de Rome en 1957, a conduit à la formation d'une sorte de nouvel État formé par l'Europe des Douze. Pourtant, le partage de compétences convenu entre les États de l'Europe des Douze ne constitue pas en soi un nouvel État pour des raisons indiscutables. La souveraineté de l'État, du point de vue du droit, repose sur trois conditions : la capacité juridique, pleine et entière, de faire des lois, de signer des traités et de prélever des impôts. Cette capacité juridique reste le principe de chacun des États qui composent l'Europe, au-delà de la formation de l'Union européenne, et le partage de compétences y est d'abord limité puis subordonné à la volonté des parlements nationaux. Inutile de parler ici de conception traditionnelle de la souveraineté. Aux yeux du droit international, la souveraineté demeure un attribut de l'État qui seul peut en disposer, et, sur le plan politique, elle tire sa légitimité du fait qu'elle est reconnue par le citoyen.

Qu'est-ce donc alors que ce qui est appelé de façon équivoque la souveraineté partagée ? C'est cette capacité (juridique) interne et externe dont dispose un État souverain au sens fort (on le sait, le Québec fédéré ne dispose d'aucune souveraineté car le Québec n'a pas et n'aura jamais au sein du fédéralisme d'existence juridique au sens du droit international). À partir de cette capacité juridique, les représentants d'États souverains, comme c'est une tendance actuelle, peuvent décider, avec d'autres États, d'étendre certains champs de compétences de l'État à des domaines qu'ils gèrent ensemble, à l'intérieur des limites prescrites par les constitutions de ces États et donc soumises à la juridiction des parlements nationaux. C'est par exemple le cas, au sein de l'Union européenne, du domaine monétaire, des compétences économiques et de certaines juridictions sociales ou encore de questions de sécurité. Ce partage de compétences entre des États n'affecte pas le caractère souverain de ces États ; il en est même la condition. C'est pourquoi ces États continuent d'être membres à part entière de l'Organisation des Nations Unies. La souveraineté, au sens du droit, est la condition préalable des accords qu'ils signent entre eux.

On ajoutera que ces accords ont par nature des limites reposant sur la souveraineté de ces États telles que les imposent les règles de l'unanimité, de la subsidiarité ou de la majorité qualifiée. Ces règles, proposées pour adoption aux parlements nationaux, ont précisément pour objet de fixer les limites des champs d'application de ces compétences. Les auteurs de telles ententes sont des États au plein sens du terme, c'est-à-dire des sujets de droit international qui disposent de la pleine capacité juridique en matière de législation internationale et qui ne peuvent pas être confondus avec des provinces fédérées, comme le Québec, ou avec des régions infra-étatiques du type des *landers* allemands.

La souveraineté reste donc une capacité juridique qui repose sur un principe fondateur : cette capacité est conférée à l'État par la légitimité du processus démocratique, par la volonté du citoyen, puis, ensuite, reconnue comme légitime par les autres États. C'est la volonté du citoyen qui donne à la souveraineté de l'État sa légitimité et son fondement. C'est pourquoi tout partage de compétences entre plusieurs États souverains doit faire l'objet d'un recours au citoyen, car c'est ce dernier, selon la constitution des États démocratiques, qui est le véritable dépositaire de la souveraineté.

C'est dans ce contexte qu'il faut interpréter la véritable problématique démocratique à l'œuvre dans les formations communautaires, bien au-delà de leur seul cadre inter-étatique, en vue de mieux saisir la volonté souverainiste du Québec. En effet, si on prend le cas de l'Europe, on voit que deux visions de la politique s'affrontent qui sont en fait deux conceptions opposées de la démocratie. L'une est purement technocratique et tend à diminuer le rôle des États alors que l'autre, au contraire, repose sur la vitalité des débats qui traversent ceux-ci.

La diversité des interprétations vient aussi du fait que l'Union européenne relève d'une forme politique *sui generis*, ce qui signifie que ses institutions ont été mises en place sans se mouler sur aucun modèle préalable. L'Europe des Douze, issue du traité de Rome de 1957, est une fabrication empirique et l'accord de Maastricht a formalisé une adaptation graduelle des lois et des institutions à des états de fait. Cette adaptation, au cas par cas, de la Communauté européenne, rendue possible par les pouvoirs d'une de ses instances suprêmes, la Cour de justice, a en effet débordé des cadres de la légitimité démocratique, soit des parlements élus des États nationaux. En dernière instance, pour que le traité de Maastricht soit juridiquement valide, il a donc dû être sanctionné par les parlements nationaux. Ainsi, le traité de l'Union européenne, s'il étend les domaines d'une coopération souhaitable et d'une intégration économique poussée, n'a pas pour caractéristique de dissoudre ce qui demeure l'espace premier de la légitimité démocratique, les États et leur souveraineté. L'article F.1 du traité le dit bien : «L'Union respecte l'identité nationale de ses États membres, dont les systèmes de gouvernement sont fondés sur les principes démocratiques.»

## SOUVERAINETÉ ET ESPACE DÉMOCRATIQUE

La tendance à la formation de grands ensembles, comme c'est le cas pour l'Union européenne, amène à se demander ce que signifie l'aspiration souverainiste dans un tel contexte. La souveraineté du Québec, outre le fait de correspondre à un choix de société, est-elle, elle aussi, conforme à la logique et à la rationalité des processus de formation de grands ensembles? Quelle est alors la fonction spécifique de cette souveraineté, à la fois porteuse d'une signification démocratique et compatible avec la mise en place de communautés d'intérêts et de structures qui associent plusieurs États? Certes, de nombreuses distinctions interdisent de confondre totalement la construction de l'Europe et le continentalisme nord-américain. Mais, on le remarque, le processus européen, amorcé depuis quarante ans, recoupe quelques-unes des tendances de la dynamique spécifique nord-américaine telles la libéralisation des échanges et la nécessité de partager des intérêts communs sur les plans tant géostratégique et social qu'économique. Cependant, comme pour l'Europe, ces intérêts politiques entre partenaires nord-américains doivent être évalués à la lumière d'une histoire plus pacifique, tout comme à celle des intérêts et des volontés propres de chacun des États faisant partie de cette association.

Les dimensions actuelles de l'Europe des Douze, structurelles et conjoncturelles, externes et internes, fournissent en effet des voies utiles à la réflexion sur le mouvement souverainiste du Québec. Il importe à cet égard d'examiner quelques-uns des éléments que sont les liens entre le fédéralisme, l'État et la souveraineté. En effet, la problématique de la nouvelle Union européenne met en scène trois thèmes privilégiés ici par les débats politiques. Le premier rejoint tout d'abord l'actualité du débat autour du fédéralisme. Le fédéralisme est en effet une notion souvent utilisée pour décrire les nouvelles structures de coopération entre les États de la Communauté. Mais ce néo-fédéralisme est bien éloigné du fédéralisme canadien dans la mesure où, comme le précise Maurice Duverger : «On a tort d'abuser du concept de fédéralisme pour décrire la Communauté ou de comparer ce fédéralisme à celui des États-Unis, etc. [...]. Disons, pour l'instant, que la C.E. évolue vers un néo-fédéralisme, c'est-à-dire une forme originale et unique de gouvernement entre les États. Il s'agit d'un néo-fédéralisme d'abord parce que cette communauté unit des États préexistants, qui sont distincts puisqu'ils ont chacun leur histoire, une culture, une langue, une tradition qui leur donnent une personnalité à laquelle aucun d'eux n'est disposé à renoncer [...]. On voit bien les conséquences de cette caractéristique essentielle : il y a une différence fondamentale entre une fédération qui accompagne un seul et même État-nation (comme le fait le système fédéral canadien) et une fédération constituée par des États-nations divers qui lui préexistent.» (Duverger dans Legaré, 1992, p. 23-24-25).

Le second thème, nœud de la problématique européenne, est celui de l'État. Au sein de l'Union européenne, jusqu'à quel point les transferts de compétences vers la Communauté modifient-ils le rôle de l'État ? Sur quoi s'appuiera dès lors le lien de ce nouvel État avec la société et la nation ? Ces questions s'ingèrent aussi dans la problématique du futur État souverain. Y répondre exige que l'on distingue deux définitions de l'État. La première définition réduit l'État à une série de compétences que l'ordre juridique ou constitutionnel permet de partager avec d'autres instances, que ce soit par le haut ou par le bas, soit au niveau inter-étatique (ou super-étatique) ou infra-étatique. L'État, selon cette représentation, ne désigne de façon empirique que cet ensemble de compétences et devient ainsi, comme ce fut le cas au sein de la Communauté européenne, largement tributaire des émanations de la Cour de justice, gouvernement des juges.

La seconde conception de l'État va plus loin. Sans exclure les compétences et les autres dimensions empiriques, elle désigne plutôt les relations de pouvoir qu'entretiennent les forces politiques avec les divers ensembles d'une société donnée. L'État est donc, selon cette conception, un rapport à la nation et aux diverses forces sociales qui la constituent.

Ces deux définitions de l'État ont été et sont encore à l'œuvre dans les transformations de l'Europe communautaire. Elles s'opposent aussi dans les débats autour de la souveraineté du Québec. Certains y verront un nouveau ressort pour l'État dans la mesure où la nouvelle Union européenne fait appel à l'engagement des parlements nationaux et sollicite une citoyenneté plus dynamique. Que ce soit parce que la conception technocratique de l'État prédomine et réduit le rôle de la citoyenneté ou que la conception démocratique prévale et lui accorde plus d'importance, dans les deux cas, la nouvelle configuration du rôle de l'État met au premier plan un questionnement sur la souveraineté. Selon la conception de l'État qui est retenue, la souveraineté perd ou gagne en signification. Par ricochet, à travers la souveraineté, c'est en effet la démocratie qui ressort plus que jamais comme troisième axe de la problématique des grands ensembles.

En effet, les rapports qui unissent l'État et la souveraineté, mis en relief dans le débat soulevé autour de l'Union européenne, par exemple, s'éclairent différemment selon qu'ils traduisent la présence ou l'absence de liens avec les forces vives de la société, avec la ou les nations, bref avec la formation d'un sujet politique susceptible de se reconnaître dans ces structures et ces institutions et à travers les lois qui en émergent. La démocratie, comme condition d'auto-institution imaginaire du politique, se situe au cœur de la problématique des grands ensembles.

• • •

Dans ce texte, nous nous sommes interrogés sur le lien entre la nation et l'État, lien qui passe de façon obligée par la citoyenneté. La nation consensuelle (appuyée sur un principe civique), formée à travers l'État, est le relais sur lequel s'appuie la subjectivité démocratique. La souveraineté de l'État constitue l'espace de légitimation ou, mieux, de reconnaissance de cette subjectivité. C'est à partir de ces paramètres qu'on peut interpréter la transition historique qui a lieu au Québec. Les principales lignes de force qui définissent le mouvement souverainiste du Québec peuvent se résumer comme suit :

1) Dans les liens entre le citoyen, l'État et la nation québécoise, c'est la citoyenneté qui conditionne la nation et lui assure son caractère électif. Cette nation désigne la communauté de tous ceux qui résident au Québec et consentent à vivre ensemble. Dans la perspective du rapport à un nouvel État, cette nation doit subir un processus de transformation vers la nation politique. Les citoyens qui la composent seront égaux en droits par l'État qui préside au développement des intérêts de la nouvelle communauté nationale. Cette communauté disposera de l'État comme relais dans toutes ses relations avec d'autres communautés, supra-étatiques ou inter-étatiques.

2) Cette communauté nationale, réunie autour de la citoyenneté et fondée sur celle-ci, si elle est un acteur légitime dans la reconnaissance interne de la souveraineté et de ses institutions ainsi que dans les liens entre l'État et la société, ne devient pas pour autant un facteur d'assimilation. En effet, la notion d'État-nation chargée de traduire des liens organiques entre l'État et un référent national par l'assimilation des communautés culturelles minoritaires est par définition conservatrice parce qu'elle est associée à une conception nostalgique et dépassée de la nation. En effet, le pluralisme et la composition socio-culturelle du Québec actuel fondent la suprématie du lien politico-juridique sur le lien culturel et excluent le caractère répressif de l'État-nation. Le véritable État-nation est d'ailleurs un cas d'espèce plutôt exceptionnel. Ce que l'on trouve surtout aujourd'hui, ce sont des États articulés à des nations dont le procès de formation accompagne, déborde, tout autant qu'il peut recouper les limites de l'État. L'État sert à consolider le lien national et à garantir son caractère électif dans la distance garantie par le principe de citoyenneté. Les questions d'identité, de langue et de culture appartiennent aux liens que la nation entretient avec la ou les communautés qui la constituent, liens appuyés encore une fois sur la citoyenneté. Il est légitime de penser que la communauté francophone estime que ses intérêts seront mieux protégés dans un État souverain. La communauté anglophone est aussi en droit d'attendre la protection de ses propres intérêts de même que le sont les nations autochtones. C'est dans ce sens que la nation devient un sujet politique consensuel recouvert par la citoyenneté dans le relais entre les institutions parlementaires, la constitution et les instances inter-étatiques.

3) La souveraineté politique a donc pour principale signification d'assurer à une communauté d'intérêts divers, définie comme communauté nationale, que l'État qui la représente est légitimement reconnu par tous les citoyens. Cette reconnaissance symbolique est au centre de la souveraineté. Tous, sujets politiques, internes et externes, reconnaissent la légitimité de cet État : correspondance entre la citoyenneté et la subjectivité au sens du droit international. Ces deux faces de la reconnaissance sont indissociables dans la définition de la souveraineté. C'est vers une telle correspondance que tend la volonté souverainiste du Québec. Elle implique un déplacement dans la nature des liens entre les États qui lui font face, le Canada d'abord, les États-Unis, le Mexique et d'autres États qui composeront ultérieurement la communauté régionale des États américains. La souveraineté du Québec actualise le processus de légitimation démocratique dans la mesure où elle est la création d'un sujet politique en voie d'auto-institution. Elle implique aussi un lien de cohésion entre la nation, l'État et tous les ensembles de citoyens. Elle suppose, après la déclaration de souveraineté obtenue par la voie popu-

laire, la formation d'une nouvelle nation, consensuelle et politique. Cette communauté nationale sera légitime au sein d'une communauté plus large, inter-étatique, qui suscite une reformulation des enjeux suivants : elle fait appel aux médiations qui sous-tendent les liens entre le citoyen, l'État et la communauté régionale. Elle sollicite aussi l'autonomie de la nation dans son rapport à l'État. Celle-ci demeure un acteur démocratique dans le relais qui associe les parlements nationaux et les structures communautaires. L'État et la souveraineté y sont donc les repères démocratiques par excellence qui permettent les assises de la citoyenneté québécoise à l'intérieur des structures nationales. C'est là aussi la signification de la souveraineté québécoise et grâce à son histoire, à sa complexité et à sa spécificité culturelle, une de ses contributions aux débats démocratiques de la vaste communauté nord-américaine. C'est enfin une possibilité d'approfondissement de l'autonomie de la société québécoise vis-à-vis de l'État, condition de toute saine démocratie.

## BIBLIOGRAPHIE

ANDERSON, Benedict, 1983, *Imagined Communities. Reflections on the Origin and Spread of Nationalism*, Londres, Verso.

BARRY, Brian, 1983, « Self government revisited » dans *The Nature of Political Theory*, Oxford, Clarendon Press, p. 121-154.

BARRY, Brian, 1987, « Nationalism » dans David MILLER *et al.* (dir.), *The Blackwell Encyclopaedia of Political Thought*, Oxford, Blackwell, p. 352-354.

BÉLANGER, Yves et Dorval BRUNELLE (dir.), 1988, *L'Ère des Libéraux. Le pouvoir fédéral de 1963 à 1984*, Montréal, les Presses de l'Université du Québec.

BERGERON, Gérard, 1990, *Quand Tocqueville et Siegfried nous observaient*, Montréal, les Presses de l'Université du Québec.

BERGERON, Gérard et Réjean PELLETIER (dir.), 1980, *L'État du Québec en devenir*, Montréal, Boréal.

BERNIER, Gérald et Robert BOILY, 1987, *Le Québec en chiffres de 1850 à nos jours*, Montréal, Association canadienne-française pour l'avancement des sciences.

BIRNBAUM, Pierre et Jean LECA, 1986, « L'individu-citoyen dans le christianisme occidental » dans *Sur l'individualisme*, Paris, les Presses de la Fondation nationale des Sciences politiques.

BROSSARD, Jacques, 1976, *L'Accession à la souveraineté et le cas du Québec*, Montréal, les Presses de l'Université de Montréal.

CALDWELL, Gary et Eric WADDELL (dir.), 1982, *Les anglophones du Québec de majoritaires à minoritaires*, Québec, Institut québécois de recherche sur la culture.

CHATTERJEE, Partha, 1986, *Nationalist Thought and the Colonial World. A Derivative Discourse*, Londres, Zed Books.

CHEVALLIER, Jacques, 1980, « L'État-Nation » dans *Revue du Droit public et de la Science politique*, n° 5, p. 1271-1320.

COHEN-TANUGI, Laurent, 1992, *L'Europe en danger*, Paris, Fayard.

COLAS, Dominique, 1992, *Le Glaive et le Fléau. Généalogie du fanatisme et de la société civile*, Paris, Grasset.

COLEMAN, William, 1984, *The Independence Movement in Quebec, 1945-1980*, Toronto, University of Toronto Press.

COLLIARD, Claude-Albert, 1982, «État et Nation. Variations modernes sur un thème classique» dans *Études en l'honneur de Louis Hamon*, Paris, Economica.

COMEAU, Robert, Michel LÉVESQUE et Yves BÉLANGER (dir.), 1991, *Daniel Johnson, Rêve d'égalité et projet d'indépendance*, Montréal, les Presses de l'Université du Québec.

COMEAU, Robert (dir.), 1989, *Jean Lesage et l'éveil d'une nation*, Montréal, les Presses de l'Université du Québec.

COMMISSION D'ÉTUDES DES QUESTIONS AFFÉRENTES À L'ACCESSION DU QUÉBEC À LA SOUVERAINETÉ, 1992, *Projet de rapport*, Québec, Assemblée nationale.

DE BAECQUE, Antoine, 1991, *Une histoire de la démocratie en Europe*, Paris, Le Monde, (Collection «La mémoire du monde»).

DELANNOI, Gil et Pierre-André TAGUIEFF, 1991, *Théories du nationalisme. Nation, nationalité et ethnicité*, Paris, Kimé.

DELPÉRÉE, François, 1990, «Le nouvel État belge» dans *Pouvoirs*, no 54, p. 111-117.

DENIS, Roch (dir.), 1990, *Québec : dix ans de crise constitutionnelle*, Montréal, VLB.

DIETZ, Mary, 1989, «Patriotism», dans Terence BALL *et al.* (dir.), *Political Innovation and Conceptual Change*, Cambridge, Cambridge University Press, p. 176-193.

DUFOUR, Christian, 1989, *Le Défi québécois*, Montréal, l'Hexagone.

DUFOUR, Christian, 1992, *La Rupture tranquille*, Montréal, Boréal.

DUMONT, Fernand, 1993, *Genèse de la société québécoise*, Montréal, Boréal.

DUMONT, Louis, 1990, «Sur l'idéologie politique française», Paris, *Le Débat*.

FAYE, Jean-Pierre, 1992, *L'Europe unie. Les philosophes et l'Europe*, Paris, Gallimard, Arcades.

FERRY, Jean-Marc et Paul THIBAUD, 1992, *Discussion sur l'Europe*, Paris, Calmann-Lévy.

FROMONT, Michel, 1977, «L'évolution du fédéralisme allemand depuis 1949» dans *Mélanges offerts à G. Burdeau*, Paris, Librairie générale de droit et de jurisprudence.

GAGNON, Alain-G. et Mary Beth MONTCALM, 1992, *Québec : au-delà de la Révolution tranquille*, Montréal, VLB.

GAGNON, Alain-G. et François ROCHER (dir.), 1992, *Répliques aux détracteurs de la souveraineté du Québec*, Montréal, VLB.

GAGNON, Alain-G. et Daniel TURP (dir.), 1992, *Objections de vingt spécialistes aux offres fédérales*, Montréal, Albert Saint-Martin.

GELLNER, Ernest, 1983, *Nations and nationalism*, Ithaca, Cornell University Press.

GELLNER, Ernest, 1987, *Culture, Identity and Politics*, Cambridge, Cambridge University Press.

GIORDAN, Henri, 1982, *Démocratie culturelle et droit à la différence*, Paris.

GIRARDET, Raoul, 1983, «Point» dans *Le Nationalisme français*, Paris, Le Seuil.

GREWE-LEYMARIE, Constance, 1982, «Bilan et perspectives du fédéralisme» dans *Pouvoirs*, nº 22, p. 29-40.

GROUPEMENT POUR LES DROITS DES MINORITÉS, 1985, *Les Minorités à l'âge de l'État-nation*, Paris, Fayard.

GUINDON, Hubert, 1990, *Tradition, modernité et aspiration nationale de la société québécoise*, Montréal, Albert Saint-Martin.

GUIOMAR, Jean-Yves, 1990, *La Nation entre l'histoire et la raison*, Paris, La Découverte, Armillaire.

HABERMAS, Jürgen, 1992, «Citoyenneté et identité nationale» dans *L'Europe au soir du siècle*, Paris, Esprit, p. 39-59.

HOBSBAWM, Eric-John, 1990, *Nations and Nationalism since 1780. Programme, Myth, Reality*, Cambridge, Cambridge University Press.

HUON DE KERMADEC, Jean-Marie, 1982, «La persistance de la crise du fédéralisme canadien» dans *Revue du droit public et de la science politique en France et à l'étranger*, nº 6, p. 1601-1626.

JOHNSON, Daniel, 1990, *Égalité ou indépendance. 25 ans plus tard à l'heure du Lac Meech*, Montréal, VLB.

KARTVELI, S., 1988, «Le nationalisme contre les nationalités», *Pouvoirs*, nº 45, p. 65-87.

KEDOURIE, Elie, 1993, *Nationalism*, Oxford et Cambridge, Blackwell.

KNAPP, Blaise, 1987, «Confédération et cantons» dans *Pouvoirs*, nº 43, p. 31-47.

L'ABBÉ SIEYÈS, 1982, *Qu'est-ce que le Tiers-État?* Paris, les Presses Universitaires de France.

LAFOREST, Guy, 1992, *Trudeau et la fin d'un rêve canadien*, Québec, Septentrion.

LAMONDE, Yvan et Esther TRÉPANIER, 1986, *L'Avènement de la modernité culturelle au Québec*, Québec, Institut québécois de recherche sur la culture.

LANDRY, Bernard, 1987, *Le sens du libre-échange. Commerce sans frontières*, Montréal, Québec/Amérique.

LANGLOIS, Simon (dir.), 1990, *La Société québécoise en tendances, 1960-1990*, Québec, Institut québécois de recherche sur la culture.

LEGARÉ, Anne et Nicole MORF, 1989, *La société distincte de l'État. Québec-Canada, 1930-1980*, Montréal, Hurtubise HMH.

LEGARÉ, Anne, 1991, «Symbolique de la nation et figures du politique : héritage et discontinuité» dans *La Révolution française au Canada français*, Ottawa, les Presses de l'Université d'Ottawa, p. 67-85.

LEGARÉ, Anne, 1992, *La souveraineté est-elle dépassée? Entretiens avec des parlementaires et intellectuels français sur l'Europe actuelle*, Montréal, Boréal.

LEGAULT, Josée, 1992, *L'invention d'une minorité. Les Anglo-Québécois*, Montréal, Boréal.

LINTEAU, Paul-André, René DUROCHER et Jean-Claude ROBERT, 1979, *Histoire du Québec contemporain. De la Confédération à la crise*, Montréal, Boréal Express.

MADIRAN, Jean, 1979, *Les quatre ou cinq États confédérés*, Paris, *Itinéraires*, numéro spécial hors série.

MAIRET, Gérard, 1989, *Discours d'Europe*, Paris, *La Découverte*, Agalura.

McROBERTS, Kenneth, 1991, *English Canada and Québec : avoiding the Issue*, Toronto, York University.

MICHELAT, Guy et Jean-Pierre THOMAS, 1962, *Dimensions du nationalisme*, Paris, Armand Colin.

MINORITÉS, octobre 1991, « Quelles chances pour l'Europe » dans *L'Événement européen*, Paris, Seuil.

MORIN, Jacques-Yvan, 1992, conférence prononcée à l'Assemblée nationale, Paris, Association Paris-Québec.

MORIN, Michel, 1992, *Souveraineté de l'individu*, Montréal, Les Herbes rouges.

NICOLET, Claude, 1982, *L'Idée républicaine en France*, Paris, Gallimard.

POMIAN, Krzysztof, 1990, *L'Europe et ses nations*, Paris, Gallimard, *Le Débat*.

POULAT, Émile, 1987, *Liberté, laïcité. La guerre des deux France et le principe de la modernité*, Paris, Cerf/Cujas.

RENAN, Ernest,1992, *Qu'est-ce-qu'une Nation ?*, Paris, Presses Pocket.

RIALS, Stéphane,1986, *Destin du fédéralisme*, Paris, Institut La Boétie, Librairie générale du droit et de jurisprudence.

THORNBERRY, Patrick, 1989, « Self-determination, minorities, human rights : a review of international instruments » dans *International and Comparative Law Quarterly*, p. 867-889.

UNIVERSITÉ DE ROUEN, 1993, *Nations, nationalisme, transitions, XVI-XX<sup>e</sup> siècles* Paris, Terrains, Éditions Sociales, p. 299-345.

WEIBEL, Ernest, 1987, « Les institutions et la diversité culturelle, » dans *Pouvoirs*, n<sup>o</sup> 43, p. 17-30.

# CHAPITRE 3

## Le pluralisme et le dualisme

CHARLES TAYLOR

Y a-t-il des divergences à propos des valeurs entre les différentes régions du Canada? Oui, mais en un sens, elles sont minimes. Il semble y avoir une similitude remarquable partout au pays, par-delà la différence entre francophones et anglophones, quand on parle des choses importantes de la vie. Même lorsqu'on traite des valeurs qui touchent précisément à la culture politique, on est généralement d'accord sur les questions de l'égalité, de la non-discrimination, de la primauté du droit, des mœurs de la démocratie représentative, à propos des mesures sociales, de la violence, des armes à feu et d'une foule d'autres sujets.

Il n'en a pas toujours été ainsi. Il y a cinquante ans, des différences marquées existaient entre les deux principaux groupes en matière de culture politique. Pierre Elliott Trudeau (1956) a écrit sur le sujet. Les atteintes à la primauté du droit sous Maurice Duplessis, même si on ne semble pas lui en avoir tenu rigueur – sa façon de traiter les témoins de Jéhovah et les communistes par exemple –, indiquent que le Québec et le Canada français avaient des idées différentes du Canada anglais sur la tolérance en matière de dissidence. Certaines personnes étaient disposées à croire que les deux sociétés attribuaient des valeurs bien différentes au maintien du consensus sur des vérités et des normes importantes lorsque celles-ci entraient en conflit avec la tolérance, la liberté ou la diversité admise. Non pas que le reste du Canada fût très libéral à cette époque. On y a fait la vie dure à diverses minorités et à bon nombre de dissidents. Cependant, les raisons précises de l'*illibéralisme* étaient remarquablement différentes au Québec, organisées, semble-t-il, autour des valeurs d'un catholicisme traditionnel et ultramontain. C'est pour ces raisons que les autres Canadiens se sont fait de la province une image exotique et alarmante.

Aujourd'hui, cette différence a disparu. En gros, on pourrait dire que le Canada français a rejoint le Canada anglais; plus précisément, on pourrait dire que les forces internes du Québec qui ont toujours lutté pour une société libérale l'ont emporté. Il serait peut-être plus juste de dire que les deux parties du Canada ont été emportées dans le consensus libéral qui s'est établi dans le monde occidental à la suite de la Deuxième Guerre mondiale. Comme nous le verrons un peu plus loin, certains Canadiens anglais semblent ne pas croire à ce phénomène et entretenir un doute sur la présence des valeurs libérales au Québec, mais ce doute n'est pas fondé dans les années 1990. Ou s'il est fondé, c'est dans la même mesure que pour toute société des deux côtés de l'Atlantique, car aucune n'est exempte de racisme, de chauvinisme et d'autres maux de ce genre.

Ironiquement, au moment même où nous nous entendons sur ce point, la rupture est proche. Nous n'avons jamais été aussi près de la rupture dans notre histoire, bien que nos valeurs n'aient jamais été aussi uniformes. La voie de l'uniformité va au-delà du nivellement des différences entre deux grandes cultures. De plus, il y a eu une érosion graduelle des modèles urbains et ruraux si on considère les cinquante dernières années. L'influence extraordinaire des communications modernes a probablement aussi réduit les diverses différences régionales.

## POURQUOI LE CANADA ?

Donc, quel est le problème ? Il survient lorsqu'on se pose un autre type de question appartenant aussi au domaine des valeurs au sens large. On ne se demande plus « À quoi les gens attachent-ils de l'importance ? » mais « À quoi sert un pays ? » En d'autres termes, « Autour de quelles bases d'unité devrait-on construire une entité politique souveraine ? » En un sens, cette question est étrange. Peu de pays se la poseraient. Néanmoins, elle survient ici parce qu'il y a des choix à faire et donc un besoin de justification. Ces choix existent pour nous – dans notre compréhension de la situation – même lorsqu'ils ne sont pas très plausibles, lorsqu'ils jouissent de peu d'appuis et ne font pas partie du jeu politique. Ils peuvent toujours s'offrir comme défi à l'autojustification puisqu'ils ont existé dans l'histoire, et nous retenons le principe que nos arrangements proviennent d'un choix qui excluait ces solutions.

Au Canada hors du Québec (CHQ)[1], il y a deux solutions : le pays ou des parties du pays auraient pu s'unir, ou auraient pu se joindre aux États-Unis ; et les parties pourraient aussi avoir échoué dans leur union et, en réalité, elles pourraient un jour se désunir de nouveau. Il y a donc deux questions existentielles pour le CHQ : celle de l'unité et celle de la spécificité. Pour le Québec, il existe une grande question, trop bien connue et trop souvent à l'ordre du jour pour avoir besoin d'être décrite. Elle porte sur la décision de faire partie du Canada ou non et, dans l'affirmative, comment. Je tiens à préciser qu'aucune des solutions existentielles ne peut constituer un choix fort au CHQ de nos jours, mais cela ne les empêche pas de servir de points de référence à l'autodéfinition. À ce titre, ce sont des outils très utiles pour cerner la question : « Pourquoi existons-nous ? »

En un sens, les questions existentielles des deux sociétés sont interreliées. Peut-être que le CHQ n'aurait pas autant besoin de l'autodéfinition ni de répondre à la question « À quoi sert le Canada ? », si le Québec n'avait pas l'intention de répondre à ses questions existentielles radicalement. Néanmoins, une fois que l'existence du pays a été menacée de la sorte, toutes les solutions réprimées remontent à la surface dans le CHQ aussi.

Quelles sont donc les réponses ? Il est plus facile d'exposer le problème en considérant d'abord le Canada anglais. La réponse y a toujours été évidente. Il y a long-temps, lorsque le Canada anglais portait le nom officiel d'« Amérique du Nord britannique », la question de la spécificité ne se posait même pas et l'unité semblait le corollaire du besoin de spécificité face au géant américain. Toutefois, à mesure que disparaît l'aspect britannique, et même l'aspect anglais, du CHQ, cette affirmation est de moins en moins valable comme réponse. Nous sommes tous des sujets de la reine, mais cela semble vouloir dire de moins en moins de choses à de plus en plus de personnes. Fait encore plus embarrassant, cela signifie encore beaucoup pour certaines personnes, mais absolument rien pour d'autres et ne peut donc pas servir de ferment pour l'unité.

Ce qui tient le Canada ensemble hors du Québec n'est donc plus une même origine et de moins en moins une même histoire. Cependant, on trouve les éléments de liaison dans les institutions politiques et les façons d'être. La coupure avec l'ancienne identité n'est pas totale, puisque l'aspect britannique se définit aussi largement sur le plan des institutions politiques : le régime parlementaire, une certaine tradition judiciaire et ainsi de suite. Le glissement s'est fait de façon continue, sans coupure brusque dans le passage de l'ancien au nouveau. Certains éléments se sont même perpétués, mais l'enrobage est différent.

Les Canadiens se sentent différents des Américains parce que a) ils vivent dans une société moins violente et moins écrasée par les conflits. Cette situation est en partie attribuable à la chance. Notre histoire n'a pas donné lieu à une guerre raciale latente dans les classes défavorisées, avec ses tensions continuellement entretenues dans les villes. La situation est aussi attribuable à la culture politique. Dès le début, les Américains ont accordé de la valeur à une défense des droits énergique et directe et, par conséquent, ils ne sont pas prêts à condamner la violence avec vigueur. On fait preuve de plus de tolérance envers la violence au sud de la frontière, on est plus disposé à l'accepter. C'est à cela qu'on peut attribuer le niveau de violence plus élevé aux États-Unis, de même qu'une série de penchants étranges de la société américaine, comme celui qui s'exprime dans la puissance du groupe de pression en faveur des armes à feu personnelles. Les Canadiens semblent accorder plus de valeur «à la paix, à l'ordre et au bon gouvernement». C'est du moins notre façon de nous voir et il semble bien y avoir une certaine vérité dans cette perception qui est peut-être importante pour les buts que nous voulons atteindre.

Par conséquent, la population canadienne tolère plus facilement les règles et les restrictions justifiées par le besoin d'ordre. De plus, il existe un préjugé favorable (du moins au Canada anglais) qui offre le bénéfice du doute aux forces policières. Cela explique l'absence presque totale de protestations lors de la mise en vigueur de la Loi sur les mesures de guerre en 1970; cela explique aussi l'étrange hésitation de la population canadienne à condamner la GRC, même après la mise au jour de sa conduite douteuse.

On peut ajouter que la tolérance des Américains envers les conflits se prolonge également dans le domaine du droit. Ils sont plus procéduriers que nous le sommes. Ils croient que c'est une bonne chose, que cela paraît bien. Selon eux, personne ne devrait accepter d'idioties de la part des autres, alors que nous avons tendance à les déplorer. D'un point de vue américain, nous avons une soif insatiable de bêtise. Cependant, l'effet à long terme de la Charte de 1982 sera peut-être d'aplanir cette différence.

Les Canadiens se sentent différents des Américains aussi parce que b) ils considèrent que leur société politique est plus dévouée à l'aspect collectif, contrairement à la société américaine qui accorde plus d'importance à l'initiative personnelle. Des demandes visant à réduire la taille du gouvernement sont faites par des gens de droite dans les deux pays, mais leur idée sur ce que signifie réellement un appareil gouvernemental allégé n'est pas du tout la même. Certes, il existe des différences régionales au Canada, mais en général les Canadiens sont fiers et satisfaits de leurs programmes sociaux, en particulier de l'assurance-maladie, et trouvent inquiétante leur absence aux États-Unis. Le fait qu'on a laissé croître la pauvreté et l'indigence dans les villes américaines au cours des années Reagan est normalement vu comme un aspect négatif de cette société. Les coutumes canadiennes ne sont peut-être pas aussi bonnes qu'on le croit, mais l'important est de considérer que la différence mérite d'être sauvegardée.

Ainsi ces deux éléments, a) l'*ordre public* et b) la *disposition collective*, permettent de répondre à la question relative à la spécificité. Ils expliquent pourquoi nous sommes et voulons demeurer une unité politique distincte. Quelle est la réponse à la question de l'unité ? Pourquoi former un seul pays et quels buts communs devraient l'animer ? En un sens, les arguments au point a) et au point b) peuvent aussi servir ici, si on pense (comme le font bon nombre de Canadiens instinctivement) que nous devons rester ensemble pour maintenir cette autre culture politique comme option viable en Amérique du Nord. Et puis le point b) peut être logiquement prolongé dans l'un des objectifs communs de la fédération canadienne au cours des dernières décennies, soit c) le partage équitable entre les régions des possibilités de réalisation individuelle et collective. Cette solidarité qui, à l'intérieur de chaque société, entraîne la création de programmes comme le régime d'assurance-maladie peut être perçue comme devant s'étendre logiquement à l'aide mutuelle entre régions.

Ainsi, le fédéralisme canadien a donné naissance aux pratiques de redistribution à grande échelle des ressources fiscales au moyen des paiements de péréquation et de la mise en marche des programmes de développement régional. Ces démarches contrastent aussi avec la pratique américaine récente et offrent une autre réponse à la question de la spécificité. Notre besoin d'égalité est probablement attribuable au fait que nous avons été mis face à des questions existentielles alors que nos voisins ne l'ont pas été depuis 1865. L'union fédérale canadienne a dû justifier sa propre existence à maintes reprises, et une plus grande solidarité régionale a pu découler de cette appréhension sous-jacente.

Mais ce principe de liaison a aussi été une source de division inquiétante, parce qu'il est grandement perçu comme un noyau d'aspirations démesurées et d'attentes déçues. Les principes de l'*égalité régionale* et de l'*aide mutuelle* s'opposent à ce qu'on perçoit comme la domination exercée par le Canada central sur les régions périphériques, caractérisée par un écart cruel entre les promesses et les réalisations. Il est devenu plus clair récemment que la déception prend deux formes plutôt différentes, ce qui reflète des idées variées de l'égalité régionale. En certains endroits, principalement dans les provinces de l'Atlantique, on déplore surtout que les programmes fédéraux n'aient pas réussi à améliorer les conditions économiques régionales. L'échec est lié à la question de l'aide mutuelle. Ailleurs, surtout dans l'Ouest du Canada, les gens se plaignent principalement du fait que leurs intérêts sont négligés : le Canada central dominant n'écoute pas les régions et passe outre à leurs demandes. L'échec est lié au problème du partage du pouvoir. Selon la première conception, le contrat implicite mais non respecté exige une redistribution aux régions plus pauvres. Selon l'autre conception, il exige un redressement des pouvoirs et de l'autorité en faveur des régions ayant moins d'influence aux points de vue démographique et économique. Dans un cas, la promesse implicite est l'égalisation des revenus ; dans l'autre, elle porte sur le partage égal des pouvoirs entre les sociétés régionales.

Il est clair que la question de l'égalité régionale est très complexe au Canada, d'une part, parce qu'elle constitue un élément indispensable de la réponse à la question de l'unité et, d'autre part, parce que pour beaucoup de gens elle ne semble pas résolue. Par surcroît, nous sommes de moins en moins d'accord sur ce qu'elle signifie réellement.

Même si les choses allaient à merveille dans ce domaine, nous n'aurions toujours pas de réponse complète à la question de l'unité. Le Canada anglais devient au fil des ans de plus en plus diversifié et de moins en moins *anglais*. Le fait qu'il a toujours constitué une société d'immigrants, c'est-à-dire une société dont le fonctionnement est assuré par l'admission d'un flot régulier de nouveaux venus, et le fait qu'il ne peut plus espérer que les immigrants continuent d'être modelés selon son moule original, signifient que le Canada est *de facto* devenu multiculturel. Il ne peut espérer assimiler les nouveaux venus à un modèle préexistant puisque ce modèle est d'origine britannique, par conséquent ethnique. Aux États-Unis, où on a toujours eu la conviction d'être le lieu d'institutions politiques incomparables, la volonté de faire de tous des Américains pouvait se concrétiser rapidement. Au point de vue politique, l'identité canadienne n'a jamais été claire et, dans la mesure où elle a été rattachée à l'élément britannique, elle ne pouvait constituer la norme pour les nouveaux arrivants. D'abord parce qu'elle constituait uniquement l'identité d'une partie du pays et, ensuite, parce qu'elle ne pouvait être vue que comme un cadre ethnique parmi d'autres.

Pour les Canadiens, le Canada a moins l'allure d'un creuset que les États-Unis. Il y a une part de vérité dans cette affirmation. Comparativement à ce qui se passe dans la société voisine, les gens parlent ici d'une mosaïque canadienne. C'est même devenu pour certains une nouvelle facette de leur réponse à la question de la spécificité, sous la rubrique d) multiculturalisme. Cette appellation est loin d'être moins complexe. On se pose des questions au sein des deux cultures principales à propos du rythme et même des objectifs d'intégration ou d'assimilation des immigrants dans les sociétés anglophone ou francophone. Cette situation est particulièrement inquiétante au Québec, où on a beaucoup moins d'expérience historique dans l'assimilation des immigrants et où on trouve aussi une proportion beaucoup plus grande de la population qui est francophone *pure laine*.

Ainsi, la situation rend très urgente la définition d'une autre base pour l'unité, d'un point de référence commun sur l'identité, qui pourrait rallier des gens de divers cadres et régions. Fait étonnant, e) la Charte des droits en est venue à combler ce besoin au Canada anglais au cours des dernières années. Étonnant, parce qu'il y a neuf ans, elle n'existait pas. Il n'y avait pas davantage de mouvement de soutien pour demander son adoption avant qu'elle devienne une pomme de discorde entre les gouvernements fédéral et provinciaux dans la course au rapatriement de la constitution en 1981-1982. Mais le débat du lac Meech a démontré l'importance de la Charte au CHQ, pas seulement comme tremplin pour réclamer des droits additionnels mais aussi comme un élément important de cohésion entre tous les Canadiens. Pour beaucoup, la Charte en est venue, en l'espace de quelques années, à définir, en partie du moins, l'identité politique canadienne (Cairns, 1990a, p. 71-96 ; 1990b, p. 121-147). Aussi, comme l'identité nationale au CHQ doit être définie pour ce qui est des institutions politiques pour les raisons données ci-dessus, l'événement a été décisif.

## POURQUOI LE QUÉBEC ?

Qu'en est-il du Québec ? Comment peut-il répondre à sa question existentielle ? La situation y est très différente. La question de la spécificité ne s'y pose pas. La langue et la culture suffisent à nous démarquer des Américains et aussi des autres Canadiens. Les arguments de a) à e) sont en grande partie perçus comme une *bonne chose* au Québec. En ce qui a trait au point a) – l'ordre public –, les gens ne se comparent pas beaucoup avec les États-Unis, mais il n'y a pas de doute que les Québécois sont spontanément du côté de l'ordre public et sont encore plus horrifiés par des conflits internes que les autres Canadiens. Le FLQ s'est subitement et totalement coupé de tout appui dès qu'il a assassiné Pierre Laporte. Les efforts des ex-membres du FLQ, faits avec plus ou moins de conviction, pour romancer leurs escapades lors du vingtième anniversaire de la crise d'Octobre, ne devraient pas porter à confusion à cet égard. La réaction au massacre des étudiantes de l'École polytechnique est aussi éloquente à ce titre. La société québécoise a bien plus réagi comme une famille blessée que comme une unité politique impersonnelle, à grande échelle.

En ce qui a trait au point b) – la disposition collective –, il va sans dire que les citoyens du Québec sont fiers de leurs programmes sociaux et tiennent à les conserver. Le point d) – le multiculturalisme – pose plus de problèmes. Comme politique fédérale, le multiculturalisme est parfois vu comme un moyen de refuser aux minorités francophones leur pleine reconnaissance, ou même de diminuer l'importance du fait français au Canada, le réduisant au statut d'une grande minorité ethnique. Même au Québec, la diversité grandissante de la collectivité francophone cause beaucoup d'animosité et d'inquiétude. Le point c) – l'égalité régionale et l'aide mutuelle – est généralement bien vu au Québec, et même la cinquième dimension e) – la Charte – était vue favorablement jusqu'à ce qu'elle soit perçue comme un instrument pour l'avancement des régimes d'uniformisation de la langue partout au Canada. Même de nos jours, les autres dispositions de la Charte sont très populaires.

Cependant, ces éléments n'apportent pas vraiment de réponse à la question : «À quoi sert un pays ?» Il existe une réponse évidente à cette interrogation qui a surgi sans cesse depuis plus de deux siècles : f) il faut un pays pour défendre ou promouvoir la nation. La nation dont on parle ici était à l'origine la nation canadienne-française. Depuis 1960, sans abandonner complètement la première formulation, on tend à l'appeler la nation québécoise. Cette nouvelle appellation ne dénote aucun changement dans l'identité ethnique, bien entendu. Elle reflète plutôt la notion, qui semble réaliste mais peut-être trop pessimiste, selon laquelle les vrais éléments de la nation canadienne-française appelés à survivre se trouvent uniquement au Québec.

Cependant, ce qui compte, c'est que l'argument au point f) fait de la survie ou de l'essor de la nation et de la langue un des premiers objectifs de la collectivité politique. Une entité politique ne méritera l'allégeance des gens que si elle contribue à réaliser cet objectif. Le débat entre indépendantistes et fédéralistes au Québec donne simplement cours à divers jugements à propos du meilleur moyen d'y parvenir.

Si on ramène cela à la recherche d'une formule possible pour le Canada, cela signifie que, du point de vue du Québec, les points a) à e) sont peut-être attrayants, mais la solution choisie, pour que l'option canadienne soit jugée valable, doit contribuer à la survie et à l'épanouissement de la nation canadienne-française.

En pratique, cela suppose un certain dualisme. C'est à cette notion que faisaient référence les divers dirigeants du Québec lorsqu'ils décrivaient le Canada comme pacte entre deux nations ou deux peuples fondateurs.

Logiquement, ce dualisme devait exister à deux niveaux. Premièrement, i) cela signifiait que le français devait être reconnu comme langue au même titre que l'anglais dans la fédération. C'est-à-dire que le français devait avoir un statut distinct de celui d'une autre langue parlée par des immigrants, même s'il constituait l'idiome le plus important parmi les autres langues. Deuxièmement, ii) le dualisme impliquait que la nation canadienne-française, ou sa composante la plus nombreuse, devait avoir une certaine autonomie, une certaine capacité d'agir en tant qu'unité. Ces deux caractéristiques étaient en quelque sorte présentes dans le pacte original de la Confédération, mais dans le cas de i) – le bilinguisme – sous une forme partielle et mesquine. Le bilinguisme i) et l'autonomie du Québec ii) sont des exigences distinctes mais aussi liées. Il existe un certain degré de complémentarité dans la mesure où plus les droits linguistiques seront officiellement reconnus, moins le besoin d'autonomie politique se fera sentir. Ce qui est tragique au Canada, c'est que le point i) a peut-être été accordé trop tard et à contrecœur, et que cela a eu pour conséquence qu'on en est venu à formuler des demandes très exigeantes et irréversibles pour le point ii).

Ces deux exigences ont créé des problèmes. Le prolongement de i) au-delà de ses limites originales a soulevé une difficulté, puisque le CHQ, dans le cadre du développement de son multiculturalisme, a naturellement été forcé d'accorder à l'anglais le statut de langue commune et de séparer la langue de la culture. L'établissement de l'anglais comme langue principale ne supposait pas que les personnes de descendance anglaise avaient des privilèges ou étaient en quelque sorte supérieures. L'hégémonie de l'anglais devait être justifiée dans une perspective purement utilitariste. Dans cette structure, il était impossible de mettre l'anglais et le français sur un pied d'égalité. Hors du Québec, un statut distinct pour le français était rarement justifié par le nombre et certainement pas comme moyen de communication indispensable. Y accorder un tel statut paraissait du favoritisme injustifiable.

En deuxième lieu, les points i) et ii) se heurtaient à de la résistance en raison de la différence entre les valeurs du Québec et celles du reste du Canada. Cette différence dénote un préjugé de la part des protestants orangistes qui se répand dans beaucoup d'autres milieux en raison d'un soi-disant appel à des modes de pensée *illibéraux* au Québec. Cette différence a particulièrement joué contre ceux qui réclament davantage de concessions dans le domaine de l'autonomie politique.

Une des réalisations remarquables des trente dernières années, en particulier sous les gouvernements Trudeau, a été la mise en place d'un bilinguisme i) presque général. Cette démarche a provoqué une certaine animosité dans quelques secteurs et pourrait être décisive pour les négociations à venir. J'y reviendrai plus tard. Cependant, il n'y a pas de doute qu'on a opéré un changement considérable. Quant à l'autonomie du Québec ii), de grands progrès ont également été réalisés. D'abord, la fédération canadienne s'est révélée un instrument flexible, pouvant donner beaucoup de pouvoir aux provinces. Ensuite, bien que les besoins du Québec aient été différents de ceux des autres provinces, un important statut distinct a été accordé de fait. Le Québec dispose de son propre régime de retraite, perçoit son impôt sur le revenu, possède un régime d'immigration distinct, etc.

C'est la reconnaissance officielle de l'autonomie du Québec qui a été bloquée. Pour donner au Québec l'autonomie dont il a besoin, sans déséquilibrer la fédération canadienne, il faudrait concevoir un type original de relations entre lui et les institutions et le gouvernement fédéraux. Bien qu'on y soit parvenu *de facto* dans une large mesure, il existe certaines réticences à lui accorder la reconnaissance de principe. C'est qu'il y a une profonde incompatibilité quant aux objectifs entre les deux parties du Canada. Bien que l'ancienne incompatibilité des valeurs semble avoir disparu, un nouveau conflit a surgi à propos des objectifs, des réponses à donner à la question : «À quoi sert un pays ?»

Les exigences du point ii), concernant un statut distinct pour le Québec, s'opposent à celles sur l'égalité régionale c) telles qu'elles sont conçues par beaucoup de personnes au CHQ, et à une compréhension commune de la Charte e). Pour certains, le point c) inclut désormais l'égalité des provinces. La grande force morale du principe d'équité entre les régions a été mobilisée derrière la question juridique plutôt abstraite du statut constitutionnel respectif des provinces. Dorénavant, on semble faire fi de l'équité régionale si toutes les provinces ne sont pas placées sur le même pied. Un statut distinct peut être présenté comme une infraction à ce type d'égalité.

Fait encore plus grave, le statut distinct du Québec est clairement justifié en fonction de la défense et de la promotion de la nation canadienne-française f). Cependant, c'est un objectif et, de nos jours, le nouveau patriotisme de la Charte a donné naissance à une philosophie des droits et de la non-discrimination qui doute fortement de la pertinence des objectifs collectifs. Elle peut les admettre uniquement s'ils sont clairement subordonnés aux droits individuels et aux dispositions relatives à la non-discrimination. Toutefois, pour ceux qui prennent ces objectifs au sérieux, cette subordination est inacceptable. La Charte et la promotion de la nation, comme on les comprend dans leurs limites respectives, sont placées sur la voie de l'affrontement. Les réactions à la loi 178 et à une bonne part du débat sur l'accord du lac Meech en disaient long à ce sujet.

Cette difficulté surgit quand il est question de l'autonomie du Québec ii), alors qu'elle avait été évitée à propos du bilinguisme i). Les dispositions en faveur du bilinguisme dans la législation fédérale peuvent être justifiées sur le plan des droits individuels. Elles garantissent que les francophones peuvent interagir avec les autres et obtenir des services gouvernementaux dans leur langue. Une fois que le français a, comme l'anglais, été ainsi reconnu, on considère que les droits individuels sont protégés. L'objectif collectif va encore plus loin cependant. Le but n'est pas seulement de voir à ce que les francophones soient servis en français, mais qu'il y ait encore des francophones à la prochaine génération : tel est l'objectif qui se dégage de l'argument énoncé au point f). Il ne peut être transposé en garanties de droits pour les francophones existants. En fait, en poursuivant cet objectif, on peut même se voir obligé de réduire leur liberté de choisir, comme le fait la loi 101 au Québec, où les parents francophones doivent envoyer leurs enfants dans des écoles de langue française.

Conséquemment, les deux moitiés du Canada vont devoir s'affronter en raison de l'écart entre leurs réponses respectives à la question : «À quoi sert un pays?» Plus précisément, il y a conflit entre le point c), l'égalité régionale, et le point e), la Charte, d'une part, et le point ii), l'autonomie du Québec, d'autre part. D'autres problèmes sont soulevés à propos du statut distinct. On se demande, entre autres choses, comment les Québécois vont pouvoir participer aux discussions quand le parlement fédéral va débattre des questions concernant les autres Canadiens, particulièrement quand ces questions divergeront grandement de celles touchant le Québec. Toutefois, je pense que cette difficulté est exagérée. Un très grand fossé doit se creuser entre les deux parties en cause pour que la situation fasse problème[2].

## POURQUOI MAINTENANT?

On pourrait se demander pourquoi l'affrontement doit avoir lieu maintenant. L'ancien Canada anglais, avant la législation sur le bilinguisme et la révolution Trudeau, était certainement plus fermé aux demandes du Québec. Il regimbait non seulement devant le point ii), l'autonomie du Québec, mais aussi devant le bilinguisme i). De plus, il s'immisçait beaucoup plus dans les affaires du Québec. À cette époque, la minorité anglaise, souvent appuyée par le gouvernement fédéral ou les institutions pancanadiennes comme le Canadian Pacific, fonctionnait uniquement en anglais, excluant, marginalisant ou rabaissant la langue française. Pourquoi les choses ne se sont-elles pas alors gâtées?

La réponse est que la séparation n'apparaissait pas comme une solution réaliste à cette époque, pour toutes sortes de raisons. Mentionnons d'abord une évaluation juste du rapport de force et une idée de ce que la majorité canadienne-anglaise tolérait. Il y avait aussi un plus grand engagement envers les minorités francophones à l'extérieur de la province que de nos jours. Toutefois, le rôle économique restreint des Québécois francophones constituait un facteur important. Les Canadiens anglais jouaient encore un rôle prépondérant dans l'économie. Les grandes entreprises imposaient l'anglais ; les anglophones occupaient les postes de direction et exerçaient plus que leur part de professions économiques-clés comme l'ingénierie. La situation causait de l'animosité sur bien des plans. En particulier, cette situation permit à la langue anglaise de s'attribuer dans la province une place qui n'était en aucune façon justifiée au point de vue démographique. À titre d'exemple, avant la révolution tranquille, à maintes et maintes reprises, les chefs syndicaux durent négocier en anglais avec les patrons, alors qu'ils représentaient une main-d'œuvre entièrement francophone. Ce déséquilibre contribua à établir un climat social où la société québécoise se sentait incomplète, dans lequel les fonctions essentielles étaient remplies par des agents venus de l'extérieur. La relation n'était pas aussi claire à cette époque, mais c'est ainsi qu'on pouvait éviter d'envisager la rupture totale. Avant 1960, la séparation n'était pas une option réaliste, même si l'abbé Groulx semble l'avoir considérée comme une possibilité à long terme.

Paradoxalement, au moment où on éliminait les animosités les plus grandes, où la marginalisation insultante et parfois menaçante de la langue française était en voie de s'effacer, à mesure que les Québécois francophones commençaient à prendre la place qui leur revenait dans l'économie, d'abord dans les secteurs public et parapublic (par exemple Hydro-Québec), puis dans le secteur privé, précisément à la suite de toutes ces réussites, la demande d'indépendance prit de l'ampleur. Elle en a pris jusqu'à devenir une des deux issues constitutionnelles d'importance, sur un pied d'égalité avec sa rivale fédéraliste et, depuis Meech, elle est même en avance sur elle. Tout cela pendant qu'à l'extérieur du Québec, au palier fédéral, le bilinguisme progresse et que les Québécois exercent plus de pouvoir que jamais auparavant. Ce sont les années du *French Power*. Certaines personnes de l'Ouest ont l'impression que le gouvernement fédéral est dirigé par les Québécois. Pourquoi la rupture s'annonce-t-elle à l'horizon? Comment expliquer ce résultat paradoxal et même contradictoire?

Une partie de la réponse, implicite dans les développements précédents, tient à ce que maintenant, pour la première fois, la solution semble concevable, possible, et même sûre. À cet égard, même la dernière décennie a été témoin d'un changement. En 1980, la plupart des Québécois considéraient encore la souveraineté comme une solution un peu effrayante. Les résultats du référendum ont clairement confirmé cette peur. En 1991, la situation ne semble plus la même. Une grande part de la différence serait attribuable au rôle de premier plan que jouent, semble-t-il, les Québécois dans notre vie économique. Ce phénomène s'est étalé sur plusieurs décennies, mais comme c'est souvent le cas avec les perceptions publiques alimentées par les médias, on s'est soudainement rendu compte de la situation. Une grande vague de confiance a accompagné cette prise de conscience. Comme c'est souvent le cas avec les perceptions d'inspiration médiatique, nous passons facilement d'une exagération à l'autre. Les Québécois n'étaient pas aussi impuissants par le passé et ne sont pas aussi puissants aujourd'hui qu'ils le pensent. La séparation pourrait être beaucoup plus coûteuse économiquement qu'ils ne le croient présentement, et elle aurait été moins catastrophique que beaucoup le croyaient en 1980. Nous pourrions même assister à un autre revirement d'opinion au moment où la récession actuelle met les attentes en veilleuse. Toutefois, le changement fondamental est indéniable : la séparation est vraiment une solution concevable maintenant.

Pourtant, l'explication n'est pas complète. Prétendre le contraire serait dire que les Québécois n'ont jamais vraiment voulu autre chose, qu'ils ne faisaient qu'attendre le moment propice pour passer à l'action. Rien n'est plus faux. Beaucoup de liens rattachent les Québécois au Canada : d'abord, cette idée que la grande entité politique était le foyer de la nation canadienne-française, dont la présence s'étendait bien au-delà des frontières du Québec; puis un certain lien avec une patrie constitutionnelle qui était devenue familière et dont les dirigeants avaient contribué à la fondation. Pourtant, il n'y a jamais eu de patriotisme véritable envers le Canada. Ce type de sentiment était réservé à la nation canadienne-française. Il a récemment été transposé sur le Québec, comme segment viable de cette nation, mais à partir de là, il n'a jamais réussi à s'étendre à l'ensemble de l'unité politique.

C'est pourquoi les gens ont souvent comparé le Canada à un mariage de raison pour les Québécois. Cette comparaison est un peu en deçà de la vérité parce qu'elle ne tient pas compte du lien multiforme avec le Canada. Toutefois il est vrai que, sur le plan émotionnel et dans un sens négatif, le patriotisme envers un Canada bilingue comptant deux nations ne s'est jamais développé.

Cela ne suffit pas à expliquer la force de la solution indépendantiste de nos jours. Après tout, si le Canada est un mariage de raison, pourquoi l'abandonner lorsqu'il n'a jamais été aussi raisonnable, au moment où l'affaire semble plus favorable que jamais ? Certes, bon nombre de fédéralistes québécois défendent la cause du Canada aujourd'hui en utilisant précisément ces termes. Pourquoi n'ont-ils pas plus de succès ? Pourquoi ceux qui défendent cet argument sont-ils si ambivalents à son propos ?

On peut très bien être induit en erreur sur cette question, parce que les opposants à ces partisans du *fédéralisme rentable* semblent vouloir les entraîner à leur suite et lutter pour prouver que la Confédération n'est pas avantageuse pour nous. En fait, la dynamique émotionnelle favorable à l'indépendance se trouve ailleurs. Cela tient beaucoup plus à une faillite sur le plan de la reconnaissance. Pendant des décennies, les dirigeants du Québec ont expliqué que la Confédération était un pacte entre deux peuples fondateurs, deux nations. Les choses n'ont jamais été vues ainsi à l'extérieur de la province. Cependant, l'affirmation des dirigeants ne visait pas surtout à donner le sens évident du pacte confédératif, en quelque sorte oublié par les autres – bien que ce soit souvent ainsi qu'on l'ait expliquée. Elle exprimait plutôt la conviction que c'est uniquement sous cette forme la Confédération pouvait être acceptable pour les Canadiens français au bout du compte. Elle s'efforçait ainsi de toucher leur cœur et de respecter leur dignité.

En fait, dans la réalité, il fallait vivre avec des compromis dans lesquels le principe de la dualité avait un sens plutôt limité et était accepté à contrecœur. Il fallait travailler et vivre dans un pays qui, pour toutes sortes de raisons, était dirigé bien plus comme une nation où prévalait une culture dominante, avec plus ou moins de dispositions généreuses pour les minorités dans les régions. Les Canadiens d'aujourd'hui, dont certains peuvent encore vouloir se plaindre du nombre de langues présentes sur leur boîte de céréales du matin, n'ont aucune idée de l'espace étroit qui était accordé au français aux plus sombres moments de notre histoire. En 1930, par exemple, les billets de banque étaient encore imprimés en anglais seulement.

Le Canada devait être accepté, mais jamais suffisamment pour lui donner son cœur, ou y trouver de la dignité. Il ne pouvait être accepté « dans l'honneur et l'enthousiasme », pour citer une expression qui est revenue si souvent au cours du drame du lac Meech. Sous l'acceptation rationnelle du mariage de raison, ce désaveu a eu un effet profond. Il est facile de l'oublier parce que ceux dont le désir de reconnaissance est frustré ne veulent pas, bien entendu, présenter leur cause sous ce jour. C'est uniquement lorsqu'on obtient la reconnaissance qu'on consent à avouer à quel point on la désirait. Ainsi, l'expression « dans l'honneur et l'enthousiasme » est entendue lorsqu'il semble que les demandes ont finalement été satisfaites. Cependant, lorsqu'ils ne réussissent pas à obtenir la reconnaissance, les opposants au Canada fédéral prétendent que personne n'a jamais voulu de symboles, que le choix de l'indépendance se fait sur les plans réalistes du pouvoir et de la prospérité, que l'attitude du partenaire canadien-anglais ne signifie rien pour eux. Dans toute cette discussion, ils protestent un peu trop.

La force actuelle de l'indépendantisme est donc en partie attribuable à la nouvelle assurance des Québécois, et en partie au fait que le Canada n'a jamais constitué une nation pour eux. Pour une grande part, elle est attribuable au fait qu'ailleurs on a toujours refusé de comprendre le Canada d'après les seuls paramètres qui auraient pu leur permettre de l'accepter pleinement. Ces paramètres sont précisés, entre autres, dans la conception dualiste du pays. Certes, cette vision était inacceptable telle quelle pour le reste du pays, qui ne se voyait pas lui-même comme une « nation ». De ce point de vue, les Canadiens français ont tenté d'imposer une identité symétrique à leurs partenaires. Cette tentative n'a pas encore été totalement abandonnée, comme l'indiquent les discussions qui alimentent le Québec de nos jours. J'y reviendrai. Néanmoins, on pouvait distinguer une exigence fondamentale dans cette présomption à l'égard de l'autre. Cette exigence portait sur la reconnaissance de la nation canadienne-française comme composante essentielle du pays, comme entité dont la survie et l'essor constituent des enjeux majeurs pour le Canada en tant que société politique. Si une telle exigence avait été acceptée, peu eût importé comment le reste du pays se définissait.

En réalité, le pays a fini par résoudre assez bien ce dilemme par l'instauration du bilinguisme fédéral, grâce aux progrès réalisés par certaines minorités francophones ailleurs au moyen d'un statut administratif *distinct de facto* pour le Québec. Toutefois, il manquait encore la reconnaissance officielle que cette démarche faisait partie de notre objectif en tant que fédération. C'est ce qui explique l'importance de l'accord du lac Meech et pourquoi son échec aura des conséquences si tragiques. Si on prend la peine d'écouter ce que les gens disent au Québec, la situation peut sembler étrange. Bon nombre de Québécois n'ont jamais même admis être en faveur de Meech ou ont exprimé un soutien mitigé. Fondamentalement, tous les indépendantistes ont choisi cette voie. Ceux qui doutaient du Canada anglais couvraient leurs arrières, ne voulant jamais avouer que la reconnaissance comptait pour eux. Néanmoins, leur réaction si énergique à l'échec de Meech montre à quel point cette façade était trompeuse.

Meech était important parce que, pour la première fois, la reconnaissance de la dualité canadienne et le rôle distinct du Québec étaient inscrits dans un énoncé portant sur l'essence même du Canada. Le fait que l'accord n'accordait aucun pouvoir additionnel au Québec a grandement diminué son importance en ce qui a trait précisément à cette déclaration d'intention. Après toutes ces années de non-reconnaissance, et dans le contexte d'un mariage de raison qui n'a pas permis de gagner les cœurs ni de rehausser le sentiment de dignité, on peut facilement s'expliquer l'importance de cette déclaration. On peut aussi la comprendre par le regard de la génération actuelle qui ne possède pas la timidité de ses ancêtres face à une rupture possible et qui constate avec un peu de surprise, et même parfois avec mépris, que ses prédécesseurs ont accepté cette non-reconnaissance pendant si longtemps. Le fait de subir un refus (même si l'accord ne constituait qu'une déclaration d'intention) prend une importance décisive. Voilà qui explique l'énoncé si souvent répété que Meech contenait *nos conditions minimales*.

Avec l'échec de Meech, un déclic s'est fait, et il est facile à définir. Les Québécois ne veulent plus vivre dans une structure qui ne reconnaît pas pleinement leurs objectifs nationaux. Au début des années 1980, après la défaite du « oui » au référendum, beaucoup ont joué avec l'idée d'accepter le mariage de raison et d'en faire une réussite, avec ou sans reconnaissance. La nouvelle confiance était peut-être aussi motivée par cette position différente qui marginalisait la question de la reconnaissance. Après tout, si on connaît sa valeur, pourquoi a-t-on besoin des autres ? Mais en un sens, Meech supprimait cette possibilité, justement parce qu'il ranimait l'espoir de la reconnaissance. Dorénavant, nous sommes irrémédiablement engagés sur une autre voie. (Non pas que je pense que la voie raisonnable aurait pu durer très longtemps de toute façon ; elle était toujours à la merci d'un fait nouveau.)

Il reste à expliquer l'euphorie extraordinaire notée par tous les observateurs dans les foules qui ont célébré la fête nationale du Québec, la Saint-Jean, en 1990. Pourquoi les Québécois se sentaient-ils si unis et si soulagés, comme si l'échec de Meech leur avait enlevé un poids de la conscience ? Je pense que cette réaction est attribuable au fait que la longue division et la longue hésitation entre le consentement raisonnable à une structure qui ne les reconnaissait pas et l'insistance pour voir leurs objectifs nationaux acceptés ouvertement étaient enfin résolues. La situation polarisait les Québécois et ce, de façon plutôt pénible au moment du référendum de 1980 qui causa des tensions profondes dans nombre de familles. En plus, les Québécois étaient aussi divisés en eux-mêmes. Enfin, le long conflit, la longue hésitation, la grande ambivalence prenaient fin. Les Québécois savaient ce qu'ils voulaient de toute structure politique à venir sur la moitié nord du continent. On avait retrouvé le consensus, mais aussi une forme d'unité psychique. Un certain type de compromis semblait révolu à jamais.

Qu'est-ce que cela signifie pour l'avenir ? Cela signifie que l'exigence ii) pour l'autonomie du Québec est devenue urgente et pratiquement non négociable. Cette situation entraîne un danger réel de rupture entre les deux parties du pays. Ainsi, il s'ensuit que les Québécois n'accepteront pas une structure dans laquelle leurs aspirations collectives ne seront pas complètement et ouvertement reconnues. Ce refus est déjà apparent dans l'exigence que les négociations se tiennent à deux entre Québec et Ottawa. On croit que, de cette façon, le statut du Québec en tant que société distincte est reconnu. Tout cela se produit au moment où le patriotisme tout neuf du CHQ autour de la Charte le rend incapable de reconnaître la légitimité des objectifs collectifs et où l'aliénation régionale accorde une plus grande force au principe de l'égalité des provinces. Le terrain d'entente semble se rétrécir rapidement.

## DROITS ET NATIONS

Ces demandes peuvent-elles être conciliées ? Examinons les différents conflits l'un après l'autre, à commencer par celui qui existe entre la Charte et les objectifs collectifs du Québec. Notre Charte respecte la tendance de la dernière moitié du XXᵉ siècle et offre une base pour le contrôle judiciaire sur deux points fondamentaux. Premièrement, elle protège les droits de la personne de diverses façons. Deuxièmement, elle garantit le traitement équitable des citoyens sous divers aspects ; autrement dit, elle met les gens à l'abri de la discrimination fondée sur un certain nombre de motifs sans fondement, comme la race ou le sexe. Il y a bien d'autres choses dans notre Charte, y compris des dispositions sur les droits linguistiques et les droits des autochtones, qui pourraient être comprises comme l'attribution de pouvoirs aux collectivités, mais les deux thèmes que j'ai nommés dominent dans l'esprit des gens.

Cela n'est pas un hasard. Ces deux types de dispositions sont très courants dans les programmes de droits implantés de longue date qui constituent la base du contrôle judiciaire. En ce sens, le monde occidental, peut-être même le monde entier, suit le précédent américain. Les Américains ont été les premiers à écrire et à enchâsser une déclaration des droits pendant le processus de ratification de leur constitution et à l'imposer comme condition à son éventuelle acceptation. On pourrait dire qu'ils n'étaient pas vraiment précis au sujet de la récupération judiciaire comme méthode pour protéger ces droits, mais cela est rapidement devenu la coutume. Les premières modifications protégeaient les personnes, et parfois même les gouvernements des États[3], contre l'empiétement par le nouveau gouvernement fédéral. C'est après la guerre civile, au cours de la période de reconstruction triomphale, et en particulier avec le quatorzième amendement, qui faisait appel à une protection équitable pour tous les citoyens par les lois, que le thème de la non-discrimination est devenu le centre du contrôle judiciaire. Il est maintenant à égalité avec l'ancienne norme de la défense du droit individuel et, dans la conscience populaire, peut-être même prépondérant.

Il faut noter que, pour un bon nombre de personnes au Canada anglais, une société politique qui adopte certains objectifs collectifs menace d'aller à l'encontre des dispositions fondamentales de notre Charte ou même de toute déclaration des droits. En premier lieu, les objectifs collectifs peuvent exiger des restrictions relatives à la conduite des personnes, restrictions qui pourraient violer leurs droits. Pour beaucoup de Canadiens non francophones, au Québec et hors du Québec, ce résultat tant appréhendé s'était déjà concrétisé avec la législation linguistique du Québec. Par exemple, la loi 101 régit le type d'école dans laquelle les parents doivent envoyer leurs enfants et, dans l'exemple le plus connu, elle prohibe certains types d'affichage commercial. La Cour suprême a jugé cette disposition contraire à la Déclaration des droits du Québec de même qu'à la Charte, et elle a été remise en vigueur parce qu'on a invoqué la clause dérogatoire (article 33 de la Loi constitutionnelle, 1982).

En deuxième lieu, même si ce n'était pas le cas, on peut croire que le fait d'adopter des objectifs collectifs au nom d'un groupe national est discriminatoire en soi. Dans le monde moderne, les citoyens d'une certaine entité politique n'appartiendront pas tous au groupe national favorisé, et il en sera toujours ainsi. On peut penser que ce phénomène en soi entraîne une certaine discrimination. Si on fait abstraction de cette opinion, la poursuite de la fin collective va, selon toute probabilité, requérir un traitement différent pour les personnes vivant à l'intérieur de cette société par rapport aux personnes de l'extérieur. Ainsi, la clause sur l'éducation de la loi 101 interdit (en gros) aux francophones et aux immigrants d'envoyer leurs enfants dans des écoles de langue anglaise, mais elle permet aux Canadiens anglophones de le faire.

Cette idée que la Charte va à l'encontre de la politique fondamentale du Québec était une des principales raisons de l'opposition du CHQ à l'accord du lac Meech. L'inquiétude portait sur la clause de la *société distincte*, et l'exigence de modification commune insistait pour que la Charte soit protégée contre cette clause, ou ait la préséance sur celle-ci. Cette demande découlait sans aucun doute d'un certain préjugé anti-Québec de source ancienne, vestige de l'image d'un «Québec écrasé par les soutanes». Ainsi, divers groupes de femmes ont exprimé la crainte que les gouvernements du Québec, pour faire augmenter le taux de natalité, adoptent une politique de type

Ceaucescu, en interdisant l'avortement et en rendant la contraception plus difficile. Cependant, même en excluant la sottise, le mépris et la mauvaise volonté, il demeure qu'il y a deux types d'arguments à considérer sérieusement. D'abord, il existe une différence philosophique réelle dans les fondements de la société libérale. Ensuite, il y a une divergence d'opinions en ce qui a trait au fondement de l'unité nationale.

Penchons-nous d'abord sur la différence philosophique. Ceux qui considèrent que les droits individuels doivent toujours passer en premier et, avec les clauses de non-discrimination, doivent avoir préséance sur les objectifs collectifs se basent souvent sur un modèle libéral qui s'est répandu progressivement dans le monde anglo-américain. Bien entendu, les États-Unis constituent sa source et il a récemment été élaboré et défendu par certaines des grandes sommités, philosophes et experts en droit, appartenant à ce modèle comme John Rawls (1971, 1985), Ronald Dworkin (1977, 1978), Bruce Ackerman (1980) et d'autres. L'idée maîtresse se présente sous plusieurs formes, mais celle qui nous touche de plus près a été exposée par Dworkin (1978) dans un texte succinct intitulé «Liberalism».

Dworkin établit une distinction entre deux types d'engagement moral. Nous avons tous une opinion quant aux buts de la vie, à ce qui constitue la qualité de la vie, et à ce que nous et les autres devons tenter d'obtenir. Nous reconnaissons aussi qu'il existe une obligation d'interagir avec justice et équité les uns avec les autres, peu importe comment nous concevons nos buts. Nous pourrions appeler ce type d'engagements procéduraux, et ceux qui touchent les buts de la vie, des engagements substantifs. Dworkin déclare qu'une société libérale est celle qui, en tant que société, n'adopte aucune vision substantive sur les buts de la vie. Cette forme de société est plutôt unie autour d'engagements procéduraux solides, vouée à traiter les personnes avec un même respect. La raison pour laquelle le régime comme tel ne peut adopter de vision substantive, ne peut permettre par exemple que l'un des objectifs de la législation soit de rendre les gens vertueux d'une façon quelconque, c'est que cela enfreindrait sa norme procédurale. Étant donné la diversité des sociétés modernes, certaines personnes à l'exclusion d'autres seraient immanquablement engagées envers leur conception de la vertu. Elles pourraient être en majorité; en fait, il est probable qu'elles le seraient, car autrement, une société démocratique n'adopterait pas leur point de vue. Néanmoins, cette vision ne serait pas partagée par tous et, en adoptant cette perspective substantive, la société ne traiterait pas la minorité dissidente avec un même respect. Elle dirait en fait à ses membres : «Votre opinion n'est pas aussi valable, aux yeux de ce régime, que celle de vos compatriotes plus nombreux.»

De grandes hypothèses philosophiques sous-tendent cette vision du libéralisme, qui est influencée par la pensée d'un philosophe allemand de la fin du XVIIIᵉ siècle, Emmanuel Kant. Entre autres caractéristiques, cette vision considère que la dignité humaine est constituée en grande partie par l'autonomie, c'est-à-dire l'aptitude de chaque personne à déterminer pour elle-même une vision de l'*êthos* et de l'excellence qui lui convienne. Cela revient à dire que la dignité ne relève pas en priorité d'une compréhension quelconque de la vie bien vécue, de sorte que le fait pour une personne d'abandonner cette vie signifierait porter atteinte à sa propre dignité; elle est davantage reliée au pouvoir d'étudier et d'adopter pour soi une vision quelconque. Nous ne respectons pas ce pouvoir également chez tous les sujets, dit-on, si nous élevons le résultat des délibérations de certains individus au-dessus de celui d'autres personnes. Une société libérale doit demeurer neutre en ce qui a trait à la valeur des modèles et des objectifs de vie et s'en tenir à s'assurer que, peu importe leur façon de voir les choses, les citoyens interagissent de façon juste entre eux et que l'État agit avec équité envers tous.

La popularité de cette vision de l'agent humain, perçu avant tout comme maître de ses choix en matière d'autodétermination ou d'auto-expression, permet d'expliquer pourquoi ce modèle de libéralisme est si puissant. Cependant, il faut aussi tenir compte du fait qu'il a été recommandé avec force et intelligence aux États-Unis, précisément dans le contexte des doctrines constitutionnelles de contrôle judiciaire[4]. Il n'est donc pas surprenant qu'on accepte finalement l'idée, abstraction faite de ceux qui pourraient souscrire à une philosophie précise dérivée de celle de Kant, qu'une société libérale ne peut accepter l'imposition publique d'une conception du bien. Selon Michael Sandel (1984), cette conception dite de la *république procédurale* exerce une très forte influence sur le débat politique aux États-Unis, et elle a permis de placer de plus en plus l'accent sur le contrôle judiciaire à partir des textes constitutionnels, aux dépens du processus politique courant qui consiste à regrouper des majorités dans l'intention d'entreprendre des démarches législatives.

Toutefois, une société ayant des objectifs collectifs comme le Québec ne respecte pas ce modèle. Il est fondamental pour les gouvernements du Québec que la survie et l'épanouissement de la culture française au Québec constituent un bien. La société politique n'est pas impartiale envers ceux qui accordent de la valeur au fait de rester fidèle à la culture de nos ancêtres et envers ceux qui peuvent vouloir s'en soustraire au nom d'un objectif individuel quelconque d'épanouissement de soi. Après tout une société libérale procéduraliste pourrait adopter un objectif comme la survie. On pourrait considérer la langue française, par exemple, comme une ressource collective dont chacun peut vouloir user et que chacun peut vouloir préserver, comme on le fait pour l'air pur ou les espaces verts. Cependant, cette façon de voir les choses n'englobe pas la totalité de l'influence des politiques conçues pour la survie culturelle. Il ne suffit pas que la langue française puisse être utilisée par ceux qui le désirent. Cela peut sembler avoir été l'objectif de certains aspects de la politique fédérale de bilinguisme au cours des vingt dernières années. Il faut aussi s'assurer qu'il y aura une collectivité de gens ici dans l'avenir qui voudront profiter de cette possibilité. Les politiques axées sur la survie cherchent activement à faire en sorte que le nombre de membres de la collectivité touchée se maintienne ou augmente, par exemple en veillant à ce que les générations montantes continuent de s'identifier comme francophones. Impossible de considérer qu'elles ne font qu'offrir une option aux personnes de l'époque contemporaine (Kymlicka, 1989)[5].

Par conséquent, les Québécois, et ceux qui accordent la même importance à ce type d'objectif collectif, ont tendance à opter pour un modèle plutôt différent de société libérale. À cet égard, une société peut être organisée en fonction d'une définition de ce qu'est le bien dans la vie sans que cela constitue une dévalorisation pour ceux qui ne partagent pas personnellement cette définition. Ainsi, la nature du bien exige qu'on cherche à l'obtenir en groupe, et c'est pourquoi il constitue un objectif politique. Selon cette conception, une société libérale se distingue par sa façon de traiter les minorités, y compris celles qui ne partagent pas la définition publique du bien, et avant tout par les droits qu'elle accorde à tous ses membres. Toutefois, dans ce cas, les droits en question sont perçus comme les droits fondamentaux et essentiels qui ont été reconnus comme tels à l'origine de la tradition libérale : les droits à la vie, à la liberté, à un jugement équitable, à la liberté d'expression, à la pratique libre d'une religion, etc. Selon ce modèle, on exagère un peu, on néglige dangereusement une limite importante lorsqu'on parle de droits fondamentaux pour des choses comme l'affichage commercial dans la langue de son choix. Il faut faire une distinction entre, d'une part, les libertés fondamentales, celles sur lesquelles il ne faudrait en aucun cas empiéter et qui donc devraient être ancrées solidement dans la tradition, et, d'autre part, les immunités et privilèges qui sont importants mais qui peuvent être révoqués et restreints pour des raisons de politique publique – bien qu'une excellente justification soit nécessaire dans ce cas.

Une société ayant de grands objectifs collectifs peut être libérale, à cet égard, à condition de respecter la diversité, en particulier en ce qui a trait aux personnes qui ne partagent pas ses objectifs et à condition d'offrir une protection adéquate des droits fondamentaux. Il y aura certes des tensions et des difficultés dans la poursuite collective de ces buts, mais ceux-ci ne sont pas incompatibles et les problèmes ne sont pas plus grands que ceux auxquels doit faire face toute société libérale, appelée par exemple à combiner la liberté et l'égalité ou la prospérité et la justice.

Voilà deux visions incompatibles de la société libérale. Une des grandes sources de notre désaccord vient de ce qu'elles en sont arrivées à s'affronter directement au cours des dix dernières années. La résistance à l'idée de la société distincte qui exigeait qu'on donne préséance à la Charte est née en partie de la propagation de la perspective procédurale au Canada anglais. De ce point de vue, en attribuant l'obligation de promouvoir la société distincte du Québec à un gouvernement, on reconnaissait un objectif collectif. Il fallait neutraliser ce mouvement en le subordonnant à la Charte préexistante. Dans la perspective québécoise, cette tentative visant à imposer un modèle procédural de libéralisme ne ferait pas que priver la clause de *société distincte* d'une partie de sa force comme règle d'interprétation, elle laisserait aussi présager le rejet du modèle de libéralisme sur lequel s'est peu à peu fondée cette société. Il y a eu beaucoup de perceptions erronées dans les deux sociétés au cours du débat du lac Meech, comme je l'ai mentionné ci-dessus. Cependant, chaque société y a deviné quelque chose de vrai à propos de l'autre – et n'a pas aimé ce qu'elle a vu. Le CHQ a senti que la clause de la « société distincte » rendait légitimes les objectifs collectifs. Le Québec a vu que la démarche pour donner préséance à la Charte imposait une forme de société libérale étrangère à laquelle le Québec ne pourrait jamais se conformer sans renoncer à son identité. Dans ce contexte, les protestations des *patriotes* de la Charte disant qu'ils n'étaient pas « contre le Québec » sonnaient faux.

Voilà une des grandes sources de désaccord. Il y en a une seconde, reliée à la première. La Charte a acquis une importance considérable au CHQ, non seulement en raison de la force grandissante du libéralisme de procédure, mais aussi parce que dans la diversité croissante de cette société multiculturelle, on est à la recherche de nouvelles bases d'unité. Le CHQ a aussi trouvé sa raison d'être en partie dans ses institutions politiques, pour les motifs énumérés plus haut. Bien que la Charte offre un semblant de réponse à la question de la spécificité parce qu'elle nous fait ressembler davantage aux États-Unis, elle peut néanmoins donner une réponse satisfaisante à la question de l'unité. Les deux motifs du patriotisme de la Charte se recoupent ici. À mesure que le pays se diversifie, nous sommes de plus en plus conscients des divergences dans nos conceptions de la nature du bien. Il en découle donc que ce qui pourrait et devrait nous rassembler, ce sont effectivement les normes «procédurales» qui régissent nos rapports sociaux. Le libéralisme de procédure non seulement commence à paraître de plus en plus plausible en lui-même, mais il semble aussi être le seul terrain d'entente incontestable.

Toutefois, si la Charte sert réellement de terrain d'entente, il devient alors difficile d'accepter que sa signification et sa portée puissent être modulées dans une partie du pays par un élément comme la clause de la *société distincte* et s'y appliquer de façon autre que dans les autres régions. La résistance opposée à cette clause de l'accord du lac Meech est venue en partie du fait qu'on croit que la Charte, à tout le moins, doit s'appliquer à tous les Canadiens de la même manière. Si le lien procédural est la seule chose qui peut nous garder ensemble, sans causer de discrimination, il ne doit souffrir aucune exception.

Ce conflit peut-il être résolu ? En un sens, non. Une partie du pays tente de le garder uni autour d'un modèle de libéralisme que l'autre partie ne peut accepter. S'il doit y avoir consensus, la première partie doit céder. En un autre sens, le terrain d'entente possible est facile à déterminer. Les libéraux procéduraux du Canada anglais n'ont qu'à reconnaître d'abord qu'il existe d'autres modèles possibles de société libérale, puisque leurs compatriotes francophones veulent vivre selon une de ces solutions de rechange. Il devient évident que le premier élément de cette affirmation est vrai lorsqu'on regarde la vaste gamme de sociétés libres du monde contemporain, en Europe et ailleurs, plutôt que de lorgner uniquement du côté des États-Unis. L'exactitude du second élément devrait être évidente pour quiconque possède une connaissance minimale de l'histoire et de la politique du Québec.

Néanmoins, une fois qu'on a accepté les deux éléments, il devient clair que le fait de placer le libéralisme de procédure à la base de l'unité canadienne n'est pas justifié et ne peut qu'échouer. La raison en est que cette façon de faire impose le modèle d'une société à une autre et, dans la situation de la démocratie canadienne à la fin du XXe siècle, cela ne peut réussir. Notre seule façon de pouvoir coexister est d'accepter d'être en désaccord sur ce point. Cela signifie-t-il pour autant que nous puissions coexister uniquement sous la forme de deux sociétés indépendantes, peut-être liées de manière assez souple par des institutions supranationales ? Voilà la thèse des souverainistes du Québec. Pourtant, cette thèse ne m'a jamais semblé aller de soi. Elle s'impose uniquement dans la mesure où les libéraux procéduraux ne démordent pas du principe qu'ils ne peuvent accepter de partager le pays avec des gens qui vivent selon un autre modèle. Une rigidité de ce genre est apparue au cours du débat du lac Meech. Si c'est là le dernier mot du CHQ, alors certes les indépendantistes ont raison et il n'y a pas d'autre solution que la souveraineté-association.

## ÉGALITÉ DE QUOI ?

Le deuxième grand domaine de désaccord se situe entre les demandes visant le statut distinct pour le Québec et les exigences d'une égalité régionale, si on interprète celle-ci comme étant l'égalité entre les provinces. Toutefois, alors que pour les deux modèles de libéralisme il y a une différence philosophique réelle qui sous-tend toute l'opposition, il demeure encore beaucoup de perceptions erronées et de malentendus à propos de l'égalité.

En fait, les deux exigences proviennent de programmes bien différents, comme on l'a souvent noté. L'exigence d'un statut distinct a normalement comme objectif de permettre au Québec d'assumer une plus vaste gamme de responsabilités et donc d'obtenir une plus grande autonomie. L'appel à l'égalité régionale provient généralement de personnes qui considèrent que leurs intérêts n'ont pas reçu toute l'attention nécessaire dans l'élaboration de politiques fédérales et qui désirent donc être davantage écoutées à ce chapitre. D'un côté, on veut se distancier un peu plus du gouvernement central et du Parlement ; de l'autre, on veut plus de pouvoir au sein de ces mêmes institutions. Voilà pourquoi, au cours des dernières années, ces demandes ont pris la forme d'un appel à la modification des institutions fédérales, notamment du Sénat.

Vues sous cet angle, ces deux exigences ne sont pas logiquement opposées. Certes, elles peuvent se nuire sous bon nombre d'aspects. Les provinces qui souhaitent un gouvernement fédéral plus actif afin d'égaliser les conditions dans les régions ont peur que le fait d'accorder de trop grandes compétences au Québec diminue le pouvoir d'agir du centre. Ce phénomène pourrait bien se produire, mais pas obligatoirement. Ce conflit n'apparaît pas aussi logique que celui qui existe entre l'égalité de toutes les provinces, d'une part, et la cession de pouvoirs spéciaux à l'une d'entre elles, d'autre part. Il est possible de rendre compatibles les exigences d'un statut distinct et celles d'un gouvernement central fort. Ce qui a rendu cela difficile en pratique est précisément le refus d'abandonner l'uniformité. Cela signifie qu'une concession quelconque au Québec devait être offerte aux autres provinces. Heureusement, chaque concession n'a pas toujours été réclamée, de sorte que le Québec a fini par obtenir un statut distinct de fait, comme je l'ai noté précédemment. Cependant, il n'a jamais été possible de progresser dans cette direction ouvertement et explicitement, étant donné la pression exercée par le désir d'uniformité. Dans l'accord du lac Meech, conçu pour résoudre les problèmes du Québec, la plupart des points accordés au Québec ont dû l'être aussi à toutes les autres provinces.

Le vocabulaire de l'égalité entre les provinces est en fait une source de confusion, masquant la réalité des enjeux et rendant la solution plus difficile. La difficulté d'application du concept d'égalité est reconnue et dépend de l'aspect que l'on choisit de privilégier. On pourrait dire que le Québec doit avoir des pouvoirs dont les autres n'ont pas besoin pour venir à bout de problèmes et pour assumer une vocation que les autres provinces n'ont pas. Par conséquent, cet aspect pourrait être vu comme un pas vers l'égalité (à chaque province selon ses tâches), et non le contraire. De plus, le statut distinct n'a rien à voir avec le fait de placer plus de force au centre. Il suppose quelque chose de bien différent.

Tout cela devrait nous encourager à penser qu'il n'est peut-être pas au-dessus de l'intelligence humaine de découvrir une façon de satisfaire ces diverses exigences. Il y a a) des provinces qui veulent une plus grande participation aux décisions du gouvernement fédéral. Il y en a d'autres qui, bien que n'étant pas indifférentes au premier objectif cité, se préoccupent principalement de b) maintenir un gouvernement fédéral fort et actif à rechercher l'égalisation économique et sociale entre les régions. Puis il y a le Québec qui c) veut les pouvoirs qu'il croit essentiels à la conservation et à la promotion de sa société distincte.

À cela, il faut maintenant ajouter les revendications autochtones. Cela signifie que nos arrangements doivent répondre au besoin d'autonomie politique et d'autogestion des diverses nations. En pratique, cela peut signifier qu'il faudra prévoir une nouvelle forme de compétence au Canada, qui sera peut-être plus faible que celle des provinces. Toutefois, cette structure politique différera des municipalités, qui constituent un autre palier de gouvernement.

Il sera très difficile de trouver une solution globale. Il faudra faire preuve de beaucoup d'ingéniosité et de bonne volonté. Il en faudra peut-être plus que nous en possédons. Toutefois, la tâche sera totalement impossible si nous continuons à décrire le problème dans le vocabulaire trompeur et souvent démagogique de l'égalité par rapport à l'inégalité des provinces. Sous cet angle, le problème n'en est pas un, et l'importance actuelle de cette formulation témoigne d'un manque de lucidité et du déclin de la bonne volonté. Cela fait ressortir la méfiance mutuelle profonde qui est venue assombrir notre vie politique.

La partie de bras de fer constitutionnel à plusieurs dimensions qui se joue au Canada depuis quelques années n'a fait qu'empirer notre situation, en partie par la création et le renforcement de liens malsains. Il s'ensuit que des aspirations qui sont en elles-mêmes parfaitement compatibles en viennent à être considérées comme tragiquement opposées. Par exemple, on peut citer les liens entre la dualité linguistique et le multiculturalisme, ou ceux entre les autochtones et les Québécois, ou encore ceux entre l'égalité régionale et la société distincte. Il est peut-être déjà trop tard pour se défaire du ressentiment et de la méfiance, et il faudra une direction courageuse et clairvoyante pour y parvenir s'il en est encore temps. Il faudra aussi que nous voyions les aspirations de chacun telles qu'elles sont, libérées autant que possible de la rhétorique du mépris.

## NIVEAUX DE DIVERSITÉ

Diverses solutions peuvent être entrevues au-delà de l'impasse où nous nous trouvons toujours. Une première voie serait fondée sur un dualisme dans lequel le Québec ne serait plus une unité fédérale comme les autres. L'autre gamme de solutions possibles serait basée sur un fédéralisme à quatre ou cinq régions, assez décentralisé pour permettre au Québec d'en être au même titre que les autres. L'une ou l'autre de ces solutions devrait s'adapter aux différences d'une façon que nous n'avons pas encore réussi à déterminer – du moins ouvertement et explicitement.

Pouvons-nous y arriver ? Il appert que non, mais j'aimerais néanmoins conclure en disant quelques mots sur ce que cela présupposerait.

D'une certaine façon, le fait de s'adapter aux différences définit ce qu'est le Canada. Bon nombre de Canadiens seraient d'accord sur ce point. C'est pourquoi la crise actuelle, faite de méfiance réciproque et de mauvaise volonté dans le débat constitutionnel, est si pénible à vivre pour beaucoup de nos compatriotes. Il n'y a pas seulement le fait que les deux sources de différence que j'ai décrites deviennent de plus en plus évidentes. On peut ramener d'anciennes questions sur le tapis. Dans une certaine mesure, la réalisation remarquable de Trudeau en matière de propagation du bilinguisme a été rendue possible par une sympathie grandissante envers le fait français parmi l'élite politique et sociale au CHQ. L'élite a accéléré l'implantation du bilinguisme beaucoup plus que ne l'auraient voulu certains concitoyens. Pour beaucoup de gens d'un palier inférieur dans la hiérarchie, le français leur était imposé. Étant donné l'influence de l'élite sur le processus de consentement politique du pays, ils n'ont pas eu d'autre choix que de l'accepter.

Au cours du débat à propos de l'accord du lac Meech, les procédures de négociation de cette élite ont été soumises à de sévères critiques et à la contestation. De plus, les élites du CHQ étaient également divisées entre elles quant à la façon de répondre au nouveau concept, chose qui ne s'était pas produite pour le bilinguisme. Il n'est donc pas surprenant qu'on ait commencé à se rebiffer contre le traitement offert au français. Voilà peut-être le signe avant-coureur d'une plus grande opposition à venir. On entend déjà les gens de l'Ouest dire que la dualité canadienne ne s'applique pas à eux, qu'ils vivent plutôt au sein d'une mosaïque multiculturelle. Les fondements d'une fédération bilingue se mettent de nouveau à vaciller. Cet axe fondamental de notre différence est menacé.

Fait encore plus essentiel, notre conception de la diversité est contestée. Parmi ceux qui se rallient à la Charte et au multiculturalisme pour rejeter la notion de société distincte, beaucoup sont fiers de leur ouverture à la diversité. Sur certains points, ils ont raison de l'être. Ce qui se trouve enchâssé dans ce texte, c'est ce qu'on pourrait appeler la diversité de premier degré. Il existe de grandes différences en matière de culture, de perspective et d'histoire chez une population qui n'en partage pas moins la même idée sur ce que signifie l'allégeance au Canada. Leur patriotisme ou mode d'appartenance est uniforme, peu importe leurs autres différences, et on considère que c'est nécessaire pour garder le pays uni.

Cette attitude est loin de plaire à tous les Canadiens. Pour les Québécois, et pour la plupart des Canadiens français, être canadiens (pour ceux qui veulent encore l'être) veut dire appartenir à un élément particulier du Canada, la nation québécoise ou canadienne-française. La même remarque s'applique grosso modo aux communautés autochtones du pays. La diversité du premier degré ne répond pas à leur façon d'être canadiens. Pourtant, bon nombre de personnes au CHQ restent perplexes quand ces groupes affirment se sentir exclus, parce que la diversité au premier degré est la seule à laquelle ils sont sensibles et qu'ils pensent connaître correctement.

Pour bâtir un pays ouvert à tous, le Canada devrait permettre l'existence de la diversité du deuxième degré ou diversité *profonde*, au sein de laquelle une pluralité de modes d'appartenance serait alors reconnue et acceptée. Un Torontois d'origine italienne, par exemple, ou encore un citoyen d'Edmonton d'origine ukrainienne pourraient bien se sentir canadiens à titre de titulaires de droits individuels dans une mosaïque multiculturelle. Leur appartenance ne passerait pas par une autre communauté, bien que l'identité ethnique puisse être importante pour eux de diverses façons. Toutefois, ces personnes pourraient accepter qu'un Québécois, un Cri ou un Déné conçoivent leur appartenance autrement que ceux qui se perçoivent canadiens tout en étant membres de leur communauté culturelle. Réciproquement, le Québécois, le Cri ou le Déné pourraient reconnaître la légitimité parfaite de l'identité selon le modèle de la *mosaïque*.

Cette perspective est-elle utopique ? Les gens pourraient-ils en venir à voir leur pays de cette façon ? Pourraient-ils trouver passionnant d'appartenir à un pays qui laisse place à la diversité profonde ? Pourraient-ils y trouver une certaine fierté ? Les pessimistes disent que non parce qu'ils ne voient pas comment ce pays pourrait avoir un sentiment d'unité. Le modèle de citoyenneté doit être uniforme ou les gens n'auront pas le sentiment d'appartenir au même régime. Ceux qui disent cela tendent à prendre les États-Unis comme modèle. Or, nos voisins sont opposés à la diversité profonde et l'ont même parfois qualifiée «d'antiaméricaine».

Ces pessimistes devraient tenir compte de trois éléments. D'abord, c'est uniquement à partir de la diversité profonde qu'on peut reconstruire un Canada fédéral uni, une fois qu'on a rappelé les raisons pour lesquelles nous avons tous besoin du Canada – comme celles qui ont été citées ci-dessus, c'est-à-dire l'ordre public, la disposition collective, l'égalité régionale et l'aide mutuelle.

Ensuite, un peu partout dans notre monde, les différences ressemblent en degré et en nature à celles qui règnent au Canada plutôt qu'aux États-Unis. Si un modèle de citoyenneté uniforme correspond davantage à l'image classique de l'État occidental libéral, il est aussi vrai qu'il constitue une camisole de force pour bon nombre de sociétés politiques. Le monde a besoin que d'autres modèles soient auréolés de légitimité, afin de permettre que des modes de cohabitation politique plus humains et moins contraignants existent. Plutôt que d'accepter la rupture au nom d'un modèle uniforme, nous nous ferions une faveur tout en servant les intérêts des autres si nous explorions la solution de la diversité profonde. Pour ceux qui apprécient que l'on accorde aux gens la liberté d'être eux-mêmes, cette solution constituerait un gain pour la civilisation.

Nous ne serions pas seuls à nous lancer dans une pareille exploration. Les observateurs de la scène européenne ont vu que la création de la Communauté européenne a laissé plus de liberté aux sociétés régionales – bretonnes, basques, catalanes –, lesquelles étaient auparavant menacées d'écrasement sous le poids de l'État national.

Enfin, si une rupture devait mener à la création de deux régimes à citoyenneté uniforme, les deux États successeurs finiraient par découvrir qu'ils ne sont pas parvenus à relever le défi posé par la diversité profonde ; car la seule façon d'être juste envers les populations autochtones consiste à adopter une attitude pluraliste. Le Québec, tout comme le CHQ, n'irait nulle part s'il essayait de se hisser à la hauteur des États-Unis, ou encore au niveau des États nationaux européens, dans l'échelle du chauvinisme. Pourquoi ne pas reconnaître cette réalité immédiatement et s'engager ensemble sur la route de la diversité profonde ?

## NOTES

1. Au Québec, nous parlons allègrement du *Canada anglais*, mais les personnes qui y vivent ne s'identifient pas à cette expression. Il nous faut un moyen pratique pour désigner le reste du pays comme entité, même s'il n'a pas d'expression politique pour le moment. Afin d'éviter d'utiliser l'expression au long, je prévois utiliser *CHQ* dorénavant dans ce document. J'espère que le lecteur ne considérera pas cette appellation comme un barbarisme usurpateur ou de l'égocentrisme québécois (bien qu'elle puisse refléter un peu des deux).

2. Je ne tiens pas à m'attarder sur cette question dans ces pages, mais notre expérience et celle d'autres pays tendent à ébranler le fondement de notre inquiétude à ce sujet. Il ne faut pas oublier que le Québec a déjà un statut spécial. En 1964, les membres du Québec ont siégé à la Chambre des communes pendant le vote sur le Régime de pensions du Canada, à la suite d'une entente avec le Québec stipulant que la province aurait son régime. Le fait qu'il existe un régime distinct pour le Québec ne signifiait pas le désintéressement des Québécois en ce qui a trait aux arrangements canadiens. Au contraire, puisqu'en matière de transférabilité, chacune des parties s'intéressait grandement à l'autre. D'autres exemples de relations asymétriques de la partie au tout viennent à l'esprit, comme le gouvernement *provincial* qui a existé pendant de nombreuses années en Ulster. On a mis fin à l'expérience pour des raisons qui n'ont rien à voir avec la désuétude constitutionnelle.

3. Par exemple, à l'origine, le premier amendement, qui interdit au Congrès d'établir une religion, n'était pas destiné à séparer l'État et l'Église. Il a été mis en vigueur à un moment où beaucoup d'États avaient mis en place des Églises et il avait simplement pour but d'empêcher le nouveau gouvernement fédéral d'intervenir ou d'annuler ces arrangements locaux. C'est uniquement plus tard, après le quatorzième amendement, à la suite de la doctrine dite de «l'incorporation», que ces restrictions envers le gouvernement fédéral ont été étendues à tous les gouvernements, peu importe à quel niveau ils se trouvent.

4. Voir, par exemple, les arguments fournis par Lawrence Tribe dans *Abortion : The Clash of Absolutes*, New York, Norton, 1990.

5. Selon Kymlicka (1989), ce que j'ai appelé le libéralisme de procédure peut être rendu compatible avec la défense des droits collectifs et la survie culturelle dans certains cas. Kymlicka, contrairement à la plupart des auteurs américains, écrit avec une grande connaissance de la situation canadienne et s'engage pleinement dans la défense des droits des autochtones du pays. En souscrivant à une politique «d'intérêt moral neutre», c'est-à-dire à une conception de l'État libéral comme étant neutre vis-à-vis des définitions de ce qu'est le bien dans la vie (p. 76), il estime néanmoins que les droits culturels collectifs peuvent être défendus en s'appuyant sur le fait que les membres de certaines collectivités menacées seraient privés des conditions de décisions intelligentes et autogénérées à propos de la nature du bien si les «structures culturelles» par l'entremise desquelles elles peuvent obtenir cette possibilité étaient minées (p. 165). Si le raisonnement de

Kymlicka l'emportait, il comblerait le fossé entre les deux modèles de libéralisme que je compare dans ce chapitre.

## BIBLIOGRAPHIE

ACKERMAN, Bruce, 1980, *Social Justice in the Liberal State*, New Haven, CT, Yale University Press.

CAIRNS, Alan, C., 1990a, «Constitutional Minoritarianism in Canada» dans Ronald WATTS et Douglas BROWN (dir.), *Canada : The State of the Federation, 1990*, Kingston, Institut des relations intergouvernementales, p. 71-96.

CAIRNS, Alan, C., 1990b, «Ritual, Taboo and Bias in Constitutional Controversies in Canada, or Constitutional Talk Canadian Style» dans *The Saskatchewan Law Review*, vol. 54, p. 121-147.

DWORKIN, Ronald, 1977, *Taking Rights Seriously*, London, Duckworth.

DWORKIN, Ronald, 1978, «Liberalism» dans Stuart HAMPSHIRE (dir.), *Public and Private Morality*, Cambridge, Cambridge University Press.

KYMLICKA, Will, 1989, *Liberalism, Community and Culture*, Oxford, Clarendon Press.

RAWLS, John, 1971, *A Theory of Justice*, Cambridge, MA, Harvard University Press.

RAWLS, John, 1985, «Justice as Fairness : Political not Metaphysical» dans *Philosophy and Public Affairs*, vol. 14.

SANDEL, Michael, 1984, «The Procedural Republic and the Unencumbered Self» dans *Political Theory*, vol. 12.

TRIBE, Lawrence, 1990, *Abortion : The Clash of Absolutes*, New York, Norton.

TRUDEAU, Pierre Elliott, 1956, «La province de Québec au moment de la grève» dans P. E. TRUDEAU (dir.), *La Grève de l'amiante*, Montréal, Cité libre.

# CHAPITRE 4

## Québec – Canada: circonvolutions constitutionnelles[1]

ALAIN-G. GAGNON

Depuis le début des années 1980, le paysage politique canadien s'est substantiellement modifié. Parmi les transformations qui ont participé à ce mouvement de restructuration, le rapatriement de la constitution en 1982 et la décision du gouvernement fédéral d'y enchâsser une charte des droits et libertés furent probablement les plus significatives. L'enchâssement de la Charte a eu pour effet notamment d'accentuer le pouvoir des tribunaux au détriment de la démocratie parlementaire et du fédéralisme de concertation. Pendant ce temps au Québec, la popularité des forces nationalistes suivait un mouvement ascendant, surtout après l'échec de l'accord du lac Meech, qui a provoqué une augmentation des appuis à l'option souverainiste et favorisé la naissance, au printemps 1990, d'une nouvelle formation politique fédérale, le Bloc québécois.

Malgré tout, les options qui s'affrontent dans le présent débat constitutionnel ne sont pas sans rappeler celles du passé. Depuis 1990, plusieurs groupes et comités ont été créés, dont le Forum des citoyens de Keith Spicer, la commission Bélanger-Campeau, les comités Beaudoin-Edwards et Castonguay-Dobbie/Dobbie-Beaudoin, afin de mesurer l'étendue de la crise et tenter d'y trouver une solution. Compte tenu des transformations qu'a connues le Canada anglais au cours des dernières années, le défi que ces différents forums devaient relever n'était pas aisé. À ce titre, l'importance accrue qui est désormais accordée aux droits et libertés garantis par la Charte, l'attention grandissante portée à l'héritage autochtone et au multiculturalisme, le principe de l'égalité des provinces, la poussée régionaliste et le mécontentement suscité par le caractère élitiste du fédéralisme de concertation sont autant d'éléments qui ont rendu leur tâche des plus délicates. La continentalisation économique qui fait peser une menace sur la survie du Canada a aussi rendu la recherche d'un consensus plus difficile.

C'est avec ces observations à l'esprit que nous ferons, dans le présent chapitre, le bilan de ces efforts et de ces démarches. Nous discuterons d'abord des périodes de négociations constitutionnelles qui se sont succédé depuis la révolution tranquille, puis des chances de succès du Québec en cette matière considérant les contraintes internes et externes auxquelles il doit faire face.

### L'HÉRITAGE, 1960-1992

Depuis le début de la révolution tranquille, le Québec a exigé des arrangements politiques qui lui permettraient de récupérer, de consolider ou même d'augmenter ses pouvoirs. Durant toute cette période, le Québec a d'abord cherché à faire reconnaître son caractère distinct, et c'est ce qu'il était sur le point de réaliser en 1987-1990 avec l'accord du lac Meech.

Au début de la période qui nous intéresse, le Québec a tenté de se faire des alliés. C'est en effet à l'initiative du premier ministre Jean Lesage que les premiers ministres provinciaux ont commencé à se rencontrer annuellement en vue de contrer les actions unilatérales d'Ottawa dans les champs de compétence exclusive des provinces. Ces efforts de concertation, qui avaient pour objectif de développer des positions conjointes pour négocier avec le gouvernement fédéral, ont eu pour effet notamment d'augmenter la fréquence des rencontres fédérales-provinciales, d'élargir l'éventail des questions discutées lors de ces réunions et de favoriser la création de comités ministériels chargés d'étudier les questions litigieuses et les problèmes de gestion.

Simultanément, et conformément à la doctrine autonomiste élaborée par Paul Gérin-Lajoie (Morin, 1987), qui défend le prolongement externe des compétences internes[2], Québec investissait la scène internationale et commençait à entretenir des relations avec des organismes internationaux et des gouvernements étrangers, ce qui provoqua de sérieux conflits avec Ottawa. Le gouvernement du Québec reconnaissait que la politique extérieure était de compétence fédérale, mais arguait de son droit d'agir dans ce domaine lorsque les enjeux relevaient de ses compétences exclusives. Cette démarche fut particulièrement efficace entre 1964 et 1966, alors que Québec conclut plusieurs ententes touchant l'éducation, la jeunesse et la culture. Ces initiatives québécoises, combinées aux efforts de concertation avec les autres provinces, firent monter la pression en faveur d'une réforme constitutionnelle.

À l'époque, c'est la définition d'une formule d'amendement qui était le principal obstacle sur la voie du «fédéralisme renouvelé» (Thérien et al., 1990). Au cours du règne libéral de Jean Lesage (1960-1966), deux formules d'amendement furent proposées, puis rejetées. En 1961, Lesage refusa la formule proposée par le ministre de la Justice de l'époque, Davie Fulton, parce que le gouvernement fédéral refusait de circonscrire les pouvoirs qu'il avait acquis en 1949 et qui lui permettaient d'amender unilatéralement la constitution dans les domaines de compétence fédérale exclusive. Ottawa refusait en outre de donner à Québec voix au chapitre sur la réforme d'institutions aussi importantes que la monarchie, le Sénat et la Cour suprême.

En 1966, la formule Fulton-Favreau connut le même sort. Cette formule préconisait l'unanimité des provinces et du gouvernement fédéral pour revoir le partage des compétences, l'utilisation des deux langues officielles, la garantie concernant les écoles confessionnelles et le mode de représentation à la Chambre des communes, alors que les modifications touchant la monarchie et le Sénat pouvaient être apportées avec l'accord d'Ottawa et de 7 provinces comptant 50 % de la population canadienne (Simeon et Robinson, 1990, p. 204). Pour Québec, l'unanimité était difficilement acceptable en ce qu'elle promettait de compliquer la signature d'ententes intergouvernementales sur des sujets aussi cruciaux que la langue et le transfert de pouvoirs aux provinces.

Le véritable enjeu au Québec concernait moins la formule d'amendement que le partage des compétences[3]. Avec les élections provinciales qui approchaient, Lesage ne pouvait se permettre d'accepter des propositions qui iraient à l'encontre des sentiments nationalistes et autonomistes largement répandus dans la province. Aussi refusa-t-il de considérer toute forme de rapatriement ou de formule d'amendement à moins d'obtenir en échange une définition claire des pouvoirs provinciaux, ainsi qu'une protection constitutionnelle pour la langue et la culture françaises. Ce faisant, il définissait le cadre qui guiderait les exigences constitutionnelles québécoises pour plusieurs années à venir.

Au cours de la campagne électorale de 1966, les libéraux provinciaux ont cependant modifié leur position constitutionnelle. Craignant d'être doublé par l'Union nationale de Daniel Jonhson, Lesage a notamment abandonné son discours sur l'égalité des provinces en faveur d'un statut particulier pour le Québec. Pendant qu'il radicalisait son discours autonomiste, il cherchait aussi à influencer les décisions du gouvernement fédéral. Dans le budget provincial de 1966, il alla même jusqu'à demander de participer à la définition et à l'exécution des politiques fiscales, monétaires et commerciales, des domaines de compétence exclusivement fédérale. Le gouvernement fédéral a rejeté cette demande (Smiley, 1967, p. 68-70 ; Morin, 1972 ; Simeon, 1972).

Le gouvernement Lesage était néanmoins bien résolu à obtenir les réformes nécessaires à l'amélioration de la situation économique et politique du Québec, même au risque d'envenimer ses relations avec Ottawa. En 1964, le gouvernement québécois a ainsi réussi à obtenir le contrôle de son propre régime des rentes. L'établissement d'un régime des rentes proprement québécois assurait à la province une plus grande autonomie financière et lui permettait de prendre des initiatives sans avoir à obtenir l'autorisation d'Ottawa. La création de la Caisse de dépôt et placement, le joyau des institutions financières québécoises et l'une des plus importantes sources de financement public au Canada, en est le résultat le plus notable. Le gouvernement fédéral a bien tenté de convaincre d'autres provinces de signer des ententes similaires, afin d'éviter que le Québec n'obtienne de facto un statut particulier, mais sans succès.

La démarche constitutionnelle et la politique autonomiste défendues par Lesage furent poursuivies par les gouvernements de Daniel Johnson (1966-1968) et de Jean-Jacques Bertrand (1968-1970). Reconnaissant le succès de la démarche libérale, les unionistes ont adopté la même approche interventionniste dans les relations fédérales-provinciales et la politique intérieure. Le slogan électoral de l'Union nationale en 1966 – « Égalité ou indépendance » – dénotait cependant une utilisation du sentiment national plus importante que ne le faisaient les libéraux de l'époque. En se reportant au caractère binational du Canada et en mettant de l'avant un projet de statut distinct pour le Québec, Daniel Johnson faisait franchir une nouvelle étape au Québec (Gagnon, 1991, p. 172-181).

La position adoptée par Daniel Johnson, puis par Jean-Jacques Bertrand, s'apparentait à celle proposée par la Commission royale d'enquête sur les problèmes constitutionnels (la commission Tremblay, 1953-1956), selon laquelle le partage des pouvoirs et des revenus entre les provinces et le gouvernement fédéral devait être fondé sur l'interprétation québécoise de l'Acte de l'Amérique du Nord britannique (AANB). Dans cette perspective, l'Union nationale exigeait que des limites soient imposées aux paiements de transfert fédéraux aux individus effectués par le biais des programmes sociaux pancanadiens et que le gouvernement fédéral se retire complètement des programmes conjoints.

Le pouvoir fédéral de dépenser était perçu comme ayant une influence négative sur le maintien du fédéralisme dans la mesure où il ne respectait pas le principe des compétences exclusives. Johnson affirmait que les programmes tels que les allocations familiales, les régimes de pension, l'assistance sociale, les services de santé et la formation de la main-d'œuvre étaient de la seule responsabilité des provinces. Selon lui, le caractère distinct du Québec l'autorisait à bénéficier d'arrangements qui pouvaient lui être accordés, sans que cela entraîne pour Ottawa la nécessité de signer des ententes similaires avec les autres provinces. En d'autres mots, la position de Johnson était un premier appel au fédéralisme asymétrique et la source même du contentieux entre Québec et Ottawa à l'époque de Pierre Elliott Trudeau, qui refusait d'accorder au Québec ce qu'il n'offrait pas aussi aux autres provinces.

Exigeant toujours une réforme constitutionnelle, et bénéficiant de la mouvance suscitée par la Commission royale sur le bilinguisme et le biculturalisme (la commission Laurendeau-Dunton, 1963-1969), Johnson élabora une solution binationale pour résoudre les problèmes constitutionnels canadiens. Cette solution était fondée sur une interprétation qui faisait de l'AANB un pacte entre les deux peuples fondateurs. Sous Duplessis, l'Union nationale avait déjà tenté de protéger le partage des compétences de 1867 des empiétements fédéraux. Avec Johnson, le parti exigea en outre des pouvoirs additionnels pour protéger les francophones du Québec et, dans une certaine mesure, ceux vivant à l'extérieur de ses frontières. Ces modifications étaient conformes à cette conception qui faisait du Québec le principal protecteur des intérêts de la communauté franco-canadienne. Le gouvernement de Jean-Jacques Bertrand poursuivit la même politique, considérant que le statut distinct du Québec devait être reconnu dans une constitution réformée.

Malgré ces différends constitutionnels, plusieurs dossiers ont été débloqués dans la deuxième moitié des années 1960. Ainsi, plusieurs ententes furent signées avec Ottawa en matière fiscale, et une formule de retrait fut mise en œuvre. De plus, c'est à cette époque que le Québec est devenu un acteur important dans la francophonie, et que le bureau d'immigration fut transformé en un véritable ministère à la suite d'une entente intervenue avec Ottawa sur cette question (Black et Hagen, 1993). Ce changement ouvrait la voie au fédéralisme asymétrique. Sous les gouvernements subséquents de Robert Bourassa (1970-1976) et de René Lévesque (1976-1985), Québec et Ottawa ont aussi signé plusieurs ententes qui élargissaient les compétences de la province en matière d'immigration et, à un moindre degré, de relations extérieures. Il faut toutefois souligner que ces arrangements n'étaient rien d'autre que des ententes administratives, réversibles à souhait, et que jamais Ottawa ou les autres provinces n'ont accepté de constitutionnaliser les pouvoirs du Québec en ces matières.

Au cours des années 1970, le gouvernement du Québec a maintenu sa politique autonomiste, insistant pour obtenir des pouvoirs supplémentaires et les ressources fiscales nécessaires à leur exercice. C'est dans cet esprit que Robert Bourassa a élaboré ses thèses du fédéralisme rentable, de la souveraineté culturelle et, plus tard, de la souveraineté partagée. Mais il faut bien comprendre que, pour Bourassa, la priorité n'était pas d'enchâsser les aspirations nationales du Québec dans la constitution canadienne, mais plutôt de réviser le fonctionnement du système fédéral de façon à obtenir les pouvoirs et les ressources propres à «préserver et développer le caractère biculturel de la fédération canadienne» (Bourassa, cité dans Roy, 1978, p. 205).

En 1971, dans le cadre de la Conférence de Victoria, les analystes politiques ont brièvement cru que Bourassa réussirait à clore le débat constitutionnel, mais l'opposition des forces nationalistes le contraignit à reculer, et l'entente ne fut jamais signée. On justifia cette volte-face par l'imprécision de l'article 94A, qui traitait des responsabilités en matière de pensions et autres programmes sociaux. Pour le Québec, cet article révélait la timidité de ses interlocuteurs en ce qui concernait le renouvellement du partage des compétences. La formule d'amendement, qui donnait un *veto* au Québec, à l'Ontario ainsi qu'aux provinces de l'Ouest et aux Maritimes collectivement, suscitait aussi de très importantes réserves. Enfin, le projet ne garantissait pas la responsabilité du Québec quant à la culture et aux politiques sociales[4].

Les négociations reprirent en 1975, avec la suggestion d'Ottawa de suspendre la révision du partage des compétences pour favoriser le rapatriement de la constitution et la recherche d'une formule d'amendement. Cela signifiait que toute discussion sur le partage des compétences était reportée à d'ultérieures négociations bilatérales et multilatérales entre Québec, les autres provinces et le gouvernement fédéral. Ottawa reconnaissait toutefois qu'en modifiant le partage des pouvoirs, la protection et la promotion de la culture et de la langue étaient des enjeux cruciaux pour le Québec et, à l'époque, cette position fut présentée comme la reconnaissance de la demande par le Québec d'un statut particulier (Stevenson, 1982, p. 210). Le gouvernement fédéral cherchait sans aucun doute à désarmer de ce fait le Parti québécois, qui gagnait en popularité au Québec.

Le gouvernement du Québec fit savoir publiquement qu'il était prêt à accepter cette approche dans la mesure où ses intérêts dans les domaines linguistique et culturel étaient enchâssés dans la constitution (Trudeau, 1977, p. 140-169). En échange du rapatriement, Bourassa exigea donc que les éléments suivants soient inscrits dans la constitution : un droit de *veto* sur les futures modifications constitutionnelles ; la prépondérance de la législation québécoise en matière d'éducation et de culture ; le droit de se retirer des programmes fédéraux avec compensation financière ; un rôle plus important en matière d'immigration, surtout en ce qui concerne la sélection et l'intégration des immigrants ; l'imposition de limites au pouvoir déclaratoire et au pouvoir de dépenser du gouvernement fédéral (Saywell, 1977, p. 43, 93-94).

L'initiative fédérale était accompagnée d'une menace de procéder unilatéralement, sans l'accord des provinces, et le premier ministre du Québec décida alors de tenir une élection à l'automne 1976. Le Parti québécois fut porté au pouvoir le 15 novembre 1976, avec son projet de souveraineté-association. Sous René Lévesque et, pour une courte période en 1985, sous Pierre-Marc Johnson, le gouvernement du Québec préconisa la souveraineté du Québec, accompagnée d'une association économique (remplacée par la suite par la notion d'union économique) avec le reste du Canada. L'élection de ce gouvernement ne modifia pas la volonté du gouvernement fédéral de rapatrier la constitution et d'y enchâsser une formule d'amendement.

En 1978, Ottawa présenta le projet de loi C-60, *Projet de loi sur la réforme constitutionnelle*, lequel contenait des propositions largement similaires à celles de Victoria. On y proposait un renforcement de la représentation provinciale au sein des institutions fédérales et l'enchâssement d'une charte des droits et libertés (qui ne se serait appliquée aux provinces que dans la mesure où elles l'auraient adoptée). Le Sénat aurait été remplacé par une Chambre de la Fédération, dont les membres auraient été nommés pour moitié par les provinces et pour moitié par la Chambre des communes. Par la même occasion, on aurait enchâssé le droit du Québec de nommer trois juges à la Cour suprême. De plus, le *veto* de la Chambre de la Fédération sur les législations linguistiques aurait pu être réduit à un *veto* suspensif de soixante jours qui n'aurait pu être supplanté que par un vote des deux tiers de la Chambre des communes (Verney, 1986, p. 367).

En 1979, la Cour suprême du Canada statua cependant que, malgré le pouvoir d'amendement de l'article 91(1), le Parlement n'avait pas la compétence de réformer unilatéralement les institutions fédérales si cette réforme influait sur les pouvoirs des provinces. La Cour fit valoir notamment que la substitution du Sénat par une Chambre de la Fédération modifiait une institution qui était de la plus haute importance pour les provinces. D'après Douglas Verney (1986, p. 367), la Cour appuya sa décision sur le livre blanc fédéral, paru en 1965, qui reconnaissait «le rôle des provinces, même pour des modifications touchant des questions qui n'étaient pas de la compétence exclusive des provinces».

Le gouvernement du Québec ne montra pas beaucoup d'intérêt à l'égard de cette initiative fédérale, occupé qu'il était à préparer son propre projet constitutionnel, *La nouvelle entente Québec-Canada* (1979). Cette option préconisait la formation de deux communautés composées respectivement des neuf provinces anglaises du Canada, d'une part, et du Québec, d'autre part, qui existeraient séparément sur le plan politique, mais demeureraient associées au sein d'une nouvelle union économique. Pour Québec, la souveraineté-association avait le mérite de résoudre la difficile question de la dualité canadienne, alors que, dans le reste du pays, elle avait le grand inconvénient d'ignorer le principe de l'égalité des provinces, une notion de plus en plus populaire, surtout dans les provinces périphériques.

En 1977, le gouvernement fédéral mit sur pied le Groupe de travail sur l'unité canadienne (Pepin-Robarts, 1977-1979). Les conclusions du rapport Pepin-Robarts s'appuyaient sur trois constats : l'existence de différentes régions, la prédominance de deux cultures et l'égalité des deux ordres de gouvernement. Les recommandations des commissaires allaient dans le sens du fédéralisme asymétrique, arguant que toutes les provinces n'étaient pas semblables, ni égales. Ils observèrent notamment que le Québec bénéficiait *de facto* d'un statut particulier qui tenait au fait qu'il était souvent le seul à participer aux arrangements administratifs proposés par Ottawa, tel que l'illustre le régime des rentes québécois. Cette reconnaissance du statut particulier et de l'asymétrie s'étendait à la langue – la politique linguistique devant relever essentiellement des provinces.

Les principales innovations institutionnelles incluaient des propositions pour réformer le Sénat et la Cour suprême, et pour abolir certains pouvoirs fédéraux désuets, tels le pouvoir de désaveu et le pouvoir de réserve. La commission recommandait de remplacer le Sénat par une Chambre de la Fédération dont les membres seraient nommés par les provinces. Elle proposait aussi, suivant le principe de la représentation proportionnelle, d'augmenter le nombre de sièges à la Chambre des communes de façon à obtenir une représentation plus équitable des partis politiques. En matière de justice, elle préconisait la division de la Cour suprême en **bancs** spécialisés, pour répondre aux difficultés soulevées par la diversité des causes entendues par les juges. Elle proposait enfin que le pouvoir de dépenser, le pouvoir déclaratoire et le pouvoir d'urgence deviennent des compétences concurrentes. Désireux de résoudre à la fois les problèmes de l'aliénation des provinces de l'Ouest et du nationalisme québécois, les commissaires furent appelés à se pencher sur l'autonomie des provinces, sur leurs compétences, sur leur représentation dans les institutions fédérales, ainsi que sur le statut du Québec au sein de la fédération. Les principales recommandations contenues dans leur rapport furent cependant ignorées par le premier ministre Trudeau, qui préféra aller de l'avant avec son propre projet.

En mai 1979, les Canadiens se donnaient leur premier gouvernement conservateur depuis 1963. Avec sa conception du Canada, selon laquelle le pays était une *communauté de communautés*, le nouveau premier ministre Joe Clark montrait des dispositions plus favorables que Pierre Elliott Trudeau à la décentralisation du fédéralisme, ce qui laissait espérer des relations Québec-Canada plus harmonieuses. À cette époque, cependant, le Canada traversait une situation économique difficile et la crise constitutionnelle perdurait ; le gouvernement Lévesque persistait dans sa volonté de tenir un référendum sur son projet de souveraineté-association. Par ailleurs, des difficultés imprévues forcèrent le gouvernement conservateur minoritaire à tenir une élection fédérale anticipée et, en février 1980, les libéraux de Pierre Elliott Trudeau, plus désireux que jamais d'écraser les « séparatistes » et toujours aussi peu enclins à trouver des solutions satisfaisantes aux exigences québécoises, furent reportés au pouvoir.

À la même époque, le Parti libéral du Québec, sous la gouverne de Claude Ryan, publiait son livre beige, qui proposait un fédéralisme plus décentralisé comme solution de remplacement à la souveraineté-association proposée par le Parti québécois. Les libéraux provinciaux exigeaient plus de pouvoirs pour les provinces, la reconnaissance de deux juridictions souveraines et une plus grande influence provinciale sur les activités fédérales par le biais d'un corps intergouvernemental, le Conseil fédéral. Ces réformes s'inspiraient du Bundesrat (Parlement allemand) et tentaient de répondre aux aspirations du Québec dans le contexte fédéral, en affirmant l'égalité des deux peuples fondateurs. Les changements proposés auraient été mis en vigueur à la condition que les deux communautés historiques du pays se fussent explicitement prononcées en leur faveur.

Le livre beige recommandait de remplacer le Sénat par un organisme composé de membres nommés par les provinces et capable de contrôler les pouvoirs fédéraux, d'adopter la représentation proportionnelle et d'abolir la monarchie. Le Conseil fédéral aurait lié les provinces, aurait eu ses propres sources de financement et aurait été libre de toute intrusion ou manipulation fédérale. Il aurait approuvé les nominations fédérales et les traités touchant les provinces, il aurait eu un *veto* sur le pouvoir d'urgence et le pouvoir fédéral de dépenser et aurait conseillé le gouvernement fédéral dans les domaines de la fiscalité, de la politique monétaire et du transport. Quant à la langue et à la culture, les projets de loi portant sur ces matières auraient été soumis au principe de la double majorité. Le Conseil fédéral aurait également été responsable des relations fédérales-provinciales, ce qui aurait mis fin du même coup à la tenue des conférences fédérales-provinciales. On proposait finalement l'adoption d'une charte canadienne des droits et libertés.

Durant la campagne référendaire de 1980, Trudeau fut l'un des principaux adversaires des indépendantistes. Les libéraux fédéraux promirent que le rejet de la proposition référendaire ne serait pas interprété comme un appui au *statu quo* et que des réformes seraient proposées pour répondre aux besoins particuliers du Québec. Plusieurs partisans de cette solution crurent que le fédéralisme renouvelé ainsi promis comporterait la reconnaissance officielle du caractère distinct du Québec et l'octroi de pouvoirs additionnels allant de pair avec ce statut. On se souviendra que les fédéralistes de diverses tendances se sont ralliés à Pierre Elliott Trudeau pour défaire la proposition de la souveraineté-association. Certains députés québécois, dans un ultime effort pour convaincre leurs commettants de voter contre le projet de René Lévesque, mirent même leur siège en jeu. Ces promesses furent généralement perçues comme une preuve de la volonté du gouvernement fédéral d'accommoder le Québec.

Malheureusement pour les tenants du fédéralisme renouvelé, cette solution fut complètement discréditée au cours des années suivantes, le gouvernement Trudeau manquant à ses promesses. En 1981, le gouvernement fédéral rapatriait la constitution contre la volonté du Québec. Plutôt que d'obtenir un statut particulier, le Québec sortait affaibli de cette entreprise, et le coup de force fut décrié, tant par les nationalistes que par les fédéralistes actifs sur la scène provinciale, y compris ceux (tels que Claude Ryan, Robert Bourassa et plusieurs gens d'affaires) qui s'étaient tenus aux côtés de Trudeau en mai 1980. Se sentant trahis, ils exigèrent des correctifs dans les plus brefs délais, afin de préserver l'unité du Canada.

Cet épisode révèle que le gouvernement fédéral, contrairement à ce qu'il avait promis, avait interprété les résultats référendaires comme une indication que le Québec souhaitait rester au sein de la fédération plutôt que comme un engagement en faveur de son renouvellement. Maintenant que les «séparatistes» étaient désorganisés et démoralisés, Ottawa semblait déterminé à être plus dur que jamais. Trudeau mit de l'avant une vision centralisatrice du fédéralisme en arguant que la décentralisation et le provincialisme étaient des concepts dépassés. Le PQ était en plein désarroi, le PLQ avait livré une dure bataille contre l'indépendance, les libéraux de Trudeau avaient la majorité en Chambre, l'état de l'économie était désastreux et l'idéologie néo-libérale gagnait en popularité.

Immédiatement après le référendum, Trudeau convoqua une conférence constitutionnelle pour le mois de septembre 1980. Craignant une action unilatérale de la part d'Ottawa, Québec s'efforça pour sa part de forger des alliances avec les autres provinces, mais le gouvernement fédéral sut conserver l'initiative en déposant, le 2 octobre, le *Projet de résolution concernant la constitution du Canada*. Le Québec et sept autres provinces, «le groupe des huit», s'opposèrent à cette entreprise et soumirent leur cause aux cours d'appel du Québec, du Manitoba et de Terre-Neuve, mais les résultats de cette démarche furent décevants. En dernière instance, la Cour suprême du Canada trancha dans une décision majoritaire :

> Il serait légal pour le Parlement d'agir sans l'assentiment des provinces, mais qu'une [sic] telle mesure serait néanmoins inconstitutionnelle parce qu'elle violerait une

convention exigeant un appui substantiel des provinces. Les parties ont toutes deux gagné et toutes deux perdu. Ottawa est informé qu'il peut procéder légalement, mais non légitimement – il courra un risque politique extraordinaire s'il agit maintenant. Les provinces sont averties que, si elles continuent de faire de l'obstruction, il se peut qu'Ottawa agisse seul. La seule solution est de retourner à la table de négociation. Mais, maintenant, il y a une différence de taille : la convention, a dit le tribunal, n'exige pas l'unanimité, mais seulement «un appui substantiel». Deux provinces ne constituent clairement pas un tel appui, mais une province seule ne peut plus arrêter le processus. Les fondements d'un règlement sans le consentement du Québec sont jetés (Simeon et Robinson, 1990, p. 302).

Profitant de la situation, le premier ministre Trudeau convoqua une nouvelle conférence pour novembre 1981. Avec le soutien de l'Assemblée nationale et de sept provinces, le gouvernement Lévesque y exprima son opposition au projet du gouvernement central. Initialement et stratégiquement, Lévesque avait accepté le principe de l'égalité des provinces, mais il continuait de s'opposer au rapatriement sans avoir d'abord convenu d'une formule d'amendement et d'un nouveau partage des compétences, demandait que le Québec soit reconnu comme société distincte sur les plans linguistique et culturel, et exigeait les ressources et les responsabilités que cela impliquait. En échange de la reconnaissance du principe de l'égalité des provinces, les autres gouvernements provinciaux acceptaient le droit de *veto* du Québec. La délégation québécoise croyait qu'il serait ainsi possible d'obtenir une plus grande autonomie au sein d'un système fédéral réformé ce qui, ultimement, légitimait son objectif indépendantiste, tel qu'il était défini par le droit international (Rémillard, 1985, p. 115-117).

Opposé à toute forme de statut particulier pour le Québec, Trudeau isola celui-ci. Le 5 novembre 1981, en l'absence du premier ministre Lévesque, tous les premiers ministres provinciaux acceptèrent le rapatriement et l'enchâssement d'une charte canadienne des droits et libertés. En échange, ils obtenaient la formule d'amendement qu'ils souhaitaient[5] et le droit de se soustraire aux clauses dites secondaires de la Charte. Cette concession garantissait à Ottawa l'appui des premiers ministres de l'Ouest. Québec était battu, et la seule possibilité qu'il lui restait était d'utiliser la clause dérogatoire, ce qu'il fit systématiquement jusqu'à l'élection des libéraux de Robert Bourassa en décembre 1985. La décision de rapatrier la constitution et d'y intégrer une charte des droits et libertés était une attaque en règle contre la vision québécoise du fédéralisme, dans un environnement politique de plus en plus hostile à des mesures de protection. Dans l'esprit des fédéralistes centralisateurs, le temps allait arranger les choses. Plus de dix ans après le rapatriement, le débat constitutionnel continue néanmoins de dominer la scène politique canadienne.

La série de négociations qui suivit fut amorcée après les élections fédérales de 1984, qui avaient porté les conservateurs au pouvoir. Avec la promesse de Brian Mulroney de réintégrer le Québec «dans l'honneur et l'enthousiasme» (Mulroney, 1984), René Lévesque prit le pari du «beau risque». En mai 1985, il soumit au nouveau leader fédéral son *Projet d'accord constitutionnel : Propositions du Gouvernement du Québec*[6], qui contenait 22 propositions pour résoudre la crise constitutionnelle (Gagnon et Montcalm, 1990, p. 162-163). Ces propositions allaient pour l'essentiel être reprises dans la position constitutionnelle adoptée par Robert Bourassa lorsqu'il fut porté au pouvoir en décembre 1985. Les différences étaient une question de degré plutôt que de fond. Le projet péquiste servit d'ailleurs de point de départ aux libéraux pour les séries de négociations subséquentes[7]. Il faut cependant noter qu'entre 1981 et 1985, en raison de l'échec référendaire, Lévesque négociait en position de faiblesse. Cette situation fut modifiée avec l'arrivée au pouvoir de Bourassa, fédéraliste de bon ton. Les libéraux posèrent cinq conditions préalables à leur retour à la table de négociations :

— la reconnaissance explicite de la société distincte québécoise ;

— des pouvoirs accrus quant au choix, à l'administration et à l'intégration des nouveaux arrivants ;

— la nomination à la Cour suprême de trois juges formés dans la tradition civiliste ;

— la restriction du pouvoir fédéral de dépenser ;

— un droit de *veto* sur toute modification à la constitution.

Le projet d'entente du lac Meech (1987-1990) tentait de répondre à ces exigences, mais l'entreprise se heurta au manque d'ouverture envers la différence et à une formule d'amendement peu favorable à la reconnaissance du caractère distinct du Québec.

À l'exception de la clause de société distincte, l'accord du lac Meech reflétait la priorité qu'Ottawa accordait au maintien de l'uniformité du fédéralisme canadien. En donnant à toutes les provinces ce que le Québec exigeait pour lui-même, Ottawa voulait éviter de lui reconnaître un statut particulier. En retour, le gouvernement fédéral obtenait une concession majeure du Québec, qui se disait prêt à consacrer le pouvoir de dépenser du gouvernement fédéral. Au Québec, ce pouvoir était interprété comme une intrusion du gouvernement fédéral dans les sphères de compétence provinciale. C'est donc au grand dam des nationalistes et des autonomistes que cette clause fut acceptée par le gouvernement québécois. Dans le reste du Canada, au contraire, nombreux étaient ceux qui considéraient que cette clause affaiblissait le gouvernement fédéral, en raison notamment de la possibilité qu'elle offrait aux provinces qui choisissaient de ne pas participer à un programme pancanadien de s'en retirer avec une pleine compensation financière.

Plusieurs difficultés circonstancielles empêchèrent les premiers ministres d'approuver collectivement l'accord du lac Meech, malgré leurs concessions respectives (Denis, 1990 ; Fournier, 1990). L'appui était difficile à assurer dans le reste du Canada à cause de questions qui, selon plusieurs critiques, avaient été ignorées. Alors que les négociations entourant l'accord du lac Meech commençaient (avec l'objectif de ramener le Québec dans la famille canadienne comme membre à part entière), des groupes s'organisaient pour faire échec à la vision québécoise du fédéralisme. Ce faisant, les revendications québécoises furent banalisées au profit de celles des Premières Nations et des provinces pauvres, de l'égalité des provinces et de l'universalité des programmes sociaux, entre autres. Tous ces intérêts se combinèrent pour nier le droit du Québec à un statut distinct, et l'accord du lac Meech fut défait.

À la suite de cet échec en juin 1990, le gouvernement du Québec n'avait plus le mandat nécessaire pour négocier son retour dans la fédération canadienne. Le Parti libéral du Québec élabora donc une nouvelle position politique (le rapport Allaire) et mit sur pied la Commission sur l'avenir politique et constitutionnel du Québec (commission Bélanger-Campeau).

Le rapport Allaire, intitulé *Un Québec libre de ses choix* et rendu public le 28 janvier 1991, proposait de réduire l'emprise du gouvernement fédéral et de transférer de nombreux pouvoirs aux provinces. Le gouvernement fédéral conservait sa compétence en matière de défense, de paiements de péréquation, de politique monétaire, de douanes et de gestion de la dette. Les provinces auraient été, pour leur part, seules responsables de 22 champs de compétence, dont l'emploi, les ressources naturelles, les communications, la santé, l'agriculture, l'assurance-chômage, le développement régional, l'énergie, l'environnement, l'industrie et le commerce, la langue, la recherche et le développement, la sécurité publique et la sécurité du revenu. Les compétences dans les matières concernant les autochtones, la fiscalité, l'immigration, les institutions financières, les pêcheries, la justice, la politique étrangère, les postes, les télécommunications et le transport auraient, quant à elles, été partagées entre Québec et Ottawa. Ce nouveau partage des responsabilités aurait permis au fédéralisme asymétrique de prendre racine au Canada et, comme on pouvait s'y attendre, le gouvernement québécois exigeait la compétence exclusive dans les 22 secteurs définis comme étant d'intérêt provincial.

Le rapport Allaire faisait aussi référence à une nouvelle structure qui permettrait la reconnaissance du statut particulier du Québec et proposait d'accommoder les autres provinces qui souhaitaient obtenir plus de responsabilités. Il recommandait par ailleurs la restitution du droit de *veto* du Québec, l'abolition du Sénat, la création d'un tribunal communautaire pour assurer le respect de la nouvelle constitution et l'application des lois du ressort de l'État central, ainsi qu'une restructuration de la banque centrale, afin de mieux refléter les réalités régionales. Enfin, il suggérait d'enchâsser la Charte québécoise des droits de la personne dans une constitution québécoise. Cette charte québécoise (voir en annexe) aurait eu préséance sur la Charte canadienne des droits et libertés sur le territoire québécois.

En réponse à l'incapacité de reconnaître le statut distinct du Québec, confirmée par l'échec de l'accord du lac Meech, la plus importante consultation démocratique à jamais avoir été tenue à ce jour au Canada fut entreprise avec la création de la commission Bélanger-Campeau (Gagnon et Latouche, 1991). Cette commission avait pour mandat de redéfinir les arrangements politiques et constitutionnels qui régissaient le statut du Québec et ses relations avec les autres membres de la fédération. Cette commission marque un moment unique dans l'histoire du Canada, en ce que, par elle, un gouvernement provincial, avec l'appui de l'opposition, envisageait de mettre un terme aux liens qui l'associaient à un pays auquel ses citoyens avaient donné naissance. Moment unique pour les Québécois aussi, qui revivaient la mobilisation provoquée par le coup de force fédéral qui a abouti au rapatriement de la constitution.

À la suite du dépôt du rapport de la commission Bélanger-Campeau, la loi 150 fut promulguée pour instituer les deux commissions parlementaires spéciales de l'Assemblée nationale dont les commissaires recommandaient la création. Le gouvernement du Québec souhaitait ainsi maintenir la pression sur les autres gouvernements (fédéral et provinciaux), en confrontant quotidiennement l'option du fédéralisme renouvelé et celle de la souveraineté. Les commissaires demandaient qu'un référendum sur l'avenir du Québec se tienne au plus tard le 26 octobre 1992.

Pour reprendre l'initiative, Ottawa publia, le 24 septembre 1991, un document proposant une restructuration de la fédération selon les principes d'un modèle économique centralisé et mit sur pied une commission parlementaire mixte (Castonguay-Dobbie, qui deviendra Dobbie-Beaudoin) afin, une fois de plus, d'examiner en priorité l'éternelle question des relations Québec-Canada.

Contre toute attente, le gouvernement fédéral et les neuf provinces anglophones parvinrent à une entente, le 7 juillet 1992. L'essentiel de cette entente fut confirmé dans l'accord de Charlottetown, signé le 28 août 1992. Loin de reconnaître le statut distinct du Québec et de favoriser une dévolution des pouvoirs vers les provinces, l'entente proposait une augmentation des pouvoirs du gouvernement central par la constitutionnalisation du pouvoir de dépenser et le renforcement des institutions fédérales. Plutôt que de transférer des pouvoirs aux provinces, comme le demandait le Québec, l'accord de Charlottetown proposait d'élargir la représentation des provinces au Sénat et de consolider la capacité du gouvernement central d'intervenir dans les sphères de compétence provinciale exclusive. L'entente contenait en outre une clause Canada qui plaçait sur un pied d'égalité la société distincte, le principe de l'égalité des provinces et l'obligation pour les Canadiens et leurs gouvernements de promouvoir la minorité anglophone du Québec. Une section entière de l'entente était même consacrée à l'éventualité d'un gouvernement autochtone autonome.

Soumis à la population, l'accord fut défait au Québec (56,7 %), de même qu'au Manitoba (61,6 %), en Saskatchewan (55,3 %), en Alberta (60,2 %), en Colombie-Britannique (68,3 %), en Nouvelle-Écosse (51,3 %) et au Yukon (56,3 %). Il fut aussi rejeté par les communautés autochtones, au grand désarroi d'Ovide Mercredi, dont le leadership fut ébranlé. Cette consultation traduit un rejet sans précédent de la classe politique, les Canadiens ayant dit NON à un accord scellé derrière des portes closes. Il marque aussi un recul important pour Robert Bourassa qui s'était, d'après certains de ses plus proches conseillers, effondré à la table des négociations. Il lui fut notamment reproché d'avoir échoué dans sa défense des revendications traditionnelles du Québec, et même de ses acquis : l'accord était loin de respecter les cinq conditions préalables minimales qu'il avait lui-même exigées pour que le Québec revienne à la table des négociations constitutionnelles. Le Québec n'avait fait aucun gain en termes de partage des compétences, et la tendance vers la centralisation s'en trouvait confirmée, puisque le gouvernement fédéral aurait pu, dorénavant, négocier avec les provinces des ententes réversibles de cinq ans. Ottawa aurait ainsi vu ses pouvoirs d'ingérence confirmés, voire renforcés.

## LA FÉDÉRATION CANADIENNE EST-ELLE UNE SOLUTION VIABLE ?

Depuis l'échec de l'accord du lac Meech, la position des acteurs politiques et des Canadiens en général s'est durcie. Rien ne permet de prévoir une solution facile à l'actuelle, et peut-être fatale, crise constitutionnelle. Il est difficile de croire que les aspirations québécoises puissent jamais être satisfaites ou d'imaginer que l'injustice de

1981 puisse être réparée. Comme le remarque Richard Simeon à propos de l'accord du lac Meech :

> Manifestement, il manquait [...] une réponse à la liste de revendications du Québec, qui a toujours insisté pour obtenir une plus grande autonomie provinciale. En fait, on pourrait arguer que, depuis 1982, le Québec avait moins, et non plus, d'autorité : il n'avait obtenu aucun nouveau pouvoir, avait perdu son droit de *veto* historique sur les changements constitutionnels futurs, et était désormais soumis à la Charte des droits et libertés qui, dans l'esprit des Canadiens du moins, était intrinsèquement hostile aux droits collectifs et ouvrait la voie à des contestations légales de la volonté du Québec de modeler son paysage linguistique par des interventions législatives. Plus significatif encore, l'Acte constitutionnel de 1982 fut adopté contre la volonté, non seulement du gouvernement péquiste mais aussi de l'opposition libérale fédéraliste. La Cour suprême a rejeté les prétentions de Québec d'après lesquelles la convention exigeant un « accord provincial substantiel » devait être interprétée de façon à rendre essentiel l'accord du Québec (Simeon, 1990, p. 17-18). (Traduction libre)

Pour évaluer la viabilité de la fédération canadienne, il faut nécessairement considérer les facteurs internes et externes, notamment la Charte canadienne des droits et libertés, l'économie et la fiscalité et, élément à ne pas sous-estimer, la capacité des principaux acteurs politiques de trouver des solutions constitutionnelles satisfaisantes.

## *LA CHARTE CANADIENNE DES DROITS ET LIBERTÉS*

Les trente dernières années ont démontré que le Québec pouvait jouir d'une certaine autonomie s'il se contentait d'arrangements spéciaux conclus sur une base *ad hoc* et s'il n'exigeait pas que ces ententes soient constitutionnalisées. Dans les faits, plusieurs initiatives furent menées par le gouvernement du Québec sans que le fonctionnement du fédéralisme canadien en soit vraiment altéré. Ce sont plutôt l'enchâssement d'un document non fédéral dans la constitution, nommément la Charte canadienne des droits et libertés, et, dans une moindre mesure, l'interprétation de plus en plus répandue d'après laquelle « une province est une province est une province », selon les termes de James Mallory (1990), qui ont modifié la dynamique politique fédérale.

Cette interprétation est partagée par Charles Taylor (voir son chapitre dans cet ouvrage), qui relève le développement d'au moins deux tendances inconciliables au Canada :

> 1) le conflit entre la Charte des droits et libertés et la reconnaissance du Québec comme société distincte, qui soulève la question de l'approche « procédurale », suggérant que la Charte pourrait être interprétée différemment selon les cas, et
> 2) le conflit entre le principe de l'égalité des provinces et le statut particulier demandé par le Québec (Taylor, 1990).

Ces deux conflits rendent plus difficile la résolution de la crise dans le cadre constitutionnel actuel et favorisent l'adoption de la souveraineté-association, ou d'une formule similaire, comme seule solution. Après l'échec de l'accord du lac Meech, une telle perspective n'est pas entièrement déraisonnable puisqu'elle permettrait de reformer la fédération par une nouvelle alliance entre le Québec et le reste du Canada (ou peut-être ses États successeurs formés des régions de l'Ontario, de l'Ouest, des Maritimes et, éventuellement, du Grand Nord). Avec l'accord du lac Meech, nous avons pu constater que l'asymétrie ou la société distincte sont des arrangements inadmissibles pour le reste du Canada. Au Québec, c'est plutôt la Charte canadienne des droits et libertés qui, en promouvant l'égalité de tous indépendamment des considérations territoriales, est inacceptable.

Dans une société de plus en plus préoccupée de la définition et du respect des droits, la tension entre les droits individuels et les droits collectifs permet de croire que cette question demeurera un obstacle majeur à la conclusion d'une nouvelle entente. Au Canada, une «culture de la Charte» s'est développée et exerce maintenant une influence significative sur la manière dont les Canadiens hors du Québec envisagent les relations communautaires et les relations État-citoyens. La question des droits est présentement débattue par rapport aux personnes et, dans ce sens, même si la Charte peut s'appliquer aux groupes, il se peut aussi qu'elle aille à l'encontre des droits collectifs prédominants dans une région ou une province. En d'autres mots, la Charte canadienne des droits et libertés peut miner la diversité territoriale, particulièrement au Québec.

Le renouvellement du fédéralisme, s'il est toujours possible, devra respecter la nouvelle légitimité de la culture de la Charte et, en même temps, permettre la création d'institutions qui seront capables d'assurer un plus grand degré d'autonomie territoriale. Le débat entourant la clause de société distincte et la législation linguistique québécoise (la loi 178) illustre de quelle manière la promotion d'un tel objectif peut générer des conflits. Si l'on veut éviter d'être coincé dans le débat opposant les droits individuels aux droits collectifs[8], il faudra prendre en considération la question de la territorialité, si fondamentale pour le Québec, et celle des projets collectifs poursuivis à la fois par le Québec et le reste du Canada, en d'autres mots, une charte sociale.

Les négociations constitutionnelles entourant les accords du lac Meech et de Charlottetown ont aussi vu naître une tradition *minoritariste*, intéressée par les droits des autochtones, des communautés culturelles et des groupes de femmes, qui s'est, dans une grande mesure, substituée au référent des *peuples fondateurs* comme pilier de la société canadienne. La conséquence immédiate de ce courant a été d'ébranler le leadership de nos élus et de mettre au grand jour le nouveau statut que la Charte canadienne des droits et libertés confère aux groupes (Cairns, 1990, p. 71-96). Le Parlement canadien est devenu plus attentif aux intérêts qui n'ont pas d'assises territoriales (les Premières Nations, les femmes, les communautés culturelles) mais, en affaiblissant la souveraineté parlementaire, la Charte a aussi contraint le Québec à se rabattre sur la clause dérogatoire pour protéger son caractère distinct.

## ENJEUX ÉCONOMIQUES

Quelles que soient les recommandations élaborées par les fédéralistes et les souverainistes, elles devront tenir compte de la dette fédérale. L'importance du déficit accumulé est telle que la collaboration des deux parties est impérative si elles souhaitent conserver la confiance des marchés financiers internationaux. Présentement, le gouvernement fédéral ne peut répondre adéquatement au défi québécois, immobilisé qu'il est par la dette. Comparativement à 1980, alors que le gouvernement fédéral s'opposait à la séparation du Québec, Ottawa ne jouit plus de la même latitude financière. Ces contraintes économiques pourraient d'ailleurs obliger le Québec et le reste du Canada à s'entendre et sont donc susceptibles de jouer un rôle déterminant dans le dénouement de la crise. Mais, comme le remarque l'économiste Pierre Fortin (1990) :

> Dans les séances de négociations précédentes, la volonté d'obtenir une plus grande autonomie était constamment modérée par la crainte généralisée que cette autonomie se traduirait par une réduction du niveau de vie moyen de la province. Les principaux arguments étaient, dans un premier temps, que l'économie québécoise était faible et hautement dépendante de la propriété, des sources de financement, de la main-d'œuvre et de la technologie étrangères et que, deuxièmement, toute tentative de la part du Québec de s'approprier unilatéralement plus de pouvoirs serait suivie d'une rapide riposte extérieure et, enfin, que le Québec retirait d'importants bénéfices de sa participation à la fédération. Aujourd'hui, ces trois arguments ne tiennent plus.

Pour justifier sa position, Fortin souligne que le Québec a graduellement rattrapé le retard qu'il avait pris sur son principal concurrent, l'Ontario, en ce qui a trait à la productivité ; que la province a mis en œuvre des innovations financières majeures, en déréglementant le secteur financier, en encourageant la collaboration entre les secteurs privé, public et parapublic, et en développant un système fiscal plus concurrentiel ; que l'engagement du monde des affaires dans le débat constitutionnel a donné de la crédibilité à la solution souverainiste ; que la riposte commerciale pronostiquée par les adversaires de l'indépendance ne serait pas acceptable dans une économie internationale globale et serait probablement contrée par les accords du GATT ou de libre-échange avec les États-Unis ; et, enfin, que le déficit fédéral est si important que la capacité du gouvernement fédéral de résoudre la crise est très limitée.

En se montrant favorable à l'accord du lac Meech, le monde des affaires québécois est venu appuyer les partisans d'une nouvelle entente avec le reste du Canada. Lors des audiences de la commission Bélanger-Campeau, le monde des affaires (à travers le Mouvement Desjardins, la Chambre de commerce du Québec, la Chambre de commerce de Montréal et, dans une moindre mesure, le Bureau de commerce de Montréal) a demandé que l'on décentralise plusieurs pouvoirs. Pour les gens d'affaires, la stabilité politique est un élément essentiel du succès économique et si, pour l'assurer, il faut la décentralisation, ils se disent prêts à l'accepter[9]. En fait, le *statu quo* est aujourd'hui inacceptable pour la plupart des agents économiques. En ce sens, et contrairement à ce qui s'est produit lors du débat référendaire de 1980, on ne discutera ni ne résoudra l'impasse actuelle en brandissant des épouvantails économiques. La situation financière du gouvernement fédéral inquiète la plupart des acteurs économiques et politiques, alors que la place du Québec dans l'économie internationale est dorénavant considérée comme satisfaisante. Comme le résume Pierre Fortin (1990) :

> Avec la globalisation économique, les frontières économiques transcendent les frontières politiques. La corrélation entre le revenu per capita et la taille de la population

est presque nulle dans les pays industrialisés. La taille de l'économie du Québec est actuellement égale ou plus grande que celle de l'Autriche, de la Belgique, du Danemark, de la Finlande, de la Nouvelle-Zélande ou de la Suisse, et pas beaucoup plus petite que celle de la Suède.

## LES STRATÉGIES CONSTITUTIONNELLES ET LA POLITIQUE

Pendant un certain temps, les nationalistes québécois n'ont pas été inquiétés, mais les forces fédéralistes se sont regroupées pour l'assaut final. Dans cet esprit, ils ont intégré à leur discours deux éléments cruciaux et omniprésents dans les mémoires présentés devant la commission Bélanger-Campeau : la nécessité pour le Québec d'évoluer dans un système plus fonctionnel et l'orientation plus économique que devrait prendre la nouvelle relation Canada-Québec. À Ottawa, on cherche à présenter des propositions qui seront acceptables pour le reste du Canada et on souhaite limiter les « concessions » qui pourraient être faites au sujet de questions culturelles sans implications financières.

À la fin de 1990, plusieurs interventions du premier ministre Mulroney et du chef de l'opposition officielle, Jean Chrétien, mettaient l'accent sur la nécessité de négocier un nouveau partage des compétences. Ils souhaitaient mettre un terme aux chevauchements des compétences tout en obtenant l'assurance que les « normes nationales » et le principe de l'universalité soient respectés (Tyson, 1990, p. 1, 4). Ces propositions n'étaient pas sans rappeler les promesses faites aux Québécois en 1980, et ont donc été reçues avec beaucoup de scepticisme par les souverainistes (Léger, 1991, p. 11).

Sous le vocable de « fédéralisme flexible et fonctionnel », les forces fédéralistes cherchent à élaborer un scénario de normalisation des rapports Québec-Canada[10]. L'entente sur l'immigration signée en décembre 1990, par exemple, laisse entrevoir une volonté politique de réduire les conflits entre Québec et Ottawa (Garcea, 1993). Elle a été élaborée pour résoudre la question du contrôle des programmes d'accueil et d'intégration et pour accroître les possibilités d'intégrer les immigrants à la majorité francophone du Québec (Cauchon, 1990 ; Oziewicz, 1991).

Après ce succès, Québec a accru les pressions sur Ottawa pour qu'il libère les champs de compétence partagée, et qu'il laisse aux provinces les responsabilités et les pouvoirs reliés à l'assurance-santé, à l'éducation post-secondaire, à l'assurance-chômage et à la formation de la main-d'œuvre, notamment. La stratégie québécoise semble fonctionner sur deux plans : d'un côté, le Québec propose des changements fondamentaux par le biais des rapports Allaire et Bélanger-Campeau pendant que, de l'autre, il travaille avec Ottawa pour démontrer aux Québécois que le système est suffisamment flexible pour répondre à leurs attentes.

Le 24 septembre 1991, Ottawa rendait public un ensemble de propositions qui visaient à mettre un terme aux négociations constitutionnelles. Contrairement aux prévisions, ce projet était extrêmement centralisateur. Par exemple, l'article 91A (1) stipulait que « sans que soient modifiées ses autres compétences législatives, le Parlement du Canada a compétence exclusive pour légiférer en toute matière qu'il déclare utile à l'efficacité de fonctionnement de l'union économique». Comme le problème des «normes nationales» et celui de l'universalité des programmes sociaux, cette question refit surface lors des négociations entourant l'accord de Charlottetown : pour les Canadiens hors Québec, les programmes pancanadiens, telle l'assurance-maladie, s'inscrivent dans la construction de l'identité canadienne.

## CONCLUSION

L'expérience des trois dernières décennies démontre que le Québec a connu ses plus grands succès dans le cadre de négociations bilatérales. On peut émettre l'hypothèse qu'une représentation importante au sein du gouvernement fédéral a permis au Québec d'obtenir certaines concessions et de signer des ententes administratives. Cela dit, l'expérience confirme aussi la difficulté de transformer ces arrangements ponctuels en accords formels. Les succès administratifs ne se sont pas traduits par un réaménagement de la fédération canadienne qui répondrait définitivement aux besoins du Québec. Une fois les concessions accordées, elles étaient systématiquement offertes aux autres provinces, de telle sorte que le fédéralisme asymétrique n'a jamais pu prendre racine au Canada.

L'opposition au fédéralisme asymétrique au Canada hors du Québec fut particulièrement virulente lors du débat entourant l'accord du lac Meech et la campagne référendaire d'octobre 1992. La symétrie était souvent décrite par les opposants à l'accord du lac Meech comme la seule façon de mener les négociations fédérales-provinciales. Pourtant, quelle que soit l'issue de l'actuelle crise constitutionnelle, elle ne pourra certainement pas être résolue sans une reconnaissance explicite de la société distincte québécoise, une exigence qui se heurte par ailleurs aux règles constitutionnelles imposées par la Loi constitutionnelle de 1982. La conclusion d'ententes bilatérales est toutefois possible par le biais de l'article 43 de la constitution[11], mais on peut s'attendre à ce que les autres provinces s'opposent à cette façon de jeter les bases d'un fédéralisme asymétrique. La réticence des provinces anglophones démontrera une fois de plus que la constitution est devenue une véritable camisole de force pour le Québec.

L'échec des ententes du lac Meech et de Charlottetown démontre l'urgence de développer des institutions qui soient aussi respectueuses des droits collectifs que des droits individuels. Si le Canada veut survivre comme société pluraliste, il faudra cesser de concevoir le fédéralisme de manière réductrice. Il faudra proposer un fédéralisme plus généreux, fondé sur une vision qui accepte l'asymétrie, comme le proposait déjà, en 1979, le rapport Pepin-Robarts. Une solution acceptable et durable, si elle est toujours possible, exigera des changements significatifs, dont le développement d'un fédéralisme asymétrique. Avec la culture de la charte qui prend racine dans le reste du Canada cependant, emprunter cette avenue ne sera pas chose facile.

L'avenir du Canada dépend de plusieurs facteurs, dont la volonté de reconnaître la place spéciale que le Québec occupe au Canada, un leadership innovateur et, plus important, la volonté et la capacité de trouver un moyen de soumettre l'application de la Charte canadienne des droits et libertés au principe territorial. Plusieurs facteurs incitent à la prudence quant au succès de cette démarche :

a) la remise en question des conférences des premiers ministres et du fédéralisme de concertation (fédéralisme exécutif), procédés jugés trop élitistes ;

b) la méfiance que suscitent les formes de représentation conventionnelles (les principaux partis politiques, par exemple) compliquée par l'émergence de partis politiques régionaux, tels que le Parti réformiste ou le Bloc québécois ;

c) l'appui que la Charte des droits et libertés s'est acquis au Canada anglais, aggravé par l'insécurité culturelle que ressentent les Québécois ;

d) le principe de l'égalité des provinces, qui a gagné des adeptes depuis 1970.

Tous ces éléments se combinent pour rendre la reconnaissance du statut distinct du Québec extrêmement difficile, et même improbable. Le Québec, rappelons-le, n'acceptera jamais de se définir en tant que «province comme les autres», de permettre à la Charte canadienne des droits et libertés d'affaiblir la suprématie de l'Assemblée nationale ou de soumettre l'avenir de la seule communauté majoritairement francophone en Amérique à la volonté de la majorité de langue anglaise. La situation est aussi compliquée par le rejet du droit de *veto* du Québec, héritage du rapatriement de 1982, et par le fait que, jusqu'à maintenant, aucune mesure n'a été prise pour corriger cette situation. Il est d'ailleurs tout à fait inadmissible que le consentement de la deuxième province la plus populeuse au Canada n'ait pas encore été obtenu pour un document aussi fondamental que la constitution. Le Québec étant la seule région du Canada où le français est la langue de la majorité, la légitimité de la constitution de 1982 est par conséquent hautement contestable.

Plusieurs autres éléments pourraient encore avoir une incidence déterminante sur l'avenir du Canada. D'abord, la capacité des leaders politiques de proposer des solutions permettant d'incorporer le caractère distinct du Québec et de relever le défi territorial de la Charte des droits et libertés. L'arrivée à l'avant-scène de nouvelles personnalités politiques, Bob Rae, en Ontario, Michael Harcourt, en Colombie-Britannique et Roy Romanow, en Saskatchewan, ainsi que le départ de Don Getty, de Joe Ghiz et de Robert Bourassa, pourraient favoriser l'émergence de solutions novatrices. De même, la récession pourrait créer un climat qui encouragerait les Canadiens hors du Québec à être plus ouverts à un fédéralisme qui se nourrit de diversité plutôt qu'à un fédéralisme porteur de vérités universelles. Il n'est pas impossible non plus que la récession décourage le Québec de passer à l'étape décisive.

Mais les échecs répétés en matière constitutionnelle semblent avoir amené le Canada à un point de non-retour, au constat qu'il faudra désormais reconstruire ce pays autour de valeurs différentes de celles qui ont présidé à sa création. La seule solution qui s'offre aux Canadiens hors du Québec est probablement de définir leurs valeurs communes autour de la Charte canadienne des droits et libertés, qui a gagné leur appui, et de laisser le Québec partir de son côté. Cette solution semble emporter de plus en plus la faveur dans le reste du Canada. Mais si cette avenue est effectivement empruntée, le Québec et le reste du Canada devront trouver les moyens de maintenir leurs liens économiques (Drache et Perin, 1992 ; Gagnon et Rocher, 1992), comme le recommande la commission Bélanger-Campeau, et d'encourager le développement de solidarités économiques qui transcendent les divergences politiques.

## NOTES

1. Ce chapitre remet à jour la thèse initialement élaborée dans : «Everything old is new again : Canada, Québec and Constitutional Impasse» dans Frances Abele (dir.), 1991, *How Ottawa Spends 1991-92 : The Politics of Fragmentation*, Ottawa, Carleton University Press, p. 63-105. Je tiens à remercier Frances Abele, Daniel Drache, François Rocher, Richard Simeon et Reginald Whitaker pour leurs précieux commentaires sur une première version de ce texte. La participation de Sarah Fortin et de Stéphane Éthier à la préparation de la traduction a également été appréciée.

2. Elle reconnaît et défend le droit des provinces de négocier des ententes avec des acteurs ou organismes internationaux dans leurs champs de compétence.

3. Ironiquement, Québec a accepté l'unanimité en 1980 dans une ultime tentative pour bloquer le projet de rapatriement proposé par Ottawa.

4. Nous savons maintenant que M. Bourassa tenait des propos différents selon qu'il s'adressait à ses électeurs ou au gouvernement fédéral. En fait, durant la semaine qui a précédé la rencontre de Victoria, M. Bourassa s'était engagé (par le biais de son premier secrétaire, M. Julien Chouinard) à rechercher des ententes dans le champ des politiques sociales plutôt que d'insister sur des objectifs constitutionnels. Une note de service préparée par Gordon Robertson, alors greffier du Conseil privé, et rendue publique le 24 octobre 1971, révèle le double discours de M. Bourassa : «M. Chouinard a dit que M. Bourassa s'était arrangé, lors de la réunion de son cabinet hier [3 février 1971], pour faire reconnaître que le principal objectif du gouvernement du Québec (et de M. Castonguay) était d'obtenir les résultats qui sont proposés dans le rapport Castonguay-Nepveu. Il a apparemment convaincu le cabinet que l'enjeu constitutionnel était secondaire et que la question de savoir si la réforme de la Constitution était nécessaire dépendait et émergerait des discussions avec Ottawa sur la façon et les moyens d'obtenir les résultats au chapitre de la politique sociale, préconisés par la Commission.» (Robertson, 1991, p. B-10, traduction libre)

5. Cette formule d'amendement prévoit que des changements constitutionnels peuvent être apportés avec le soutien de 7 provinces comptant 50 % de la population canadienne. La réforme de la formule d'amendement était soumise à l'unanimité. Cette situation fut imposée au Québec, qui devait dès lors se conformer à des règles adoptées par d'autres.

6. Ce projet fut largement inspiré par un document préparé par le ministre des Affaires intergouvernementales durant le premier mandat du gouvernement péquiste. Voir *Les positions constitutionnelles du Québec sur le partage des pouvoirs (1960-1976)*, Québec, Éditeur officiel du Québec, 1978.

7. Avant d'arriver au pouvoir, les libéraux provinciaux avaient préparé une série de documents qui discutaient des questions pour lesquelles des compromis devaient être négociés. Voir *Une nouvelle constitution canadienne* (1980), *Un nouveau leadership pour le Québec* (1983) et *Maîtriser l'avenir* (1985).

8. Alan Cairns et Cynthia Williams offrent une analyse convaincante de l'influence de la Charte sur la culture politique et les relations entre l'État et les citoyens. Si

Cairns et Williams (1985) ont raison, il faudra que l'on tienne compte de cette nouvelle donnée dans toute proposition de renouvellement du fédéralisme.

9. La Banque Royale, le Canadien Pacifique, Bell Canada, le Conseil du patronat du Québec, l'aile québécoise de l'Association des manufacturiers du Canada et le Forum pour l'emploi, pour n'en nommer que quelques-uns. Certains, comme le Mouvement Desjardins, n'ont pas hésité à aller jusqu'à proposer la souveraineté pleine et entière du Québec. Ces positions émergent clairement des mémoires présentés devant la commission Bélanger-Campeau (Gagnon et Latouche, 1991).

10. Cette possibilité fut soulevée par Peter Meekison et David Milne lors d'une conférence organisée par l'assemblée du Business Council on National Issues sur les options constitutionnelles pour le Canada, tenue le 16 janvier 1991 à Toronto.

11. Cette clause stipule que «Les dispositions de la Constitution du Canada applicables à certaines provinces seulement» peuvent être modifiées par le Parlement et les provinces concernées seulement. Cette possibilité est ouverte à toutes les provinces et offre une certaine flexibilité au gouvernement fédéral pour entreprendre des négociations constitutionnelles avec le Québec.

## BIBLIOGRAPHIE

BLACK, Jerome et David HAGEN, 1992, «Quebec Immigration Politics and Policy : Historical and Contemporary Perspectives» dans Alain-G. GAGNON (dir.), *Québec : State and Society*, 2e édition, Toronto, Nelson Canada, p. 280-303.

CAIRNS, Alan, 1990, «Constitutional Minoritarianism in Canada» dans Ronald WATTS et Douglas BROWN (dir.), *Canada : The State of the Federation, 1990*, Kingston, Institute of Intergovernmental Relations, p. 71-96.

CAIRNS, Alan et Cynthia WILLIAMS, 1985, «Constitutionalism, Citizenship and Society in Canada : An Overview» dans Alan CAIRNS et Cynthia WILLIAMS (dir.), *Constitutionalism, Citizenship and Society in Canada*, Toronto, University of Toronto Press, p. 1-50.

CAUCHON, Paul, 1990a, 22 décembre, «Plus de pouvoirs au Québec en immigration : entente Québec-Canada sur le projet de Meech» dans *Le Devoir*, p. A-1, A-4.

CAUCHON, Paul, 1990b, 28 décembre, «Québec francisera seul ses immigrants», dans *Le Devoir*, p. 1, 4.

COMITÉ CONSTITUTIONNEL DU PARTI LIBÉRAL DU QUÉBEC (rapport Allaire), 1991, *Un Québec libre de ses choix*, 28 janvier.

DENIS, Roch (dir.), 1990, *Québec : Dix ans de crise constitutionnelle*, Montréal, VLB.

DROHAN, Madelaine, 1990, 20 décembre, «Quebec tries to change deal : wants to sign separate trade accords» dans *The Globe and Mail*, p. B-1, B-2.

FORTIN, Pierre, 1990, 17 novembre, «Quebec's Forced Choice», conférence sur l'avenir du Canada et du Québec, Faculté de droit, Université McGill.

FOURNIER, Pierre, 1990, *Autopsie du lac Meech : la souveraineté est-elle inévitable ?*, Montréal, VLB.

FRASER, Graham, 1990, 13 décembre, «Beatty rejects Quebec proposal» dans *The Globe and Mail*, p. A-7.

FRASER, Graham, 1990, 17 décembre, «PM suggests power shuffle with provinces» dans *The Globe and Mail*, p. A-1, A-2.

GAGNON, Alain-G., 1991, «Égalité ou indépendance : un tournant dans la pensée constitutionnelle du Québec» dans Robert COMEAU (dir.), *Daniel Johnson : Rêve d'égalité et projet d'indépendance*, Sillery, les Presses de l'Université du Québec, p. 173-181.

GAGNON, Alain-G. et Daniel LATOUCHE, 1991, *Allaire, Bélanger, Campeau et les autres : les Québécois s'interrogent sur leur avenir*, Montréal, Québec/Amérique.

GAGNON, Alain-G. et Mary Beth MONTCALM, 1990, *Quebec : Beyond the Quiet Revolution*, Toronto, Nelson Canada.

GARCEA, Joseph, 1993, *Federal-Provincial Relations in Immigration : A Case Study of Asymmetrical Federalism*, dissertation de doctorat, science politique, Université Carleton.

MALLORY, James, 1990, 9 novembre, «Comments : The Future of Canadian Federalism», Canadian Study of Parliamentary Group, Ottawa.

MORIN, Claude, 1972, *Quebec Versus Ottawa : The Struggle for Self-Government, 1960-1972*, Toronto, University of Toronto Press.

MORIN, Claude, 1987, *L'Art de l'impossible : la diplomatie québécoise depuis 1960*, Montréal, Boréal.

MULRONEY, Brian, 1984, 6 août, «Notes pour une allocution de l'honorable Brian Mulroney», Sept-Îles.

O'NEILL, Pierre, 1990, 27 juin, «Peterson et Bourassa jettent les bases d'un nouveau partenariat économique» dans *Le Devoir*, p. 1, 8.

OZIEWICZ, Estanislas, 1991, 6 février, «Quebec calls immigration pact model for future» dans *The Globe and Mail*, p. A-4.

RÉMILLARD, Gil, 1985, *Le Fédéralisme canadien : le rapatriement de la constitution*, Montréal, Québec/Amérique.

ROBERTSON, Gordon, 1991, 24 octobre, «Le mémorandum du 4 février 1971» dans *Le Devoir*, p. B-10.

ROY, Jean-Louis, 1978, *Le Choix d'un pays : le débat constitutionnel Québec-Canada, 1960-1976*, Montréal, Leméac.

SAYWELL, John (dir.), 1977, *1976 Canadian Annual Review of Politics and Public Affairs*, Toronto, University of Toronto Press.

SÉGUIN, Rhéal, 1990, 13 décembre, «Give Canada a Last Chance, Grit Adviser Tells Quebec» dans *The Globe and Mail*, p. A-5.

SIMEON, Richard, 1972, *Fédéral-Provincial Diplomacy : The Making of Recent Policy in Canada*, Toronto, University of Toronto Press.

SIMEON, Richard, 1990, «Why Did the Meech Lake Accord Fail ?» dans Ronald WATTS et Douglas BROWN (dir.), *Canada : The State of the Federation, 1990*, Kingston, Institute of Intergovernmental Relations, p. 15-40.

SIMEON, Richard et Ian ROBINSON, 1990, *L'État, la société et l'évolution du fédéralisme canadien*, Ottawa, ministre des Approvisionnements et Services Canada.

SMILEY, Donald, 1967, *The Canadian Political Community*, Toronto, Methuen.

STEVENSON, Garth, 1982, *Unfulfilled Union : Canadian Federalism and National Unity*, Toronto, Gage Publishing.

TAYLOR, Charles, 1990, 16 novembre, « Keynote address : Collision Courses Québec-Canada », Conference on the Future of Quebec and Canada, Faculté de droit, Université McGill.

TRUDEAU, Pierre Elliott, 1977, « 1976 Correspondence to All Provincial Premiers », dans Peter MEEKISON (dir.), *Canadian Federalism : Myth or Reality*, Toronto, Methuen, p. 140-169.

TYSON, Marie, 1990, 17 décembre, « Mulroney promet un nouveau partage des pouvoirs » dans *Le Devoir*, p. 1, 4.

VENNE, Michel, 1990, 19 décembre, « Québec dit oui au libre-échange entre les provinces » dans *Le Devoir*.

VERNEY, Douglas, 1986, *Three Civilizations, Two Cultures, One State : Canada's Political Traditions*, Durham, Duke University Press.

# CHAPITRE 5

## *Les perceptions canadiennes-anglaises du Québec*[1]

### KENNETH McROBERTS

Historiquement, les Canadiens anglais n'ont jamais voulu regarder en face la conception que les Canadiens français se font d'eux-mêmes comme peuple et du Canada, et l'ont encore moins reconnue ou acceptée. Peu de Canadiens anglais ont accepté d'envisager l'idée que les Canadiens français constituent un peuple distinct, encore moins une nation. Et ils sont tout aussi rares à accepter la croyance canadienne-française selon laquelle la Confédération représenterait une sorte de pacte ou d'arrangement entre deux peuples fondateurs.

De fait, pendant un large pan de l'histoire du Canada, plusieurs Canadiens anglais ignoraient même que ces idées avaient cours chez les Canadiens français. Et, dans une large mesure, les Canadiens français n'insistaient pas pour que les Canadiens anglais reconnaissent leur vision. Périodiquement, comme dans le cas de la pendaison de Louis Riel ou dans celui de crises reliées à une conscription, Canadiens anglais et Canadiens français se retrouvaient aux antipodes concernant une question importante. Mais cet état de fait conduisait rarement à une remise en question de l'ordre politique lui-même. Les deux groupes continuaient tout simplement de percevoir le même pays de façon différente.

Au cours des années 1960, en revanche, les francophones du Québec ont commencé à exiger que le Canada anglais considère leur vision et que celle-ci soit formellement reconnue à l'intérieur des institutions de la Confédération. Au début, quelques Canadiens anglais s'efforcèrent de trouver des moyens d'y arriver. Pendant les années 1970, cependant, la résistance canadienne-anglaise à la question du Québec s'est durcie, en grande partie à cause de la présence de Pierre Elliott Trudeau à la tête du pays. Ainsi, alors même que les francophones du Québec insistaient de plus en plus pour que leur vision soit reconnue d'une façon ou d'une autre, le Canada anglais opposait de plus en plus de résistance à l'expression de cette reconnaissance – comme le démontra clairement la débâcle de l'accord du lac Meech.

Puisque le Canada anglais et le Québec français se sont engagés plus profondément que jamais dans leur vision respective du Canada, et puisqu'ils sont devenus plus conscients que jamais des différences existant entre ces visions, il est devenu beaucoup plus ardu de concevoir des façons d'accommoder l'une et l'autre à l'intérieur de la Confédération.

## ATTITUDES À L'ENDROIT DU QUÉBEC DANS L'HISTOIRE

Avant les années 1960, la croyance entretenue par les Canadiens anglais que le Canada était essentiellement un pays anglophone demeura relativement inébranlable. En 1964, Frank Underhill, l'un des historiens les plus en vue au Canada anglais, fit remarquer, fort astucieusement, que les Canadiens anglais devaient prendre garde à leur «présomption inconsciente ou subconsciente», tirant son origine de la Conquête et du statut de majoritaire du Canada anglais, et portant que :

> [...] le Canada constitue, à la base, une communauté de langue anglaise et que nos habitudes, nos méthodes, nos formes d'organisation sociale et, en général, notre style de vie, canadiens-anglais, doivent au bout du compte être acceptés par les Canadiens français comme les leurs également. Cela est une tendance naturelle chez toutes les majorités qui ne se sentent pas menacées (Underhill, 1964, p. 48). (Traduction libre)

Au départ, la vision anglo-canadienne du Canada découlait du rôle que jouait celui-ci en tant que partie intégrante de la plus grande puissance mondiale du temps, l'Empire britannique. Bien sûr, cet empire en était venu à englober une vaste gamme de langues, de cultures et de races. Mais la majorité anglophone du Canada lui conférait néanmoins un statut particulier. Elle constituait l'un des dominions blancs au sein desquels les colons britanniques avaient cherché à reproduire la société britannique dans le Nouveau Monde. Ainsi, l'appartenance du Canada à l'Empire britannique faisait qu'étaient tout naturellement privilégiées les racines anglophones du pays.

On ne se surprendra pas de ce que plusieurs Canadiens anglais aient réagi en conséquence. Comme le soulignait J.W. Dafoe au tournant du siècle :

> [...] les Canadiens anglais étaient plus britanniques que les Britanniques eux-mêmes, ils demeuraient plus loyaux que la reine elle-même [...] L'impérialisme, d'un point de vue sentimental, constituait une glorification de la race britannique [...] En outre, il leur conférait un sentiment de leur propre importance particulière, ici au Canada, là où la population n'était pas «homogène par le sang, par la langue et par la religion»; il leur appartenait, selon eux, de diriger la politique et de contrôler les événements (Dafoe, cité dans Underhill, 1964, p. 37). (Traduction libre)

Comme l'a démontré Carl Berger dans son ouvrage *The Sense of Power* (1970, p. 135), quelques impérialistes canadiens-anglais estimaient, et de façon très explicite, qu'il n'y avait pas de place du tout pour un fait français au Canada. Le président de l'Imperial Federation League, D'Alton McCarthy, déclara en 1889 que les droits linguistiques avaient atteint «des proportions monstrueuses» et que, si un Canadien français voulait être un bon sujet britannique, «il devait apprendre à chérir, non seulement nos institutions, mais aussi notre passé glorieux, et contempler avec nous un avenir encore plus glorieux».

Toutefois, certains impérialistes canadiens-anglais ont abordé le Canada français avec plus de subtilité. Ils interprétèrent la présence canadienne-française d'une façon qui la rendait plus compatible avec le rôle du Canada au sein de l'Empire. Ainsi, les Canadiens français furent encensés pour leur loyauté à la Couronne britannique et furent dépeints, de façon plus générale, comme un peuple conservateur et paysan. Ils n'en étaient pas moins minoritaires et étaient destinés à le devenir de plus en plus au fil du temps. Les impérialistes croyaient que :

> [...] l'opposition [des Canadiens français] à l'impérialisme était de peu de conséquence et ne pourrait demeurer significative qu'un certain temps, étant donné que la croissance rapide de la portion anglophone de la population, y compris les «étrangers», destinés à être assimilés aux idéaux dominants, dominerait totalement, en bout de ligne, la nationalité canadienne (Berger, 1970, 135). (Traduction libre)

Au cours du présent siècle, le déclin de l'Empire britannique fit que le Canada fut aspiré dans la sphère d'influence d'une nouvelle puissance mondiale, également anglophone, les États-Unis. Une fois de plus, la société anglo-canadienne fut privilégiée. Par surcroît, le développement des États-Unis avait, historiquement, été conditionné par l'idéal du **creuset** anglophone. À mesure que les Canadiens anglophones s'intégraient à la société américaine, ils ne pouvaient que tirer plus de force du fait de leur croyance selon laquelle le Canada était lui-même essentiellement un pays anglophone.

À cet égard, d'ailleurs, il convient de souligner que certains Américains n'hésitaient pas à exprimer eux-mêmes leur avis dans ce sens. On en a la preuve dans une lettre adressée en 1942 au premier ministre Mackenzie King, lettre dans laquelle le président américain Franklin D. Roosevelt se demandait :

> [...] si, par le biais d'une quelconque planification, le Canada et les États-Unis, puisqu'ils poursuivent tous deux le même objectif, ne pourraient faire des plans – peut-être d'une façon non écrite qui ne deviendrait pas de politique publique – en vue d'accélérer la poursuite de cet objectif d'assimilation des Canadiens français de Nouvelle-Angleterre et du Canada dans la globalité de nos corps politiques respectifs. (Lettre reproduite dans Lisée, 1990, p. 454-455). (Traduction libre)

Bien sûr, le rejet par les Canadiens anglais des revendications nationales des Canadiens français ne les a pas empêchés de tolérer ou même d'appuyer une reconnaissance limitée de la dualité canadienne. Après tout, sir John A. McDonald avait bien averti le Canada anglais dans cette mise en garde célèbre : «Traitez-les [les Canadiens français] comme une nation et ils agiront comme des gens libres le font ordinairement – avec générosité. Appelez-les une faction et ils deviendront factieux» (cité dans Cook, 1966, p. 172-173).

Ainsi, historiquement, un certain bilinguisme a été admis au Parlement, de même que sur la monnaie et les documents officiels. En vertu de l'Acte de l'Amérique du Nord britannique, le français devait avoir un statut égal à celui de l'anglais au Parlement et dans les tribunaux de compétence fédérale. De la même manière, depuis l'époque de Laurier, un parti d'envergure nationale, le Parti libéral, a toujours observé un principe d'alternance entre un chef canadien-français et un chef canadien-anglais. Au moins quelques libéraux canadiens-anglais doivent avoir appuyé cette pratique, bien qu'il n'existe aucune preuve directe de ce fait (Regenstreif, 1969, p. 118-122).

Mais cette tolérance envers la dualité avait des limites très précises[2]. Elle ne devait pas être étendue du Parlement à la bureaucratie fédérale. Là, seules les normes de mérite personnel et d'efficacité administrative devaient avoir cours ; le bilinguisme ne constituait pas un facteur pertinent. En fait, si les Canadiens français pouvaient espérer un nombre de portefeuilles ministériels à peu près proportionnel à leur présence au sein de la population, ils étaient pratiquement exclus des puissants ministères à caractère économique. Jusqu'aux années 1970, jamais un Canadien français n'avait encore été ministre du Commerce extérieur.

Et les Canadiens anglais s'attendaient absolument à ce que, lorsqu'ils étaient en désaccord avec la minorité canadienne-française sur des questions de politique, leur volonté de majoritaires ait prépondérance. Dans leur *weltanschauung* fondamentalement libérale, la « polité » était composée d'abord d'individus, non de collectivités. Après tout, la tradition parlementaire se fondait elle-même sur la règle de la majorité. Ainsi, il n'y avait aucune raison pour que les Canadiens français ou les Québécois puissent avoir un mot particulier à dire sur les politiques fédérales.

En conséquence, le gouvernement fédéral céda, en 1885, aux pressions canadiennes-anglaises et permit l'exécution de Louis Riel, malgré les virulentes objections du Canada français. Et puis, pendant les deux guerres mondiales, la plupart des Canadiens anglais insistèrent pour que le gouvernement fédéral passât outre aux objections canadiennes-françaises et imposât la conscription en vue de servir outre-mer. Trois ans après le début de la Première Guerre mondiale, le gouvernement de Robert Borden brisa sa promesse de ne pas imposer la conscription, entraînant ainsi manifestations et émeutes chez les Canadiens français. Pour sa part, le gouvernement de Mackenzie King eut recours, pendant la Deuxième Guerre mondiale, à un référendum national, afin de libérer le gouvernement de l'engagement qu'avait pris Mackenzie King – au cours de la campagne électorale québécoise de 1939 – de ne pas imposer la conscription pour le service outre-mer. On ne s'étonnera pas d'apprendre que le Canada hors du Québec a voté massivement en faveur de la proposition (79 %) et que le Québec s'y est tout aussi massivement opposé (72 %) (Quinn, 1979, p. 108). Finalement, à l'automne 1944, le gouvernement céda aux pressions incessantes du Canada anglais et imposa cette mesure.

En résumé, la reconnaissance d'une dualité dans les affaires fédérales consistait en l'octroi au français d'une fonction minutieusement circonscrite. Sauf au Québec, ce principe n'admettait aucune application à l'échelle provinciale. Durant les années 1920, le français ne jouait déjà plus aucun rôle au sein des gouvernements provinciaux ou dans les écoles publiques.

Du même coup, les Canadiens anglais en sont venus à épouser le principe du fédéralisme sur lequel les leaders canadiens-français avaient insisté au moment de la Confédération. En fait, durant les décennies qui ont suivi la Confédération, c'est le gouvernement de l'Ontario qui se trouvait à l'avant-garde de la lutte pour la sauvegarde de l'autonomie provinciale. Et les Canadiens anglais acceptaient habituellement que le gouvernement provincial québécois représentât la volonté de la majorité canadienne-française.

Toutefois, peu de Canadiens anglais étaient d'accord pour dire que le gouvernement du Québec pouvait, par conséquent, exercer des pouvoirs particuliers. La plupart des Canadiens anglais étaient d'avis que, si l'accord du Québec était nécessaire pour apporter des modifications à la constitution, ce n'était que parce que l'accord de toutes les provinces était requis de toute façon.

De la même manière, si le Québec avait décidé, par un souci excessif d'autonomie provinciale, de ne pas prendre part à une initiative du gouvernement fédéral, il serait allé de soi que le Québec fût privé des bénéfices de cette initiative. Ainsi, au cours de l'exercice financier 1959-1960, le Québec perdit 82 millions de dollars à cause du refus du gouvernement Duplessis de prendre part à plusieurs projets fédéraux-provinciaux et de permettre à un grand nombre d'institutions, telles les universités, de recevoir des fonds du fédéral (Smiley, 1970, p. 72).

Habituellement, les Canadiens anglais présumaient que la défense acharnée de leur autonomie provinciale par les Québécois reflétait l'emprise constante des forces conservatrices sur le Québec, particulièrement l'Église. En effet, ces forces livraient une bataille vouée à l'échec en vue de maintenir le Québec dans un état arriéré. On présumait qu'une fois que des éléments progressistes auraient remplacé ces forces, le Québec se rallierait à l'ensemble de la société canadienne et son gouvernement se conduirait comme n'importe quel autre gouvernement provincial.

Jusqu'aux années 1960, les éléments dominants du Québec français étaient généralement prêts à accepter ces paramètres. Les nationalistes canadiens-français réclamaient habituellement un plus grand respect des termes de l'Acte de l'Amérique du Nord britannique, non une nouvelle séance de négociations. Il est cependant clair qu'ils l'interprétaient fort différemment de la plupart des Canadiens anglais. Non seulement considéraient-ils comme sacro-saint le plein contrôle de toutes les compétences provinciales – qui plus est, interprétées largement –, mais ils donnaient en outre à la Confédération le sens d'un *pacte* entre deux nations. Mais puisqu'aucune demande de modification substantielle de la constitution ne découla de cette interprétation, les Canadiens anglais purent l'ignorer sans difficulté.

## RÉACTIONS AU NOUVEAU NATIONALISME DES ANNÉES 1960

Tout changea avec les années 1960. Les élections provinciales de 1960 placèrent le Québec dans la sphère d'influence de forces sociales et politiques jusqu'alors passées inaperçues au Canada anglais. À l'inverse du régime Duplessis, dont la base électorale se trouvait principalement dans le Québec rural et qui avait noué des liens solides avec les élites locales dans les petites villes et avec le clergé, le Parti libéral de Jean Lesage plongeait ses racines profondes dans le Québec urbain.

Les politiques libérales s'adressaient en particulier à une nouvelle classe moyenne de professionnels salariés que l'on retrouvait dans les universités, les médias, les services sociaux et les services de santé contrôlés par l'Église et même les entreprises détenues par des francophones, mais très rarement dans les entreprises anglophones qui dominaient l'économie québécoise. Dans leur vision résolument séculaire du Québec, l'État québécois devait nécessairement devenir beaucoup plus interventionniste afin de hausser le niveau de services publics disponibles pour les francophones et afin de définir un nouveau rôle pour ces derniers au sein de l'économie québécoise. Cette nouvelle insistance sur l'intervention étatique plaça donc l'État québécois au cœur du nationalisme canadien-français. En fait, il exigeait plutôt un nationalisme résolument québécois. L'État québécois allait devenir véritablement national.

À son tour, ce nouveau nationalisme québécois avait des conséquences radicales pour l'ordre constitutionnel canadien. Le fédéralisme canadien devait être réformé afin de donner à l'État québécois les pouvoirs et le statut qu'il lui fallait pour prendre ses nouvelles responsabilités d'État-nation. Et les institutions fédérales devaient maintenant être explicitement organisées sur la base de l'égalité entre le Québec et le Canada anglais. Rien de moins que cela ne suffisait, étant donné que l'État constituait le point focal de ce nouveau nationalisme.

Au début, bon nombre de leaders intellectuels et politiques canadiens-anglais tentèrent de composer avec ces nouvelles demandes provenant du Québec. D'abord, les trois partis fédéraux acceptèrent l'idée selon laquelle le Canada était constitué de deux nations ou peuples fondateurs. En 1963, le gouvernement libéral de Lester B. Pearson mit sur pied la Commission royale sur le bilinguisme et le biculturalisme et lui donna le mandat de proposer des moyens de faire en sorte que soit développée «la Confédération canadienne sur la base d'un partenariat égalitaire entre les deux peuples fondateurs, en prenant en considération la contribution apportée par les autres groupes ethniques à l'enrichissement culturel du Canada» (Commission royale sur le bilinguisme et le biculturalisme, 1965, p. 151). (Traduction libre)

Pour leur part, les conservateurs éprouvaient des difficultés avec la notion de *deux nations*. En 1967, un groupe de penseurs réunis en colloque à la maison Montmorency, à Québec, adopta une position selon laquelle le Canada était composé de *deux nations*, en anglais, *two founding peoples*. Au congrès à la direction du parti qui suivit, John Diefenbaker dénonça cette proposition, mais aucun autre candidat à la direction n'appuya ce dernier et la motion fut déposée[3]. Le Nouveau Parti démocratique s'était quant à lui déjà attardé à cette question au moment de son congrès de fondation, en 1961, et avait incorporé à son programme l'énoncé de principe selon lequel le Canada avait été créé par l'association de *deux nations* (Morton, 1986, p. 25).

Quant au statu du Québec lui-même, le premier ministre Pearson reconnut ouvertement, au début des années 1960, son caractère distinct, dans des déclarations telles que la suivante : «Bien que le Québec soit une province faisant partie de la Confédération nationale, il est plus qu'une province, en ce sens qu'il est la patrie d'un peuple : il constitue très nettement une nation dans une nation[4].» (Traduction libre)

Par surcroît, le gouvernement Pearson permit au Québec, durant cette période, de jouir dans les faits d'un statut particulier en lui accordant la possibilité de se retirer d'un grand nombre de programmes conjoints fédéraux-provinciaux à coûts partagés et même de programmes exclusivement fédéraux.

Compte tenu de son engagement envers l'intervention étatique, le Nouveau Parti démocratique reconnut que le gouvernement fédéral ne pouvait assumer adéquatement son rôle s'il était nécessaire que le Québec prît part à toutes ses initiatives. Ainsi, à son congrès de 1967, le parti appuya sans ambages l'idée d'un statut particulier pour le Québec :

> Dans les secteurs d'activité gouvernementale qui influent sur le mode de vie d'une communauté – des secteurs tels que la sécurité sociale, l'urbanisme, l'éducation et le développement communautaire – le Québec doit avoir le droit et les ressources fiscales qu'il faut pour adopter ses propres programmes et politiques en lieu et place de ceux qui sont créés et financés par le gouvernement fédéral. Du même coup, le gouvernement fédéral doit pouvoir jouer un rôle plus important dans les secteurs où la population des autres provinces le désirerait (Morton, 1986, p. 77). (Traduction libre)

Pendant la campagne électorale de 1968, Tommy Douglas défendit cette position avec vigueur et déclara :

> Le NPD est d'avis qu'il nous faut un gouvernement fédéral fort. Il doit détenir un pouvoir qu'il n'a jamais eu auparavant afin de s'attaquer à des problèmes modernes qui dépassent visiblement les capacités des gouvernements provinciaux et municipaux [...] Ainsi, cela peut signifier que, dans un domaine tel que l'éducation ou le logement, lorsque le Québec croit qu'un pouvoir fédéral fort risquerait d'éroder les droits des provinces, on verrait alors apparaître deux programmes – l'un pour le Canada anglais, l'autre pour le Québec (*Canadian Annual Review*, 1968, p. 60-61). (Traduction libre)

Il s'insurgea violemment contre le fait que «quiconque parle d'un statut particulier pour le Québec, ou encore de quelque négociation que ce soit, soit automatiquement traité de séparatiste» (Douglas, 1968, p. 10) (Traduction libre par le nouveau chef libéral d'alors, Pierre Elliott Trudeau).

Quant à eux, les progressistes-conservateurs semblèrent ne pas prendre explicitement position sur la question d'un statut particulier pour le Québec, bien que leur chef, Robert Stanfield, manifestât suffisamment d'ouverture envers cette idée pour que le rédacteur en chef du *Devoir*, Claude Ryan, lui accorde son appui au cours de la campagne électorale de 1968 – à l'encontre de l'enfant chéri du Québec, Pierre Elliott Trudeau (*Canadian Annual Review*, 1968, p. 37-38)[5].

Il est probable qu'aucune de ces positions n'ait jamais emporté l'appui d'une forte majorité au sein des élites politiques et intellectuelles du Canada anglais. À l'intérieur même des trois partis, chacune d'entre elles était vigoureusement remise en question. Le dernier geste de John Diefenbaker à la barre du Parti conservateur fut de mener une campagne contre la thèse des *deux nations*. Le fait pour le NPD de soulever la question des *deux nations* précipita le départ de Eugene Forsey, et l'appui du parti à un statut particulier pour le Québec provoqua la défection de Ramsay Cook et de Kenneth McNaught (Morton, 1986, p. 77-78 ; Lamoureux, 1985, p. 97)[6].

Néanmoins, la thèse des *deux nations* et le statut particulier du Québec constituaient à tout le moins des positions de discussion légitimes et avaient leurs défenseurs au Canada anglais. De ce fait, les Canadiens anglais eurent à faire face pour la première fois à la vision canadienne-française du Canada.

## IMPACT DE LA VISION DE TRUDEAU

Cet effort inédit des Canadiens anglais en vue de réagir directement à la vision québécoise du Canada fit long feu. Dès le début des années 1970, les opinions s'étaient rangées derrière une option dont le défenseur le plus acharné et le plus articulé était Pierre Elliott Trudeau, élu premier ministre en 1968.

Selon Trudeau, toute reconnaissance formelle des revendications des nationalistes québécois constituerait une erreur fatale. Plutôt que de redonner vie à un semblant d'unité nationale, cela n'aurait comme effet que de raviver les énergies du séparatisme québécois. En outre, arguait-il, on pouvait mater les forces nationalistes québécoises en ayant recours à une série de mesures qui, au lieu de reconnaître le caractère distinct du Québec, seraient destinées à incorporer le Québec dans une perspective pancanadienne.

Parmi ces mesures, la plus importante était celle qui instaurait le bilinguisme officiel. Non seulement le gouvernement fédéral devait-il devenir rigoureusement bilingue en pratique, mais les gouvernements provinciaux étaient en outre contraints à des degrés différents de traiter également les deux langues. Le régime québécois d'égalité *de facto* entre le français et l'anglais représentait l'idéal auquel devaient aspirer les autres provinces. Dans les faits, le Québec allait devenir *une province comme les autres*, parce que les autres provinces seraient désormais comme le Québec.

Par la suite, déclarait Trudeau, il ne serait plus nécessaire de reconnaître les revendications constitutionnelles du Québec, puisque le Québec ne pourrait plus prétendre être le porte-parole de la nation canadienne-française. Comme Trudeau le soutenait le 28 janvier 1968, alors qu'il s'adressait au Congrès du Parti libéral du Québec :

> Si les droits des minorités linguistiques sont enchâssés partout au Canada, alors la nation canadienne-française s'étendrait de Maillardville, en Colombie-Britannique, jusqu'à la communauté acadienne sur la côte de l'Atlantique [...] Une fois cela fait, le Québec ne peut dire qu'il parle seul au nom des Canadiens français [...] M. Robarts parlera au nom des Canadiens français en Ontario. M. Robichaud parlera au nom des Canadiens français au Nouveau-Brunswick. M. Thatcher parlera au nom des Canadiens français en Saskatchewan et M. Pearson parlera pour tous les Canadiens français. Personne ne pourra dire : « J'ai besoin de plus de pouvoirs parce que je parle au nom de la nation canadienne-française » (cité dans Radwanski, 1978, p. 286). (Traduction libre)

La réponse de Trudeau au Québec exigeait en fait une reconnaissance de dualité bien plus convaincue que par le passé. Elle comportait cependant les mêmes limitations que les anciens concepts de dualité. On devait établir une égalité formelle entre les langues française et anglaise, non entre ceux et celles qui les parlent. Il n'était jamais question que le Canada français et le Canada anglais, en tant que collectivités, fussent en position d'égalité. Il n'était pas non plus question que les membres de ces collectivités œuvrant au sein du gouvernement fédéral pussent présumer de leur égalité. Ainsi, au cours des années Trudeau, le gouvernement fédéral s'efforça comme jamais auparavant d'accroître la présence de francophones aux échelons supérieurs de la fonction publique, mais l'objectif avoué de cette mesure a toujours été d'atteindre une représentation proportionnelle des francophones (25 % de la population canadienne totale) au sein de la fonction publique.

De même, le gouvernement Trudeau rejeta la notion duale du biculturalisme de la commission B-B, de peur que, en dépassant la langue et en s'aventurant dans la culture, on cautionne ainsi l'idéal des deux nations. Ces craintes apparaissent de façon explicite dans un article que plusieurs compagnons antinationalistes de Trudeau publièrent vers le milieu des années 1960 dans la revue *Cité libre*. Dans une critique acerbe du rapport préliminaire de la commission Laurendeau-Dunton, ils déclarèrent que :

> [le gouvernement et la Commission] quittent volontiers la dimension linguistique (qui fournit des concepts malgré tout applicables) pour glisser vers le «biculturalisme» et parler d'égalité «du citoyen en tant qu'il participe à l'une des deux cultures [...]» Et que signifierait en pratique une Confédération qui «se développe d'après le principe de l'égalité entre les deux cultures»?
> Encore une fois, la science politique connaît bien l'idée d'égalité entre les individus à l'intérieur d'un même État; mais l'idée d'égalité entre les peuples est à la base même du concept de souveraineté nationale, et on aurait aimé savoir comment la Commission entend interpréter son mandat, sans être amenée nécessairement à préconiser la division du Canada en deux États nationaux (Breton *et al.*, 1965, p. 14)[7].

Ainsi, en 1971, le gouvernement Trudeau déclara qu'il implanterait une politique de «multiculturalisme dans le cadre du bilinguisme». Trudeau (1971, p. 5) rejeta explicitement le biculturalisme :

> Le titre même de la Commission royale d'enquête dont nous nous efforçons maintenant de mettre en œuvre les recommandations semble indiquer que le bilinguisme et le biculturalisme sont inséparables. Mais le terme «biculturalisme» ne dépeint pas comme il le faut notre société; le mot multiculturalisme est plus précis à cet égard.

Dans les faits, par conséquent, la langue du Canada français peut bien être l'une de deux langues officielles, mais sa culture n'est qu'une parmi tant d'autres *cultures*, dont la plupart n'existent, au mieux, que de façon très vague.

Afin de renforcer encore son idée de dualité linguistique, le gouvernement Trudeau voulait enchâsser les droits linguistiques dans une nouvelle charte des droits. Déjà, en 1968, Trudeau avait déclaré que, outre le rapatriement de la constitution, une telle charte constituait l'objectif premier de la réforme constitutionnelle, et la réforme des institutions fédérales, le second. Ce ne serait qu'une fois ces deux questions réglées que l'on devrait, selon lui, porter son attention sur le partage des compétences législatives – la préoccupation première des nationalistes québécois.

La réforme constitutionnelle de 1982, enfantée par le gouvernement Trudeau, fut conforme à cette stratégie : elle se limita en effet au rapatriement et à l'enchâssement d'une charte des droits. Au surplus, la Charte canadienne des droits et libertés fut fidèle à la vision trudeauiste des droits linguistiques. Il subsiste peu de doute que l'objectif primordial de la Charte était l'enchâssement du droit à l'éducation dans la langue de la minorité. Par surcroît, ce droit se conçoit de façon résolument pancanadienne. Le droit à l'éducation dans la langue de la minorité porte application également dans toutes les provinces et n'est tempéré que par la présence numérique des minorités de langue officielle[8].

Finalement, le gouvernement Trudeau insista sur le principe de l'égalité des provinces, qui reflétait son rejet du nationalisme québécois. Dès le début de sa carrière politique, Trudeau établit son opposition à tout arrangement par lequel le Québec se ferait attribuer plus de pouvoirs en vertu de la constitution. En tant que premier ministre, il s'opposa à ce scénario de façon inflexible.

En mettant l'accent sur le bilinguisme officiel et l'enchâssement de droits linguistiques, en substituant le multiculturalisme au biculturalisme et en insistant sur une égalité formelle de toutes les provinces, la stratégie trudeauiste eut un effet significatif sur les perceptions canadiennes-anglaises du Québec et des sources du nationalisme québécois.

Au début des années 1970, la plupart des leaders politiques et intellectuels canadiens-anglais croyaient donc fermement que la préoccupation essentielle des francophones du Québec était le renforcement du statut du français hors du Québec, que ce soit dans les institutions fédérales ou au sein des provinces. En fait, pour eux, les francophones du Québec voulaient tout simplement être incorporés, en tant qu'individus, dans la société canadienne. Pour bien des Canadiens anglais, cette interprétation recevait confirmation sur confirmation à chaque victoire électorale massive des libéraux au Québec. Pourtant, le succès de Trudeau au Québec dans ces élections semble s'expliquer moins par un attachement populaire à sa vision du Canada que par une préférence des francophones québécois pour un des leurs, à l'encontre de deux chefs canadiens-anglais de deux partis principalement canadiens-anglais.

Dans cette perspective, il n'était pas nécessaire de tenir compte des demandes spécifiques du gouvernement du Québec en vue d'obtenir de nouveaux pouvoirs. Les préoccupations des francophones du Québec portaient sur les activités et les responsabilités des gouvernements autres que celui du Québec. En outre, accéder aux demandes du gouvernement du Québec aurait pour toute conséquence de renforcer une identité québécoise, laquelle, autrement, s'estomperait par l'entremise de l'intégration des francophones du Québec et de leur langue dans le grand ensemble canadien. Dans les faits, les Canadiens anglais purent continuer de croire fermement que, en dernière analyse, la plupart des francophones du Québec n'étaient pas des Québécois, mais des Canadiens français ou encore, plus exactement, des Canadiens parlant français. On pouvait, au moyen de politiques appropriées, amener à changer d'idée les rares francophones du Québec qui ne se percevaient pas ainsi.

Naturellement, cette confiance entretenue par les Canadiens anglais dans cette analyse des *véritables* aspirations des Québécois fut ébranlée lors de l'arrivée au pouvoir au Québec du Parti québécois en 1976. Bien des Canadiens anglais croyaient alors que le séparatisme était mort. Mais leur confiance fut ravivée grâce à la victoire des forces fédéralistes au moment du référendum de 1980 au Québec. Généralement perçus au Canada anglais comme *un vote pour le Canada*, les résultats du référendum ont habituellement été attribués à l'intervention de Trudeau pendant la campagne référendaire. La réalité semble avoir été considérablement plus complexe[9].

Ultimement, les initiatives prises durant l'ère Trudeau allaient avoir un effet, non seulement sur la façon dont les Canadiens anglais perçoivent le Québec, mais aussi sur leur vision de la «polité» canadienne elle-même. La Charte canadienne des droits et libertés, en particulier, eut un effet significatif sur la culture politique canadienne-anglaise. L'objectif premier de la Charte a peut-être été d'apaiser le Québec au moyen des dispositions concernant l'enchâssement des droits linguistiques des francophones[10], mais c'est le Canada anglais qui en a ressenti les premiers effets.

Les nombreuses dispositions de la Charte ne traitant pas de la langue ont acquis, pour les Canadiens anglais, une importance que relativement peu de commentateurs avaient prévue. En plus de rassembler, comme jamais auparavant, les Canadiens anglais autour de l'idéal d'égalité de droits entre les individus, la Charte a fait en sorte de leur donner l'impression que la constitution leur appartenait. La constitution écrite, au lieu de ne s'intéresser qu'à la répartition des compétences entre ordres de gouvernement, ce qui préoccupe avant tout les politiciens, définit à présent les droits de tous les citoyens. Conformément à la prégnante expression du gouvernement Trudeau, la réforme constitutionnelle de 1982 constitue un *people's package*, une solution forfaitaire pour le peuple. Finalement, en délimitant les droits appartenant à tous les Canadiens, la Charte a servi à refocaliser le nationalisme canadien.

De même, le fait que le gouvernement Trudeau insistait fortement pour que le Québec ait le même statut que chacune des autres provinces a contribué à renforcer l'attachement des Canadiens anglais au principe de l'égalité des provinces. Ce principe a été employé contre l'Ontario par l'Ouest du Canada. Ainsi, en 1975, les gouvernements de l'Alberta et de la Colombie-Britannique n'étaient plus satisfaits de la formule d'amendement qu'ils avaient appuyée en 1971 au moment de la conférence de Victoria : la formule garantissait explicitement un droit de *veto*, et au Québec et à l'Ontario, mais à aucune autre province. Une assemblée interprovinciale de 1975 réitéra le principe de l'égalité de toutes les provinces. De même, le plan de réforme du Sénat le plus populaire dans l'Ouest du Canada, le *triple E*, exige que toutes les provinces y détiennent exactement le même nombre de sièges.

Ce changement dans la culture politique du Canada anglais a fait que les Canadiens anglais trouvent difficile de voir le Québec autrement que dans une perspective pancanadienne. Si individus et gouvernements provinciaux doivent être absolument égaux quant à leur statut et à leurs droits respectifs, le Québec ne peut être *qu'une province comme les autres* et ses résidents, *des Canadiens comme les autres*. Le gouvernement du Québec doit détenir exactement les mêmes compétences que les autres gouvernements provinciaux et, en les exerçant, il doit se plier aux mêmes contraintes et aux mêmes obligations que ces derniers.

Ces attitudes se sont manifestées très clairement dans la façon dont le Canada anglais a réagi à la loi 178, promulguée en 1988 par le gouvernement Bourassa, laquelle rétablissait la disposition de la loi 101 qui imposait l'unilinguisme français dans l'affichage extérieur. La Cour suprême du Canada avait déclaré que cette disposition violait la liberté d'expression garantie par la Charte. Quant à lui, le gouvernement du Québec avait plaidé que, en tant que seule province majoritairement francophone, le Québec devait assumer la responsabilité particulière d'assurer la prééminence du français. De plus, pour rétablir cette disposition, le gouvernement eut recours à la clause nonobstant, une disposition qui avait été incluse dans la Charte à la demande insistante du Canada anglais. Mais ces subtilités ont échappé à la plupart des Canadiens anglais. Pour eux, le gouvernement du Québec avait exactement les mêmes responsabilités que tous les autres gouvernements provinciaux, et les droits individuels des Québécois ne pouvaient différer de ceux de tous les autres Canadiens. Dès 1988, le recours à la clause nonobstant revenait à porter une attaque illégitime contre un élément central de la nationalité canadienne.

Et pourtant, peu importe à quel point elles ont pu influer sur la perception canadienne-anglaise du Canada et du Québec, les politiques de l'époque Trudeau n'ont manifestement pas réussi à inclure les francophones du Québec dans une perspective pancanadienne. Après vingt-cinq ans de bilinguisme officiel et onze ans de Charte canadienne des droits et libertés, les francophones du Québec semblent se rallier de plus en plus autour de l'idée qu'ils constituent une entité distincte, ou même une nation. Alors même que les Canadiens anglais se retranchent progressivement dans une perspective qui nie la spécificité du Québec, les francophones du Québec s'attachent de plus en plus à cette spécificité. Cette contradiction fondamentale a éclaté au grand jour au cours du débat entourant l'accord du lac Meech (voir Taylor, dans cet ouvrage).

## LA DÉBÂCLE DE MEECH... UNE SUITE LOGIQUE

Aux yeux de plusieurs observateurs assidus du fédéralisme canadien, l'accord du lac Meech apparaissait, quant à ses dispositions spécifiques, comme un document relativement modeste. Après tout, il procédait de la tentative faite par le gouvernement Bourassa en vue de définir les conditions minimales de l'adhésion formelle du Québec à la constitution. Il avait été présenté comme un effort sérieux d'arriver à la conclusion d'une entente, à un moment où le pouvoir de négociation du Québec était à son plus bas, à la suite de la défaite référendaire de 1980. En fait, les cinq conditions posées par le Québec se situaient considérablement en dessous de toutes les revendications formulées par le gouvernement du Québec après 1960. Et la plupart des éléments de l'accord avaient circulé, depuis déjà longtemps, au sein des élites politiques et intellectuelles intéressées par la question du fédéralisme canadien. Quelques-uns des éléments de l'accord, dont la participation des provinces à la nomination des sénateurs et des juges de la Cour suprême, ainsi que la limitation du pouvoir fédéral de dépenser dans les domaines de compétence provinciale exclusive, avaient même déjà été proposés à un moment ou à un autre par le gouvernement Trudeau, quoiqu'en des termes différents de ceux de l'accord.

Toutefois, un élément de l'accord s'avérait relativement nouveau dans le cadre des discussions constitutionnelles : la déclaration reconnaissant que le Québec constituait une *société distincte*. (L'expression elle-même n'était pas nouvelle : on la retrouvait dans le Rapport préliminaire de la commission Laurendeau-Dunton [1965, p. 111].) C'est sur ce point précis que le Canada anglais a principalement manifesté son désaccord.

Peu après la conclusion de l'accord, un sondage démontra que, de tous les éléments de l'entente, c'était la clause de *société distincte* qui emportait le moins la faveur populaire (46,3 %) chez les Canadiens anglophones. Et puis, une analyse détaillée de l'opinion publique a démontré, à la fin de 1988, que la clause de *société distincte* était au centre même de l'opposition canadienne-anglaise à l'accord. Blais et Crête ont constaté que, lorsqu'on disait aux personnes interrogées que l'accord renfermait une telle clause, elles étaient beaucoup plus enclines à s'y opposer (la proportion de gens s'opposant à l'accord augmentait de plus de 28 points). Le fait qu'un autre élément de l'accord soit mentionné au cours du sondage n'a jamais produit pareil effet. C'est donc essentiellement sur cette base en particulier que l'opposition à l'accord est passée de 27 %, en avril 1988, à 51 % en mars 1990. Blais et Crête (1991, p. 398) tirent les conclusions suivantes :

> Il n'y a guère de doute, le rejet de l'Accord du lac Meech correspondait au sentiment majoritaire de l'opinion au Canada anglais. La mobilisation de l'opposition à l'Accord s'explique essentiellement par la réaction à la clause de la société distincte [...] Les adversaires de l'Accord n'avaient qu'à braquer l'attention sur la clause de la société distincte, ce qu'ils ont évidemment fait, pour mobiliser une opposition qui n'était au départ que latente.

Et pourtant, pour plusieurs constitutionnalistes, même cette disposition de l'accord ne pouvait éventuellement produire qu'un effet plutôt modeste. Elle était, après tout, précédée de la clause de dualité, selon laquelle la présence de Canadiens francophones et de Canadiens anglophones constituait «une caractéristique fondamentale» du Canada. Et elle était suivie d'une disposition déclarant que la clause de *société distincte* ne pouvait changer quoi que ce soit au partage des compétences législatives ou aux prérogatives des différents ordres de gouvernement[11].

Visiblement, pour plusieurs Canadiens anglais s'opposant à la clause de société distincte, leur mécontentement avait moins à voir avec sa formulation qu'avec le simple fait qu'elle déclarait que le Québec était une *société distincte*. À proprement parler, elle suscitait une vision du Québec et du Canada qui entrait en contradiction directe avec celle que plusieurs Canadiens anglais s'étaient donnée pendant les années 1970, et qui avait été enchâssée au moment de la réforme constitutionnelle de 1982. Pour eux, toute référence, même soigneusement circonscrite, à la spécificité du Québec, ne pouvait constituer qu'un recul.

## LES DISCUSSIONS CONSTITUTIONNELLES RÉCENTES

En résumé, alors que les francophones du Québec devenaient de plus en plus attachés à l'idée que le Québec constituait une collectivité nationale, les Canadiens anglophones résistaient de plus en plus à toute reconnaissance formelle de la spécificité québécoise. Grâce en particulier à l'esprit de leadership du gouvernement Trudeau et aux initiatives-clés qu'il a mises en place, il ne reste presque plus rien au Canada anglais des efforts mis durant les années 1960 en réponse aux aspirations du nationalisme québécois. Cela reflète en partie un simple antagonisme à l'endroit du Québec, qui, selon les Canadiens anglais, avait déjà reçu plus que sa juste part d'attention et de bénéfices. Mais le rejet par le Canada anglais des revendications du Québec découle aussi logiquement des nouveaux principes régissant la vie politique canadienne, principes qui excluent d'office toute reconnaissance directe de la vision politique de la plupart des Québécois francophones.

À cause du bilinguisme officiel et de l'idéal d'égalité linguistique, le français paraît jouir d'un statut privilégié partout au Canada, ce qui nie au Québec tout caractère distinct. En outre, plusieurs Canadiens anglais associent l'expansion qu'ont pris les services offerts en français hors du Québec à une réaction directe – et coûteuse – aux revendications des francophones du Québec. C'est pourquoi on peut les comprendre de s'être mis en colère lorsque le français est devenu, en 1974, la seule langue officielle au Québec. En fait, à leurs yeux, le Québec est de mauvaise foi, puisqu'il exige l'égalité linguistique ailleurs au Canada, mais refuse de l'appliquer sur son propre territoire. Et ce n'est pas tout. Les Québécois francophones en exigent toujours plus, même après avoir eu droit à de telles *concessions* substantielles : ils veulent que la position constitutionnelle du Canada soit raffermie. La difficulté, évidemment, réside dans le fait que ce qui a toujours compté pour la plupart des Québécois, c'est le statut du français au Québec, bien plus que dans les autres provinces. Et ces préoccupations continuaient d'alimenter leurs revendications en vue d'accroître les pouvoirs du Québec, que l'on renforce ou non la langue française ailleurs au Canada.

À cause du multiculturalisme, plusieurs Canadiens anglais ont maintenant de la difficulté à saisir la dimension culturelle de la question québécoise. Le Canada est à présent perçu comme une mosaïque de groupes culturels. Deux députés libéraux fédéraux, Charles Caccia et Sergio Marchi, ont dès lors choisi de condamner ainsi les références que fait l'accord du lac Meech à la dualité canadienne. Pour eux, l'accord constitue :

> [...] une vision rétrograde qui a pu être juste il y a deux générations, une (définition du Canada) complètement dépassée [...] qui se contente principalement de dépeindre le passé de notre peuple et l'histoire de notre pays [...] On fait fi des millions de Canadiens qui ne s'identifient ni au français ni à l'anglais. On ne leur fait pas de place dans l'accord, on les exclut de la constitution (Cairns, 1991, p. 124). (Traduction libre)

Enfin, il est devenu difficile de saisir la dimension politique de la question québécoise, à cause, en grande partie, de la façon dont le gouvernement Trudeau a abordé les relations fédérales-provinciales, mais aussi à cause de la reconfiguration du pouvoir au Canada anglais en faveur de l'Ouest. Les Canadiens anglais sont maintenant solidement attachés à l'idée que toutes les provinces doivent avoir un statut égal. Des mesures telles que la formule d'amendement de la charte de Victoria, acceptables il y a vingt ans, ne le sont plus désormais.

Les effets produits par ces trois politiques – égalité linguistique dans les affaires provinciales, multiculturalisme et fédéralisme uniforme – ont été renforcés par l'avènement de la Charte canadienne. La Charte a renforcé l'égalité linguistique en enchâssant une forme limitée de droits des minorités linguistiques, tant au Québec que dans le reste du Canada. Elle a renforcé les effets du multiculturalisme en constitutionnalisant les droits d'une vaste gamme de groupes parlant des langues non officielles. Et elle a renforcé le fédéralisme uniforme en spécifiant que les droits doivent être exactement les mêmes partout au Canada. Tous les gouvernements provinciaux sont liés par exactement les mêmes contraintes et les mêmes obligations dans leurs rapports avec leurs citoyens.

Alors que Canadiens anglais et Québécois francophones commencent une nouvelle ronde de discussions constitutionnelles, ils se trouvent plus divisés que jamais eu égard à leurs conceptions respectives de l'autre et du pays. Quant aux aspirations du Québec, des accommodements qui auraient été possibles durant les années 1960 sont désormais impensables. Visiblement, la gamme d'options disponibles s'est rétrécie.

## NOTES

1. Ce chapitre a été traduit par Stéphane Éthier, du programme d'études sur le Québec de l'Université McGill.
2. Voir la discussion concernant les attitudes des Canadiens anglais à l'endroit du dualisme dans Douglas V. Verney, *Three Civilizations, Two Cultures, One State*, Durham, Duke University Press, 1986, p. 212-229.
3. Voir le compte rendu dans *The Canadian Annual Review*, 1967, p. 32-38.
4. Extrait d'une déclaration faite lors d'une assemblée de l'Association canadienne des hebdomadaires de langue française, à Murray Bay, au Québec. Elle ressemble à une déclaration de 1964, faite au Canada anglais, à la télévision anglaise de Radio-Canada, selon laquelle le Québec, «à certains égards, n'est pas une province comme les autres, mais la patrie d'un peuple». Ces deux déclarations sont citées dans Peter C. Newman, *The Distemper of Our Times*, Toronto, McClelland and Stewart, 1968, p. 320.
5. En revanche, Simeon et Robinson affirment que, personnellement, il n'aimait pas cette idée : Richard Simeon et Ian Robinson, *L'État, la société et l'évolution du fédéralisme canadien*, vol. 71, Commission royale sur l'union économique et les perspectives de développement au Canada, Ottawa, ministre des Approvisionnements et Services Canada, 1990, p. 205. Effectivement, durant la campagne électorale, Stanfield a non seulement refusé d'appuyer la thèse des *deux nations* ou celle du *statut particulier*, mais s'est plutôt plaint avec véhémence d'une publicité des libéraux qui l'associait à ces deux concepts («Stanfield Continues Feud With PM on PC Constitutional Position», *The Globe and Mail*, 21 juin 1968).
6. Forsey élabore son opposition dans Eugene Forsey, «Canada : Two Nations or One?», *Canadian Journal of Economics and Political Science*, vol. XXVII, n⁰ 4 (novembre 1962).
7. Trudeau joua un rôle de premier plan dans la préparation de cet article, mais ne l'a pas signé, apparemment à cause de son entrée sur la scène politique fédérale. Comme Raymond Breton, le frère d'un des coauteurs, l'a récemment fait remarquer : «Le multiculturalisme finit par jouer un rôle important dans le programme politique du gouvernement Trudeau. En effet, les termes de la commission royale pouvaient sembler appuyer la thèse des *deux nations* canadiennes. Une politique de pluralisme culturel contribuerait à amoindrir les effets d'une idée qui semblait dangereusement compatible avec le mouvement indépendantiste québécois.» Raymond Breton, «Le multiculturalisme et le développement national au Canada» dans Alan Cairns et Cynthia Williams (dir.), *Les Dimensions politiques du sexe, de l'ethnie et de la langue au Canada*, vol. 34, Commission

royale sur l'union économique et les perspectives de développement du Canada, Ottawa, ministre des Approvisionnements et Services, 1986, p. 52-53.

8. Charte canadienne des droits et libertés, al. 23 (3).
9. Voir, par exemple, l'analyse de la campagne référendaire dans McRoberts, *Quebec : Social Change and Political Crisis*, p. 324-327.
10. Cette question est traitée dans McRoberts, *English Canada and Quebec*, p. 15.
11. Cette question est analysée dans Peter W. Hogg, *Meech Lake Constitutional Accord Annotated*, Toronto, Carswell, 1988, chapitre 4.

## *BIBLIOGRAPHIE*

BERGER, Carl, 1970, *The Sense of Power*, Toronto, University of Toronto Press.

BLAIS, André et Jean CRÊTE, 1991, «Pourquoi l'opinion publique au Canada anglais a-t-elle rejeté l'accord du lac Meech?» dans Raymond HUDON et Réjean PELLETIER (dir.), *L'Engagement intellectuel : mélanges en l'honneur de Léon Dion*, Québec, les Presses de l'Université Laval, p. 385-400.

CAIRNS, Alan C., 1991, «Citizens (Outsiders) and Government (Insiders) in Constitution-Making : The Case of Meech Lake» dans *Disruptions : Constitutional Struggles, from the Charter to Meech Lake*, Toronto, McClelland and Stewart, p. 108-138.

COMMISSION ROYALE SUR LE BILINGUISME ET LE BICULTURALISME, 1965, *Rapport préliminaire*, Ottawa, Imprimeur de la Reine.

COOK, Ramsay (dir.), 1966, *Canada and the French-Canadian Question*, Toronto, Macmillan.

FORSEY, Eugene, 1962, «Canada : Two Nations or One?» dans *Canadian Journal of Economics and Political Science*, vol. 27, n° 4.

GLOBE AND MAIL (THE), 1968, 21 juin, «PM Creating Great Division, Douglas says», p. 10.

GLOBE AND MAIL (THE), 1968, 21 juin, «Stanfield Continues Feud with PM on PC Constitutional Position».

HOGG, Peter, 1988, *Meech Lake Constitutional Accord Annotated*, Toronto, Carswell.

LISÉE, Jean-François, 1990, *Dans l'œil de l'aigle : Washington face au Québec*, Montréal, Boréal.

McROBERTS, Kenneth, 1988, *Quebec : Social Change and Political Crisis*, 3e édition, Toronto, McClelland and Stewart.

McROBERTS, Kenneth, 1991, *English Canada and Quebec : Avoiding the Issue*, Robarts Centre for Canadian Studies Lecture Series, York University.

MORTON, Desmond, 1986, *The New Democrats 1961-1986 : The Politics of Change*, Toronto, Copp Clark Pitman.

NEWMAN, Peter, 1968, *The Distemper of Our Times*, Toronto, McClelland and Stewart.

QUINN, Herbert, F., 1979, *The Union Nationale*, 2e édition, Toronto, University of Toronto Press.

RADWANSKI, George, 1978, *Trudeau*, Scarborough, Macmillan - NAL Publishing Ltd.

REGENSTREIF, Peter, 1969, «Note on the alternation of French and English Leaders in the Liberal Party of Canada» dans *Revue canadienne de science politique*, vol. 2, n° 1.

SIMEON, Richard et Ian ROBINSON, 1990, *L'État, la société et l'évolution du fédéralisme canadien*, vol. 71, Commission royale sur l'union économique et les perspectives de développement du Canada, Ottawa, ministre des Approvisionnements et Services Canada.

SMILEY, Donald, 1970, «Constitutional Adaptation and Canadian Federalism since 1945» dans *Documents de la Commission royale sur le bilinguisme et le biculturalisme*, n° 4, Ottawa, Imprimeur de la Reine.

TRUDEAU, Pierre Elliott, 1971, 13 octobre, «La nouvelle politique multiculturelle» dans *Le Devoir*, p. 5.

UNDERHILL, Frank, 1964, *The Image of Confederation*, The Massey lectures, Toronto, CBC.

VERNEY, Douglas, 1986, *Three Civilizations, Two Cultures, One State*, Durham, NC., Duke University Press.

# CHAPITRE 6

## Le fédéralisme à voies multiples et la Charte[1]

### JAMES TULLY

### PRÉAMBULE

À l'origine, ce texte fut écrit pour un congrès organisé en avril 1992 par la British Columbia Civil Liberties Association et le Département de philosophie de l'Université Simon Fraser, à l'occasion du dixième anniversaire de la Charte canadienne des droits et libertés. Il m'avait été demandé de mettre la Charte en relation avec les traditions intellectuelles canadiennes. À l'époque, le rapport du Comité mixte spécial sur le renouvellement du Canada (le rapport Beaudoin-Dobbie) venait tout juste d'être rendu public. Il s'agissait du premier comité officiel à proposer des amendements à la Charte en réponse aux critiques du Québec et des Premières Nations. Dans ce contexte, je cherchai à montrer que les amendements proposés rapprochaient la Charte des traditions intellectuelles des Premières Nations, du Québec et des provinces canadiennes-anglaises, mais en précisant qu'encore beaucoup de travail de révision constitutionnelle devait être consenti.

Durant l'été qui suivit la conférence, le travail amorcé par le rapport Beaudoin-Dobbie fut poussé plus loin par l'accord de Charlottetown, mais insuffisamment pour rendre la Charte conforme aux traditions fondamentales du Québec et des Premières Nations telles qu'elles sont décrites dans le présent chapitre. Dans un autre texte, j'ai suggéré que c'est justement là l'une des raisons pour lesquelles l'accord de Charlottetown a été rejeté par une majorité de Québécois et d'autochtones (Tully, 1994). Des intellectuels autochtones et québécois ont également affirmé l'importance persistante desdites traditions pour la compréhension des positions des Premières Nations et du Québec à l'égard de la fédération canadienne (Commission royale sur les peuples autochtones, 1993 ; Gagnon et Laforest, 1993).

### UNE ÉTRANGE MULTIPLICITÉ

Quelles relations la Charte canadienne des droits et libertés entretient-elle avec nos traditions intellectuelles ? Pareille question n'est pas simple à aborder. Après quatre cents ans d'interactions, nos traditions intellectuelles autochtones, québécoises et canadiennes-anglaises sont tellement complexes et entremêlées, qu'il faudrait plusieurs volumes pour déterminer la place précise de la Charte dans cette riche tapisserie. Cet exposé s'arrête donc à un seul aspect de la question. Je vais tenter de clarifier la relation entre la Charte et les principales traditions autochtones, québécoises et canadiennes-anglaises du fédéralisme. C'est là l'un des problèmes centraux du Canada d'aujourd'hui. Qui plus est, comme l'a noté sir Isaiah Berlin, des questions similaires sont actuellement soulevées dans plusieurs autres sociétés caractérisées par une profonde pluralité. Dans le but de rendre compatibles la reconnaissance et l'affirmation de la diversité culturelle et politique avec la garantie des droits et libertés individuels, les sociétés en question se tournent elles aussi vers certaines traditions du fédéralisme (Berlin, 1991).

En 1991, un canoë noir en bronze, long de six mètres, fut placé dans la cour arrière de l'ambassade canadienne à Washington, symbolisant le Canada au moment où il fait son entrée dans le XXIe siècle. Baptisée *The Spirit of Haida Gwaii*, cette magnifique œuvre d'art de Bill Reid, un sculpteur d'origines haida et non autochtone, présente 13 passagers disctincts de la mythologie haida, incluant le corbeau, le grizzli, l'aigle, le loup, la grenouille, la femme-souris, la femme-roussette, le castor, un pagayeur humain désigné comme *the ancient reluctant conscript* et, se tenant au milieu de cet équipage bigarré de confédérés, un chef, symbole d'autorité en main et portant le nom merveilleusement énigmatique de *Who is he going to be ?* (Bringhurst et Seltzer, 1991).

Robert Bringhurst présente cette sculpture complexe comme l'expression d'une étrange et magnifique *multiplicité* qui *cherche à éclore*, non seulement dans la nation de Haida Gwaii, les îles du peuple, mais également sur l'île plus grande de Kanata (Canada), l'île de la Grande Tortue. Quelles sont les principales caractéristiques de cette étrange multiplicité qui cherche à obtenir la reconnaissance au Canada, pagayant vers son port d'attache à l'aube incertaine du XXIe siècle ? Grosso modo, cette fédération multiple de voyageurs se caractérise par quatre traits distinctifs.

D'abord, chaque passager du canoë a une identité, une histoire et une mythologie qui lui sont propres. Il ne s'en sépare pas, il les amène avec lui dans l'aventure fédérative, constituant ainsi une fédération de style potlatch plutôt qu'une fédération uniforme dans laquelle chaque membre serait constitué de la même façon par l'acte fédératif. Ensuite, on peut distinguer deux autres contrastes majeurs entre le type de fédération représentée par Reid et une fédération symétrique : chaque passager semble lié au chef central d'une manière différente (mais appropriée) ; le chef paraît être gouverné par le mouvement consensuel de l'équipage tout autant qu'il le gouverne. C'est dire que l'on ne peut aucunement confondre cette association plurielle avec une unité intégrée, encore moins avec un *melting pot*. Le mot qui vient en tête est plutôt *coordination*. En outre, bien que distincts les uns des autres, les passagers se croisent, s'entrecroisent et partagent d'une multitude de façons – différant à la fois de la confé-dération étanche et de la simple alliance – sans pour autant perdre leur identité. Enfin, la quatrième caractéristique est la plus saisissante : aucun des membres n'est en lui-même uniforme dans sa composition ; chacun est pluriel, constitue en quelque sorte une fédération à l'intérieur d'une fédération. La femme-roussette a le nez crochu de l'aigle et du saumon mâle en frai, afin de nous rappeler à la fois la multiplicité et la parenté des identités. Le loup pagaie avec des mains qui semblent humaines, alors que d'innombrables voyageurs clandestins émergent de l'intérieur des replis des passagers principaux. Précisément comme au Canada autochtone et non autochtone. Par exemple, Haida Gwaii, la nation haida, bien que membre de l'Assemblée des Premières Nations, est composée de clans, de familles, de membres d'autres nations autochtones et de Canadiens non autochtones. De même, la Colombie-Britannique, tout en étant membre de la fédération canadienne, est composée d'une minorité francophone, de groupes multiculturels, d'individus ainsi que d'autochtones vivant à l'extérieur des réserves. Chacune de ces composantes cherche à obtenir une forme appropriée de reconnaissance politique.

La Charte fut introduite dans la vie politique canadienne en 1982, à un moment précis de l'histoire où l'étrange multiplicité s'efforçait d'acquérir la reconnaissance constitutionnelle. Avec un recul de dix années, on peut voir que même si la Charte a reconnu et affirmé plusieurs caractéristiques importantes de la diversité canadienne, de nombreuses autres ont été négligées et menacées d'assimilation à une conception uniforme ou non fédérale du Canada. Si pareil constat est désormais possible, c'est que l'année 1992 représente beaucoup plus que le 10e anniversaire de la Charte. Elle souligne notamment le 125e anniversaire de la fédération des quatre premières provinces canadiennes, le 200e anniversaire du gouvernement représentatif au Québec et de la première fédération entre le Bas et le Haut-Canada, le 220e anniversaire de la Proclamation royale de 1763, qui reconnaissait l'indépendance des Premières Nations, le 280e anniversaire du fameux traité de fédération de 1701 entre les Iroquois, les Algonquins, les Français et les Anglais, le 330e anniversaire du classique traité du Wampum-à-deux-rangs entre Iroquois et Hollandais, le 350e anniversaire de l'établissement français à Hochelaga/Montréal, le 600e anniversaire de la constitution de la confédération iroquoise, de même que le 5000e anniversaire de la fédération des Gitksans et des Wet'suwet'ens.

Comme le Québec, les Premières Nations et les provinces ont cherché à le signaler depuis 1982, la Charte omet de reconnaître et de respecter ces anciennes et complexes relations fédérales. Avec leurs traditions et conventions consacrées, ce sont précisément ces relations qui, sur le plan historique, ont constitué l'étrange multiplicité canadienne et préservé la diversité politique, légale et culturelle des membres de la fédération. Pour ces derniers, la Charte apparaît en quelque sorte comme une voix au-dessus de tous les autres passagers. C'est comme si elle cherchait à faire de son vocabulaire le canon de toutes les conversations, au lieu de se concevoir elle-même comme une voix nouvelle dans une fédération qui en compte déjà un grand nombre, chacune avec sa propre forme d'expression. Pour se doter d'une véritable charte du Canada, plutôt que d'avoir la charte d'un pays reconstitué de manière uniforme, il faudrait trouver une façon de reconnaître notre merveilleuse multiplicité dans la Charte elle-même. Durant des siècles de fédérations et de refédérations, tous ont toujours désigné cette multiplicité par son nom polysémique d'origines micmaque, huronne, iroquoise, française et anglaise, « Canada ».

Ainsi, pendant que Bill Reid exprimait la multiplicité canadienne sous forme de sculpture, les Canadiens passaient une décennie à se démener pour faire de même à travers leur charte et leur constitution. Le problème fondamental a été de trouver un langage politique commun qui ne provienne pas d'une tradition ou d'une région en particulier, mais qui soit en lui-même suffisamment imprégné de fédéralisme pour permettre aux diverses voix de s'exprimer dans leur propre vocabulaire. Autrement dit, un langage qui permette de célébrer simultanément les multiples anniversaires qui se superposent et s'entrecroisent. La suite de ce texte fait l'examen du débat portant sur la Charte et le fédéralisme, dans le but de déterminer si un tel langage a été trouvé. La première partie trace les grandes lignes des critiques fédéralistes de la Charte ; la seconde résume les traditions du fédéralisme sur lesquelles reposent les critiques en question ; finalement, en dernière partie, je cherche à voir si le rapport Beaudoin-Dobbie, fondé partiellement sur ces traditions, ne commence pas à procurer un langage constitutionnel canadien qui rende à la fois justice à l'articulation fédérale de la multiplicité canadienne et à nos droits et libertés individuels.

## LA CHARTE VERSUS LE FÉDÉRALISME

La Charte cherchait à établir et à entretenir une identité juridique pancanadienne, c'est-à-dire une identité qui recouvre à la fois les provinces, les territoires et les Premières Nations. La nature de cette *Charter identity* a été décrite de diverses façons (Cairns, 1992 ; Laforest, 1991b, 1991c ; Russell, 1983, 1994). Pour les fins de l'exposé, nous pouvons commencer avec ce que le rapport de la Commission sur l'avenir politique et constitutionnel du Québec (le rapport Bélanger-Campeau) a désigné comme les trois égalités : premièrement, l'égalité des droits de tous les citoyens canadiens, d'un océan à l'autre ; deuxièmement, l'égalité des cultures et des origines culturelles ; troisièmement, l'égalité des 10 provinces, exprimée dans une formule d'amendement constitutionnel soumise à la règle dite du « 7-50 % » (rapport Bélanger-Campeau, 1991, p. 38-40). Dans les termes d'Alan Cairns (1991a, p. 80), *« [the] Charter generates a roving normative Canadianism, oblivious to provincial boundaries [...] a homogeneising Charter-derived-rights-bearing Canadianism[2] »*.

À l'origine, ce n'était donc pas le contenu de la Charte qui attirait la critique. Ce qui faisait problème, c'était que l'article 1 établisse que le Canada est une société juridique indifférenciée plutôt qu'une fédération de sociétés coordonnées, mettant ainsi en place un cadre non fédéral pour l'interprétation de tous les autres articles. Une fois consacrée la souveraineté de cette représentation du Canada, la dimension fédérale du pays figurant dans l'article 33 (la clause dérogatoire) lui apparaît subordonnée. Autrement dit, par l'article 33, les gouvernements provinciaux se sont vu accorder le droit de surseoir temporairement non pas à l'autorité de la Charte elle-même, à laquelle ils demeurent toujours assujettis, mais à la révision judiciaire fédérale de leur devoir de légiférer en accord avec la Charte (Slattery, 1987, p. 739-741). Selon Cairns (1991b, p. 21), ce cadre interprétatif non fédéral explique l'opposition qui s'est manifestée à l'endroit de la Charte :

> Le message de la Charte n'est pas [...] indifférent à la distinction entre les communautés provinciales et une communauté pancanadienne d'un océan à l'autre. Le message de la Charte est un message canadien. Les droits qu'il enchâsse sont des droits canadiens. La communauté de citoyenneté qu'il favorise est la communauté de l'ensemble du Canada. C'est le canadianisme de la Charte qui explique l'opposition initiale des gouvernements provinciaux à son endroit, de même que la baisse continue de sympathie qu'ils lui ont manifestée après 1982[3].

La première réplique des défenseurs de la Charte fut de soutenir que le document n'établit pas une identité juridique uniforme, étant donné qu'il contient aussi bien des droits collectifs que des droits individuels (Elkins, 1989). Les droits des minorités de langues officielles, des groupes multiculturels, des femmes, des peuples autochtones, de même que des groupes en général sont tous présents dans la Charte, aux côtés des droits individuels. De ce fait, le document reconnaît une importante tradition canadienne de diversité. D'ailleurs, tant la proposition d'amendement constitutionnel présentée dans *Bâtir ensemble l'avenir du Canada* (Canada, 1991) que le rapport Beaudoin-Dobbie ont confirmé que les droits collectifs font partie des traditions légales et politiques canadiennes.

Un certain nombre d'auteurs ont donc conclu que puisque la Charte enchâsse les droits collectifs, le débat doit être clos. Selon eux, les demandes du Québec et des Premières Nations peuvent être comprises comme les demandes de minorités culturelles ou de minorités nationales, ce qui implique qu'elles peuvent être satisfaites dans les limites du langage de la Charte (Barton et Bronaugh, 1991 et Kymlicka, 1989). Toutefois, comme l'ont souligné des auteurs québécois et autochtones, cette interprétation dénature et contourne l'argumentation qu'ils essaient de faire valoir (rapport Bélanger-Campeau, 1991, p. 33-34, 39-41 ; Laforest, 1991c ; Dufour, 1990 ; Mercredi, 1991 ; Cassidy, 1991 ; Aki-kwe, 1991). Les langues et les cultures que le Québec et les Premières Nations veulent préserver et promouvoir n'ont pas le même statut que celles que les immigrants amènent dans un État déjà constitué et cherchent à maintenir et à mettre en valeur par l'article 27 sur le multiculturalisme. Les minorités immigrantes cherchent la reconnaissance et l'affirmation de leurs langues et cultures à l'intérieur des langues officielles, des cultures et des institutions politiques d'un pays déjà constitué. Par contraste, le Québec et les Premières Nations ne peuvent aucunement être considérés comme des minorités culturelles ou des minorités nationales à l'intérieur du Canada. Il s'agit de nations qui se gouvernent depuis des siècles et dont les langues et cultures sont constitutives des formes de gouvernement et du discours public. À cet égard, elles ne diffèrent pas de la Colombie-Britannique ou de tout autre membre de la fédération qui s'auto-gouverne. Penser autrement équivaudrait à placer la langue anglaise ou la Colombie-Britannique dans l'article 27 de la Charte.

Rétrospectivement, on peut voir qu'en tentant d'interpréter les demandes de reconnaissance du Québec et des Premières Nations dans le langage des droits collectifs de minorités culturelles et de nationalités subordonnées à l'intérieur d'un cadre envisageant le Canada comme une société unique, certains analystes ont tout simplement été incapables d'évaluer la critique fédéraliste de la Charte. En fait, ces auteurs bien intentionnés se sont même refusés à remettre en question leur prémisse d'une société unique dans laquelle le Québec et les Premières Nations apparaissent comme minorités culturelles. Du point de vue des Premières Nations et du Québec, il y a là un résidu de politique d'assimilation *coloniale* ou *à la Lord Durham* (Mercredi, 1992 ; Laforest, 1991a)[4]. La tendance à interpréter incorrectement les critiques de la Charte a été renforcée par deux façons de penser bien ancrées : une inclination à ignorer les traditions indigènes dans lesquelles les critiques sont articulées ; une autre à reformuler ces critiques dans les traditions du libéralisme et du communautarisme anglo-américain des dernières années, qui partagent toutes deux la présupposition non fédérale d'une société indifférenciée[5].

Cette interprétation fautive écartée, nous sommes désormais en position pour écouter ce que les critiques de la Charte ont à dire, dans leur propre vocabulaire. De la perspective du Québec et des provinces, deux critiques ont été avancées. Premièrement, on a fait valoir que la Charte fut imposée sans le consentement des citoyens du Québec, représentés par leur gouvernement provincial. La Charte viole ainsi le plus vieux principe du fédéralisme et l'un des plus vieux principes du droit occidental, celui sur lequel repose la justice de nos institutions politiques : *Quod omnes tangit ab omnibus tractari et approbari debet* – «ce qui affecte tous doit être approuvé par tous[6]». Il est donc injuste d'appliquer la Charte au Québec tant et aussi longtemps que le Québec n'y a pas manifesté son consentement.

Devant cette critique, la réplique de Pierre Elliott Trudeau fut la suivante : en mettant ensemble les votes des députés fédéraux du Québec et les votes en faveur de la Charte à l'Assemblée nationale, on se retrouve avec une majorité de députés québécois en faveur de la Charte. Cet argument ne tient aucunement compte de la nature fédérale du Canada. Si le Canada est une fédération, il s'ensuit que le consentement du gouvernement de la province de Québec est requis. Deuxièmement, on a aussi fait valoir que le consentement unanime des provinces n'est pas requis (Trudeau, 1991, p. 7-9, 15 ; Milne, 1991, p. 69-123). De nouveau, l'argument ne tient pas devant le principe fédéral selon lequel «ce qui affecte tous doit être approuvé par tous». La Charte affectant manifestement les provinces et leurs gouvernements, il s'ensuit que leur consentement est requis. Comme Trudeau l'a lui-même énoncé, les provinces, la majorité des juges dans le Renvoi de 1981, de même que les autorités citées par ces juges ont soutenu que le consentement provincial est une convention de la fédération canadienne (Trudeau, 1991)[7]. Qui plus est, le consentement unanime des provinces est une exigence légale pour tous les amendements fondamentaux. Or il est difficile d'imaginer quelque chose de plus fondamental que la Charte.

Appelons le principe selon lequel «ce qui affecte tous doit être approuvé par tous» le principe de consentement unanime ou, tout simplement, le principe de consentement. Dans les théories libérales classiques, telles que celles de Locke et de Rousseau, ce principe garantit l'exigence selon laquelle chaque membre individuel doit consentir à la formation de l'organisation politique. Dans le fédéralisme classique lockien et canadien, il garantit l'exigence selon laquelle chaque province doit consentir à la formation ou à l'amendement de la fédération[8]. Au Canada, cette dernière exigence est remplie par le *veto* que détient chaque province lorsqu'il s'agit d'amender la formule d'amendement. Bien entendu, le principe n'exige pas un consentement unanime pour tous les amendements, ou même pour tout amendement touchant une province. Le consentement de tous les membres n'est requis que pour fonder des dispositions générales comme l'emploi d'une formule d'amendement non unanime pour certains amendements ou encore la mise en commun par certaines provinces de leurs *vetos* en un *veto* régional. Là encore, on peut faire une analogie avec le libéralisme classique, dans lequel le consentement unanime est requis pour introduire le principe de la règle de majorité.

Le principe de consentement est également à la base du jugement que porte la commission Bélanger-Campeau sur l'idée d'égalité des provinces, telle qu'on la retrouve dans la formule du «7-50 %» introduite avec la Charte. Toute formule de non-unanimité comme celle-ci, adoptée sans consentement unanime, viole l'égalité coordonnée des provinces et outrepasse le consentement – et donc le *veto* – de provinces qui peuvent néanmoins être touchées par un amendement. Comme le premier ministre Bourassa en fit part au premier ministre Harcourt, ce fut une gifle de plus, en 1982, lorsque le gouvernement du Québec s'opposa aux aspects de la Charte qui l'affectaient directement et se vit avisé que la Charte pouvait être légalement adoptée sans son consentement ; de même, en 1987-1990, quand le Québec présenta une proposition d'amendement minimale qui affectait à peine les autres provinces et se vit informé que le consentement unanime des provinces était désormais requis (Hume, 1992).

La seconde critique de la Charte souligne que le document empiète sur la souveraineté provinciale en matière de propriété et de droits civils, garantie par l'article 92 de la Loi constitutionnelle de 1867. Dans le cas spécifique du Québec, elle soutient que la Charte viole l'autonomie juridictionnelle du droit civil et de la tradition civiliste de la province, garantie par l'Acte de Québec de 1774 (Matthews, 1990, p. 70-76 ; Fournier, 1991, p. 11-13 ; Comité mixte spécial sur le renouvellement du Canada, 1992, p. 23-24 ; Comité constitutionnel du Parti libéral du Québec, 1991, p. 7-10 ; Commission sur l'avenir politique et constitutionnel du Québec, 1991, p. 11-13, 33-34, 54-56 ; Rocher, 1992). Sur ce point, la Charte est incompatible avec la constitution et avec l'un des statuts impériaux fondamentaux sur lesquels repose l'appartenance du Québec à la fédération. C'est dire que pour que la Charte soit juste à l'égard du Québec, il faut qu'elle soit en accord avec le droit civil et les traditions des droits au Québec (comme l'est, par exemple, la Charte québécoise des droits et libertés de 1975 ; voir l'annexe 1), ainsi qu'avec l'article 92 et l'Acte de Québec.

Quel est le principe premier que renferment l'Acte de Québec et l'article 92 ? Il s'agit, encore là, de l'un des principes les plus anciens et les plus éclairés des jurisprudences canadienne et occidentale : lorsqu'un corps politique préexistant se fédère avec d'autres ou est conquis par un autre corps politique, ses lois, ses coutumes et ses formes d'auto-gouvernement continuent d'être en vigueur dans la nouvelle fédération. Appelons ce second principe le principe de *continuité légale et politique* ou, plus simplement, le principe de *continuité*, comme il a toujours été désigné en droit international (Slattery, 1983, p. 10-12). Ce principe entre en opposition avec la pratique de la discontinuité, c'est-à-dire le point de vue selon lequel une fédération ou un conquérant peut détruire les lois et les formes de gouvernement de la nation fédérée ou conquise. Il va sans dire que le principe de continuité ne cherche pas à immobiliser une nation dans les lois et coutumes de la période de conquête ou de fédération. Il reconnaît aux peuples le droit de continuer à se gouverner eux-mêmes selon leurs lois et coutumes, telles qu'elles se développent et changent à travers le temps, ou de déléguer des pouvoirs spécifiques au gouvernement fédéral. Il préserve la souveraineté populaire.

Les principes de consentement et de continuité définissent la théorie du pacte fédératif canadien : 1) les provinces sont des entités constitutionnelles préexistantes, reconnues plutôt que créées par la fédération; 2) les institutions légales et politiques par lesquelles elles s'auto-gouvernent continuent d'être en vigueur dans la fédération; 3) elles partagent avec le gouvernement fédéral une souveraineté coordonnée, reconnue dans la formule du consentement unanime pour tout changement constitutionnel fondamental; 4) ainsi, la fédération est fondée sur un *consentement* ou un *pacte* (Ryder, 1991; Romney, 1992).

Le Québec et les provinces se sont tournés vers les traditions québécoise et canadienne-anglaise du pacte fédératif pour donner une assise philosophique à leurs critiques de la Charte. Lorsque le rapport de confiance entre le gouvernement fédéral et les provinces membres est brisé, la théorie du pacte fonctionne à la manière de la théorie du gouvernement de John Locke. Si les conventions de la fédération sont violées, comme elles le furent en 1982, le lien de confiance entre les membres de la fédération s'en trouve dissout et les pouvoirs qui furent délégués au gouvernement fédéral en 1867 reviennent aux représentants du peuple souverain de la province dont les droits ont été violés. Cette province peut alors renégocier l'arrangement fédéral ou se préparer à faire sécession. Le gouvernement du Québec a suivi à la lettre cette théorie traditionnelle. D'abord avec la tentative de renégocier le fédéralisme et d'amender la Charte dans l'accord du lac Meech. Puis, après que l'offre québécoise eut été refusée, par le droit de ramener au Québec des pouvoirs originalement délégués au gouvernement central, tel qu'il a été exprimé dans le rapport du Comité constitutionnel du Parti libéral du Québec, *Un Québec libre de ses choix*, et dans la consultation populaire de la commission Bélanger-Campeau. Enfin, par les préparatifs de refédération ou de sécession mis en place par la loi 150[9]. Avant d'aller plus loin dans la présentation des traditions en question, voyons d'abord les critiques des Premières Nations à l'endroit de la Charte.

Les critiques des Premières Nations sont similaires à celles qu'ont formulées les défenseurs du Québec et des provinces. Premièrement, durant les quatre conférences des premiers ministres sur le droit autochtone à l'autonomie gouvernementale (1983, 1984, 1985, 1987), durant le processus de ratification de l'accord du lac Meech (1987-1990) et, depuis 1991, par la voix d'Ovide Mercredi, le grand chef de l'Assemblée des Premières Nations, les autochtones ont sans cesse fait valoir que la Charte leur avait été imposée sans leur consentement (Mercredi, 1992; Harper, 1991; Erasmus, 1992, p. 281-284; Hawkes, 1989). Pareille imposition enfreint le principe de base du fédéralisme autochtone, celui du consentement unanime. On retrouve la concrétisation de ce principe dans l'Assemblée des Premières Nations elle-même, dans la pratique de l'élaboration des traités, dans la constitution exemplaire de la confédération iroquoise – *Kaianerekowa* ou *Grande Loi de Paix* (env. 1450) – et dans la pratique du fédéralisme autochtone depuis des siècles (Parker, 1984; Boldt et Long, 1985; Long, 1990, p. 764-769).

Deuxièmement, les autochtones soulignent que la Charte est inacceptable en raison de son incompatibilité avec les traditions autochtones de jurisprudence. Des professeures de droit comme Aki-kwe (Mary Ellen Turpel) soutiennent que la Charte est fondée en grande partie sur les traditions canadiennes-anglaises de jurisprudence et est conséquemment incompatible avec la jurisprudence autochtone (Aki-kwe, 1991; Mercredi, 1992; Little Bear, 1991; Boldt et Long, 1985; Lyon, 1992). Pour que la Charte puisse être appliquée par les Premières Nations, il faut qu'elle s'appuie sur leur consentement et qu'elle reflète leurs traditions. La raison à la base de cette exigence est identique à celle qui justifie la conformité de la Charte à la tradition du droit civil québécois, à savoir le principe de continuité légale et politique. Dans l'article 84 de la *Grande Loi iroquoise de Paix*, ce principe général du fédéralisme autochtone est énoncé de la façon suivante : «[c]haque fois qu'une nation étrangère est conquise ou qu'elle a accepté volontairement la Grande Paix [en d'autres termes, qu'elle a joint la confédération], son propre système de gouvernement interne peut continuer» (reproduit dans Parker, 1984, p. 53). Les traditions autochtones du consentement unanime et de la continuité politique sont à la base de la compréhension autochtone de tous les traités de paix et d'amitié signés avec les nouveaux arrivants, de 1624 jusqu'à la Convention de la Baie James et du Nord québécois en 1975.

La Charte fait fi des principes de consentement et de continuité en ne reconnaissant pas les Premières Nations sur la même base juridique que les autres membres de la fédération, comme nations qui s'auto-gouvernent de manière indépendante. Aux yeux des peuples autochtones, il y a là une violation de la Proclamation royale de 1763, laquelle leur reconnaît un statut continu de nations politiquement autonomes tout en stipulant que tous les accords avec la Couronne doivent être consensuels. Étant donné que la Proclamation royale est constitutionnalisée dans l'article 25 de la Charte, l'imposition de la Charte aux Premières Nations est une violation de la Charte elle-même (Clark, 1990). Qui plus est, l'article 35 de la constitution reconnaît et confirme les droits autochtones[10].

En résumé, on peut dire que le Québec a accueilli l'imposition de la Charte comme une violation de deux principes fondamentaux de la fédération et une tentative de l'assimiler à un statut de minorité dans un État unitaire. La Charte fut donc perçue comme la remise à neuf de la politique d'assimilation instaurée par Lord Durham en 1840, politique à laquelle le Québec avait tenté de faire obstruction en 1867, par une confédération fondée sur la théorie du pacte. Les Premières Nations ont également accueilli la Charte comme une violation des deux principes en question et une tentative d'assimiler les peuples autochtones au statut de minorités culturelles à l'intérieur d'un État unitaire. De leur point de vue, la Charte fut perçue comme le prolongement de la politique d'assimilation amorcée par la *Loi pour la civilisation graduelle des tribus indiennes* de 1857, puis poursuivie par les *Lois sur les Indiens* adoptées depuis 1876 et le livre blanc de 1969. Comme Elijah Harper, Ovide Mercredi et Konrad Sioui (ex-chef de l'Association des Premières Nations du Québec) l'ont souligné, les objections du Québec et des Premières Nations sont complémentaires et reposent sur des traditions complémentaires (Harper, 1991 ; Mercredi, 1992 ; Sioui, 1992). C'est maintenant vers ces traditions que nous nous tournons.

## *LES TRADITIONS DU FÉDÉRALISME*

### *Les Premières Nations*

Les Premières Nations se sont inspirées de leurs propres traditions du fédéralisme pour formuler leurs objections à la Charte. Elles partagent une même compréhension

QUÉBEC : ÉTAT ET SOCIÉTÉ

de leurs droits inhérents à l'autonomie gouvernementale, fondée sur des milliers d'années de pratique antérieures à l'arrivée des Européens. Leur statut de nations politiquement autonomes est basé sur le principe de «l'utilisation et de l'occupation prolongées», constitutionnalisé dans la *Grande Loi iroquoise de la Paix* et reconnu par toute l'île de la Grande Tortue. Quant à leur type de gouvernement, il s'agit généralement d'une fédération de nations. Elles l'ont expérimenté sous d'innombrables formes à travers les siècles, développant des compétences formelles et élaborées en ce qui a trait à la négociation, à la diplomatie et à l'atteinte du consensus. Depuis les premiers contacts, les peuples autochtones ont tenté d'intégrer les nations nouvellement arrivées à leurs pratiques traditionnelles de fédéralisme multinational, par la conclusion de traités. Les 500 traités (et plus) qu'ils ont conclus ont été inspirés de la représentation d'une fédération par une ceinture de deux rangs parallèles de perles *(wampums)*. Dans sa communication au Comité de la Chambre des communes sur l'autonomie gouvernementale des autochtones, en 1983, la Confédération des Ho-dé-no-sau-nee a bien résumé la signification des deux rangs parallèles constituant les ceintures-wampums :

> [ils] représentent deux chemins ou encore deux vaisseaux descendant la même rivière, côte à côte. L'un, c'est un canot d'écorce pour les Indiens avec leurs lois, leurs coutumes et leur mode de vie. L'autre, c'est un bateau pour les Blancs avec leurs lois, leurs coutumes et leur mode de vie. Ainsi, nous voyagerons ensemble sur cette rivière, l'un à côté de l'autre, mais chacun dans sa propre embarcation. Aucun des deux ne cherchera à mener la barque de l'autre (cité dans Mitchell, 1992, p. 78).

Un traité à deux rangs constitue la reconnaissance mutuelle entre deux nations ou plus qui coexistent et s'auto-gouvernent, et incarne les principes de consentement et de continuité. Après qu'elles se sont entendues sur cette compréhension générale de leurs relations, les parties continuent de négocier des formes variées de souveraineté-association pour l'utilisation du sol, le commerce, l'association militaire, les compétences partagées et autres choses du même genre. Comme dans la théorie du pacte fédératif, une fois acquise la reconnaissance mutuelle, les nations sont libres de conclure des accords sur l'établissement d'un gouvernement de la fédération – comme dans la confédération iroquoise et l'Assemblée des Premières Nations – et sur la délégation et le partage des pouvoirs.

Les ceintures-wampums à deux ou à multiples rangs représentent la *lingua franca* traditionnelle de la politique fédérale au Canada. Elles furent échangées par les Premières Nations, les Français et les Anglais aussi tôt qu'en 1624 et aussi récemment que le 12 août 1990, lors de l'accord protocolaire trilingue et trinational entre la confédération iroquoise, le Québec et le gouvernement fédéral, à l'occasion de la défense de Kanesatake (Oka). Au tournant du siècle, la *Grande Loi de Paix* fut traduite de la ceinture-wampum aux langues écrites iroquoise et anglaise. En 1924, l'histoire et la théorie du fédéralisme du wampum-à-deux-rangs furent codifiées par les Six Nations dans *The Redman's Appeal for Justice : The Position of the Six Nations That They Constitute an Independent State* (1924). Les Premières Nations ont maintenu en vie cette jurisprudence pendant des siècles, l'appliquant autant dans leurs relations mutuelles qu'avec les nations nouvellement arrivées. Elles l'ont expliquée à George

III, l'ont apportée à la Société des Nations en 1924 et à l'Organisation des Nations Unies en 1975, l'ont présentée à divers comités parlementaires et enfin, plus récemment, l'ont expliquée à John Ciaccia et à Claude Ryan à Kanesatake durant l'été 1990, et au juge en chef Allan McEachern dans la cause Delgamuukw concernant la souveraineté gitksan et wet'suwet'en en Colombie-Britannique (Jennings, 1985 ; York et Pindera, 1991 ; Gisday et Delgamuukw, 1989).

Depuis le chef Pontiac et le leader mohawk Joseph Brant dans les années 1760 jusqu'à Georges Erasmus et Ellen Gabriel aujourd'hui, les Premières Nations ont toujours interprété la Proclamation royale de 1763 comme une reconnaissance formelle par la Couronne britannique de la relation de souveraineté-association ou de «fédéralisme par traité» du wampum-à-deux-rangs entre les Premières Nations et les Couronnes française et britannique[11]. La Couronne britannique comprenait également la Proclamation royale de cette façon. Dès 1696, elle déclarait qu'elle traiterait les Indiens comme nations aux termes du droit international. Cet engagement fut réitéré tout au long de la première moitié du XVIII$^e$ siècle et dans les documents de réflexion qui ont conduit à la Proclamation royale. En outre, durant cette période, Canassatego, le grand diplomate seneca, expliqua maintes et maintes fois à sir William Johnson les subtilités du fédéralisme du wampum-à-deux-rangs. En reconnaissant les peuples autochtones comme Premières Nations aux termes du droit international, la Couronne retirait légalement les relations Indiens-Blancs de l'emprise des assemblées coloniales et des spéculateurs terriens, pour les placer sous la juridiction exclusive de sa politique étrangère. Le territoire d'Amérique non acheté par la Couronne ou non cédé à la Couronne était proclamé territoire indien, sujet aux lois et coutumes indiennes. La terre ne pouvait désormais être acquise que par la voie de négociations publiques entre la Couronne et les chefs indiens, avec le consentement de ces derniers et sans contrainte. Par écrit ou en pratique, on ne trouve aucune indication suggérant que la Couronne chercherait à gouverner les nations indiennes[12].

En 1831 et 1832, cette interprétation de la Proclamation royale fut confirmée par le juge en chef de la Cour suprême des États-Unis, John Marshall, dans *Worcester v. the State of Georgia*[13]. Marshall énonça que la Couronne et les colons comprenaient la Proclamation royale comme une reconnaissance de la souveraineté indienne. Il expliqua que la Couronne avait une théorie à deux temps de l'établissement de la souveraineté en Amérique, en conformité avec les conventions de consentement et de continuité qui prévalaient dans le droit des nations. Dans le premier temps, une nation européenne revendiquait la souveraineté sur une portion de l'Amérique sur laquelle elle s'était établie ou sur laquelle elle avait fait du commerce. Cette première revendication de souveraineté s'adressait uniquement aux autres nations européennes. Elle faisait valoir un monopole – face aux autres nations européennes – sur le peuplement et sur le commerce avec les nations indiennes. Dans le deuxième temps, la nation européenne devait négocier des traités de commerce et de peuplement avec les nations indiennes présentes à l'intérieur du territoire en question. Elle reconnaîtrait d'abord la souveraineté continue des nations indiennes, et ces dernières reconnaîtraient la co-souveraineté et la coexistence des nations européennes. Une fois établie cette reconnaissance mutuelle, les parties négocieraient le peuplement, le commerce, la co-utilisation, les alliances et ainsi de suite, ce qui ferait naître des relations de fédéralisme par traité entre la Couronne et les Premières Nations[14]. Cette reconnaissance des peuples autochtones comme nations de statut égal aux nations européennes, dès les débuts de la modernité, a été justifiée par certains spécialistes du droit international. Ils ont montré que les Premières Nations respectent les critères de souveraineté en droit international (Davies, 1991 ; Clinebell et Thomson, 1978).

Ainsi, durant les années de formation de la fédération canadienne, les traditions du fédéralisme des autochtones et des nouveaux arrivants se complétaient. Il est important de comprendre que les traditions autochtones et non autochtones de reconnaissance mutuelle représentent les fondements philosophiques et historiques de la continuité de l'autonomie gouvernementale non seulement des Premières Nations mais également des Français, des Britanniques et, aujourd'hui, des Canadiens en Amérique. Parce que l'Amérique était déjà occupée par des nations qui s'auto-gouvernaient et parce que ces nations ne furent jamais conquises, le seul titre légitime de souveraineté que détenait la Couronne en Amérique du Nord, aux termes du droit international, était le consentement des Premières Nations. En conséquence, la légitimité du Canada en tant qu'État souverain aussi bien que celle du Québec et celle du reste du Canada s'ils se séparent reposent sur le consentement des Premières Nations – tel qu'il fut donné dans les traités – et sur la continuité de leur autonomie gouvernementale.

### Le Québec et les provinces

Les traditions vers lesquelles le Québec et les autres provinces se sont tournés dans les années 1980 remontent à l'Acte de Québec de 1774. Comme la Proclamation royale, l'Acte de Québec est fondé sur les principes de continuité et de consentement. En cas de conquête d'un pays civilisé par un autre, la loi des nations soutient que les coutumes et les lois de la nation conquise continuent de s'appliquer. Entériné par le consentement des représentants du peuple québécois, l'Acte de Québec est l'un des plus libéraux du XVIIIe siècle. Le sous-secrétaire aux affaires américaines à l'époque, William Knox, l'explique de la façon suivante : lorsque les Britanniques arrivèrent au Québec en 1759, ils trouvèrent une nation se gouvernant par ses propres lois et coutumes depuis plus d'un siècle. La Couronne française n'avait rien de plus qu'une souveraineté de l'extérieur. Du reste, dans le passé, toutes les fois que la Grande-Bretagne avait détruit les lois et coutumes d'un pays conquis, la contestation civile et la haine s'étaient ensuivies. À l'inverse, dans les cas où elle avait autorisé le maintien des lois et coutumes du conquis, elle s'était gagné un allié paisible. Par conséquent, conclut Knox, autant le principe que la prudence recommandaient la reconnaissance de la continuité des coutumes, des lois, de la religion, du système de propriété et des tracés commerciaux québécois à l'ouest des 13 colonies américaines. Ils recommandaient également que le rôle de la Couronne britannique se limite à une souveraineté de l'extérieur (Knox, 1774).

Par la Proclamation de 1763 et l'Acte de 1774, l'Empire britannique se constituait en royaume multiple de nations ayant des degrés divers de souveraineté coordonnée[15]. Les whigs au pouvoir supportèrent à la fois la Proclamation royale et l'Acte de Québec. Knox lui-même était l'un des nombreux loyalistes lockiens. Adam Smith louangea l'Acte de Québec et défendit le système impérial pluraliste en son entier dans le livre quatre de *The Wealth of Nations*. L'opposition à l'Acte de Québec fut menée par Edmund Burke, le fondateur du conservatisme moderne.

Les whigs se rallièrent au principe de continuité parce qu'ils considéraient que leurs libertés et droits libéraux reposaient sur ce principe. En effet, à leurs yeux, ces libertés et droits étaient fondés sur la «Constitution originaire», c'est-à-dire la forme de gouvernement dont bénéficiaient les Angles et les Saxons avant la conquête normande de 1066 et l'imposition du joug normand (le droit féodal). Or, c'est précisément par le principe de continuité que la constitution originaire des libertés saxonnes et le gouvernement parlementaire avaient survécu à cette conquête. Autrement dit, pour les whigs, nier que les institutions libérales de la société britannique moderne reposaient sur le principe et la pratique de la continuité, c'eût été miner le sol sur lequel le libéralisme avait été érigé.

Les révolutionnaires des colonies du sud condamnèrent à la fois la Proclamation de 1763 et l'Acte de Québec. La première avait pour effet de bloquer leur expansion à l'intérieur des terres indiennes de l'ouest, alors que le second protégeait la langue française, les lois et la religion au Québec. Dans la Déclaration d'indépendance, tous deux furent décrits comme des actes de tyrannie et de gouvernement arbitraire, en plus d'être présentés comme justification de la guerre de l'Indépendance. Les Premières Nations, les Canadiens et les loyalistes réalisèrent que la guerre de l'Indépendance américaine était un combat entre deux types de fédération : la fédération canadienne de trois ordres de gouvernement assemblés en 1763 et 1774 versus la fédération uniforme des révolutionnaires des 13 colonies. La majorité des Premières Nations combattirent du côté loyaliste, car elles soutenaient que la Proclamation royale était la meilleure façon de protéger leur souveraineté. Pour leur part, les Canadiens refusèrent de joindre la révolution même lorsque le roi de France les enjoignit de prendre les armes, car ils faisaient valoir que leurs lois et coutumes étaient protégées par l'Acte de Québec (Tully, 1993b). Aussi surprenant que cela puisse paraître à certains aujourd'hui, quand les révolutionnaires américains envahirent le Canada en 1775, une armée *ad hoc* composée de Mohawks, de Canadiens et de loyalistes récemment déportés de New York les repoussa.

Dans les années 1860, les traditions canadienne et loyaliste dont il a été question ont façonné les positions d'un grand nombre de partisans de la confédération. Les provinces furent alors conçues comme des corps politiques autonomes avec leurs propres constitutions, et l'article 92 de la Loi constitutionnelle de 1867 reconnut la continuité des pouvoirs étendus qu'elles avaient exercés de manière indépendante. Selon l'interprétation classique de Lord Watson,

> [l]'objet de l'Acte [de l'Amérique du Nord britannique] n'était ni de faire des provinces une entité unique ni de subordonner les gouvernements provinciaux à une autorité centrale, mais de créer un gouvernement fédéral où toutes devraient être représentées. Ce dernier était chargé de l'administration exclusive des affaires dans lesquelles les provinces avaient un intérêt commun, chacune conservant son indépendance et son autonomie[16].

T.J.J. Loranger réunit ces conventions dans sa fameuse théorie du pacte confédératif, *Lettres sur l'interprétation de la constitution fédérale* (1883), qui fournit au

Québec la base de sa résistance au fédéralisme dominateur et de sa défense de la Loi constitutionnelle de 1867 pendant plus d'un siècle. Une semblable théorie du pacte confédératif était soutenue par un grand nombre de citoyens du Haut-Canada et des Maritimes (Vipond, 1991; Romney, 1992). Lord Haldane et Lord Watson transmirent les vieilles traditions d'autonomie provinciale et de souveraineté coordonnée du Conseil privé aux pratiques de révision judiciaire du XXe siècle (Cairns, 1971). Selon Pierre Elliott Trudeau (1991), la théorie du pacte fédératif fut soutenue par la majorité des premiers ministres provinciaux présents aux conférences entre le dominion et les provinces de 1927 à 1982. On retrouve le langage propre à cette théorie dans les échanges de mai 1992 entre les premiers ministres Harcourt et Bourassa (Palmer, 1992).

Cela dit, la Charte fut donc perçue par le Québec, les Premières Nations et les provinces comme une violation de deux principes fondateurs de la fédération canadienne, qui avaient guidé la pratique du fédéralisme depuis plus de trois cents ans. Elle fut perçue comme un moyen de centralisation et d'assimilation. En 1960, le premier ministre Diefenbaker se fit demander pourquoi il n'enchâssait pas le *Bill of Rights* canadien et n'étendait pas son application aux provinces. Sa réponse fut la suivante :

> Ils prétendent que pour être efficace il doit aussi couvrir les provinces. Quiconque soutient cela doit se rendre compte qu'il n'y a aucune chance d'obtenir le consentement de toutes les provinces [...] [L]e consentement des provinces à quelque intrusion que ce soit en matière de propriété et de droit civils ne peut être obtenu [...]. Je veux également ajouter que si jamais les provinces sont disposées à donner leur consentement à un amendement constitutionnel incorporant une charte des droits [...] il y aura coopération immédiate de la part de ce gouvernement[17].

Le premier ministre Diefenbaker comprenait parfaitement la tradition du pacte fédératif et y était fidèle. À cause de l'incapacité des gouvernements successifs à s'entendre sur un amendement constitutionnel, le premier ministre Trudeau s'impatienta face à la convention consacrée du consentement unanime des provinces et alla de l'avant sans leur accord. Il dissimula cette violation sous la vision d'une société pancanadienne uniforme à trois égalités, fondée dans la Loi constitutionnelle de 1982 et légitimée par des références à la tradition opposée du centralisme et de l'assimilation. Cette nouvelle construction faisait apparaître la Charte comme étant indépendante de la constitution originaire de la fédération. En sont issus les *Charter patriots*, qui la lisent en tenant compte uniquement du contexte de 1982. Pareille lecture est à la source de leur incapacité à interpréter les objections fédéralistes du Québec et des Premières Nations autrement que comme des demandes pour un statut de minorité et pour des droits collectifs dans une société pancanadienne. Ils étendent le cadre conceptuel mis en place en 1982, mais sans jamais le remettre en question.

Dans le Renvoi de 1981, la Cour suprême signalait que c'est politiquement plutôt que légalement que l'on doit remédier à une violation des conventions consensuelles de la fédération. Fidèles à leurs traditions respectives, le gouvernement du Québec et les Premières Nations cherchèrent d'abord à obtenir réparation par des amendements à la Charte et à la Loi constitutionnelle de 1982, afin d'aligner ces dernières sur les principes du fédéralisme canadien. Comme Ovide Mercredi l'expliquait à Pierre Elliott

Trudeau, «le consensus est la plus haute forme de démocratie [...]. Si vous observez pendant quelque temps la manière dont nous opérons, peut-être apprendrez-vous quelque chose» (cité dans Picard, 1991). Depuis 1984, autochtones et non-autochtones en sont venus à apprécier l'importance du consensus de la population – à travers ses gouvernements – sur les changements constitutionnels. Par essais et erreurs, ils ont aussi commencé à apprendre la difficile pratique du consensus dans une fédération diversifiée et complexe.

## LE FÉDÉRALISME À VOIES MULTIPLES

Après 1982, on vit se manifester de la résistance à l'idée selon laquelle les Premières Nations ont un droit inhérent de se gouverner par leurs propres lois et coutumes. On vit également se manifester une présomption selon laquelle le Canada pouvait leur imposer la Charte sans leur consentement. Pendant la période de ratification de l'accord du lac Meech, on a pu observer une résistance et une présomption similaires à l'endroit du Québec. Ces façons de voir les choses entrent en conflit avec les deux principes du fédéralisme canadien. Depuis 1990, tout comme l'image sous-jacente d'une société non fédérale, elles ont été remises en question et débattues (Taylor, 1991, 1992)[18]. Cela dit, une fois exposés les postulats étayant la souveraineté de la Charte sur la fédération, la question suivante demeure : la Charte et le fédéralisme sont-ils irréconciliables ou y a-t-il une place pour la Charte dans la fédération ?

La présente section cherche à voir si le rapport Beaudoin-Dobbie – qui semble bénéficier du soutien de la majorité au Québec et dans le reste du Canada[19] – n'offre pas l'ébauche de deux façons possibles de réconcilier la Charte avec les deux principes du fédéralisme. Premièrement, comme nous l'avons vu, le problème sous-jacent au conflit entre la Charte et ses critiques réside dans le fait qu'ils sont respectivement situés à l'intérieur de deux traditions incompatibles : le Canada comme société uniforme versus le Canada comme fédération plurielle. Le rapport Beaudoin-Dobbie paraît offrir un langage politique commun. S'il est développé convenablement, ce langage pourrait permettre de discuter simultanément des aspects de la multiplicité canadienne liés au fédéralisme et de ceux liés à la Charte, sans que ni les uns ni les autres soient déformés. En fait, le rapport Beaudoin-Dobbie montre une complexe fédération de langages politiques : la Charte joue des coudes avec le fédéralisme, les droits individuels et collectifs se tiennent côte à côte, le droit inhérent à l'autonomie gouvernementale des Premières Nations est finalement reconnu dans des termes similaires à ceux qu'ont utilisés Loranger et Lord Watson pour décrire la souveraineté des provinces, le Québec est dépeint comme une communauté politique autonome dans des termes dérivés de l'Acte de Québec de 1774 et, enfin, on retrouve les termes-clés de la formule fédérale inspirée de la théorie du pacte, tels que délégation, pouvoirs concurrents avec la souveraineté provinciale, droit d'adhésion et droit de retrait.

Cette fédération de langages politiques n'est pas aussi élégante que *The Spirit of Haida Gwaii*, mais ne commence-t-elle pas à avancer à tâtons vers l'expression de l'étrange multiplicité qui cherche à éclore au Canada en cette fin de XX$^e$ siècle ?

Depuis les grandes négociations de traités trilingues à multiples rangs, dans les débuts de la fédération moderne, c'est la première fois que l'on rassemble effectivement cette étrange multiplicité de voix en considérant la façon dont chacune a elle-même exprimé et défini sa place au Canada, dans les nombreux comités qui ont marqué la dernière décennie. D'une manière typiquement canadienne, tous se sont dits en désaccord avec la façon *spécifique* dont on les caractérise dans le rapport, mais sans rejeter le rapport dans son ensemble (Venne, 1992b). À vrai dire, tous ont commencé à articuler et à discuter leurs demandes dans les termes utilisés par le rapport, et le langage de ce dernier est graduellement devenu le point de départ des négociations. Les participants sont ainsi parvenus à surmonter l'impasse que représentait l'articulation de leurs demandes dans deux langages de la politique canadienne. Si le consensus est atteint sur cette nouvelle base, quand bien même tous les détails du rapport sont changés et ses termes substantiellement modifiés, les termes du rapport seront devenus le langage de transition d'une fédération renouvelée[20].

Conformément aux traditions du fédéralisme esquissées plus haut, le Québec, les Premières Nations et toute province pourraient en principe ne pas adhérer à la Charte canadienne des droits et libertés, dans son ensemble ou en partie, et décider d'adopter leur propre charte. Le Québec a déjà sa Charte des droits et libertés de la personne. Certains intellectuels québécois sont actuellement à reconceptualiser le Québec comme société multiculturelle et plurinationale, en plus de travailler sur les manières de reconnaître dans la Charte québécoise l'autonomie des onze nations autochtones, la minorité anglophone et le pluralisme ethnique (Langlois, 1991, p. 95-101 ; Laforest, 1992 ; Woehrling, 1992 ; Gourdeau, 1988)[21]. Plusieurs auteurs autochtones ont déclaré qu'il y a des aspects de la Charte canadienne qui entrent en conflit avec les traditions autochtones de responsabilités et de gouvernement, alors que d'autres, surtout parmi les organisations de femmes autochtones, ont soutenu que certaines garanties de la Charte – notamment en ce qui a trait à l'égalité des droits pour les deux sexes dans les articles 15 et 28 – devraient être appliquées aux gouvernements autonomes des Premières Nations. Pour résoudre cet épineux problème, certains d'entre eux ont cherché à développer une charte autochtone, de même que des tribunaux autochtones qui pourraient entendre des griefs fondés sur les traditions des Premières Nations (qui sont souvent davantage favorables à l'égalité des sexes que les traditions non autochtones ou la patriarcale *Loi sur les Indiens*), sur la Charte canadienne et sur le droit international (Moss, 1990 ; Stacey-Moore, 1991).

En principe, il est également possible que le Québec et les Premières Nations en viennent à accepter la Charte canadienne si elle est amendée en conformité avec le principe de continuité. D'ailleurs, au moment où ce texte fut rédigé, c'est cette possibilité qui paraissait la plus vraisemblable. Le 11 juin 1992, les quatre organisations autochtones présentes aux conférences multilatérales sur la constitution, représentatives de la plupart des Premières Nations, consentaient à l'application d'une version amendée de la Charte aux gouvernements autonomes autochtones (Canada, 1992). Durant la même période, 73 % des Québécois disaient s'identifier «beaucoup» ou «assez» avec la Charte (Lisée, 1992). Par exemple, on pourrait mettre fin à une décennie de conflits entre le fédéralisme et la Charte en amendant l'article 1 de cette dernière ; il s'agirait de remplacer «une société libre et démocratique» par «une fédération libre et démocratique». Pareil amendement consacrerait la reconnaissance de l'autonomie provinciale et des différentes cultures légales dans l'interprétation et l'application de la Charte[22]. Il permettrait également de reconnaître le fédéralisme par traité entre les Premières Nations et le gouvernement du Canada, de même que la relation de *fiduciaire* qui en résulte (Slattery, 1992). Comme les chefs héréditaires gitksans et wet'suwet'ens l'expliquaient dans la cause Delgamuukw, presque dans les termes classiques de la fédération-à-multiples-rangs, une fois que le droit à l'autonomie gouvernementale des Premières Nations est reconnu, «nous croyons que la superposition de responsabilités parmi les Gitksans et les Wet'suwet'ens, le gouvernement fédéral et le gouvernement provincial peut se résoudre par une série de négociations continues» (Gisdaywa *et al.*, 1992, p. 183).

Deuxièmement, le rapport Beaudoin-Dobbie cherche à réconcilier le fédéralisme et la Charte en inscrivant dans cette dernière une clause qui caractérise le Québec comme société distincte en des termes tirés de l'Acte de Québec, réaffirmant ainsi le principe de continuité. Le rapport recommande de placer cette clause dans l'article 25, conjointement avec la Proclamation royale de 1763 qui s'y trouve déjà (rapport Beaudoin-Dobbie, 1992, p. 24-25)[23]. Dans l'article 25(1), le principe de continuité est aussi appliqué à la protection des communautés minoritaires anglophone et francophone, comme le Québec l'a toujours fait à l'égard de sa minorité anglophone, tant en 1774 qu'en 1791, en 1867 et dans l'accord du lac Meech :

> [l'article 25 dans sa présente formulation]
> 25. Le fait que la présente charte garantit certains droits et libertés ne porte pas atteinte aux droits ou libertés – ancestraux, issus de traités ou autres – des peuples autochtones du Canada, notamment : a) aux droits ou libertés reconnus par la Proclamation royale du 7 octobre 1763; b) aux droits ou libertés existants issus d'accords sur des revendications territoriales ou ceux susceptibles d'être ainsi acquis.
> [l'amendement du rapport Beaudoin-Dobbie]
> 25. (1) Toute interprétation de la présente charte doit concorder avec : a) la protection et la promotion du caractère de société distincte du Québec au sein du Canada; b) l'épanouissement et le développement linguistiques et culturels des collectivités minoritaires de langue française ou anglaise partout au Canada.
> (2) Pour l'application du paragraphe (1), une société distincte comprend notamment, en ce qui concerne le Québec : a) une majorité d'expression française; b) une culture unique; c) une tradition de droit civil.

De quelle manière la réaffirmation de l'Acte de Québec et de la Proclamation royale parvient-elle à tenir compte des préoccupations des critiques de la Charte et à réconcilier les antinomies que nous avons considérées? D'abord, elle permet de reconnaître le Québec et les Premières Nations comme les plus vieilles nations politiquement autonomes de la fédération, suggérant ainsi que la continuité du Québec et des Premières Nations comme nations qui s'auto-gouvernent est tout aussi fondamentale que les autres droits de la Charte. C'est pourquoi ces nations fondatrices se voient munies d'une protection contre les interprétations assimilatrices et centralisatrices des autres articles. Par ailleurs, en présentant l'amendement en question, le rapport Beaudoin-Dobbie semble demander aux Canadiens s'ils ont la vertu civique pour reconnaître trois ordres de gouvernement au Canada et, de ce fait, honorer le degré de pluralisme politique et légal dont les Premières Nations, les Canadiens et les loyalistes furent capables en 1763 et 1774.

En conclusion, il paraît y avoir un sens encore plus profond à cet amendement. Dans la Proclamation royale et l'Acte de Québec, la fédération des Premières Nations, du Québec et de la Grande-Bretagne était littéralement bâtie sur les principes du consentement et de la continuité. De 1776 à 1814, les confédérés en vinrent à chérir et à protéger leur étrange multiplicité fédérale contre une invasion des États-Unis, lesquels venaient de déclarer leur indépendance vis-à-vis des principes de la fédération canadienne (Allen, 1993). Ainsi, il semblerait que le rapport Beaudoin-Dobbie demande aux Canadiens de réaffirmer, dans la Charte elle-même, les principes qui définissent notre fédération et fondent nos droits et libertés.

## NOTES

1. Ce texte a été traduit de l'anglais par Josée Bergeron (Université Carleton) et Dimitrios Karmis (Université McGill).
2. Cette formulation peut difficilement être bien rendue en français. Comparer Laforest (1991c, p. 19).
3. Comparer Laforest (1991c, p. 17).
4. Pour un aperçu de l'enracinement de cette mentalité *coloniale* dans la pratique légale canadienne, voir Macklem (1991).
5. Comparer Taylor (1991) et Taylor (1992).
6. Au sujet de ce principe, voir Monahan (1987, p. 97-120). À propos de l'effet à long terme du rapatriement et de l'amendement de la constitution sans le consentement du gouvernement du Québec en 1982, voir la Commission sur l'avenir politique et constitutionnel du Québec (1991, p. 32, 34-35, 42, 51, 79-80), le Comité constitutionnel du Parti libéral du Québec (1991, p. 12-13) et Rémillard (1989, p. 29). Selon ce dernier, « l'accord de 1982 était imparfait, inachevé et fondamentalement inacceptable » (voir aussi Romanow, Whyte et Leeson, 1984).
7. Voir *Attorney General of Manitoba et al. v. Attorney General of Canada et al. (Renvoi : Résolution pour modifier la Constitution)*, 1981, dans Russell, Knopff et Morton (dir.), (1990, p. 746-750).
8. Une théorie du fédéralisme libéral classique ou lockien fut d'abord développée par Molyneux (1698). Elle fut employée par les 13 colonies dans les années 1770, de même que par les tenants de la théorie du pacte fédératif canadien à partir du début du XIX^e (Kelly, 1989 et Romney, 1992).
9. Sur ces événements, voir Gagnon et Latouche (1991). Comme le premier ministre Bourassa l'a précisé ultérieurement, les 22 pouvoirs du rapport Allaire sont les pouvoirs qu'une province a le droit de réclamer quand le lien fédéral de confiance est brisé, pas ceux qu'il a réellement l'intention de réclamer (Venne, 1992a).
10. Ces droits sont maintenant définis comme droits inhérents à l'autonomie gouvernementale par la Commission royale sur les peuples autochtones (1993).
11. Voir Kennedy (1918, p. 18-21) et Slattery (1979). Pour le concept de « fédéralisme par traité », voir Youngblood Henderson (1985).

12. Pour cette interprétation et les deux paragraphes suivants, voir Tully (1993a).
13. *Worcester v. the State of Georgia* (1832) 6 Peter 515 (USSC), reproduit dans Marshall (1839, p. 419-448).
14. Le statut actuel des Premières Nations des États-Unis – celui de nations dépendantes qui s'auto-gouvernent et entretiennent des relations de fédéralisme par traité avec le gouvernement fédéral – est dérivé des arrêts Marshall.
15. Sur les origines du concept de *multiple kingdom*, voir C. Russell (1987) et Percival-Maxwell (1991).
16. *Liquidators of the Maritime Bank v. Receiver General of New Brunswick* (1982), cité dans *Renvoi : Résolution pour modifier la Constitution* (1981) 441-442, dans Russell, Knopff et Morton (1990, p. 749).
17. Débats de la Chambre des communes (1960, p. 5648-5649), cité dans *Renvoi : Résolution pour modifier la Constitution* (1981), dans Russell, Knopff et Morton (1990, p. 748).
18. Pour les théoriciens ayant analysé le Québec et les Premières Nations comme des minorités culturelles à l'intérieur d'une société canadienne non fédérale, la percée paraît se produire en avril 1991. Voir Lenihan (1991).
19. Les sondages montrent que 65 % des Québécois et une majorité de Canadiens appuient le rapport (Bauch, 1992 ; Wills, 1992).
20. Comparer Fraser (1992).
21. Comme les gouvernements de la plupart des autres provinces et celui du Canada, le gouvernement du Québec reconnaît le droit autochtone à l'autonomie gouvernementale *à l'intérieur* du Canada et du Québec plutôt qu'*avec* le Canada et le Québec. Pour un plein droit à l'autodétermination des Premières Nations de Cheewitinscee-Eeyowscee (le nord québécois), voir Coon Come (1992).
22. Les cours ont déjà commencé à respecter cette orientation dans leur application de la Charte. Voir le juge Laforest dans *Edwards Books and Art Ltd v. The Queen* (1986) 35 DLR (4), p. 72 (SCC) : « Le fait est que ce qui s'applique efficacement dans une province [...] peut simplement ne pas s'appliquer dans une autre » (cité dans Slattery, 1987, p. 737).
23. Le rapport d'étape des réunions multilatérales sur la constitution déplace la clause de la société distincte dans un autre article de la Charte et dans la clause Canada, en plus de renforcer le présent article 25, mais ces modifications n'affectent pas la reconnaissance du Québec et des Premières Nations recommandée dans le rapport Beaudoin-Dobbie.

## *BIBLIOGRAPHIE*

AKI-KWE (Mary Ellen Turpel), 1991, « Aboriginal Peoples and the Canadian Charter : Interpretive Monopolies, Cultural Differences » dans Richard F. DEVLIN (dir.), *First Nations Issues*, Toronto, Emond Montgomery, p. 40-73.
ALLEN, Robert S., 1993, *His Majesty's Indian Allies : British Indian Policy in Defence of Canada 1774-1815*, Toronto, Dundurn Press.

BARTON, P.G. et R.N. BRONAUGH (dir.), 1991, «Collective Rights» dans *Canadian Journal of Law and Jurisprudence*, vol. 4, n° 2 (juillet).

BAUCH, Hubert, 1992, 25 avril, «Pollsters Say We're Ripe for Constitutional Horse-trading» dans *The Gazette*.

BERLIN, Isaiah, 1991, «Return of the Volksgeist» dans *New Perspectives Quarterly* 4 (automne), p. 4-10.

BOLDT, Menno et J. Anthony LONG, 1985, «Tribal Traditions and European-Western Political Ideologies : The Dilemma of Canada's Native Indians» dans Menno BOLDT et J. Anthony LONG (dir.), *The Quest for Justice : Aboriginal Peoples and Aboriginal Rights*, Toronto, University of Toronto Press, p. 333-346.

BRINGHURST, Robert et Ulli SELTZER, 1991, *The Black Canoe : Bill Reid and the Spirit of Haida Gwaii*, Vancouver, Douglas & McIntyre.

CAIRNS, Alan C., 1971, «The Judicial Committee and Its Critics» dans *Canadian Journal of Political Science*, vol. 4, n° 3 (septembre), p. 301-345.

CAIRNS, Alan C., 1991a, «Constitutional Change and the Three Equalities» dans Ronald WATTS et Douglas M. BROWN (dir.), *Options for a New Canada*, Toronto, University of Toronto Press, p. 77-100.

CAIRNS, Alan C., 1991b, «The Charter, Interest Groups, Executive Federalism, and Constitutional Reform» dans David E. SMITH, Peter MACKINNON et John C. COURTNEY (dir.), *After Meech Lake : Lessons for the Future*, Saskatoon, Fifth House Publishers, p. 13-31.

CAIRNS, Alan C., 1992, *Charter Versus Federalism : The Dilemmas of Constitutional Reform*, Montréal et Kingston, McGill-Queen's University Press.

CANADA, 1991, *Bâtir ensemble l'avenir du Canada*, Ottawa, ministère des Approvisionnements et Services Canada.

CANADA, 1992, Rapport d'étape. Réunions multilatérales sur la constitution. Ébauche progressive au 11 juin 1992.

CASSIDY, Frank (dir.), 1991, *Aboriginal Self-Determination*, Lantzville et Halifax, Oolichan Books et The Institute for Research on Public Policy.

CLARK, Bruce, 1990, *Native Liberty, Crown Sovereignty : The Existing Aboriginal Right of Self-Government in Canada*, Montréal et Kingston, McGill-Queen's University Press.

CLINEBELL, John Howard et Jim THOMSON, 1978, «Sovereignty and Self-Determination : The Rights of Native Americans under International Law» dans *Buffalo Law Review*, n° 27, p. 669-714.

COMITÉ CONSTITUTIONNEL DU PARTI LIBÉRAL DU QUÉBEC (rapport Allaire), 1991, *Un Québec libre de ses choix*, 28 janvier.

COMITÉ MIXTE SPÉCIAL SUR LE RENOUVELLEMENT DU CANADA (rapport Beaudoin-Dobbie), 1992, *Un Canada renouvelé*, Ottawa, ministère des Approvisionnements et Services Canada, 28 février.

COMMISSION ROYALE SUR LES PEUPLES AUTOCHTONES, 1993, *Partenaires au sein de la Confédération : Les peuples autochtones, l'autonomie gouvernementale et la Constitution*, Ottawa, Groupe Communication Canada.

COMMISSION SUR L'AVENIR POLITIQUE ET CONSTITUTIONNEL DU QUÉBEC (rapport Bélanger-Campeau), 1991, *L'avenir politique et constitutionnel du Québec*, Québec, mars.

COON COME, Matthew, 1992, «La sécession et les droits des Cris» dans *Le Réseau*, vol. 2, n⁰ 5 (mai), p. 11-12.

DAVIES, Maureen, 1991, «Aspects of Aboriginal Rights in International Law» dans Bradford MORSE (dir.), *Aboriginal Peoples and the Law*, Ottawa, Carleton University Press, p. 16-47.

DUFOUR, Christian, 1990, *A Canadian Challenge – Le Défi québécois*, Lantzville et Halifax, Oolichan Books et The Institute for Research on Public Policy.

ELKINS, David, 1989, «Facing Our Destiny : Rights and Canadian Distinctiveness» dans *Revue canadienne de science politique*, vol. 22, n⁰ 4 (décembre), p. 699-716.

ERASMUS, Georges, 1992, «Vingt ans d'espoirs déçus» dans Boyce RICHARDSON (dir.), *Minuit moins cinq sur les réserves*, Montréal, Libre Expression, p. 259-303.

FOURNIER, Pierre, 1991, *A Meech Lake Post-Mortem*, Montréal et Kingston, McGill-Queen's University Press.

FRASER, Graham, 1992, 2 mars, «This is New Age Federalism» dans *The Globe and Mail*, p. A6.

GAGNON, Alain-G. et Daniel LATOUCHE, 1991, *Allaire, Bélanger, Campeau et les autres*, Montréal, Québec/Amérique.

GAGNON, Alain-G. et Guy LAFOREST, 1993, «The Future of Federalism : Lessons from Canada and Quebec» dans *International Journal*, n⁰ 48 (été), p. 470-491.

GISDAYWA (Alfred Joseph), DELGAMUUKW (Earl Muldoe), YAGA'LAHL (Dora Wilson) et MAAS GAAK (Don Ryan), 1992, «Closing Statement of the Chiefs, 14 May 1990» dans Don MONET et SKANU'U (Ardythe Wilson), *Colonialism on Trial : Indigenous Land Rights and the Gitksan and Wet'suwet'en Sovereignty Case*, Gabriola Island, New Society Publishers, p. 181-184.

GOURDEAU, Éric, 1988, «Québec and the Aboriginal Peoples» dans J. Anthony LONG et Menno BOLDT (dir.), *Governments in Conflict : Provinces and Indian Nations in Canada*, Toronto, University of Toronto Press, p. 109-127.

HARPER, Elijah, 1991, «Lessons from Oka – Forging a Better Relationship», conférence principale, Aboriginal Law Association of McGill University, Montréal, 13 février.

HAWKES, David, 1989, *Aboriginal Peoples and Constitutional Reform : What Have We Learned ?*, Kingston, Institute of Intergovernmental Relations.

HUME, Stephen, 1992, 5 mai, «Bourassa : There's No Other Cheek to Turn» dans *The Gazette*, p. B3.

JENNINGS, Francis (dir.), 1985, *The History and Culture of Iroquois Diplomacy*, Syracuse, Syracuse University Press.

KELLY, Patrick, 1989, «Perceptions of Locke in Eighteenth-Century Ireland» dans *Proceedings of the Royal Irish Academy*, p. 17-35.

KENNEDY, W.P.M. (dir.), 1918, *Documents of the Canadian Constitution 1759-1915*, Toronto, Oxford University Press.

KNOX, William, 1774, *The Justice and Policy of the Late Act of Parliament for Making More Effectual The Government of Québec*, London.

145

KYMLICKA, Will, 1989, *Liberalism, Community and Culture*, Oxford, Clarendon Press.

LAFOREST, Guy, 1991a, « Libéralisme et nationalisme au Canada à l'heure de l'accord du lac Meech » dans *Carrefour*, vol. 13, nº 2, p. 68-90.

LAFOREST, Guy, 1991b, « L'esprit de 1982 » dans Louis BALTHAZAR, Guy LAFOREST et Vincent LEMIEUX (dir.), *Le Québec et la restructuration du Canada 1980-1992 : enjeux et perspectives*, Sillery, Septentrion, p. 147-163.

LAFOREST, Guy, 1991c, « La culture politique canadienne à l'heure de la Charte des droits et libertés » (analyse préparée pour les commissions sur le processus de détermination de l'avenir politique et constitutionnel du Québec mises sur pied par l'Assemblée nationale du Québec par l'entremise de la loi 150), non publié.

LAFOREST, Guy, 1992, « À la recherche d'un patriotisme pour le Québec », communication présentée au Cégep de Saint-Laurent, 4 mars.

LANGLOIS, Simon, 1991, « Le choc de deux sociétés globales » dans Louis BALTHAZAR, Guy LAFOREST et Vincent LEMIEUX (dir.), *Le Québec et la restructuration du Canada 1980-1992 : enjeux et perspectives*, Sillery, Septentrion, p. 93-108.

LENIHAN, Donald G. (dir.), 1991, « Seminar on Rights » dans *Taking Stock : Network on the Constitution*, juillet.

LISÉE, Jean-François, 1992, « Le Canada dans la peau » dans *L'actualité* (juillet), p. 27.

LITTLE BEAR, Leroy, 1991, « Dispute Settlement among the Naidanac » dans Richard F. DEVLIN (dir.), *First Nations Issues*, Toronto, Emond Montgomery, p. 4-12.

LONG, J. Anthony, 1990, « Political Revitalization in Canadian Native Indian Societies » dans *Revue canadienne de science politique*, vol. 23, nº 4 (décembre), p. 751-773.

LORANGER, T.J.J., 1883, *Lettres sur l'interprétation de la constitution fédérale dite l'Acte de l'Amérique britannique du Nord*, Québec.

LYON, Noel, 1992, « First Nations and the Canadian Charter of Rights and Freedoms » dans *The Network*, vol. 2, nº 4, p. 4-5.

MACKLEM, Patrick, 1991, « First Nations Self-Government and the Borders of the Canadian Legal Imagination » dans *McGill Law Journal*, vol. 36, nº 1, p. 383-456.

MARSHALL, John, 1839, *The Writings of John Marshall*, Boston.

MATTHEWS, Georges, 1990, *The Quiet Resolution : Québec's Challenge to Canada*, Toronto, Summerhill Press.

MERCREDI, Ovide, 1991, « Aboriginal Peoples and the Constitution » dans David E. SMITH, Peter MACKINNON et John COURTNEY (dir.), *After Meech Lake : Lessons for the Future*, Saskatoon, Fifth House Publishers, p. 219-222.

MERCREDI, Ovide, 1992, 31 mars, « Eighth Annual Guest Lecture » dans *McGill Law Journal*.

MILNE, David, 1991, *The Canadian Constitution*, Toronto, James Lorimer & Company.

MITCHELL, Michael, 1992, « Akwesasne. Une affirmation de souveraineté qui ne s'est jamais démentie » dans Boyce RICHARDSON (dir.), *Minuit moins cinq sur les réserves*, Montréal, Libre Expression, p. 75-106.

MOLYNEUX, William, 1698, *The Case of Ireland's Being Bound by Acts of the Parliament of England*, Dublin.

MONAHAN, Arthur P., 1987, *Consent, Coercion and Limit : The Medieval Origins of Parliamentary Democracy*, Montréal et Kingston, McGill-Queen's University Press.

MOSS, Wendy, 1990, «Indigenous Self-Government in Canada and Sexual Equality Under the Indian Act : Resolving Conflicts Between Collective and Individual Rights» dans *Queen's Law Journal*, vol. 15, nos 1-2 (automne), p. 279-305.

PALMER, Vaughn, 1992, 13 mai, «Behind the Scenes as Harcourt Meets Bourassa» dans *The Gazette*, p. B3.

PARKER, A.C. (dir.), 1984, *The Constitution of the Five Nations or the Iroquois Book of the Great Law*, Ohsweken, Iroqrafts.

PERCIVAL-MAXWELL, M., 1991, «Ireland and the Monarchy in the Early Stuart Multiple Kingdom» dans *The Historical Journal*, vol. 34, no 2, p. 279-295.

PICARD, André, 1991, 14 décembre, «Ex-PM Debates with Mercredi» dans *The Globe and Mail*, p. A4.

RÉMILLARD, Gil, 1989, «Québec's Quest for Survival and Equality via the Meech Lake Accord» dans Michael D. BEHIELS (dir.), *The Meech Lake Primer : Conflicting Views of the 1987 Constitutional Accord*, Ottawa, University of Ottawa Press, p. 28-42.

ROCHER, François, 1992, «Québec's Historical Agenda» dans Duncan CAMERON et Miriam SMITH (dir.), *Constitutional Politics*, Toronto, James Lorimer & Company, p. 23-36.

ROMANOW, Roy, John WHYTE et Howard LEESON (dir.), 1984, *Canada... Notwithstanding : The Making of the Constitution 1976-1982*, Toronto, Carswell/Methuen.

ROMNEY, Paul, 1992, «The Nature and Scope of Provincial Autonomy : Oliver Mowat, the Quebec Resolutions and the Construction of the British North American Act» dans *Revue canadienne de science politique*, vol. 25, no 1 (mars), p. 3-28.

RUSSELL, Conrad, 1987, «The British Problem and the English Civil War» dans *History*, no 72, p. 395-415.

RUSSELL, Peter, 1983, «The Political Purposes of the Canadian Charter of Rights and Freedoms» dans *Canadian Bar Review*, no 30, p. 30-54.

RUSSELL, Peter, Rainer KNOPFF et Ted MORTON (dir.), 1990, *Federalism and the Charter*, Ottawa, Carleton University Press.

RUSSELL, Peter, 1994, «The Political Purposes of the Charter : Have they Been Fulfilled? An Agnostic's Report Card» dans Phil BRYDEN, Steven DAVIS et John RUSSELL (dir.), *Protecting Rights & Freedoms : Essays on the Charter's Place in Canada's Political, Legal and Intellectual Life*, Toronto, University of Toronto Press, p. 33-44.

RYDER, Bruce, 1991, «The Demise and Rise of the Classical Paradigm in Canadian Federalism : Promoting Autonomy for the Provinces and First Nations» dans *McGill Law Journal*, vol. 36, no 1, p. 308-381.

SIOUI, Konrad, 1992, «Roundtable on Native Sovereignty and the Constitution», Département de science politique, Université McGill, 26 mars.

SIX NATIONS, 1924, *The Redman's Appeal for Justice : The Position of the Six Nations that They Constitute an Independent State*, Brantford.

SLATTERY, Brian, 1979, *The Land Rights of Indigenous Canadian People as Affected by the Crown's Acquisition of Their Territories*, Saskatoon.

SLATTERY, Brian, 1983, *Ancestral Lands, Alien Laws*, Saskatoon, University of Saskatchewan, Native Law Centre.

SLATTERY, Brian, 1987, «A Theory of the Charter» dans *Osgoode Hall Law Journal*, nᵒ 25, p. 701-747.

SLATTERY, Brian, 1992, «First Nations and the Constitution : A Matter of Trust» dans *Canadian Bar Review*, nᵒ 71, p. 261-293.

STACEY-MOORE, Gail, 1991, «Aboriginal Women, Self-Government, the Canadian Charter of Rights and Freedoms, and the 1991 Canada Package on the Constitution», communication présentée pour la Native Women's Association of Canada, Ottawa, 3 décembre.

TAYLOR, Charles, 1991, «Shared and Divergent Values» dans Ronald WATTS et Douglas M. BROWN (dir.), *Options for a New Canada*, Toronto, University of Toronto Press, p. 53-76.

TAYLOR, Charles, 1992, «The Bleak Future of Canadian Dualism», non publié.

TRUDEAU, Pierre Elliott, 1991, «Fatal Tilt : Speaking Out about Sovereignty» dans *Point of View*, Toronto.

TULLY, James, 1993a, «Rediscovering America : The Two Treatises and Aboriginal Rights» dans James TULLY, *An Approach to Political Philosophy : Locke in Contexts*, Cambridge, Cambridge University Press, p. 137-176.

TULLY, James, 1993b, «Placing the Two Treatises of Government 1689-1832» dans Quentin SKINNER et Nicholas PHILIPSON (dir.), *Political Discourse in Early Modern Britain : Essays in Honour of John Pocock*, Cambridge, Cambridge University Press, p. 253-280.

TULLY, James, 1994, «Diversity's Gambit Declined» dans Curtis COOK (dir.), *Canada's Constitutional Predicament after 1992*, Montréal, McGill-Queen's University Press, p. 200-267.

VENNE, Michel, 1992a, 25 janvier, «Québec accepterait des pouvoirs partagés» dans *Le Devoir*, p. A1.

VENNE, Michel, 1992b, 4 mars, «Robert Bourassa flaire un fédéralisme dominateur» dans *Le Devoir*, p. A1.

VIPOND, Robert C., 1991, *Liberty and Community : Canadian Federalism and the Failure of the Constitution*, Albany, State University of New York Press.

WA, Gisday et DELGAMUUKW, 1989, *The Spirit in the Land : The Opening Statement of the Gitksan and Wet'suwet'en Hereditary Chiefs in the Supreme Court of British Columbia*, Gabriola Island.

WILLS, Terence, 1992, 3 mai, «Majority Would Back Beaudoin-Dobbie, if it Came to a Vote» dans *The Gazette*, p. B1.

WOEHRLING, José, 1992, «La protection des droits et libertés, et le sort des minorités» dans Alain-G. GAGNON et François ROCHER (dir.), *Répliques aux détracteurs de la souveraineté du Québec*, Montréal, VLB, p. 131-167.

YORK, Geoffrey et Loreen PINDERA, 1991 *People of the Pines : The Warriors and the Legacy of Oka*, Toronto, Little, Brown.

YOUNGBLOOD HENDERSON, James, 1985, «The Doctrine of Aboriginal Rights in Western Legal Tradition» dans Menno BOLDT et J. Anthony LONG (dir.), *The Quest for Justice : Aboriginal Peoples and Aboriginal Rights*, Toronto, University of Toronto Press, p. 185-220.

# PARTIE 2

# L'État, la société et
# la politique

# CHAPITRE 7

## L'action politique des syndicats québécois, de la révolution tranquille à aujourd'hui[1]

ROCH DENIS • SERGE DENIS

### INTRODUCTION

Depuis la fin des années 1950, le visage du syndicalisme québécois s'est radicalement transformé. De mouvement minoritaire qu'il était alors, le syndicalisme est devenu une force d'envergure nationale, capable d'actions très puissantes sur les plans économique et social, doté d'un poids politique que nul parti, nul gouvernement n'est désormais en mesure d'ignorer. Pourtant, les syndicats québécois font face à l'heure actuelle à de nombreux et difficiles défis, qui déstabilisent leur existence. Comptant près d'un million d'adhérents répartis principalement en trois grandes centrales, ils étaient à peine remis de la plus grave crise économique (1982) à s'être produite depuis la Deuxième Guerre mondiale qu'une profonde récession les frappait de nouveau au début de 1991. Déjà, les difficultés économiques avaient ébranlé leurs assises et secoué leurs traditions ; certains parlent maintenant d'une crise du syndicalisme.

Ce moment a coïncidé, de plus, avec le refroidissement des relations privilégiées nouées depuis la fin des années 1960 entre le Parti québécois et le mouvement syndical. Celui-ci, qui avait pu considérer le PQ comme l'instrument de sa propre représentation, se retrouvait au tournant de la décennie 1990 sans débouché réel sur la scène politique, et cela aussi a servi à nourrir un sentiment d'impasse.

Nous voulons analyser plus précisément comment l'évolution du syndicalisme au Québec s'est transcrite sur le terrain de l'action politique depuis la révolution tranquille, comment s'est manifestée politiquement la force nouvelle des syndicats, puis apprécier les traits marquants de la situation présente. Pour ce faire, nous procéderons tout d'abord à un court rappel analytique.

L'action politique du mouvement ouvrier est partout fonction de facteurs internes et externes à sa propre dynamique. Par exemple, il est généralement reconnu que les époques de profondes difficultés économiques poussent à la *reconversion politique* (Haupt, 1981) d'une part importante des activités du syndicalisme, même si les lieux et le sens de cette reconversion ne sont pas donnés automatiquement. De même, pour toute la période qui nous intéresse, les développements spécifiques du nationalisme au Québec ont pesé directement sur les formes de l'action politique ouvrière. En ce sens, il nous faut tenir compte des éléments principaux de conjoncture socio-économique et politique qui se sont conjugués à l'intervention propre des syndicats pour définir leur évolution organisationnelle et politique.

Par ailleurs, soulignons que le rapport du syndicalisme à l'État se déploie selon deux axes fondamentaux. D'abord, sur le plan économique, par les luttes et les mécanismes de contact, plus ou moins élaborés, qui mettent en rapport les appareils privés ou étatiques et les organisations syndicales ; ensuite, sur le plan de ce que l'on pourrait appeler l'action politique et la participation aux débats généraux dans lesquels est engagée la société – notamment lors des campagnes électorales. Sur ce plan, les traditions syndicales nord-américaines définissent deux grandes orientations : la *non-partisanerie*, qui, assez paradoxalement, peut signifier à la fois l'absence de prise de position ou l'appui actif en faveur d'une formation politique non issue du mouvement ouvrier, et l'orientation dite du « troisième parti » en vertu de laquelle le mouvement ouvrier est appelé à jouer un rôle d'initiateur, ou de force d'appoint dans la création d'un parti politique chargé de représenter ses intérêts.

De sorte que l'action politique peut viser à faire élire des candidats favorables au mouvement ouvrier par l'intermédiaire des partis traditionnels, ou viser la prise du pouvoir comme telle par la formation d'un parti indépendant ; alors que l'engagement dans les mécanismes de participation ne cherche pas d'abord à influencer la composition des gouvernements mais à orienter le fonctionnement de certains appareils d'État dans le sens des intérêts et préoccupations du travail organisé.

## LE DÉVELOPPEMENT ORGANISATIONNEL

L'un des premiers enjeux de toute étude sur l'action politique des syndicats consiste à mettre en relation des données qui ne sont pas toujours abordées dans leur interaction : par exemple, l'évolution de la composition professionnelle de la main-d'œuvre salariée et la transformation des rapports généraux du syndicalisme à l'État ; de même, l'influence de la progression organisationnelle sur les pratiques politiques, c'est-à-dire les conséquences de l'expansion comme telle du syndicalisme sur son rôle en politique.

## L'ÉVOLUTION DU MONDE DU TRAVAIL DEPUIS 1945

Si l'on trace un tableau de la composition professionnelle de la main-d'œuvre salariée, le phénomène le plus souvent mis en relief est évidemment celui de la constante progression, dans les années 1960 et 1970, du secteur de la force de travail concentrée dans les services, en particulier les services publics. À la fin de la guerre, les travailleurs et travailleuses du tertiaire (bureau, commerce, transports, fonction publique, etc.) constituaient 40 % des salariés au Québec alors qu'en 1960 leur pourcentage était de 60 %, de près de 66 % en 1970 et qu'il dépassait les deux tiers dans les années 1980 (CSN-CEQ, 1984). De 1945 à 1960, la main-d'œuvre du secteur secondaire s'est maintenue autour de 30 %, tandis que celle du secteur primaire a chuté de 25 % à 10 %. Elle ne sera plus que de 5 % à la fin des années 1970, alors que l'industrie manufacturière et la construction compteront moins de 30 % des salariés.

Dans le cadre de ces transformations, la proportion des femmes travailleuses passe à 30 % de la main-d'œuvre en 1960, à quelque 33 % en 1970 et à environ 43 % au début de la décennie 1990.

À la fin des années 1960, c'est notamment l'expansion des réseaux scolaire et hospitalier ainsi que de la fonction publique qui explique que le secteur des services devient si largement prédominant. À titre d'exemple, on peut noter qu'en l'espace de six ans seulement, de 1960 à 1966, le personnel des hôpitaux est passé de quelque 50 000 à 100 000 employés.

Contrairement à ce qui est parfois estimé, le mouvement de concentration de la main-d'œuvre vers les services, et en particulier les services publics, ne signifie pas une diminution du travail manuel au profit de catégories salariées qu'on pourrait regrouper dans le champ du travail intellectuel. Dans une étude où ils abordent précisément cette question, Pierre Drouilly et Dorval Brunelle ont montré que de 1971 à 1981, «c'est encore et toujours l'emploi dans les occupations manuelles qui croît le plus significativement, comptant pour 69 % de l'emploi total créé» (Brunelle et Drouilly, 1985, p. 242). Au début des années 1980, alors que, comme nous venons de le souligner, le secteur dit tertiaire rassemble plus des deux tiers de la main-d'œuvre salariée au Québec, les travailleurs manuels forment pour leur part, tous secteurs confondus, plus des trois quarts de cette main-d'œuvre globale.

Par ailleurs, la croissance des effectifs des services publics durant les années 1960 et 1970 met des dizaines de milliers de nouveaux salariés directement en rapport avec l'État (palier provincial ou municipal, système scolaire, hospitalier, etc.) du point de vue de leurs conditions de travail et de leurs salaires. Cette réalité nouvelle sera lourde de conséquences quant à ce que l'on a appelé la tendance à la politisation grandissante des revendications syndicales. En effet, le rôle de l'État dans les conflits de travail du secteur public ne peut pas revêtir le même caractère d'extériorité que son intervention dans les conflits du secteur privé. Il est en quelque sorte permanent, et souvent immédiat. Le syndicalisme, qui traditionnellement n'était pas placé aussi fréquemment en situation d'antagonisme avec le gouvernement, s'y trouvera dorénavant massivement projeté, ce qui va influer sur son rapport général à l'État et au politique.

*L'apparition d'une nouvelle force sociale*

En 1945, il y avait 200 000 syndiqués au Québec, pour un taux de syndicalisation de 20 %. En 1960, le nombre des travailleurs organisés avait presque doublé, pour passer à 375 000 – et le pourcentage des syndiqués par rapport à l'ensemble des salariés s'élevait à 30 %. Dix ans plus tard, en 1970, le nombre des syndiqués a encore une fois presque doublé : il est de plus de 700 000, pour un taux de syndicalisation remarquablement élevé de près de 40 %. En 1977, le Québec compte 900 000 syndiqués ; le taux de syndicalisation, après avoir connu une pointe aux environs de 42 % entre 1971 et 1974, va tendre à fluctuer autour de 35 % au début des années 1980 (Fleury, 1984, p. 4 ; Rouillard, 1989, p. 289), puis à remonter à 40 % à la fin de cette décennie, pour atteindre cette fois le cap du million de travailleurs.

La baisse relative des effectifs syndicaux au début et au milieu des années 1980 est reliée aux fermetures d'entreprises, à la réduction du nombre d'emplois et à l'augmentation du chômage dans le contexte de la crise qui secoue l'économie. L'emploi moyen au Québec a chuté de 145 000 postes entre 1981 et 1982, dont 73 000 dans le secteur tertiaire (Ingerman, 1983). Entre 1991 et 1994, la profonde récession économique n'a pas entraîné de chute marquée des pourcentages de syndicalisation.

De 1945 à 1960, les unions internationales et les syndicats pancanadiens représentent la majorité des syndiqués au Québec, ce qui continuera d'être le cas pendant toute la période des années 1960 à 1990. Les syndicats catholiques (Confédération des travailleurs catholiques du Canada, devenue la Confédération des syndicats nationaux, CSN, en 1959-1960), de leur côté, regroupent le quart des syndiqués jusqu'au début de la décennie 1960. Ils réussissent, dans les années qui suivent, à canaliser l'énorme vague de syndicalisation qui recouvre la fonction publique et les hôpitaux, et parviennent alors à regrouper jusqu'à 30 % des syndiqués québécois, quelque 200 000 membres en 1970.

De 1960 à 1970, la Fédération des travailleurs du Québec (FTQ) voit ses effectifs passer de 100 000 à 200 000 membres. Elle atteindra près de 300 000 syndiqués à la fin des années 1970, continuant sa progression numérique par la suite, pour rassembler, selon ses chiffres, autour de 350 000 membres au début des années 1980 et plus de 425 000 à la fin de la décennie. À ce moment, elle regroupe environ 95 % des effectifs du Congrès du travail du Canada au Québec (l'adhésion à la FTQ est facultative ; la FTQ est affiliée au CTC en tant que section provinciale), alors qu'elle n'en rassemblait que 41 % en 1961 (Rouillard, 1989, p. 302, 304).

Enfin, il importe de souligner que la Corporation des instituteurs et institutrices catholiques du Québec, qui rassemblait 16 000 membres en 1959, en compte 28 000 dès 1960. En progression constante, par la suite devenue Centrale de l'enseignement du Québec (CEQ) en 1974, elle comptera en 1977 plus de 80 000 adhérents et environ 100 000 dix ans plus tard.

Cette progression marquée de la syndicalisation représente autre chose qu'une simple évolution quantitative. Elle est tellement forte qu'elle permet au mouvement syndical de franchir un seuil qualitatif du point de vue de son existence comme force sociale constituée. Formé d'un ensemble d'organisations numériquement faibles avant 1960, le syndicalisme devient en quelques années un véritable mouvement composé des organisations sociales les plus nombreuses et les plus puissantes au Québec. Son élargissement au secteur public y est pour beaucoup, parce qu'il donne au syndicalisme québécois, pour la première fois, la stature d'un mouvement d'envergure nationale.

## LE RAPPORT AU POLITIQUE

Jusqu'au milieu des années 1950, la tendance très largement prédominante au sein du syndicalisme québécois, du point de vue de ses traditions d'action et d'intervention politiques, est celle de la pression sur les gouvernements et partis en place. Il y a, bien sûr, les syndicats industriels du Congress of Industrial Organizations (CIO) américain et de la Fédération des unions industrielles du Québec (FUIQ)[2] qui ont reconnu la vieille Commonwealth Cooperative Federation (CCF) comme représentation politique du *travail* face aux libéraux et aux conservateurs. Mais la tendance à la constitution d'une force politique indépendante qu'ils incarnent n'a pas un effet énorme compte tenu de la faiblesse numérique et organisationnelle de ces syndicats au Québec.

*Les traditions politiques du syndicalisme et la révolution tranquille*

Mais si la non-partisanerie occupe l'essentiel du champ de l'intervention politique, la deuxième moitié de la décennie 1950 voit surgir un changement important. Lors du congrès de Joliette de la FUIQ en 1955, et surtout avec l'appel pour la fondation d'un «parti des classes laborieuses» lancé par le congrès de la FTQ en 1958, c'est l'orientation en faveur de la constitution d'un *troisième parti* provincial qui fait sa première entrée significative au sein du mouvement syndical québécois (Denis, 1979, p. 157-179). En témoigne d'ailleurs le fait que la CTCC-CSN, à son propre congrès de septembre 1959, prend la décision d'autoriser ses syndicats à appuyer une formation politique et même à s'affilier à un parti, décision qui constituait une brèche importante dans ses traditions. Quelques mois plus tôt, son exécutif avait même accepté de s'associer aux «pourparlers [...] en vue de la fondation d'un nouveau parti politique» (le futur NPD), tout en réitérant cependant sa préférence pour la non-partisanerie (CSN-CEQ, 1984, p. 161).

Ce sont alors les grèves ouvrières qui nourrissent et condensent l'opposition grandissante du syndicalisme au duplessisme, et lui font rechercher une issue politique en dehors des partis dominants. Là se trouve certainement le facteur principal de l'appel lancé par la FTQ en 1958, alors que la création de la centrale, un an plus tôt, a elle-même favorisé cette évolution, tout comme évidemment la prise de position du congrès du CTC en avril 1958 pour la création d'un nouveau parti à l'échelle pancanadienne.

Pourtant, l'orientation du *troisième parti* va tendre à refluer dès le début des années 1960, après une première percée sous Duplessis. Pourquoi ?

Il a été souligné que l'avènement au pouvoir du Parti libéral ainsi que l'essor de la question nationale et du nationalisme ont été les facteurs principaux de l'échec de l'orientation tiers-partiste à ce moment. Mais il faut ajouter que des obstacles internes au syndicalisme ont également pesé, comme le fait que des contingents entiers de la force de travail en étaient exclus et ne disposaient pas encore des points d'appui organisationnels nécessaires pour s'engager dans des luttes même strictement économiques. Le poids très réel de la doctrine et du conservatisme catholiques et les traditions de la non-partisanerie elles-mêmes ont aussi joué contre une réorientation aussi radicale de l'action politique syndicale, tout comme les plaidoyers de la presse et des partis dominants qui cherchaient à décourager l'apparition de cette nouvelle force politique.

Mais il faut voir aussi qu'à cette époque, tout comme maintenant, la constitution d'un nouveau parti est la voie qui engagerait le plus la responsabilité des organisations ouvrières. Elle représente un degré d'engagement politique beaucoup plus élevé que la non-partisanerie. Si une solution de rechange à ce type d'initiative paraît se dessiner, qui dispenserait le mouvement syndical de prendre lui-même la responsabilité d'offrir une issue, ressurgit la tendance à une action comptant davantage sur la pression.

C'est ce type de rapport que va rapidement nouer le mouvement syndical avec le gouvernement Lesage, de 1960 à 1964. Alors même que se poursuivent officiellement les efforts de la FTQ pour créer un parti des travailleurs, le mouvement syndical cherche à obtenir le maximum d'un gouvernement qui s'est justement constitué comme le principal véhicule politique de l'opposition anti-duplessiste. Cette tendance est même encouragée, contradictoirement, par la force nouvelle dont commencent à disposer les syndicats. Ceux-ci parviennent à déployer une intervention très efficace sur la scène politique et sociale, ce qui a pour effet de réduire, au moins temporairement, la croyance en la nécessité d'un parti autonome. L'action politique syndicale pendant cette période est marquée par une attitude de sympathie à l'endroit du gouvernement. Mais il ne faut pas conclure que cette sympathie ait signifié une soumission des centrales. Il est frappant de constater, par exemple, que pratiquant l'appui politique aux libéraux, les centrales syndicales assurent une action de mobilisation vigoureuse face au gouvernement pour le forcer à concéder le droit d'organisation, de négociation et de grève dans le secteur public.

Leur appui, en d'autres termes, est négocié en échange de concessions réelles. Ce rapport au gouvernement du Parti libéral ne va pourtant durer que peu d'années. Il est remis en cause dès 1965, lorsqu'il apparaît que, face au flot continu des revendications sociales et démocratiques, face au développement rapide du mouvement nationaliste aussi, les syndicats ne trouvent plus dans le gouvernement l'instrument politique de progrès qu'ils continuent d'escompter. Après les années du régime duplessiste, les libéraux étaient parvenus à capter les volontés de changement social et politique. Mais lors des élections de 1966, ni eux ni l'Union nationale ne peuvent prétendre jouer ce rôle.

Le vide politique ainsi manifesté, le mouvement syndical ne cherchera pas, à ce moment, à le combler. Il sort à peine de l'échec du Nouveau Parti démocratique-Parti socialiste du Québec qui pèse sur son comportement politique[3]. Par ailleurs, dès 1967, une scission au Parti libéral laisse croire qu'une recomposition significative des forces politiques est en train de s'opérer (autour de l'ex-ministre René Lévesque), qui pourrait déboucher sur la mise en place d'un nouvel instrument, lequel réaliserait, pour la première fois, la jonction entre les aspirations sociales et les aspirations nationales.

L'action politique syndicale est alors en attente. Mais, fait significatif, entre 1966 et 1968, on n'assiste pas à un simple repli vers une position de pression traditionnelle. Face au gouvernement de l'UN, les centrales syndicales CSN et CEQ vont tenter pour la première fois de se doter d'un moyen d'intervention politique permanent. C'est l'ouverture d'un *deuxième front* de lutte, c'est-à-dire en dehors des lieux de travail, à la CSN. Et, au lendemain de la défaite des syndicats devant le projet de loi 25 qui touchait les enseignants, on assiste à la création, au début de 1968, de comités d'action politique (CAP) à la CSN et de comités d'action et d'éducation populaires à la CEQ.

Ces initiatives reflètent une conviction accrue en la nécessité d'une action politique organisée. Mais elles ne sont pas conçues par leurs principaux promoteurs comme un pas ou une étape reliés au processus de la mise sur pied d'un *troisième parti*. Elles cherchent à compléter plutôt qu'à remplacer l'orientation non partisane ;

elles visent à élargir et à politiser l'action revendicative au-delà des seuls enjeux des conventions collectives. De sorte que, même si les syndicats se donnent alors les moyens d'une action politique plus autonome, c'est véritablement l'avènement du PQ qui marquera leur orientation électorale à partir de 1968.

*Action politique et nationalisme*

Le nationalisme québécois des trente dernières années a beaucoup été étudié. Nous ne voulons cerner brièvement que les traits principaux de son rapport aux mouvements ouvrier et populaire.

L'enthousiasme et l'énergie suscités par les espoirs et réformes de la révolution tranquille, l'effervescence sociale qui accompagne la croissance de l'organisation syndicale entre 1957 et le début des années 1970, etc., tout cela favorise la radicalisation politique de plusieurs secteurs sociaux urbains plus ou moins liés aux classes salariées, à la petite-bourgeoisie et au monde étudiant (artistes, création du Mouvement laïque de langue française en 1961, de l'Union générale des étudiants du Québec en 1965, etc.). Ce contexte est également marqué par le poids objectif de la question nationale[4], qui tend à faire surgir de manière récurrente l'attrait des mouvements nationalistes, et, de façon moins visible, par l'échec du NPD au Québec que l'on a signalé. Cela explique pour une large part qu'une fraction importante de ces secteurs urbains tendra à se regrouper autour d'un projet nationaliste radical, se situant en prolongement et à gauche de la révolution tranquille. Le Rassemblement pour l'indépendance nationale (RIN), formé dès le mois de septembre 1960, apparaîtra bientôt comme l'expression principale de ce courant, qui défendra une position d'indépendance nationale, de laïcité et d'appui à certaines des grandes luttes ouvrières et populaires.

Mais cette conjoncture entraîne rapidement d'autres développements. Seule solution indépendante des *vieux* partis, le nationalisme va tendre alors à canaliser les volontés de rupture politique, ce qui, en retour, lui donnera un contenu nouveau : de mouvement traditionnel d'élite, il devient un phénomène de masse[5]. Il contribue à façonner la perception populaire des grandes questions politiques et recouvre, peu à peu, la prise en charge de toutes les aspirations, véritable *enveloppe politique* des revendications sociales et démocratiques. La dynamique de ce nouveau nationalisme va pénétrer l'ensemble des syndicats (de la base au sommet), comme des groupes populaires et communautaires, et articuler bientôt une conscience spécifiquement *nationaliste* de leurs rapports au politique et à l'État[6]. La rapidité de ces phénomènes confirme, par ailleurs, que des processus sociaux fondamentaux ébranlaient déjà le bipartisme traditionnel et créaient une ouverture pour un nouveau parti.

Le Parti québécois va précisément s'édifier comme le produit et le chaînon de cette évolution, dépositaire et révélateur à la fois des tendances observées. C'est d'abord en s'assurant l'hégémonie sur le mouvement d'aspirations nationales qu'il va réussir à s'ériger comme parti de masse. Mais le développement de l'organisation syndicale au Québec a constitué, comme tel, une condition de cette évolution. Marcel Fournier, dans son livre *Communisme et anti-communisme au Québec (1920-1950)*, avait souligné déjà comment la persistance en milieu urbain des réseaux de solidarité issus de la société traditionnelle rurale (famille, paroisse) avait représenté un facteur important de la faible percée des grands mouvements de gauche dans le Québec des années 1930. Pour la décennie 1960, la conjugaison des phénomènes d'urbanisation, d'industrialisation et de syndicalisation a eu raison de cet état de choses. Les nouvelles organisations de solidarité et d'action sociales poussent à l'activité revendicative, face au patronat et au gouvernement, des dizaines puis des centaines de milliers de personnes. Les milieux populaires urbains se regroupent dans des organisations qui échappent au contrôle des élites traditionnelles, politiques, économiques et cléricales. Ils prennent confiance dans leurs propres forces, s'habituent à intervenir dans les grandes questions de société. Le développement du syndicalisme est un facteur de politisation de masse qui contribue directement au processus de démocratisation que connaît alors la société québécoise. Le PQ va apparaître comme le véhicule politique de cette évolution, dans un cadre où le nationalisme populaire est devenu la première idéologie de contestation du bipartisme traditionnel.

Dès 1974-1975, le parti franchit le cap des 100 000 membres, et il en compte un peu plus de 130 000 au moment de la campagne de 1976. La composition de son *membership* (qui recoupe grosso modo celle de son électorat et se fonde en particulier sur les forces vives populaires et syndiquées) comme le type d'engagement militant qui lui est demandé tranchent avec ceux des vieux partis. La victoire contre Bourassa en 1976 va renforcer ces processus. En 1979, par exemple, le PQ compte quelque 200 000 membres, 238 000 en avril 1980, et près de 300 000 en mars 1981 (Fraser, 1984, p. 391-398 ; Carlos et Latouche, 1976 ; Hamilton et Pinard, 1984).

Dans ce sens, la victoire péquiste de 1976 présente certaines caractéristiques qu'il faut souligner. D'abord, elle n'est pas l'expression d'un simple processus d'alternance électorale et elle ne s'inscrit pas, non plus, dans le cadre du bipartisme traditionnel. Elle va plus loin, par exemple, que le type d'alliance que le CIO a établi dans les années 1930 avec le Parti démocrate aux États-Unis, expérience d'action politique syndicale *non partisane* qui est demeurée un modèle du genre. Le syndicalisme américain avait alors désigné l'un des deux partis dominants comme le véhicule de son intervention politique. Au Québec, dans les années 1970, l'appui syndical au PQ rompt avec bipartisme établi, puisque ce parti lui-même se définit comme une alternative aux deux vieux partis. Personne, parmi les responsables du Parti québécois ou des unions ouvrières, ne décrit alors la formation de René Lévesque comme *parti des travailleurs*. Mais il est évident que le PQ, parce qu'il s'est développé en rupture avec le Parti libéral et l'Union nationale, est perçu comme jouant le rôle du *troisième parti*. Tout cela non seulement donne une nouvelle impulsion aux attentes envers le Parti québécois, mais renforce aussi la confiance à son égard. L'année 1976 confirme et accentue le monopole de représentation politique qu'exerce dorénavant le Parti québécois sur le mouvement syndical.

## *LES SYNDICATS ET LE PQ*

Les mécanismes du rapport ainsi établi ont entraîné un développement qualitatif dans les modes concrets d'intervention et d'existence politiques du syndicalisme. C'est ce que nous allons maintenant analyser, en retraçant les moments forts de cette évolution.

## La nouvelle alliance

Au tournant de la décennie 1970, le mouvement ouvrier est en rupture ouverte avec les partis qui ont traditionnellement exercé le pouvoir sur la scène provinciale. Les structures et les lieux de concertation au niveau étatique sont largement discrédités. Le gouvernement de l'Union nationale, par exemple, a créé en 1969 un Conseil général de l'industrie chargé de le conseiller sur l'avenir économique de la province et composé uniquement de représentants du monde patronal (Favreau et L'Heureux, 1984, p. 59). Clinton Archibald rappelle, de son côté, que trois jours après la première réunion du Conseil consultatif de la planification et du développement mis en place en décembre 1970, la FTQ s'en est retirée en expliquant que les travailleurs s'y trouvaient *sous-représentés* (Archibald, 1983, p. 221).

De fait, les élites politiques s'avéraient alors incapables de définir les termes d'un mode efficace de coexistence et de collaboration avec le monde ouvrier. Autre développement important : en 1970, l'imposition de la *Loi des mesures de guerre* allait susciter la formation d'un large front d'opposition syndical-démocratique qui, quelques mois seulement après la venue au pouvoir de Robert Bourassa, témoignait de l'hostilité envers son gouvernement. À peine engagée, *l'expérience Bourassa* était rejetée par le syndicalisme.

La dynamique que favorisait le nouveau poids social des syndicats renforçait, par ailleurs, la nécessité et la volonté d'une intervention politique à leur propre compte. Ainsi, l'argument[7] selon lequel des liens trop étroits unissaient l'État et les milieux du grand capital débouchait sur la recherche active d'un accès aux modalités de détermination des politiques macro-économiques pour les classes populaires[8]. Dans sa *Déclaration de principes* publiée en 1971, la CSN disait considérer «comme une exigence de la justice sociale que les travailleurs puissent participer, par leur organisation syndicale, à l'élaboration des politiques économiques qui façonnent la société dans laquelle ils vivent» (CSN, 1971, p. 38). Un peu dans le même sens, au congrès de la FTQ de 1969, le président Louis Laberge s'était vu durement reprocher de ne pas avoir fait participer la centrale à la bataille contre le *Bill 63* sur la liberté de choix de la langue d'enseignement[9]; et les travailleurs organisés de Saint-Jérôme, de Baie-Comeau et de Hauterive s'engageaient en 1967-1968 dans les campagnes électorales municipales.

Le syndicalisme cherchait alors à définir les moyens qui lui procureraient une influence politique à la mesure de ce qu'il était devenu. La situation donna momentanément lieu à des développements contradictoires, nourris par les tensions qui s'élevèrent sans cesse entre le mouvement ouvrier et les gouvernements de Robert Bourassa, de 1970 à 1976.

On observe ainsi la montée spectaculaire des actions de contestation et d'opposition radicales face au gouvernement et aux institutions. C'est l'époque où Louis Laberge, président de la FTQ, dit que le syndicalisme doit s'interroger sur sa participation aux organismes gouvernementaux de *consultation*, parce que les conditions qui lui sont offertes sont celles d'une fusion des pouvoirs économique, judiciaire et politique contre *nous*; en ce sens, seule compte vraiment, explique-t-il, *notre* organisation en «force de frappe», le lobby et le travail en commissions parlementaires ne pouvant servir de substituts aux rapports de force que permettent l'action immédiate et les manifestations (Laberge, 1971, p. 7-9, 16-17). Il appelle le congrès de la FTQ en 1971 à «casser le régime» par une action politique directe. Même évolution à la CSN, où le président Marcel Pepin déclare au congrès de 1972 qu'il est nécessaire «d'abattre le régime Bourassa», notamment par la constitution, dans chaque circonscription provinciale, de *comités populaires*.

Non seulement le *dialogue* n'est-il pas à l'ordre du jour, mais les points de contact avec l'appareil d'État deviennent presque inexistants. Ce que consacrent les grands manifestes syndicaux du début de la décennie 1970 qui veulent marquer une rupture avec le régime libéral et la rationalité même de l'entreprise privée : *L'État, rouage de notre exploitation* (FTQ), *Il n'y a plus d'avenir pour le Québec dans le système économique actuel* et *Ne comptons que sur nos propres moyens* (CSN), *L'école au service de la classe dominante* (CEQ).

C'est dans ce cadre qu'au printemps 1970 furent réunis 15 grands colloques intersyndicaux qui allaient permettre à quelque 5000 militants des 3 centrales partout au Québec de discuter des conditions de leur action collective hors des lieux de travail. Et c'est dans ce contexte, enfin, qu'a été renforcée à la CSN l'intention de créer des comités d'action politique (CAP) dans les 108 circonscriptions électorales de l'époque, et encouragé le travail d'un comité central d'action politique, avec un secrétariat permanent (Favreau et l'Heureux, 1984, p. 33-34).

Si l'activité des CAP a consisté d'abord à développer l'intervention dans différents enjeux sociaux, les colloques intersyndicaux ont débouché plus directement sur la volonté d'une politique indépendante au palier municipal. Le fleuron le plus connu de l'action municipale (de type troisième parti autonome) fut la création du Front d'action politique (FRAP)[10] à Montréal en mai 1970, produit de la rencontre du colloque intersyndical de la région métropolitaine et d'un regroupement local d'associations populaires (RAP). Son objectif «était d'élire à l'Hôtel de Ville le plus grand nombre de conseillers possible qui seraient responsables à la classe ouvrière[11]», comme le déclara son vice-président Émile Boudreau, du Conseil du travail de Montréal (FTQ). Bien que limitée au palier municipal, l'expérience du FRAP tranchait avec la non-partisanerie traditionnelle. Elle était l'expression d'une politique favorisant la mise sur pied d'une formation émanant comme telle du mouvement ouvrier.

Pourtant, l'expérience du troisième parti n'ira pas au-delà de cette étape. Les grands manifestes syndicaux des années 1971 et 1972 marquent certes une radicalisation idéologique des centrales, elle-même nourrie par les luttes sociales de cette période. Toutes trois prônent l'instauration d'une société socialiste à participation démocratique. Mais le *comité des douze*, chargé à la CSN de superviser la discussion d'ensemble sur les manifestes de la centrale et d'en consigner les résultats, fait remarquer que si tous les textes et débats posent la question du pouvoir, personne n'en tire une orientation précise quant à l'action politique, ce qui est d'autant plus étonnant qu'on est en présence d'un rejet en bloc des partis traditionnels (Comité des douze, 1973, p. 43-48). Dans ce contexte, l'évolution politique du syndicalisme marque rapidement le pas, et elle va s'éloigner des formes d'action reliées au troisième parti pour revenir progressivement à celle de la non-partisanerie, une non-partisanerie désormais favorable au PQ (quel que soit, par ailleurs, le vocabulaire employé pour la présenter).

Pendant une courte période, le développement de ces formes spécifiques a été concurrent. Les colloques intersyndicaux ont considéré l'action politique municipale comme un «lieu d'apprentissage» des luttes pour le pouvoir. Mais en même temps, pour beaucoup, cette expérience était complémentaire à celle du Parti québécois sur la scène provinciale. Le PQ a été formé l'année même (1968) où on a lancé le *deuxième front*. En ce qui a trait à l'éclosion d'un nouveau parti, les colloques syndicaux apparaissent donc avec un temps de retard sur le mouvement dirigé par René Lévesque. Le double caractère de l'évolution politique du syndicalisme est alors révélé par le fait que la plupart des militants engagés dans la désignation de candidats municipaux des travailleurs sont par ailleurs membres actifs du PQ. Cela est vrai en province, à Montréal et dans la ville de Québec : près de la moitié des candidats du FRAP, semble-t-il, étaient membres d'exécutifs locaux du Parti québécois ; des syndicalistes s'assuraient que le programme du PQ reprenne des revendications provenant du mouvement syndical ; d'autres, se réclamant du socialisme et d'un parti des travailleurs, ne voyaient aucun problème à appuyer des candidats péquistes (Favreau et L'Heureux, 1984, p. 60, 99, 102).

La concurrence momentanée des formes différentes d'action politique se résorba au profit de la non-partisanerie, précisément parce que la création du PQ fut considérée comme la réalisation de leur choix politique par de larges secteurs ouvriers et populaires. En ce sens, si les formes de l'action politique des centrales deviennent assimilables, à partir de ce moment, aux grandes pratiques non partisanes, la conscience qui émane des processus en cours ne leur est pas réductible. D'une certaine manière, les formes réelles de cette action deviennent non partisanes, mais la conscience les perçoit (pour une bonne part) comme s'il s'agissait du troisième parti réalisé, ainsi que nous l'avons déjà mentionné.

En vue des élections provinciales de 1973, la CSN publia un cahier spécial[12] où elle comparait les positions des divers partis avec les siennes. Il en ressortait clairement que les orientations du PQ étaient beaucoup plus proches de ses points de vue. Louis Laberge, quant à lui, tenait à faire remarquer que la plupart des candidats issus des syndicats se présentaient sous la bannière péquiste... Initiatives qui, chacune à leur façon, reprenaient bien sûr des modalités traditionnelles de la non-partisanerie nord-américaine.

Entre 1971 et 1974, l'action politique municipale connut elle-même un changement de cap. À Montréal, à l'approche des élections de 1974 et à la suite d'un appel des derniers éléments du FRAP, les instances régionales des trois centrales décidaient d'œuvrer à nouveau à la formation d'un parti opposé à celui du maire Drapeau. Mais, cette fois, on associa le Parti québécois à ce projet, qui aboutit en avril 1974 à la création du Rassemblement des citoyens de Montréal (RCM). Le RCM s'adressait précisément aux citoyens de Montréal, alors que le FRAP s'était présenté comme l'instrument des salariés[13].

Et pour les élections de 1976, la non-partisanerie emprunta un autre de ses axes traditionnels, celui qui consiste à propager ses grandes revendications sous forme de programme politique, mais sans parti indépendant pour les défendre. La CEQ avait déjà évoqué la nécessité de diffuser les revendications des travailleurs et de les porter sur la scène publique, alors que Louis Laberge (1975, p. 48) déclara pour sa part :

> Je pense que le temps est venu de réunir nos revendications éparses [...] pour en dégager un véritable programme politique des travailleurs québécois que nous pourrions expliquer à nos membres et [...] mettre de l'avant au moment des grands débats publics que sont les campagnes électorales.

À la CSN, le Conseil confédéral de janvier 1976 adoptait une résolution voulant «que les syndiqués, au plan local, régional et national, sur les lieux de travail et dans les fédérations, travaillent à l'élaboration de l'idéologie politique et d'un programme par et pour les travailleurs» (Pepin, 1976). Quand la campagne fut lancée, les trois centrales appelèrent plus ou moins ouvertement à voter «pour le parti le plus près de nos intérêts» – c'est-à-dire le PQ. À la FTQ, on avait aussi invité les syndiqués à militer au sein du Parti québécois, afin d'influencer son programme : position qui se rapproche du type de lien non partisan que l'AFL-CIO entretient à l'égard du Parti démocrate. Le 26 octobre, en conférence de presse, la FTQ confirmait explicitement cette orientation par un appui officiel au Parti québécois (Lamoureux, 1985, p. 16).

Après la victoire du PQ en 1976, on en viendra à mettre l'accent sur l'idée qu'il n'est pas de la nature du syndicalisme d'intervenir dans la constitution d'un parti. Norbert Rodrigue, président de la CSN, soulignera ainsi au congrès de sa centrale en 1977, que «**l'action politique, c'est** [pour nous] **l'action revendicative à tous les plans**, qui [...] développe une ligne alternative embrayée sur des changements fondamentaux» (CSN, 1977, p. 38). Au cœur de ce discours se confirmait le reflux des initiatives reliées à la formation d'un parti des travailleurs. L'action politique allait se manifester dorénavant sous la forme d'une pression revendicative sur le PQ, dans une conjoncture où le parti de René Lévesque était pratiquement reconnu comme la représentation politique du mouvement social. Cette orientation fut plus poussée à la FTQ qu'à la CSN et à la CEQ. Mais en ce qui concerne les formes de l'action politique, la ligne de conduite était semblable d'une centrale à l'autre.

Il est important d'analyser plus précisément la nature de l'alliance politique qui s'est alors réalisée entre le mouvement syndical et le Parti québécois. Aucun des organismes représentatifs du patronat n'appuie en 1976, ni en 1981, le Parti québécois. Sa victoire est ressentie comme une victoire du vote populaire contre les partis et les candidatures que la classe dominante considère comme les siens, même si le PQ n'est officiellement présenté par aucun groupe comme parti ouvrier. En ce sens, sa victoire de 1976 peut être comparée, croyons-nous, aux processus politiques des *fronts populaires* européens et à ce qu'a représenté historiquement l'élection de gouvernements de ce type.

Le Parti québécois était porté par la dynamique des aspirations populaires et des volontés de changement. Il présentait un programme faisant droit à certaines revendications sociales et ouvrières. De plus, à l'instar des fronts populaires, il mena campagne comme un instrument de rupture avec les formules traditionnelles du bipartisme et de l'alternance gouvernementale. La victoire sur ces formules, c'était la victoire du vote populaire par l'intermédiaire du parti que les militants et membres des syndicats et des organismes revendicatifs, que les gens de gauche, etc., voyaient comme leur parti. Mais il faut aussi souligner le rapport contradictoire qui, comme dans le cas des fronts populaires, s'établit entre les aspirations de l'électorat et le type de gouvernement qui se met en place. Il serait, en ce sens, insuffisant de noter que la victoire péquiste est le produit de ces aspirations, car elle est simultanément l'instrument pour les canaliser et les contenir, et le gouvernement péquiste se dressera bientôt contre leur réalisation.

L'une des caractéristiques premières des fronts populaires est de coaliser des partis qui tirent leur origine de l'évolution propre du mouvement ouvrier (PC, PS, travaillistes, etc.) et des partis dont la nature historique procède du mouvement d'autres forces sociales (par exemple, en France et en Espagne au cours des années 1930, de la bourgeoisie républicaine et laïque). Les gouvernements ainsi formés ne peuvent pas être caractérisés de gouvernements *ouvriers*, même si la principale force électorale de ces coalitions est majoritairement ouvrière et populaire.

N'étant pas un parti ouvrier, mais comptant sur l'appui du mouvement syndical et cherchant celui de nombreux secteurs en croissance de la bourgeoisie et de la petite bourgeoisie québécoise, le gouvernement péquiste a eu ainsi certains traits de la fonction politique qu'exercent les gouvernements de fronts populaires. L'alliance politique qu'il véhiculait fut à ce titre peut-être informelle, mais elle fut aussi forte que les coalitions formelles vues dans d'autres pays. C'est cela, croyons-nous, qui donne d'abord sa signification à l'élection de 1976.

À ce moment, pour le mouvement syndical, le rapport au nationalisme péquiste apparaissait très rentable et l'alliance avec lui encore plus naturelle et plus facile à justifier.

*Concertation et participation*

Le programme du Parti québécois annonçait une volonté de reconnaissance institutionnelle du mouvement ouvrier qui dépassait tout ce qu'on avait connu : promesses d'application universelle de la formule Rand et de l'atelier syndical, accréditation multipatronale, etc. Dans l'idéologie et la pratique gouvernementale du PQ, cette volonté s'avérait inséparable de la préoccupation d'établir une participation structurée des syndicats à la détermination de certaines politiques économiques, voire de leur proposer des schèmes d'incorporation volontaire.

Au moment où le PQ mettait en avant l'idée de la concertation, les centrales québécoises refusaient unanimement le projet de corporatisme tripartite élaboré en 1976 par le Congrès du travail du Canada sur la scène fédérale. Pourtant, dès l'élection du PQ, des positions favorables à la concertation et même à certaines restrictions sur le plan revendicatif étaient apparues au sein des centrales[14]. Et quand le gouvernement Lévesque convoqua son premier sommet économique, le Bureau national de la CEQ parla d'un «geste politique sans précédent au Québec», pouvant servir «à la consolidation du gouvernement à l'intérieur du Québec, ainsi qu'à sa crédibilité sur les marchés financiers extérieurs» (CEQ, 1977).

Car le mouvement de sympathie était alors présent dans chacune des centrales québécoises et il provenait, à notre avis, de trois facteurs principaux. D'abord, l'ouverture du PQ envers le syndicalisme était réelle, au sens où son programme annonçait un type de reconnaissance de leur existence qui semblait tout à fait acceptable aux syndicats. Ensuite, ses projets de concertation étaient présentés non seulement comme faisant une large part au mouvement ouvrier, mais comme visant à redéfinir la vie économique et sociale selon des principes démocratiques qui apparaissaient similaires aux siens. Enfin, le parti constituait pour l'immense majorité de la base syndicale le nouveau parti qu'elle avait porté au pouvoir, la promesse du changement réalisée; en ce sens, elle était prête à collaborer avec lui, elle lui faisait confiance, ce qui était totalement différent de ses perceptions du gouvernement de Pierre Elliott Trudeau sur la scène fédérale.

Le plus surprenant, dès lors, est peut-être que les relations de concertation PQ-syndicats ne soient pas allées plus loin et ne se soient pas davantage formalisées dans des mécanismes stables. Au départ, les bonnes dispositions étaient manifestes, tant du côté des syndicats qu'au sein du gouvernement péquiste. Mais plusieurs facteurs devaient concourir à compromettre ce développement. Soulignons les éléments suivants. D'abord, la situation économique marquée par la récession de la mi-décennie 1970 : si le gouvernement promulgue des réformes allant dans le sens des positions syndicales[15], il ne s'engage pas dans le type de concessions[16] qui, à terme, pourraient véritablement approfondir la concertation avec les centrales. Ensuite, le bastion le plus puissant du mouvement ouvrier au Québec, constitué par les salariés de la fonction publique et parapublique, est en rapport de négociation direct avec l'État, ce qui tend à susciter sans cesse des points de friction avec le gouvernement. La décision de la CEQ de ne pas participer en mars 1979 à la deuxième conférence de concertation socio-économique (Montebello), alors que s'ouvre la nouvelle ronde de négociations du Front commun des syndicats des secteurs public et parapublic, trouve ici ses tenants. Finalement, les mécanismes participationnistes sont aussi enrayés du fait que le mouvement ouvrier perd peu à peu ses illusions sur la nature du programme péquiste. On attendait des mesures économico-sociales[17] et de démocratisation de l'État[18] qui auraient exigé des niveaux de rupture avec l'ancien régime que jamais le gouvernement péquiste ne voulut réaliser.

Les processus d'intégration du mouvement syndical québécois n'iront donc pas très loin, malgré les tentatives dans cette direction. En 1979, le gouvernement de René Lévesque aura recours, à l'instar de son prédécesseur, à des lois spéciales contre certains syndicats (par exemple, le retrait du droit de grève au Front commun). Mais à ce moment, l'effet de ces gestes sur les attitudes politiques du syndicalisme organisé, et sur celles de ses membres, fut moins important qu'il pourrait paraître à première vue. Le statut du Parti québécois ne dépendait pas d'abord d'une exacte correspondance entre son programme social et celui des syndicats, mais du contenu dont étaient chargées les aspirations nationales, et du monopole de représentation politique acquis sur ces aspirations. À l'époque, c'était la marche au référendum de 1980 qui ponctuait fondamentalement la vie politique.

Dans ce cadre, les mécanismes de contact entre le gouvernement provincial et le mouvement ouvrier ne disparurent pas. Ils changèrent plutôt de registre. Il est révélateur que l'accès au cabinet péquiste d'hommes et de femmes liés au syndicalisme semble s'accentuer au moment où les sommets économiques s'avèrent moins prometteurs. C'est un peu comme si on avait voulu établir de nouvelles voies privilégiées de liaison PQ-syndicats, voies plus efficaces dans la mesure où elles seraient directes et permanentes et échapperaient aux aléas de la conjoncture, à la différence des grands sommets[19].

## QUESTION NATIONALE ET QUESTION SOCIALE

Le référendum du 20 mai 1980 au Québec a représenté un moment et une manifestation extrêmement critiques de la crise de l'État canadien. Il en fut de même de tous les débats entourant la mise en œuvre du processus de rapatriement de l'Acte de l'Amérique du Nord britannique (AANB). L'orientation du Parti québécois subit alors deux défaites majeures qui allaient entraîner dans les syndicats les premiers vrais questionnements internes sur le bien-fondé de leur alliance avec le PQ. Nous rappellerons ici quelques éléments-clés de cette période, complétés d'indications sur le moment fort de la distanciation radicale qui s'opéra entre le mouvement ouvrier et le Parti québécois à partir de 1983.

### Une évaluation du péquisme

Une première observation s'impose. En 1980, aucune des centrales syndicales québécoises ne s'est prononcée officiellement en faveur de l'indépendance. Or, la simple reconnaissance du droit à l'autodétermination, qui ralliait la FTQ, la CSN et la CEQ, ne pouvait représenter une position achevée sur la question nationale au Québec. Le débat politique était parvenu à un stade plus élevé, mettant en jeu les formes concrètes d'exercice de ce droit. S'en tenir à affirmer un principe pouvait être identifié à un refus de prendre position, voire à une défection.

À la veille de la période référendaire, les débats amorcés depuis des années à ce sujet donnèrent lieu à un congrès spécial de la CSN, les 1er et 2 juin 1979. Le comité d'orientation de la centrale, appuyé par la majorité de l'exécutif, y recommanda que « pour lutter efficacement contre l'oppression nationale et ses diverses manifestations, la CSN [s'inscrive] dans une démarche d'appropriation par le peuple québécois des pouvoirs et institutions politiques, économiques et culturels » (CSN, 1979). Mais à part cette recommandation, il proposa que la centrale ne se donne pas de position constitutionnelle précise. Cette orientation réussit à s'imposer face à un fort courant qui voulait que la centrale se prononce pour l'indépendance.

La même orientation fut adoptée par la CEQ moins d'une semaine plus tard (les 8 et 9 juin 1979) lors d'un congrès spécial. Après avoir demandé à ses membres et à ses instances de lutter contre toute négation du droit à l'autodétermination et exigé la reconnaissance effective de ce droit par le gouvernement fédéral, le congrès, sur proposition de l'exécutif, décidait que la participation de la CEQ au débat public sur la question nationale ne se ferait pas sur la base d'une option constitutionnelle. Tout autant qu'à la CSN, cette position était défendue non pas contre d'éventuels partisans du fédéralisme mais contre ceux qui voulaient une intervention active en faveur de l'indépendance (Rouillard, 1989, p. 369-370).

Quant à la FTQ, qui tenait un congrès du 26 au 30 novembre suivant, la direction de la centrale, présentant elle-même la question nationale comme l'un des éléments primordiaux à discuter (voir *Le Monde ouvrier*, journal de la FTQ, édition d'octobre 1979), remit aux délégués ses textes d'orientation à l'ouverture des travaux. Au congrès de 1977, les délégués avaient invité la centrale à défendre les intérêts des travailleurs dans le débat référendaire et à procéder à une large consultation sur le sujet. Pourtant, au congrès de 1979, comme l'ont noté les journaux, les propositions mises de l'avant par Louis Laberge et tous les leaders furent relativement limitées. Le document qu'ils présentèrent (*La FTQ et la question nationale*) réitérait la position de 1977 et proposait la tenue d'un conseil général ou peut-être d'un congrès spécial «pour prendre position» lorsque la question référendaire du gouvernement Lévesque serait connue. À l'unanimité, les délégués exigèrent la tenue obligatoire d'un tel congrès. Le débat fut houleux. Ainsi que le rapporta *Le Devoir*, le 30 novembre 1979 : «La FTQ, qui a réaffirmé hier le droit du Québec à l'autodétermination, a dû en quelque sorte retenir de nombreux délégués qui voulaient discuter immédiatement de l'avenir du Québec.»

Quand la question référendaire du gouvernement Lévesque fut connue, les trois centrales appuyèrent, sous des formes plus ou moins officielles et plus ou moins critiques, le oui péquiste[20].

Dans les mois qui suivirent le référendum, un certain nombre de critiques ont été formulées à l'intérieur des organisations syndicales du Québec sur l'orientation qui fut la leur à cette occasion. Nous citerons à ce sujet les termes d'un premier bilan établi par Gérald Larose, alors président du Conseil central de la CSN à Montréal et devenu depuis président de la centrale.

À l'automne 1980, Larose écrivait que selon lui, lors du référendum, le mouvement syndical avait «subi un échec». «Le 20 mai 1980, disait-il, aura été la victoire de la formidable coalition des forces de la réaction capitaliste, patronale et fédéraliste du pays.»

Quelle avait été la caractéristique de l'orientation politique des syndicats jusqu'au référendum? La réponse de Larose était sans équivoque :

> Faut-il préciser, affirmait-il, qu'au détour de la dernière décennie, le mouvement syndical s'est pratiquement désisté de la question nationale en faveur du Parti québécois et, ce faisant, a laissé à ce dernier toute la place pour se tailler un rôle hégémonique concernant les droits et le statut du Québec. Il en fut ainsi que le caractère indépendantiste et progressiste de la question nationale s'est rapidement effrité pour ne devenir qu'un vague projet de réaménagement des structures politiques du Québec dans un cadre capitaliste et encore canadien.

Dans ce contexte, les «voies à suivre» pour reprendre l'initiative de la lutte n'étaient pas faciles à définir, mais «le mouvement syndical ne peut plus laisser au Parti québécois le soin de définir seul l'avenir des droits et du statut du Québec» (Larose, 1980, p. 62).

À ces éléments, il importe d'ajouter le constat suivant qui découle, croyons-nous, de l'étude des congrès et des prises de positions pré-référendaires des centrales syndicales : si le mouvement ouvrier s'est «désisté» de la question nationale au Québec, cela s'est notamment articulé autour de l'absence d'une position constitutionnelle précise. C'est de cette manière que la politique de souveraineté-association du PQ et la stratégie qui en découla sont plus facilement demeurées hégémoniques.

Au lendemain du référendum, il n'y eut pas de bilan officiel de l'action des centrales syndicales, même si les critiques que nous avons résumées favorisaient une réorientation stratégique. L'intervention politique des syndicats et leur rapport au gouvernement péquiste restèrent fondamentalement les mêmes. Les menaces constitutionnelles que faisaient peser les initiatives post-référendaires du gouvernement fédéral, la marche au rapatriement unilatéral agirent comme autant de pressions pour le maintien de l'alliance avec le PQ.

Et cela, même si en octobre 1980, après l'annonce du plan de rapatriement de l'AANB, le président Robert Gaulin de la CEQ (1980) avait pu déclarer :

Le gouvernement du Parti Québécois a ouvert la voie au rapatriement de la constitution [...] Le PQ aura servi de marchepied pour les entreprises de Trudeau. Il incombe aux différentes organisations syndicales et populaires d'organiser la riposte contre cette agression antidémocratique et anti-populaire.

Quand, le 6 décembre 1982, la Cour suprême du Canada statua à l'unanimité que, selon la constitution canadienne, le Québec ne détenait pas de droit de *veto* formel en matière d'amendement constitutionnel, les trois centrales FTQ, CSN et CEQ, réunies au sein d'un front commun de diverses organisations, émirent une déclaration politique qui affirmait notamment :

Cette constitution [...] n'est pas, ne peut pas être et ne sera jamais la nôtre. Et puisque nous n'avons plus de constitution, nous devons maintenant nous en donner une. Et comme le processus actuel joue toujours contre nous, nous devons nous donner un mode de détermination constitutionnelle qui nous convienne : le seul qui convienne à cette époque de démocratie, c'est celui qui consiste à redonner la constitution à celui à qui elle appartient, c'est-à-dire au peuple lui-même (CSN-CEQ-FTQ, 1982).

La revendication d'une constitution élaborée par le peuple comme moyen d'une riposte effective était avancée, dans un cadre qui supposait la convocation d'une assemblée constituante québécoise. L'appel n'eut cependant pas de suite immédiate. Mais il révélait que les échecs de 1980 et de 1982 du PQ avaient provoqué une distanciation critique des syndicats envers ses orientations et stratégies, et suscité la volonté d'une plus grande autonomie de leur part face à l'enjeu de la question nationale.

Quand s'engagent en 1987 les discussions sur l'accord du lac Meech, les centrales québécoises interviennent cette fois en fonction même de ces nouvelles dispositions.

Très vite, elles rejettent l'accord, parce que son élaboration et le processus de son adoption ne sont pas fondés sur une large participation démocratique de la population et parce que ses clauses ne satisfont pas aux besoins nationaux du Québec. Avant l'échec définitif de l'accord, la CEQ, la CSN et la FTQ se prononcent officiellement au printemps 1990 en faveur de l'indépendance du Québec et (selon des termes et des modalités spécifiques dans chaque cas) pour la convocation d'une assemblée constituante du peuple québécois[21]. On doit donc noter que c'est en étant poussées par l'approfondissement de la crise constitutionnelle et en agissant de manière plus autonome face au PQ que les trois principales centrales du Québec ont opté explicitement pour l'indépendance, et non du fait de leur alliance avec lui.

La crise du lac Meech se répercuta d'ailleurs si fortement qu'elle divisa les délégués aux assises du Congrès du travail du Canada (CTC) (dont la FTQ est membre) qui se tenait à la mi-mai 1990 à Montréal. S'il y avait une large majorité des délégations qui refusaient l'accord, les motifs de la FTQ sont apparus diamétralement opposés à ceux des autres composantes du CTC, ce qui la conduisit presque à quitter le congrès.

## Le point de rupture

La conjoncture de crise des années 1982-1983 entraîna par ailleurs une transformation qualitative de la position politique du syndicalisme québécois. Elle accéléra un processus à travers lequel l'appui au PQ se changea soudainement en rejet massif. Le «préjugé favorable aux travailleurs», selon l'expression de René Lévesque, avait fait place à des politiques de réductions des programmes sociaux, d'amputations des salaires et d'affrontement ouvert avec les syndicats, dans un contexte où le gouvernement péquiste s'avérait incapable de réduire le chômage.

Nous ne pouvons reprendre toutes les péripéties de la crise sociale à laquelle conduisit l'affrontement entre le gouvernement du Québec et les 300 000 employés des secteurs public et parapublic à cette époque. Il faut noter cependant que son déroulement constitua le moment concret de la nette rupture de l'alliance qui s'était opérée entre le syndicalisme et le parti de René Lévesque. Et il s'agit du développement le plus important à être survenu au cours de la dernière période dans l'évolution politique du mouvement ouvrier.

Ce processus connut diverses expressions. C'est contre le gouvernement issu d'un parti qui avait concentré les énergies politiques et les aspirations du syndicalisme que fut votée dans chaque milieu des secteurs public et parapublic, puis à l'unanimité des 800 délégués du Conseil d'orientation du Front commun, le 9 janvier 1983, la grève générale. La manifestation de 50 000 personnes devant l'Assemblée nationale le samedi 29 janvier suivant fut une démonstration de nature essentiellement politique. Par la suite, l'invective contre tous les ministres, à chacune de leurs sorties publiques, la colère exprimée à leur endroit par les enseignants lors de la réunion de mars 1983 du Conseil national du Parti québécois traduisaient la même déception. C'est aux cris d'«élections! élections!», «PQ battu, vendu», etc., que des fonctionnaires intervinrent lors de conférences de presse ministérielles.

En exigeant la démission du gouvernement, la CSN et son président expliquèrent que le Parti québécois s'était «disqualifié au plan national, économique et social» (CSN, 1982). Louis Laberge, de la FTQ, déclara à la même époque que le gouvernement était condamné, et qu'on allait maintenant voir s'il restait une chance de sauver le parti. Il demanda en conséquence au Conseil national du PQ, dont une réunion était convoquée pour le 5 mars, d'exprimer sa dissidence. Mais le Conseil national appuya plutôt les démarches gouvernementales «dans toute leur rigueur» (*Le Devoir*, 7 mars

1983), ce qui constituait sa réponse à la question soulevée par le président de la FTQ et à l'espoir qu'il avait exprimé de pouvoir dissocier le parti du gouvernement qui en émanait. Certaines instances de la centrale semblent alors avoir envisagé d'intervenir au sein du PQ pour y accroître l'influence syndicale[22]. Mais cela n'eut pas vraiment de suite. Lors du colloque du CTC tenu du 5 au 8 mars 1983 à Québec sous le thème «L'égalité maintenant» (colloque convoqué comme contribution à la lutte contre l'oppression spécifique aux femmes), les quelque 600 déléguées adoptèrent à l'unanimité une recommandation affirmant notamment :

> — Qu'il soit résolu que le mouvement syndical fonde un parti des travailleuses, travailleurs au niveau provincial (Québec), dans l'année qui suit, afin de présenter des candidats à de futures élections. Les syndicats devront défrayer les coûts nécessaires à la mise sur pied de ce parti et assurer le suivi (CTC, 1983).

Enfin, soulignons qu'à la Fédération des affaires sociales-CSN, la décision fut prise, lors d'une réunion du Conseil fédéral tenue en ce même mois de mars 1983, d'organiser une «anti-campagne de financement du PQ». Encore là, ces décisions n'eurent pas d'effets immédiats concrets. Mais elles reflétaient une évolution dont l'influence allait être durable. Les relations privilégiées entre le Parti québécois et les syndicats venaient de se dissoudre dans une grave crise sociale qui remettait directement en cause les formes mêmes de l'action politique syndicale telles qu'elles avaient progressivement été façonnées depuis la révolution tranquille. Le Parti québécois n'était plus vu comme le véhicule politique et le porte-parole parlementaire des aspirations syndicales. En ce sens il y avait rupture, rupture parce que se combinaient pour les syndicats les échecs péquistes sur la question nationale elle-même et l'effondrement de son orientation progressiste en matière sociale.

Les syndicats (et les autres mouvements populaires) du Québec entraient dans une nouvelle période de redéfinition de leur rapport à la politique. L'alliance avec le Parti québécois, qui avait duré quelque quinze ans, faisait place à une situation d'expectative. Les résultats de l'élection du 2 décembre 1985, qui portait au pouvoir les libéraux de Robert Bourassa, le démontraient à leur façon : les pertes péquistes s'avéraient «deux fois plus importantes que les gains libéraux», avec «augmentation concomitante des abstentions» (Drouilly, 1990a, p. 106). À l'élection du 25 septembre 1989, le taux d'abstention atteignait même «un niveau record»; comme il était le produit, d'abord, de l'électorat francophone et péquiste (Drouilly, 1990b, p. 260-262), on peut supposer qu'il témoignait de nouveau de la rupture des relations privilégiées entre de vastes secteurs de la population laborieuse et le Parti québécois.

## LES ANNÉES BOURASSA, BIS

Sur les plans économique et social, le retour au pouvoir de Robert Bourassa en 1985 et sa réélection en 1989 n'entraîneront pas un tournant brusque dans les relations gouvernement-syndicats. On voit plutôt se poursuivre les mêmes orientations et le même type d'interventions que ce qu'on a observé depuis le début des années 1980. Mais la situation du syndicalisme est marquée par de nouvelles formes d'hostilité ouverte à son endroit de la part des milieux patronaux et gouvernementaux. Les syndicats paraissent plus que jamais sur la défensive, attaqués par des adversaires coriaces que les protestations ouvrières ne semblent plus ébranler. Il est facile de situer cette nouvelle conjoncture dans celle des politiques inspirées quelques années plus tôt par le reaganisme ou le thatchérisme. Non seulement les gouvernements redoublent-ils d'ardeur face aux syndicats, mais ils semblent décidés à reprendre le terrain perdu (les conquêtes sociales) des années antérieures. Dans ce contexte, l'orientation des états-majors syndicaux apparut incontestablement décontenancée.

*La place des syndicats dans les rapports sociaux*

Depuis 1985, les libéraux ont fait leurs certaines des pièces législatives les plus marquantes du péquisme, telle la loi 37 dans le secteur public, adoptée pour fournir au gouvernement de nouveaux moyens d'enrayer le caractère conflictuel des négociations et des luttes revendicatives. Par ailleurs, parallèlement à cette législation préventive, le gouvernement de Robert Bourassa n'hésite pas à recourir à des lois ponctuelles pour mater la combativité syndicale. En témoigne, plus que d'autres, l'adoption en 1989 de la loi 160 qui vient briser, par des dispositions d'une extrême sévérité (*e.g.* les pertes d'ancienneté), l'action collective des employés du secteur de la santé.

Puis, le gouvernement Bourassa va annoncer des mesures de gel des salaires au printemps de 1991 pour tous les salariés des secteurs public et parapublic, lesquelles rappelleront les actions analogues du gouvernement péquiste au début des années 1980. Il reviendra à la charge deux ans plus tard avec le même type de législation salariale (la loi 102) et fera adopter en juin 1993 la loi 198 qui impose de lourdes réductions d'effectifs et des compressions budgétaires massives pour les mêmes secteurs.

Du côté syndical, on voit d'abord s'affirmer, devant l'ampleur de ces mesures, la volonté de négocier, comme cela avait été le cas par suite des revers subis au début des années 1980. Les dirigeants des trois centrales s'unissent pour dénoncer publiquement, le 8 mai 1990, la politique du gouvernement Bourassa qui «bafoue à tour de bras le droit à la négociation libre au Québec» (*Le Monde ouvrier*, mai-juin 1990, p. 12). Mais plutôt que de miser sur la confrontation avec le gouvernement, pour le faire reculer, ils comptent d'abord sur la négociation pour obtenir le rappel au moins partiel des mesures les plus draconiennes de la loi 160, ce qui sera chose faite en juin 1991.

De même, après avoir violemment dénoncé la prolongation des conventions collectives du secteur public en ce qui a trait aux salaires en 1991, les dirigeants syndicaux obtiendront, par la négociation, non pas le rappel de cette décision gouvernementale mais son adoucissement. En 1993, les tentatives de négociation pour obtenir l'abrogation des lois 102 et 198 n'auront guère plus de succès; les orientations gouvernementales demeureront en vigueur et, pour l'essentiel, les centrales FTQ et CEQ obtiendront en échange que le gouvernement s'engage dans l'ouverture de grandes négociations sur l'organisation du travail.

Si l'on compare cette attitude à celle des responsables syndicaux dix ans plus tôt, on ne peut manquer de percevoir une évolution. Tout porte à croire que le poids des défaites subies ou des luttes plus difficiles incitent les états-majors syndicaux à privilégier la recherche de compromis plutôt que la lutte et la mobilisation. Mis à part les rassemblements et les manifestations de protestation, les grandes actions et la grève semblent devenues impossibles. Mais si d'aucuns sont prêts à faire ce diagnostic, d'autres, au contraire, estiment que les déboires du syndicalisme s'expliquent par le recours insuffisant à l'action résolue, deux positions qui alimentent fortement les débats internes dans les centrales en cette première moitié des années 1990.

Toujours est-il que l'orientation prédominante des syndicats semble, dans la conjoncture, pencher nettement vers une approche des relations avec le gouvernement et le patronat qui soit fondée sur la concertation, l'initiative économique, la contribution au développement social plutôt que sur l'affrontement. Le fonds de solidarité créé par la FTQ en 1983 pour constituer à même les épargnes des salariés un fonds de capital d'investissement destiné à préserver ou à créer des emplois est certainement une des manifestations les plus poussées, à l'heure actuelle, de cette orientation. De même, on ne peut qu'être frappé par la nouvelle participation des syndicats aux initiatives de développement régional en concertation avec le patronat, le gouvernement et les autres *partenaires* économiques. C'est le cas, en particulier, des régions qui subissent les taux de chômage les plus élevés ou de quartiers défavorisés comme il en existe à Montréal. Il convient d'ajouter à ces initiatives les prises de position plus fréquentes du mouvement syndical en coalition avec les organismes représentatifs du patronat sur des enjeux tels l'environnement, la politique monétaire, la question autochtone, l'appauvrissement, etc.

D'un autre côté, face à l'ampleur des mesures d'austérité prises par les gouvernements, les centrales cherchent également à exprimer les attentes de leurs membres et de la population salariée par des initiatives qui rallient les organisations sociales populaires sur la base de leurs intérêts communs. Ainsi a-t-on vu s'organiser en mars 1994 le premier grand forum de solidarité sociale, en présence des représentants de plusieurs dizaines d'organisations populaires. Mais comment ce type d'initiatives peut-il déboucher sur une véritable mobilisation et changer le rapport de force en faveur des besoins et des aspirations de la population laborieuse ? La question demeure posée et constitue un défi de taille, en particulier pour tout le mouvement syndical.

### L'intervention politique

Sur un plan plus directement politique, comment évaluer le développement des positions syndicales sous les gouvernements Bourassa depuis 1985 ?

Il importe d'abord de noter de nouveau le rejet unanime de l'accord du lac Meech, suivi des prises de position en faveur de l'indépendance du Québec en mai-juin 1990. Ces faits, tout comme les débats qui ont entouré la négociation et l'échec du projet d'accord de Charlottetown, soulignent la nette opposition du syndicalisme à l'orientation constitutionnelle du gouvernement Bourassa.

En 1990, la prise de position indépendantiste a favorisé une percée du mouvement syndical sur la scène politique en lui permettant de jouer notamment un rôle-clé au sein de la commission Bélanger-Campeau. Mais le poids du syndicalisme comme acteur politique demeure limité. C'est entre les partis représentés à l'Assemblée nationale que se négocient souvent les accords politiques les plus déterminants. Par exemple, c'est le premier ministre Bourassa qui proposa la tenue d'une commission parlementaire (plutôt que des états généraux ou une constituante) pour sortir de l'impasse constitutionnelle après l'échec du lac Meech et qui en négocia les termes avec les dirigeants du PQ. Le cadre du débat fut celui qui avait été convenu entre les deux principaux partis.

En 1989, la FTQ avait renouvelé son appui au PQ, mais il n'en fut pas ainsi officiellement à la CEQ et à la CSN. Cette dernière, qui voulait donner le maximum d'effet à sa participation à la campagne des forces souverainistes, a cherché à relancer dans ses rangs le débat sur son engagement politique. En mai 1991, ses dirigeants ont proposé d'établir des liens d'appui privilégié avec le Bloc québécois sur la scène fédérale. Cette proposition laissait cependant intact, en même temps qu'elle le soulignait, l'enjeu que représente l'engagement politique de la centrale et de tout le mouvement syndical au Québec.

Depuis 1985, l'autre grande bataille politique des syndicats au Québec a été celle du libre-échange. Cet enjeu, comme celui de la constitution, a placé les syndicats et le gouvernement Bourassa dans des camps opposés. Les syndicats l'ont combattu, rejoignant ainsi une position identique à celle des organisations ouvrières au Canada anglais. Malgré cette opposition soulevée par les organisations sociales les plus importantes, il a pu sembler que le Québec dans sa totalité soutenait le libre-échange, contrairement au Canada anglais. Cette impression s'est nourrie de ce que les deux partis représentés à l'Assemblée nationale, le PQ et le PLQ, défendaient la même position d'appui. Or, si cela ne suffit pas à ranger la société québécoise en bloc dans le camp libre-échangiste, cela rappelle tout au moins, et une fois de plus, que les positions politiques des syndicats et des organisations populaires n'étaient pas représentées au Parlement québécois. À la fin des années 1980, l'enjeu du libre-échange a aussi remis ce fait en évidence.

## CONCLUSION : VERS UN TOURNANT POLITIQUE DU SYNDICALISME ?

Un cycle d'évolution politique, marqué par la croissance quantitative et qualitative du mouvement syndical depuis le milieu des années 1950, est terminé. Avec le tournant de la décennie 1990, le pourcentage de syndicalisation, quelque peu en régression durant les années 1980, a dépassé de nouveau le cap des 40 %. Ce niveau semble cependant un plateau dans les circonstances actuelles (en raison notamment de l'impossibilité de l'accréditation multipatronale). Mais il peut contribuer aussi à entretenir quelque illusion sur la force numérique exceptionnelle du syndicalisme québécois si on la compare à celle de plusieurs autres pays. Le système de perception obligatoire des cotisations syndicales à la source, qui représente un acquis syndical, est un extraordinaire point d'appui pour assurer la force numérique du syndicalisme au Québec et au Canada. Dans d'autres pays, l'appartenance syndicale des travailleurs et les contributions financières reposent presque exclusivement sur le militantisme et l'engagement volontaire. Il est possible que ces conditions aient pu contribuer à la baisse spectaculaire des taux de syndicalisation là où la conjoncture économique favorisait le recul des syndicats.

174

Avec la disparition de l'Union nationale, le PQ est devenu l'une des deux formations dominantes d'un bipartisme reconstitué. Mais l'appui électoral qu'il pourrait solliciter de nouveau des syndicats sera obligatoirement négocié à la pièce, sans commune mesure avec ce qu'il représenta dans les années 1970. L'alliance entre ces deux forces ne peut plus désormais se fonder sur le même rapport de confiance, les positions économiques et sociales du PQ étant très semblables à celles du PLQ. Encore une fois, seule la question nationale représente un facteur de démarcation important entre les deux partis sur le plan électoral.

Nous avons constaté, au début de ce chapitre, que le syndicalisme des années 1950 a été amené, par le cours des événements, à se poser la question de sa propre représentation politique, avant même que des pans entiers de la force de travail aient pu accéder aux droits de s'organiser et de négocier. Il serait erroné d'attribuer à ce seul facteur l'échec de la première tentative de constituer, à partir des syndicats, un nouveau parti politique. Mais l'élargissement du syndicalisme par la suite et l'accroissement quantitatif de sa force numérique et organisationnelle lui ont effectivement conféré une influence et un poids politiques qu'il n'avait jamais eus antérieurement. Son rapport à l'État s'est aussi modifié du seul fait qu'une large fraction de ses nouveaux adhérents provenait des services publics et déployait une action d'envergure nationale.

Pourtant, la nouvelle puissance du syndicalisme, qui pouvait, en principe, faciliter son rôle de levier dans l'émergence d'une formation politique indépendante, n'a pas d'abord joué en ce sens. Elle a plutôt incité le mouvement syndical à agir lui-même comme groupe de pression politique, en profitant au maximum de l'ouverture qu'offrait la conjoncture post-duplessiste. Dans la mesure où son action semblait lui permettre de modifier les rapports de force en faveur de la population laborieuse, la question d'un parti politique indépendant prolongeant l'action revendicative parut revêtir moins d'importance.

L'idéologie d'un syndicalisme autosuffisant a progressivement imprégné toute son action, d'autant plus que l'entrée en scène du PQ semblait promettre à l'intervention syndicale un renforcement de son influence directe sur l'activité gouvernementale.

La pratique d'une telle orientation politique est conditionnée cependant par deux facteurs essentiels : d'une part, la possibilité effective d'obtenir des concessions réelles du gouvernement et du patronat ; d'autre part, la possibilité pour le système politique de produire une ou des alternatives (pour assurer l'alternance bi-partisane) qui représentent le changement et l'ouverture face à des partis et gouvernements *usés* et *rejetés*. Il est aisé d'imaginer que si ni l'une ni l'autre de ces conditions n'est respectée, il pourrait survenir une situation plus propice aux tentatives de structurer l'auto-représentation politique ouvrière, sous des formes dépassant qualitativement la simple non-partisanerie.

Si l'on tente d'évaluer la situation au milieu des années 1990, on peut dire que ces deux conditions ne sont pas pleinement réunies : les syndicats obtiennent peu de concessions réelles du gouvernement et du patronat et, sur les plans économique et social, ni l'un ni l'autre des partis en présence ne se présente comme une réelle solution de changement radical pour satisfaire leurs attentes. Mais du fait de la question nationale qui demeure, quoiqu'on le veuille, *l'enveloppe* de toutes les questions à résoudre, le PQ pourra continuer d'apparaître au syndicalisme comme une alternative au PLQ.

À partir de là, de quoi sera faite l'évolution politique du mouvement syndical, une évolution qui de toute façon ne peut pas être entrevue comme un processus linéaire ? Nous pensons que si une réelle avancée devait se produire pour le règlement de la question nationale, le débat sur l'action politique aurait tendance à ressurgir dans les syndicats non comme il y a vingt-cinq ans, avant que l'alliance avec un grand parti ait été tentée comme ce fut le cas avec le PQ, mais sur la base même de cette expérience. Cela, à terme, est un facteur supplémentaire de maturation, parce qu'il est difficile de concevoir un rapport non partisan plus étayé et complet que celui qui fut aménagé durant les années 1970 avec le Parti québécois. Pour cette raison, le syndicalisme québécois se trouvera inévitablement placé, à plus ou moins court terme, devant une alternative posant, d'un côté, la poursuite du recul de son influence économique et politique et, de l'autre, un engagement plus direct, compatible avec la préservation de son autonomie, dans la mise en forme d'un nouvel instrument partisan pour les classes populaires. Sa situation politique actuelle ne saurait être, en ce sens, que transitoire.

## NOTES

1. Nous avons traité de cette problématique dans Roch Denis et Serge Denis, *Les Syndicats face au pouvoir*, (Ottawa, Vermillon, 1992), dont nous reproduisons ici quelques passages, avec l'aimable autorisation de l'éditeur. Le lecteur intéressé pourra aussi se reporter à ce livre pour une analyse comparative de l'évolution politique du mouvement ouvrier au Québec et au Canada anglais, depuis les années 1960.
2. La FUIQ, formée en 1952, regroupe quelque 30 000 membres ; elle fusionne avec la Fédération provinciale du travail du Québec (FPTQ) en 1957 pour former la FTQ.
3. On sait qu'en 1958 la FTQ a fait sien le projet de création d'un nouveau parti qu'avait lancé le Congrès du travail du Canada. Créé en 1961, ce parti a pris le nom de Nouveau Parti démocratique. Mais des désaccords sur les questions constitu- tionnelles et sur les rapports d'organisation à établir entre la section québécoise et le parti pancanadien ont conduit rapidement la nouvelle formation au Québec à l'impasse. Elle s'est divisée bientôt en deux organisations, une aile provinciale du NPD pancanadien pour les élections fédérales et un parti « séparé » pour les élections provinciales, appelé Parti socialiste du Québec (PSQ). Devant toutes ces difficultés, la FTQ s'éloigne, à partir de 1963, du processus engagé. Le NPD au Québec et le PSQ, qui allait disparaître en 1968, ne parviendront pas à s'enraciner.
4. Dont les principales manifestations seront alors longuement démontrées dans les rapports de la Commission royale d'enquête sur le bilinguisme et le biculturalisme (commission Laurendeau-Dunton).
5. C'est ce fait, à notre avis, qui rend principalement compte du fait que le nationa- lisme québécois se situe dorénavant en discontinuité par rapport aux spéculations philosophico-religieuses et aux thèmes ultramontains qui avaient jusque-là survécu dans les divers courants autonomistes.

6. À cet égard, les contributions écrites par des représentants reconnus de chacun de ces courants, dans N. Laurin-Frenette et J.-F. Léonard (dir.), *L'Impasse*, Montréal, Nouvelle Optique, 1980, sont fort révélatrices.

7. Voir, entre autres textes, le rapport moral de Marcel Pepin au congrès de 1966 de la CSN, intitulé *Une société bâtie pour l'homme*.

8. Dans le rapport moral présenté au congrès de la CSN en 1970, *Un camp de la liberté*, on parle de «la collusion de l'État et du pouvoir économique [qui] a donné naissance à un super pouvoir économique-politique», rapporté par L. Favreau et P. L'Heureux, 1984, p. 58.

9. Voir son rapport *Un seul front*, discours inaugural au 12$^e$ congrès de la FTQ, Montréal, 1971, p. 15-16.

10. Il est intéressant de noter avec Louise Quesnel-Ouellet que l'engagement syndical nouveau en politique municipale correspond notamment aux «modifications apportées aux règles électorales (suffrage universel, tenue des élections) en 1968» dans les villes et municipalités par législation provinciale, qui incitèrent ainsi davantage à une participation organisée; Louise Quesnel-Ouellet, «Les partis politiques locaux au Québec» dans Vincent Lemieux (dir.), *Personnel et partis politiques au Québec*, Montréal, Boréal Express, 1982, notamment les pages 279 et 280.

11. Déclaration reproduite de *La Presse*, 29 août 1970.

12. CSN, *Élections générales, Québec : 29 octobre 1973*, Orientation n⁰ 2, Montréal, 1973.

13. Marcel Perreault, président du Conseil du travail de Montréal (FTQ), précisa d'ailleurs que les syndicats appuyaient le RCM «malgré le fait [qu'il] n'est pas un parti des travailleurs» (texte de la conférence de presse du Conseil régional intersyndical de Montréal, jeudi 7 novembre 1974). La disparition du FRAP, en ce sens, illustrait et symbolisait à la fois le net recul de l'option «troisième parti» ouvrier dans les syndicats du Québec.

14. Du côté de la CSN, par exemple, on entendit :
«Je pense que les syndiqués seraient d'accord pour accepter des fusions de postes (dans le domaine de la santé) qui auraient été impensables sous l'ancien gouvernement [...]» *Le Devoir*, 19 novembre 1976.
À la FTQ, en février 1977, s'ouvrit une discussion sur les questions suivantes :
«Les militants croient-ils possible que leur centrale s'engage [...] à réduire certaines revendications pour "donner sa chance au PQ"?
«Peut-on aller jusqu'à prendre l'engagement de restrictions volontaires au niveau des revendications salariales? Si oui, à quelles conditions?» (*Le Monde ouvrier*, journal de la FTQ, février 1977).

15. Encore que ces réformes aient été inégalement appréciées selon les centrales, la FTQ se montrant en règle générale plus réceptive : *e.g.*, loi sur les accidents de travail, loi «anti-scab», etc.

16. D'abord, à notre avis, la reconnaissance généralisée de la négociation multipatronale : compte tenu de la structure économique de la province, un véritable nouveau pas en avant des syndicats exige un cadre juridique de cette nature. L'exemple de la loi 290 dans la construction, qui avait centralisé et unifié les

négociations pour l'ensemble de ce secteur en 1969, était vu comme une référence positive à cet égard par le mouvement syndical.

17. Par exemple, à son congrès de 1977 où elle définit déjà la situation économique comme la pire depuis la crise des années 1930, la CSN demande la création de secteurs économiques d'entraînement – en utilisant au besoin l'arme de la nationa-lisation, l'établissement d'un système bancaire québécois ou, parmi d'autres moyens, la «transparence économique» des entreprises (Favreau et L'Heureux, 1984, p. 128).

18. Dans leur *Mémoire commun sur le projet de loi 53*, présenté au gouvernement en décembre 1977, les trois centrales soulèvent, par exemple, l'idée d'une transpa-rence de la fonction publique, que les dossiers et documents préparés par les employés de l'État, notamment ceux du ministère du Travail et de la Commission des accidents du travail, devraient circuler librement et alimenter le débat public, qu'on devrait séparer la fonction publique des préoccupations des partis au pouvoir et la lier davantage à la population. Comme il ne le fait pas, on dit que le PQ ne respecte pas ses promesses électorales (voir p. 2 et suivantes).

19. Si Robert Burns (de la CSN) est membre du permier cabinet Lévesque, c'est après 1979 que les Clément Richard (CSN), Guy Chevrette (CEQ), Robert Dean (FTQ), etc., y ont accédé. Au fil des ans, la FTQ s'est avérée la centrale la plus liée au Parti québécois. Elle est probablement la centrale pour laquelle l'hypothèse ici esquissée s'applique le plus directement.

20. Voir Rouillard (1989, p. 379-380), pour une explication de la situation particulière de la CEQ; la CSN appuya officiellement le «oui» le 11 avril 1980, lors d'une réunion spéciale de son conseil confédéral; quant à la FTQ, 2 500 délégué(e)s réuni(e)s en un congrès spécial adoptèrent à la quasi-unanimité le 19 avril 1980 l'appui au «oui» référendaire, comme le leur proposait le conseil général de la centrale.

21. La CSN se prononça en faveur de la souveraineté à son 55e congrès, tenu du 5 au 11 mai 1990; la CEQ fit de même à son 32e congrès, tenu du 26 au 30 juin 1990; la FTQ rendit publique sa prise de position souverainiste le 23 juin 1990.

22. Par exemple, par des aspirants issus du mouvement syndical, qu'on aurait présentés aux assemblées d'investiture du PQ lors des mises en nomination. Développement qui est demeuré à l'état d'indice cependant, et qui nous a été mentionné lors d'une entrevue avec des militants syndicaux du Nord-Ouest québécois.

## BIBLIOGRAPHIE

ARCHIBALD, C., 1983, *Un Québec corporatiste ?*, Hull, Asticou.

BERNIER, G. et R. BOILY, 1985, *Le Québec en chiffres, de 1850 à nos jours*, Montréal, Acfas, (Collection «Politique et Économie»).

BRUNELLE, D. et P. DROUILLY, 1985, «Analyse de la structure socio-professionnelle de la main-d'œuvre québécoise» dans *Interventions économiques*, nos 14-15, p. 233-260.

CARLOS, S. et D. LATOUCHE, 1976, «La composition de l'électorat péquiste» dans LATOUCHE, D., G. LORD et J.-G. VAILLANCOURT, *Le Processus électoral au Québec : les élections provinciales de 1970 et 1973*, Montréal, HMH.

CEQ, 1980, *Communiqué de presse*, 3 octobre, Québec.

CEQ, 1990, Résolution générale du 32e congrès, 26-30 juin, Québec.

CEQ, 1974, *Documents du 24e congrès*, juin-juillet, Québec.

CEQ, Bureau national, 1977, *Documents pour le Conseil général*, 14 mars, Québec.

COMITÉ DES DOUZE, 1973, *Évaluation de la réflexion collective sur le document «Ne comptons[...]»*, Montréal, Cahier Orientation, CSN.

CSN, 1971, *Déclaration de principes*, Montréal.

CSN, 1973, *Élections générales, Québec : 29 octobre 1973*, Cahier Orientation no 2, Montréal.

CSN, Exécutif de la, 1977, *Rapport d'orientation : la CSN aujourd'hui*, Montréal, 48e congrès régulier.

CSN, 1979, *Cahier des résolutions*, Montréal, congrès spécial, 1er et 2 juin.

CSN, 1982, «La faillite du gouvernement du Parti québécois», document soumis au Conseil confédéral, Montréal, 17 décembre.

CSN, 1990, «Rapport du Comité exécutif», Montréal, 55e congrès, 5-11 mai.

CSN-CEQ, 1984, *L'Histoire du mouvement ouvrier au Québec*, Montréal, Confédération des syndicats nationaux et Centrale de l'enseignement du Québec.

CSN-CEQ-FTQ, 1977, *Mémoire commun sur le projet de loi 53*, Montréal, décembre.

CSN-CEQ-FTQ, 1982, (avec la Société Saint-Jean-Baptiste, section Montréal, le Mouvement national des Québécois-es et l'Alliance des professeur(e)s de Montréal), *Déclaration conjointe des présidents de la CSN, CEQ, FTQ, SSJB-M, MNQ et APM*, Montréal, 11 décembre.

CTC, 1983, «Résolution d'action politique», colloque spécial, «L'égalité maintenant», Québec, 5-8 mars.

DENIS, R., 1979, *Luttes de classes et question nationale au Québec, 1948-1968*, Montréal, Paris, PSI-EDI.

DENIS, S., 1984, «Développements, tensions et lignes de clivage du mouvement ouvrier au Canada», dans BERNIER, G. et G. BOISMENU (dir.), *Crise économique, transformations politiques et changements idéologiques*, Montréal, Cahier de l'Acfas, no 16, p. 373-398.

DROUILLY, P., 1990a, «Une analyse des résultats de 1985» dans Roch DENIS (dir.), *Québec : dix ans de crise constitutionnelle*, Montréal, VLB, p. 105-110.

DROUILLY, P., 1990b, «L'élection du 25 septembre 1989» dans Roch DENIS (dir.), *Québec : dix ans de crise constitutionnelle*, Montréal, VLB, p. 260-267.

FAVREAU, L. et P. L'HEUREUX, 1984, *Le Projet de société de la CSN*, Montréal, CFP-Vie ouvrière.

FLEURY, G., 1984, *Évolution de la syndicalisation*, Montréal, Centre de recherche et de statistiques sur le marché du travail.

FOURNIER, M., 1979, *Communisme et anti-communisme au Québec, 1920-1950*, Montréal, Albert Saint-Martin.

FRASER, G., 1984, *Le Parti québécois*, Montréal, Libre Expression.

FTQ, 1979, *La FTQ et la question nationale*, Montréal.

FTQ, 1990, 23 juin, « Le temps de la souveraineté est venu » dans *La Presse*.

HAMILTON, R. et M. PINARD, 1984, « The class bases of the Quebec independence movement : conjectures and evidence » dans *Ethnic and Racial Studies*, vol. 7, n⁰ 1 (janvier), p. 19-54.

HAUPT, G., 1981, « Socialisme et syndicalisme » dans *Jean Jaurès et la classe ouvrière*, Paris, Les éditions ouvrières, p. 29-66.

INGERMAN, S., 1983, « La syndicalisation dans le contexte économique québécois » dans *La Syndicalisation dans le secteur privé au Québec*, 38ᵉ Congrès des relations industrielles de l'Université Laval, Québec, les Presses de l'Université Laval, p. 37-69.

LABERGE, L., 1971, *Un seul front*, Montréal, FTQ.

LABERGE, L., 1975, *Cible et force de frappe*, Montréal, FTQ.

LAMOUREUX, A., 1985, *Le NPD et le Québec*, Montréal, du Parc.

LAROSE, G., 1980, « Les syndicats et le référendum » dans LAURIN-FRENETTE, N. et J.-F. LÉONARD (dir.), *L'Impasse*, Montréal, Nouvelle Optique.

LAVIGNE, M., 1992, « Les femmes et la Révolution tranquille, 30 ans après : bilan et perspectives » dans M.-R. LAFOND (dir.), *La Révolution tranquille, trente ans après : qu'en reste-t-il ?*, Hull, de Lorraine.

PEPIN, M., 1966, *Une société bâtie pour l'homme*, Montréal, CSN.

PEPIN, M., 1970, *Un camp de la liberté*, Montréal, CSN.

PEPIN, M., 1970, *Le deuxième front* et *Pour une société bâtie pour l'homme*, 2ᵉ édition, Montréal, CSN.

PEPIN, M., 1976, « Mémo à tous les syndicats affiliés », Montréal, CSN, 10 février.

ROUILLARD, J., 1989, *Histoire du syndicalisme québécois*, Montréal, Boréal.

# CHAPITRE 8

## Le rôle des mouvements de femmes dans l'élargissement de la citoyenneté au Québec[1]

### YOLANDE COHEN

La problématique des mouvements sociaux a renouvelé la réflexion sur le politique en y introduisant différentes conceptions du changement social. Comment les mouvements féministes ont-ils transformé le débat politique? Leur rapport au pouvoir réside-t-il dans sa contestation ou dans les formes de contre-pouvoir qu'ils mettent en place? Ou bien sont-ils des avant-gardes de groupes minorisés cherchant une intégration différenciée dans l'espace démocratique? Alors que les théories du changement paraissent caduques, en particulier celles qui sont inspirées de la théorie marxiste, on s'interroge sur le rôle des mouvements sociaux anciens et nouveaux dans le développement des démocraties (Touraine, 1994).

Le renouvellement de l'historiographie sur les révolutions, par exemple, alimente un scepticisme sur leur capacité à engendrer des changements bénéfiques à tous et viendrait corroborer des observations faites au lendemain de la révolution russe par un Marcel Mauss (1969) : il n'y a de changement durable et profond d'une société que si celle-ci y parvient à la suite d'un engagement de la grande majorité de sa population. Hostile aux révolutionnaires professionnels, Mauss se prononce pour un élargissement de la démocratie et de ses mécanismes de fonctionnement (Fournier, 1994).

Réfractaires à toute manipulation par une minorité agissante et férocement critiques à l'égard de la société post-industrielle et des formes d'aliénation qu'elle produit, les nouveaux mouvements sociaux des années 1970, dont le féminisme est issu, auront précisément pour effet, sinon toujours pour but, d'élargir les assises de la démocratie. Ainsi, le féminisme, me semble-t-il, a d'emblée offert à la démocratie ses plus grands espoirs contemporains de rédemption : le système sortira-t-il grandi de sa confrontation fructueuse avec la revendication d'inclusion des femmes? Encore faudrait-il que la proposition égalitaire contienne toute la revendication féministe et que, condition encore plus aléatoire, la démocratie soit encore considérée par tous comme le système politique le plus adéquat. Cette réflexion complexe relève plus de la philosophie politique que de l'étude circonstanciée d'un mouvement à une époque donnée (Kymlicka, 1990)[2]. Pourtant, nous le verrons, nous ne pouvons poser la question des femmes dans son historicité sans faire référence plus largement à ce débat, tel qu'il transparaît dans des écrits et des pratiques féministes.

Or, comme de nombreux mouvements à volonté révolutionnaire, le féminisme des années 1970 s'est auto-proclamé référence suprême et modèle universel de la libération des femmes. Du passé, il a prétendu faire table rase, comme le mouvement contestataire dont il est issu; ce qui n'a pas manqué d'avoir des répercussions durables sur la façon dont les historiennes féministes ont *reconstitué l'histoire*. Il a aussi généré un immense espoir de changement : en dénonçant les règles politiques patriarcales ou sexistes, il démontrait l'inadéquation de la pseudo-démocratie occidentale à prendre en considération la place des femmes. Contestant le caractère universel du suffrage masculin jusqu'en 1940 au Québec, et excluant Amérindiens et Inuit, la critique féministe récusait la structure politique même qui devait être radicalement transformée pour faire place aux femmes et aux plus démunis. L'exclusion de la grande majorité des femmes du pouvoir politique et des sphères de pouvoir fut alors le point de départ d'une réflexion concertée de la part des chercheuses et militantes féministes en vue de reconceptualiser le politique en tenant compte de cette variable.

L'ambition initiale du mouvement dépassait de loin la seule revendication de l'inclusion des femmes dans les sphères du public ; il s'agissait plutôt de transformer les concepts du politique pour les rendre plus aptes à rendre compte de la place occupée par les femmes dans les sociétés démocratiques (Vickers, 1989)[3]. En quoi le mouvement féministe s'est-il fait l'écho d'un sentiment largement partagé ? Comment s'est réalisée la jonction entre le mouvement et les femmes ? Se peut-il qu'une critique si radicale du pouvoir patriarcal ait éloigné ses militantes de la vie politique de façon durable ? Ou, au contraire, a-t-il ouvert la voie à d'autres femmes en politique ?

Nous chercherons ici à déceler ce qui, dans les propositions véhiculées par les mouvements féministes québécois, a pu faire basculer les représentations des femmes, dans l'ordre politique et dans l'ordre symbolique. Il n'est pas question, cela va de soi, d'être ni exhaustif ni objectif : un tel essai participe du questionnement critique sur la citoyenneté en cours tant dans les instances politiques que dans les instances académiques qui produisent et statuent sur les discours.

Tâchons aussi de mieux comprendre les critiques féministes du pouvoir. Que peut-on dire aujourd'hui de l'influence des femmes et de leurs regroupements dans la vie politique ? S'agit-il de revendications d'intégration ou s'agit-il de mouvements contestaires réfractaires à toute inclusion ? Nous aborderons ces questions sous l'angle particulier de l'exercice par les femmes de leur citoyenneté au XX$^e$ siècle, en nous appuyant sur l'exemple québécois.

J'essaierai de montrer les tendances qui me semblent les plus significatives, au Québec et au Canada, en commentant ce qui est considéré comme *le modèle normal de l'intégration* en politique, le vote, les élections et la participation des femmes à la vie partisane, et en analysant les stratégies alternatives mises en place par certains groupes de femmes.

## *FÉMINISME, NATIONALISME ET ÉTAT-PROVIDENCE OU COMMENT LA BATAILLE POUR LE SUFFRAGE FUT PARTIE INTÉGRANTE DU MOUVEMENT FÉMININ DE RÉFORMES SOCIALES*

À la recherche de documents attestant l'exclusion des femmes de la vie politique, des militantes et historiennes féministes découvrent l'existence de groupements de femmes en faveur de réformes sociales et pour l'obtention du droit de vote dans les années du tournant du siècle. Elles découvrent des héroïnes aux revendications osées, que l'on a par la suite statufiées pour leur courage à mener une lutte dont on comprenait qu'elle était inégale. Bien qu'aboutissant sur le coup à un échec, le combat des Québécoises pour obtenir le droit de vote du gouvernement Taschereau apparaît avant-gardiste. Certes, les femmes québécoises participent aux élections fédérales où elles ont le droit de vote depuis le 24 mai 1918, mais elles ne peuvent exercer ce droit dans leur propre province. Les conséquences de cet échec ont conduit à en chercher l'explication dans l'aliénation des femmes et dans le refus catégorique du clergé catholique de voir les femmes entrer dans la vie politique.

Alors que la première vague féministe se serait donné comme objectif essentiel l'acquisition du droit de vote pour les femmes, elle aurait échoué devant l'intransigeance des tenants de l'idéologie cléricale et nationaliste. Les Marie Gérin-Lajoie, Caroline Beique et Justine Lacoste-Beaubien, fondatrices de la Fédération nationale Saint-Jean-Baptiste (FNSJB) en 1907, femmes de la bourgeoisie ayant épousé les thèses du libéralisme bourgeois, tentent bien d'ajouter des revendications politiques aux mesures sociales qu'elles préconisaient déjà. Mais on a attribué au clergé la responsabilité d'avoir dissuadé Marie Gérin-Lajoie de continuer sa campagne en faveur du droit de vote, parce que son obtention détruirait cette valeur sacrée à leurs yeux qu'est la famille (Lavigne, Pinard et Stoddart, 1983 ; Trofimenkoff, 1986). Désormais soumise à la volonté de son évêque, la Fédération consolide son œuvre de réforme sociale et tente d'obtenir des avantages accrus pour les femmes dans les sphères de la philanthropie sociale.

Sa dissidence fut de courte durée, et somme toute assez vaine dans l'immédiat ; bien moins vaine était l'action sociale engagée par les 22 groupes qui lui étaient affiliés. Si cet aspect des activités de la Fédération, qui touchait les domaines de la charité, de l'éducation et de l'action économique, était tangible pour les milliers de femmes qui en ont bénéficié, il n'est pas apparu aussi notoire pour de nombreuses féministes des années 1970 qui l'attribuaient au rôle traditionnel des femmes. Ce rôle, rappelant trop l'asservissement des femmes au clergé, fut d'emblée rejeté comme porteur d'obscurantisme et de conservatisme peu propice à éclairer le présent. Cherchant avant tout à souligner la conscience féministe des pionnières, on a salué l'action de ces premières héroïnes, qui ont su déployer leur lutte sur le terrain de l'égalité des droits.

Pour des raisons qui relèvent d'une collusion opérée dans les années 1960 et 1970 entre féminisme et nationalisme progressiste, les recherches sur le suffrage féminin ont peu considéré le rôle de ces associations féminines dans le processus d'élargissement de la sphère publique des femmes. Du fait de l'influence considérable de l'Église sur elles, il ne paraissait pas possible que les femmes aient pu s'émanciper de sa tutelle. C'est pourquoi l'analyse qui prévalut pendant un temps au sein du féminisme fut celle de l'aliénation de ces femmes et de leur subordination à l'idéologie cléricale : la philanthropie ne serait pour les femmes qu'une autre manière d'appliquer les préceptes de la charité chrétienne. Et, même si ces organismes revendiquaient des droits égaux, cette demande venait loin derrière leur volonté de cohésion sociale.

Se démarquant de cette perspective, Laurin, Juteau et Duchesne (1991) ainsi que Eid et Laurin-Frenette (1980) et Danylewicz (1988) préfèrent parler d'appropriation des femmes par l'Église, ce qui leur permet de mettre en valeur le travail considérable effectué par les communautés religieuses dans des secteurs comme l'éducation et les services sociaux, et d'expliquer la prégnance des idéaux chrétiens dans la structuration du marché de l'emploi féminin. Le débat se jouerait fondamentalement entre l'Église et l'État, ne laissant qu'une place marginale aux activités volontaires, surtout féminines.

Ainsi, à trop vouloir tirer ces associations vers le féminisme contemporain, ou à en ignorer l'influence, on a tendance à sous-estimer la portée des revendications sociales que celles-ci avançaient. On a aussi fait porter au clergé la responsabilité principale de l'échec d'une campagne pour le suffrage, alors qu'elle était tout aussi mal vue par la majorité des groupes de femmes, Cercles de fermières en tête. Les arguments de ces associations contre le droit de vote sont connus : assimilés sans autre distinction à l'idéologie cléricale et nationaliste, ils s'appuient sur la division artificiellement établie entre le privé et le public, confortant les femmes dans un rôle privé, même si leur action sociale dépasse largement la sphère dite privée. Soulignant que la revendication du droit de vote est avant tout portée par des organismes de femmes anglo-protestants de Montréal, l'Église n'a pas manqué de ranimer des vieilles querelles. Les dissensions entre l'organisation mère anglophone et non confessionnelle, le Montreal Local Council of Women, et sa réplique francophone et catholique, la FNSJB, ne furent pas de nature à aider la cause des droits des femmes.

La condamnation sans appel de ces groupes a fini par masquer une dimension plus profonde et apparemment paradoxale de leur action. C'est au sein de ce mouvement de réformes, caractérisé par un féminisme social, appuyé sur les devoirs sociaux des femmes qu'émerge et se développe un féminisme des droits. À partir de quand et comment s'ouvre la brèche qui conduit les Canadiennes anglaises d'abord et les Québécoises ensuite sur le chemin de l'égalité des droits ?

### Le mouvement féminin de réformes sociales

La période du tournant du siècle est celle qui voit l'éclosion d'une nuée d'organisations de femmes qui s'inscrivent dans ce que les Canadiennes anglaises et les Américaines ont caractérisé comme un mouvement de réformes. Des milliers de femmes se sont mobilisées dans des campagnes en faveur de la tempérance, d'une meilleure hygiène, de logements plus salubres, de l'amélioration des conditions de vie et de santé des enfants en particulier, etc. Largement documenté pour le Canada, ce mouvement se fit sentir partout en Amérique du Nord, alimentant des controverses fort intéressantes sur le sens à lui donner[4]. D'abord entrevu comme le fait des femmes des classes moyennes et bourgeoises, il fut largement critiqué pour son *incapacité* à sortir les femmes des rôles stéréotypés qui leur étaient assignés (Errington, 1988)[5]. Réformiste, ce mouvement fut aussi critiqué pour son conservatisme et sa manipulation par des femmes des classes aisées (Kealey, 1979).

Toutefois, ce sont ces mères de famille, celles que Veronica Strong-Boag (1986) appelle les *club women*, qui transforment leur rapport à la vie publique. Elles considèrent de leur devoir moral d'intervenir dans la sphère publique pour la réformer et lui donner des qualités féminines. Si de telles revendications paraissent à première vue consolider la subordination de ces femmes aux hommes politiques, elles ont en fait la

184

vertu de sortir la grande majorité des femmes des rôles privés qui leur sont assignés. C'est pourquoi l'on redécouvre aujourd'hui ces mouvements de réformes sociales. L'importance de ces activités de réformes dans l'émergence d'une revendication de droits égaux (dont celle pour le droit de suffrage) et dans la mise sur pied de l'État-providence est au centre de l'investigation (Black, 1989; Strong-Boag et Fellman, 1986; Bock et Thane, 1991; Skocpol, 1993a, 1993b).

La revendication du droit de suffrage ne peut se comprendre que dans ce contexte. Cette ère de féminisme dit social ou maternel est revisitée pour montrer l'étendue des réformes obtenues, attestant les stratégies particulières qui furent employées par ces groupes pour arriver à leurs fins. Face à l'irréductible opposition des parlements à leurs revendications, de nombreuses féministes adoptent alors une stratégie qu'elles considéreront comme plus fructueuse, à savoir la revendication de donner aux *mères* le plein accès à la citoyenneté. Toute une série de mesures sont alors mises de l'avant pour récompenser la maternité sociale : élevée au rang de devoir national, la maternité doit légitimer l'obtention de bénéfices (allocations de maternité) et de droits, en particulier le suffrage. On assiste à l'émergence d'un État maternel, dont Skocpol (1993) prétend qu'il provient en grande partie du transfert des pouvoirs des associations de femmes.

Pour le Québec, ce processus est également amorcé par de nombreuses associations. Le courant dit de *la maternité sociale* a été un des terreaux les plus fertiles de l'élargissement des rôles sociaux des femmes.

## L'État maternel

En fait, les figures marquantes du mouvement suffragiste partageaient avec la majorité des autres groupes de femmes une conception maternelle de la citoyenneté : c'est pourquoi elles se rangent sans mal à la décision de se retirer du Comité provincial pour le suffrage féminin, fondé pourtant en 1922 par Marie Gérin-Lajoie. Leur ambiguïté n'est pas celle que l'on y voit : elle est celle de femmes tentant d'obtenir un maximum d'avantages pour toutes les femmes sans remettre en cause le rôle qu'elles considèrent comme essentiel dans la famille. L'action de minorités agissantes fermement décidées à obtenir des droits pour les femmes n'a pas prévalu au Québec, et c'est sous la houlette de grandes organisations aux allures conservatrices que la plupart des femmes se rassemblaient. Car, il ne faut pas l'oublier, le caractère sacré de l'appartenance nationale prédominait sur toutes les autres considérations, ce qu'on a appelé par ailleurs la nationalisation des femmes (Thébaud, 1992). L'Église fut partie prenante de ce processus et raviva la flamme nationale en menaçant d'excommunication toutes celles qui ne s'y conformeraient pas.

Ces paramètres encadrent l'action politique des femmes et c'est pourquoi l'élargissement de la sphère publique à laquelle certaines d'entre elles aspirent passe par le mouvement de réformes sociales. Le travail considérable déployé et le succès qu'elles obtiennent sont clairement attestés par les progrès de l'hygiène et de la santé publique dans une ville comme Montréal. Le développement d'unités sanitaires directement issues du mouvement hygiéniste animé par des femmes, des médecins éclairés, des réformistes visionnaires montre l'étendue du changement opéré (Desrosiers, Gaumer et

Keel, 1991 ; Cohen et Gélinas, 1989). Le rôle essentiel des associations bénévoles de femmes dans la mise sur pied et l'administration des hôpitaux, comme celui de Sainte-Justine (Charles, 1990), indique également l'existence de secteurs entiers de la santé qui échappent au contrôle absolu de l'Église. Que ce soit dans les zones rurales ou dans les zones urbaines, le regroupement des femmes dans des clubs, associations, amicales et autres se manifeste. Les zones rurales et semi-rurales, que l'on dit retardataires, ne sont pas en reste. L'association des Cercles de fermières n'aura de cesse, depuis sa fondation en 1915, qu'elle n'établisse toutes les formes d'entraide entre femmes de la campagne et, surtout, ménagères dans les petites villes et villages (Cohen, 1990). L'acquisition d'une certaine autonomie des Cercles par rapport à l'Église est fulgurante, et les Cercles seront parmi les agents qui feront évoluer le discours clérical en faveur du catholicisme social, alors minoritaire au sein du clergé québécois (Cohen et Van Den Dungen, 1994)[6], avant de procéder à une rupture douloureuse avec l'Église en 1944. Sans entrer dans la démonstration faite ailleurs, nous pouvons affirmer que la demande d'assistance adressée par les Cercles à l'État (symbolique dans leur cas) eut pour résultat de les sortir de la tutelle de l'Église et de leur permettre de former une association plus autonome. Elle est emblématique des attentes qu'elles avaient face à l'État québécois. Les Cercles y voyaient le guide éclairé qui soutiendrait leur action de réformes sociales tout en reconnaissant sa valeur et en leur conférant le pouvoir qui y correspondait.

Tous ces groupes ne sont évidemment pas semblables : des intérêts divergents les opposent. Ils se rejoignent sur une conception commune du rôle des femmes, établi sur la notion de service et de devoir plutôt que sur celle plus contemporaine de droits. Pourtant, on voit déjà à l'œuvre une autre conception de l'engagement politique qui se disait alors plus simplement public. Leur pratique de la citoyenneté ne passait pas par le parti politique mixte mais par le regroupement de femmes pour l'obtention de mesures qui devaient satisfaire des besoins précis et particuliers.

C'est aussi ce qui leur fut reproché. Réclamant une stricte neutralité dans l'appréciation de ces activités, ou à tout le moins une perspective égalitaire pour l'étude des rapports hommes-femmes, on reproche à cette perspective d'être basée sur un double standard (Lamoureux, 1991)[7]. Pourquoi devrait-on qualifier l'action sociale des femmes de philanthropique et dire de celle des hommes qu'elle conduisit à l'émergence du socialisme et du communisme ? Outre que cette interprétation reprend à son compte la vision étroitement politicienne qu'elle critique, elle fait fi de la réalité historique étudiée. Les groupes qui se réclament du féminisme social n'ont pas eu pour objectif de se constituer en parti.

Sous-jacente à ce type d'analyse se profile une conception du changement politique qui pour les femmes aussi aurait dû passer par la constitution d'un parti pour qu'elle soit valide. Que le mouvement de réformes ait donné naissance notamment au service social ne suffit pas à conférer un crédit politique à l'action de ces femmes. Même si l'on reconnaît le bien-fondé de ces politiques pour soutenir le rôle essentiel des femmes dans la famille et dans la mise en place d'un État-providence, on n'en tire pas de conclusion sur la possibilité qu'ont eue ces femmes d'exercer leur devoir de citoyennes d'une manière différente. Une telle critique récuse l'articulation de la différence sexuelle à des fins politiques. On n'imagine pas que ces organisations ont dû développer des stratégies alternatives pour passer outre à l'exclusion politique. Il aurait fallu en somme qu'elles se comportent comme nous aurions aimé qu'elles le fassent aujourd'hui, comme des féministes radicales, ou comme quelques-unes d'entre elles l'ont fait[8].

## L'État-providence

On doit plutôt s'interroger sur les raisons qui ont conduit ces associations à faire confiance à l'État pour gérer et conduire leurs revendications. À ce titre, l'histoire des associations féminines happées par l'État-providence et sa bureaucratie est porteuse d'enseignements utiles. Elle atteste des changements majeurs dans la conception que l'on se faisait de la citoyenneté : à la base, ces associations bénévoles, charitables et même professionnelles croient en la capacité de l'État d'être l'arbitre des conflits qui les opposaient à l'Église ou entre elles. Elles remettent alors une grande partie de leurs prérogatives et de leurs compétences entre les mains de l'État sous le prétexte qu'il représente la démocratie et peut gérer les intérêts des plus démunis en bonne mère de famille. Cela n'est possible que parce que, de son côté aussi, l'État a tout intérêt à élargir ses sphères d'influence. Au sommet, l'État procède au début du siècle à une redéfinition de la citoyenneté. Loin de se résumer à l'énumération de droits égaux, la citoyenneté est entrevue par les pères du *Welfare State*, Beveridge, Tittmuss et T. H. Marshall, comme une responsabilité politique et sociale (Harris, 1975). Susan Pedersen (1990) le résume en ces termes[9]: «Est citoyen, celui qui non seulement participe à la vie politique de la cité et a des droits politiques, mais aussi celui qui contribue au bien-être économique et social du groupe et en tire des bénéfices sociaux et économiques *(entitlements).*» Cette définition est par essence inclusive des femmes qui se trouvent aux premières places de ce mouvement, l'inspirent et l'animent.

Telles sont quelques-unes des raisons qui ont conduit la majorité des femmes dans les années 1920 à s'engager dans l'action sociale : pour elles, cela signifiait non pas leur retrait de la vie publique mais son investissement à partir de leurs propres préoccupations ; elles la considéraient comme une action civique. Le droit de vote n'en était qu'un aspect, mineur pour beaucoup d'entre elles. C'est également à partir de leur conception de la vie familiale et de la défense de la langue, très inspirée du catholicisme, que les femmes se font les chantres du nationalisme canadien-français, forme particulièrement aiguë de leur engagement dans la vie politique nationale.

Leur action a eu en outre des conséquences politiques considérables qu'il ne s'agit pas d'escamoter. Cet élargissement des sphères d'intervention de l'État dans les années 1920 et 1930 a conduit, on le sait, à un envahissement toujours plus grand de ce que l'on appelle le privé, et à un État minotaure. En conférant leurs prérogatives à un État dont elles apprirent vite qu'il n'était ni neutre ni bienveillant, les associations de femmes ont été flouées. Elles ne devinrent jamais des partenaires reconnues de l'État, avec le pouvoir qui aurait dû leur revenir ; elles devaient même lui quémander le droit d'exercer leurs prérogatives, pour les professions sanitaires par exemple, tandis que l'action certes autonome des associations dépassait rarement le cadre du groupe de pression relégué à l'antichambre des ministres. Leur acceptation de la complémentarité des rôles sexuels, qui s'apparente à une acceptation d'un statut de citoyen de seconde zone, devint très vite identifiée à leur subordination à l'État.

Certaines critiques vont jusqu'à dire que cette subordination fonde la société patriarcale. C'est la théorie du contrat sexuel de Carole Pateman. Récusant l'asservissement structurel des femmes par les hommes, Pateman (1988), dans un essai remarqué, argumente que la domination qui s'exprime dans le contrat sexuel est ce qui fonde et légitime l'existence du contrat social. Sans l'effacement de la famille, ou du travail féminin dans la famille – cette dernière décrétée comme relevant de l'ordre privé –, la vie politique contemporaine n'existerait pas comme telle. La discrimination sexuelle est-elle alors la règle de la vie politique en démocratie ?

Si cette analyse se justifie en théorie, en pratique elle est caduque. Loin d'ignorer les familles et le contrat sexuel qui subordonne les femmes aux hommes, l'État-providence s'immisce dans la vie des familles et la réglemente[10]. Pedersen insiste sur l'aspect contingent de ces décisions, qui s'accompagnent d'une prééminence nouvelle de l'État dans un domaine qui était du ressort presque exclusif des associations charitables (surtout féminines), et j'ai pu également en faire la preuve en ce qui concerne les Cercles de fermières et certaines associations professionnelles. L'analyse historique de ce processus nuance considérablement l'analyse politique : l'exclusion des femmes de la citoyenneté politique dans les années 1920 est récusée dans les années 1940. Un tel renversement atteste une profondeur de l'action de ces associations de femmes qui, bien au-delà des résultats politiques immédiats, a orienté leurs membres vers une affirmation de soi. En ce sens, et quoi qu'on en dise, ces groupes ont pavé la voie du féminisme contemporain, au Québec aussi.

Loin de s'être désintéressé de la vie privée, l'État a intégré à ses fonctions les principales prérogatives des femmes. Reléguées au rôle de femmes-mères, certaines militantes féministes réalisent l'importance de l'obtention de droits égaux. Le principal revirement qui s'est opéré dans les années 1950, à la faveur des revendications féministes aussi, fut de ne plus lier les allocations et autres avantages sociaux distribués par l'État aux qualités des récipiendaires. C'est pourquoi il est tellement délicat aujourd'hui d'accorder les avantages sociaux en tenant compte des différences religieuse, ethnique ou sexuelle.

Le retour au strict principe égalitaire apparaît comme le moyen de court-circuiter le processus d'exclusion. L'égalité est au contraire le signe de l'abandon de toute discrimination en fonction du sexe, de la religion, de l'âge, etc. Avec le refus des politiques de protection liées au sexe, se profile la révolution moderne des droits. C'est aussi à ce moment que la jonction entre le féminisme de la différence ou des droits naturels et le nationalisme conservateur s'inverse ; le féminisme moderne sera du côté de l'égalité. L'itinéraire de Thérèse Casgrain en est le meilleur témoignage. Symbolisant le combat des Québécoises en faveur du suffrage, elle incarne aussi toute leur ambivalence.

Nous avons esquissé certaines des conditions historiques dans lesquelles s'est effectué le revirement des femmes en faveur des droits et entrevu les raisons pour lesquelles la revendication des droits égaux semblait résumer désormais toute la revendication féministe. Non pas que les associations plus conservatrices aient soudain disparu : elles-mêmes effectuent un revirement de 180 degrés, comme c'est le cas pour l'Association des femmes pour l'éducation et l'action sociale (AFÉAS) et bien d'autres[11]. On le voit, l'histoire du suffrage féminin atteste l'existence de variables plus complexes, dont ne tiennent pas toujours compte les études politiques. Voyons ce qu'une lecture plus étroitement politicienne révèle de ce même débat.

## DES FEMMES EN POLITIQUE : OÙ ET QUAND ?

On distingue habituellement trois générations de femmes et de représentation politique au Canada (Robinson et Saint-Jean, 1991). De fait, les études politiques sur la participation des femmes commencent vraiment dans les années 1970. La période avant 1970 est considérée comme traditionnelle : les femmes comme Pauline Jewett, Judy Lamarsh et Flora Macdonald sont les *premières femmes* en politique, femmes alibis d'une représentation fortement dichotomisée selon la ligne de clivage privé-public. Leur différence biologique alimente le débat qui porte presque exclusivement sur leur capacité à concilier leurs rôles comme femmes et comme politiciennes. Deux stratégies furent utilisées pour parvenir à normaliser leur présence en politique : l'une vise à les désigner comme des femmes asexuées : elles sont les femmes de, les filles de, etc. L'autre souligne les aspects négatifs de leur féminité : elles sont des vieilles filles, des femmes faciles ou des *club women*. Il leur fallait en quelque sorte passer dans le monde politique de façon à neutraliser leur sexe *(gender)*.

La seconde période, transitoire, de 1970 à 1990, est celle qui voit un plus grand nombre de femmes mettre l'accent sur le pouvoir. Parmi les raisons qui expliquent le changement d'attitudes à l'égard des femmes et de la politique, l'action du mouvement des femmes arrive en premier. La mise sur pied de la Commission royale d'enquête sur le statut de la femme traduit la prise de conscience institutionnelle de ce changement. Avec ses 160 recommandations qui visent à assurer l'égalité des droits des femmes dans la vie publique, l'augmentation du nombre de femmes mariées (68 %) et de mères de famille (54 %) ayant un travail salarié, la revendication plus générale de l'équité en emploi, elle a eu un effet non négligeable sur les représentations politiques et symboliques des femmes. Le nombre de femmes occupant un poste électif a atteint 20 % dans au moins trois provinces, et oscille entre 20 et 30 % au palier municipal dans les grandes villes canadiennes.

En outre, il faut aussi souligner l'effet, dans les années 1980, d'une nouvelle variable dans la vie politique nord-américaine, ce que l'on nomme le *gender gap*: aux États-Unis, alors que les hommes votaient dans une proportion de 10 % supérieure à celle des femmes en 1954, ce pourcentage s'inverse au profit des femmes qui, en 1984, votent plus que les hommes dans une proportion de 7 % (Mueller, 1987). Au Canada, bien que l'on ne possède pas de chiffres, l'électorat féminin est courtisé (le débat des chefs en 1984 est organisé par le National Action Council) et tous les candidats doivent se prononcer sur les questions qui concernent particulièrement les femmes (programmes sociaux, la paix dans le monde, etc.).

Le vocabulaire féministe est alors devenu la règle : de nombreuses politiciennes sont présentées comme appartenant à des groupes ou à des réseaux, d'où elles tirent

189

leur force et leur légitimité. Le stéréotype qui circule couramment dans les médias durant cette période est celui de la super-femme, jeune, active, ambitieuse et qui réussit à tout faire, vie de famille incluse. Liza Frulla, Sharon Carstairs, Iona Compagnolo paraissent incarner ces images idylliques dont la presse s'empare, sans préciser ce qu'il leur en coûte vraiment de se fondre dans ce moule. Les variations sur un même thème se retrouvent dans la version féministe du modèle, incarnée par Lucie Pépin, tandis que la version masculine, *one of the boys*, se trouve représentée par Barbara McDougall, Kim Campbell et Sheila Copps. Se refusant à toute concession au féminisme, ces dernières n'hésitent pourtant pas à rappeler qu'elles sont aussi des femmes dans un monde d'hommes.

Mais c'est la différence des attentes des électeurs et des politiciennes face aux femmes en politique qui retient l'attention. La très grande majorité des politiciennes dit entrer dans le milieu politique pour améliorer la condition humaine (elles se prononcent contre la violence, le racisme, etc.), et non pas, comme leurs collègues hommes, pour y faire carrière. On note donc un très fort degré d'idéalisme, doublé pour les anciennes d'une éthique de service communautaire (Vickers, 1989) et d'un sens du devoir de citoyen fort imprégnés du devoir chrétien de servir. Le pouvoir ne représente pas un objectif en soi, elles ne cherchent pas à avoir le pouvoir, mais à l'utiliser pour arriver à d'autres fins. En ce sens, elles ne diffèrent pas fondamentalement de leurs prédécesseurs dans les associations : à cela près que ces dernières utilisent le vote, le parti et la politique pour y parvenir.

En somme, la présence des femmes au gouvernement a produit des changements significatifs en faveur des femmes et des plus démunis. Les exemples les plus connus sont ceux de ces pionnières de la politique : Claire Kirkland-Casgrain a établi des lois pour les femmes mariées au Québec et Monique Bégin a fait approuver l'assurance-maladie universelle. Par leur façon différente de faire de la politique, de concevoir leur rôle et de l'exercer, les élues canadiennes ont ouvert la voie à une représentation du politique et de ses institutions qui serait plus ouverte, à visage humain, dirions-nous aussi. Toutefois, ces conclusions en appellent d'autres qui sont plus ou moins implicites.

*L'impossible politique au féminin*

Le premier bilan est que les institutions politiques traditionnelles tendent, par une réification des individus, à ignorer les différences et à être neutres, c'est-à-dire inhumaines. Les femmes qui chercheraient précisément à humaniser la politique en la familiarisant, par exemple, se heurteraient alors à des obstacles infranchissables. Celles qui émergent ont réussi à passer à travers le rouleau compresseur de l'organisation partisane et c'est pourquoi elles apparaissent comme des figures stéréotypées de la femme et de la militante. Il est intéressant de constater également que leur accession à des postes de direction se réalise désormais sur une base semblable à celle des hommes, à savoir comme une course solitaire pour l'obtention du pouvoir. Le cas de Kim Campbell, bien qu'encore trop proche de nous pour être analysé globalement, atteste qu'il n'y a pas de véritable opposition à ce qu'une femme prenne la direction d'un parti même conservateur et qu'elle peut le faire sans avoir de véritable réseau dans le parti pour l'appuyer et tout en étant une parfaite inconnue dans le sérail[12].

Aucune des analyses et prévisions politiques n'avait imaginé un tel scénario. Une des raisons de la mise sur orbite de Kim Campbell est certainement liée à la crise profonde dans laquelle le gouvernement Mulroney laissait le parti. Toutefois, la stratégie du Parti progressiste conservateur qui consistait à penser qu'une femme jeune et militante comme Kim Campbell pouvait sauver le parti mérite une réflexion approfondie et tend à vérifier l'hypothèse, souvent avancée par certaines analystes, qu'en période de crise l'*establishment* des partis n'hésite pas à faire appel à une femme qu'il investit du pouvoir suprême, pour voler à son secours et sauver les meubles.

Ce processus de cooptation de femmes relativement jeunes et inconnues sert plusieurs objectifs : il est censé donner un nouveau souffle aux vieux partis et revigorer la vie démocratique. Les femmes sont-elles pour autant entendues ? Cela reste à démontrer, surtout en ce qui concerne leurs revendications. Que ce soit l'aventure amère d'Edith Cresson en France, parachutée première ministre par Mitterrand et sacrifiée par lui aux bonzes du Parti socialiste seulement neuf mois après sa nomination, ou celle aussi redoutable de Kim Campbell, qui a porté l'odieux et concrétisé l'effondrement sans précédent de son parti, l'expérience de ces femmes leaders ne s'avère pas vraiment porteuse de grands espoirs de changement ni pour elles, qui se trouvent aussi sacrifiées que certains de leurs collègues hommes sur l'autel de la politique, ni pour le parti, comme le Parti progressiste conservateur qui se voit en quelques mois rayé de la scène politique, ni pour la démocratie, qui n'en ressort pas plus diversifiée ou rajeunie.

C'est pourquoi il convient de s'interroger sur la nature de revendications qui visent à changer la politique de la même façon que l'on s'interroge sur l'existence d'un vote des femmes. On se contente souvent d'affirmer, sans toujours pouvoir le démontrer, que le mouvement féministe fut à la base de cette nouvelle sensibilité des institutions politiques aux préoccupations des femmes. Si l'agenda féministe est relativement bien défini (la sensibilité aux questions des femmes, aux garderies, à l'équité en emploi ou à la parité politique s'est accrue), ce serait une illusion de croire qu'il fait désormais partie de la culture politique commune. Aujourd'hui encore, les candidates mettent l'accent sur ce qui les attache à leur parti plutôt que sur les questions dites spécifiques aux femmes. La question des garderies est considérée comme subsidiaire et subordonnée aux grandes questions de l'heure, les emplois, le déficit ou la lutte contre le chômage.

Alors certes, les groupes du National Action Council (NAC) proposent un agenda féministe en politique et les différents Conseils du statut de la femme, la Fédération des femmes du Québec (FFQ) et de nombreux autres groupes de femmes élaborent leurs conceptions d'une société plus juste. Comment pouvons-nous, du point de vue des femmes, apprécier l'effet de ces actions ? Sont-elles dues à la capacité d'adaptation de nos institutions, qui changent sous la pression du lobby féministe ? Et, dans ce cas, comment cela s'exerce-t-il ? Ou la démocratie est-elle à ce point omnivore qu'elle intègre tout ce qui pourrait la déstabiliser ? En ce sens, l'affirmation souverainiste qui émane au Québec peut-elle trouver sa place dans le concert des revendications féministes ?

La place politique du féminisme au Québec doit être clairement posée. Les données du problème québécois, en particulier les rapports des femmes à la question nationale et aux partis souverainistes, demandent qu'on les aborde dans une perspective particulière.

## FEMMES ET POLITIQUE AU QUÉBEC

On a vu plus haut ce que l'on entendait par l'exclusion historique des femmes du pouvoir politique. L'ampleur et la durée de cette discrimination sont matières à débats, et les raisons de cette exclusion suscitent des interprétations nuancées de la part des politologues (Stasiulis et Abu-Laban, 1990 ; Gingras, Maillé et Tardy, 1989 ; Cohen, 1981 et 1987). Depuis l'extension du droit de vote aux femmes, trois critères attestent leur plus ou moins grande représentation en politique : le fait de présenter une femme à un poste électif, la participation des femmes au scrutin et enfin l'articulation d'un programme qui réponde aux aspirations féministes. L'étude à partir de ces trois critères, loin de rendre compte de l'ensemble des problèmes, présente l'avantage de résumer l'état de la participation des femmes à la vie électorale. Elle permet de dresser le tableau de l'acquisition de la citoyenneté des femmes depuis l'obtention du droit de vote. Il faut souligner encore que ces critères furent retenus à la suite de la critique féministe des années 1970 et qu'ils visent à montrer l'injustice d'un système qui se présente comme universel et neutre.

C'est sur la place des femmes à des postes électifs que nous nous arrêterons (Maillé, 1990)[13]. À partir de l'étude exhaustive et *structurelle* des candidatures féminines québécoises depuis la Confédération jusqu'en 1987, on obtient un portrait statistique global des candidatures féminines (élues et non élues), de l'engagement des femmes dans les partis et du profil du personnel politique féminin (Drouilly et Dorion, 1988 ; Drouilly, 1990). Inspirées par *le modèle d'intégration normale* des femmes en politique, les données indiquent que celles-ci avancent sur le chemin du pouvoir[14].

Et bien que les résultats masquent le fait que les femmes en politique doivent s'adapter à un monde d'hommes, on fait comme si cela ne faisait pas de différence. Seule la progression lente, conjoncturelle et pas nécessairement inexorable du nombre de candidates et d'élues indique la percée des femmes dans les instances politiques. Vues de plus près, les différences de participation entre hommes et femmes sont majeures et justifient une étude appropriée.

### Moins de candidates et moins d'élues, globalement

Tout d'abord, le portrait statistique global des candidatures féminines révèle que les hommes persévèrent plus que les femmes à poser leur candidature et qu'ils réussissent mieux dans l'ensemble à se faire élire ; ce qui explique, par exemple, le nombre 20 fois plus élevé de candidats par rapport aux candidates[15]. Cet écart se traduit par un écart encore plus grand entre les candidates et celles qui sont élues : en tout 47 femmes ont été élues, 27 à l'Assemblée nationale du Québec et 20 à la Chambre des communes ; et entre les élues et les élus : elles constituent le cinquan-tième du nombre de députés (1315 élus à Québec et 931 à Ottawa). Ces chiffres bruts traduisent la disparité importante qui marque la représentation des femmes dans les deux chambres : elle reste largement minoritaire.

On doit en outre inscrire cette participation des femmes aux élections dans son contexte. Jusqu'aux élections fédérales de 1968, leur participation est symbolique : le nombre de candidates ne dépasse jamais la douzaine, ce qui représente des pourcentages inférieurs à 3 %, et seule Claire Kirkland-Casgrain est élue à l'Assemblée nationale en 1961. Elle y sera la seule femme de l'Assemblée jusqu'à ce que Lise Bacon vienne siéger, à son tour seule députée jusqu'en 1976 (Caron et Archambault, 1993). De fait, la croissance continue jusqu'en 1987 du nombre de candidatures féminines et celle encore plus exceptionnelle de députées sont directement liées au mouvement féministe. Les pourcentages de candidates atteignent 19,8 % aux élections provinciales de 1985 et 14,8 % aux élections fédérales de 1984, élections au cours desquelles le pourcentage de femmes élues (20,6 %) est supérieur au pourcentage d'hommes élus (15,6 %). Les années 1970 ont été un point tournant dans l'engagement de centaines de femmes dans le processus électif. Le féminisme a eu des effets immédiats sur la participation des femmes à la vie politique partisane. En fait, il nous est permis de croire que dans la foulée du bouillonnement et des transformations en cours dans les années 1970 et 1980, l'engagement des femmes dans les partis devenait le gage pour ces partis de leur propre renouvellement. Ce sont donc les grands partis qui chercheront à recruter davantage de femmes dans leurs rangs.

### Le gender gap *québécois des années 1980*

Cette inversion des priorités et la place nouvelle qui est faite aux femmes dans l'arène politique sont clairement identifiables. Ce phénomène, associé au *gender gap* aux États-Unis, se traduit de façon particulière au Québec. Jusque-là confinées aux tiers partis, qu'ils soient de droite ou de gauche, la plupart des candidatures féminines étaient des candidatures-sacrifices. Moins de 33 % des candidats avaient des chances d'être élues à Québec et 23 % à Ottawa en raison du peu d'espoir qu'avaient ces partis d'être représentés, alors que les probabilités pour les hommes étaient deux fois plus élevées. Or, c'est l'inverse qui se produit aux élections de 1984 et de 1985.

Les deux partis libéraux qui dominent politiquement cette période ont largement ouvert leurs portes aux candidates dans des circonscriptions où elles ont toutes les chances de gagner. Et même si le taux de candidatures féminines est moins élevé, les chances d'être élues sont infiniment plus grandes : 14 députées sont élues à la Chambre des communes en 1984 et 18 à l'Assemblée nationale en 1985. Cette première cohorte de députées aura-t-elle été «une caution à un système politique mâle qui a besoin de légitimité et de légitimation sur la question féminine» (Drouilly et Dorion, 1988, p. 27) ou témoigne-t-elle de l'urgence d'une révision des structures partisanes ?

Les résultats sont probants : nous assistons au Québec à une nouvelle prise en considération des candidatures de femmes par les grands partis. Il s'est ensuivi que la féminisation des parlements s'est amorcée plus rapidement au Québec que dans les autres provinces canadiennes, et plus rapidement dans la députation québécoise au parlement fédéral que dans celle qui provenait des autres provinces. Le féminisme était-il plus revendicateur au Québec que dans les autres provinces canadiennes ? Comment expliquer que le féminisme ait produit l'intégration des femmes dans les grands partis au Québec plus qu'au Canada ? Pourquoi, contrairement aux féministes du Canada anglais qui se mobilisent sur des revendications propres, dont non la moindre est la Charte canadienne des droits et libertés, les féministes québécoises misent-elles sur les partis pour faire passer leurs revendications ? Le mouvement féministe québécois ferait-il plus confiance aux institutions politiques que celui du Canada anglais ?

*Un féminisme incarné par le PQ ?*

On ne peut aborder ces questions en ignorant le contexte dans lequel le mouvement féministe québécois évolue. Sans entrer dans l'histoire du mouvement féministe québécois et de ses différentes tendances (Lanctôt, 1980 ; Lamoureux, 1982), retenons ce qui en est résulté sur le plan politique. C'est avec le gouvernement du Parti québécois et Lise Payette que le féminisme intègre la vie politique québécoise. Un programme et un ministère de la condition féminine accompagnaient des députées nombreuses et influentes dans le parti. Il y avait certes des antécédents à l'alliance d'un mouvement social et d'un parti : les suffragettes avec le Parti libéral du Québec, Thérèse Casgrain avec le CCF (Trofimenkoff, 1989).

La double alliance entre les militantes suffragistes et le Parti libéral et celle entre le mouvement féministe et le Parti québécois conditionnèrent la culture politique des Québécoises (Bashevkin, 1983). Contrairement aux Canadiennes anglaises (Bashevkin, 1985), dont l'ambivalence à l'égard de la politique est marquée par leur oscillation entre l'indépendance et la partisanerie, c'est-à-dire entre le mouvement social autonome et leur entrée dans les rouages du parti, l'attachement des féministes québécoises à la politique partisane se manifeste encore. En raison de la cohésion de la communauté nationale autour de valeurs spécifiques, les partis politiques ne sont pas bannis de la perspective féministe québécoise ; car, d'une certaine façon, ils seraient porteurs des aspirations des femmes aussi.

C'est pourquoi l'épisode des Yvettes, plus que tout autre, concrétisa cet attachement des féministes aux partis. Pour les féministes qui appuyaient le Parti québécois, le projet de l'égalité allait de pair avec l'indépendance préconisée par le référendum sur la souveraineté-association. Ce que l'on a convenu d'appeler la gaffe de Lise Payette consistait à renvoyer dans le giron libéral et *pré-féministe* des femmes qui n'adoptaient ni cette vision du Québec ni ce projet social. Avec l'épisode des Yvettes, le féminisme des droits a voulu être incarné par le Parti québécois, tandis que le Parti libéral a su exploiter l'événement à son profit, renouant en même temps son alliance passée avec des groupes de femmes. Symboliquement, ce dernier en sortait vainqueur.

Ainsi, la différence de comportement politique des Québécoises et des Canadiennes anglaises est d'ordre culturel, bien qu'elles s'abreuvent aux mêmes sources du féminisme nord-américain. Ce qui explique, en partie, l'opposition ou l'indifférence des féministes québécoises à l'égard de ce que les Canadiennes anglaises considéraient comme un acquis considérable, à savoir l'inscription de l'égalité juridique dans la Charte canadienne des droits et libertés (*Cahiers de la femme*, 1992)[16]. Il est clair que les féministes québécoises ne pouvaient les rejoindre sans désavouer un autre de leurs *credo*, celui de leur appartenance à la nation ou à la communauté québécoise. Elles appuieront avec force la Charte québécoise des droits de la personne et réaliseront ainsi la double aspiration à l'égalité et à l'indépendance dont Lise Payette s'était faite le chantre.

Au moment même où nos voisins américains expérimentent pour la première fois une mobilisation des groupes féministes en faveur d'un vote unifié des femmes sur leurs revendications *(gender gap)* dont les politologues reconnaissent l'effet et la volatilité (Deitch, 1987), et quelles que soient les différences de contexte, on peut dire qu'il y a eu, dans les années 1980, une véritable percée des femmes dans l'arène politique et qu'elle fut produite par le mouvement féministe. Il est donc indéniable qu'un mouvement social exerce une pression efficace sur les partis même traditionnels et réfractaires, et qu'il favorise l'intégration de ceux au nom desquels il parle. Peut-on alors parler de transformation majeure ou profonde ?

À la suite de Jill Vickers (1989), qui incite les féministes canadiennes à prendre en considération le rôle essentiel de l'État et de la spécificité féminine, ne doit-on pas reconsidérer les analyses féministes de femmes au pouvoir ? Peut-on pour autant caractériser, avec Chantal Maillé (1991), cette conquête du pouvoir politique comme un renversement tangible du phénomène d'exclusion des femmes des lieux de pouvoir ? Il nous est permis d'en douter à la lumière des récents débats et résultats électoraux. S'il n'y avait qu'une seule façon d'apprécier les élections fédérales de 1993, ce serait dans les termes de l'effacement complet de problèmes ou de questions reliées aux femmes. Les partis semblent revenus à la case départ en ce qui concerne les préoccupations des femmes, qui furent carrément ignorées de tous les candidats et en particulier des candidates. Tout se passe comme si on avait voulu effacer les antécédents féministes des candidatures de femmes pour mettre l'accent sur leur engagement partisan, leur compétence ; bref, Kim Campbell et les autres candidates voulaient être traitées comme tout le monde et surtout pas comme des femmes. Il faut noter aussi que les revendications féministes quant aux garderies, à la couverture sociale des plus démunis, au partage du travail, etc., figuraient comme des revendications de pays riches qui n'ont plus de raison d'être en temps de crise. Seuls les néo-démocrates affichaient encore des préoccupations qui paraissaient d'autant plus illusoires que leur électorat rétrécissait. Aussi n'est-ce pas sans surprise que l'on vit des femmes politiques ignorer ces problèmes pour insister sur les questions de l'heure, le chômage et le déficit. Doit-on pour autant parler de recul, de fin du *gender gap*, de démobilisation dans une période de dépérissement de l'État-providence ?

S'il est trop tôt pour analyser correctement ces élections, on ne peut s'empêcher de constater la coïncidence qui existe entre le nationalisme des Québécoises et celui qui s'est traduit par la victoire massive du Bloc québécois. Ardue à démontrer pour cette élection, cette rencontre n'est pas neuve et conditionne les engagements politiques d'une grande partie de l'électorat féminin au Québec. Cette difficile jonction du nationalisme, du féminisme et de la politique alimentera encore, n'en doutons pas, la vie politique de cette fin de siècle.

## CONCLUSION

Ainsi, nous l'avons vu, il nous faut sortir des notions étroites de la citoyenneté, des visions uniquement partisanes de la vie politique et des conceptions dualistes de l'exercice du pouvoir dans les sociétés démocratiques. Outre le marquage historique et culturel de ces concepts, ils reflètent des ambivalences profondes dont il faut pouvoir rendre compte autrement. Comment intégrer les dynamiques à l'œuvre qu'une analyse en termes de droits, d'exclusion ou de comptabilité électorale ne peut faire apparaître ?

De l'esquisse historique présentée, il apparaît clairement que le mouvement de réformes sociales et le mouvement féministe sont à l'origine de la revendication contemporaine d'extension des droits égaux aux femmes et de leur inclusion partielle et graduelle dans le système politique canadien et québécois. À ce sujet, aucun doute n'est permis : l'action sociale et politique des regroupements de femmes fut un catalyseur puissant dans la prise en considération de leurs revendications par l'État et par les partis. Nul doute non plus que les mouvements de femmes expérimentent alors une prise de conscience douloureuse : leurs militantes doivent-elles jouer le jeu politique et accepter d'être intégrées à l'appareil d'État ou à celui des partis ? Doivent-elles au contraire continuer d'exercer une pression extérieure qu'elles pensent plus efficace ? Chacun des groupes choisit sa voie, établissant une diversité de moyens d'action possibles pour les femmes. Toutefois, et quelles que soient les dissensions au sein des mouvements féministes québécois, il apparaît clairement que la plupart d'entre eux ont partie liée avec la vie politique telle qu'elle est pratiquée au Québec ; on assiste alors à une nationalisation des féminismes québécois dès les années 1920. Il ne faut donc pas s'étonner que des femmes québécoises soient cooptées en plus grand nombre qu'ailleurs au Canada par les partis du Québec, même si leur féminisme est toujours source de discussion. Reste à savoir si cela vaut aussi pour l'électorat féminin : les récentes élections fédérales d'octobre 1993 montrent une participation importante des électrices, dont il faudrait étudier la répartition partisane.

Plus généralement, et sans entrer dans un relativisme historique de bon aloi, il convient de voir que les mouvements sociaux dans lesquels les femmes se sont engagées ne manquent pas de diversité. Ces dernières ont su adapter leurs stratégies aux besoins du moment, en tenant compte aussi de leurs propres forces. Le mouvement de réformes sociales préfigure, par sa pratique de la laïcité, la modernité qui s'annonce et, loin d'accuser un retard sur les Canadiennes anglaises, articule ses revendications sur les partis susceptibles de les porter. Cette pratique de l'entrisme dans les institutions fait du Québec un des régimes où la pression sociale externe se combine avec la cooptation partisane pour donner un système politique intégrateur. Et même si on est loin d'une représentation équitable assurant une véritable parité aux femmes de toutes les catégories et appartenances, l'existence de cette possibilité en garantit l'avancement. Car le débat sur ces questions relève désormais de la vie politique, *at large*. La preuve en est donnée par l'adoption des chartes canadienne et québécoise des droits et libertés.

Garantissant à toutes les femmes et à toutes les catégories discriminées une citoyenneté à part entière, la Charte inscrit l'égalité des droits dans la constitution.

Cette perspective, largement suscitée par l'action du mouvement féministe canadien réitérant l'existence de droits fondamentaux, vise à éliminer toute discrimination. Toute personne qui se sent objet de discrimination peut en tout temps faire appel à la Charte et faire reconnaître ses droits par les tribunaux.

Toutefois, dans son application, la Charte canadienne a subi l'opposition d'une grande partie de la classe politique souverainiste et des principaux groupes féministes du Québec. En somme, on pourrait croire que l'intégration des femmes à la vie politique passe d'abord par l'intégration nationale avant celle qui concerne leurs droits universels. Ne voulant pas aliéner les droits reconnus au Québec comme collectivité nationale au profit de ceux des individus, l'opposition québécoise à la Charte reflète en réalité un conflit plus global entre deux conceptions de la citoyenneté : pour le Québec, l'appartenance à une communauté nationale distincte dicte des droits et des devoirs particuliers. Ne voulant pas être en reste en ce qui concerne la garantie de ses droits, le Québec s'est également doté d'une Charte québécoise des droits de la personne. Pour le Canada, le consensus fédéral ne peut avoir de sens que si se renouvelle le *credo* volontaire d'appartenance de chaque individu à son pays, lequel garantit en retour la protection de tous les citoyens contre toute discrimination. Façon habile de renouveler le fédéralisme canadien et de court-circuiter les aspirations nationalistes du Québec, l'adoption de la Charte canadienne a certes brouillé un peu plus les cartes et instauré une nouvelle division au sein des groupes féministes de toute allégeance. Elle signale pourtant l'avènement d'une ère de la parité, dont les femmes devraient largement bénéficier.

Reste à savoir si la participation politique n'est pas une illusion soigneusement entretenue visant à assurer une représentation factice à ceux qui sont exclus du pouvoir, alors que le pouvoir est ailleurs. Les études sur la participation politique tiennent pour acquis que plus on participe, plus on a des chances de se faire entendre et plus la démocratie en sort grandie. Dans le cas des femmes, comme pour de nombreuses catégories minorisées, la participation fut constamment assortie de doutes sur son efficacité et sur sa capacité à émanciper les femmes. Les discours sur la libération sexuelle, sur la transformation des mentalités pour abolir la violence faite aux femmes, etc., s'appuient sur des représentations plus larges de l'émancipation des femmes, remettant en cause la promesse non tenue de la démocratie. C'est pourquoi le féminisme est divisé sur l'analyse et les stratégies à adopter à l'égard des institutions. Et même si l'on présuppose que les femmes puissent participer de façon égale au processus démocratique, les féministes revendiquent toujours une place à elles dans la société. Telles seraient l'ambiguïté majeure et la force du mouvement féministe : réfractaire à toute caractérisation partisane, il est porteur d'aspirations plus larges de changements auxquels le système démocratique doit aussi s'adapter.

## NOTES

1. Je tiens à remercier mon assistante Louise Bienvenue pour sa collaboration dans la mise en forme de ce texte ainsi que pour ses commentaires de lecture.

2. Pour une étude philosophique contemporaine de la question des femmes, je remercie Véronique Munoz Dardé de m'avoir fait part de sa réflexion intitulée «Exercice de raisonnement pratique sur la question de la sororité. Pour un féminisme à racine kantienne».

3. Pour une analyse détaillée et critique des visions féministes, voir l'excellent article de Jill McCalla Vickers, «Feminist approaches to women in politics».

4. Cette question, essentielle pour l'appréciation du rôle qu'ont joué les suffragettes dans l'élargissement de la citoyenneté, reste l'objet de nombreuses controverses. Peu d'études en font l'historique, mais nous possédons, surtout pour le Canada anglais, d'excellentes mises au point, par exemple celles de Veronica Strong-Boag, (1986) «Pulling in double harness, or hauling a double load : women, work and feminism on the Canadian prairie», et de V. Strong-Boag et A.C. Fellmann (dir.) (1986) *Rethinking Canada : The promise of Women's history*.

5. Ce sont les branches de la Women's Christian Temperance Union (WCTU, fondée en Ontario en 1874) qui regroupent près de 10 000 membres à travers le Canada dix ans plus tard, la Girls' Friendly Society, The Dominion Order of the King's Daughters, la YWCA, etc. Jane Errington, qui fait un résumé succinct de cette histoire, souligne l'effort de coordination entrepris par ces associations à partir de 1893, ainsi que leur caractère conservateur. Selon elle, ces organisations sont divisées sur la question du suffrage féminin. Une minorité d'entre elles le considèrent comme une lutte importante, tandis que la majorité des autres réformatrices considèrent la différence sexuelle comme normale, naturelle et bienfaisante : «Most women in reform recognized and welcomed the innate differences between the sexes. And most of the nation's mothers began to agitate for the vote only after it became clear that the reforms so necessary to their society's regeneration would not be enacted without it», J. Errington (1988), «Pioneers and suffragists», p. 68.

6. Une comparaison avec la Belgique nous permet de voir comment les Cercles furent parmi les premiers groupes au Québec à développer la doctrine d'action sociale de l'Église : Y. Cohen et P. Van Den Dungen, «Les Cercles de fermières en Belgique et au Québec» (à paraître).

7. L'auteur parle de double standard pour analyser ces mouvements : «Alors que l'activité des femmes dans le mouvement de réforme est fondamentalement analysée en termes de philanthropie, l'activité des hommes y est vue comme le prélude aux mouvements politiques radicaux tels le socialisme ou le communisme», D. Lamoureux (1991), «Idola Saint Jean et le radicalisme féministe de l'entre-deux-guerres», p. 51. Voir aussi son ouvrage *Citoyennes ? Femmes, droit de vote et démocratie* (1989).

8. Après avoir déclaré Idola Saint-Jean féministe radicale, Lamoureux *(ibid.)* la représente comme la preuve vivante de l'existence dans les années 1930 de la seule solution souhaitable à ses yeux.

9. S. Pedersen (1990), «Gender, welfare and citizenship in Britain during the Great War». Je remercie Ellen Jacobs d'avoir attiré mon attention sur ce texte et de m'avoir permis, grâce à ses propres travaux, de revenir sur le cas anglais du *welfare*, voir E. Jacobs (1990), *Recherches féministes*. Voir aussi l'étude pionnière de

J. Harris (1975), « Social Planning in wartime : some aspects of the Beveridge Report ».

10. Certes, les femmes sont encore soumises et dépendantes du statut du chef de famille, par qui transitent les bénéfices qui lui sont accordés. Toutefois, Pedersen (1990, p. 986 et suiv.) note que pour la Grande-Bretagne, où des programmes d'assistance ont été mis sur pied dès la Première Guerre mondiale, l'État ne cherche pas à légiférer pour définir une structure familiale particulière ou des rôles sexuels déterminés, niant en cela une détermination quelconque de l'État à l'endroit du rôle que devaient jouer les femmes. En fait, souligne-t-elle, ce sont les associations charitables et donc privées qui légifèrent sur ces questions, entraînant des débats importants sur la nécessité de lier ou non la citoyenneté au statut des hommes comme chefs de famille. Certaines féministes ne sont pas en reste et demandent aussi d'être rétribuées par l'État pour le travail que les femmes accomplissent comme mères.

11. Le cas de l'AFÉAS est particulièrement intéressant car celle-ci fut l'une des premières à amorcer le tournant en faveur d'un féminisme des droits au début des années 1970. Sa position ambiguë sur l'avortement ne manquera pas de créer des dissensions internes et sa rupture éventuelle et tardive avec l'Église. Si l'on considère que les Cercles de fermières ont rompu avec l'Église en 1944, le rapport de l'AFÉAS avec le clergé, qui l'a créée de toutes pièces (l'ancêtre de l'AFÉAS, les Cercles d'économie domestique, est créé par l'Église pour faire concurrence aux Cercles de fermières, rebelles), paraît plus problématique que ses discours le laissent croire. Le discours féministe pourrait bien être en l'occurrence un prétexte au règlement d'autres contentieux.

12. L'étude de Robinson et Saint-Jean, réalisée moins de deux ans avant la nomination de Kim Campbell au leadership du parti et du gouvernement, ne mentionne absolument pas la possibilité d'une telle chose. Et pour cause, elle y était pratiquement inconnue.

13. L'étude citée de A.M. Gingras, C. Maillé et E. Tardy (1989) analyse plus précisément les obstacles structurels au militantisme des femmes, tandis que l'article de Maillé (1990), « Le vote des Québécoises aux élections fédérales et provinciales depuis 1921 : une assiduité insoupçonnée », confirme le fait d'une utilisation massive de leur droit de vote par les Québécoises et de l'importance d'une étude spécifique de ce champ.

14. « Toute notre analyse tend à nous prouver qu'au-delà des différences quantitatives qui font que les femmes sont encore largement sous-représentées dans le processus électif, les formes par lesquelles les femmes accèdent depuis une vingtaine d'années à ce processus sont empruntées à celles qu'ont développées les hommes. Pour ce qui est du processus électoral, il ne semble pas y avoir de politique au féminin », P. Drouilly et J. Dorion (1988), *Candidates députées et ministres. Les femmes et les élections*, p. 40.

15. « La population des candidates ne représente que 5 % de l'ensemble des candidats aux deux niveaux de gouvernement, soit le vingtième des candidatures masculines », *ibid.*, p. 8.

16. «Gender equity and institutional change», *Les Cahiers de la femme*, printemps 1992, vol. 12, p. 3. Ensemble d'articles suggérant une interprétation féministe de l'obtention de la Charte des droits et des questions qui entourent l'équité juridique et l'emploi.

## *BIBLIOGRAPHIE*

BASHEVKIN, Sylvia, 1983, «Social change and political partisanship. The development of women's attitudes in Québec, 1965-1979», *Comparative political studies*, vol. 16, nᵒ 2 (juillet), p. 147-172.

BASHEVKIN, Sylvia, 1985, *Toeing the lines : Women and party politics in English Canada*, Toronto, University of Toronto Press.

BLACK, Naomi, 1989, *Social Feminism*, Ithaca, Cornell University Press.

BOCK, Gisela et Pat THANE, 1991, *Maternity and Gender Policies. Women and the Rise of The European Welfare States 1880's-1950's*, Londres et New York, Routledge.

*CAHIERS DE LA FEMME (LES)*, 1992, vol. 12, nᵒ 3 (printemps), «Gender equity and institutional change».

CARON, Anita et Lorraine ARCHAMBAULT (dir.), 1993, *Thérèse Casgrain : une femme tenace et engagée*, 6ᵉ colloque sur les leaders politiques du Québec contemporain, Sainte-Foy, les Presses de l'Université du Québec.

CHARLES, Aline, 1990, *Travail d'ombre et de lumière. Le bénévolat féminin à l'hôpital Sainte-Justine 1907-1960*, Québec, Institut québécois de recherche sur la culture.

COHEN, Yolande (dir.), 1981, *Femmes et politique*, Montréal, Le Jour.

COHEN, Yolande (dir.), 1987, *Femmes et contre-pouvoirs*, Montréal, Boréal.

COHEN, Yolande et Michelle GÉLINAS, 1989, «Les infirmières hygiénistes à la ville de Montréal», *Histoire Sociale*, vol. XXII, nᵒ 44 (novembre).

COHEN, Yolande, 1990, *Femmes de Parole. L'histoire des Cercles de fermières de 1915 à 1990*, Montréal, Le Jour.

COHEN, Yolande et Pierre VAN DEN DUNGEN (à paraître), «Les Cercles de fermières en Belgique et au Québec».

DANYLEWYCZ, Marta, 1988, *Profession : religieuse*, Montréal, Boréal.

DEITCH, Cynthia, 1987, «Sex differences in support for government spending» dans Carol M. MUELLER (dir.), *The Politics of the Gender Gap : the social construction of political influence*, London, Sage publication, p. 171-191.

DESROSIERS, Georges, Benoît GAUMER et Othmar KEEL, 1991, *Vers un système de santé publique au Québec. Histoire des unités sanitaires de comté : 1926-1975*, Montréal, Université de Montréal (département de médecine sociale et préventive et département d'histoire).

DROUILLY Pierre et Jocelyne DORION, 1988, *Candidates, députées et ministres. Les femmes et les élections*, Québec, Bibliothèque de l'Assemblée nationale.

DROUILLY, Pierre, 1990, *Répertoire du personnel politique québécois féminin*, 2ᵉ éd., Québec, Bibliothèque de l'Assemblée nationale.

DUBY, Georges et Michelle PERROT (dir.), 1992, *Histoire des femmes en Occident*, vol. 5 : *Le XXᵉ siècle*, sous la direction de Françoise Thébaud, Paris, Plon.

EID, Nadia et Nicole LAURIN-FRENETTE, 1980, «Théories de la famille et rapport familles-pouvoirs dans le secteur éducatif au Québec et en France (1850-1950)», dans *Revue d'histoire d'Amérique française*, vol. 34, nᵒ 2 (octobre), p. 197-221.

ERRINGTON, Jane, 1988, «Pioneers and Suffragists» dans Sandra BURT, Lorraine CODE et Lindsay DORNEY (dir.), *Changing Patterns. Women in Canada*, Toronto, McClelland and Stewart.

FOURNIER, Marcel (à paraître), *Marcel Mauss*, Paris, Fayard.

GINGRAS, Anne-Marie, Chantal MAILLÉ et Evelyne TARDY, 1989, *Sexes et militantisme*, Montréal, CIDHICA.

HARRIS, Jose, 1975, «Social Planning in wartime : some aspects of the Beveridge Report» dans J. M. WINTER (dir.), *War and Economic development*, Cambridge, Cambridge University Press, p. 239-256.

JACOBS, Ellen, 1990, «Les catégories sociales du sexe : la politique sociale et l'État-providence en Grande-Bretagne» dans *Recherches féministes*, vol. 3, nᵒ 1, p. 27-36.

KEALEY, Linda, 1979, *A not unreasonable claim, Women and Reform in Canada*, Toronto, The Women's Press.

KYMLICKA, Will, 1990, *Contemporary Political Philosophy. An introduction*, Oxford, Clarendon Press.

LAMOUREUX, Diane, 1982, *Fragments et collages. Essai sur le féminisme québécois des années 1970*, Montréal, Remue-Ménage.

LAMOUREUX, Diane, 1989, *Citoyennes? Femmes droit de vote et démocratie*, Montréal, Remue-Ménage.

LAMOUREUX, Diane, 1991, «Idola Saint-Jean et le radicalisme féministe de l'entre-deux-guerres» dans *Recherches féministes*, vol. 4, nᵒ 2, p. 45-60.

LANCTÔT, Martine, 1980, *Le Mouvement des femmes*, mémoire de maîtrise en histoire, UQAM.

LAURIN, Nicole, Danielle JUTEAU et Lorraine DUCHESNE, 1991, *À la recherche d'un monde oublié*, Montréal, Le Jour.

LAVIGNE, Marie, Yolande PINARD et Jennifer STODDART, 1983, «La fédération nationale Saint-Jean-Baptiste et les revendications féministes au début du XXᵉ siècle» dans Marie LAVIGNE et Yolande PINARD, *Travailleuses et féministes*, Montréal, Boréal Express, p. 199-216.

MAILLÉ, Chantal, 1990, «Le vote des Québécoises aux élections fédérales et provinciales depuis 1921 : une assiduité insoupçonnée» dans *Recherches féministes,* vol. 3, nᵒ 1, p. 83-95.

MAILLÉ, Chantal, 1991, *Les Québécoises et la conquête du pouvoir politique*, Montréal, Albert Saint-Martin.

MAUSS, Marcel, 1969, «La Nation» dans *Œuvres*, tome 3, Paris, Minuit.

MUELLER, Carol M. (dir.), 1987, *The Politics of the Gender Gap : the social construction of political influence*, London, Sage publication.

MUNOZ DARDÉ, Véronique, 1983, «Exercice de raisonnement pratique sur la question de la sororité. Pour un féminisme à racine kantienne», document de travail, Institut universitaire européen de Florence.

PATEMAN, Carole, 1988, *The Sexual Contract*, Palo Alto, Ca, Stanford University Press.

PATEMAN, Carole, 1988, «The Patriarchal Welfare State» dans Amy GUTMAN (dir.), *Democracy and the Welfare State*, Princeton, Princeton University Press, p. 231-260.

PEDERSEN, Susan, 1990, «Gender, welfare and citizenship in Britain during the Great War» dans *The American Historical Review*, vol. 95, n⁰ 4 (octobre), p. 983-1006.

ROBINSON, Gertrude J., Armande SAINT-JEAN avec le concours de Christine RIOUX, 1991, «L'image des femmes politiques dans les médias : analyse des différentes générations» dans Kathy MEGYERY (dir.), *Les Femmes et la politique canadienne. Pour une représentation équitable*, Commission royale sur la réforme électorale et le financement des partis, Toronto, Dundurn Press, p. 139-188.

SKOCPOL, Theda, 1993, «Formation de l'État et politiques sociales aux États-Unis» dans *Actes de la recherche en sciences sociales*, n⁰ 96-97 (mars), p. 21-37.

SKOCPOL, Theda, 1993, *Soldiers, Mothers and Welfare*, Cambridge, Harvard University Press.

STASIULIS, Daiva et Yasmeen ABU-LABAN, 1990, «Ethnic Activism and the Politics of Limited Inclusion in Canada» dans Alain-G. GAGNON et James P. BICKERTON (dir.), *Canadian Politics an introduction to the discipline*, Peterborough, Broadview Press, p. 580-608.

STRONG-BOAG, Veronica et Anita Clair FELLMAN (dir.), 1986, *Rethinking Canada : The promise of Women's history*, Toronto, Copp Clark Pitman.

TOUPIN, Louise et Véronique O'LEARY, 1982, *Québécoises deboutte!*, Montréal, Remue-Ménage.

TOURAINE, Alain, 1994, *Qu'est-ce que la démocratie ?*, Paris, Fayard.

TROFIMENKOFF, Susan Mann, 1986, «Feminism, Nationalism and the Clerical Defence» dans Veronica STRONG-BOAG et Anita Clair FELLMAN (dir.), *Rethinking Canada : The promise of Women's history*, Toronto, Copp Clark Pitman, p. 123-136.

TROFIMENKOFF, Susan Mann, 1989, «Thérèse Casgrain and the CCF in Québec», dans L. KEALEY et J. SANGSTER (dir.), *Beyond the vote*, Toronto, University of Toronto Press, p. 139-170.

VICKERS, Jill McCalla, 1989, «Feminist approaches to women in politics» dans L. KEALEY et J. SANGSTER (dir.), *Beyond the Vote, Canadian women and politics*, Toronto, University of Toronto Press, p. 16-38.

# CHAPITRE 9

## Les partis politiques
## et les élections

### VINCENT LEMIEUX

Les partis sont des organisations qui cherchent à faire élire des candidats aux postes d'autorité suprême dans une collectivité. Ils prennent pour cela des positions, généralement exprimées dans des programmes, qui se traduisent plus ou moins dans des politiques publiques et dans d'autres actions dont les électeurs tiennent compte quand ils décident de leur vote. Les élus, quand il y en a, forment avec d'autres membres l'organisation d'un parti, vouée au choix des candidats et, à l'occasion, d'un leader, ainsi qu'aux activités de financement. Enfin, un parti forme avec d'autres partis un système partisan, et la position relative du parti dans le système conditionne ses succès et ses échecs.

Dans ce chapitre nous traiterons de ces différentes composantes des partis, en nous concentrant sur les partis provinciaux du Québec. Après une présentation générale des élections et des partis fédéraux, il ne sera plus question de la scène fédérale que dans la mesure où elle permettra de mieux comprendre les partis provinciaux ou encore de les situer par rapport aux partis fédéraux (pour des ouvrages généraux sur les partis du Québec, voir Pelletier, 1976, et Lemieux, 1982).

### LES RÉSULTATS DES ÉLECTIONS PROVINCIALES DE 1956 À 1989

Pour avoir une vue générale de l'évolution des partis depuis 1960, il n'y a rien de mieux que de considérer d'abord les résultats des dix élections provinciales, de 1956 à 1989 (voir le tableau 1).

Si l'on considère le système des partis plutôt que chacun des partis spécialement, on peut découper trois sous-périodes, à partir du tableau 1. Elles correspondent aux trois décennies de la période 1960-1989.

Dans les années 1960 le système est bipartite, la compétition étant limitée ou presque à l'Union nationale et au Parti libéral. Cette situation dure depuis les élections de 1948, après que le Bloc populaire, en 1944, fut venu troubler le bipartisme traditionnel en obtenant l'appui de 14 % des votants et en gagnant quatre sièges. Les 5 % de votants obtenus par le Rassemblement pour l'indépendance nationale (RIN), en 1966, ajoutés aux 3 % obtenus par le Ralliement national (RN), annoncent cependant une modification du système des partis.

Cette modification devient manifeste aux élections de 1970. Deux nouveaux partis font une percée sur la scène électorale. Le Parti québécois est formé de dissidents du Parti libéral, avec René Lévesque à leur tête, et d'anciens du RIN et du

## Tableau 1

RÉSULTATS DES ÉLECTIONS PROVINCIALES AU QUÉBEC, DE 1956 À 1989

| Année | Union nationale | Parti libéral | Parti québécois | Ralliement créditiste | Autre | Nombre total de sièges | Taux de participation |
|---|---|---|---|---|---|---|---|
| 1956 | 0,52(72) | 0,45(20) | – | – | 0,03(1) | (93) | 0,77 |
| 1960 | 0,47(43) | 0,51(51) | – | – | 0,02(1) | (95) | 0,82 |
| 1962 | 0,42(31) | 0,56(63) | – | – | 0,02(1) | (95) | 0,80 |
| 1966 | 0,41(56) | 0,47(50) | – | – | 0,12(2)[1] | (108) | 0,74 |
| 1970 | 0,20(17) | 0,45(72) | 0,23(7) | 0,11(12) | 0,01(0) | (108) | 0,84 |
| 1973 | 0,05(0) | 0,55(102) | 0,30(6) | 0,10(2) | 0,00(0) | (110) | 0,80 |
| 1976 | 0,18(11) | 0,34(26) | 0,41(71) | 0,05(1) | 0,02(1) | (110) | 0,85 |
| 1981 | 0,04(0) | 0,46(42) | 0,49(80) | – | 0,01(0) | (122) | 0,83 |
| 1985 | – | 0,56(99) | 0,39(23) | – | 0,05(0) | (122) | 0,76 |
| 1989 | – | 0,50(92) | 0,40(29) | – | 0,10(4)[2] | (125) | 0,75 |

Source : Rapports du Directeur général des élections.

Les chiffres qui ne sont pas entre parenthèses représentent des pourcentages de votes, les chiffres entre parenthèses représentent des nombres de sièges.

1. En 1966 le Rassemblement pour l'indépendance nationale obtient 5 % des votes et le Ralliement national en obtient 3 %. Les deux n'ont aucun siège.
2  En 1989 le Parti Égalité obtient 4 % des votes et 4 sièges.

RN. Le Ralliement créditiste, quant à lui, est formé d'anciens du Ralliement national et se recrute aussi parmi les militants du Parti du Crédit social, qui a alors des succès aux élections fédérales (voir le tableau 2). Les élections de 1970 sont les premières au Québec où quatre partis font élire chacun au moins sept candidats. Il n'y en aura d'ailleurs pas d'autres par la suite. Le réalignement (Lemieux, Gilbert et Blais, 1970), commencé en 1970, s'étendra jusqu'en 1976, alors que l'un des deux nouveaux partis de 1970, le Parti québécois, obtiendra la majorité des sièges et formera le gouvernement.

Les élections de 1981 consacrent l'existence d'un nouveau bipartisme. Un peu comme au début des années 1960, les deux principaux partis, qui sont maintenant le Parti libéral et le Parti québécois, obtiennent ensemble, en 1981 et en 1985, 95 % des votes exprimés. Ce pourcentage tombe cependant à 90 % en 1989, comme il était tombé à 88 % en 1966. Nous nous demanderons plus loin s'il n'y a pas là un signe avant-coureur d'un nouveau réalignement.

Le taux de participation est d'au moins 80 % durant toute la période, sauf en 1966, puis en 1985 et 1989. Notons que les deux taux les plus élevés, soit 84 % en 1970 et 85 % en 1976, sont en progression importante par rapport au taux de l'élection précédente. Ils arrivent à des élections où le gouvernement sortant perd beaucoup d'appuis et où au moins un parti qui apparaît relativement nouveau, en ce qu'il n'a pas dirigé récemment le gouvernement, en profite. En 1970 l'Union nationale, qui est le parti du gouvernement sortant, tombe de 41 % des votes, en 1966, à 20 %, et deux nouveaux partis, le Parti québécois et le Ralliement créditiste en profitent. En 1976, le Parti libéral, qui avait obtenu 55 % des voix exprimées en 1970, n'en a plus que 34 %, alors que le Parti québécois grimpe de 30 % des votes à 41 %, et l'Union nationale, de 5 % à 18 %. Tout se passe donc comme si le taux de participation augmentait beaucoup d'une élection à l'autre et atteignait des sommets élevés, quand il y a de façon concomitante une grande insatisfaction envers le gouvernement sortant et l'existence d'au moins une solution de rechange nouvelle, très mobilisatrice de l'insatisfaction. À l'inverse, quand une de ces conditions n'est pas remplie, ou aucune des deux, le taux de participation tend à décroître, ou encore à se maintenir à un bas niveau. Par exemple, à l'élection de 1985 il y a changement de gouvernement, mais le Parti québécois ne perd que 10 points de pourcentage, passant de 49 % à 39 % des votes. Le parti d'opposition, le Parti libéral, ne représente pas une solution vraiment nouvelle et est pour cela peu mobilisateur. De façon concomitante, la participation n'est que de 76 %, soit beaucoup moins qu'en 1981.

## *LES RÉSULTATS DES ÉLECTIONS FÉDÉRALES, AU QUÉBEC, DE 1957 À 1993*

Treize élections fédérales se sont déroulées depuis 1957. Le tableau 2 en donne les résultats au Québec, en indiquant, de plus, le parti qui a formé le gouvernement, majoritaire ou minoritaire, à la suite de ces élections.

Comme on le voit, le système des partis fédéraux au Québec, qui est en fait un sous-système d'un système plus vaste, est très différent du système des partis provinciaux. À la suite des élections fédérales de 1958, il y a une certaine similitude entre les deux systèmes puisque le Parti conservateur est le parti dominant sur la scène fédérale, et l'Union nationale sur la scène provinciale, contre les partis libéraux. Toutefois, cette similitude est éphémère. De 1962 à 1980, le Parti libéral est celui qui obtient le plus de votes et le plus de sièges sur la scène fédérale, contre trois partis de plus en plus faibles, le Crédit social, le Parti conservateur et le Nouveau Parti démocratique, alors que sur la scène provinciale la compétition est beaucoup plus vive. Trois partis différents dirigent le gouvernement du Québec durant cette période, le Parti libéral (de 1962 à 1966, puis de 1970 à 1976), l'Union nationale (de 1966 à 1970) et le Parti québécois (de 1976 à 1980).

Les résultats des tableaux 1 et 2 infirment la thèse du contrepoids, fondée sur les résultats des années 1940 et 1950, alors que les électeurs du Québec optaient majoritairement pour l'Union nationale sur la scène provinciale et pour le Parti libéral sur la scène fédérale. De 1963 à 1976, le gouvernement à Ottawa est toujours libéral, qu'il soit majoritaire ou minoritaire, et pourtant le gouvernement est aussi libéral à Québec la plupart du temps, soit pendant dix années sur quatorze. Il est vrai qu'ensuite la thèse du contrepoids semble plus vraisemblable. De 1976 à 1981, le Parti québécois gouverne à Québec, alors que le gouvernement à Ottawa est libéral, sauf durant le bref

## Tableau 2

### RÉSULTATS DES ÉLECTIONS FÉDÉRALES AU QUÉBEC, DE 1957 À 1993

| Année | Parti conser- vateur | Parti libéral | Bloc québécois | Crédit social | Nouveau parti démocra- tique | Autre | Nombre total de sièges | Taux de partici- pation | Gouvernement |
|---|---|---|---|---|---|---|---|---|---|
| 1957 | 0,31(9) | 0,58(62) | – | – | 0,02(0) | 0,09(0) | (75) | 0,74 | conservateur minoritaire |
| 1958 | 0,50(50) | 0,46(25) | – | 0,01(0) | 0,02(0) | 0,01(0) | (75) | 0,79 | conservateur majoritaire |
| 1962 | 0,30(14) | 0,39(65) | – | 0,26(26) | 0,04(0) | 0,01(0) | (75) | 0,78 | conservateur minoritaire |
| 1963 | 0,20(8) | 0,46(47) | – | 0,27(20) | 0,07(0) | 0,00(0) | (75) | 0,76 | libéral minoritaire |
| 1965 | 0,21(8) | 0,46(56) | – | 0,18(9) | 0,12(0) | 0,03(2) | (75) | 0,71 | libéral minoritaire |
| 1968 | 0,21(4) | 0,54(56) | – | 0,16(14) | 0,08(0) | 0,01(0) | (74) | 0,72 | libéral majoritaire |
| 1972 | 0,16(2) | 0,46(56) | – | 0,24(15) | 0,06(0) | 0,06(1) | (74) | 0,76 | libéral minoritaire |
| 1974 | 0,20(3) | 0,51(60) | – | 0,16(11) | 0,06(0) | 0,07(0) | (74) | 0,67 | libéral majoritaire |
| 1979 | 0,14(2) | 0,62(67) | – | 0,16(6) | 0,05(0) | 0,03(0) | (75) | 0,75 | conservateur minoritaire |
| 1980 | 0,13(1) | 0,68(74) | – | 0,06(0) | 0,09(0) | 0,04(0) | (75) | 0,68 | libéral majoritaire |
| 1984 | 0,50(58) | 0,35(17) | – | – | 0,09(0) | 0,06(0) | (75) | 0,76 | conservateur majoritaire |
| 1988 | 0,53(63) | 0,30(12) | – | – | 0,14(0) | 0,03(0) | (75) | 0,75 | conservateur majoritaire |
| 1993 | 0,14(1) | 0,33(20) | 0,49(54) | – | 0,02(0) | 0,02(0) | (75) | | libéral majoritaire |

Source : Rapports du Directeur général des élections.

Les chiffres qui ne sont pas entre parenthèses représentent des pourcentages de votes, les chiffres entre parenthèses représentent des nombres de sièges.

intermède conservateur, de 1979 à 1980. Et quand le gouvernement devient conservateur à Ottawa, en 1984, il redevient libéral à Québec, l'année suivante. De 1985 à 1993, on ne peut cependant pas parler d'opposition entre les deux gouvernements. Le gouvernement libéral à Québec est plus près du gouvernement et du Parti conservateur que du Parti libéral fédéral, à cause surtout des excellentes relations personnelles entre les deux premiers ministres, Brian Mulroney à Ottawa et Robert Bourassa à Québec.

S'il y a une constante dans le vote fédéral au Québec, c'est plutôt qu'il n'est jamais arrivé qu'un parti susceptible de diriger le gouvernement, mais dont le chef n'était pas du Québec, obtienne plus de votes qu'un autre parti susceptible de diriger le gouvernement, mais dont le chef était du Québec. En 1957, alors que Louis Saint-Laurent est encore chef du Parti libéral, celui-ci obtient beaucoup plus de votes au Québec (58 %) que le Parti conservateur (31 %), même si dans six des neuf autres provinces le Parti conservateur obtient plus de votes que le Parti libéral. De 1958 à 1965, aucun des chefs des grands partis n'est du Québec, mais quand Pierre Elliott Trudeau devient chef du Parti libéral, en 1968, il surclasse tous ses rivaux au Québec, et ce jusqu'aux élections de 1980. Il en sera de même de Brian Mulroney, chef du Parti conservateur, en 1984 et en 1988. En 1993, le Parti libéral, dont Jean Chrétien est maintenant le chef, finira par obtenir plus de votes que le Parti conservateur, mené par

Kim Campbell de la Colombie-Britannique. Il en aura cependant beaucoup moins que le Bloc québécois, mené par Lucien Bouchard, qui profite de l'impopularité au Québec du Parti conservateur et du Parti libéral à la fois, un peu comme le Crédit social, en 1962 et 1963, avait profité de l'impopularité des deux mêmes partis, associés à des gouvernements récents, tous deux impopulaires (sur ce point voir Pinard, 1975). Dans les deux cas, notons-le, ces tiers partis prétendaient d'ailleurs pouvoir détenir la *balance du pouvoir*.

En reprenant une distinction qui est courante dans le domaine de la santé publique, on pourrait dire que pour les électeurs francophones du Québec, le gouvernement fédéral est davantage le lieu de la protection que celui de la promotion de leurs intérêts, alors que le gouvernement du Québec est davantage le lieu de la promotion que celui de la protection de leurs intérêts. C'est pourquoi les électeurs accordent une prime importante, lors des élections fédérales, à un parti dont le chef est du Québec, si ce parti est susceptible de diriger le gouvernement ou encore de détenir la *balance du pouvoir*. Un tel parti apparaît plus apte que les autres à protéger leurs intérêts.

Pour ce qui est des taux de participation, notons qu'ils varient de 67 % à 79 %, alors qu'ils varient de 74 % à 85 % sur la scène provinciale. Ajoutons, cependant, que depuis le milieu des années 1980, les taux sont aussi élevés sur le plan fédéral que sur le plan provincial. Quand le taux de participation aux élections fédérales est relativement élevé, comme en 1958, en 1962 et en 1993, les situations sont un peu les mêmes que celles qui entraînent un fort taux de participation sur la scène provinciale. Le parti, qui a dirigé le gouvernement au cours de la période précédente, est devenu très impopulaire et au moins un parti, qui n'a pas été associé au gouvernement, ou si peu, dans les années précédentes, mobilise le mécontentement. C'est le Parti conservateur, en 1958, le Parti du Crédit social, en 1962, et le Bloc québécois, en 1993.

Quand les taux sont relativement bas, comme en 1965 et en 1968, et surtout en 1974 et en 1980, le parti du gouvernement sortant augmente sa part de votants ou tout au moins la maintient (c'est le cas en 1965). Les partis d'opposition ou bien sont très faibles (comme en 1980) ou encore ne se démarquent guère les uns des autres, aucun d'entre eux ne réussissant à mobiliser de façon importante le mécontentement limité qui existe chez les électeurs.

## LES POSITIONS DES PARTIS DANS LES ESPACES PARTISANS, QUÉBÉCOIS ET CANADIEN

Il serait beaucoup trop long d'étudier dans le détail les programmes et les politiques des partis qui ont gouverné le Québec ou qui ont eu une présence importante dans l'opposition, depuis 1960. Nous voudrions plutôt proposer une interprétation générale, à partir de quelques traits pertinents qui permettent de distinguer entre les positions des partis, ou leurs positionnements, comme on le dit aujourd'hui, sous l'influence des travaux de marketing politique.

Les programmes des partis du Québec ont été beaucoup étudiés, dans des optiques diverses (voir, en particulier, Pelletier, 1980 ; Landry et Duchesneau, 1987). Il en a été de même de leurs politiques, en particulier des lois qu'ils ont fait adopter (Landry, 1990 ; Lemieux, 1991a). D'autres ouvrages, qui ont porté sur des partis spécifiques, ont traité, entre autres sujets, des programmes et des politiques de ces partis (voir en particulier Cardinal *et al.*, 1978, sur l'Union nationale ; Fraser, 1984, sur le Parti québécois ; Lemieux, 1993, sur le Parti libéral). Enfin quelques articles ou chapitres d'ouvrages collectifs ont proposé des interprétations générales pour l'ensemble des partis (par exemple, Boily, 1982 ; Pelletier, 1989 ; Lemieux, 1992).

L'interprétation que nous voulons suggérer repose sur les distinctions suivantes :

1) Il y a trois espaces où les partis élaborent ou appliquent des programmes ou des politiques. On peut nommer *partisan* le premier espace qui concerne l'organisation et le fonctionnement des partis y compris dans l'appareil gouvernemental. Le deuxième espace peut être nommé *québécois* (ou intra-sociétal). Les programmes et les politiques qui s'y rapportent ont trait à l'organisation et au fonctionnement de la société québécoise, dans ses multiples secteurs. Le troisième espace est l'espace *canadien* (ou extra-sociétal). Il s'agit principalement des relations fédérales-provinciales et des questions constitutionnelles.

2) Les partis se positionnent l'un par rapport à l'autre dans chacun de ces trois espaces, et ces positionnements sont évalués par des électeurs dont nous postulons qu'ils sont davantage sensibles que rationnels. Les électeurs, selon ce postulat, sont attentifs à ce qu'ils peuvent sentir des programmes partisans, des politiques publiques et des personnages politiques qui les incarnent. Cette sensibilité porte sur deux aspects des positions et positionnements des partis. Il y a d'abord les mesures contenues dans les positions, qui sont évaluées bienfaisantes ou malfaisantes, mais il y a aussi les conduites et les relations exprimées dans ces mesures, qui sont évaluées bienséantes ou malséantes. Par exemple, quand, en 1982, le gouvernement du Parti québécois réduit le salaire des employés du secteur public, non seulement ceux-ci évaluent-ils que c'est une mesure malfaisante, mais encore jugent-ils (et d'autres avec eux) que cette conduite est malséante parce que le gouvernement renie sa signature, c'est-à-dire les engagements qu'il avait pris par les conventions collectives ou autrement. Selon notre postulat, les électeurs seraient sensibles à des événements comme ceux-là plutôt que d'être rationnels en ce sens qu'ils calculeraient, de façon comparée, les coûts et les avantages des différentes mesures promises ou réalisées par les partis.

On peut interpréter à l'aide de ces notions les résultats des élections provinciales au Québec depuis 1960.

Il y a changement de gouvernement en 1960, qui est produit par un faible déplacement net de votes, comme le montre le tableau 1. L'Union nationale passe de 52 % des votes exprimés, en 1956, à 47 % en 1960, alors que le Parti libéral passe de 45 % à 51 %. Les autres changements de gouvernement, dans la suite, seront produits par des déplacements nets toujours plus grands que celui-là. C'est dans l'espace québécois et dans l'espace canadien que semblent s'être produits les changements qui ont été favorables au Parti libéral et défavorables à l'Union nationale, durement éprouvée par les morts successives de Maurice Duplessis, en septembre 1959, et de Paul Sauvé, en janvier 1960. Ces morts, dans une conjoncture de légère récession économique, ont probablement porté atteinte à la garantie de bienfaisance dans l'espace québécois qu'offrait l'Union nationale depuis plusieurs années. Les accusations de corruption, à la suite de l'affaire du gaz naturel, ont aussi fait apparaître le parti comme moins bienséant dans cet espace. De plus, la formation d'un gouvernement conservateur majoritaire à Ottawa a, en quelque sorte, sapé le positionnement de l'Union nationale dans l'espace canadien où elle exploitait avec succès la soi-disant complicité malséante du Parti libéral provincial avec le gouvernement libéral *centralisateur* d'Ottawa.

Les élections de 1962 surviennent un peu plus de deux ans après celles de 1960. Le gouvernement est toujours conservateur à Ottawa, bien que minoritaire. Le gouvernement libéral à Québec s'est montré assez revendicateur envers lui, pour des fins de bienfaisance envers la société québécoise, ce qui lui assure un avantage par rapport à l'Union nationale dans l'espace canadien. Le thème principal de la nationalisation de l'électricité assure aussi un avantage aux libéraux dans l'espace québécois. Cette mesure apparaît comme un gage de bienfaisance pour de nombreux électeurs, même si les coûts de la nationalisation sont élevés. Il semblerait toutefois que c'est davantage l'évaluation positive des mesures prises par le gouvernement libéral dans l'espace québécois qui expliquerait les succès des libéraux (sur ce point, voir Pinard, 1969). Ajoutons que, dans l'espace partisan, Jean Lesage et son équipe apparaissent comme plus aptes à la bienfaisance et à la bienséance dans l'organisation et le fonctionnement du gouvernement que le nouveau chef de l'Union nationale, Daniel Johnson, alors dévalorisé dans la plupart des médias, où on l'affublait de l'appellation peu élogieuse de *Danny Boy*.

Des élections de 1962 à celles de 1966, il y a des changements dans les positionnements des partis, et ce dans les trois espaces. Dans l'espace partisan, le chef du Parti libéral, Jean Lesage, est surnommé *Ti-Jean la taxe*, pour avoir augmenté les impôts. Durant la campagne électorale de 1966, qu'il fait dans un style présidentiel, sa popularité est à la baisse, face à un Daniel Johnson et à une Union nationale dont le prestige a été un peu rehaussé à la suite des assises de 1965, qui ont modernisé le parti. Dans beaucoup de milieux ruraux, les réformes du gouvernement libéral sont mal accueillies, en particulier la création de polyvalentes pour l'enseignement secondaire, ce qui oblige les élèves éloignés à de longs parcours dans des autobus scolaires. Des parents jugent ces mesures malséantes, parce qu'ils sont inquiets des relations entre garçons et filles qui s'établissent dans ces autobus. Dans l'espace canadien, le gouvernement Lesage a connu des ratés dans sa défense de la formule Fulton-Favreau d'amendement constitutionnel. Daniel Johnson a publié son livre, *Égalité ou indépendance*, et un parti indépendantiste, le Rassemblement pour l'indépendance nationale (RIN), enlève au Parti libéral des appuis chez les jeunes, chez les étudiants surtout (les 18-20 ans votent pour la première fois en 1966). Même si l'Union nationale n'obtient que 41 % des votes exprimées, contre 47 % au Parti libéral, elle est appelée à diriger le gouvernement, puisque 56 députés unionistes sont élus contre 50 libéraux, dans une carte électorale qui n'a été réformée que partiellement par le gouvernement libéral (sur les élections de 1960, 1962 et 1966, voir Lemieux, 1969).

Dans l'espace québécois, le nouveau gouvernement de l'Union nationale prolonge la révolution tranquille, en particulier dans les lois qu'elle fait adopter (sur ce point, voir Lemieux, 1991a), ce qui apparaît malséant à sa clientèle traditionnelle. Après la mort subite de Daniel Johnson, en septembre 1968, son successeur Jean-Jacques

Bertrand fait adopter la loi 63, qui donne des garanties à la langue anglaise. Cette mesure est jugée malfaisante par beaucoup d'électeurs francophones, qui reprochent aussi à Bertrand son attitude conciliante dans l'espace canadien, face à un Pierre Elliott Trudeau qui dirige, depuis 1968, le gouvernement libéral à Ottawa. Quand arrivent les élections de 1970, l'espace partisan est complètement transformé. Non seulement Bertrand a-t-il succédé à Johnson, mais Robert Bourassa a remplacé Jean Lesage à la tête du Parti libéral, et deux nouveaux partis sont apparus. Le Parti québécois a été créé en 1968, à la suite de la scission qui s'est produite dans le Parti libéral, en 1967, quand René Lévesque et ses amis ont quitté le parti après avoir échoué dans leur tentative de le convertir à la souveraineté-association. Le RIN s'est sabordé, et ses militants ainsi que plusieurs éléments du Ralliement national ont rejoint le Parti québécois. Il y a aussi le Ralliement créditiste, dont le chef est Camille Samson, qui profite des succès que connaît le Crédit social sur la scène fédérale. Les résultats en sièges obtenus sont aberrants, comme le montre le tableau 1. Le Parti libéral perd un peu de terrain, par rapport à 1966, mais fait élire 22 députés de plus. Le Parti québécois obtient plus de votes que l'Union nationale et que le Ralliement créditiste, mais ne fait élire que 7 députés, contre 17 pour l'Union nationale et 12 pour le Ralliement créditiste (sur ces élections, voir Lemieux, Gilbert et Blais, 1971). Dans plusieurs milieux, on réclame une réforme de la carte électorale mais aussi du mode de scrutin.

De 1970 à 1973, le gouvernement libéral apparaît bienfaisant et bienséant à la fois dans l'espace québécois. Les 100 000 emplois promis par Robert Bourassa, lors de la campagne électorale de 1970, sont créés, dans une conjoncture économique favorable. Même si la mesure est critiquée dans les milieux intellectuels, l'emprisonnement de beaucoup de personnes lors de la crise d'Octobre 1970, puis celui des trois leaders syndicaux, en 1972, à la suite de leur refus de se soumettre à la loi, ne sont pas désapprouvés, loin de là, par l'opinion publique (sur la crise d'Octobre, voir Bellavance et Gilbert, 1971). Le gouvernement fait aussi approuver, en 1970, une mesure très populaire, la loi de l'assurance-maladie. Dans l'espace canadien, Bourassa satisfait les nationalistes en refusant les accords de Victoria et profite, à partir de 1972, de la faiblesse du gouvernement libéral, minoritaire à Ottawa. Dans l'espace partisan, le Parti québécois devient de plus en plus le principal adversaire du Parti libéral. Ils profitent tous deux du déclin accéléré de l'Union nationale. Celle-ci n'obtiendra plus que 5 % des votes aux élections de 1973. Il n'y a pas eu de réforme du mode de scrutin, mais la carte électorale a été complètement refaite. Les écarts par rapport à la circonscription moyenne ne dépassent pas 25 % (sur la réforme du système électoral, voir Massicotte et Bernard, 1985). Le Parti libéral a un avantage de 25 % des votes sur le Parti québécois, ce qui lui donne à peu près tous les sièges, soit 102 sur 110 (sur cette élection ainsi que sur la précédente, voir Latouche, Lord et Vaillancourt, 1976).

Le positionnement du gouvernement libéral se dégrade dans l'espace québécois de 1973 à 1976. La conjoncture économique n'est plus favorable à la création d'emplois, le gouvernement est accusé d'avoir mal géré les grèves dans les écoles et dans les hôpitaux, et des bruits très répandus de corruption entourent la construction accélérée du stade olympique en vue des jeux de 1976. Le gouvernement fait adopter la loi 22 sur la langue, qui mécontente à la fois les anglophones et les francophones. Dans l'espace canadien, le gouvernement libéral, à Ottawa, est redevenu majoritaire en 1974, et son opposition au Parti québécois banalise en quelque sorte le gouvernement Bourassa, auquel le premier ministre Trudeau ne fait pas confiance. René Lévesque en acquiert un certain prestige, et Rodrigue Biron, qui a succédé à Gabriel Loubier à la tête de l'Union nationale, a plus de panache que son prédécesseur, ce qui contribue encore plus à affaiblir la popularité relative de Robert Bourassa dans l'espace partisan. Comme l'Union nationale en 1966, le Parti québécois forme le gouvernement avec seulement 41 % des votes exprimés, le Parti libéral tombant à son plus bas niveau depuis 1948 (34 % des votes). L'Union nationale connaît un regain de vie, grâce en particulier à l'appui des anglophones et allophones de Montréal, insatisfaits de la loi 22 (sur cette élection, voir Bernard, 1976).

De 1976 à 1981, le gouvernement du Parti québécois, qui profite d'une conjoncture économique favorable, fait adopter plusieurs mesures réformistes, dont la Charte de la langue française n'est pas la moindre, ou loi 101, qui va plus loin que la loi 22 pour ce qui est de la prédominance du français. Il y a aussi la réforme du financement des partis, qui limite celui-ci aux seules personnes physiques. Les montants souscrits aux partis sont limités et rendus publics, quand ils sont de 100 $ ou plus. Bien d'autres mesures font apparaître le gouvernement bienfaisant et bienséant à la fois dans l'espace québécois, du moins chez ceux qui ne désapprouvent pas son programme social-démocrate et souverainiste. La position souverainiste du Parti québécois dans l'espace canadien demeure minoritaire, comme le montrent les résultats du référendum de 1980, perdu par une marge de presque 20 % des votes (41 % pour le oui, et 59 % pour le non). Cela n'empêche pas le Parti québécois de gagner les élections de 1981, par le plus faible écart en votes exprimés (49 %, contre 46 % au Parti libéral) depuis 1944. Dans les milieux libéraux, Claude Ryan, qui a succédé à Robert Bourassa en 1978, est rendu responsable de cet échec. En particulier, sa malséance envers ses adversaires et même ses alliés, dans l'espace partisan, aurait été jugée sévèrement par les électeurs (sur cette élection, voir Bernard et Descoteaux, 1981, ainsi que plusieurs chapitres de Crête, 1984).

En 1983, Robert Bourassa succède à Claude Ryan, qui a quitté la direction du Parti libéral en 1982. Le gouvernement du Parti québécois est déjà en mauvaise position dans les trois espaces, ce qui ne fera que s'accentuer jusqu'aux élections de 1985. Dans l'espace canadien, le gouvernement, dont la position constitutionnelle a été affaiblie par la défaite référendaire de 1980, se trouve finalement isolé lors des négociations constitutionnelles de la fin de 1981. La nouvelle constitution canadienne sera adoptée sans l'accord du gouvernement du Québec, après que celui-ci eut manœuvré pour qu'une coalition de provinces s'oppose aux visées du gouvernement d'Ottawa. Il est difficile pour le Parti québécois d'accuser, de façon crédible, ses adversaires de malséance, étant donné qu'il s'est lui-même prêté à des jeux qui manquaient de bienséance. Dans l'espace québécois, le gouvernement est durement touché par la récession du début des années 1980, ce qui porte atteinte à sa bienfaisance. Toutefois, c'est peut-être davantage le geste malséant posé à l'endroit des employés du secteur public, dont les salaires sont réduits, contrairement à ce que prévoyaient les conventions collectives, qui est ressenti négativement dans l'électorat. Dans l'espace partisan enfin, René Lévesque finit par être contesté à l'intérieur du parti. Il est remplacé, en 1985, par Pierre-Marc Johnson, qui ne peut empêcher la défaite du Parti québécois aux élections de décembre 1985. Le Parti libéral passe de 46 % à 56 % des votes exprimés, son plus fort pourcentage depuis 1962, alors que le Parti québécois tombe de 49 % à 39 % des voix (sur cette élection, voir en particulier Blais et Crête, 1986).

Par rapport à l'élection de 1985, celle de 1989 produit le déplacement net des votes le plus limité de toute notre période. Le Parti québécois passe de 39 % à 40 % des votes exprimés, alors que le Parti libéral tombe de 56 % à 50 %, à cause surtout du Parti Égalité, qui recueille 4 % des votes exprimés. Ce parti a été créé à la suite de l'adoption, en 1988, de la loi 178 sur l'affichage commercial. La loi interdisait l'usage de l'anglais à l'extérieur des commerces, tout en le permettant, à certaines conditions, à l'intérieur. La campagne électorale de 1989 est marquée de quelques tensions dans les négociations du gouvernement avec les syndicats, mais autrement le positionnement des partis dans l'espace québécois ne change guère de 1985 à 1989. Dans l'espace canadien, les relations entre le gouvernement libéral et le gouvernement conservateur élu à Ottawa en 1984, puis réélu en 1988, sont coopératives, ce qui se concrétise dans leurs efforts communs pour faire adopter l'accord du lac Meech, visant à ce que le Québec puisse adhérer à la nouvelle constitution canadienne. Dans l'espace partisan, Jacques Parizeau a succédé, en 1988, à Pierre-Marc Johnson, comme chef du Parti québécois. Même si Parizeau fait une bonne campagne électorale, il n'est pas plus populaire que Robert Bourassa ; son équipe non plus, dont les vedettes sont pour la plupart des vétérans de l'époque du gouvernement péquiste, de 1976 à 1985.

À la veille des élections de 1994, on peut s'interroger sur les effets qu'auront auprès des électeurs certains des changements survenus depuis 1989 dans les trois espaces : le remplacement de Robert Bourassa par Daniel Johnson à la tête du Parti libéral, la récession économique qui n'en finit plus, les mesures de restriction dans le budget de l'État, associées au nouveau chef du Parti libéral, le rejet de l'accord de Charlottetown lors du référendum de 1992, les succès du Bloc québécois aux élections fédérales de 1993 et la formation d'un gouvernement libéral majoritaire, dirigé par Jean Chrétien, à la suite de ces élections.

## LES ÉLUS, L'ORGANISATION, LE MEMBERSHIP ET LE FINANCEMENT DES PARTIS

Les travaux de Réjean Pelletier (1984, 1991), entre autres, après ceux de Robert Boily (1969), ont montré l'évolution qui s'est produite dans les caractéristiques des élus depuis 1960.

Les femmes, tout à fait absentes en 1960, sont maintenant un peu plus nombreuses. Il n'y en avait qu'une, Claire Kirkland-Casgrain, chez les élus de 1970, mais 8 chez les élus de 1981, et 23 chez les élus de 1989. Pour ce qui est de l'âge, la moyenne ne varie guère, avec cependant une baisse sensible au moment des élections comme celles de 1976 où il y a un renouvellement important du personnel politique. Réjean Pelletier donne des moyennes d'âge de 1960 à 1981 (1984, p. 93). Elles oscillent entre quarante-neuf ans (en 1960) et quarante-deux ans (en 1976).

Les élus sont de plus en plus scolarisés de 1960 au milieu des années 1970. En 1960, 57 % d'entre eux avaient reçu une formation universitaire, alors qu'en 1976 il y en a 80 %. Depuis cette élection, la proportion de ceux qui ont une telle formation varie de 75 % à 85 % environ. Pour ce qui est de la profession, il y a toujours de 15 % à 20 % des élus qui sont avocats ou notaires, mais avec l'arrivée du Parti québécois les *professionnels du culturel* (enseignants et autres professionnels du monde scolaire, journalistes, écrivains, artistes) se retrouvent nombreux à l'Assemblée nationale. Ils forment 37,5 % de la députation du Parti québécois en 1981, mais seulement 7 % de la députation du Parti libéral, qui comptait par contre 19 % d'industriels et de commerçants, contre 7 % seulement pour le Parti québécois (Pelletier, 1984, p. 89). Il y a là une constante qui se manifeste aussi en 1985 et en 1989.

Les candidats aux postes d'élus sont généralement choisis par des assemblées d'investiture auxquelles peuvent participer tous les membres en règle du parti. Les directions centrales sont généralement absentes ou discrètes dans le processus, beaucoup plus que dans la plupart des démocraties occidentales (sur ce point, voir Ranney, 1981). Il ne faut cependant pas sous-estimer les moyens directs ou indirects dont elles disposent pour imposer un candidat de leur choix, lorsqu'elles y tiennent.

Le choix du chef se fait de manière différente dans les deux principaux partis. Dans le Parti québécois, le chef (nommé président) est choisi par le vote de tous les membres du parti qui veulent bien l'exercer. C'est ainsi que Pierre-Marc Johnson fut choisi en 1985. Après sa démission en 1987, le mécanisme de choix ne s'est pas appliqué puisque Jacques Parizeau fut le seul candidat à la présidence en 1988.

Dans le Parti libéral, le chef est choisi selon le mécanisme traditionnel où des délégués, les uns *ex officio*, les autres élus dans chacune des circonscriptions, votent pour les candidats au poste de chef dans un congrès au leadership. C'est ainsi que Robert Bourassa a été choisi en 1970, contre Claude Wagner et Pierre Laporte. Il en fut de même du choix de Claude Ryan contre Raymond Garneau, en 1978, puis de celui de Robert Bourassa, de nouveau, contre Pierre Paradis et Daniel Johnson, en 1983.

L'organisation des partis a évolué depuis le début des années 1960. À ce moment-là, il y a chez les libéraux une Fédération distincte du Parti qui a une certaine autonomie par rapport aux élus et à l'organisation électorale. Chaque année, les membres de la Fédération se réunissent en congrès. Les commissions, dont tout particulièrement la commission politique, jouent un rôle important. Le président de la Fédération a de la visibilité et les associations de circonscriptions, comme d'ailleurs les regroupements régionaux, sont actifs, même si la situation est variable d'une circonscription et d'une région à l'autre. Par un effet de contagion, l'Union nationale, à la suite des assises de 1965, cherche elle aussi à se donner une organisation plus officielle et un fonctionnement plus démocratique.

Chez les libéraux, des tensions existent, depuis la fondation de la Fédération au milieu des années 1950, entre l'organisation électorale traditionnelle et celle de la Fédération (sur ce point, voir Comeau, 1965). La direction du Parti, autour de Jean Lesage, évalue que ces tensions sont une des causes de la défaite du Parti. Après un long processus de révision, la Fédération est abolie au début des années 1970. Ses membres sont désormais considérés comme formant l'aile militante du Parti, à côté de l'aile parlementaire et de la permanence. Avec les années, et le passage de l'idéologie de la participation, les associations de circonscription et les regroupements régionaux sont devenus moins actifs. Le congrès du Parti ne s'est plus réuni que tous les deux ans, le conseil général et le comité exécutif prenant du fait même plus d'importance.

Le Parti québécois est fondé en 1968, au moment où le Parti libéral remet en question sa Fédération. Les anciens libéraux, dont René Lévesque, qui élaborent la constitution du nouveau parti, veulent un parti où la participation sera répandue à tous les paliers (local, régional et national), mais où on évitera les tensions et excès qu'a connus le Parti libéral. Il n'y a pas de commission politique et on cherche, dans un premier temps, à limiter la représentation et le pouvoir de l'aile parlementaire dans les principales instances du parti : congrès, conseil national et conseil exécutif. Une double structure est mise en place, une pour la fonction politique du parti, l'autre pour sa fonction électorale (sur ce point, voir Larocque, 1971).

Avec les années, la participation des militants aux paliers local et régional a, elle aussi, décru dans le Parti québécois. Une enquête faite en 1990 par des étudiants sur quelques circonscriptions de la région de Québec a montré que, dans le Parti québécois comme dans le Parti libéral, les organisations de circonscription étaient peu actives hors des périodes électorales. Tout se passe comme si, du fait de la multiplication des sondages d'opinion, l'*opinantisme* avait plus ou moins remplacé le militantisme (Lemieux, 1991b). C'est de plus en plus par le marketing politique fondé sur des données de sondages, davantage que par l'action militante, que les partis cherchent maintenant à convaincre les électeurs. Ces opérations de marketing sont dirigées par des spécialistes associés à la direction centrale du parti, plutôt que par les organisations locales. Les électeurs sont vus comme des *opinants* (d'où le terme d'*opinantisme*), plutôt que comme des destinataires de l'action militante.

Il est difficile d'obtenir des chiffres fiables sur le membership des partis. Les partis eux-mêmes ne savent pas trop quel est, à un moment donné, le nombre de leurs membres en règle. Angell (1987) a estimé que, de 1976 à 1985, le nombre de membres du Parti québécois avait oscillé de 75 000 à 300 000 environ, le plafond étant atteint au milieu de 1981, après la victoire aux élections d'avril, et le plancher au début de 1985, alors que le Parti vivait des divisions internes et que les sondages lui accordaient moins de 40 % des intentions de vote.

On peut penser que dans le Parti libéral il y a eu également des oscillations assez importantes. Le parti comptait sans doute moins de 100 000 membres en 1977 et en 1978, après en avoir compté beaucoup plus de 1960 à 1976. En 1985, on a peut-être atteint le chiffre de 200 000 membres pour retomber autour de 100 000 membres depuis.

Les sommes d'argent recueillies par les partis ont elles aussi évolué depuis 1978, année depuis laquelle elles sont connues. Le Parti libéral a atteint son sommet à la fin des années 1980 avec plus de huit millions de dollars et son plancher en 1981, avec dix fois moins d'argent. Quant au Parti québécois, son sommet se situe en 1981 avec près de cinq millions de dollars, et son plancher en 1986 avec un peu plus d'un million de dollars (Massicotte, 1991). Les sommes versées par l'État ne sont pas incluses dans ces montants.

Les revenus et dépenses des partis politiques ont été touchés par deux réformes importantes depuis 1960. D'abord celle de 1963, sous le gouvernement libéral de Jean

Lesage, qui a limité les dépenses des candidats et des partis en campagne électorale et qui leur a fourni un remboursement d'une partie de ces dépenses, à certaines conditions (la principale étant, pour les candidats, d'obtenir au moins 20 % des votes exprimés). La deuxième réforme fut accomplie par le gouvernement du Parti québécois en 1977, peu de temps après sa victoire à l'élection de 1976. La réforme touchait cette fois le financement des partis et des candidats. Seuls les électeurs (ou personnes physiques) pouvaient contribuer à ce financement, limité à 3 000 $ par année (maintenant, on peut fournir 3 000 $ à chacun des partis). Des incitations fiscales étaient mises en place pour encourager les électeurs à verser de l'argent aux partis. Le nom de tous ceux qui ont versé annuellement 100 $ ou plus est publié dans un rapport du Directeur général des élections.

Évidemment, les entreprises ou autres personnes morales (syndicats, associations volontaires, etc.) peuvent toujours contourner la loi en fournissant à des électeurs des montants que ceux-ci verseront à un parti, celui-ci sachant fort bien quelle est la source de cette contribution. Il est difficile de faire la preuve de telles pratiques. Quoi qu'il en soit, les règles sur le financement des partis ont eu pour effet de rendre ceux-ci plus dépendants des simples électeurs et, par là, de prendre la mesure de leur popularité de façon plus tangible, bien que moins exacte, que par les sondages.

## CONCLUSION

Après avoir subi des transformations importantes au cours des années 1970, le système des partis provinciaux du Québec s'est stabilisé au cours des années 1980. La polarisation créée par le référendum de 1980 a laissé en place deux grands partis, le troisième parti, en votes obtenus, ne dépassant jamais 4 % des suffrages exprimés. Ce fut le cas de l'Union nationale en 1981, et du Parti Égalité en 1989. Au cours des années 1970, par contraste, le troisième parti avait toujours au moins 10 % des suffrages exprimés. Il en eut même 20 % en 1970 (voir le tableau 1).

Il y a cependant des signes avant-coureurs d'un changement prochain dans le système des partis, d'autant plus que les prochaines années seront sans doute éprouvantes pour l'un ou l'autre des deux grands partis actuels.

On n'a pas suffisamment noté dans les analyses des résultats électoraux de 1989 que le taux de participation a baissé, par rapport à l'élection précédente, pour la troisième fois consécutive. Ce taux, qui était de 85 % en 1976, n'était plus que de 83 % en 1981, que de 76 % en 1985, et que de 75 % en 1989. Depuis le milieu des années 1980, il est moins élevé, en moyenne, que celui des élections fédérales au Québec.

On peut voir dans ces trois baisses consécutives une indifférence qui s'accroît, dans l'électorat, envers les choix offerts par les deux grands partis. Sauf sur le plan constitutionnel, leurs positions se sont rapprochées depuis le début des années 1980. Il se peut cependant qu'au moment des élections de 1994, l'écart s'agrandisse entre un Parti libéral qui opte pour la réduction de l'État et un Parti québécois qui, dans l'optique d'une indépendance prochaine, opte plutôt pour une construction nouvelle de l'État.

Quoi qu'il en soit, les élections de 1994 et le référendum, qui pourrait suivre quelque temps après si le Parti québécois est appelé à former le gouvernement, mettront à dure épreuve l'un ou l'autre des partis. Si le Parti libéral perd les élections et le référendum, il risque de connaître des tensions internes considérables, qui seraient évidemment beaucoup moins grandes si, ayant perdu les élections, il gagne le référendum. Dans ce cas, c'est le Parti québécois qui serait mis à l'épreuve, car une nouvelle défaite référendaire, après celle de 1980, serait sans doute fatale pour son option souverainiste. La situation ne serait guère meilleure pour lui s'il perdait, contre toute attente, les prochaines élections. Le Parti libéral serait alors élu pour un troisième mandat consécutif, ce qui n'est pas arrivé depuis les années 1950.

L'Union nationale a été créée au milieu des années 1930 et a subi, trente-cinq ans plus tard, en 1970, une défaite dont elle ne s'est jamais remise. Pour le Parti québécois, créé en 1968, l'heure de vérité approche, du moins si l'on croit au destin inéluctable des partis de génération. Ceux-ci ne pourraient guère se prolonger comme partis majeurs après trente ou trente-cinq ans de vie (sur ce point, voir Lemieux, 1986). Il n'est toutefois pas impossible que le Parti québécois réussisse à se renouveler, que ce soit dans la foulée de la souveraineté ou autrement, et que la victime du réalignement à venir soit plutôt le Parti libéral, devenu incapable de survivre aux scissions reliées au réalignement, contrairement à ce qu'il a toujours réussi dans le passé.

## BIBLIOGRAPHIE

ANGELL, H.M., 1982, «Le financement des partis politiques provinciaux au Québec» dans V. LEMIEUX (dir.), *Personnel et partis politiques au Québec*, Montréal, Boréal, p. 69-89.

ANGELL, H.M., 1987, «Duverger, Epstein and the Problem of the Mass Party : The Case of the Parti Québécois» dans *Revue canadienne de science politique*, vol. 20, no 2, p. 363-378.

BELLAVANCE, M. et M. GILBERT, 1971, *L'Opinion publique et la crise d'Octobre*, Montréal, Le Jour.

BERNARD, A., 1976, *Québec : élections 1976*, Montréal, Hurtubise HMH.

BERNARD, A. et B. DESCOTEAUX, 1981, *Québec : élections 1981*, Montréal, Hurtubise HMH.

BLAIS, A. et J. CRÊTE, 1986, «La clientèle péquiste en 1985 : caractéristiques et évolution» dans *Politique*, no 10, p. 5-29.

BOILY, R., 1969, «Les candidats élus et les candidats battus» dans V. LEMIEUX (dir.), *Quatre élections provinciales au Québec, 1956-1966*, Québec, les Presses de l'Université Laval, p. 69-122.

BOILY, R., 1982, «Les partis politiques québécois - perspectives historiques» dans V. LEMIEUX (dir.), *Personnel et partis politiques au Québec*, Montréal, Boréal, p. 27-68.

CARDINAL, M., V. LEMIEUX et F. SAUVAGEAU, 1978, *Si l'Union nationale m'était contée*, Montréal, Boréal.

COMEAU, P.A., 1965, «La transformation du Parti libéral québécois» dans *Revue* canadienne d'économique et de science politique. vol. 31, n° 3, p. 358-367.

CRÊTE, J. (dir.), 1984, Comportement électoral au Québec. Chicoutimi, Gaëtan Morin.

FRASER, G., 1984, Le Parti québécois, Montréal, Libre Expression.

LANDRY, R., 1990, «Biases in the Supply of Public Policies to Organized Interests : Some Empirical Evidence» dans W.D. COLEMAN et G. SKOGSTAD (dir.), Policy Communities and Public Policy in Canada, Mississauga, Copp Clark Pitman, p. 291-311.

LANDRY, R. et P. DUCHESNEAU, 1987, «L'offre d'interventions gouvernementales aux groupes : une théorie et une application» dans Revue canadienne de science politique, vol. 20, n° 3, p. 525-552.

LAROCQUE, A., 1971, Défis au Parti québécois, Montréal, Le Jour.

LATOUCHE, D., G. LORD et J.G. VAILLANCOURT (dir.), 1976, Le processus électoral au Québec : les élections provinciales de 1970 et 1973, Montréal, Hurtubise HMH.

LEMIEUX, V. (dir.), 1969, Quatre élections provinciales au Québec, 1956-1966, Québec, les Presses de l'Université Laval.

LEMIEUX, V. (dir.), 1982, Personnel et partis politiques au Québec, Montréal, Boréal.

LEMIEUX, V., 1986, «L'État et les jeunes» dans F. DUMONT (dir.), Une société de jeunes ?, Québec, Institut québécois de recherche sur la culture, p. 325-335.

LEMIEUX, V., 1991a, Les Relations de pouvoir dans les lois. Comparaison entre les gouvernements du Québec de 1944 à 1985, Sainte-Foy, les Presses de l'Université Laval et l'Institut d'administration publique du Canada.

LEMIEUX, V., 1991b, «La participation et les partis politiques» dans J.T. GODBOUT (dir.), La Participation politique, Québec, Institut québécois de recherche sur la culture, p. 41-55.

LEMIEUX, V., 1992, «Partis politiques et vie politique» dans G. DAIGLE (dir.), Québec en jeu, Montréal, les Presses de l'Université de Montréal, p. 625-645.

LEMIEUX, V., 1993, Le Parti libéral du Québec. Alliances, rivalités et neutralités, Sainte-Foy, les Presses de l'Université Laval.

LEMIEUX, V., M. GILBERT et A. BLAIS, 1970, Une élection de réalignement. L'élection générale du 29 avril 1970 au Québec, Montréal, Le Jour.

MASSICOTTE, L. et A. BERNARD, 1985, Le Scrutin au Québec : un miroir déformant, Montréal, Hurtubise HMH.

MASSICOTTE, L., 1991, «Le financement des partis au Québec – Analyse des rapports financiers de 1977 à 1989» dans F.L. SEIDLE (dir.), Le Financement des partis et des élections de niveau provincial au Canada, (vol. 3 de la Collection d'études de la commission Lortie), Toronto, Dundurn Press, p. 3-47.

PELLETIER, R. (dir.), 1976, Partis politiques au Québec, Montréal, Hurtubise HMH.

PELLETIER, R., 1980, «Les partis politiques et l'État» dans G. BERGERON et R. PELLETIER (dir), L'État du Québec en devenir, Montréal, Boréal, p. 241-261.

PELLETIER, R., 1984, «Le personnel politique» dans Recherches sociographiques, vol. 25, n° 1, p. 83-102.

PELLETIER, R., 1989, Partis politiques et société québécoise. De Duplessis à Bourassa, 1944-1970, Montréal, Québec/Amérique.

PELLETIER, R., 1991, «Les parlementaires québécois depuis cinquante ans : continuité et renouvellement» dans *Revue d'histoire de l'Amérique française*, vol. 44,
n° 3, p. 339-361.

PINARD, M., 1969, «La rationalité de l'électorat : le cas de 1962» dans V. LEMIEUX
(dir.), *Quatre élections provinciales au Québec, 1956-1966*, Québec, les Presses de
l'Université Laval, p. 179-195.

PINARD, M., 1975, *The Rise of a Third Party* (édition augmentée), Montréal, McGill-
Queen's University Press.

RANNEY, A., 1981, «Candidate Selection» dans D. BUTLER, H.R. PENNIMAN et
A. RANNEY (dir.), *Democracy at the Polls*, Washington, American Enterprise
Institute for Public Policy Research, p. 75-106.

# Chapitre 10

## L'évolution du rôle des organismes centraux des gouvernements du Québec, 1960-1994

JACQUES BOURGAULT
STÉPHANE DION • JAMES IAIN GOW

Le sujet des organismes centraux est au cœur des débats contemporains de la science administrative; pour s'en convaincre, il n'y a qu'à lire Frederick W. Taylor, Max Weber et Henri Fayol jusqu'aux rapports plus récents des commissions royales d'enquête qui ont consacré le rôle crucial de ce type d'organisation d'état-major en la décrivant comme *une entité organisationnelle qui peut planifier, coordonner, contrôler, organiser ou venir en aide aux entités opérationnelles qui produisent et livrent les biens et services.*

Cette définition aux larges contours est classique (Ouellet 1968; Gélinas, 1975). À l'intérieur de ce cadre, le nombre d'agences centrales peut énormément varier, dans la mesure où le gouvernement jouit d'une marge de manœuvre considérable pour changer leur mandat ou en créer de nouvelles. Le tableau 1 illustre l'évolution de leur apparition depuis 1960. Elles n'ont d'ailleurs pas toutes la même importance, bien que la majorité d'entre elles aient des fonctions de planification, de coordination et de contrôle. Le noyau dur des agences administratives est formé du ministère du Conseil exécutif (dirigé par le premier ministre), du ministre des Finances – tous deux créés dès 1867 –, et du Conseil du trésor constitué dans sa forme actuelle en 1970. Sur le plan politique, le Bureau du premier ministre joue le rôle d'agence centrale depuis 1960, moment où son rôle s'est accru avec la diversité des fonctions.

Les autres organismes centraux ont des fonctions plus spécialisées. Certains sont rattachés au premier ministre ou à l'Assemblée nationale (le Protecteur du citoyen), alors que d'autres peuvent être indépendants du gouvernement (la Commission de la fonction publique) ou des ministères à vocation horizontale (Affaires intergouver-nementales). Certains organismes centraux ont un rôle plutôt mineur, moins important en tout cas que certains ministères ou organismes opérationnels tel Hydro-Québec. Tous ensemble, ils représentent néanmoins un important pouvoir de direction et de contrôle de la machine gouvernementale.

L'étude des agences centrales peut contribuer à la compréhension tant du gouvernement que de la société. Plus que tout autre organisme, elles révèlent les intentions du parti gouvernemental et de son chef, qui peut les modeler comme bon lui semble. Leur façon de fonctionner influencera l'ensemble du système politique et administratif et, de là, l'ensemble de la société.

Ce chapitre veut décrire et expliquer l'avènement des organismes apparaissant au tableau 1, en rappelant le contexte politique qui a mené à leur création, à leur développement et quelquefois à leur disparition. Bien que l'objectif immédiat soit de

219

décrire l'évolution du rôle de chaque agence centrale, à travers elles, c'est le style de chaque gouvernement qui sera révélé. L'évolution du rôle des agences centrales témoigne de celle du gouvernement du Québec.

## *Tableau 1*

TYPOLOGIE DES ORGANISMES CENTRAUX QUÉBÉCOIS
DEPUIS 1960 SELON LEUR RÔLE

| Organisme/ rôle | Planifi- cation | Coordi- nation | Organi- sation | Service | Contrôle | Consul- tation | Infor- mation |
|---|---|---|---|---|---|---|---|
| Conseil d'orien- tation économique (1961-1968) | x | | | | | | |
| Ministère des Relations fédérales- provinciales (1961-1967) | x | x | | | | | |
| Contrôleur de la trésorerie (1961) | | | | | x | | |
| Office d'information et de publicité (1961-1971) | | x | | | | | x |
| Commission de la fonction publique (1965) | | | | x | x | | |
| Ministère des Affaires intergou- vernementales (1967-1984) | x | x | | | | | |
| Secrétariat général du gouvernement (1968) | x | x | | | | | |
| Protecteur du citoyen (1968) | | | | | x | | |
| Ministère des Communications (1968) | x | x | | | | | x |
| Office de planifica- tion et de développe- ment (1968/1969-1992) | x | x | | | | | |

## Tableau 1 (suite)
### TYPOLOGIE DES ORGANISMES CENTRAUX QUÉBÉCOIS
### DE PUIS 1960 SELON LEUR RÔLE

| Organisme/ rôle | Planifi- cation | Coordi- nation | Organi- sation | Service | Contrôle | Consul- tation | Infor- mation |
|---|---|---|---|---|---|---|---|
| Conseil de planification (1969) | | | | | | x | |
| Ministère de la Fonction publique (1969-1983) | x | x | | | | | |
| Conseil du trésor (1970) | x | x | x | | x | | |
| Secrétariats des ministres d'État (1976) | x | x | | | | | |
| Office de recrutement et de sélection (1978-1983) | | x | | x | | | |
| Office des ressources humaines (1983) | x | x | | x | | | |
| Société immobilière du Québec (1983) | | x | | x | x | | |
| Ministère des Affaires intergou- vernementales canadiennes (1984) | x | x | | | | | |
| Ministère des Relations internationales (1984-1988) | x | x | | | | | |
| Ministère des Approvisionnements et services (1986) | | x | | x | x | | |
| Ministère des Affaires internationales (1988) | x | x | | | | | |

## LES ANNÉES 1960 : UNE DÉCENNIE DE CHANGEMENTS ET D'EXPÉRIENCES

Pendant la révolution tranquille, d'abord sous le gouvernement libéral (1960-1966), puis sous l'Union nationale (1966-1970), les gouvernements veulent étendre le rôle de l'État. Pour ce faire, ils créent de nouveaux organismes administratifs. La nature profonde de ces changements est révélatrice : cette période est faite d'innovations alors que divers modèles organisationnels sont mis de l'avant pour être ensuite abandonnés ou modifiés.

### Avant 1960 : le paternalisme louvoyant

Avant 1960, le Québec compte sur peu d'organismes centraux, la plupart datant du XIXe siècle. Le pouvoir appartenait au premier ministre et aux personnes qu'il décidait de consulter ; ainsi le style du gouvernement paraissait fort paternaliste.

Les structures administratives dataient des premiers jours de la Confédération. Le Bureau du greffier du Conseil exécutif et le ministère du Trésor furent créés en 1867, comme le fut d'ailleurs la première version du Conseil du trésor, un comité de trois ministres qui, bien que n'ayant aucun pouvoir formel, agissait comme la principale instance de contrôle financier (Gow, 1985). Les prévisions budgétaires étaient préparées par ce ministère du Trésor. En 1883, une réforme conféra à l'auditeur provincial une indépendance réelle face à l'exécutif, et lui conserva le contrôle des dépenses avant et après paiement. Puis en 1885, la loi consacra le Procureur général comme le conseiller juridique du gouvernement.

Dans les quatre-vingts années qui suivirent, la plupart des agences centrales qui furent créées étaient en fait des fournisseurs de services : ce fut le cas du Bureau de la Statistique (1912), des Archives provinciales (1920), de la Chambre de mécanographie (1936), du Service des achats (1939) et de l'Office de la publicité (1946). Seule exception au phénomène, la Commission du service civil, créée en 1943 par le gouvernement d'Adélard Godbout pour instaurer le système du mérite. Bien que le Québec et le Nouveau-Brunswick partagent le douteux honneur d'avoir été les deux dernières provinces à créer une telle commission (Scarrow, 1957), la nouvelle commission québécoise était bien en avant de son temps. Maurice Duplessis n'a pas pardonné aux libéraux, après leur victoire de 1939, le congédiement de ses partisans et, de retour au pouvoir en 1944, il n'avait pas l'intention de laisser à une commission indépendante le pouvoir de contrôler les nominations à la fonction publique. Ainsi, il incita les trois commissaires à démissionner pour les remplacer par son ami Ernest Laforce, qui a dirigé seul la commission jusqu'en 1960.

Duplessis n'a pas inventé le style paternaliste, il l'a seulement continué et raffiné (Vigod, 1986, p. 252-255 ; Black, 1977, p. 333-334 ; Gow, 1986, p. 276-280). Ainsi, les agences de services communs qu'il a créées n'ont servi qu'à accroître son propre contrôle des contrats et des dépenses, comme ce fut le cas dans les domaines des achats et de la publicité. Duplessis dirige un gouvernement organisé de façon très amateur : le greffier du Conseil exécutif n'était pas admis aux réunions du Conseil des ministres, dont la réunion se tenait sans ordre du jour ni procès-verbal; on en était revenu à l'époque des gouvernements qui opéraient par la seule tradition orale (Hamelin et Beaudoin, 1967, p. 315; Ouellet, 1980, p. 79).

Sous Duplessis, la faiblesse des agences centrales et l'absence d'administration méthodique n'était pas l'effet du hasard : son souci de préserver sa marge de manœuvre allait même jusqu'à refuser aux sous-ministres le droit de se rencontrer en groupe pour discuter d'affaires administratives (Bourgault, 1971, p. 371).

## Les années 1960 : la révolution tranquille et ses suites

Le gouvernement de Jean Lesage, dans son désir de moderniser l'État et la société québécoise, créa ou développa de nombreux organismes centraux tandis que celui de l'Union nationale, bien que d'apparence plus conservatrice, en créa plus encore, soit six, alors que les libéraux en avaient créé cinq.

Lesage organise rapidement le Conseil des ministres sur une base plus formelle : le greffier assiste aux réunions, un ordre du jour est préparé et des procès-verbaux sont rédigés (Hamelin et Beaudoin, 1967, p. 315). Les changements de substance viennent cependant d'autres réformes : pour combler l'inexistence d'organisations de planification et de recherche dans les ministères, ce gouvernement constitua un nombre record de commissions royales d'enquête (Bonenfant, 1972) qui commanditèrent des recherches et consultèrent largement les groupes concernés. André Bazinet interprète cette pratique comme une solution transitoire puisque, de 1960 à 1965, au moins dix ministères mettent sur pied leur propre service de la planification (Bazinet, 1976, p. 110-115).

Lesage veut agir vite dans l'édification d'une authentique administration : un mois après son intronisation, lors d'une conférence fédérale-provinciale des premiers ministres, il réclama la fin des programmes à frais partagés et le transfert vers Québec d'une part accrue des impôts sur le revenu des individus et des corporations. Dès 1961, il fait adopter par le Parlement une loi créant un ministère des Relations fédérales-provinciales, dont le mandat sera de développer des politiques, de coordonner l'action gouvernementale et de réaliser des recherches dans ce domaine. Il lui fallut cependant assez longtemps pour organiser ce ministère dont les premiers employés ne furent engagés qu'en 1963; dès ce moment, son sous-ministre Claude Morin compta parmi la poignée d'influents technocrates souvent décrits comme les mandarins de la révolution tranquille (Gow, 1986, p. 352-353).

Le Conseil d'orientation économique du Québec (COEQ), organisme hybride aux fonctions de planification et de conseil, constitua une des principales sources d'avis et d'appui pour les politiques de Jean Lesage. En août 1960, Lesage mit en application la loi de 1943 introduite par son prédécesseur Godbout et nomma les cinq membres du COEQ. Dès 1961, Lesage fait amender la loi de cet organisme de sorte que son Conseil de 15 membres représente les forces vives de la révolution tranquille, c'est-à-dire des représentants des milieux des affaires, des syndicats, des universités et de la haute fonction publique. On doit à ce Conseil un travail de leader d'opinion dans des dossiers aussi importants que ceux de la Société générale de financement, le Régime des rentes du Québec, la Caisse de dépôt et placement, la nationalisation de l'électricité et la création de SIDBEQ. L'essentiel du travail n'est pas le fait des vedettes de son conseil d'administration mais des groupes de travail du Conseil, lesquels sont dirigés par une dizaine d'employés permanents qui mettent à contribution tant les ressources de la fonction publique que celles des milieux concernés.

En 1965, le COEQ recommande au premier ministre d'abandonner l'idée ambitieuse de produire un Plan à la française, mais il continue, avec le ministère de l'Industrie et du Commerce, à préparer un projet des comptes nationaux pour la province. En somme, ce Conseil a joué un rôle de première importance en participant aux dossiers les plus importants des années Lesage (Conseil d'orientation économique, 1966 ; Parenteau, 1970).

En matière administrative, on doit à Lesage la transformation rapide du comité financier d'alors en un Conseil de la trésorerie calqué sur le modèle fédéral, que Lesage avait vu à l'œuvre alors qu'il était secrétaire parlementaire du ministre fédéral des Finances. Ce Conseil est un comité permanent du Conseil des ministres pour toutes les questions financières et la plupart des aspects de la gestion du personnel, mises à part les nominations des sous-ministres et des dirigeants d'organismes. On resserre le contrôle des dépenses par la nomination d'un contrôleur de la trésorerie dont la compétence s'étend aussi à tous les contrats et autres engagements du gouvernement.

Cette réforme, qui améliore la gestion financière du gouvernement, consolide par ailleurs la position du ministère des Finances. En effet, non seulement le ministre des Finances est-il président *ex officio* du Conseil de la trésorerie, mais le secrétariat du Conseil relève de lui, comme d'ailleurs le poste de contrôleur de la trésorerie : la volonté d'accroître l'importance de la gestion financière est évidente. Pour la première fois un ministère du Revenu est créé, ce qui libère le ministère des Finances d'un fardeau de tâches routinières bien que vitales.

Les changements de structures ont suivi la plupart des réformes de gestion du personnel. La Commission de la fonction publique fut réorganisée en 1965 alors que la pratique des concours avait été généralisée dès 1960 tant pour le recrutement externe que pour les promotions. Au même moment apparaît une association de fonctionnaires appuyée par la puissante Confédération des syndicats nationaux, qui incite le gouvernement à accepter de négocier des conventions collectives dans la fonction publique.

L'adoption de la loi sur la fonction publique en 1965 met en évidence deux tendances : d'une part, grâce à la Commission, le principe du mérite est renforcé et la Commission devient plus autonome puisque ses commissaires voient leurs garanties d'emploi et de salaire confirmées : ils ne peuvent être mis à la retraite avant soixante-dix ans et ne peuvent être congédiés que sur approbation des deux Chambres du Parlement. Elle perd cependant au ministère des Finances la partie *organisation administrative* de son mandat malgré qu'elle conserve plusieurs fonctions importantes en matière de développement des politiques comme la classification des postes, qui deviendra l'un des premiers enjeux des négociations collectives. Le gouvernement de l'Union nationale qui suivra devra séparer ces rôles inconciliables de gardien du système du mérite et de dirigeant politique de la fonction publique.

Un exemple type des espoirs et illusions de cette période fut l'Office de la publicité du Québec, créé en 1961. Il fallut attendre trois ans après l'adoption de la loi avant de voir l'Office mettre en marche ses opérations ; dès le début, c'est la controverse : en mars 1965, le directeur et un de ses adjoints démissionnent en dénonçant les interventions indues des politiciens (Gow, 1986, p. 326). On lui retire alors ses principales fonctions et, à la fin du régime libéral, l'organisme semble destiné à disparaître.

Au bilan des années libérales apparaissent de nouveaux organismes centraux qui se chargent des nouvelles fonctions gouvernementales et sont imprégnés d'une approche plus rigoureuse pour gérer les finances et le personnel. Toutes ces réformes semblaient improvisées et il appartiendra à l'Union nationale de tenter de les consolider.

## L'UNION NATIONALE, 1966-1970 : PRUDENCE ET CONSOLIDATION

La période unioniste se divise entre ses deux premiers ministres : Daniel Johnson (1966-1968) et, après le décès de celui-ci, Jean-Jacques Bertrand (1968-1970).

La personnalité des deux hommes est fort différente, mais le gouvernement Bertrand poursuit les politiques de Johnson. D'ailleurs, toutes les réformes entreprises par les libéraux sont poursuivies par ces gouvernements qui créent l'institution du Protecteur du citoyen en 1968.

L'Union nationale introduit deux changements fondamentaux au cœur même de la machine administrative. En 1968, Bertrand crée le poste de secrétaire général du gouvernement pour étendre le rôle du greffier à celui de chef de la fonction publique. Cette réforme peut sembler aujourd'hui avoir été inévitable et s'inscrire dans une vague de changements du même type (Baccigalupo, 1978, p. 159), pourtant, elle semble plutôt motivée par les préoccupations très personnelles de Jean-Jacques Bertrand. En effet, selon O'Neill et Benjamin (1978, p. 79-83), Bertrand souhaitait que le Conseil des ministres fonctionne selon un système mieux équilibré. Surtout, il tenait à se protéger de ses ministres en constituant par ce poste une unique voie d'accès à son bureau et au Conseil des ministres. Julien Chouinard, son ancien sous-ministre à la Justice, lui semblait tout désigné pour mettre sur pied le nouveau système.

En matière de planification, Johnson suivit, en 1968, la recommandation du COEQ en la remplaçant par un Office de planification qui reçoit des avis d'une Commission interministérielle de planification formée de hauts fonctionnaires du gouvernement et d'un Conseil de planification composé de représentants socio-économiques nommés par le gouvernement. Un an plus tard, l'Office joue déjà le rôle de leader en développement régional, sa mission pour les années à venir.

La création, en 1967, d'un ministère des Affaires intergouvernementales constitue à la fois la consolidation de la structure de 1963 et un nouveau départ. Johnson veut éliminer la dispersion des énergies et des responsabilités dans ce domaine, mais son objectif est aussi de mieux s'organiser pour permettre au Québec d'occuper tous les champs de compétence que la constitution lui accorde (Gow, 1985, p. 185). Le premier ministre est particulièrement préoccupé par la coopération internationale (notamment avec la France et en matière de francophonie) dont il craint l'envahissement fédéral si le Québec n'agit pas à temps (voir le chapitre 12 de ce livre). Ce ministère occupe donc trois champs principaux de compétence : soit les relations extérieures, la coopération internationale et les relations fédérales-provinciales. Sa structure et ses politiques reflètent la division de ses missions entre les relations fédérales-provinciales et les relations extérieures.

Sur le plan administratif, l'Union nationale s'intéresse plutôt au personnel. La négociation d'une convention collective amena le gouvernement à constituer une direction générale des relations de travail par suite d'une promesse électorale unioniste. Le ministère de la Fonction publique fut créé en 1969. Dès 1966, Marcel Masse avait occupé le poste de ministre d'État à la Fonction publique et dirigé les hauts fonctionnaires chargés des négociations des conventions collectives. Le nouveau ministère de la Fonction publique s'occupera des négociations et de la politique de la fonction publique. Dès l'année suivante, ses attributions seront diminuées lors de la création du Conseil du trésor.

Sous l'Union nationale, l'Office d'information et de publicité du Québec (OIPQ) connut une nouvelle vigueur avec des effectifs accrus de 50 % et un budget sept fois plus important en 1968-1969 qu'en 1965-1966. Pourtant sa mission reste fort controversée, ce qui amène même le gouvernement à commander une étude spéciale sur le sujet à Jean Loiselle et à Paul Gros d'Aillon, des partisans politiques notoires. Leur rapport, publié en 1969, recommande d'augmenter les budgets d'information et de centraliser le contrôle des opérations. Peu après, le gouvernement crée un ministère des Communications doté à la fois d'un rôle opérationnel et d'une responsabilité de coordination de l'action des ministères : les jours de l'OIPQ étaient comptés.

En somme, les unionistes ont apporté plusieurs changements aux organismes centraux pour perfectionner les institutions créées sous le régime Lesage. On doit à Daniel Johnson la création du Protecteur du citoyen et celle du ministère des Affaires intergouvernementales, tandis que Jean-Jacques Bertrand, à cause de son style personnel, a créé la fonction de secrétaire général du gouvernement.

## LES ANNÉES 1970 : L'ÂGE D'OR DES ORGANISMES CENTRAUX

Les années 1970 voient les organismes centraux à l'apogée de leur pouvoir. Le style de gestion de René Lévesque et son ambitieux programme de gouvernement y sont pour quelque chose. Avant lui, les deux premiers gouvernements de Robert Bourassa n'avaient engagé que peu de changements en matière d'organismes centraux, Bourassa préférant consulter quelques conseillers qui lui sont proches et ne voyant pas la nécessité de renforcer les organismes centraux.

*Les libéraux de 1970 à 1976 : rapports de force et pouvoir personnel*

Le gouvernement Bourassa de 1970 à 1976 fut présenté comme celui des gestionnaires, car il voulait ainsi se distinguer de l'ère des technocrates des années
soixante (Ambroise et Jacques, 1980, p. 143). Ce gouvernement était pourtant géré et
dirigé de façon plus personnelle que systématique.

On doit aux libéraux la réforme majeure du système de santé et des services
sociaux, de l'organisation des commissions scolaires et du système de reconnaissance
des professions. On lui doit aussi l'élargissement du mandat et des pouvoirs du Conseil
du trésor, qui gagne alors une autonomie décisionnelle face au Conseil des ministres.
Le Conseil devient aussi le mandataire du Conseil des ministres sur toutes les questions
de gestion du personnel et de politiques administratives ; il mettra sur pied la budgé-
tisation par programme. Le ministre Garneau nie que la croissance du rôle du Conseil
du trésor soit un signe d'affaiblissement du ministère de la Fonction publique, en
affirmant que le Conseil du trésor agissait en quelque sorte au nom du Conseil des
ministres en toutes ces matières, que le ministre de la Fonction publique était d'office
vice-président du Conseil du trésor et que son sous-ministre était l'un des trois
assistants-secrétaires du Conseil du trésor (Garneau, 1971).

Malgré cet impressionnant programme de réformes, Bourassa n'était pas enclin à
un style collégial de gouvernement, préférant mener les choses à sa façon dans des
relations bilatérales plutôt qu'à l'occasion de réunions de groupe. Aux premières années
de son mandat, Bourassa fut fortement influencé par son conseiller politique Paul
Desrochers, une éminence grise qui n'était ni haut fonctionnaire ni chef de cabinet
(O'Neill et Benjamin, 1978, p. 114-117, 152-155 ; Baccigalupo, 1978, p. 112-122).

Le secrétariat général du Conseil exécutif a continué à se développer au fil des
ans, constituant même en secret une cellule fort controversée : à l'occasion de la crise
d'Octobre 1970, le gouvernement mit sur pied le Centre d'analyse et de documentation
(CAD), sorte d'unité de renseignements antiterroriste qui monta des dossiers sur
30 000 personnes et 7 000 groupes (O'Neill et Benjamin, 1978, p. 123). Créé apparemment sans consultation auprès du Conseil des ministres, le CAD ne fit surface qu'en
1975 et le PQ fit détruire tous ces dossiers après son arrivée au pouvoir.

En 1975, le gouvernement, à la suggestion de son nouveau secrétaire général Guy
Coulombe, mit sur pied un système de sept comités permanents du Conseil des
ministres présidés par des ministres sectoriels sur les questions de ressources
humaines, de la qualité de la vie, des ressources naturelles, du développement régional,
de la législation, des relations intergouvernementales et de l'administration du
gouvernement (Baccigalupo, 1978, p. 160-162.).

Le gouvernement Bourassa léguait donc au Parti québécois une structure gouvernementale assez légère, constituée du Conseil du trésor (nouvelle formule) et des
comités ministériels. En fait, par comparaison avec ses prédécesseurs, Bourassa avait
très peu modifié la structure administrative du gouvernement.

*Le Parti québécois de 1976 à 1981 : un gouvernement collégial*

Le Parti québécois se fait élire en 1976 sur le thème du *bon gouvernement* et fait face à un défi de taille : d'une part, son programme d'action est ambitieux mais, d'autre part, à l'exception de René Lévesque, aucun ministre n'a l'expérience du gouvernement bien que les Parizeau, Morin, De Belleval aient une excellente connaissance de l'administration gouvernementale en tant qu'anciens conseillers et hauts fonctionnaires.

Alors que Parizeau suggère que le gouvernement opère selon un modèle britannique à forte responsabilité individuelle des ministres sous le leadership du premier ministre et du ministre des Finances, Lévesque adopte un autre modèle. Il retient la suggestion de son futur secrétaire général, Louis Bernard, selon qui il faut organiser un système gouvernemental à deux niveaux avec d'importantes fonctions de coordination. Ainsi, chaque ministre sectoriel ferait partie d'un ou de plusieurs comités permanents du Conseil des ministres, présidés par un ministre d'État et n'ayant aucune responsabilité opérationnelle. Quatre comités sont ainsi formés en 1976, soit le développement économique, le développement social, le développement culturel et le développement régional, pour planifier et coordonner le développement dans les ministères relevant de leur secteur. En 1979 s'ajoute à ces comités celui de la condition féminine. Chaque comité est servi par un secrétariat dirigé par un des secrétaires généraux associés du ministère du Conseil exécutif qui, à ce moment, jouit des pouvoirs d'un sous-ministre (Baccigalupo, 1978, p. 160-161 ; Bernard, 1987, p. 61-89 ; Dion et Gow, 1989, p. 59-73 ; O'Neill et Benjamin, 1978, p. 218-224).

Le Conseil des ministres comptait aussi sur trois autres comités : celui de la législation avait un rôle plus technique, tandis que ceux des Priorités et du Conseil du trésor étaient au cœur du pouvoir. Présidé par le premier ministre et constitué des cinq ministres d'État et des ministres des Finances et des Affaires intergouvernementales, ce comité des priorités joue vraiment le rôle du *inner Cabinet* britannique en arbitrant les décisions difficiles et en allouant les ressources. Le Conseil du trésor conserva cependant l'essentiel de ses pouvoirs dans les domaines de la préparation des budgets de dépenses et du contrôle de celles-ci.

Ce système, qui demandait beaucoup de discipline, fut généralement bien accueilli par les ministres, qui devaient dorénavant s'adresser d'abord à un des comités avant de présenter leurs projets au Conseil des ministres. Les ministres d'État n'ont aucun pouvoir hiérarchique sur leurs confrères mais jouissent cependant de trois sources d'influence : ils sont membres du Comité des priorités, ils président leur comité de développement sectoriel et sont chargés de certains dossiers spéciaux de première importance, tels celui de la langue dans le cas de Camille Laurin et celui de la santé et de la sécurité au travail dans le cas de Pierre Marois. Un tel système avait l'avantage d'obliger les ministres à s'entendre entre eux et d'éviter que certains jouissent de passe-droits.

La seule exception à cette règle de fonctionnement concerne le ministre des Finances, Jacques Parizeau, qui n'est membre d'aucun comité de coordination mais préside le Conseil du trésor et siège au Comité des priorités. Il jouit ainsi de la crédibilité et de la liberté nécessaires pour intervenir sur tous les sujets. D'ailleurs, ses collègues diront plus tard que, grâce à sa position stratégique et à son exceptionnelle intelligence, il en vint à dominer le Comité des priorités (Dion et Gow, 1989b, p. 67). Bien que ce système des comités ait eu pour but de créer un style de gouvernement collégial, René Lévesque permit à Parizeau d'y jouer un rôle prédominant.

Ce nouveau mode d'opération du gouvernement accrut le rôle du secrétaire général qui, en tant que sous-chef du ministère du Conseil exécutif, détenait le plus haut poste de toute la fonction publique. La nomination de Louis Bernard en septembre 1977 fut considérée par tous comme une nomination politique, comme d'ailleurs l'avait été deux ans plus tôt la nomination, par Pierre Elliott Trudeau, de Michael Pitfield comme greffier du Conseil privé, à Ottawa. Personne cependant ne doutait de la compétence de Bernard, qui devenait ainsi la pierre angulaire du nouveau système. Les membres des secrétariats des comités de développement, comme d'ailleurs leurs secrétaires généraux associés, étaient sous sa gouverne. On ne s'étonne pas que pendant cette période les effectifs et le budget du ministère, déjà importants sous Robert Bourassa, aient augmenté rapidement, soit de 17 % la première année, passant de 1 100 000 $ à 1 600 00 $ (Baccigalupo, 1978, p. 171).

En matière de personnel, le gouvernement Lévesque créa en 1978 un nouvel organisme de gestion des ressources humaines, l'Office de recrutement et de sélection de la fonction publique. Cet organisme puise ses mandats de recrutement et de sélection non pas au Conseil du trésor ni au ministère de la fonction publique mais à la Commission de la Fonction publique, qui conserve cependant ses rôles d'organisme d'appel et d'agent de contrôle de l'application du principe du mérite. Au total, le gouvernement du Québec a maintenant quatre agences de gestion du personnel, un luxe qu'il ne peut se payer très longtemps (Bourgault, 1981).

Ce système de comités s'est imposé compte tenu de l'ambitieux programme gouvernemental du Parti québécois et du style collégial de gestion de René Lévesque. Il correspond aussi à un contexte de développement politique propre au premier mandat péquiste, un contexte qui changera dramatiquement pendant les années 1980.

## LES ANNÉES 1980, L'ÈRE DES GARDIENS

La décennie 1980 fut avant tout marquée par les contraintes budgétaires. La priorité a été mise sur la lutte au déficit, la productivité et l'évaluation des employés, l'imputabilité administrative des hauts fonctionnaires et le resserrement de la politique salariale. Les gouvernants ont cherché à renforcer les *gardiens* du budget (Finance, Trésor) tout en accordant aux gestionnaires la marge discrétionnaire pour une gestion efficace.

### Le second mandat du Parti québécois : les freins au développement

Vainqueur des élections post-référendaires de 1981, le Parti québécois entame son second mandat alors que la récession économique frappe et laisse les finances publiques en piteux état du fait de faibles revenus fiscaux et de plus fortes dépenses sociales. Le style de gouvernement en est profondément marqué : consolidation de la gestion des programmes publics, moratoire sur le développement des institutions, programme sévère de restrictions des dépenses amenant des gels de salaires et d'effectifs, programmes de départs volontaires de personnels.

La gestion de la décroissance génère tiraillements et morosité au sein d'un parti dont plusieurs membres à orientation social-démocrate voudraient plutôt accroître le rôle social de l'État. L'équipe gouvernementale apparaît ainsi divisée par les mesures socialement impopulaires qui accompagnent la gestion plus serrée des deniers publics. Elle sera bientôt divisée, aussi, en matière constitutionnelle, entre les fidèles de l'orthodoxie souverainiste et ceux qui veulent jouer la carte du *beau risque* en appuyant Brian Mulroney et les conservateurs aux élections fédérales de 1984.

Le gouvernement Lévesque a rapidement modifié son organisation en fonction des nouvelles priorités budgétaires. Les deux transformations les plus spectaculaires vont toucher les organismes centraux, soit la disparition des quatre postes à temps plein de ministres d'État au développement et le renforcement du Conseil du trésor.

Dès 1982, les ministres d'État exclusivement consacrés au développement et à la coordination d'un secteur d'activité disparaissent. René Lévesque décide qu'ils appartiennent à une époque révolue, celle du développement et de la mise en place de grandes politiques cadres. De toute façon, les vedettes du gouvernement ne veulent plus se retrouver ministres d'État et demandent plutôt à être placées au cœur de l'action, dans les grands ministères sectoriels (Dion et Gow, 1989). Bien qu'elle soit dorénavant placée sous la présidence des ministres sectoriels, la structure des comités interministériels est maintenue, tandis que les secrétariats administratifs de ces comités sont allégés. Il s'ensuit une plus grande concentration du pouvoir autour des organismes centraux traditionnels, en particulier le Conseil du trésor.

Le Conseil du trésor gagne en autonomie à la suite de la nomination d'un ministre exclusivement chargé de sa présidence : Yves Bérubé. Auparavant, le ministre des Finances avait aussi le titre de président du Conseil du trésor. La mission du nouveau président consistait à veiller à ce que le déficit annuel ne dépasse pas la barre des trois milliards de dollars. D'année en année, le Conseil du trésor va resserrer son contrôle budgétaire sur les ministères, d'abord afin de mettre en application le programme de 1982 de gel des dépenses et des salaires, puis dans le but de faire respecter les objectifs de compression des dépenses.

La volonté de renforcer le contrôle budgétaire a conduit le premier ministre à remettre graduellement au Conseil du trésor les responsabilités essentielles en matière de gestion des ressources humaines. En effet, en 1993-1994, plus de la moitié du budget, soit 21,6 milliards de dollars, est consacrée à l'ensemble des dépenses de rémunérations auxquelles s'ajoutent les dépenses de gestion des ressources humaines (Conseil du trésor, 1993, p. 43). Dès 1981, une modification de la Loi de la fonction publique confère au Conseil du trésor le mandat de développer les ressources humaines – notamment par des programmes de perfectionnement – et soumet à son approbation les règlements de l'Office de recrutement et de sélection. En 1982, la Loi sur les conditions de travail du secteur public (L.Q., 1982, c.45) le consacre responsable de la détermination des conditions de travail. En 1983, on lui fait coordonner la gestion du programme volontaire des cadres supérieurs (Bourgault, 1990). Mais le grand changement apparaît en avril 1984, avec l'entrée en vigueur de la loi abolissant le ministère de la Fonction publique et confiant au Conseil du trésor une large partie de ses responsabilités, notamment la classification, la dotation, l'adoption des règles d'éthique et de discipline. Surtout, il prend en charge tout le domaine de la négociation, la signature, l'application et l'interprétation des conventions collectives (L.Q., 1983 c.55).

À la source de ce transfert massif de pouvoir, on trouve trois préoccupations de gestion des relations de travail : les syndicats du secteur public court-circuitaient régulièrement le ministère de la Fonction publique afin de s'adresser directement au Conseil du trésor, sinon au premier ministre. On y trouve aussi la volonté du décideur politique d'uniformiser l'application de ses politiques de personnel. Pesait enfin le souci d'éviter la multiplication des précédents et des cas particuliers que les syndicats tentent ensuite de généraliser.

C'est ainsi que le Conseil du trésor est devenu progressivement le maître d'œuvre de la gestion de tous les aspects du statut de l'ensemble des personnels des secteurs public et parapublic. Parmi de nombreux exemples, c'est lui dorénavant qui approuve les plans de classification des cadres du réseau des Affaires sociales, qui interdit les compléments de salaire des chefs d'établissements ou qui accorde les primes au rendement des cadres du réseau scolaire (primes aujourd'hui abandonnées). À cet égard, d'aucuns qualifieront cette loi de *victoire* centralisatrice du Conseil du trésor (Bauer, 1989, p. 53).

Cependant, malgré l'étendue de ses nouveaux pouvoirs, le Conseil du trésor ne monopolise pas tout le domaine des ressources humaines. D'une part, la Commission de la fonction publique est bien sûr maintenue et conserve ses responsabilités en matière de protection du régime du mérite. D'autre part, l'Office des ressources humaines prend, en 1984, la relève de l'Office de recrutement et de sélection, dont il reçoit l'essentiel des mandats. De plus, il hérite du défunt ministère de la Fonction publique la responsabilité de conseiller du gouvernement en matière de ressources humaines. Le nouvel office reçoit aussi des pouvoirs de la Commission de la fonction publique en matière de réglementation de concours.

En plus de centraliser le cadre de gestion des ressources humaines, la loi de 1983 veut donner plus d'autonomie aux gestionnaires des ministères et d'organismes ainsi qu'à leurs gestionnaires intermédiaires. Cet aspect de la réforme fait prévaloir la rhétorique du rendement aux dépens du principe du mérite (Gow, 1984, p. 100).

En même temps qu'il consolide son contrôle budgétaire, qu'il étend ses responsabilités en matière de gestion des ressources humaines, le Conseil du trésor est amené à prendre en charge la fonction centrale des achats. En effet, le ministère des Travaux publics et de l'Approvisionnement est aboli en 1983 alors que le gouvernement souhaite mieux servir les ministères clients et clarifier le contrôle des dépenses. La Société immobilière du Québec reçoit le mandat de construire et de gérer les immeubles du gouvernement, mais c'est au Conseil du trésor que l'on confie le rôle prépondérant en matière de réglementation des achats et de contrôle de l'application de cette réglementation. Que ce soit en matières de finances, de personnels, d'achats ou de contrats d'approvisionnement, où qu'ils se tournent, les ministères trouvent toujours maintenant le Conseil du trésor pour interlocuteur.

La recherche d'un meilleur contrôle a aussi conduit au renforcement du droit de regard des organismes centraux sur les entreprises publiques. Auparavant, le gouvernement laissait ces sociétés plus libres de pratiquer la politique tarifaire et le cadre de gestion qui leur semblaient appropriés ; or, au cours des années 1980, le Conseil des ministres tente d'intégrer les grandes sociétés d'État à sa philosophie globale de gestion. Pour ce faire, il mise à la fois sur des modifications législatives, sur un plus grand contrôle par le secrétariat du Conseil exécutif et sur son pouvoir de nomination des plus hauts dirigeants. En 1983, la *Loi sur l'Hydro-Québec* (L.Q., 1983, c.15) reconnaît clairement le rôle du gouvernement comme *actionnaire* de cet organisme, de même que son contrôle sur la programmation des investissements et sur la déclaration du dividende. La Société des alcools et la Société des loteries et courses du Québec se voient aussi imposer, par le ministre des Finances, au nom du gouvernement, des *planchers* de retour sur l'investissement gouvernemental.

Enfin, un autre signe de la centralisation aux mains des organismes centraux : le secrétariat aux emplois supérieurs, partie du secrétariat général du Conseil exécutif, se voit reconnaître un rôle plus grand dans la gestion du statut des hauts fonctionnaires. En effet, la *Loi de la fonction publique* de 1983 (L.Q., 1983, c.15), qui crée le corps des administrateurs d'État, permet par ailleurs la nomination de hauts fonctionnaires contractuels au statut précaire, sans permanence de lien d'emploi ; elle omet de garantir explicitement la permanence des administrateurs d'État, mais permet explicitement leur congédiement, leur renvoi, leur suspension et leur rétrogradation. Ces nouvelles dispositions, quoiqu'elles formalisent certaines pratiques anciennes, accroissent le rôle du secrétariat du Conseil exécutif, qui gère de plus en plus la carrière des hauts fonctionnaires en conseillant le premier ministre en ces matières.

En définitive, le contraste est frappant entre les organismes centraux du premier et ceux du second mandat du Parti québécois. C'est par les activités de contrôle que les organismes centraux ont établi leur pouvoir lors du second mandat, bien davantage que par la mise en place de nouvelles politiques. Nul doute que ces nouvelles priorités ont affaibli la cohésion d'un parti obligé de gérer dans l'austérité le passif accumulé du Québec, lui qui rêvait de bâtir le Québec de demain.

### Le retour de Robert Bourassa (décembre 1985-1994) : à la recherche du rendement

La victoire éclatante du Parti libéral aux élections de décembre 1985 ramène Robert Bourassa à la direction d'un gouvernement qui, à en croire les orientations de son programme électoral, entend privilégier le développement économique et la lutte au déficit par la réduction de l'intervention de l'État, la compression des dépenses, des programmes et des effectifs et l'augmentation du rendement. Sa tâche est d'autant plus impérative qu'il doit faire face à de nouvelles demandes sociétales, telle la protection de l'environnement. Dans ces conditions, la fonction publique québécoise, qui, paradoxalement, a contribué à chasser du pouvoir un gouvernement qui l'a malmenée (Blais et Crête, 1989), est prête pour un grand choc.

En effet, à peine arrivé au pouvoir, Robert Bourassa met sur pied trois comités d'étude pour recommander les mesures à prendre en vue de la réduction des dépenses gouvernementales (comité Gobeil), de la déréglementation de l'économie (comité

Scowen) et de la privatisation de sociétés d'État (comité Fortier). Leurs recommandations, peu étoffées dans le cas du comité Gobeil, seront spectaculaires et ambitieuses, mais le gouvernement ne les suivra qu'en partie. Les rapports recommandaient de ramener le nombre des organismes permanents du gouvernement de 202 à 116. En fait, le gouvernement en réduit le nombre à 184 après deux ans d'exercice du pouvoir (Dion et Gow, 1989, p. 63-65), avant de franchir de nouveau le cap des 200 dans les années suivantes : 204 en date du 20 avril 1990 (Bourgault et Dion, 1990, p. 47-48). On observe cette même tendance à la remontée du nombre des fonctionnaires : l'effectif total utilisé (en équivalent temps complet) diminue de 64 035 en 1989 à 62 526 en 1990 avant de remonter à 64 817 en 1993 (Conseil du trésor, 1993, p. 61), après les transferts de fonctionnaires fédéraux (accords d'immigration et de perception de la taxe sur les produits et les services [TPS]) et l'ajout d'employés à l'environnement et à la protection publique.

Deux traits caractérisent le style de gestion de ce gouvernement : premièrement, la volonté de bien intégrer le personnel politique au processus gouvernemental ; deuxièmement, le désir d'alléger les organismes centraux afin de leur permettre de se concentrer sur leurs tâches essentielles.

La volonté d'intégrer le personnel politique se manifeste de trois façons sous les libéraux : l'utilisation accrue des ministres délégués, une sorte de ministre d'État chargé de coordination (Ouellet, 1980, p. 76) (on en compte 13 en 1990 comparativement à un seul pour les péquistes en 1980), une certaine dose de politisation du personnel administratif supérieur et le recours au personnel des cabinets politiques. Nous allons nous arrêter aux deux derniers phénomènes, car ils touchent directement les organismes centraux.

Le recours à une certaine dose de politisation du personnel dirigeant des ministères et des organismes n'est certes pas une innovation des libéraux de 1985, mais ces derniers se singularisent sur ce plan en puisant dans leur bassin d'anciens attachés politiques (ce que le Parti québécois ne pouvait évidemment pas faire en 1976 puisqu'il prenait le pouvoir pour la première fois). C'est au poste de secrétaire général du Conseil exécutif, le plus haut fonctionnaire du gouvernement, que le phénomène apparaît en premier lieu. Robert Bourassa imite René Lévesque en nommant un grand commis connu à la fois pour son passé de grand fonctionnaire et pour ses sympathies à l'égard des idées du gouvernement du jour. Le choix du premier ministre se porte d'abord sur Roch Bolduc, ancien sous-ministre à la retraite qui ne fait aucunement mystère de son aversion pour les grandes politiques péquistes, puis, dix-huit mois plus tard, sur Benoît Morin, qui avait travaillé dans le cabinet d'un ministre libéral dans les années 1970. De plus, en 1986, un chef de cabinet libéral est muté secrétaire général associé aux emplois supérieurs et à la réforme administrative. C'est lui qui prépare les décisions discrétionnaires de nominations et de renouvellements de mandats et qui est consulté sur les départs des dirigeants des ministères et des organismes. Auparavant, ce poste avait été confié à des hauts fonctionnaires de carrière peu suspects des attachés politiques.

Ces nominations partisanes au sein du principal organisme central ont eu un effet d'entraînement dans les ministères : Robert Bourassa nomme sous-ministres en titre cinq autres anciens membres de cabinet lors de son premier mandat, et encore deux au début de son second mandat (Bourgault et Dion, 1991), sans compter le recours accru à l'embauche à contrat qui fragilise le statut des dirigeants ainsi choisis (Bourgault et Dion, 1989, p. 102-103).

Un autre moyen mis de l'avant pour affirmer le rôle du personnel politique est le maintien en force des cabinets ministériels. Durant les années d'opposition, les libéraux avaient dénoncé comme excessive la place accordée aux attachés politiques et aux cabinets de ministres sous le Parti québécois (Plasse, 1981, p. 334). En fait, les membres des cabinets de ministres sont plus nombreux sous les libéraux et peut-être même plus influents selon certains (Johnson et Daigneault, 1988). De 1980 à 1990, le nombre des membres de cabinets (excluant le personnel de bureau et le personnel de circonscription) passe de 182 à 258, augmentant de 42 %. Le chef de cabinet du premier ministre demeure un personnage très important sous les libéraux, surtout lors du premier mandat avec Mario Bertrand, ami et confident de Robert Bourassa, qui quitte cependant sa tâche en 1989 pour gagner le secteur privé. Son successeur, John Parisella, permanent du parti et ex-député, n'a pas au départ le même ascendant sur les ministres, facteur qui réduit l'importance du Bureau du premier ministre comme instance centrale.

Outre la volonté de promouvoir le personnel politique, l'autre trait marquant du style libéral des années 1980 est la volonté d'alléger les structures des organismes centraux afin de les river à leurs missions essentielles. Dès le début du premier mandat, on retrouve les signes de cette stratégie tant dans l'organisation des comités ministériels permanents qu'au sein du Conseil exécutif, du Conseil du trésor et de l'Office des ressources humaines.

La structure des comités ministériels laissée en place par le Parti québécois a été maintenue mais sous une forme allégée. D'emblée, Robert Bourassa supprime le Comité des priorités, structure jugée trop formaliste pour un premier ministre qui préfère les consultations *ad hoc*. Les quatre comités de développement furent réduits à trois, ce qui démontrait les priorités du gouvernement : les deux comités maintenus sont ceux du développement économique et du développement régional pendant que le comité des affaires culturelles et sociales regroupe les affaires des comités abolis, telles les affaires sociales, culturelles, éducatives et la condition féminine. La réduction du nombre des comités visait aussi une gestion mieux intégrée des interfaces entre les politiques des ministères sectoriels qui touchaient des clientèles communes.

Robert Bourassa a maintenu une structure économe de comités permanents tout en créant des comités *ad hoc* pour s'occuper de problèmes de politiques publiques ou pour la gestion de crises, comme dans les cas de Saint-Basile-le-Grand, de Saint-Amable et d'Oka.

Tout comme les comités ministériels, le ministère du Conseil exécutif a subi une cure d'amaigrissement dès les lendemains de l'élection de Robert Bourassa. En effet, l'une des premières initiatives du premier ministre est de repousser vers les ministères sectoriels six secrétariats qui s'étaient joints au ministère du Conseil exécutif. Ce délestage vise à permettre au Conseil exécutif de se centrer sur ses tâches principales. Même là, les modifications aux comités et les nécessités de la vie administrative ont ramené le nombre de secrétariats rattachés à ce ministère de 9 en 1986 à 13 en 1990, les nouveaux étant ceux de la famille, de la planification, de la réforme électorale et de l'Ordre national du Québec.

Dans un gouvernement dont les objectifs primordiaux visaient le contrôle des dépenses et la réduction du déficit, le Conseil du trésor a eu naturellement un rôle prédominant. Cependant, vu le transfert massif de pouvoirs qui l'a renforcé de 1980 à 1985, les plus importants changements de la période libérale ont porté sur ses méthodes et opérations.

Le Conseil du trésor tente maintenant d'assumer la gestion de ses pouvoirs avec plus de souplesse à la fois pour mieux légitimer son autorité et pour augmenter l'efficience de ses règles. Ainsi, il transforme peu à peu ses règlements de gestion en instruments plus flexibles que sont les politiques, programmes et directives (Dion et Gow, 1988, p. 72). Il tente d'assouplir ses règles de gestion des effectifs et il cherche à déléguer aux sous-chefs certains pouvoirs tels que l'évaluation des emplois et la tenue des concours. En retour, après 1986, les sous-chefs devaient faire rapport au Conseil du trésor au sujet de l'utilisation de ces délégations.

En matière de relations de travail, la position du Conseil du trésor s'est considérablement renforcée en 1985 avec la loi 37 qui, en plus de réduire très radicalement le droit de grève dans les établissements des réseaux d'éducation, de la santé et des services sociaux ainsi que des organismes gouvernementaux, a transformé, dans ces secteurs, les comités patronaux qui passèrent de partenaires de plein droit à simples conseillers dans les matières négociées à l'échelle nationale. En 1986, une loi accroît sensiblement les peines qu'encourent les syndicats et syndiqués des établissements de la santé et des services sociaux qui poursuivent un arrêt de travail illégal aux termes de la loi de 1985.

Au-delà de la gestion des finances et du personnel, les succès du Conseil du trésor furent plus limités. Après l'élection de 1985, le Conseil du trésor a produit un ambitieux projet de réforme administrative, *Pour une rénovation de l'administration publique*, publié en 1987 comme énoncé de politique. Cependant, le gouvernement semblait peu intéressé à une réforme d'une telle envergure du service public et les sous-ministres ont rejeté le projet qui y était contenu, de peur de renforcer le rôle du Conseil et particulièrement l'idée qu'ils devaient être évalués par le Conseil plutôt que par le ministère du Conseil exécutif. Les gestionnaires sur le terrain, déjà aux prises avec des compressions annuelles d'effectifs de 2 %, se sont élevés contre le manque de réalisme de ce discours truffé d'objectifs abstraits de rénovation mais silencieux sur les moyens à prendre. En 1990, une commission de l'Assemblée nationale déplore que le Conseil du trésor s'occupe trop de la gestion financière et trop peu de la gestion du personnel (Rapport Lemieux-Lazure, 1990, p. 33-37 ; Gow, 1993, p. 377).

Avec la création du ministère des Approvisionnements et Services en 1986, le Conseil du trésor est dégagé d'une part de ses responsabilités en matière d'achats et d'attribution des contrats. Mais on peut penser que le partage des tâches entre le Conseil du trésor et le nouveau ministère n'est pas fixé de façon définitive. Depuis l'arrivée au pouvoir des libéraux en 1985, nombreux sont ceux qui les accusent de succomber aux *vieux démons* du patronage en matière d'achats et d'attribution de contrats. Aussi le gouvernement a-t-il mis sur pied un groupe de travail pour étudier les processus d'octroi des contrats du gouvernement. Présidé par l'ex-haut fonctionnaire péquiste Louis Bernard, ce comité dépose son rapport, *L'efficacité dans la transparence*, le 18 mai 1990. Le comité recommande notamment qu'en matière de contrats, la responsabilité et le leadership soient clairement assumés par l'un des deux organismes centraux, le Conseil du trésor ou le ministère des Approvisionnements et Services.

Centralisation budgétaire accrue aussi par la décision, prise en 1990, de concentrer au ministère des Finances les opérations d'emprunt de l'ensemble des organismes autonomes du secteur public. Le gouvernement espère ainsi épargner des dizaines de millions de dollars en frais de courtage et en frais d'intérêts grâce à l'effet de volume ainsi créé (A. Bernard, 1990, p. 32-33). Mais l'effet immédiat est de rendre les organismes plus dépendants des échéanciers, conditions, normes et approbations du ministère des Finances. Le gouvernement adopte aussi des mesures centralisatrices pour drainer des fonds supplémentaires et réduire arbitrairement des dépenses : il ramène au fonds consolidé une part croissante des bénéfices des sociétés d'État, allant même, dans le cas de la Société d'assurance automobile du Québec, jusqu'à modifier la législation en décembre 1993, pour légaliser sa pratique de puiser dans le fonds de stabilisation. Faute de reprise économique, il lui faut diminuer les dépenses pour contrôler son déficit : en 1993, par deux mesures législatives, il impose à l'ensemble des réseaux publics des réductions de salaires et d'effectifs.

Comme les autres organismes centraux, l'Office des ressources humaines est amené à préciser son rôle. Il adopte, en 1986, son cadre d'intervention en retenant, comme orientations, la qualité du service à la clientèle et la prévision des besoins en matière de ressources humaines. Il s'oriente ainsi de plus en plus vers un rôle de conseiller et d'animateur plutôt que de contrôleur, rôle qui glisse vers le Conseil du trésor et la Commission de la fonction publique.

Il faut noter une dernière modification en ce qui touche le découpage des organismes centraux : les Affaires intergouvernementales et les Relations internationales sont scindées en deux ministères différents en 1988. L'objectif est, là encore, de mieux cibler les missions de chacun et, en particulier, de concentrer les *expertises* appelées à négocier la nouvelle entente avec le Canada.

Cette période vit aussi des initiatives décentralisatrices inspirées par l'austérité budgétaire : en 1990, une réforme du ministre Ryan augmente la capacité de taxer des municipalités et commissions scolaires tout en diminuant les apports de fonds et de services du gouvernement provincial. En 1992, la loi 19 abroge l'OPDQ et transfère ses principales attributions à un ministre relevant du premier ministre et chargé d'élaborer et de mettre en œuvre une politique de développement régional. Un secrétariat du ministère du Conseil exécutif coordonnera cette opération de déconcentration territoriale qui instaure dans chaque région une instance politique de développement régional appuyée par un Secrétariat régional que dirige un sous-ministre adjoint. Une conférence administrative régionale regroupe les directeurs régionaux des ministères sectoriels. Des budgets régionaux sont constitués à même les crédits de ces ministères. Il est trop tôt cependant pour apprécier l'ampleur réelle de cette expérience qui pourrait créer des entités politiques régionales.

En résumé, le gouvernement libéral cherche, comme son prédécesseur péquiste, à résoudre la quadrature du cercle, soit concilier la centralisation nécessaire à un contrôle budgétaire sans faille avec la décentralisation nécessaire à une bonne gestion; en bref : contrôler les dépenses sans étouffer la gestion. Les résultats semblent mitigés sur ces deux fronts. Le gouvernement libéral pouvait envisager son second mandat avec optimisme alors que son déficit semblait enfin se maintenir sous la barre des 2 milliards de dollars. Mais depuis, la croissance subite du déficit à la suite du ralentissement économique a vite réveillé les inquiétudes puisqu'en 1993-1994, le déficit atteindra le cap des 4,4 milliards de dollars. Quant à la déconcentration administrative, elle semble à la fois marquer le pas et générer des effets inattendus. D'une part, les sous-chefs n'ont pas exploité toutes les possibilités de délégation des responsabilités dans leurs organisme. D'autre part, la marge discrétionnaire déléguée aux gestionnaires des ministères est utilisée de façon discutable en matière de règles d'impartialité et d'équité lors des concours, à en croire la Commission de la fonction publique (CFP, 1990, p. 12).

## CONCLUSION

Le gouvernement du Québec a connu, au cours des trois dernières décennies, un grand mouvement de modernisation administrative. Le large recours aux organismes centraux qui a accompagné ce mouvement a constamment mis le gouvernement devant des choix difficiles, des dilemmes qui se sont aussi posés ailleurs (Campbell, 1988) et dont il est aisé maintenant de faire le bilan.

Le rôle des organismes centraux a évolué non seulement à la suite des modifications législatives mais aussi du fait des modifications aux processus politiques et administratifs.

En fait, les gouvernements ont utilisé six moyens pour accroître, au fil des ans, le pouvoir des agences centrales : par des *lois*, ils ont créé des agences centrales du type du ministère des Approvisionnements et Services, ou encore pour augmenter leurs pouvoirs et élargir leur mandat comme ce fut le cas avec le Conseil du trésor; par *décrets,* ils ont créé des secrétariats permanents; par le *processus de nomination*, ils ont formalisé l'influence au secrétariat du Conseil exécutif dans le choix des hauts dirigeants; en accroissant *le nombre de ministres délégués*, ils ont aussi renforcé le pouvoir central du ministère du Conseil exécutif; en donnant un *plus grand rôle aux cabinets ministériels*, on a accru l'influence des ministres sur la gestion des ministères; enfin, des *pratiques administratives* telle l'évaluation du rendement des employés supérieurs visaient à favoriser l'atteinte des objectifs gouvernementaux.

Le Québec a connu dans les années 1960 et 1970 une période de développement et d'expansion du rôle du secteur public. Le renforcement des organismes centraux a alors servi à harmoniser les nouvelles politiques qui émanaient des ministères sectoriels, et aussi à en concevoir d'autres. On a pu ainsi concentrer dans les offices de planification, les secrétariats du Conseil exécutif ou au ministère des Finances une masse critique d'experts qui, parce qu'ils se trouvaient déchargés de toute tâche de gestion, dégagés de la routine et à l'abri des clientèles attachées au *statu quo*, ont pu laisser libre cours à leur imagination programmatique.

L'apogée de cette ère d'organismes centraux a été atteinte avec la création des ministères d'État sous le premier mandat du Parti québécois. Par la suite, les problèmes budgétaires ont mis en évidence les limites de cette formule, limites qu'annonçait déjà le désenchantement des illusions planistes des années 1960 : éloignés de l'action, les experts des organismes centraux apparaissent comme des rationalisateurs abstraits aux yeux des gestionnaires des ministères sectoriels. Les politiques émanant des organismes centraux semblent irréalistes et mal adaptées, et leurs dirigeants politiques et administratifs n'ont plus l'autorité pour imposer une véritable coordination aux ministères en mal d'autonomie. Vient alors le moment où les vedettes du gouvernement et de la haute administration désertent ces organismes et visent les ministères-clés, là où l'action a des effets palpables et visibles.

L'ère des difficultés budgétaires conduit aussi à une utilisation large des organismes centraux, mais cette fois-ci dans le rôle de contrôleur ou de gardien. Paradoxalement, la première victime du nouvel ordre est un organisme central : le ministère de la Fonction publique. Coincé entre les syndicats qui lui passent sur le corps pour mieux atteindre le véritable pouvoir financier et les contrôles de plus en plus étouffants du Conseil du trésor, ce ministère n'a, de toute façon, jamais pu asseoir son autorité. Tant le contrôle des dépenses comme tel que la gestion des ressources humaines et la négociation des conventions collectives se concentrent en un même lieu, au Conseil du trésor, sous le regard constant du ministère des Finances et du premier ministre.

Dans cette ère de restrictions, l'enjeu est d'assurer le respect absolu du cadre budgétaire, tout en accroissant la marge de manœuvre des gestionnaires à l'intérieur de ce cadre. C'est ce mouvement simultané de centralisation du contrôle financier et de décentralisation de l'action gestionnaire que vise le gouvernement du Québec depuis dix ans, tout comme d'ailleurs bien d'autres gouvernements (Aucoin, 1991).

Alors que tout est mis en œuvre pour renforcer les quelques gardiens du budget face à l'énorme pression dépensière des ministères sectoriels, la remise de responsabilités aux mains de dirigeants sectoriels autonomes épris d'excellence et d'élévation du rendement est plus recherchée que jamais. Le secteur public de l'avenir doit réussir à concilier contrôle et délégation, imputabilité et autonomie, rendement et protection des propriétés essentielles du service public. Pour le gouvernement et ses organismes centraux, le défi des années qui viennent est d'inventer un modèle de gestion de ces contraintes opposées et de développer une culture d'organisation qui permette la motivation à l'heure des compressions et désengagements de l'État.

Il s'agit de trouver une définition des concepts de productivité et de performance qui soit spécifique aux contraintes des gestionnaires publics, obligés par la loi à des productions, contraints par la conjoncture à des compressions de ressources et impuissants, par les rapports de force dans la société, à contrôler les coûts des facteurs de production. À cet égard, les modèles du privé ne peuvent être transposés aveuglément au secteur public.

## BIBLIOGRAPHIE

AMBROISE, Antoine et Jocelyn JACQUES, 1980, «L'appareil administratif» dans G. BERGERON et R. PELLETIER (dir.), *L'État du Québec en devenir*, Montréal, Boréal Express, p. 109-146.

AUCOIN, Peter, 1991, «The Politics and Management of Restraint Budgeting» dans André BLAIS et Stéphane DION (dir.), *The Budgeting-Maximizing Bureaucrat : Appraisals and Evidence*, Pittsburgh, University of Pittsburgh Press, p. 119-142.

BACCIGALUPO, Alain, 1978, *Les Grands Rouages de la machine administrative québécoise*, Montréal, Agence d'Arc.

BAUER, Julien, 1989, «La syndicalisation dans le secteur public québécois ou la longue marche vers la centralisation» dans *Administration publique québécoise : analyses sectorielles*, Québec, les Presses de l'Université du Québec, p. 35-61.

BAZINET, André, 1976, *Les commissions d'enquête du Québec (1960-1966) comme organismes d'étude et de consultation*, thèse de maîtrise, science politique, Université de Montréal.

BERNARD, André, 1990, «Les politiques gouvernementales» dans Denis MONIÈRE (dir.), *L'Année politique au Québec 1989-1990*, Montréal, Québec/Amérique, p. 23-34.

BERNARD, Louis, 1987, *Réflexions sur l'art de se gouverner*, Montréal, Québec/Amérique.

BLACK, Conrad, 1977, *Duplessis*, Toronto, McClelland and Stewart.

BLAIS, André et Jean CRÊTE, 1989, «Can a Party Punish its Faithful Supporters? The Parti Québécois and Public Sector Employees» dans *Administration publique du Canada*, vol. 32, no 4, p. 623-632.

BONENFANT, Jean-Charles, 1972, «Les commissions d'enquête du Québec» dans *Annuaire du Québec*, Québec, Bureau de la statistique du Québec, p. 36-76.

BOURGAULT, Jacques, 1971, *Les sous-ministres du Québec, de 1945 à nos jours*, thèse de maîtrise, science politique, Université de Montréal.

BOURGAULT, Jacques, 1981, «L'organisation de l'administration publique québécoise, 1868-1980» dans *Annuaire du Québec, 1979-1980*, Québec, Bureau de la Statistique, p. 121-137.

BOURGAULT, Jacques, 1990, «Québec» dans William A. NEILSON (dir.), *Getting the Pink Slip : Severances and Firings in the Senior Public Service*, Toronto, Institute of Public Administration of Canada.

BOURGAULT, Jacques et Stéphane DION, 1989, «Les gouvernements anti-bureaucratiques face à la haute administration : une comparaison Québec-Canada» dans *Politiques et Management public*, vol. 7, no 2, p. 97-118.

BOURGAULT, Jacques et Stéphane DION, 1990, «L'administration publique» dans Denis MONIÈRE (dir.), *L'Année politique au Québec 1989-1990*, Montréal, Québec/Amérique, p. 45-60.

BOURGAULT, Jacques et Stéphane DION, 1991, «Haute fonction publique et changement de gouvernement au Québec : le cas des sous-ministres en titre (1976-1989)» dans *Politique*, vol. 19, p. 81-106.

CAMPBELL, Colin, 1988, «The Search for Coordination and Control : When and How Are Central Agencies the Answer?» dans Colin CAMPBELL et B. Guy PETERS, *Organizing Governance, Governing Organizations*, Pittsburgh, University of Pittsburgh Press, p. 55-75.

COMMISSION DE LA FONCTION PUBLIQUE DU QUÉBEC, 1990, *Rapport annuel, 1989-1990*, Québec, Publications du Québec.

CONSEIL D'ORIENTATION ÉCONOMIQUE DU QUÉBEC, 1966, *Le Conseil d'orientation économique, son statut, ses travaux*, Québec.

CONSEIL DU TRÉSOR DU QUÉBEC, 1985, *Pour une rénovation de l'administration publique*, Québec.

CONSEIL DU TRÉSOR DU QUÉBEC, 1993, *Budget 1993-1994, crédits : renseignements supplémentaires*, Québec, Conseil du trésor.

DION, Stéphane et James Iain GOW, 1989a, «L'administration publique» dans Denis MONIÈRE (dir.), *L'Année politique au Québec*, Montréal, Québec/Amérique, p. 61-76.

DION, Stéphane et James Iain GOW, 1989b, «The Budget Process Under the Parti Québec, 1975 (sic)-1985» dans Allan M. MASLOVE (dir.), *Budgeting in the Provinces : Leadership and the Premiers*, Toronto, Institute of Public Administration of Canada, p. 55-85.

GARNEAU, Raymond, 1971, «La réforme de l'administration financière au Québec» dans *Administration publique du Canada*, vol. 14, no 2, p. 256-270.

GÉLINAS, André,1975, *Les Organismes autonomes et centraux*, Montréal, les Presses de l'Université du Québec.

GOW, James Iain, 1984, «La réforme institutionnelle de la fonction publique de 1983 : contexte, contenu et enjeux» dans *Politique*, vol. 6, p. 51-101.

GOW, James Iain, 1985, «One Hundred Years of Quebec Administrative History, 1867-1970» dans *Administration publique du Canada*, vol. 28, no 2, p. 244-268.

GOW, James Iain, 1986, *Histoire de l'administration publique québécoise, 1867-1970*, Montréal, les Presses de l'Université de Montréal.

GOW, James Iain, 1994, «Une expérience d'imputabilité : l'Assemblée nationale du Québec et la Loi sur la fonction publique» dans *Revue internationale des sciences administratives*, vol. 59, no 2, p. 363-386.

HAMELIN, Jean et Louise BEAUDOIN, 1967, «Les cabinets provinciaux, 1867-1967» dans *Recherches sociographiques*, vol. 8, no 3, p. 299-318.

JOHNSON, Andrew F. et Jean DAIGNEAULT, 1988, «Liberal "chefs de cabinets ministériels" in Québec : keeping politics in policy making» dans *Administration publique du Canada*, vol. 31, no 4, p. 501-516.

LEPAGE, Laurent, 1989, «La construction de l'édifice scolaire québécois» dans Yves BÉLANGER et Laurent LEPAGE (dir.), *L'Administration publique québécoise, évolution sectorielle, 1960-1985*, Montréal, les Presses de l'Université du Québec, p. 85-104.

O'NEILL, Pierre et Jacques BENJAMIN, 1978, *Les Mandarins du pouvoir*, Montréal, Québec/Amérique.

OUELLET, Lionel, 1968, «Concepts et techniques d'analyse des phénomènes administratifs» dans *Revue canadienne de science politique*, vol. 1, no 3, p. 310-335.

OUELLET, Lionel, 1980, «L'appareil gouvernemental et législatif» dans G. BERGERON et R. PELLETIER (dir.), *L'État du Québec en devenir*, Montréal, Boréal Express, p. 61-108.

PARENTEAU, Roland, 1970, «L'expérience de la planification au Québec» dans *L'Actualité économique*, vol. 25, no 4, p. 679-696.

PLASSE, Micheline, 1981, «Les chefs de cabinets ministériels au Québec : la transition du gouvernement libéral au gouvernement péquiste (1976-1977)» dans *Revue canadienne de science politique*, vol. 14, no 2, p. 309-355.

RAPPORT FORTIER, 1986, *Privatisation des sociétés d'État : orientations et perspectives*, Québec, ministère des Finances.

RAPPORT GOBEIL, 1986, *Rapport du groupe de travail sur la révision des fonctions des organisations gouvernementales.*, Québec, Conseil du trésor.

RAPPORT LEMIEUX-LAZURE, 1990, *Au service du citoyen, raison d'être de la fonction publique du Québec*, Québec, Assemblée nationale.

RAPPORT SCOWEN, 1986, *De la révolution tranquille... à l'an deux mille*, rapport du Comité sur la privatisation des sociétés d'État, Québec, ministère des Finances.

SCARROW, H.A., 1957, «Civil Service Commission in the Canadian Provinces» dans *Journal of Politics*, vol. 19, p. 240-261.

VIGOD, Bernard L., 1986, *Québec Before Duplessis*, Kingston et Montréal, McGill-Queen's University Press.

# CHAPITRE 11

## L'évolution des sociétés d'État au Québec depuis 1960

### LUC BERNIER

## INTRODUCTION

À la mort de Maurice Duplessis, en 1959, l'intervention directe de l'État québécois dans l'économie était négligeable autant en quantité qu'en qualité. Les fonctionnaires provinciaux étaient peu nombreux, mal formés et mal payés ; Hydro-Québec ne distribuait de l'électricité que dans la région montréalaise ; Radio-Québec n'était qu'une fiction légale et la Régie des alcools devait plus aux ligues lacordaires qu'à la planification des activités gouvernementales. La révolution tranquille fut par la suite marquée par la création de nombreuses sociétés d'État et une intervention directe massive de l'État dans l'économie (McRoberts, 1988), intervention qui devait être freinée au cours des années 1980 (Lachapelle *et al.*, 1993, chap. 4).

Ces sociétés d'État œuvrent dans les domaines de l'énergie, de la finance, de l'industrie lourde, de la télévision, des mines, du transport et de la forêt. Certaines ont réalisé des profits, d'autres ont été des gouffres financiers. Outils d'un rattrapage jugé nécessaire, ces entreprises constituent maintenant le réseau de sociétés d'État le plus important de toutes les provinces canadiennes (Gouvernement du Québec, 1986b, p. 22).

Face à une situation financière catastrophique et dans la foulée des expériences de privatisation tentées ailleurs, en particulier en Grande-Bretagne, le gouvernement du Parti québécois avait commencé certaines privatisations au début des années 1980. La victoire électorale des libéraux en 1985 a mené à un effort plus vigoureux en ce sens. Un ministre fut même nommé pour s'occuper uniquement de ce dossier. Il devait, en 1988, publier un rapport pour expliquer que l'opération de privatisation avait été un franc succès et qu'il n'était plus nécessaire de la poursuivre.

Six ans plus tard, encore aux prises avec de graves difficultés financières, le gouvernement du Québec n'a pas renoncé à privatiser ce qui peut être vendu. L'exemple de la Grande-Bretagne a été remplacé par celui de la Nouvelle-Zélande, où les privatisations ont été forcées par un effondrement spectaculaire des finances publiques.

En bref, l'argument généralement retenu pour justifier les privatisations est que les entreprises publiques sont moins efficaces que les entreprises privées et qu'elles constituent un frein au développement économique dans plusieurs secteurs industriels désormais mondialisés. Le gouvernement devrait donc, selon cet argument, se retirer de ces secteurs pour se concentrer sur l'essentiel et laisser la responsabilité de la croissance économique au secteur privé, plus apte à le faire.

Les études empiriques dont il est question plus loin dans ce texte révèlent que les sociétés d'État ne sont pas moins efficaces que leurs consœurs privées. L'efficacité économique ne garantit toutefois pas la survie des sociétés d'État, car les gouvernements peuvent être intéressés à privatiser des compagnies faciles à vendre. Certains *canards boiteux* ont également été vendus pour des sommes ridicules après que les gouvernements eurent décidé de rembourser des dettes importantes. Le gouvernement du Québec, par exemple, a vendu pour quelques millions la Société nationale de l'amiante après avoir épongé des dettes d'environ 500 millions de dollars. Le gouvernement canadien a fait de même lors de la vente de Canadair alors qu'il voulait éponger des dettes imposantes. Certaines entreprises publiques comme Air Canada ont demandé d'être privatisées alors que d'autres ont été entièrement ou partiellement privatisées contre la volonté de leurs gestionnaires ou de leurs employés (Stanbury, 1994).

Depuis leur tout début, au moment de la révolution tranquille, les sociétés d'État du Québec ont changé de mission à plusieurs reprises. L'activité législative les concernant a été intense[1]. La façon de définir leur efficience a aussi évolué. Le profit, notion abstraite il y a quinze ans pour les sociétés d'État québécoises, est devenu une priorité, pour ne pas dire la priorité. Les sociétés d'État s'adaptent à un environnement devenu hostile à leur endroit.

Des balbutiements initiaux de la période 1960-1965 à la vague de privatisation-rationalisation des années 1980, les sociétés d'État du Québec ont connu successivement la coopération avec l'État, une vague d'affrontements puis une relative autonomie pour revenir à une plus grande collaboration. Ces relations, plus que leur efficience, ont garanti leur existence. Pour survivre, les sociétés d'État doivent démontrer leur utilité. Être efficace n'est qu'un aspect de la démonstration à faire. Ce chapitre cherche à expliquer pourquoi et comment les sociétés d'État québécoises ont réussi à survivre à plus de dix ans de tentatives de privatisation.

La notion de cycle coopération-affrontements-autonomie développée par Taieb Hafsi et ses collaborateurs (1989) est utilisée pour démontrer comment la menace de privatisation a forcé les sociétés d'État québécoises à repenser leurs activités et à recommencer à coopérer avec le gouvernement. L'argumentation théorique est résumée dans la première partie pour être ensuite appliquée au cas québécois dans la seconde.

## COMMENT ANALYSER LES SOCIÉTÉS D'ÉTAT ?

La question de l'efficacité des sociétés d'État a fait l'objet de nombreuses études (Aharoni, 1986) mais n'ont pas donné de résultats très clairs. Il semble que l'efficacité économique de ces entreprises ne soit pas différente de celle des entreprises privées présentes dans les mêmes secteurs (Borins et Boothman, 1985). Les sociétés d'État ont aussi des responsabilités sociales dont la réalisation est moins aisément mesurable et peut avoir un impact négatif sur leur performance économique.

La poursuite simultanée d'objectifs multiples n'est pas exclusive aux sociétés d'État. Elle est aussi le propre de plusieurs organisations publiques ou privées qui échappent aux lois du marché : universités, centres de recherche, organismes sans but lucratif, etc. (Meyer et Rowan, 1977). Les sociétés d'État se caractérisent par leur participation à l'élaboration et à la mise en œuvre de certaines politiques gouvernementales. Les sociétés d'État participent de plus à certains rituels qui ne sont pas propres à l'État, même si ce dernier les privilégie et même si les attentes de l'État concernant leur performance sont révisées à la baisse.

Les sociétés d'État apprennent le plus souvent ce qu'elles doivent et peuvent faire à mesure qu'elles évoluent. Elles n'ont, au départ, qu'une compréhension sommaire de ce que leur environnement attend d'elles. L'environnement étatique est un ensemble mouvant, aux priorités mal établies et parfois conflictuelles. Les typologies des objectifs que les sociétés d'État peuvent avoir à remplir énumèrent parfois jusqu'à quarante éléments (Aharoni, 1986 ; Bernier, 1989). Il est difficile d'établir un ordre de priorité pour ces objectifs[2]. Ceux-ci varient avec le temps. Pour ces deux raisons – objectifs mal définis et environnement ambigu –, les sociétés d'État peuvent être définies comme des «anarchies organisationnelles» (Padgett, 1980).

L'acquisition de ressources est cruciale pour la survie d'une organisation publique et la légitimité que lui accorde son environnement est essentielle pour l'acquisition de ces ressources (Ritti et Silver, 1986, p. 26). Une entreprise publique doit s'assurer que sa légitimité n'est pas remise en cause par son environnement, en particulier par le gouvernement qui peut décider de la fermer ou de la privatiser.

Le modèle le plus avancé des relations entre l'État et les sociétés d'État a été développé par Hafsi (1989). Ce modèle présente les organisations comme étant composées de deux sous-systèmes décisionnels : un cœur technologique (ou les opérations centrales de l'organisation) et un sous-système frontalier qui s'occupe des relations avec l'environnement. Le sous-système frontalier sert à protéger le cœur technologique des pressions de l'environnement. Le cœur technologique d'une société d'État dicte des façons de faire particulières que les exigences politiques ne doivent pas changer si l'entreprise doit être efficace. C'est pour protéger ce cœur technologique que les sociétés d'État cherchent à devenir autonomes vis-à-vis du gouvernement.

Ce modèle permet d'expliquer les différences et les contradictions entre les études empiriques faites jusqu'à ce jour sur les relations entre l'État et les sociétés d'État. Ces relations peuvent être classées selon un cycle en trois temps : la coopération, l'affrontement et l'autonomie. Dans la première phase de coopération, les échanges informels sont nombreux et les objectifs initiaux sont partagés entre les décideurs gouvernementaux et les dirigeants de la société d'État. Quatre facteurs nuisent à cette entente initiale : le respect des objectifs initiaux, le développement du cœur technologique, l'autofinancement et, finalement, le manque de cohérence de l'ensemble des appareils étatiques (Hafsi, 1989).

Les rapports informels du début sont graduellement remplacés par des rapports plus institutionnalisés, et les sociétés d'État cherchent à accroître la prévisibilité de l'environnement. Elles souhaitent obtenir un cadre institutionnel qui limitera les interventions informelles des fonctionnaires et des politiciens et cela peut entraîner des affrontements. Les contrôles se font statutaires et, petit à petit, les sociétés d'État deviennent autonomes, sauf si elles ont des besoins financiers pressants. Radio-

Québec, par exemple, qui dépend encore aujourd'hui du gouvernement pour 80 % de son financement, ne sera jamais aussi autonome que des entreprises rentables.

On peut ajouter que, peu à peu, l'entreprise publique se crée des clientèles ou se trouve des associés pour certains projets. Les fondateurs sont progressivement remplacés par des gestionnaires qui n'ont pas participé à l'implantation des entreprises. L'entreprise a alors réussi à incorporer les objectifs initiaux et elle les défend vis-à-vis des gouvernements. Elle parvient à isoler et à découpler les activités de son cœur technologique de l'influence de l'environnement.

Ce qui manque à ce modèle, c'est la capacité d'expliquer comment et pourquoi les sociétés d'État sont créées ou perdent leur autonomie. Que se passe-t-il avant et après ce cycle ? Une entreprise publique n'émerge pas du chaos complet. Rien ne garantit non plus qu'elle sera perpétuellement autonome. Le modèle développé par Hafsi explique ce qui se passe au cours d'un cycle. Il faut aussi considérer comment ce cycle débute et comment il peut être recommencé. Une distinction doit être faite entre les périodes de création et les périodes de stabilisation institutionnelle (Krasner, 1984, p. 240). Le cycle coopération-affrontements-autonomie décrit ce qui se passe entre deux crises institutionnelles. Le cycle complet inclut les deux crises.

Une première période de crise voit l'émergence de nouvelles organisations étatiques. Celles-ci vivent ensuite le cycle décrit plus haut jusqu'à ce qu'une seconde crise force la remise en cause. Les structures institutionnelles ne répondent pas rapidement et facilement aux transformations environnementales, que celles-ci soient internes ou internationales. Le changement est difficile ; il est épisodique et soudain plutôt que continu et graduel (Krasner, 1984, p. 234).

Au Québec, le premier cycle a duré du début de la révolution tranquille jusqu'aux années 1980. En privatisant certaines sociétés d'État et certaines filiales au début du second cycle, au milieu des années 1980, le gouvernement du Québec a pu convaincre les dirigeants des sociétés d'État qui s'étaient maintenues de coopérer avec lui comme au début du premier cycle. La coopération présume que ces dirigeants ne souhaitent pas la privatisation de leur entreprise. La difficulté pour le gouvernement est de perpétuer ce climat de coopération. La deuxième partie du texte décrit comment le gouvernement a réalisé son objectif en maintenant vivante la menace de privatisation depuis 1985. Avoir constamment un cas de privatisation à l'étude permet de maintenir la pression, même si les sociétés d'État ont su regagner une certaine marge d'autonomie.

## LES SOCIÉTÉS D'ÉTAT AU QUÉBEC

Les sociétés d'État québécoises sont engagées dans des activitées financières, commerciales et industrielles multiples. Elles œuvrent dans des domaines aussi variés que les forêts, les mines, l'aluminium, la télévision, le tourisme et le capital de risque. Ces organisations sont parfois en compétition ; parfois, elles coopèrent avec le secteur privé et lui fournissent des ressources à bas prix. Cette dernière activité est, par exemple, remplie par Hydro-Québec dans le but d'attirer des investissements au Québec. Certaines de ces sociétés d'État ont régulièrement enregistré des bénéfices, alors que d'autres ont encaissé des pertes totalisant des milliards de dollars. Si certaines d'entre elles se sont avérées des instruments efficaces d'intervention gouvernementale, d'autres ont causé des problèmes aux gouvernements qui désiraient exercer un plus grand contrôle.

En dépit du fait que le gouvernement libéral élu en 1985 a manifesté son désir de vendre ces sociétés d'État, celles-ci ont pour l'essentiel survécu à cet effort de privatisation (Gouvernement du Québec, 1988). Le tableau 1 indique que des dix entreprises qui étaient considérées pour la privatisation en 1986, seule la plus petite, Madelipêche, est passée complètement au secteur privé. La Raffinerie de sucre du Québec a également été vendue mais a été fermée par la suite.

Le cas québécois offre un cadre unique pour l'étude de l'évolution des sociétés d'État, et ce dans un cycle qui couvre plus de trente années. La plupart des sociétés d'État québécoises ont été pensées ou créées pendant la révolution tranquille. L'État était perçu comme un outil de rattrapage. La principale réussite de la politique économique fut l'émergence des sociétés d'État (McRoberts, 1988).

## *Tableau 1*

ACTIFS TOTAUX DES SOCIÉTÉS D'ÉTAT DU GOUVERNEMENT DU QUÉBEC
(EN MILLIONS DE DOLLARS COURANTS)

|  | 1985 | 1988 | 1991 |
|---|---|---|---|
| **Sociétés d'état stratégiques** | | | |
| SGF | 1 160 | 1 140 | 1 163 |
| SIDBEC | 529 | 555 | 580 |
| SOQUEM | 272 | 124 | 110 |
| SOQUIA | 58 | 87 | 130 |
| REXFOR | 158 | 213 | 298 |
| SOQUIP | 437 | 166 | 193 |
| Madelipêche | 20 | – | – |
| SNA | 256 | 93 | 70 |
| SQT (et Québecair) | 144 | 10 | 3 |
| SEPAQ | (a) | 41 | 64 |
| **Autres sociétés d'état** | | | |
| RADIO-QUÉBEC | 48 | 48 | 51 |
| SDI | 147 | 436 | 1 054 |
| SDBJ | 16 | 9 | 11 |
| Hydro-Québec | 27 129 | 31 659 | 36 684 |
| Caisse de dépôt | 22 502 | 29 918 | 36 245 |

(a) Pas encore en opération

Source : Gouvernement du Québec, 1988, Rapports annuels de Radio-Québec (1984-1988), SDI (1984-1988), Caisse de dépôt (1991) et États financiers des entreprises du Gouvernement du Québec, 1990-1991.

Lorsqu'on examine les moyens utilisés durant cette période pour étendre les ramifications étatiques et la nature de ces dernières, on perçoit mieux la logique du processus de transformation qu'en scrutant les objectifs énoncés pour justifier chacune des interventions (Simard, 1977). On peut difficilement reconnaître une politique économique d'ensemble dans tout cela. Il y a eu plutôt une série de politiques sectorielles, orientées de façon à répondre à des besoins très spécifiques et urgents.

En raison du retard accumulé dans plusieurs domaines, des décisions, si improvisées fussent-elles, devaient être prises. En ce sens, la création des sociétés d'État est une réponse administrative simple à des besoins complexes. En créant de tels organismes, on parvint à protéger une petite équipe de spécialistes des pressions de l'entreprise privée et des habitudes bureaucratiques des ministères.

Les sociétés d'État du Québec ont souvent été les instruments de politiques qui n'étaient pas encore conçues (Parenteau, 1980). Ou encore, les politiques suggérées par l'appareil étatique n'avaient au bout du compte qu'un lointain cousinage avec les mesures votées à l'Assemblée nationale. Souvent, elles concentrent en leur sein une expertise que l'État avait et a encore du mal à évaluer.

Les énoncés de politiques proposant la création des sociétés d'État ont rarement été communiqués comme tels à ces dernières. À titre d'exemple, Rexfor ne possède pas de copie du rapport Deschamps qui proposait la création de cette société. L'absence de points de repère faisait que la coopération entre les dirigeants des sociétés d'État, les hauts fonctionnaires et les politiciens était cruciale au départ. Autre exemple : le gouvernement de l'époque n'a pas cru bon d'inclure dans la charte de la Caisse de dépôt et placement les objectifs à réaliser. Presque trente ans plus tard, on se réfère toujours au discours de Jean Lesage devant l'Assemblée législative. Dans des organisations dont la mission est aussi peu clairement définie, les objectifs doivent être négociés à la pièce. Aussi, la révolution tranquille fut-elle, pour les sociétés d'État, une période d'étroite collaboration avec les politiciens et les hauts fonctionnaires.

La croissance des institutions gouvernementales s'est faite dans le désordre. Citons le cas de Radio-Québec, dont l'existence légale avait été promulguée dans les années 1940. La société est réactivée en 1969, quelques mois avant la création du ministère des Communications dont elle relève. Les nouveaux employés de Radio-Québec ont dû attendre six mois avant d'être payés, comme ce sera aussi le cas pour les travailleurs de Soquia plus tard. De même, Hydro-Québec et Soquip s'occuperont des besoins énergétiques du Québec pendant plus de quinze ans dans un cas, dix dans l'autre, avant que le ministère des Terres et Forêts, devenu ministère des Richesses naturelles, ne se transforme enfin en ministère de l'Énergie et des Ressources. En 1964, c'est le ministre des Richesses naturelles qui répond aux questions de l'Assemblée législative concernant Sidbec ; le projet d'aciérie étatique devrait pourtant être du ressort du ministre de l'Industrie.

Cette apparente confusion peut cacher une autre logique. Dans un État faible, où les ministères étaient inféodés aux grandes compagnies qui exploitent les richesses naturelles, il n'est pas impossible que l'État, en créant des sociétés d'État, ait cherché à établir des îlots administratifs plus autonomes sur le plan décisionnel (Skocpol, 1985). Pour le Québec, cette *autonomie relative* de l'État garantissait aussi qu'une partie de la croissance économique serait assurée par des entreprises dont les centres de décision n'étaient ni à Toronto ni à New York, mais au Québec.

Ce qu'il faut retenir de la révolution tranquille, c'est que les sociétés d'État y puisent encore les bases de leur légitimité (Bernier, 1989). C'est dans des discours comme celui de Jean Lesage sur la Caisse de dépôt que les sociétés d'État trouvent leur raison d'être. Les entreprises ont adapté leur mission, c'est évident, mais c'est dans cette période initiale que leur culture organisationnelle a pris forme. La révolution tranquille est demeurée le mythe justifiant à la fois leur création et leurs relents de nationalisme économique.

Les sociétés d'État atteignent l'autonomie durant les années 1970. Les négociations informelles du début sont peu à peu remplacées par des énoncés de politique expliquant plus clairement les objectifs vers lesquels le gouvernement espère orienter l'intervention de l'État. Les *anarchies organisationnelles* deviennent des organisations complexes.

C'est aussi durant cette période que l'État québécois conçoit et publie ses premières propositions intégrées de politique économique. Il y eut d'abord *Une politique économique québécoise* en 1974 (connue sous le nom de rapport Vézina), puis *Bâtir le Québec* en 1979 et enfin *Le Virage technologique* en 1982. Les études sectorielles sont remplacées par des visions intégrées. Les sociétés d'État, outils indispensables dans le premier rapport, sont oubliées dans le second et redeviennent incontournables dans le troisième. Les gestionnaires des sociétés d'État ne peuvent guère se fier à ces énoncés pour diriger leurs organisations.

Ces rapports consacrent les besoins et les demandes de planification accrue des sociétés d'État qui, pour la plupart, ont atteint leur vitesse de croisière. Les sociétés d'État deviennent autonomes. Avec un succès inégal, elles parviennent à générer des profits plus réguliers et acquièrent une expertise qui est reconnue dans les secteurs économiques où elles œuvrent. Elles réussissent, estiment-elles, à se donner une feuille de route suffisamment impressionnante pour essayer de se légitimer aux yeux de leur environnement : les cinq découvertes minières de Soquem, le sauvetage de Tembec par Rexfor, la mise sur pied de Soquip Alberta, le rendement impressionnant de la Caisse de dépôt et placement, les barrages d'Hydro-Québec, etc.

Autre signe des temps, durant cette période, les sociétés d'État sont tenues, pour la première fois, de présenter un plan de développement. Paradoxalement, ce plan, demande rituelle de l'État, devait réduire la marge de manœuvre des sociétés d'État mais l'a plutôt augmentée. D'abord, il a réduit l'ambiguïté de l'environnement en permettant aux sociétés d'État de se prémunir contre l'imprévisibilité des diverses composantes de l'appareil étatique. Mais, surtout, ces plans étaient et sont toujours conçus par les sociétés d'État pour être approuvés par le gouvernement. La fonction de planification a donc été transférée de l'État à ses appareils. Parallèlement, l'objectif de rentabilité économique apparaît dans les chartes révisées des sociétés d'État québécoises ; il permet aux sociétés d'État de mieux refuser l'ingérence de l'État.

La rationalisation renommée privatisation, amorcée timidement au début des années 1980, devient le leitmotiv de la politique gouvernementale lorsque le Parti libéral reprend le pouvoir en 1985. Avec le temps, l'autonomie des sociétés d'État avait augmenté selon leur autosuffisance financière. Or, la récession rend cette autosuffisance plus aléatoire ; elle précipite les réorganisations au sein des entreprises et entraîne la restructuration de l'ensemble. La Société générale de financement (SGF), par exemple, lancée en 1962, a réussi au fil des ans à se débarrasser de ses filiales déficitaires, à se recentrer dans certains domaines précis et à échapper au contrôle de l'État. Première société d'État issue de la révolution tranquille, la SGF avait un rôle mal défini qui fut précisé en cours de route : une banque d'affaires de l'avis de son premier président, une petite compagnie industrielle d'après son premier directeur général (Bernier, 1989). On peut dire que les autres sociétés d'État, Rexfor, la SDI, Soquia, Soquip, Sidbec, sont nées pour remplir des mandats particuliers que la SGF ne pouvait pas assumer concurremment. C'est cette origine qui explique en partie les projets conjoints d'aujourd'hui : Pétromont et Soligaz, Nouveler, etc.

En 1982, la SGF a proposé au gouvernement un plan d'expansion ambitieux qui prévoyait l'intégration des structures administratives de Donohue et de Domtar, deux de ses filiales, afin de créer un immense conglomérat. La SGF avait atteint un point de non-retour. À cause des limites de la culture politique en Amérique du Nord, selon certains gestionnaires, par manque d'esprit d'entreprise, selon d'autres, l'État, qui ne parvenait plus à contrôler ses sociétés d'État devenues autonomes, a préféré reculer sur le projet de la SGF et en faire un catalyseur plutôt qu'un entrepreneur. C'est pourquoi, quand l'occasion s'est présentée de racheter le contrôle de l'aluminerie de Bécancour, rien ne s'est passé.

La phase de rationalisation a donné une importance nouvelle au plan de développement. Lorsqu'une entreprise publique fait accepter par le ministre de tutelle son plan de développement, un grand pas est franchi vers la survie. Mieux encore, le gouvernement accepte souvent, du même coup, certains investissements qui garantissent l'expansion de l'entreprise.

Ces plans de développement relèvent plus de la dramaturgie organisationnelle de l'appareil étatique que de la réalité du fonctionnement des sociétés d'État qui se trouvent, en publiant ces documents, à annoncer leurs projets à leurs concurrents. L'objectif central de ces entreprises est d'être préparé à saisir les occasions qui s'offrent à elles. Ce n'est pas un mode d'action planifiable.

Ce qui étonne dans cette remise en cause des sociétés d'État, c'est que, mis à part Sidbec, dont la situation financière a été particulièrement difficile, ce n'est pas la détérioration de leur performance qui entraîne leur perte de légitimité[3]. Au contraire, au cours des années 1980, la SGF a connu sa meilleure phase, la Caisse de dépôt et placement est à son apogée, et Rexfor, Soquem, Soquia et Soquip fonctionnent bien. En bref, c'est le contexte qui a changé. La légitimité et la performance économique n'ont qu'une très lointaine relation. C'est la première fois qu'un gouvernement québécois doute du bien-fondé des sociétés d'État. L'environnement étatique redevient ambigu pour les sociétés d'État. L'aspect le plus réussi de l'opération rationalisation est symbolique. Le gouvernement a réussi à réaffirmer son autorité sur des entreprises qui avaient pu oublier leur statut un certain temps.

Le gouvernement n'aura en somme jamais perdu la possibilité d'exercer son contrôle sur les sociétés d'État. Cette possibilité importe bien plus que les moyens disponibles. Pour la conserver, le gouvernement doit la réaffirmer de façon claire. Tout le symbolisme de la privatisation et l'importance accordée aux opérations de relations publiques qui ont entouré la rationalisation du réseau des sociétés d'État au Québec n'ont servi qu'à cela.

On ne peut parler, dans le cas du Québec, d'un programme de privatisation inspiré du modèle britannique, lequel est beaucoup cité en exemple. Il s'agit plutôt de rationaliser les sociétés d'État afin de les adapter aux particularités actuelles de leur domaine économique et d'assurer leur viabilité (Molot, 1988).

Dans le contexte de l'internationalisation de l'économie, les instruments diponibles pour mettre en œuvre une politique économique quelconque sont limités. Les accords de libre-échange et le GATT limitent l'utilisation des tarifs douaniers ou des subventions. Les sociétés d'État demeurent un des rares instruments disponibles qui permettent d'intégrer certains coûts de recherche et de développer une certaine compétitivité internationale (Senghaas, 1985; Bernier, 1988). La recherche faite à l'Institut de recherche en électricité du Québec (IREQ), filiale d'Hydro-Québec, qui a mené au développement de nouvelles piles, est un exemple probant. Les prêts dits « participatifs » de la SDI en est un autre.

Les instruments de politique économique sont, au Canada, partagés entre le gouvernement fédéral et les gouvernements provinciaux. Le gouvernement fédéral a l'entière responsabilité de la politique monétaire, et les deux ordres de gouvernement se partagent la politique fiscale, les subventions et la réglementation. Les sociétés d'État provinciales sont presque seules à échapper à l'autorité du gouvernement fédéral. Face à une diminution des instruments politiques, les provinces qui ont rationalisé leurs investissements ont tout intérêt à conserver leurs sociétés d'État, d'autant plus que celles-ci leur permettent de jouer sur les deux tableaux : elles sont théoriquement autonomes, donc, officiellement, l'État ne décide pas pour elles, mais, d'un autre côté, les contrôles sont devenus plus efficaces.

On a souvent proposé que les sociétés d'État devaient être privatisées et remplacées par d'autres instruments plus efficaces tels que les subventions ou la réglementation. Pourtant, Atkinson et Powers (1987) ont démontré que les mêmes problèmes se posent lorsqu'on cherche à orienter le développement économique par des subventions. Le programme du gouvernement fédéral canadien que ces auteurs ont étudié, à savoir le Programme de développement industriel régional, fut créé sans que des objectifs clairs aient été énoncés et fut transformé petit à petit par les fonctionnaires chargés de son application. Les fonctionnaires appliquèrent des règles bureaucratiques qu'ils connaissaient déjà. Les buts du programme furent en fait décidés au gré des besoins définis en cours de route.

La flexibilité demeure l'avantage majeur des sociétés d'État sur les autres instruments de politique économique. Ces sociétés peuvent choisir les compagnies privées où elles investissent alors que les subventions sont distribuées selon des normes établies. Ces sociétés peuvent décider d'investir dans certains projets lorsque l'occasion se présente alors que le processus décisionnel est trop long dans les ministères pour qu'ils puissent réagir à temps. Les sociétés d'État permettent ainsi de choisir et d'effectuer des interventions ponctuelles autrement impossibles à réaliser.

Selon les entrevues que nous avons réalisées (Bernier, 1989), la dualité *État-marché*, présumée si problématique pour le fonctionnement des sociétés d'État, ne pose pas tant de problèmes puisque ces deux aspects n'interviennent pas en même temps. Le fonctionnement d'une entreprise publique est celui du secteur privé pour ce qui est des activités quotidiennes. La participation aux activités étatiques, beaucoup plus ponctuelle, est peu fréquente mais stratégique. Pour que le système technologique d'une entreprise soit efficace, cette dernière doit arriver à contrôler sa causalité, réussir à créer un système quasi fermé. En d'autres termes, elle doit arriver à découpler ses activités centrales de l'influence de l'environnement. Elle doit pouvoir fonctionner au jour le jour comme une entreprise privée qui se soucierait du long terme de la mise en œuvre des politiques économiques.

Après que la récession du début de la décennie eut forcé la réévaluation de la performance des sociétés d'État en accentuant les besoins financiers de l'État et en lui procurant une justification, le gouvernement a réussi à recréer au sein de ces entreprises un sentiment qui était présent à leurs débuts : un sentiment de fragilité et de dépendance concernant ses priorités et ses politiques. Le problème est que ces priorités sont aussi changeantes et entremêlées qu'elles l'étaient il y a vingt-cinq ans.

## CONCLUSION

Par sa politique de privatisation, l'État québécois a réussi à stabiliser son réseau de sociétés d'État. Parce que ces entreprises sont trop importantes comme instruments de politique, au-delà de l'idéologie défendue par le parti au pouvoir, elles ont survécu. La vente de filiales n'a pas changé la structure des secteurs industriels au Québec.

Si on en juge par l'expérience québécoise, il est illusoire de parler de contrôle des sociétés d'État, non parce que les mécanismes n'existent pas mais bien parce que le gouvernement a rarement énoncé ou su clairement ce qu'il attendait de ses entreprises. Les politiques que les sociétés d'État, instruments de politique économique, se doivent d'appliquer sont élaborées alors que ces entreprises atteignent leur vitesse de croisière et obéissent à l'expérience acquise.

La nécessité des sociétés d'État tient moins aux missions qu'on leur confie qu'à leur aptitude à devenir les instruments d'intervention sélective de l'État. Ce n'est pas tant leur nature commerciale qui importe que leur capacité d'entreprendre rapidement, de saisir les occasions qui se présentent à elles. Il s'agit de pouvoir être des entrepreneurs publics comme on peut être entrepreneur dans le secteur privé. La distinction entre buts et moyens est fictive. Une entreprise publique telle que la SGF remplit sa mission en existant. La SGF devait devenir un grand conglomérat. Devenir ce conglomérat est à la fois le but et le moyen. La différence entre les buts des politiques et les moyens de les réaliser s'avère extrêmement mince. Le contrôle gouvernemental est caractérisé par sa discontinuité.

## NOTES

1. De 1961 à 1986, 69 lois ont modifié en profondeur ou en surface les 9 entreprises étudiées ici (incluant les chartes initiales) (voir Bernier, 1989).

2. Par exemple, la Caisse de dépôt et placement du Québec a officiellement deux objectifs : la sécurité et le rendement des sommes qui lui sont confiées, d'une part, et, d'autre part, le développement économique du Québec. Le premier objectif est un sujet de discussion depuis 1965, année de sa création.

3. Il y a des cas plus catastrophiques, comme Québecair ou la Société nationale de l'amiante, qui sont en dehors du cadre de cette étude.

## BIBLIOGRAPHIE

AHARONI, Yair, 1986, *The Evolution and Management of State-Owned Enterprises*, Cambridge, Ballinger.

ATKINSON, M.M. et R.A. POWERS, 1987, « Inside the industrial policy garbage can : selective subsidies to business in Canada » dans *Analyse des politiques*, vol. 13, p. 208-217.

BERNIER, Luc, 1988, « The foreign economic policy of a sub-national state : the case of Quebec » dans Ivo DUCHACEK *et al.*, *Perforated Sovereignties*, New York, Greenwood, p. 125-141.

BERNIER, Luc, 1989, *Soldiers of Fortune : State-Owned Enterprises as Instruments of Public Policy*, dissertation de doctorat, science politique, Northwestern University.

BORINS, Sanford F., et BARRY, E.C., BOOTHMAN, 1985, « Crown Corporations and Economic Efficiency » dans Donald G. McFETRIDGE (dir.) *Canadian Industrial Policy in Action*, Toronto, University of Toronto Press, p. 75-129.

GOUVERNEMENT DU QUÉBEC, 1965, Assemblée nationale, « Notes du discours de l'honorable Jean Lesage prononcé en Chambre le 9 juin lors de la présentation, en deuxième lecture, de la loi de la Caisse de dépôt et placement du Québec (projet de loi 51) ».

GOUVERNEMENT DU QUÉBEC, 1979, ministère du Développement économique, *Bâtir le Québec*, Québec, Éditeur officiel.

GOUVERNEMENT DU QUÉBEC, 1982, ministère du Développement économique, *Le Virage technologique*, Québec, Éditeur officiel.

GOUVERNEMENT DU QUÉBEC, 1986a, ministère des Finances, ministre délégué à la Privatisation, *Privatisation de Sociétés d'État : Orientations et perspectives*, Québec, Éditeur officiel.

GOUVERNEMENT DU QUÉBEC, 1986b, Rapport du comité sur la privatisation des sociétés d'État, *De la révolution tranquille... à l'an deux mille*, Québec, Éditeur officiel.

GOUVERNEMENT DU QUÉBEC, 1988, ministère des Finances, Cabinet du ministre délégué aux Finances et à la Privatisation, *Rapport d'étape 1986-1988*, Québec, Éditeur officiel.

HAFSI, Taieb, 1989, *Strategic Issues in State-Controlled Enterprises*, Grenwich, Conn., JAI Press.

KRASNER, Stephen D., 1984, « Approaches to the State : Alternative Conceptions and Historical Dynamics » dans *Comparative Politics*, vol. 16, p. 223-246.

LACHAPELLE, Guy, Gérald BERNIER, Daniel SALÉE et Luc BERNIER, 1993, *The Quebec Democracy*, Toronto, McGraw-Hill Ryerson.

McROBERTS, Kenneth, 1988, *Québec : Social Change and Political Crisis*, 3ᵉ éd., Toronto, McClelland and Stewart.

MEYER, John W. et Brian ROWAN, 1977, «Institutionalized Organisations : Formal Structure as Myth and Ceremony» dans *American Journal of Sociology*, vol. 83, p. 340-363.

MOLOT, Maureen Appel, 1988, «The Provinces and Privatization : Are the provinces **really** getting out of business?» dans Allan TUPPER et G. Bruce DOERN (dir.), *Privatization, Public Policy and Public Corporations in Canada*, Halifax, Institute for Research on Public Policy, p. 399-425.

PADGETT, John P., 1980, «Managing Garbage Can Hierarchies» dans *Administrative Science Quarterly*, vol. 25, p. 583-604.

PARENTEAU, Roland, 1980, «Les sociétés d'État : autonomie ou intégration», Montréal, École des Hautes Études Commerciales, document témoin de la rencontre du 8 mai.

RITTI, R.R. et J. H. SILVER, 1986, «Early processes of institutionalization» dans *Administrative Science Quarterly*, vol. 31, p. 25-42.

SENGHAAS, Dieter, 1985, *The European Experience*, New York, Berg.

SKOCPOL, Theda, 1985, «Bringing the State Back in : Strategies of Analysis in Current Research» dans Peter B. EVANS, Dietrich RUESCHEMEYER et Theda SKOCPOL, 1985, *Bringing the State Back In*, Cambridge, Cambridge University Press, p. 3-37.

STANBURY, W.T., 1994, «Privatization by federal and provincial governments in Canada : an empirical study» dans Robert BERNIER et James Iain GOW, *Bilan de l'État réduit*, Sillery, les Presses de l'Université du Québec.

VÉZINA, Jean, 1974, *Une politique économique québécoise*, Gouvernement du Québec, ministère de l'Industrie et du Commerce.

# CHAPITRE 12

## *La politique étrangère québécoise*

### JEAN-PHILIPPE THÉRIEN •
### LOUIS BÉLANGER • GUY GOSSELIN

Ce chapitre brosse un tableau d'ensemble des relations internationales du Québec depuis le début des années 1960[1]. Partant d'une approche classique, l'analyse se concentrera sur les activités relevant du registre inter-étatique, laissant de côté l'étude de la transnationalisation des comportements des agents de la société civile. Certes, les relations internationales ne constituent pas un espace d'intervention à proprement parler nouveau dans la politique québécoise (Hamelin, 1973). Cependant, l'importance qu'elles ont récemment acquise est sans précédent (Balthazar, Bélanger, Mace, 1993).

Le développement des relations internationales du Québec doit d'emblée être compris à l'intérieur du cadre des transformations structurelles qu'a connues le système mondial au cours du dernier demi-siècle. Parmi celles-ci, la première à prendre en considération concerne l'accroissement général de l'interdépendance entre les États (Keohane et Nye, 1989 ; Rosenau, 1980). Ce phénomène d'interdépendance s'est particulièrement manifesté dans le secteur économique (Vernon, 1987, p. 26-27). En ce sens, la période de l'après-guerre à aujourd'hui s'est caractérisée par une forte internationalisation de la production, des échanges, des flux financiers et des services. La mondialisation des marchés qui a accompagné l'effacement des frontières s'est graduellement imposée comme la toile de fond incontournable de l'ensemble des choix faits par les décideurs politiques. Dans le cas du Québec, la tendance à la mondialisation des marchés a eu un effet d'autant plus grand que son économie est fortement tournée vers l'extérieur.

L'intensification du rôle des acteurs non étatiques constitue un autre trait de l'évolution récente de l'environnement international qui permet de mieux saisir l'expansion des relations internationales du Québec (Mansbach *et al.*, 1976 ; Taylor, 1984). Conséquence de la diversification des enjeux dans le fonctionnement des rapports internationaux, l'accroissement du rôle des acteurs non étatiques a pris forme parallèlement à l'éparpillement des centres de décision, à la transnationalisation des rapports politiques et à l'affaiblissement de la souveraineté de l'État. Parties prenantes à cette fragmentation du pouvoir, de nombreux acteurs non étatiques, privés comme publics, sont apparus sur la scène internationale. Les acteurs non étatiques publics peuvent être distingués selon leur champ d'action supra-étatique (organisations internationales) ou infra-étatique (États fédérés, provinces, villes). Se rangeant dans cette seconde catégorie, le Québec dispose évidemment de pouvoirs et de responsabilités moindres qu'un État souverain. En moins d'une génération, il a pourtant réussi à mettre en œuvre une véritable *para*-diplomatie (Duchacek, 1988, p. 12-13 ; Soldatos, 1988, p. 109).

Un dernier élément de l'environnement extérieur global qui permet d'éclairer l'expansion des relations internationales du Québec tient à la transformation des conditions d'appartenance à la communauté internationale. Les propriétés constitutives à la base de l'ordre politique international ont peu changé depuis le XVII<sup>e</sup> siècle. Pourtant, la multiplication des États dont les attributs sont universellement reconnus a considérablement modifié le contexte dans lequel prennent forme les relations internationales contemporaines (Keating, 1990, p. 29 ; Plischke, 1977). En démontrant que la division de l'espace mondial en un nombre fini de sous-espaces souverains n'était pas intangible, l'évolution de l'après-guerre a illustré le potentiel de flexibilité des règles d'opération du système diplomatique international (Holsti, 1988, p. 88-89). Elle a dès lors facilité l'émergence d'une politique étrangère spécifiquement québécoise.

En somme, l'apparition des relations internationales du Québec a été favorisée par certaines tendances lourdes de l'environnement international. Toutefois, compte tenu de leur diffusion relativement uniforme à travers l'ensemble du système politique international, ces tendances lourdes ne suffisent pas pour expliquer la spécificité québécoise. La question est incontournable : pourquoi le Québec a-t-il investi plus d'énergie que la plupart des États fédérés, en particulier les autres provinces canadiennes, dans la mise en place d'une diplomatie autonome ? Répondre à cette interrogation exige qu'on saisisse la forme et le sens des relations internationales du Québec à travers le prisme du contexte politique et culturel canadien.

Au sein de la fédération canadienne, le Québec se trouve dans un rapport de force défavorable. D'un point de vue quantitatif, il représente à peine 26 % de la population canadienne, une proportion qui, du reste, ne cesse de diminuer. D'un point de vue plus sociologique, le Québec est membre d'un pays dont la culture dominante est largement intégrée à celle – internationalement hégémonique – du voisin américain. Fortement conditionné par cette asymétrie (Tarlton, 1965), le développement politique de la province a donné lieu, à partir de la révolution tranquille, à un double processus de *state-building* et de *nation-building*. D'une part, le Québec s'est doté de nouveaux leviers d'intervention politique. D'autre part, il s'est progressivement défini une identité collective propre.

Certains auteurs ont déjà avancé l'idée que l'extension de l'activité internationale du Québec relevait d'une logique de modernisation de l'État ou de *state-building* (Painchaud, 1980, p. 352 ; Latouche, 1988). Évoquée par Latouche, l'hypothèse selon laquelle l'expansion des relations extérieures du Québec a aussi répondu à un besoin de *nation-building* reste à ce jour peu explorée. Or, c'est un approfondissement de ces deux intuitions que nous voulons ici entreprendre. Notre approche s'appuie sur le fait que la politique étrangère québécoise est une réalité à la fois matérielle et symbolique. Sur le plan matériel, le gouvernement québécois a renforcé l'institutionnalisation du fonctionnement de l'État en donnant un cadre formel à ses activités sur la scène internationale. La politique étrangère québécoise repose ainsi d'abord sur des structures d'opération qui assurent une continuité de l'action étatique. Sur le plan symbolique, les relations internationales ont également contribué à consolider le capital de légitimation qui lie l'État et la société civile. Autrement dit, en affirmant et en faisant reconnaître le rôle international du Québec, le gouvernement a permis de confirmer la singularité des intérêts de la province et de mettre en relief son statut de société distincte.

Dans ce qui suit, la piste analytique que fournissent les notions de *state-building* et de *nation-building* sera sondée à partir de quelques aspects marquants de l'expansion des relations internationales du Québec. Nous examinerons ainsi la mise en place de l'appareil québécois de politique étrangère, le développement des relations avec la francophonie et les États-Unis, de même que la montée des nouveaux enjeux que constituent l'immigration et le commerce extérieur.

## *L'INSTITUTIONNALISATION D'UN CHAMP D'INTERVENTION*

L'institutionnalisation de l'action internationale du Québec s'est principalement caractérisée par la signature d'ententes avec des partenaires étrangers, la constitution d'une bureaucratie spécialisée et l'expansion d'un réseau de représentations extérieures. Parmi ces moyens, la signature d'ententes a joué le rôle le plus déterminant. Précisons d'entrée de jeu que le gouvernement québécois nomme *ententes* les accords, procès-verbaux, échanges de lettres ou communiqués conjoints qui engagent la province et un gouvernement étranger. Ces ententes ont rempli plusieurs fonctions : en plus de contribuer à l'affirmation de la capacité d'agir du Québec sur la scène internationale, elles ont officialisé des flux de coopération et d'échanges tout en légitimant la mise en place de structures administratives complexes.

La question du statut international du Québec s'est d'abord posée à l'occasion de la signature de deux de ces ententes avec la France en février et novembre 1965. Ces ententes établissaient les premiers mécanismes officiels de la coopération franco-québécoise en matière d'éducation et de culture (Québec, 1984, p. 4-8). Le gouvernement fédéral réagit à l'initiative québécoise en signant à son tour avec la France un accord-cadre qui devait servir de *parapluie* aux relations entre Québec et Paris. Un vif débat s'ensuivit sur la portée juridique des ententes signées par le Québec : engageaient-elles en elles-mêmes les parties contractantes ? Fondant son interprétation sur le principe du prolongement international des compétences constitutionnelles provinciales – la *doctrine Gérin-Lajoie* (Gérin-Lajoie, 1965) –, le gouvernement du Québec a toujours considéré ces ententes comme de véritables accords internationaux. Pour sa part, le gouvernement canadien nie le caractère officiel des accords internationaux signés par les provinces sur la base de l'indivisibilité de la politique extérieure au Canada (Canada, 1968a et 1968b). En tout état de cause, la position du Québec a ouvert une brèche – pas encore refermée – dans la doctrine juridique canadienne (Jacomy-Millette, 1983).

Depuis les événements de 1965, profitant d'un flou juridique acceptable pour les deux parties, le Québec a continué à signer de nombreuses ententes pour se créer un important réseau de rapports officiels. Une analyse des 294 nouvelles ententes signées par le Québec de 1964 à 1992 montre que ce réseau ne cesse de s'élargir. Sa diversification se manifeste par la variété des secteurs d'activité et par le nombre des partenaires concernés (voir le graphique 1). Le fait que 56 % des ententes ont été signées avec un gouvernement d'État souverain ou l'une de ses agences conforte par ailleurs la volonté gouvernementale de traiter d'égal à égal avec les autres membres de la communauté internationale.

En officialisant des contacts préexistants ou en créant de nouveaux rapports avec l'extérieur (Beaudoin, 1977, p. 448-458 ; Donneur, 1983), les ententes internationales ont permis de constituer un nouveau domaine d'intervention politique. Afin d'occuper ce champ, une bureaucratie spécialisée imposera graduellement sa présence à Québec. Ce processus s'est fait à coups d'efforts de centralisation, contre la volonté des ministères à vocation sectorielle désireux de s'occuper eux-mêmes du prolongement international de leurs activités. La rapidité relative avec laquelle l'opération s'est effectuée tient sans doute à l'effet combiné de deux facteurs. D'abord, la pression exercée par l'élan plus général de la révolution tranquille a eu un effet significatif. Une classe de politiciens et de hauts fonctionnaires prenait conscience du potentiel de légitimité qu'elle pouvait retirer d'une reconnaissance internationale et des réseaux d'information intergouvernementaux que celle-ci leur ouvrait (Latouche, 1988). À ce premier facteur vint s'ajouter la grande sensibilité politique que revêtent, dans le contexte constitutionnel canadien, les ambitions du Québec à mener sa propre politique étrangère dans les domaines de sa compétence. Ces facteurs, en plus de ceux qui poussent naturellement un État sinon à contrôler, du moins à orienter les ressources et les contraintes de son espace extérieur, ont contribué à faire de l'international un enjeu particulier *pour* l'État, mais aussi *dans* l'État québécois.

Les premiers moyens bureaucratiques d'intervention *extérieure* que se donne le gouvernement au début des années 1960 s'adressent à une réalité indistinctement canadienne et internationale. C'est le cas, par exemple, du Service du Canada français d'outre-frontières du ministère des Affaires culturelles mandaté pour tisser des liens avec les francophones du reste du continent. Notons aussi qu'au début, les relations internationales du Québec s'organisent de manière décentralisée. Cependant, dans le contexte de l'époque, elles deviennent rapidement les outils d'une compétition interministérielle ; c'est ce que Claude Morin (1987, p. 42) a appelé le *nationalisme administratif.* Afin de coordonner toute cette activité, le gouvernement mit sur pied en 1965 une Commission interministérielle des relations extérieures qui réunit les sous-ministres de tous les ministères susceptibles de développer une politique internationale. Cette mesure se révéla insatisfaisante et, en 1967, il fut décidé de créer un ministère des Affaires intergouvernementales (MAIG) en élargissant le mandat du ministère des Relations fédérales-provinciales. Au sein de cette nouvelle entité administrative centralisatrice, commence à se dégager un champ d'intervention spécifique aux relations internationales à côté de celui des relations fédérales-provinciales.

L'évolution du MAIG fut, à l'origine, marquée par un souci de coordination sectorielle qui correspondait à la logique des grands programmes gouvernementaux : affaires sociales, économiques, éducatives, culturelles... (Noda, 1988, p. 152-161). Toutefois, la réforme qui accompagne, en 1974, le transfert au MAIG des services de coopération avec l'extérieur des ministères de l'Éducation et des Affaires culturelles inaugure une nouvelle stratégie. Aux préoccupations liées à la coordination interne s'ajoute une volonté d'opérationnaliser la politique étrangère québécoise en fonction de priorités géographiques. Parallèlement à la division *sectorielle* de la Direction

*Graphique 1*

RÉPARTITION DES ENTENTES SIGNÉES PAR LE GOUVERNEMENT DU QUÉBEC, PAR RÉGION ET PAR SECTEUR D'ACTIVITÉ (1964-1992)

N = 294

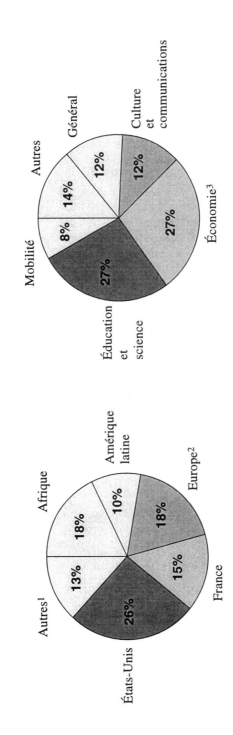

1. Comprend l'Asie, le Moyen-Orient et les ententes multilatérales couvrant plus d'une région.
2. France exclue.
3. Transport routier inclus.

Source : Compilation du Centre québécois de relations internationales à partir des données fournies par le ministère des Affaires internationales du Québec.

générale de la coopération internationale se développe donc une logique d'intervention *régionale* assumée par la Direction générale des relations internationales. Celle-ci compte initialement quatre directions et organisations internationales : a) Europe, b) Amérique, c) Afrique et d) Asie et Océanie. En janvier 1979, une nouvelle réforme rassemble, sous une même Direction générale des relations internationales, trois directions de coordination sectorielle chargées de l'évaluation et de la programmation de la politique, et six directions régionales – une direction *France* ayant été ajoutée à la direction «Europe» et la direction «Amériques» ayant été scindée en deux : *États-Unis* et *Amérique latine* – chargées de la mise en œuvre des opérations et de la cueillette d'informations (Québec, 1980, p. 4-5).

En 1985, la création du ministère des Relations internationales (MRI) met fin à la cohabitation au sein d'une même entité administrative des relations internationales et des relations fédérales-provinciales. En même temps disparaissent les directions de planification organisées selon une logique sectorielle ; c'est à une logique géographique que sera dorénavant soumise l'action du ministère. Ces deux éléments de la réforme de 1985 en font un moment décisif du processus d'identification de l'international comme domaine particulier d'intervention pour l'État québécois. Celui-ci, en se donnant un véritable appareil diplomatique, signale clairement aux intervenants nationaux et internationaux sa volonté de contrôler lui-même ses relations internationales dans les domaines de sa compétence.

L'institutionnalisation des relations internationales du Québec s'est aussi réalisée par une meilleure articulation des préoccupations économiques et politiques du gouvernement. Il n'est d'ailleurs pas étonnant que ce mouvement se soit accentué au lendemain de la récession de 1981-1982. Amputé de la responsabilité des délégations du Québec à l'étranger lors de la création du MAIG, le ministère de l'Industrie et du Commerce avait conservé par la suite sa propre zone d'intervention dans les relations économiques internationales du Québec en se donnant un Service des relations extérieures. Celui-ci s'est plus tard transformé en Direction des services internationaux, puis en Office québécois du commerce extérieur et enfin, en 1983, en ministère. En 1988, la fusion des ministères des Relations internationales et du Commerce extérieur donna naissance au ministère des Affaires internationales (MAI).

Ce ministère a désormais le mandat exclusif de planifier, de coordonner et de mettre en œuvre la politique étrangère du Québec (Québec, 1988a, art. 11-18). C'est pour remplir cette mission que le MAI a proposé en 1991 une politique de relations internationales visant à orienter l'ensemble des actions gouvernementales à l'étranger (Québec, 1991). Le nouveau ministère, doté d'un budget de plus de 100 millions de dollars, compte deux directions générales qui ont le mandat de concevoir et de proposer des politiques régionales et sectorielles, et six qui ont le mandat d'assurer l'application de la politique sur une base régionale. À l'exception de deux d'entre elles, les directions générales responsables des relations avec une région sont subdivisées en directions sous-régionales. La France et les États-Unis méritent en effet une attention particulière et ont leurs directions générales propres.

## Tableau 1

### RÉPARTITION DE L'EFFECTIF À L'ÉTRANGER SELON LA RÉGION ET LE PRINCIPAL SECTEUR D'ACTIVITÉ CONCERNÉ (1993)

| Région | Nbre de représentations | Secteur d'activité | | | | | | | Total |
|---|---|---|---|---|---|---|---|---|---|
| | | Administration et direction | Affaires publiques | Culture | Économie[3] | Immigration | Science et technologie | Coopération[4] | |
| Afrique | 4 | – | – | – | – | 8 | – | 2 | 10 |
| Amérique Latine | 4 | 15 | 3 | 1 | 29 | 6 | – | 2 | 56 |
| Asie | 5 | 17,5 | 2 | – | 20 | 16 | 3 | 2 | 60,5 |
| États-Unis | 6 | 22 | 13 | 2 | 45 | 8 | 1 | 5 | 96 |
| Europe[1] | 7 | 29 | 4 | 1 | 28 | 18,5 | 5 | 15 | 100,5 |
| France | 1 | 25 | – | 9 | – | 27 | – | 14 | 75 |
| Moyen-Orient | 1 | – | – | – | – | 7 | – | – | 7 |
| Autres[2] | – | 22 | – | – | – | 3 | – | – | 25 |
| TOTAL | 28 | 130,5 | 22 | 13 | 122 | 93,5 | 9 | 40 | 430 |

1. France exclue.
2. Postes transitoires et occasionnels.
3. Comprend économie, agro-alimentaire et tourisme.
4. Comprend le personnel polyvalent œuvrant dans les domaines suivants : communications, éducation et affaires européennes.

Source : Québec, 1993c.

Le MAI exerce aussi pleine autorité sur la représentation du Québec à l'étranger. Il s'agit là d'un véritable mini-réseau diplomatique composé de 28 délégations générales, délégations et bureaux qui assurent un contact permanent avec les cibles privilégiées de la politique internationale québécoise. Quand Jean Lesage prit le pouvoir en 1960, le Québec possédait déjà une *agence* à New York. C'est cependant avec l'ouverture en 1961 et en 1962 des délégations générales de Paris et de Londres que démarre le processus de mise en place progressive d'un réseau qui emploie aujourd'hui plus de 430 personnes. Cet effectif concentre son effort dans les deux secteurs prioritaires de la politique extérieure québécoise : l'économie et l'immigration (voir le tableau 1).

L'institutionnalisation graduelle de la capacité d'action du gouvernement dans le domaine des relations internationales a manifestement correspondu à un élargissement et à un renforcement de l'État québécois. De façon parallèle, elle s'inscrit dans un processus plus large d'affirmation de l'identité nationale. On ne saurait trop répéter que, parmi les provinces canadiennes, le Québec est celle qui a le plus investi dans le développement de ses rapports avec l'extérieur. En fait, qu'on la compare avec la situation de n'importe quel État fédéré dans le monde, l'expérience québécoise apparaît fort singulière. Depuis trente ans, les transformations de la société québécoise ont exigé une modernisation de l'État. Or, le champ d'intervention de tout État moderne tend de plus en plus à s'internationaliser.

L'émergence de la nation québécoise sur la scène internationale s'est effectuée dans le sillage du débat constitutionnel avec Ottawa. À l'origine, le Québec a choisi de développer sa politique extérieure, convaincu que le gouvernement fédéral n'était pas en mesure de défendre adéquatement les intérêts internationaux de la société québécoise. Son point de vue n'était évidemment pas étranger au fait que le ministère des Affaires extérieures à Ottawa a traditionnellement été une chasse gardée des Canadiens anglais. C'est en bonne partie à cause de ce décalage entre besoins sociaux et moyens institutionnels que le gouvernement québécois a consacré autant de ressources à promouvoir ses intérêts internationaux. Malgré tous les soubresauts qu'elle a connus, il est finalement révélateur que l'institutionnalisation de la politique extérieure québécoise s'est déroulée dans un contexte de continuité, relativement à l'abri des intérêts strictement partisans.

Dans la mesure où elle comporte une dimension internationale, l'identité collective des Québécois se fonde largement sur la nature distinctive de leur État. En ce sens, l'institutionnalisation des relations extérieures du Québec illustre l'imbrication systématique des notions de *nation-building* et de *state-building*: les moyens que le Québec s'est donnés pour exprimer son caractère distinct sur la scène internationale ont eux-mêmes renforcé une différence qui, à son tour, a appelé la mise en œuvre d'autres moyens.

## LA FRANCOPHONIE : NOYAU DUR DES RELATIONS EXTÉRIEURES DU QUÉBEC

La France d'abord, puis la communauté des pays francophones dans son ensemble ont exercé un rôle décisif sur l'orientation et la maturation de la politique étrangère québécoise. En bref, la francophonie a servi de tremplin à l'expansion des relations extérieures du Québec. La France a notamment fourni à la politique extérieure québécoise une condition nécessaire à son existence : un interlocuteur prêt à s'engager dans une relation officielle. La participation directe du Québec à la communauté politique francophone a donné lieu à de fréquentes épreuves de force entre les gouvernements fédéral et québécois (Lalande, 1989 ; Morin, 1987). Mais, au bout du compte, la francophonie a fortement contribué à consolider la place du Québec dans le champ des relations internationales. En outre, la France et la francophonie ont servi à légitimer la volonté d'autonomie de la nation québécoise en permettant de projeter à l'étranger le caractère distinct de la province.

L'institutionnalisation de l'engagement du Québec dans la francophonie est indissociable de la controverse évoquée plus haut concernant la division constitutionnelle des pouvoirs dans le secteur des relations extérieures. Comme le Québec a constamment fait valoir son droit de prolonger à l'extérieur les champs de compétence que lui attribue la constitution, notamment l'éducation et la culture, il est facile de comprendre que ses premiers pas dans le monde de la francophonie aient été faits dans ces deux secteurs d'activité. En outre, sur le plan de la légitimité politique, le Québec a sans cesse maintenu qu'en tant que seul gouvernement francophone d'Amérique du Nord, il avait la responsabilité de développer ses relations extérieures. Étant donné son isolement culturel, il était logique que l'ouverture du Québec sur le monde privilégie les pays partageant sa langue. On est même allé jusqu'à comparer la politique francophone du Québec à une véritable politique de défense (Painchaud, 1988, p. 204).

C'est dans ce contexte général que se sont développées les relations bilatérales et multilatérales du Québec avec ses partenaires francophones. Sur le plan bilatéral, des représentations extérieures furent successivement ouvertes à Paris (1961), Abidjan (1970), Bruxelles (1972), Port-au-Prince (1976), Dakar (1987) et Rabat (1991)[2]. À cause d'une méfiance réciproque, la coexistence du Canada et du Québec dans le monde francophone a donné lieu à de fréquentes confrontations fédérales-provinciales. La récurrence des conflits n'a toutefois pas empêché le Québec de se tisser un important réseau de rapports bilatéraux, surtout avec la France. Les rencontres – en principe annuelles mais devenues irrégulières – des premiers ministres français et québécois représentent l'indicateur le plus clair de l'importance que les deux États accordent au renforcement de leur coopération. Depuis le milieu des années 1960, dans la foulée des nombreuses visites ministérielles mutuelles, une quarantaine d'accords ont été conclus entre la France et le Québec. Parallèlement aux efforts gouvernementaux coordonnés par une commission bilatérale permanente, la coopération franco-québécoise se voit aussi animée par l'action d'organisations non gouvernementales parmi lesquelles les plus importantes sont le Centre de coopération interuniversitaire franco-québécoise et les associations France-Québec et Québec-France. L'Office franco-québécois pour la jeunesse (OFQJ) a permis quant à lui, depuis sa création, à plus de 60 000 Français et Québécois de participer à des programmes d'échange.

En comparaison avec cette expansion de liens bilatéraux, la volonté québécoise de se tailler une place au sein des réseaux francophones multilatéraux suscita des tensions encore plus vives et lourdes de sens. Le Québec est probablement aujourd'hui le seul État fédéré à être membre d'une organisation inter-étatique. Il établit un précédent lorsqu'en 1968, à l'instigation de la France, il prit part à la Conférence des ministres de l'Éducation nationale des pays francophones (CONFEMEN) à Libreville. Fort indisposé par cette situation, le gouvernement fédéral prit les moyens pour qu'elle ne se reproduise plus. Dès 1969, les représentants québécois à cette Conférence furent intégrés au sein d'une délégation canadienne en vertu d'un arrangement *ad hoc* entre les deux ordres de gouvernement.

Les Conférences de Niamey I (1969) et II (1970), qui aboutirent à la création de l'Agence de coopération culturelle et technique (ACCT), opposèrent plus que jamais les points de vue canadien et québécois. Ottawa souhaitait une institution regroupant exclusivement des États souverains alors que le Québec, appuyé par la France, militait en faveur d'une institution aux statuts plus souples. Grâce à une médiation de la France, le différend fut finalement résolu par l'adoption de l'article 3.3 de la Charte de l'Agence. Cet article a permis de créer le statut de *gouvernement participant* parallèlement au statut de membre à part entière. En accord avec les dispositions de l'article 3.3 de la Charte, un protocole d'entente fut signé en 1971 entre Ottawa et Québec pour confirmer l'entrée du Québec à l'ACCT. Les représentants de l'État québécois s'y voyaient reconnaître le droit d'exprimer «le point de vue du gouvernement du Québec sur toutes matières ressortissant à sa compétence constitutionnelle» (Québec, 1988b, p. 28-31).

L'accord de 1971 était une trêve qui allait être compromise dès la fin des années 1970, au moment où la question d'un Sommet des chefs d'États francophones commença à mobiliser l'attention publique. À l'encontre de la volonté du gouvernement fédéral, le Québec tenait à y être représenté. Cette divergence de vues bloqua longtemps l'organisation du premier Sommet et suscita la frustration de nombre d'Africains qui y voyaient une histoire de *grands Blancs* (C. Morin, 1987, p. 415). En 1980, alors que le Sénégal avait prévu la tenue d'une réunion des ministres des Affaires étrangères en vue de préparer un Sommet, le conflit Ottawa-Québec obligea d'annuler la rencontre à la dernière minute. C'est finalement l'élection de Brian Mulroney en 1984 qui permit de dénouer l'impasse en insufflant un nouvel esprit dans les relations fédérales-provinciales.

Une entente convenue en 1985 entre les gouvernements canadien et québécois rendit possible la tenue d'un premier Sommet au début de 1986 en y autorisant la participation du Québec. Le Sommet allait comporter deux parties distinctes : l'une serait consacrée à la situation politique et économique mondiale et l'autre à la coopération et au développement. Du point de vue de l'équilibre formel des pouvoirs entre Ottawa et Québec, le Sommet était en réalité structuré en trois volets. En effet, la première partie, sur la situation politique et économique mondiale, a donné lieu à une double procédure. Sur les questions politiques, le Québec ne peut agir qu'en «observateur intéressé». Sur les questions économiques, il peut intervenir «après concertation et avec l'accord ponctuel» du Canada. Pendant la seconde partie du Sommet, le Québec jouit d'un plein droit de participation, comme à l'ACCT (Québec, 1988b, p. 32-33).

L'entente de 1985 a eu comme effet de renforcer le pouvoir du Québec dans le monde francophone. Cette consolidation de la politique extérieure québécoise s'exprime, notamment, dans le volume des budgets consacrés aux institutions de la francophonie : le Québec y consacre annuellement plus de cinq millions de dollars. La reconnaissance renouvelée du droit du Québec d'intervenir dans le champ des relations internationales a simultanément permis d'apaiser le contentieux constitutionnel entre les gouvernements du Canada et du Québec (Bernier, 1988, p. 68). Les cinq Sommets tenus à ce jour ont en ce sens été marqués par une collaboration étroite entre les deux ordres de gouvernement ; ceux-ci ont même mis de l'avant des propositions conjointes, par exemple dans le domaine de l'environnement. Ce climat de confiance inédit a provoqué de surprenants revirements de situation, comme la coalition du Canada et du Québec en faveur de la candidature du Québécois Jean-Louis Roy au poste de secrétaire général de l'ACCT en 1989, contre le candidat belge ayant l'appui de la France. La percée internationale du Québec favorisée par les Sommets reste cependant fragile. En effet, depuis le Sommet de Chaillot, en 1991, la dynamique francophone est dominée par le désir de la France de voir la francophonie dépasser son mandat original, axé sur la coopération, pour prendre une orientation résolument plus politique. Le Québec se retrouve de ce fait dans une situation délicate, car les réformes institutionnelles souhaitées par la France risquent de le marginaliser dans son rôle d'«observateur intéressé». Le Québec est ainsi amené à défendre une position opposée à celle de la France – son mentor diplomatique – en ce qui concerne l'avenir même du multilatéralisme francophone.

À côté des gains juridico-politiques qu'elle a tout de même permis, la francophonie a aussi façonné l'identité du Québec en confirmant son statut de société distincte. En bref, elle a donné au Québec l'occasion de définir et de promouvoir ses propres intérêts sur la scène internationale. La francophonie a d'abord contribué à valoriser le capital culturel du Québec et à le projeter à l'étranger ; de ce point de vue, le réseau de télévision francophone TV-5 est sans doute la réalisation dont le rayonnement est le plus significatif. En même temps que ce médium permet de sensibiliser les Québécois à la diversité du monde francophone, il permet de familiariser la population d'autres pays à la réalité québécoise. En engendrant un sentiment d'appartenance à une communauté culturelle représentant aujourd'hui 49 États membres, la francophonie a par ailleurs favorisé le processus de socialisation de l'élite politique québécoise au fonctionnement des relations internationales. Parallèlement aux réunions de la CONFEMEN et de la CONFEJES (Conférence des ministres de la Jeunesse et des Sports), le Québec a participé à de nombreuses rencontres ministérielles dans des domaines aussi variés que la science et la technologie (1977), la justice (1980 et 1989), la culture (1981), la recherche scientifique et l'enseignement supérieur (1983) ainsi que les communications (1985).

Plus largement, la francophonie a contribué à l'apprentissage par l'État québécois de la coopération au développement. Au fil des Sommets, le Québec a cherché à mettre en relief l'expertise dont il peut faire profiter les pays en développement francophones. Le domaine de l'énergie s'est ainsi imposé comme le créneau le plus prometteur, ce dont témoigne la mise sur pied à Québec d'un Institut de l'énergie des pays francophones. Puis, par sa présence à l'ACCT et aux Sommets, le Québec s'est sensibilisé aux bénéfices du multilatéralisme comme mode de gestion des rapports internationaux. Il est clair que, dans un regroupement aussi fortement hiérarchisé que la francophonie, un petit État comme le Québec a naturellement avantage à une plus grande multilatéralisation de son fonctionnement. Sur un registre symbolique mais non négligeable, la francophonie a également fourni un forum politique permettant au gouvernement québécois d'exprimer ses vues sur des enjeux stratégiques comme la crise libanaise, l'endettement du Tiers-Monde ou l'évolution du prix des matières premières.

La francophonie a enfin permis au Québec d'internationaliser le problème constitutionnel canadien. Le gouvernement québécois a ainsi réussi à mobiliser des ressources additionnelles en vue de maximiser son autonomie politique. Même s'il s'agissait fondamentalement d'un enjeu de politique intérieure, le long conflit Ottawa-Québec n'a pas été imperméable à l'environnement extérieur. À cet égard, la France a joué un rôle décisif dans l'affirmation progressive du statut international du Québec. La relation particulière entre la France et le Québec s'est notamment concrétisée dans le statut de quasi-ambassade accordé à la délégation du Québec à Paris et au consulat de France à Québec. Tout au long de l'affrontement entre Québec et Ottawa, la France a adopté une position qui reconnaissait largement la légitimité des aspirations du Québec. Cette position s'est notamment illustrée par le «Vive le Québec libre!» lancé par le général de Gaulle en 1967. Ottawa a régulièrement dénoncé le comportement du gouvernement français comme une forme d'intrusion inacceptable dans les affaires intérieures du pays. Face à cette critique, la France soutenait que sa politique était fondée sur le double principe de la non-ingérence et de la non-indifférence (Portes, 1988, p. 109). En bout de ligne, il est indéniable que les sympathies françaises ont largement contribué à ce que le Québec acquière la crédibilité internationale dont il dispose aujourd'hui.

Le potentiel d'interactions économiques qu'offre la francophonie reste sans aucun doute limité (Soldatos 1989, p. 121). Au-delà de quelques gros projets isolés comme l'établissement de Péchiney au Québec ou l'accord de collaboration Bombardier-Aérospatiale, il convient de noter que la France, plus important partenaire commercial francophone du Québec, n'absorbe que 2 % des exportations québécoises. Elle n'occupe que le cinquième rang parmi les marchés extérieurs de la province (Québec, 1991, p. 208). Quant à l'Afrique francophone, elle demeure dans un état de pauvreté tel qu'elle est littéralement insolvable. Par surcroît, les liens traditionnels entre cette région et la France constituent un obstacle de taille à l'intensification de ses échanges avec le Québec. Néanmoins, sur un plan politique, la francophonie a largement contribué à l'évolution des relations internationales du Québec. Entouré de nombreux États plus démunis que lui, le Québec a graduellement pu s'y construire une réputation de partenaire moderne et dynamique. Grâce à ce regroupement, il a beaucoup gagné en termes de prestige international et de visibilité. Pour toutes ces raisons, le monde francophone demeure, encore aujourd'hui, le premier pilier de la diplomatie québécoise.

## LES ÉTATS-UNIS : UN PARTENAIRE NATUREL ET PERMANENT

Bien avant ceux qu'il a tissés avec la France, les premiers rapports extérieurs du Québec moderne se sont établis avec les États-Unis. D'abord orientées vers le secteur privé, les relations américaines du Québec ont pris un caractère davantage public avec les années 1960. Elles se sont alors amplifiées, en particulier avec les États américains. Toutefois, c'est surtout à partir de 1976 – donc après l'ouverture québécoise à l'endroit de la France et de la francophonie – qu'elles se sont consolidées sur le plan institutionnel et qu'elles ont participé au raffermissement de la personalité internationale de l'État québécois. Cette évolution est indissociable du fait que la société québécoise entretient depuis longtemps des contacts nombreux et étroits avec la société américaine. Sur le seul plan économique, environ les trois quarts des exportations de la province vont aux États-Unis. De plus, les produits culturels américains sont généralement appréciés par les Québécois et les flux touristiques sont, dans les deux directions, très élevés. L'omniprésence des États-Unis exerce une influence décisive sur l'identité collective du Québec. La formalisation politique de cette relation a eu comme effet d'approfondir encore davantage la nord-américanité de la société québécoise (Hero et Balthazar, 1988, p. 199-202).

Comme dans le cas du Canada, les multiples rapports entre le Québec et les États-Unis allaient de soi et nécessitaient peu d'interventions politiques directes. Néanmoins, le Québec a progressivement formalisé ses relations avec les États-Unis en reconnaissant qu'il s'agissait là, avec la France, de son partenaire le plus important sur la scène internationale (Québec, 1985). L'institutionnalisation des rapports du Québec avec les États-Unis s'est développée d'une manière graduelle, mais l'année 1976 marque certes un point tournant. En élisant cette année-là un gouvernement souverainiste, le Québec est passé à un stade plus avancé d'affirmation nationale et de développement de son État propre. En ce qui concerne la définition de la politique extérieure, cette évolution des choses s'est traduite par un *virage américain* de la part du nouveau gouvernement.

Après l'ouverture en 1943 de l'Agence générale du Québec à New York, les visites ministérielles ont particulièrement contribué à l'institutionnalisation des relations entre le Québec et les États-Unis. Le nombre de ces visites a augmenté continuellement tout au cours de la période de l'après-guerre et a beaucoup crû après l'élection du Parti québécois. Avant 1960, les visites effectuées occasionnellement par des premiers ministres québécois à New York revêtaient un caractère surtout privé. Le premier ministre Lesage fut le premier à donner à ces visites un caractère public et, par conséquent, une importance politique plus grande. Sous une forme nouvelle, il poursuivait un rituel voulant qu'un nouveau chef de gouvernement du Québec prenne personnellement contact avec les responsables des institutions financières américaines ayant prêté des sommes considérables au gouvernement de la province (Roy, 1977, p. 501-505). En dépit de ce changement de style, au cours des années suivantes, les visites du premier ministre et de ses ministres aux États-Unis n'ont que progressivement accru leur rythme. C'est de 1976 à 1985, sous les deux gouvernements du PQ, que la fréquence des déplacements gouvernementaux vers le voisin du sud atteignit sa vitesse de croisière. On dénombra pour cette période 160 visites ministérielles, un rythme maintenu depuis. Par ailleurs, depuis 1964, 78 ententes furent signées entre le Québec et un partenaire américain, environ le tiers d'entre elles à l'initiative du gouvernement du PQ. Pour préciser le sens de ce mouvement de rapprochement politique entre le Québec et les États-Unis, soulignons premièrement qu'environ les deux tiers des visites ministérielles et des ententes conclues ont été consacrés en priorité aux questions économiques. Deuxièmement, ce sont les États américains plutôt que le gouvernement des États-Unis qui en sont les partenaires, ce dernier ne l'étant que de façon exceptionnelle.

L'Agence générale du Québec à New York, qui devint une Délégation générale en 1961, fut la seule représentation du Québec aux États-Unis jusqu'à la fin des années 1960. Cinq autres représentations – trois délégations et deux bureaux – furent installées en 1969-1970 à Chicago, Boston, Los Angeles, Lafayette (fermé en 1992) et Dallas (fermé en 1987). Par la suite, Québec a ouvert un bureau à Atlanta en 1977 et un autre à Washington en 1978. Le gouvernement québécois aurait souhaité donner à ce dernier une vocation politique de lobbying, mais l'opposition d'Ottawa l'a finalement réduit à l'état de bureau touristique (Lisée, 1990, p. 307-312).

À partir de 1976, le gouvernement du PQ a accru de façon importante le personnel et le mandat des représentations du Québec aux États-Unis. Ce renforcement de la présence québécoise aux États-Unis s'est fait essentiellement en vue du référendum de 1980, mais il s'est par la suite révélé durable. Le Québec a favorisé un élargissement du rôle traditionnellement économique et touristique de ses délégations. Dans le but de corriger l'image que donnait de lui le Canada anglais et qu'il estimait déformée, le Québec créa des services d'information dans la plupart de ses représentations. En déployant de nouveaux moyens pour défendre ses intérêts particuliers, il consacrait ainsi l'importance de ses rapports avec les États-Unis. Il se donnait aussi des outils pour mener une vigoureuse campagne axée sur l'affirmation du caractère distinct de la nation québécoise et sur la légitimation de sa démarche politique.

Par ailleurs, de solides liens institutionnels ont été établis entre le Québec et des États américains. Dans certains cas, ces liens se sont développés à l'intérieur de structures bilatérales. Mentionnons à cet égard les rencontres régulières entre les représentants du Québec et de certains États et les comités mixtes établis avec les États de New York, du Maine et du Vermont. Dans d'autres cas, le rapprochement avec les États américains a pris forme à l'intérieur de structures multilatérales dont l'intérêt est apparu d'autant plus grand au gouvernement québécois qu'elles lui offraient un cadre d'action stable et un rayonnement élargi. Parmi celles-ci, domine la Conférence annuelle des gouverneurs de la Nouvelle-Angleterre et des premiers ministres de l'Est du Canada qui se réunit depuis 1973. Son ordre du jour très diversifié touche l'énergie, l'environnement, le transport, le tourisme, le commerce, la finance, le développement économique, la pêche, la forêt, l'agriculture, la haute technologie, l'histoire locale et la généalogie. Les questions de l'énergie et de l'environnement, où les intérêts du Québec sont considérables, ont traditionnellement dominé les travaux de la Conférence, qui s'est dotée de comités permanents sur ces deux thèmes. À titre de principale province canadienne membre de l'organisation, le Québec y joue un rôle évidemment stratégique. Le Québec et l'Ontario ont aussi assisté, dans les années 1980, aux rencontres du *Council of Great Lakes Governors*. Cet organisme cherche à favoriser une plus grande coordination de l'action des provinces et des États dans le cadre de la Charte des Grands Lacs qu'ils ont signée en 1985 (Lubin, 1986, p. 30).

Au sein même du ministère des Affaires internationales, il a fallu attendre en 1979 pour qu'apparaisse une Direction des États-Unis. Dans les années 1960, les relations avec les États-Unis relevaient, d'une part, du ministère de l'Industrie et du Commerce auquel étaient rattachées les délégations du Québec à l'étranger et, d'autre part, du ministère des Affaires culturelles dont le Service du Canada français d'outre-frontières assurait un rayonnement culturel auprès des groupes francophones du continent. En 1974, le ministère des Affaires internationales s'était doté d'une Direction des Amériques qui couvrait tous les pays du continent, mais ses moyens restaient très limités. La création de la Direction des États-Unis en 1979 sera accompagnée d'une forte augmentation des effectifs qui passeront de 2 à 16. En complément, soulignons que par la force des choses, de 1983 à 1988, les responsabilités du ministère du Commerce extérieur concernaient principalement le commerce avec les États-Unis.

L'appareil étatique mis en place pour structurer les rapports du Québec avec les États-Unis a aussi été un instrument servant à légitimer le caractère distinct de la nation québécoise. Jusqu'en 1976, les objectifs du Québec se résumaient surtout à la promotion économique, à la recherche de capitaux et à quelques échanges culturels avec la Louisiane. Toutefois, même avant cette date-charnière, les autorités québécoises avaient mis en relief à quelques reprises la spécificité sociologique de la province.

Dans cette perspective, devant la *Canadian Society* de New York, le premier ministre Lesage prononça en 1962 un discours remarqué qui traduisit avec une force jamais vue auparavant la singularité des objectifs politiques et sociaux du peuple et du gouvernement du Québec. Peu après son élection en 1970, le premier ministre Bourassa s'empressera d'exposer aux Américains les progrès récents de la société québécoise et de souligner la nécessité de protéger la langue de la majorité francophone. En septembre 1974, devant le *Council on Foreign Relations*, il ira plus loin en insistant sur le fait que les milieux d'affaires doivent s'adapter à la volonté québécoise de «devenir un élément intégral du dynamisme qui anime les nations nord-américaines tout en conservant son indispensable identité culturelle» (Roy, 1977, p. 502-507).

Après 1976, le gouvernement québécois a poursuivi ses objectifs traditionnels de promotion des intérêts économiques et de développement des relations avec les communautés francophones et francophiles. Mais il s'est aussi donné pour but d'améliorer la connaissance et la perception du Québec aux États-Unis ainsi que de défendre ses intérêts politiques. Effectuant son premier déplacement à l'extérieur du Québec en janvier 1977, le premier ministre Lévesque inaugura lui-même une série d'interventions publiques à l'intention des Américains en prononçant un important discours à l'*Economic Club* de New York. La stratégie québécoise prit par la suite la forme d'une «Opération Amérique» qui, étalée sur les dix-huit mois qui précédèrent le référendum de 1980, donna lieu à une série de visites ministérielles. L'«Opération Amérique» visait un double objectif. Elle avait pour but premier non pas de rechercher des appuis extérieurs au projet d'indépendance du Québec, mais plutôt d'amener les États-Unis à ne pas s'y opposer (C. Morin, 1987, p. 275). En deuxième lieu, le gouvernement québécois voulait rectifier l'image de la province que le Canada anglais et ses porte-parole transmettaient aux Américains. Il a donc cherché à rassurer les milieux d'affaires en exposant le plus clairement possible son projet politique et en en soulignant le caractère démocratique. Par ailleurs, tout en insistant sur l'originalité culturelle du peuple québécois – son double enracinement nord-américain et français –, le discours gouvernemental de l'époque a mis en évidence la modernité du Québec, sa capacité à assumer lui-même ses relations avec le monde extérieur et son attitude d'ouverture à l'égard des investissements étrangers.

La grande importance alors accordée aux États-Unis s'est ensuite maintenue. En 1980, l'administration américaine passa aux mains des républicains, qui se révélèrent plus ouverts que leurs prédécesseurs démocrates envers le gouvernement du PQ. Le changement de la position américaine est certes demeuré limité, comme en témoigne l'incident du 2 février 1983 où, par un communiqué, le Département d'État américain rabrouait officiellement le ministre Bernard Landry qui avait évoqué la possibilité d'un marché commun entre le Québec, les États-Unis et le Canada. Cependant, sous l'influence apaisante des résultats du référendum de 1980, la nouvelle attitude américaine s'est reflétée dans le discours du président Reagan à Québec en 1985, lors de sa rencontre avec le premier ministre Mulroney. Constatant que les Québécois avaient démontré un double attachement à leur province et au Canada, le président américain a alors mis en relief leur long développement historique en tant que communauté nord-américaine francophone. Plus tard, conformément à ses options antérieures, le Québec a vigoureusement soutenu la conclusion de l'accord de libre-échange entre le Canada et les États-Unis et le projet d'accord de libre-échange nord-américain (ALÉNA) entre le Canada, les États-Unis et le Mexique. Pour leur part, les milieux d'affaires américains, qui s'étaient affolés à l'idée d'une indépendance du Québec en 1976, ont eu une réaction relativement sereine devant la rapide montée de l'appui populaire à la souveraineté provoqué par l'échec de l'accord du lac Meech en juin 1990. Plusieurs études américaines effectuées à l'époque, dont une produite par la firme de courtage Merrill Lynch, conclurent à la viabilité économique et politique d'un Québec indépendant, illustrant avec éloquence l'évolution de la position américaine.

Les rapports du Québec avec les États-Unis découlent en premier lieu d'une nécessité économique. Les deux économies sont fortement intégrées et le Québec n'a rien à gagner en favorisant une attitude antagoniste de la part des Américains. Mises à part quelques frictions concernant les échanges commerciaux de produits tels que le porc, le bois d'œuvre, l'amiante et l'énergie hydro-électrique ainsi que le contrôle des pluies acides, il apparaît que l'histoire des relations entre le Québec et les États-Unis n'a soulevé que peu de conflits. Les problèmes qui se posent entre le Québec et les États-Unis sont en tout cas moindres que ceux qui existent entre le Canada et les États-Unis. Le Québec se sent moins menacé par ce pays que le Canada anglais. Si Québécois et Américains partagent des valeurs communes et un même mode de vie, le Québec possède une identité culturelle propre qui, à tort ou à raison, lui donne un sentiment de protection face à son puissant voisin.

## L'ÉMERGENCE DE NOUVEAUX ENJEUX

### Le commerce extérieur

Le développement du commerce extérieur mobilise aujourd'hui l'ensemble de la politique étrangère québécoise. Toutefois, il n'en a pas toujours été ainsi. Au début des années 1960, la stratégie économique du gouvernement visait bien davantage à sécuriser les investisseurs, principalement américains, que l'on croyait inquiets de l'interventionnisme étatique et des risques de nationalisation. Puis, au cours des années 1970, les immenses besoins de capitaux requis pour la construction des installations hydro-électriques du Nord et la perception négative du gouvernement du PQ par les milieux financiers internationaux – surtout après la nationalisation des mines d'amiante de la *General Dynamics* – entraînèrent d'importants efforts pour attirer des investissements étangers. C'est avec le tournant des années 1980 que le commerce extérieur s'imposa comme une priorité. Avec la fin de la récession de 1981-1982, la reprise du commerce international et les pressions pour une libéralisation multilatérale et continentale des échanges ont fait prendre davantage conscience aux Québécois de la dépendance de leur économie à l'égard des marchés extérieurs. Le discours gouvernemental a dès lors insisté comme jamais auparavant sur l'objectif de l'augmentation des exportations. Rappelons que les exportations internationales ont représenté jusqu'à 20 % du produit intérieur brut (PIB) québécois au cours des années 1980, pour être ramenées à environ 15 % au début de la présente décennie.

Il est clair qu'au total, la marge de manœuvre du gouvernement québécois en matière de commerce international est mince. La plupart des pouvoirs qui s'y rapportent sont concentrés entre les mains du gouvernement fédéral. En ce sens, l'institutionnalisation de l'action québécoise dans le domaine est relativement récente. Elle s'est d'abord effectuée par le biais d'une consolidation de la participation de la province au processus «national» de prise de décision. C'est grâce à une plus grande concertation fédérale-provinciale que la politique commerciale québécoise a pu trouver un écho sur le plan international. Il importe de noter que, dans les négociations commerciales internationales, le gouvernement fédéral doit tenir compte du point de vue des provinces. Comme il ne peut lier ces dernières en matière de pratiques commerciales internationales, il doit s'assurer qu'elles n'entraveront pas la réalisation de ses engagements internationaux en les incluant dans le processus de définition de sa politique (Bernier et Binette, 1988). C'est dans ce contexte que des mécanismes de coordination fédérale-provinciale furent créés pour les négociations du *Tokyo Round*, de même que pour celles de l'accord de libre-échange avec les États-Unis, de l'*Uruguay Round* et de l'accord de libre-échange nord-américain.

Outre sa participation à la formulation de la politique canadienne, le gouvernement québécois intervient principalement dans le domaine du commerce extérieur par le biais de diverses mesures incitatives. Par exemple, le MAI propose des cours de formation à l'exportation, offre une aide à la prospection et au développement des marchés et facilite la participation des entreprises à différentes foires, expositions et missions à l'étranger. De plus, par l'entremise de la Société de développement industriel du Québec, le gouvernement favorise la formation de consortiums voués à l'exportation et à l'implantation d'entreprises à l'étranger en offrant des prises de participation directe et des prêts.

D'autres organismes gouvernementaux proposent des programmes d'aide plus spécialisés. Conformément au discours des décideurs politiques, on tend de plus en plus à intégrer les domaines de la culture, des communications et de l'éducation à l'intérieur de la politique commerciale. Parallèlement aux initiatives du MAI, deux sociétés publiques, la Société générale des industries culturelles et la Société d'exploitation des ressources éducatives du Québec, offrent des programmes d'aide à l'exportation. La conjonction de l'action de l'ensemble de ces intervenants semble indiquer que le commerce extérieur est en voie de devenir un instrument privilégié de l'élargissement du champ d'intervention international de l'État de même qu'un nouvel axe d'intégration de sa politique extérieure.

La montée des enjeux commerciaux dans les relations internationales du Québec n'a pas servi qu'au renforcement de l'État. Elle a aussi contribué à mieux définir la spécificité de la nation québécoise. De façon générale, par rapport aux questions économiques internationales, on remarque que le Québec a été traditionnellement plus ouvert sur l'extérieur que le reste du Canada. Cela s'est d'abord vérifié en ce qui a trait aux investissements étrangers. La différence d'attitude entre le Québec et le Canada a pris un sens politique particulier au moment où le gouvernement du PQ s'est opposé aux politiques protectionnistes du gouvernement fédéral lors de la mise sur pied de l'Agence de tamisage des investissements étrangers en 1974. Les autorités québécoises ont d'ailleurs profité de ce différend pour dénoncer le nationalisme obtus du gouvernement canadien et pour mettre en relief les tensions entre ce dernier et le gouvernement américain (J.-Y. Morin, 1982, p. 8).

Dans le domaine des échanges, la position québécoise est également apparue plus libérale que celle du Canada anglais dans son ensemble. Contrairement à la province voisine de l'Ontario, dont l'économie dépend pourtant des exportations dans une plus large mesure que celle du Québec, ce dernier a donné un fort appui aux projets d'accord de libre-échange avec les États-Unis et le Mexique (Québec, 1988c et 1993b) et aux négociations du GATT (Québec, 1990a). Solidement entériné par le milieu des affaires mais contesté par le monde syndical, l'appui gouvernemental au libre-échange continental exprime simultanément une crainte à l'égard du protectionnisme américain et un parti pris en faveur d'une libéralisation générale des échanges économiques.

On a fait grand état au cours des quinze dernières années de la maturation de l'élite économique québécoise. Au cours de ce processus, le développement de nouveaux marchés d'exportation a été un leitmotiv constant. Sur le plan sociologique, tout cela a eu pour conséquence de favoriser l'émergence d'un assez large consensus social sur la relation qui existe entre le bien-être économique général et l'accroissement des échanges. Le gouvernement a bien sûr servi de relais politique à ce consensus. Mais, d'abord et avant tout, il en a été en quelque sorte le catalyseur. C'est ainsi que peut être interprétée la démarche de concertation à laquelle il conviait tous les secteurs de la société québécoise lors des conférences socio-économiques «Le Québec dans le monde» du début des années 1980. Depuis cette époque, la volonté québécoise d'une plus grande intégration aux marchés mondiaux s'inscrit comme un aspect supplémentaire du caractère distinct de la province.

### L'immigration

Traditionnellement, l'immigration représente un thème de *low politics* dans les relations extérieures d'un pays. Néanmoins, son contrôle reste un élément classique de l'exercice de la souveraineté. La décision québécoise d'investir ce champ d'activité de manière de plus en plus soutenue à partir de la révolution tranquille revêtait donc une lourde signification constitutionnelle. En outre, si l'immigration relève d'une problématique de relations internationales, le suivi et l'insertion sociale des immigrants s'inscrivent dans un contexte de politique intérieure. Or, en sensibilisant la majorité francophone à d'autres cultures, la politique d'immigration du Québec a contribué à définir une identité collective plus tolérante et moins repliée sur elle-même.

C'est en 1965 que le gouvernement du Québec a mis sur pied un service de l'immigration rattaché au ministère des Affaires culturelles (Gow, 1986, p. 224). Ce service s'est par la suite transformé en une direction générale affiliée au Secrétariat de la province. En 1968, le gouvernement créa le ministère de l'Immigration auquel on a greffé, en 1969, huit Centres d'orientation et de formation des immigrants (COFI) qui étaient auparavant sous la responsabilité du ministère de l'Éducation. En 1981, voyant son mandat élargi, le ministère de l'Immigration est devenu le ministère des Communautés culturelles et de l'Immigration (MCCI).

L'institutionnalisation de la politique québécoise d'immigration s'est traduite par une forte croissance des ressources disponibles. Entre 1969 et 1993, les effectifs du ministère sont passés de 35 employés à plus de 1 200 et son budget, qui était de 2 800 000 $, a grimpé à plus de 114 000 000 $ (Québec, 1993a). Le nombre de bureaux à l'étranger est passé de 2 à 14 (5 en Europe, 2 en Amérique latine, 2 aux États-Unis, 2 en Asie, 2 en Afrique et 1 au Moyen-Orient). Du reste, l'expansion géographique des activités du ministère n'est pas terminée, puisque celui-ci songe aujourd'hui à étendre le réseau de ses opérations vers l'Europe de l'Est (Québec, 1990b, p. 90).

La première décennie du ministère fut marquée par le besoin de définir un champ d'action propre par rapport au gouvernement fédéral. L'évolution des relations entre Ottawa et Québec a été jalonnée par les ententes Cloutier-Lang (1971), Bienvenue-Andras (1975) et Couture-Cullen (1978). La première accordait aux fonctionnaires québécois à l'étranger un rôle d'informateur. La seconde obligeait le gouvernement fédéral à tenir compte de l'avis du Québec dans la sélection des immigrants. La troisième, beaucoup plus engageante, octroyait au Québec le pouvoir de sélectionner les immigrants à l'étranger et laissait au gouvernement fédéral le seul contrôle de l'admission au pays.

La décentralisation du pouvoir de décision en matière d'immigration a constitué une pièce maîtresse de l'accord raté du lac Meech. Fournissant une couverture constitutionnelle aux revendications québécoises, cet accord prévoyait élargir le pouvoir de sélection du Québec aux immigrants sur place. En outre, il donnait au Québec la possibilité de recevoir une part de l'immigration canadienne proportionnelle à sa population, avec droit de dépasser ce seuil de 5 % (Hogg, 1988, p. 66-68). Rappelons qu'au cours de la période 1980-1989, les 200 000 immigrants reçus par le Québec n'ont représenté que 17 % du total des immigrants arrivés au Canada (Québec, 1990b, p. 22).

L'échec de Meech n'a pas empêché l'État québécois d'aller de l'avant en présentant, à la fin de 1990, un vaste énoncé de politique sur l'immigration. Ce document insistait notamment sur la nécessité d'améliorer les conditions de l'intégration des immigrants. Par-dessus tout, il attestait que l'immigration constituait désormais un axe d'intervention stratégique de l'action gouvernementale québécoise (Québec, 1990c). Cet énoncé de politique aura peut-être servi de déclencheur car, quelques semaines seulement après sa parution, les gouvernements canadien et québécois concluaient finalement une entente administrative en tous points conforme aux dispositions de l'accord du lac Meech. La nouvelle entente a eu, entre autres effets, celui de mener à d'importants transferts de ressources humaines et financières du gouvernement fédéral vers le gouvernement québécois.

L'expansion de l'activité du gouvernement dans le domaine de l'immigration a aussi permis au Québec de confirmer son statut de société distincte. Notons d'abord qu'aucune autre province n'a négocié avec Ottawa d'arrangements administratifs du type de ceux dont bénéficie le Québec. La Colombie-Britannique a fait une demande en ce sens, mais le gouvernement fédéral n'y a pas donné suite (Russ, 1991, p. 188-189). Par ailleurs, il convient de souligner que la création même du ministère de l'Immigration s'est faite alors qu'éclatait la crise linguistique québécoise et que le recul démographique de la majorité francophone devenait un enjeu politique majeur. L'encadrement de l'intégration de la population immigrante est dès lors apparu comme un besoin pressant. Les COFI sont ainsi devenus des instruments privilégiés pour sensibiliser les nouveaux arrivants à leur culture d'adoption. Toutefois, ce n'est que progressivement que la francisation des immigrants s'est imposée comme une condition incontournable de leur pleine insertion dans la société québécoise. L'insistance portée à la francisation dans le récent énoncé de politique du gouvernement illustre finalement combien cette orientation constitue une tendance lourde de la politique québécoise d'immigration.

La politique d'immigration du gouvernement a également servi d'appui à l'expression d'une solidarité internationale de la part de la population québécoise. Cet internationalisme s'est notamment manifesté à l'égard des vagues d'immigrants en provenance du Chili, du Viêt-nam, d'Haïti et de la Turquie. La solidarité québécoise a été encouragée par les options politiques personnelles des ministres en poste. Toutefois, au-delà des personnalités, elle a aussi reflété une ouverture de l'État face aux besoins des plus démunis. À cet égard, le Québec a joué un rôle de pionnier dans l'accueil des revendicateurs du statut de réfugié. Il est d'ailleurs révélateur qu'au cours des années 1980, le Québec ait accueilli environ la moitié des revendicateurs du statut de réfugié arrivant au Canada.

En somme, l'engagement du gouvernement en matière d'immigration a permis d'élargir les frontières de l'action de l'État. En mettant de plus en plus l'accent sur l'amélioration de l'intégration des immigrants et sur la contribution que ceux-ci peuvent apporter sur le plan du développement économique, il a aussi contribué à définir une identité nationale plus ouverte sur l'extérieur.

## CONCLUSION

Les relations internationales du Québec ont connu une formidable croissance au cours des trente dernières années. Ce processus s'est avant tout appuyé sur l'institutionnalisation progressive d'un espace d'intervention international au sein de l'appareil gouvernemental. L'expansion et la spécialisation continues des structures de l'administration publique vouées à la gestion des rapports internationaux sont à cet égard très révélatrices. Sur un plan géographique, le Québec a concentré sa politique extérieure sur deux pays : la France et les États-Unis. Le choix de ces partenaires découle de deux logiques différentes : politico-culturelle dans le premier cas, économique dans le second cas. Cette dualité correspond en fait à une projection internationale des composantes génériques du débat politique interne. En termes de champs d'intérêt, de nouveaux enjeux ont relayé les anciens ; après la culture et l'éducation, le commerce extérieur et l'immigration s'imposent comme des leviers d'intervention d'une importance grandissante. Cette diversification des priorités traduit d'emblée une forte sensibilité générale à l'endroit des questions économiques. Il aurait été difficile que l'État parvienne à légitimer l'accroissement de ses rapports internationaux autrement qu'en l'appuyant sur des arguments d'ordre économique.

Le développement rapide des relations extérieures du Québec s'explique en définitive par l'importance croissante de la dimension internationale dans le double processus de *state-building* et de *nation-building* qu'a connu la province au cours de son histoire récente. De façon générale, l'évolution des sociétés est plus que jamais influencée par les conditions de fonctionnement du système mondial. Or, à cause de sa position asymétrique au sein de la fédération canadienne, le Québec a cherché à se donner un accès direct aux ressources matérielles et symboliques de son environnement international ; en retour, celles-ci lui ont permis de consolider les moyens de la gouverne politique tout en contribuant à l'établissement d'une identité collective mieux définie.

Il est difficile de répondre de façon définitive à la question de savoir si l'accroissement des relations internationales du Québec est le fruit d'une politique délibérée ou le produit d'événements contingents. Les premiers pas du Québec sur la scène internationale doivent certes être interprétés comme le résultat d'une démarche volontariste. Cette démarche a été favorisée par la disponibilité conjoncturelle d'un acteur externe, la France, pour lequel la reconnaissance du Québec comme interlocuteur privilégié s'accordait à des objectifs plus généraux de politique étrangère. Cela dit, à partir des années 1970, l'évolution globale du système international a manifestement joué un rôle d'accélérateur dans la montée des relations internationales du Québec. Dans cette optique, l'interdépendance croissante a infléchi le comportement du gouvernement québécois comme celui de tous les autres membres de la communauté internationale. En tout cas, il est difficile de penser que les politiciens et les fonctionnaires qui furent les pionniers de la mise en place de la politique extérieure québécoise aient pu envisager toute l'importance que cette question allait prendre avec le temps.

## NOTES

1. La rédaction de ce chapitre a été rendue possible grâce à une subvention du fonds FCAR au Programme d'analyse de la politique étrangère du Centre québécois de relations internationales de l'Université Laval.
2. Mentionnons aussi la représentation permanente ouverte au Caire en 1992 qui, comme celle de Rabat, vise essentiellement le recrutement d'une immigration francophone en Afrique du Nord.

## BIBLIOGRAPHIE

BALTHAZAR, Louis, Louis BÉLANGER et Gordon MACE, 1993, *Trente ans de politique étrangère du Québec, 1960-1990*, Québec/Sillery, Centre québécois de relations internationales/Le Septentrion.

BEAUDOIN, Louise, 1977, « Origines et développement du rôle international du gouvernement du Québec » dans Paul PAINCHAUD (dir.), *Le Canada et le Québec sur la scène internationale*, Québec/Montréal, Centre québécois de relations internationales/les Presses de l'Université du Québec, p. 441-470.

BERNIER, Ivan, 1988, «Les intérêts et les objectifs du Canada et du Québec» dans *Les Sommets francophones. Nouvel instrument de relations internationales*, Québec, Centre québécois de relations internationales.

BERNIER, Ivan et André BINETTE, 1988, *Les Provinces canadiennes et le commerce international. Dynamique économique et ajustement juridique*, Québec/Ottawa, Centre québécois de relations internationales et Institut de recherches politiques.

CANADA. SECRÉTARIAT D'ÉTAT AUX AFFAIRES EXTÉRIEURES, 1968a, *Fédéralisme et conférences internationales sur l'éducation*, Ottawa, Imprimeur de la Reine.

CANADA. SECRÉTARIAT D'ÉTAT AUX AFFAIRES EXTÉRIEURES, 1968b, *Fédéralisme et relations internationales*, Ottawa, Imprimeur de la Reine.

DONNEUR, André P. et al., 1983, «L'évaluation des politiques en relations internationales : le cas de la coopération franco-québécoise en éducation» dans *Études internationales*, vol. 14, n° 2, p. 237-254.

DUCHACEK, Ivo D., 1988, «Multicommunal and Bicommunal Polities and their International Relations» dans Ivo D. DUCHACEK, Daniel LATOUCHE et Garth STEVENSON (dir.), *Perforated Sovereignties and International Relations. Trans-Sovereign Contacts of Subnational Governments*, Westport, Greenwood Press, p. 3-28.

GÉRIN-LAJOIE, Paul, 1965, «Allocution du ministre de l'Éducation», M. Paul Gérin-Lajoie, aux membres du corps consulaire de Montréal, Montréal, 12 avril.

GOW, J. I., 1986, *Histoire de l'administration publique québécoise 1867-1970*, Montréal/Toronto, les Presses de l'Université de Montréal/Institut d'administration publique du Canada.

HAMELIN, J., 1968, «Québec et le monde extérieur» dans *Annuaire du Québec 1968-1969*, Québec, Éditeur officiel, p. 2-36.

HERO, Alfred O. et Louis BALTHAZAR, 1988, *Contemporary Quebec and the United States 1960-1985*, Lanham, University Press of America.

HOGG, P.W., 1988, *Accord constitutionnel du Lac Meech*, texte annoté, Toronto, Carswell.

HOLSTI, K. J., 1988, *International Politics. A Framework for Analysis*, 5e éd., Englewood Cliffs, Prentice-Hall.

JACOMY-MILLETTE, Annemarie, 1983, «Rapport canadien» dans *Revue belge de droit international*, vol. 17, n° 1, p. 68-89.

KEATING, Thomas, 1990, «The State and International Relations» dans David G. HAGLUND et M. K. HAWES (dir.), *World Politics. Power, Interdependence and Dependence*, Toronto, Harcourt Brace Jovanovich, p. 16-37.

KEOHANE, R. et J. NYE, 1989, *Power and Interdependence*, 2e éd., Boston, Little Brown.

LALANDE, G., 1989, «La francophonie et la politique étrangère canadienne» dans Paul PAINCHAUD (dir.), *De Mackenzie King à Pierre Trudeau. Quarante ans de diplomatie canadienne*, Québec, les Presses de l'Université Laval, p. 217-248.

LATOUCHE, Daniel, 1988, «State Building and Foreign Policy at the Subnational Level» dans Ivo D. DUCHACEK, Daniel LATOUCHE et Garth STEVENSON (dir.), *Perforated Sovereignties and International Relations. Trans-Sovereign Contacts of Subnational Governments*, Westport, Greenwood Press, p. 29-42.

LISÉE, Jean-François, 1990, *Dans l'œil de l'aigle. Washington face au Québec*, Montréal, Boréal.

LUBIN, Martin, 1986, «Quebec-US Relations : An Overview» dans *American Review of Canadian Studies*, vol. 16, n⁰ 1 (printemps), p. 25-39.

MANSBACH, R., Y. FERGUSON et D. LAMPERT, 1976, *The Web of International Politics. Nonstate Actors in the Global System*, Englewood Cliffs, Prentice-Hall.

MORIN, Claude, 1987, *L'Art de l'impossible. La diplomatie québécoise depuis 1960*, Montréal, Boréal.

MORIN, Jacques-Yvan, 1982, «Text of an Address by the Vice Prime Minister of Quebec and Minister of Intergovernmental Affairs, Mr Jacques-Yvan Morin, Before the World Affairs Council of Northern California», San Francisco, 3 juin.

NODA, Shiro, 1988, *Les relations internationales du Québec de 1970 à 1980 : comparaison des gouvernements Bourassa et Lévesque*, thèse de doctorat, département d'histoire, Université de Montréal.

PAINCHAUD, Paul, 1980, «L'État du Québec et le système international» dans Gérard BERGERON et Réjean PELLETIER (dir.), *L'État du Québec en devenir*, Montréal, Boréal Express, p. 351-369.

PAINCHAUD, Paul, 1988, «Le Québec et les Sommets des pays francophones» dans *Les Sommets francophones. Nouvel instrument de relations internationales*, Québec, Centre québécois de relations internationales.

PLISCHKE, E., 1977, *Microstates in World Affairs. Policy Problems and Options*, Washington, American Enterprise Institute for Public Policy Research.

PORTES, J., 1988, «Paris-Ottawa-Québec : A Unique Triangle» dans Ivo D. DUCHACEK, Daniel LATOUCHE et Garth STEVENSON (dir.), *Perforated Sovereignties and International Relations. Trans-Sovereign Contacts of Subnational Governments*, Westport, Greenwood Press, p. 103-118.

QUÉBEC. MINISTÈRE DES AFFAIRES INTERGOUVERNEMENTALES, 1980, *Rapport annuel 1978-1979*, Québec, Éditeur officiel du Québec.

QUÉBEC. MINISTÈRE DES RELATIONS INTERNATIONALES, 1984, *Recueil des ententes internationales du Québec*, Québec, ministère des Communications.

QUÉBEC. MINISTÈRE DES RELATIONS INTERNATIONALES, 1985, *Le Québec dans le monde ou le défi de l'interdépendance*, Québec.

QUÉBEC. ASSEMBLÉE NATIONALE, 1988a, *Loi sur le ministère des Affaires internationales (Projet de loi 42)*, Québec, Éditeur officiel du Québec.

QUÉBEC. MINISTÈRE DES RELATIONS INTERNATIONALES, 1988b, *Le Québec dans la francophonie*, Québec, ministère des Communications.

QUÉBEC. MINISTÈRE DU COMMERCE EXTÉRIEUR ET DU DÉVELOPPEMENT TECHNOLOGIQUE, 1988c, *L'accord de libre-échange entre le Canada et les États-Unis. Analyse dans une perspective québécoise*, Québec.

QUÉBEC. BUREAU DE LA STATISTIQUE, 1989, *Le Québec statistique*, Québec.

QUÉBEC. MINISTÈRE DES AFFAIRES INTERNATIONALES, 1990a, *Les négociations commerciales multilatérales de l'Uruguay Round. Perspective québécoise*, Québec.

QUÉBEC. MINISTÈRE DES COMMUNAUTÉS CULTURELLES ET DE L'IMMI-GRATION, 1990b, *Fiches synthèses pour la défense des crédits de 1990-1991*, Québec.

QUÉBEC, 1990c, *Au Québec pour bâtir ensemble. Énoncé de politique en matière d'immigration et d'intégration*, Québec.

QUÉBEC. MINISTÈRE DES AFFAIRES INTERNATIONALES, 1991, *Le Québec et l'interdépendance. Le monde pour horizon. Éléments pour une politique d'affaires internationales*, Québec, gouvernement du Québec.

QUÉBEC. MINISTÈRE DES COMMUNAUTÉS CULTURELLES ET DE L'IMMI-GRATION, DIRECTION DES RESSOURCES MATÉRIELLES ET FINAN-CIÈRES, 1993a, *Crédits détaillés 1993-1994 par élément, document interne*, 29 mars.

QUÉBEC. MINISTÈRE DES AFFAIRES INTERNATIONALES, 1993b, *Le Québec et l'accord de libre-échange nord-américain*, Québec.

QUÉBEC. MINISTÈRE DES AFFAIRES INTERNATIONALES, 1993c, *Répartition des effectifs au 31 mars 1993 selon les domaines d'activité, document interne*.

ROSENAU, J., 1980, *The Study of Global Interdependence : Essays on the Transnationalization of World Affairs*, Londres, Pinter.

ROY, Jean-Louis, 1977, «Les relations du Québec et des États-Unis (1945-1970)» dans Paul PAINCHAUD (dir.), *Le Canada et le Québec sur la scène internationale*, Québec/Montréal, Centre québécois de relations internationales/les Presses de l'Université du Québec, p. 497-514.

RUSS, N. J., 1991, «Pacific Perspectives on the Canadian Confederation : British-Columbia's Shadows and Symbols» dans Douglas BROWN (dir.), *Canada : The State of the Federation 1991*, Kingston, Institut des relations intergouvernementales, p. 183-204.

SOLDATOS, Panayotis, 1989, «Les relations internationales du Québec : la marque d'un déterminisme économique» dans Denis MONIÈRE (dir.), *L'Année politique au Québec 1987-1988*, Montréal, Québec/Amérique, p. 109-123.

TARLTON, C. D., 1965, «Symmetry and Asymmetry as Elements of Federalism : A Theoretical Speculation» dans *Journal of Politics*, vol. 27, p. 861-875.

TAYLOR, P., 1984, *Nonstate Actors in International Politics. From Transregional to Substate Organizations*, Boulder, Westview Press.

VERNON, R., 1987, «L'interdépendance globale dans une perspective historique» dans *Interdépendance et coopération dans le monde de demain*, Paris, OCDE, (p. 24-38).

# PARTIE 3

# La démographie,
# l'« ethnicité » et la langue

# CHAPITRE 13

## Questions démographiques
## et politiques[1]

### JACQUES HENRIPIN

> «Le vieillissement engendre sa propre
> analgésie, sa propre non-conscience...»
> Alfred Sauvy, *Éléments de démographie*,
> Paris, P.U.F., 1976, p. 313.

Une politique de population cohérente, explicite et à peu près complète, cela n'existe dans aucun pays, sauf en Chine, où natalité, migrations extérieures et intérieures, nuptialité, ont été l'objet de lois, règlements, directives du Parti communiste et surveillance harcelante fort poussés. Ajoutons que certains pays de l'Europe de l'Est n'étaient pas loin d'une politique assez englobante. Mais le plus souvent, c'est sous le couvert d'autres objectifs que l'État exerce, parfois sans le vouloir, une influence sur l'évolution de la population. Une politique de population délibérée n'est d'ailleurs pas chose facile à établir : les objectifs sont conflictuels, souvent même difficiles à préciser ; les moyens d'action acceptables sont inexistants ou peu efficaces ; ou, encore, le coût de l'action peut être plus élevé que celui du mal que l'on désire guérir. Pour une province comme le Québec, les objectifs sont probablement plus faciles à établir – une société plus homogène peut présenter moins de conflits internes – mais une partie des moyens d'action dont elle pourrait avoir besoin ne relèvent pas de sa compétence.

On admet facilement, en général, que les politiques de population ne se justifient que si l'évolution de la population pose problème du point de vue du bon fonctionnement de la société, ou du moins de l'idée qu'on s'en fait. Il est déjà assez difficile d'intervenir quand le cours des choses l'exige, on ne voit pas pourquoi on le ferait juste pour le plaisir de faire cet exercice assez périlleux que d'ailleurs la majorité des gouvernements occidentaux évitent. Il y a donc lieu d'examiner d'abord si l'évolution de la population québécoise conduit à des difficultés ou à des inconvénients suffisamment graves pour justifier une intervention des pouvoirs publics. Nous allons voir que c'est le cas, à commencer par la question la plus fondamentale qu'une société puisse se poser : existera-t-elle encore dans un ou deux siècles ? Cependant, la simple démonstration d'une situation indésirable ne suffit pas ; elle appelle deux autres questions : doit-on intervenir ? Quels moyens peut-on envisager ?

## PROBLÈMES POSÉS PAR L'ÉVOLUTION RÉCENTE ET PRÉVISIBLE DE LA POPULATION

Trois phénomènes démographiques doivent être considérés. Deux d'entre eux posent et poseront des difficultés importantes : la très faible fécondité et l'effritement des liens conjugaux. Un autre n'a pas de conséquences clairement négatives, mais appelle au moins une prise de conscience : l'arrivée de forts contingents d'étrangers, parfois sans examen ni invitation préalable, et dont la culture est très différente de celle des Européens, dont descendent 19 Québécois sur 20.

### Une très faible fécondité

Personne n'aurait imaginé, il y a trente ans, que le Québec deviendrait une terre d'infécondité, non seulement pour les francophones, mais pour tout le monde, anglophones et allophones compris ! Si un seul trait devait caractériser le profil démographique de cette province, ce serait son passage fulgurant d'un niveau de fécondité exceptionnellement élevé à l'un des niveaux les plus faibles du monde, en compagnie de l'Allemagne, de la Grèce, de l'Espagne, de l'Italie et du Portugal. Depuis 1875 environ, la fécondité du Québec, tout en continuant de diminuer lentement, a dépassé de plus en plus celle des autres régions de l'Amérique du Nord. Entre 1910 et 1940 par exemple, elle a été supérieure de 50 % à celle de l'Ontario. L'écart s'est ensuite réduit : depuis le milieu des années 1960, il s'est inversé et le Québec est maintenant au-dessous de toutes les provinces canadiennes. Ce qu'on a appelé la revanche des berceaux a donc duré moins d'un siècle : de 1875 à 1965 environ.

On peut affirmer sans grand risque que les Québécois aujourd'hui âgés de trente-cinq à quarante ans auront engendré ou mis au monde, en moyenne, 1,6 enfant. C'est 25 % de moins que le nombre nécessaire (2,1 enfants) pour remplacer les générations d'adultes. Nous avons déjà là, me semble-t-il, un comportement qui manifeste une santé sociale bien peu vigoureuse.

Comment expliquer ce singulier passage d'un extrême à l'autre ? Probablement par l'emprise exceptionnelle de la doctrine catholique sur 90 % des Québécois, jusqu'aux années 1960. Après cela, la frayeur de l'enfer s'est beaucoup atténuée et l'on a l'impression qu'une partie de ce peuple a été saisie par un engouement, parfois assez poussé, pour sa liberté nouvelle, liberté appuyée sur un confort économique nouveau lui aussi. L'un des observateurs les plus pénétrants de notre siècle, le démographe français Alfred Sauvy, faisait remarquer que parmi les pays de l'Europe non communiste dont la fécondité était la plus faible, on trouvait presque exclusivement des populations qui avaient récemment souffert du fascisme. La libération du cléricalisme catholique québécois aurait-elle eu le même effet que la délivrance du fascisme ?

Si elle persiste, cette faible fécondité aura deux effets majeurs et probablement très nuisibles sur l'évolution de la société québécoise. Le premier qui va nous atteindre est en même temps le plus clairement indésirable : le vieillissement de la population, c'est-à-dire l'accroissement considérable de la fraction des vieux et surtout des vieilles.

L'autre effet est plus lointain et ne commencera à être vraiment sensible qu'à partir de 2030 environ, soit à partir du moment où le vieillissement aura vraisemblablement atteint un plateau. Il s'agit de la décroissance relativement rapide de la population. Nous allons donner quelques précisions :

*1. Un premier effet de la faible fécondité : le vieillissement*

Les causes du vieillissement des populations (et non des individus) sont aussi déroutantes que clairement établies. La plupart des gens croient que la cause du vieillissement est le recul de la mortalité. C'est faux pour la phase du vieillissement que nous avons déjà vécue : son explication réside entièrement dans la baisse de la fécondité du siècle qui vient de s'écouler, laquelle n'a d'ailleurs pas eu le temps encore de produire tous ses effets sur l'accroissement de la proportion des vieux. Cependant, à partir du moment où l'on atteint une espérance de vie à la naissance[2] de soixante-dix ou soixante-quinze ans, ce qui est le cas de la plupart des pays industrialisés, la baisse ultérieure de la mortalité joue un rôle d'adjuvant de celui que jouait – et que continue de jouer – la faible fécondité. Bref, dans le futur, deux facteurs exerceront leur influence sur le vieillissement de la population.

Que nous réserve l'avenir ? On ne peut le prédire, mais nous disposons de perspectives très éclairantes réalisées par le Bureau de la statistique du Québec. Le tableau 1 les présente sous une forme condensée. Il s'agit du pourcentage que représentent les effectifs des trois grands groupes d'âge, en 2040, pour trois niveaux de fécondité. On y trouve aussi les proportions observées en 1986.

## *Tableau 1*

DISTRIBUTION EN POURCENTAGE DE LA POPULATION DU QUÉBEC ENTRE TROIS GRANDS GROUPES D'ÂGE, SUIVANT TROIS NIVEAUX DE FÉCONDITÉ (NOMBRE D'ENFANTS NÉS PAR FEMME AU COURS DE SA VIE EN 1986 ET EN 2040)

| Groupes d'âge | 1986 | 2040 1,17 enfant | 2040 1,75 enfant | 2040 2,10 enfants |
|---|---|---|---|---|
| 0-19 ans | 27,5 % | 11,9 % | 20,0 % | 24,7 % |
| 20-64 ans | 62,8 % | 53,7 %5 | 53,4 % | 54,1 % |
| 65 + ans | 9,7 % | 34,4 % | 26,6 % | 21,2 % |
| Tous les âges | 100,0 % | 100,0 % | 100,0 % | 100,0 % |

Note : L'espérance de vie à la naissance est de 78,5 ans et il n'y a pas de migrations.

Source : Bureau de la statistique du Québec, tableaux non publiés. L'auteur remercie M. Normand Thibault, qui lui a gracieusement fourni les résultats des projections du Bureau.

Il est clair que, quel que soit le niveau futur de la fécondité, l'accroissement de la proportion des vieux sera considérable. Même avec le niveau moyen, 1,75 enfant par femme (qui correspond à la fécondité canadienne des récentes années, mais qui est plus élevé que la fécondité actuelle du Québec), les plus de soixante-cinq ans passeraient de 9,7 % en 1986 à 26,6 % en 2040. Cette proportion sera d'ailleurs atteinte dès 2030 ou à peu près. En outre, elle est loin d'être gonflée, car il est plus que probable que la vie moyenne va dépasser largement soixante-dix-huit virgule cinq ans ; si elle atteignait quatre ans de plus, quatre-vingt-deux virgule cinq ans, la fraction des vieux serait d'environ 30 %. C'est trois fois le pourcentage observé en 1986.

On aura peut-être noté, au tableau 1, que la fraction des adultes se réduira de près de neuf points procentuels (62,8 % à 53-54 %). La transformation de la composition par âge pèsera donc de deux façons : et par l'augmentation du poids des vieux, et par la réduction des adultes ; on passera de 59 à 87 dépendants pour 100 adultes, soit une augmentation de 47 %. D'autre part, la composition de ces dépendants aura aussi beaucoup changé : alors qu'en 1986 on comptait près de trois jeunes pour un vieux, il y aura un peu plus de vieux que de jeunes en 2040, même avec l'hypothèse d'une fécondité moyenne. Or, le coût d'une personne âgée, pour la société, est au moins deux fois plus élevé que celui d'un jeune (Lux, 1983, p. 350-352). En tenant compte de ce facteur, le coût par adulte augmenterait de 62 %.

Remarquons aussi que même si la fécondité revenait à la santé, si l'on peut dire (2,1 enfants par adulte), le poids des vieux par adulte serait tout de même multiplié par deux et demi par rapport à ce qu'il était en 1986.

Ce sont là des considérations un peu abstraites. D'après André Lux (1991, p. 116-119), un système de retraite prévoyant des pensions égales à 35 % du revenu moyen et financées par répartition *(pay as you go)* coûterait 6,8 % du salaire, avec la composition par âge de 1986 ; en 2041, il coûterait 15,6 % si les adultes avaient, d'ici là, 2,1 enfants en moyenne ; et 20,3 % s'ils n'avaient que 1,5 enfant. Les contributions de chaque travailleur à ce système augmenteraient donc de 133 ou 203 % suivant le cas.

Quant aux coûts publics de la santé, l'accroissement du fardeau financier serait un peu moindre, si l'on se rapporte à une récente étude (Henripin, 1994) : en 1986, ces coûts représentaient 6,6 % du produit national ; en supposant que les services de santé offerts à chacun seront toujours semblables, le vieillissement porterait ce pourcentage à 12,8 % ou 17,0 %, suivant que le nombre d'enfants par adulte sera de 2,1 ou 1,5. L'accroissement relatif serait respectivement de 100 % et 160 % par rapport à 1986.

Ce sont là des fardeaux financiers considérables. On pourra sans doute en réduire le poids et nous traiterons de cette question dans la deuxième partie de ce chapitre. Disons tout de même qu'on ne voit pas comment on pourra éviter que le coût des pensions et des services de santé double, ou presque, pour chaque travailleur.

Le vieillissement aura sans doute des effets autres que financiers. Aucune société n'a encore fait l'expérience d'une composition par âge aussi vieille que celle que nous connaîtrons sûrement ; il est donc difficile de prévoir le contexte psychosocial qui l'accompagnera. «Des vieux ruminant de vieilles idées dans de vieilles maisons», disait Sauvy. L'électorat sera plus vieux et sans doute plus conservateur. La population active aussi, donc plus encline à rester fixée professionnellement et géographiquement, plus éloignée des innovations. Quel aspect auront nos rues et nos parcs ? Dans l'affectation des lieux publics, qui l'emportera des vieux grincheux ou de ceux qui consentiront à jouer les grands-parents gâteaux ? Difficile à prévoir.

## 2. Le second effet de la faible fécondité : la diminution de la population

Évidemment, si une population maintient sa fécondité à un niveau plus bas que le niveau de remplacement des générations, le nombre de ses habitants va diminuer, à moins que l'insuffisance des naissances ne soit compensée par une immigration nette positive. Bien que ce soit là une proposition qui relève du bon sens le plus élémentaire, il est utile d'ajouter deux commentaires. Premièrement, la baisse de population ne se manifeste qu'après un certain délai. Au Québec, par exemple, la fécondité est au-dessous du niveau de remplacement depuis 1970, mais la population ne commencera à diminuer qu'un peu après l'an 2000 (les migrations ne jouent ici aucun rôle compensatoire, puisque les migrations nettes ont été négatives). Ce délai tient à la dynamique arithmétique des populations humaines et ne présente rien de mystérieux. En second lieu, les divers groupes d'âges ne voient pas leurs effectifs se réduire en même temps : les enfants d'âge scolaire ont commencé à diminuer vers 1970. Pour les jeunes adultes, ceux qui sont à l'âge du mariage et de la procréation, ce fut un peu après 1985. Quant au nombre des retraités, leurs effectifs vont d'abord croître fortement et ne diminueront guère avant 2030.

À quelle vitesse la population se réduira-t-elle au cours du siècle prochain ? Cela dépend principalement de la fécondité future. La figure 1 illustre l'évolution future de la population totale jusqu'en 2086, suivant quatre niveaux de fécondité. Les calculs ont été faits par le Bureau de la statistique du Québec. Afin de bien montrer l'effet de ce seul phénomène, on a supposé qu'il n'y avait pas de migrations et que l'espérance de vie à la naissance est la même dans tous les cas : elle augmente de soixante-quinze ans en 1986 à soixante-dix-neuf virgule cinq ans en 2010 et reste invariable par la suite.

À long terme, une très faible fécondité a un effet dévastateur. Même si elle restait au niveau actuel (1,6 enfant), la population tomberait à environ quatre millions en 2086. À l'opposé, le niveau de remplacement (2,1 enfants) amènerait la population à un peu plus de huit millions vers 2020. Notons qu'avec une fécondité de 1,8 enfant (ce qui est à peu près le niveau actuel de fécondité de l'ensemble de l'Occident et qui semble satisfaire à peu près tout le monde), le dépeuplement se fait au rythme de 7 % tous les dix ans, soit 30 % tous les cinquante ans.

Les courbes de la figure 1 ignorent les migrations. Dans le passé, le Québec a été affecté, sauf exception, par une migration nette négative, de sorte qu'à moins d'un revirement inattendu, les perspectives sont encore pires que l'image qu'en donne cette figure.

Quelles sont les conséquences d'une réduction de la population ? La plupart des économistes qui ont réfléchi à la question pensent que l'économie serait ainsi privée d'un stimulant pour la demande des biens de consommation et les investissements privés et publics. La meilleure illustration qu'on puisse en donner est la construction des logements, fortement stimulée par l'accroissement du nombre des familles et des jeunes adultes. En outre, les équipements vieillissent et deviennent moins productifs,

Figure 1
Population future du Québec
d'après quatre niveaux de fécondité, 1981 à 2086
(sans migrations)

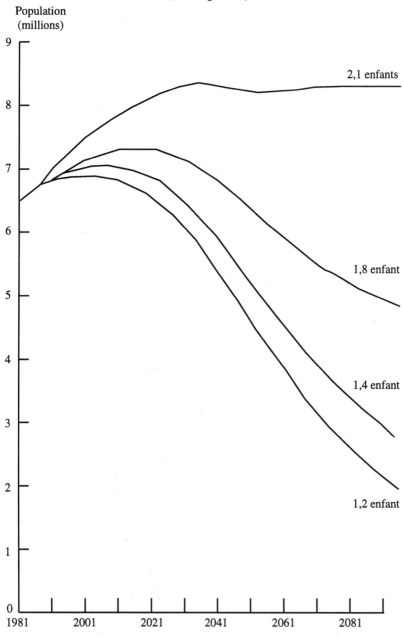

certains services publics (radio, télévision, musées, vérification de la qualité des médicaments, par exemple) sont plus coûteux pour chacun et certains marchés deviennent trop petits pour assurer des revenus suffisants (littérature).

D'autre part, les diverses perspectives élaborées par Statistique Canada conduisent à une réduction de trois ou quatre points procentuels dans le poids démographique du Québec au Canada, entre 1990 et 2015 (Conseil économique du Canada, 1991, p. 21). Cela n'ira pas sans conséquences politiques : il est clair que par le truchement de plusieurs institutions (parlement, cabinet, partis politiques, journaux, Société Radio-Canada, fonction publique, organismes subventionnaires, etc.), le poids du Québec et des Canadiens français va diminuer (Comeau, 1991, p. 205-213).

## L'effritement des liens conjugaux

Une véritable révolution dans les mœurs des Occidentaux s'est produite depuis 1970 environ : le mariage légal, qui constituait depuis des siècles les fondations de la famille, est en train de s'effriter. Le Canada n'y échappe pas et, ici encore, le Québec se distingue par un éloignement plus marqué des coutumes conjugales encore respectées tout récemment.

Cela a commencé par une forte poussée du divorce, vers 1968, favorisée, il est vrai, par une libéralisation de la loi. Mais les Québécois, à ce point de vue, ne s'éloignent guère du comportement des autres Canadiens. Il faut certes se méfier de certaines statistiques un peu trompeuses qui exagèrent l'ampleur du phénomène, mais il reste qu'environ le tiers des mariages récents se termineront par un divorce.

Là où le Québec se distingue bien davantage, c'est dans la popularité de l'union libre ou de la cohabitation. Il est vrai que celle-ci sert souvent d'introduction au mariage légal et, d'après une enquête par sondage faite au Canada auprès des femmes de dix-huit à quarante-neuf ans en 1984, la majorité des femmes semblent d'accord avec ce noviciat (Lapierre-Adamcyk, 1989, p. 92-96). Cependant, beaucoup de jeunes adultes ne sentent plus le besoin – ou redoutent – de s'engager davantage et s'en tiennent à ce type d'arrangement.

C'est ainsi que beaucoup d'enfants naissent hors des liens du mariage ou sont les témoins d'une instabilité conjugale parfois déroutante, pour ne pas dire affligeante. Dans une étude fort originale et éloquente, Nicole Marcil-Gratton a pu montrer ce que cela représentait du point de vue des jeunes enfants, en analysant les informations provenant de deux enquêtes de Statistique Canada réalisées en 1984 et 1990. Ces bouleversements familiaux sont bien plus fréquents au Québec que dans le reste du Canada. Par exemple, dans le reste du pays, 15 % des enfants nés au cours des années 1987-1989 avaient des parents non mariés ; au Québec, ce chiffre grimpe à 36 % (Marcil-Gratton, 1993, p. 78, d'après la lecture de la figure 5-2). Il faut ajouter toutefois que, parmi ces enfants, cinq sur six naissent dans un cadre familial, si l'on peut dire : les deux parents vivent librement ensemble.

Cependant, ces unions libres laissent vraiment beaucoup de liberté. Toujours d'après Marcil-Gratton (1993, p. 81), 43 % des enfants canadiens nés en 1981-1983 de parents cohabitants ont vu leurs père et mère se séparer avant d'atteindre l'âge de six ans !

Il y a plus intrigant. Les unions libres ont souvent été considérées comme des mariages à l'essai, des préludes aux *vrais* mariages. Et d'ailleurs, pendant un certain temps, la majorité de ces unions se stabilisaient par la sanction légale du mariage. Aujourd'hui, pour presque la moitié des adultes de moins de trente ans, on en est resté au mariage *sans papiers*, au Québec en tout cas. Or, les faits analysés par Marcil-Gratton (1993, p. 87) montrent que l'expérience de l'union libre garde un effet déstabilisateur durable, qu'il y ait mariage ultérieur ou pas. Elle distingue deux catégories d'enfants nés en 1971-1973 : a) ceux dont le parent interrogé à l'enquête n'avait pas connu d'union libre *avant* la naissance de cet enfant (catégorie A) ; b) ceux dont le parent interrogé avait connu une union libre *avant* la naissance de l'enfant, qu'il se soit marié ou non par la suite (catégorie B). Voici le pourcentage des enfants qui ont connu tel ou tel événement perturbateur avant l'âge de seize ans :

| Événement perturbateur | Pourcentage de ceux qui ont connu l'événement | |
|---|---|---|
| Catégorie B | | Catégorie A |
| 1re monoparentalité | 20 % | 53 % |
| 2e couple | 10 % | 40 % |
| 2e monoparentalité | 4 % | 20 % |
| 3e couple | 2 % | 10 % |

L'interprétation de cette relation n'est pas simple. Ce n'est probablement pas la cohabitation qui est déstabilisatrice ; ce sont plutôt les jeunes adultes moins prudents ou plus pressés qui d'abord se hâtent de cohabiter et qui ensuite, même après la naissance d'un enfant, sont prompts à changer de partenaire.

Ces faits se rapportent à l'ensemble du Canada et les enfants concernés ont maintenant un peu plus de vingt ans. Quand on sait que le rebrassage conjugal est plus fréquent au Québec et qu'il s'est accru depuis vingt ans, on est peut-être en droit de se demander dans quel désarroi se trouveront une bonne partie des adolescents de demain. Pour l'instant, on ne peut que supputer les conséquences éventuelles sur le destin de ces enfants, mais le bon sens, parfois trompeur il est vrai, incline à une certaine inquiétude.

Une chose, en tout cas, est claire : la monoparentalité jette de nombreux enfants et leur mère dans la pauvreté. Donna S. Lero et Lois Brockman (1993, p. 99) citent une estimation provenant de la *Canadian National Child Care Study* et se rapportant à la situation en 1992. Parmi les familles monoparentales ayant des enfants de moins de treize ans, au Canada, deux tiers étaient sous le seuil de faible revenu défini par Statistique Canada. Chez les familles à deux parents, on n'en trouvait que 12,6 %, soit cinq fois moins. Or, au Québec, c'est environ un cinquième des familles ayant de jeunes enfants qui sont privées de l'un des deux parents, le père la plupart du temps.

Ajoutons encore une ombre au tableau : les unions libres sont moins fécondes que les autres. D'après l'« Enquête sociale générale » de Statistique Canada (1990), les Québécoises de trente à trente-cinq ans qui n'avaient connu que l'union libre avaient donné naissance à 1,1 enfant, alors que celles qui n'avaient vécu que le mariage en avaient eu 1,8. Il n'y a pas lieu de s'étonner de cette différence.

À n'en pas douter, une véritable révolution s'est produite, au cours des vingt dernières années, dans les mœurs conjugales : on se marie beaucoup moins ; quand on le fait, le divorce vient y mettre un terme dans un tiers des cas ; et ce dernier est moins souvent qu'auparavant suivi d'un remariage. En fait, c'est l'union libre qui remplace très souvent l'institution du mariage. Elle porte bien son nom, car elle donne lieu à des essais multiples et peu exigeants, de sorte qu'on peut s'en défaire assez facilement. Dans l'aventure, plusieurs pères oublient leurs devoirs les plus élémentaires et abandonnent leur famille à la pauvreté et au courage des mères seules.

Si l'on imagine facilement qu'une société peut éduquer ses enfants sans cérémonie de mariage et sans papiers, on voit mal qu'elle puisse y arriver avec la légèreté qui commence à se répandre chez ceux et celles qui vont donner la vie ou qui l'ont déjà fait.

*Migrations et composition ethnique et linguistique de la population*

Les migrations ne concernent pas que les immigrants étrangers ; on émigre aussi vers d'autres pays et il faut également tenir compte des migrations entre les provinces du pays. Ce dernier élément est d'ailleurs, pour le Québec, plus important que les échanges de population avec les pays étrangers. Ces migrations affectent la composition de la population : s'il s'agit de caractéristiques ethniques, les migrations internationales jouent un rôle plus important, mais ce sont les migrations interprovinciales qui exercent une influence dominante sur la composition linguistique.

*Échanges avec les pays étrangers*

Il n'est pas déraisonnable de penser qu'au cours de la dernière décennie, le solde migratoire international du Québec a été d'environ 20 000 par an. Il a été beaucoup plus fort au cours des toutes dernières années, mais rien n'assure que cela sera maintenu. Malgré ces incertitudes, une chose est incontestable : à long terme, la composition ethnique de la population a changé. En 1870, un Québécois sur cinq était d'origine britannique ; aujourd'hui, on n'en compte qu'un sur douze. Comme les personnes d'origine française ont gardé à peu près la même importance relative (autour de 80 %), les pertes britanniques ont été compensées par les gains d'autres groupes. Ceux-ci forment maintenant environ 12 % de la population, dont moins de 1 % qui sont autochtones.

C'est surtout la population de la région métropolitaine de Montréal qui est touchée, puisqu'on y retrouve 85 à 90 % des immigrés du Québec. Pour cette région, on peut avancer les faits suivants (les valeurs chiffrées sont approximatives) :

— Un cinquième de la population a une origine ethnique autre que britannique ou française. Environ 60 % d'entre eux sont de souche européenne, ce qui laisse donc à peu près un Montréalais sur douze dont la souche se trouve en Asie, en Afrique, en Amérique latine ou aux Antilles.

— Quant aux immigrés, c'est-à-dire les personnes nées à l'étranger, quel que soit le pays de provenance, on en compte 17 % dans la région de Montréal en 1991, d'après le recensement. C'est environ deux fois moins qu'à Toronto ou à Vancouver.

Ce sont surtout les immigrants venant du Tiers-Monde qui ont fourni la plus grande partie des contingents récents. Presque négligeables en nombre avant 1970, ils ont vu leur part augmenter progressivement pour atteindre 70 % au cours des années récentes. Il est clair que ces nouveaux venus sont en train de modifier assez rapidement la texture ethnique de la population de Montréal et de la rendre du même coup de plus en plus différente de celle du reste de la province. Si l'immigration des étrangers au Québec garde sa vigueur et ses sources récentes, c'est un Montréalais sur six, peut-être un sur cinq, qui sera de souche non européenne vers 2010. En quarante ans, cette région métropolitaine aura vu la fraction des Non-Européens d'origine passer de 2,5 à 15 ou 18 %.

Cette évolution n'a pas encore déclenché d'opposition ouverte et organisée, malgré l'irritation que provoquent les actes d'agression ou de vandalisme de quelques groupes de jeunes facilement identifiables, ou encore le trafic de la drogue organisé par certains adultes non moins identifiables.

Les migrations internationales ont aussi un effet sur la composition linguistique de la population. Entre 1966 et 1986, le nombre annuel d'immigrants étrangers fut de 20 000 ; un quart parlaient l'anglais, un tiers parlaient le français et près de 45 % parlaient une autre langue (Lachapelle et Grenier, 1988, p. 109). Même si la moitié des immigrés ont quitté le Québec vingt ans après leur arrivée, le choix que font ceux qui restent, entre les deux langues du pays, favorise l'anglais. Outre ceux qui parlent déjà anglais quand ils arrivent, 70 % de ceux qui parlent une langue étrangère finissent par adopter l'anglais (eux-mêmes ou leurs enfants). Il semble cependant que les dernières vagues d'immigrants, arrivées après 1985, adoptent davantage le français. Mais pour que l'immigration étrangère soit neutre, quant à l'équilibre linguistique, il faudrait que 85 % des immigrés, du moins ceux qui restent, adoptent le français.

*Échanges avec les autres provinces*

Les migrations interprovinciales du Québec sont passablement plus importantes que ses échanges avec l'étranger. Grâce aux recensements canadiens, on est beaucoup mieux renseigné sur les premières que sur les secondes. En particulier, on connaît la répartition linguistique des migrants interprovinciaux. Comme le montrent les informations du tableau 2, le Québec est largement perdant sur ce plan : la perte nette a été de 17 000 par an entre 1966 et 1986. C'est le tiers de la croissance naturelle.

Les trois groupes linguistiques ont un solde négatif. Cependant, la part des personnes de langue maternelle anglaise est tout à fait disproportionnée (plus des deux tiers) par rapport à leur importance dans la population (un dixième). En fait, la propension à quitter le Québec pour d'autres provinces est quinze fois plus forte chez les anglophones que chez les francophones ; 20 000 anglophones l'ont fait, en moyenne, chaque année, entre 1966 et 1986. Leur solde interprovincial (- 12 600 par an) représente à peu près deux fois leur croissance naturelle. Aussi ont-ils vu leurs effectifs diminuer en nombres absolus entre 1971 et 1986 : le nombre des personnes de langue maternelle anglaise est passé de 790 000 à 680 000 dans la province et de 540 000 à 500 000 dans la région de Montréal. Du point de vue de la langue d'usage, la diminution est un peu plus faible, mais reste importante.

## Tableau 2

NOMBRE ANNUEL MOYEN DE MIGRANTS ENTRE LE QUÉBEC ET
LE RESTE DU CANADA, 1966 À 1986, SUIVANT LA LANGUE MATERNELLE

| Langue maternelle | Du reste du Canada vers le Québec | Du Québec vers le reste du Canada | Migration nette |
|---|---|---|---|
| Anglais | 7 200 | 19 800 | - 12 600 |
| Français | 6 800 | 9 200 | - 2 400 |
| Autres | 900 | 3 000 | - 2 100 |
| Ensemble | 14 900 | 32 000 | - 17 100 |

Source : Réjean Lachapelle et Gille Grenier, 1989, p. 109.

Les allophones ont aussi tendance à quitter le Québec pour d'autres provinces : cinq fois plus que les francophones entre 1966 et 1986. Ce mouvement est en grande partie alimenté par les immigrés étrangers qui ne restent pas (50 à 60 % d'entre eux).

Il faut dire que les deux décennies qui se terminent en 1986 comprennent une période exceptionnelle, les années 1977-1983, qui ont suivi la prise du pouvoir par le Parti québécois et l'application de la loi 101. L'émigration des non-francophones, en général, fut alors particulièrement forte ; elle a eu tendance à s'atténuer depuis, mais celle des anglophones continue d'être importante.

Il est certain que l'émigration nette du Québec vers le reste du Canada, si déplorable qu'elle puisse être à bien des égards, contribue à renforcer le poids relatif des francophones. Tout le monde y perd, mais les non-francophones, toute proportion gardée, perdent beaucoup plus que les francophones, de sorte que, du point de vue de la fraction que représentent ces derniers, soit au Québec, soit à Montréal en particulier, le jeu des migrations entre provinces compense, et même davantage, pour l'effet contraire qu'ont l'immigration internationale et l'assimilation à la langue anglaise. Au total, contrairement aux craintes qu'on a répandues si abondamment, les francophones ont gagné quelques points de pourcentage et sont maintenant aux environs de 83 % dans l'ensemble de la province, et de 70 % dans la région métropolitaine de Montréal.

### La question démolinguistique

Comme pour l'ensemble du Canada, la composition linguistique du Québec est plus homogène que sa mosaïque ethnique. D'après le recensement de 1986, 82,8 % de la population était de langue maternelle française, 10,4 % parlaient l'anglais et 6,8 % une autre langue. Cette distribution est très différente de ce qu'on observait il y a un siècle, alors que 20 % étaient britanniques et parlaient très probablement l'anglais. La proportion des francophones, elle, a été remarquablement stable, autour de 80 %. Cette stabilité était le fruit de deux forces contraires qui s'équilibraient, du moins à long terme : d'une part, les immigrés étrangers renforçaient le *camp* anglais, ou bien parce

291

qu'ils étaient de langue anglaise, ou bien parce qu'ils l'adoptaient comme nouvelle langue ; d'autre part, les Français compensaient par leur surfécondité. À la suite de fortes vagues d'immigrants, le groupe français perdait un peu de poids, mais il le regagnait dès que l'immigration fléchissait.

Cet équilibre a perduré jusqu'aux années 1950. La forte immigration qui a suivi la Deuxième Guerre mondiale a produit une légère baisse du pourcentage des francophones, non pas en faveur des Anglais, comme beaucoup l'ont cru, mais au bénéfice – un bénéfice temporaire – des allophones. Cette baisse a suscité une certaine anxiété chez les Québécois francophones et ce n'était pas sans raison. Car c'est précisément à cette époque, au cours des années 1960 (Lachapelle, 1991, p. 201), que la surfécondité des francophones est complètement disparue. Il n'y avait plus de phénomène compensateur pour contrer l'apport des immigrés à l'anglais. C'est du moins ce que pensaient tous les observateurs et spécialistes de la question, y compris l'auteur de ces lignes (Henripin, 1974, p. 24-33). Avant 1977, tous les démographes qui se sont prononcés prédisaient une diminution de la proportion des francophones au Québec.

Cette prévision, bien que découlant d'un raisonnement logique, était erronée. C'est que jusqu'en 1977, personne ne connaissait les migrations entre provinces *suivant la langue* de ceux qui se déplaçaient. On était donc forcé de faire à ce sujet des hypothèses. Elles étaient raisonnables, mais fort éloignées de la réalité. À l'été 1977, Statistique Canada a publié les premières informations sur le sujet. Révélation : les Québécois de langue maternelle anglaise quittaient leur province vers le reste du Canada en bien plus grand nombre que ce qu'on avait imaginé jusque-là : environ 15 % de ceux qui résidaient au Québec en 1966 avaient été recensés dans une autre province en 1971 (sans compter ceux qui avaient émigré à l'étranger). C'était donc une véritable saignée : en termes de taux d'émigration, c'était quinze fois plus fort que dans le cas des francophones, dont 1 % seulement avaient pris le même chemin.

Ainsi, la disparition de la surfécondité canadienne-française se trouvait remplacée, comme élément compensateur de l'immigration anglicisante, par un accroissement de l'émigration anglophone et même allophone vers le reste du Canada. Personne n'avait soupçonné cela auparavant et il fallait donc reprendre les calculs, car le phénomène était assez important pour entraîner une réduction non seulement de la proportion, mais même du nombre absolu des anglophones. Certains sont retournés à leurs feuilles de travail ; d'autres ont préféré s'en tenir aux statistiques lacunaires d'antan et aux vieilles inquiétudes, car elles servaient mieux les intérêts de ceux qui voulaient renforcer les nouvelles lois linguistiques.

Les recensements de 1976, 1981 et 1986 ont confirmé les nouvelles tendances favorables au français. Il est difficile d'être affirmatif pour la période qui a suivi, car les informations provenant du recensement de 1991 n'ont pas encore été ajustées, ce qui est nécessaire à cause des déclarations de langues multiples et de quelques incohérences qui peuvent être corrigées. Les données brutes laissent entendre une quasi-stabilisation de la fraction des francophones.

Comme le montre le tableau 3, la proportion des francophones a augmenté entre 1971 et 1986, aussi bien dans la région métropolitaine de Montréal que dans l'ensemble de la province. On trouvera dans ce tableau, pour trois groupes linguistiques, des informations sur deux aspects de la langue parlée : la langue *maternelle* et la langue *principalement parlée au foyer*.

## Tableau 3

DISTRIBUTION DE LA POPULATION SUIVANT LA LANGUE MATERNELLE
ET LA LANGUE PRINCIPALE AU FOYER, PROVINCE DE QUÉBEC ET RÉGION
MÉTROPOLITAINE DE MONTRÉAL, 1971, 1981 ET 1986
(POURCENTAGE DE LA POPULATION TOTALE)

| Régions et langues | Langue maternelle | | | Langue au foyer | | |
|---|---|---|---|---|---|---|
| | 1971 | 1981 | 1986 | 1971 | 1981 | 1986 |
| QUÉBEC | | | | | | |
| Anglais | 13,1 | 11,0 | 10,4 | 14,7 | 12,7 | 12,3 |
| Français | 80,7 | 82,4 | 82,8 | 80,8 | 82,5 | 82,8 |
| Autres | 6,2 | 6,6 | 6,8 | 4,5 | 4,8 | 4,9 |
| MONTRÉAL | | | | | | |
| Anglais | 21,7 | 18,2 | 17,0 | 24,9 | 21,7 | 20,8 |
| Français | 66,3 | 68,8 | 69,6 | 66,3 | 69,0 | 69,7 |
| Autres | 12,0 | 13,0 | 13,4 | 8,8 | 9,3 | 9,5 |

Source : J. Henripin, « Le recensement de 1986 : certaines tendances s'atténuent » dans *Langue et Société*, Ottawa, n⁰ 24 (automne 1988), p. 7.

Il est évident que l'anglais a perdu de son importance relative, plus à Montréal que dans l'ensemble de la province, surtout si l'on considère la langue maternelle (22 % en 1971 à 17 % en 1986). Cependant, le groupe anglais puise une partie non négligeable de ses effectifs dans les rangs des minorités linguistiques; celles-ci gardent leur langue maternelle d'origine, mais plusieurs ont adopté l'anglais comme langue principale à la maison. Cela fait passer le groupe anglais de 17 % (langue maternelle) à 21 % (langue au foyer), soit une majoration de 22 %. Le français profite aussi de ces transferts linguistiques, mais beaucoup moins, et il perd un peu, en revanche, dans ses échanges avec l'anglais. Conséquence de ces choix : le français garde la même importance, qu'il s'agisse de langue maternelle ou au foyer; mais dans le cas de l'anglais, en 1986, les effectifs de langue au foyer surpassent largement, à Montréal comme dans l'ensemble de la province, ceux de langue maternelle. Malgré tout, l'anglais a perdu du terrain entre 1971 et 1986 et le recensement de 1991 laisse entrevoir qu'il n'y a pas eu de reprise depuis.

Comme on l'a déjà signalé, les effectifs absolus du groupe anglais ont diminué de façon appréciable entre 1971 et 1986. Depuis lors, il y a probablement tendance à leur stabilisation, de sorte que l'on ne peut plus parler d'effondrement. Mais on admettra que s'il y a un groupe linguistique menacé du point de vue démographique, même à Montréal, ce n'est pas le groupe français. À vrai dire, ni les Français ni les Anglais ne sont menacés, mais il est normal que chacun soit vigilant.

## FAUT-IL DES POLITIQUES DE POPULATION ?

Nous entendrons ici par politique de population toute intervention de l'État (éventuellement soutenue par les corps privés) qui a pour but explicite : a) soit de modifier un phénomène démographique dont la tendance est jugée indésirable ou dommageable ; b) soit d'en atténuer les conséquences par des adaptations dans les comportements publics ou privés. Une pareille intervention ne se justifie que si : a) il y a des phénomènes jugés indésirables ; b) on a des moyens raisonnablement efficaces de corriger la situation ; et c) les coûts ou inconvénients de l'action envisagée ne dépassent pas les désagréments de la situation initiale. Les trois conditions devraient être remplies, ce qui ne semble pas être souvent le cas.

D'une façon générale, les pays industrialisés sont restés jusqu'à maintenant très réservés sur ces questions. Tous ont évidemment des lois sur l'immigration, mais, en matière de fécondité, ils sont d'une grande discrétion. Il y a des politiques dites familiales, la bigamie est interdite, mais peu de gouvernements prennent parti sur les mérites respectifs du mariage avec ou sans papiers. On peut penser que, bien souvent, au moins une des trois conditions n'est pas remplie, mais il y a autre chose. Comment expliquer l'inaction, la pudeur même de la plupart de ces pays devant une vingtaine de générations successives dont on est à peu près sûr qu'elles ne se reproduiront pas ? Cela ne peut se comprendre que par le peu d'intérêt des gouvernements pour les phénomènes dont les conséquences sont lointaines, et c'est le cas de bien des phénomènes démographiques.

Le Québec devrait-il intervenir pour supprimer ou alléger les difficultés décrites dans la première partie ? Examinons chacun des principaux problèmes posés : fécondité défaillante entraînant le vieillissement et la réduction de la population ; immigration internationale et modification de la composition ethnique ; fuite de certains pères devant leurs obligations les plus élémentaires ; équilibre démolinguistique.

### Fécondité défaillante

Compte tenu des effets prévisibles de la faible fécondité du dernier quart de siècle, un redressement paraît souhaitable pour l'amener au niveau qui assure le remplacement des générations : 2,1 enfants par adulte. En pratique, cela signifie, par exemple, que la moitié des hommes et des femmes auraient un enfant de plus par rapport à la descendance des hommes et des femmes qui ont aujourd'hui trente à quarante-cinq ans. Cette perspective fait horreur aux commandos féministes qu'Allan Bloom, le professeur de philosophie et célèbre auteur de *L'Âme désarmée*, a appelés «les féministes stridentes». Pour les tenants de cette idéologie, il ne saurait être question de hausser la fécondité tant que la société n'aura pas pris les moyens nécessaires pour éviter que les femmes ne paient le prix de cette hausse, sous forme de sacrifice professionnel et financier. L'argument a du poids. Les tenants de cette idéologie préconisent avec insistance une mesure particulière : l'établissement d'un réseau de garderies subventionnées par l'État, sinon gratuites.

Mais si l'on voulait revigorer la procréation, il y aurait bien d'autres choses à faire. Avant de penser à divers moyens précis, il faut dresser le décor. Deux éléments sont essentiels : a) le discours de ceux dont la voix porte ; celui d'un premier ministre ne suffit pas et il serait souhaitable que s'y ajoutent ceux des artistes, des journalistes, des directeurs d'entreprises et des leaders syndicaux ; b) la lutte contre un chômage affligeant et l'horizon économique bouché de trop de jeunes adultes ; cela requiert l'adaptation du système d'enseignement aux besoins du marché du travail, de même que la réduction du laxisme qui pervertit ce système, y compris l'attitude des enseignants eux-mêmes.

Quant aux mesures spécifiques de redressement de la natalité, un chapitre entier d'un petit livre du présent auteur y est consacré (Henripin, 1989, p. 121-133). Insistons sur ce qui semble être la mesure la plus souhaitée par les intéressés : une réorganisation plus souple du monde du travail, afin que soient plus conciliables l'éducation des enfants et la poursuite d'une carrière professionnelle, surtout pour les femmes mais aussi pour les hommes. Il serait également fort désirable que les horaires et les nombreux congés des écoles cessent d'être fixés sans aucune considération pour les parents qui travaillent tous les deux. Plusieurs services, privés ou publics, pourraient être adaptés dans le même esprit. Et, bien entendu, des mesures financières *classiques* devraient être renforcées : dégrèvements fiscaux et allocations familiales en sont des exemples importants. Pour ce qui est des impôts personnels, on doit se demander si l'État est justifié d'imposer la partie du revenu qui doit être consacrée aux besoins essentiels des enfants.

Par ailleurs, l'efficacité des moyens dont l'État peut disposer pour réaliser cette hausse reste une question sans réponse claire. On n'a démontré de façon satisfaisante ni que les mesures appliquées étaient efficaces ni qu'elles ne l'étaient pas ; d'autre part, on n'a pas mis en œuvre toutes les mesures possibles. Il y a cependant ici une prime de consolation indéniable : même si l'on n'arrive pas à hausser la natalité, les avantages financiers dont bénéficieraient les parents compenseraient pour les dépenses et les privations qu'ils assument afin de donner à la société des enfants dont il est évident qu'elle ne peut se passer.

Certains de ces moyens seraient assurément coûteux : allocations familiales, garderies subventionnées, allégements fiscaux pour les chargés de familles, prise en charge plus poussée des jeunes écoliers par le système scolaire, etc. Bien entendu, on se heurte ici à l'obstacle des finances publiques ébranlées par les déficits accumulés. Même sans eux, on peut imaginer la résistance de ceux qui feraient les frais de ces dépenses, principalement les contribuables sans enfants. Cela peut alimenter des conflits dont les gouvernements préfèrent se passer.

La difficulté majeure réside probablement dans le fait que nous continuons à considérer les enfants comme ce que les économistes appellent des biens libres, c'est-à-dire gratuits (ou presque), du point de vue de la société. Cela n'est plus vrai : les enfants sont devenus *rares* et la société doit payer pour en obtenir une quantité et une qualité suffisantes. Certes, la qualité est ici difficile à définir et à apprécier, mais on devrait pouvoir s'entendre sur l'essentiel de l'hygiène et de la formation physique et intellectuelle, sinon morale.

Cependant, un correctif pourrait rallier tout le monde, au moins en principe : la réduction du chômage, celui des jeunes adultes en particulier. C'est peut-être, dans les circonstances actuelles, la mesure nataliste la plus souhaitable. On pourrait dire qu'elle précède toutes les autres, car il semble bien illusoire de penser que des adjuvants financiers seraient efficaces, si les jeunes adultes doivent affronter un avenir économique incertain et morose.

Les enfants québécois bénéficient déjà d'une aide financière non négligeable. Anne Gauthier (1989, p. 129-132) a estimé qu'en 1989, l'aide financière des deux gouvernements représentait 30 % du coût d'un premier enfant d'une famille à revenu très modeste, 42 % du coût de deux enfants et 71 % de trois enfants. C'est sûrement beaucoup moins pour les enfants de familles ayant un revenu moyen, car ce qu'on appelle la politique familiale est dans une large mesure une politique de lutte contre la pauvreté.

Il faut ajouter qu'en cette matière l'État ne peut agir seul. Par exemple, l'une des mesures les plus souhaitables consiste à assouplir les horaires et autres modalités d'emploi, afin de rendre plus conciliables le travail extérieur et l'éducation des jeunes enfants. Cela peut difficilement se faire sans la collaboration des directions d'entreprises et de syndicats, ni sans renoncement à la routine.

Ajoutons enfin qu'il serait utile de débarrasser la hausse de la natalité des liens que certains esprits y voient avec quelque relent de fascisme. Curieuse association, puisqu'il n'est pas question de contraindre qui que ce soit.

*Le remède miracle : l'immigration étrangère*

Contrairement à la natalité, l'immigration étrangère est le domaine par excellence de l'action des pays industriels en matière de population. Et le Québec, malgré son statut de province, ne fait pas exception, ce qui ne devrait pas étonner, étant donné que, d'après la constitution, l'immigration internationale est un domaine où les gouvernements fédéral et provinciaux se partagent les pouvoirs.

Certains ont vite fait de remplacer les berceaux à moitié vides par des immigrants venus de l'étranger. Ces derniers présentent à n'en pas douter de grands avantages : de la cuisine chinoise ou italienne à la danse africaine, du savoir-faire technique et de la culture des Européens à la qualité de la langue des francophones d'outre-Atlantique, de la musique et du théâtre à l'université, dans tous les domaines de la vie sociale, l'apport des immigrés a été précieux. La société québécoise ne peut que se féliciter de ces cadeaux que lui ont fait les nouveaux venus. Ce n'est évidemment pas sous cet angle que l'immigration pose problème. On peut soulever quatre questions :

a) L'immigration internationale provient principalement, maintenant et pour l'avenir prévisible, de continents dont la population a une culture différente de celle des neuf Québécois sur dix qui viennent d'Europe. Il n'est pas raciste de le faire remarquer. Si le rythme des dernières années se maintient, la texture culturelle de la population va changer.

b) On présente très souvent les immigrants comme des substituts aux naissances. C'est vrai en termes de nombre d'habitants, mais il en faudrait beaucoup : 100 000 par an environ, vers 2040, si la fécondité se maintenait au niveau actuel. Comme ils s'établissent pour la plupart à Montréal (Paillé, 1989, p. 32), la métropole serait assez vite peuplée par une forte majorité de nouveaux venus peu intégrés (Termote, 1991, p. 161-165).

c) L'immigration a un faible pouvoir de rajeunissement, contrairement à ce qu'on affirme souvent. Pour que l'immigration rajeunisse la population, comme le fait l'accroissement de la natalité, il faudrait que viennent s'établir des nourrissons sans leurs parents !

d) Depuis quelques années, l'immigration a pris un nouvel aspect : l'arrivée inopinée de personnes sans papiers et qui prétendent être des réfugiés, ce qui n'est vrai que pour une partie des cas. On peut se demander si le Canada, le Québec en particulier, maintiendra longtemps sa politique de mansuétude un peu naïve à l'égard de ce phénomène.

Le Québec a acquis, depuis une dizaine d'années, des pouvoirs d'intervention relativement importants en matière d'immigration internationale. Rien ne laisse voir, pour l'instant, que cela ait changé le cours des choses de façon importante. En 1990, le ministère (québécois) des Communautés culturelles et de l'Immigration a publié un document volumineux : *Au Québec pour bâtir ensemble. Énoncé de politique en matière d'immigration et d'intégration.* Il contient des informations utiles, est bien écrit et s'inspire de bons sentiments, comme son titre un peu accrocheur (sans parler du nom du ministère lui-même) le laisse deviner. Le lecteur a une bonne idée de la direction que le gouvernement entend suivre, mais on ne lui dit pas trop pourquoi ni comment.

Dans ce document, la nécessité absolue de l'accroissement de l'immigration doit être acceptée comme un postulat. Le Québec a donc emboîté le pas du ministère fédéral correspondant quant aux objectifs quantitatifs et participe ainsi au concert des groupes de pression qui préconisent un accroissement de l'immigration étrangère. Par ailleurs, on insiste avec beaucoup plus de ferveur sur les avantages, parfois contestables, de l'immigration internationale que sur les difficultés qu'elle présente à l'occasion : intégration économique, insertion scolaire, tendance à l'anglicisation de la majorité, concentration à Montréal.

Ces difficultés sont admises ici et là dans le document, mais le lecteur est assuré qu'on fera face à tous les défis avec succès. Il y a une bonne raison à cela : grâce à une entente avec le gouvernement fédéral, le Québec est maintenant maître – c'est du moins ce qu'assure le document – de presque toutes les décisions et programmes reliés à l'immigration internationale. Le lecteur aura peut-être perçu ici un exemple de l'invasion de la pensée politique du Québec francophone par un mythe bien ancré : si le gouvernement du Québec a le pouvoir d'intervenir au sujet d'une difficulté, on a déjà la solution en main. Autre objectif : le ministère québécois essaie de favoriser l'arrivée de francophones ou d'allophones susceptibles d'adopter le français. La preuve n'est pas faite que cet objectif a été atteint de manière importante.

Contrastant avec cette attitude plus attendrissante que convaincante, le Conseil économique du Canada a publié en 1991 un rapport remarquablement équilibré intitulé *Le Nouveau Visage du Canada.* Il ne manque pas de générosité non plus que de largeur de vue, mais il évite d'inonder le lecteur par des déclarations non prouvées, du *wishful thinking* et des arguments fallacieux qu'on trouve trop souvent chez les intellectuels et les politiques au Canada.

Le présent auteur est favorable à une immigration vigoureuse. Il ne croit cependant pas qu'elle a toutes les vertus. En particulier, elle est un pauvre succédané d'une natalité satisfaisante. Citons le rapport du Conseil économique du Canada (1991, p. 1), malheureusement disparu maintenant : «En premier lieu, il est évident que l'immigration ne constitue pas un moyen simple de remplacer l'accroissement naturel pour accroître la population du Canada.»

Combien d'immigrants faut-il accueillir? Il n'y a pas de règle d'or à ce propos et l'on doit jouer par oreille. Tout dépend des caractéristiques de ceux qui viennent : langue, formation professionnelle, désir de s'intégrer, initiative, religiosité plus ou moins fanatique, respect des principes éthiques et juridiques qui ont cours au Canada et aussi, on ne peut le contourner, situation économique et qualité de l'accueil dont ils sont l'objet. On pourrait aussi tenir compte des chances qu'ils ont de rester au Québec, puisque leur intégration est coûteuse.

Le Québec perd une partie de sa population au profit des autres provinces. En même temps que les personnes elles-mêmes, c'est parfois un savoir-faire et des capitaux importants qui lui échappent. En outre, si les tendances continuent, c'est tout un pan de la culture québécoise, le protestantisme et l'anglophonie en particulier, qui s'étiole progressivement. Le Québec doit beaucoup à ces sources culturelles, plus qu'on ne veut l'admettre le plus souvent. Il y aurait lieu de faire un effort pour assurer aux traditions des minorités – du moins les plus importantes – un support démographique qui leur permette de survivre. On ne peut certes empêcher personne de partir, mais on pourrait faire au moins quatre choses pour les retenir davantage : a) éliminer les irritants linguistiques inutiles; b) faire plus de place aux non-francophones dans la sphère publique; c) assurer une bonne connaissance du français à tous les élèves qui fréquentent les écoles de langue anglaise; d) réduire le chômage – encore lui.

## Atténuation des effets du vieillissement

Même si la fécondité se redressait vigoureusement, on assisterait à un vieillissement important de la population, comme nous l'avons vu dans la première partie. Il faudra donc s'y adapter, c'est-à-dire modifier nos comportements. Certaines de ces modifications auraient des effets qu'on peut quantifier; ce n'est malheureusement pas le cas pour d'autres, peut-être également importantes. Et il y a des remèdes fallacieux.

À titre d'exemples de changements à effet quantifiable, voici trois modifications de comportement dont *chacune* pourrait réduire le coût public de la santé de 10 % (Henripin, 1994) :

— accroître l'activité économique des femmes de 40 % ;

— différer la retraite de telle sorte que trois années d'activité à temps plein s'ajoutent;

— accroître la descendance finale des hommes et des femmes de deux dixièmes d'enfant.

Même si tous ces changements se produisaient à la fois, ils ne compenseraient que partiellement pour l'effet apparemment inévitable du vieillissement de la population au cours des trois ou quatre décennies qui viennent. Si rien ne bouge, le vieillissement de la population multipliera par presque trois, d'ici quarante ans, le coût de la santé et des pensions basées sur le principe de la répartition ou du *pay as you go*. Les trois changements suggérés ne feraient que réduire cette croissance à une multiplication par 1,8.

De tels changements sont-ils possibles ? Nous avons déjà parlé des difficultés de faire croître la fécondité. Ajoutons cependant, pour ceux et celles qui croient que 2,1 enfants, cela appartient à un autre monde, que la Suède et les États-Unis sont peut-être en train d'y revenir. Après tout, il n'est pas nécessaire de remonter bien loin dans le temps pour retrouver ce nombre d'enfants : il a été atteint ou dépassé par les Québécois qui ont plus de cinquante ans. L'accroissement du travail féminin, lui, va spontanément à bon train. Quant au recul de l'âge de la retraite, il faudra lutter ferme contre les idées dites progressistes, mais en fait peu réalistes, des défenseurs traditionnels des travailleurs, qui semblent souvent ne pas connaître grand-chose à l'arithmétique.

Il y a d'autres moyens de réduire ces coûts. Mettons de côté la réduction de la qualité des services de santé tout à fait inacceptable. Il n'est pas exclu cependant que des progrès techniques permettent de rendre les mêmes services à moindre coût. C'est ce qui se produit quand on remplace l'hospitalisation par des médicaments ou des traitements moins lourds.

Il faut être clair, ici. Ce n'est pas l'accroissement de la productivité dans l'ensemble de l'économie qui réduit les coûts de la santé ; c'est l'accroissement de la productivité *à l'intérieur* du secteur de la santé. Certains économistes ont erré à notre avis, à ce sujet, en laissant croire que l'accroissement *général* de la productivité pouvait facilement compenser pour la forte hausse de coûts publics entraînée par le vieillissement. Ce raisonnement est quelque peu fallacieux : si la productivité croît dans l'ensemble de l'économie, les salaires réels vont augmenter d'autant. Or, de quoi sont constitués les coûts de la santé ? De salaires ! Ainsi, le coût réel de la santé va aussi s'accroître au rythme de la productivité. Le seul moyen d'échapper à cette espèce de cercle vicieux est de trouver de nouveaux traitements médicaux qui requièrent moins de travail pour le même effet curatif.

Quant au coût des pensions, l'argument de la productivité croissante suppose implicitement que les pensions ne croissent pas lorsque les salaires le font. Il y a peut-être un peu de jeu ici, mais assez peu, surtout si les pensions sont modestes. Voilà certes un bien curieux calcul.

## *L'État et les obligations familiales*

La loi ne peut pas contraindre les époux à s'aimer ou à poursuivre leur vie commune ; elle peut encore moins le faire pour les *cohabitants* sans papiers. Elle ne peut non plus inculquer le sens des devoirs les plus élémentaires aux pères qui abandonnent sans cérémonie femme et enfants. Mais elle peut contraindre le parent qui n'a pas la garde des enfants à verser une pension alimentaire raisonnable.

On estime à environ la moitié la fraction des pères québécois qui n'honorent pas les pensions alimentaires pourtant décrétées par un tribunal. Qu'en est-il des autres séparés qui ne sont pas passés devant le juge ? Apparemment, la situation est pire au Québec que dans le reste du pays, parce que le Québec ne s'est pas donné les instruments légaux et judiciaires dont jouissent les mères et surtout les enfants de plusieurs autres provinces. Il s'agit principalement d'un organisme étatique qui verse la pension du conjoint négligent et qui a le pouvoir de la récupérer ensuite par des moyens comme la saisie des revenus.

Il ne paraît pas nécessaire à l'auteur de ce texte de démontrer qu'une incurie semblable est inacceptable. Nous l'avons dit, cette mollesse légale jette de nombreux enfants dans la pauvreté. Sans s'avancer sur les sentiers subtils de la loi, on peut tout de même s'insurger contre la léthargie du Législateur, qui se dérobe sous le prétexte proprement sot que cela brimerait la liberté des citoyens concernés !

Tout récemment, Margrit Eichler (1993, p. 152-154) a proposé des mesures pour pallier les défections des pères. Elle rappelle que ces derniers ont une égale responsabilité à l'égard de leurs enfants, qu'ils vivent avec eux ou non, qu'ils soient mariés à la mère ou non, et que celle-ci ou eux-mêmes soient remariés ou pas. En outre, les obligations alimentaires du père devraient être indépendantes du droit qu'il peut avoir ou pas de les voir. Mais il faut aller au-delà des pensions ordonnées par le tribunal. Eichler recommande que les provinces donnent un appui financier minimum à tous les enfants de familles monoparentales, qu'il y ait eu ordonnance du tribunal ou non ; ces paiements seraient récupérés auprès des pères suivant leur capacité financière.

*L'équilibre démolinguistique*

Nous avons déjà montré que la proportion des francophones, au Québec et à Montréal en particulier, a été relativement stable depuis un siècle et qu'elle a été croissante depuis 1971. Du point de vue des autres langues, un phénomène majeur s'est produit : depuis 1870, les anglophones ont cédé la moitié de la place qu'ils occupaient aux tierces langues. D'après les derniers recensements, leur poids relatif a chuté notablement entre 1971 et 1986 et il continue probablement à le faire. Si l'on recherchait un équilibre stable, c'est à la rescousse de la langue anglaise qu'il faudrait aller. Mais ce sont les francophones qui s'inquiètent le plus. Ont-ils raison ?

Deux phénomènes jouent contre eux : l'immigration étrangère et les transferts linguistiques. En revanche, au moins depuis une trentaine d'années, les migrations entre provinces défavorisent nettement l'anglais, phénomène qui l'emporte sur les deux autres et qui explique la chute du poids des anglophones.

C'est dans ce contexte que la loi 101 a été mise en vigueur, en 1977, dans le but de répandre l'usage du français et de lui donner une primauté indiscutable dans plusieurs sphères de la vie privée et publique. La partie de la loi dont l'efficacité est la plus palpable est probablement celle qui contraint une partie importante des enfants non francophones (et presque tous les francophones) à fréquenter les écoles élémentaires et secondaires de langue française. Il semble bien qu'elle a eu une certaine efficacité, puisque des élèves qui ont été ainsi contraints et qui entrent au collège – et qui sont désormais débarrassés de cette contrainte – choisissent fréquemment un collège de langue française. Par ailleurs, il semble aussi que les autres dispositions de la loi 101 aient incité les non-francophones à utiliser davantage le français : deux tiers des adultes de langue maternelle anglaise parlent aussi le français et sont en train de s'emparer d'un atout qui était naguère plutôt l'apanage des francophones, le bilinguisme. Enfin, les premières informations statistiques du recensement de 1991 montrent que les nouvelles vagues d'immigrants étrangers optent plus qu'auparavant pour la langue française comme langue au foyer.

On peut donc dire que la majorité francophone du Québec est bien établie et qu'elle a plus de chances de se renforcer que de perdre quelques points. Une précision : cela est vrai si l'immigration internationale ne s'éloigne pas trop de l'ampleur qu'elle a connue au cours des années 1980. Avec toutes les réserves qui doivent accompagner les pronostics de ce genre, j'avancerais qu'au-delà de 35 000 immigrants étrangers par an, on met en cause la stabilité de la majorité francophone. Bien entendu, cela suppose que ce flot annuel dure au moins une ou deux décennies.

En revanche, à moins de 35 000 par an, c'est probablement la minorité anglophone qui continuera de se réduire. Mais il y a d'autres facteurs qui peuvent agir. Si, par exemple, on voulait éviter l'étiolement de la communauté anglophone, on pourrait assouplir les règles du jeu fixées par la loi 101. On vient de le faire en réduisant les contraintes qui frappent les langues autres que le français dans l'affichage, une disposition de la loi 101 qui a irrité plusieurs personnes de toutes langues et dont on n'a jamais montré qu'elle eût une quelconque vertu. En outre, on peut penser qu'un chômage moins important atténuerait probablement l'émigration des anglophones vers d'autres provinces.

## CONCLUSION

On a facilement l'expression «politique de population» aux lèvres dès qu'une loi ou une action de l'État tente d'influencer directement la natalité ou l'immigration internationale. À vrai dire, au Québec, on peut parler de politique au sujet de l'immigration internationale et de la composition démolinguistique. Il y a là des objectifs relativement clairs, même s'ils ne sont pas toujours justifiés, et des moyens pour les atteindre. Mais pour la natalité, malgré quelques déclarations de l'ex-premier ministre Bourassa et quelques programmes pour encourager les parents à avoir plus d'enfants, on est loin d'une stratégie limpide et cohérente, comme l'a montré le Conseil de la famille, qui fait dans ce domaine un excellent travail avec des moyens très limités. Aucun objectif n'a été fixé par les pouvoirs publics, aucune expérience tentée sur l'efficacité de certains moyens, aucune stratégie d'ensemble n'a été présentée. La plupart des nombreuses mesures financières liées aux enfants sont souvent axées sur la réduction de la pauvreté, ce qui est louable mais loin du souci d'assurer des enfants en nombre et qualité suffisants.

Cependant, qu'un premier ministre affirme que la situation démographique de sa province constitue le plus grand défi auquel elle doit faire face, cela est peu fréquent dans le monde occidental. C'est sans doute la faible fécondité qu'il avait surtout en tête. Faut-il tenter de la faire croître et s'engager dans une politique nataliste? Évitons ce dernier terme, qui irrite certains esprits délicats et qu'on associe erronément – tous les moyens sont bons – à rien de moins qu'au fascisme! Il serait sage de tenter ce redressement, même si l'on n'est pas sûr de l'efficacité des moyens à employer. Personne ne fournira la recette sûre et il faut faire des essais. De toute façon, si la fécondité ne se redresse pas, on aura du moins compensé pour les efforts de ceux qui élèvent des enfants, ces enfants dont la société aura un besoin évident. Il faut corriger cette déficience plutôt que de faire appel hâtivement à quelque prothèse.

Dans ce contexte, la prothèse est l'immigration étrangère. Employer l'immigration comme substitut à une fécondité anémique, c'est donner un rôle essentiel à ce qui devrait n'être qu'un adjuvant. Les immigrés présentent d'autres avantages, comme nous l'avons signalé. Mais les immigrants devraient être invités et accueillis parce que leurs qualités sont appréciées, pas pour faire le travail que les hôtes négligent de faire. De toute façon, ils n'ont pas beaucoup d'enfants eux non plus. On ne peut dire combien d'immigrants le Québec peut admettre, car trop de facteurs doivent être pris en considération, sans compter les variations de la conjoncture. Il y a cependant un point de vue qui se prête à une estimation chiffrée : l'effet sur l'équilibre linguistique. Comme on l'a vu plus haut, à moins de changements importants dans la provenance et les comportements des immigrés, il serait sage de ne pas dépasser 35 000 immigrants étrangers par an.

Il faut dire aux Québécois francophones qu'ils sont trop frileux à certains égards et pas assez à d'autres. Ce n'est pas pour l'instant dans sa démographie que le français est menacé au Québec. Si menace il y a, c'est dans la nonchalance grave qui caractérise son enseignement et son usage dans les médias qu'on en trouvera les sources les plus pernicieuses.

Il y a un domaine délicat où l'État n'agit guère : la stabilité des unions conjugales, ou du moins la réparation des dégâts financiers. L'incertitude actuelle des mères éventuelles ne favorise certes pas la natalité. Si l'État n'a pas à maintenir des unions de force, il devrait poursuivre les pères fuyards qui se dérobent à leurs obligations financières.

Le Québec est plus sensible que le reste de l'Amérique du Nord, semble-t-il, aux problèmes de population. Il ne faut pas s'en étonner : les Canadiens français, qui forment plus de 80 % de sa population, ont été démographiquement menacés depuis trois siècles. On y est donc un peu plus vigilant qu'ailleurs en matière de politique démographique, ce qui se traduit par un souci particulier à l'égard de la natalité et par des mesures très explicites pour protéger la majorité francophone. Cependant, comme partout ailleurs, il y a deux faiblesses fondamentales : d'une part, les pièces sont détachées ; d'autre part, les mécanismes à l'aide desquels la démocratie est pratiquée rendent difficiles les perspectives et l'action à long terme ; c'est pourtant ce que requiert l'adaptation au vieillissement. Il n'est pas commode de faire mentir Sauvy, c'est-à-dire de faire prendre conscience du vieillissement et de le réparer, quelque peu du moins, par un supplément de vie enfantine.

## NOTES

1. Le texte qui suit est passablement différent de celui qui a été signé par le même auteur dans l'édition anglaise de cet ouvrage. L'analyse proprement démographique est ici plus concentrée, l'affaiblissement des mariages est mieux traité et l'analyse, qui reste modeste, des aspects politiques est beaucoup plus élaborée.

2. L'espérance de vie à la naissance, appelée aussi vie moyenne, est la durée de vie qu'aurait en moyenne un ensemble d'enfants qui viennent de naître, s'ils partageaient également entre eux toutes les années qu'ils ont à vivre, étant donné les conditions de mortalité de la population dont ils font partie.

## BIBLIOGRAPHIE

COMEAU, Paul-André, 1991, « Déclin démographique et prospective politique » dans J. HENRIPIN et Y. MARTIN (dir.), *La Population du Québec d'hier à demain*, Montréal, les Presses de l'Université de Montréal, p. 205-210.

CONSEIL ÉCONOMIQUE DU CANADA, 1991, *Le Nouveau Visage du Canada*, Ottawa, ministre des Approvisionnements et Services, 47 p.

EICHLER, Margrit, 1993, « Lone Parent Families : An Instable Category in Search of a Stable Policy » dans Joe HUDSON et Burt GALAWAY (dir.), *Single Parent Families. Perspectives on Research and Policy*, Toronto et Lewiston N.Y., Thompson Educational Publishing Inc., p. 139-155.

GAUTHIER, Anne H., 1989, « Des enfants, mais à quel prix ? » dans *Dénatalité : des solutions*, compte rendu d'un colloque international sur les politiques familiales tenu à Québec en 1988, Québec, les Publications du Québec, p. 124-135.

HENRIPIN, Jacques, 1974, *L'Immigration et le déséquilibre linguistique*, Ottawa, Information Canada.

HENRIPIN, Jacques, 1989, *Naître ou ne pas être*, Québec, Institut québécois de recherche sur la culture.

HENRIPIN, Jacques, 1991, « Le peuplement non français et la diversité ethnique et linguistique » dans Jacques HENRIPIN et Yves MARTIN (dir.), *La Population du Québec d'hier à demain*, Montréal, les Presses de l'Université de Montréal, p. 169-184.

HENRIPIN, Jacques, 1994, « The Cost of an Ageing Society : Some Remedies » dans *Canadian Public Policy. Analyse de politiques*, vol. XX, n° 1 (mars).

LACHAPELLE, Réjean, 1991, « Quelques tendances démolinguistiques au Canada et au Québec » dans Jacques HENRIPIN et Yves MARTIN (dir.), *La Population du Québec d'hier à demain*, Montréal, les Presses de l'Université de Montréal, p. 191-204.

LACHAPELLE, Réjean et Gilles GRENIER, 1988, *Aspects linguistiques de l'évolution démographique au Canada*, rapport au Secrétariat pour l'étude de l'évolution démographique et de son incidence sur la politique économique et sociale (Santé et Bien-être Canada), non publié.

LACHAPELLE, Réjean et Jacques HENRIPIN (dir.), 1980, *La situation démolinguistique au Canada : évolution passée et prospective*, Montréal, l'Institut de recherche politique.

LAPIERRE-ADAMCYK, Évelyne, 1989, « Le mariage et la famille : mentalités actuelles et comportements récents des femmes canadiennes » dans Jacques LÉGARÉ, T.R. BALAKRISHNAN et R. BEAUJOT (dir.), *The Family in Crisis : A Population*

*Crisis ?/Crise de la famille : crise démographique ?*, Ottawa, la Société royale du Canada, p. 89-104.

LERO, Donna S. et Lois BROCKMAN, 1993, « Single Parent Families in Canada » dans Joe HUDSON et Burt GALAWAY (dir.), *Single Parent Families. Perspectives on Research and Policy*, Toronto et Lewiston N.Y., Thompson Educational Publishing Inc., p. 91-114.

LUX, André, 1983, « Un Québec qui vieillit. Perspectives pour le XXIe siècle » dans *Recherches sociographiques*, vol. XXIV, no 3 (septembre-décembre), p. 325-377.

LUX, André, 1991, « Le poids du vieillissement : idéologies, paradoxes et stratégies » dans Jacques HENRIPIN et Yves MARTIN (dir.), *La Population du Québec d'hier à demain*, Montréal, les Presses de l'Université de Montréal, p. 109-138.

MARCIL-GRATTON, Nicole, 1993, « Growing Up with a Single Parent, a Transitional Experience ? Some Demographic Measurements » dans Joe HUDSON et Burt GALAWAY (dir.), *Single Parent Families, Perspectives on Research and Policy*, Toronto et Lewiston N.Y., Thompson Educational Publishing Inc., p. 73-90.

MINISTÈRE DES COMMUNAUTÉS CULTURELLES ET DE L'IMMIGRATION, province de Québec, 1990, *Énoncé de politique en matière d'immigration et d'intégration.*

PAILLÉ, Michel, 1989, *Nouvelles tendances démolinguistiques dans l'île de Montréal 1981-1996*, Québec, Conseil de la langue française.

TERMOTE, Marc, 1991, « Ce que pourrait être une politique de migration » dans Jacques HENRIPIN et Yves MARTIN (dir.), *La Population du Québec d'hier à demain*, Montréal, les Presses de l'Université de Montréal, p. 153-167.

# CHAPITRE 14

## Interpréter l'identité québécoise[1]

### DIMITRIOS KARMIS

*INTRODUCTION*

Qu'est-ce qu'être québécois? Depuis une trentaine d'années, l'interrogation est récurrente. Artistes, universitaires, politiciens et journalistes l'ont posée à satiété et dans des termes fort variés. Le débat sur la *société distincte* n'est que la manifestation récente et hyper-médiatisée d'une préoccupation très présente depuis que l'identité canadienne-française a été délaissée[2]. Le présent chapitre cherche à éclairer ce questionnement fondamental et les principales réponses qui y ont été apportées.

Pour l'essentiel, en sciences sociales, le thème de l'identité nationale peut conduire à trois niveaux d'interrogation. D'abord, comme pour toute notion, il y a lieu de poser la question de la pertinence du concept d'identité nationale dans l'étude des actions et des changements sociaux (Taylor, 1985; Meadwell, 1989; Appel, 1993). À un second niveau, lorsque l'on considère que l'identité nationale mérite un certain intérêt analytique, il convient de préciser sa définition et d'indiquer des paramètres d'étude. Fait surprenant, cette tâche est généralement négligée. Même les spécialistes du nationalisme restent vagues dans leur emploi de la notion (Gellner, 1983; Hobsbawm, 1990). Ce n'est que très récemment que de réels efforts de conceptualisation de l'identité nationale ont été faits par certains d'entre eux (A. Smith, 1991, 1992, p. 57-64; Keane, 1993). Enfin, il va sans dire que l'on peut se lancer dans des études de cas ou des études comparatives (Dion, 1987; Dumont, 1987, p. 235-331; Dufour, 1989; A. Smith, 1991, 1992; Hoffmann, 1993).

La priorité sera ici accordée à l'effort de théorisation de l'identité nationale ainsi qu'à l'examen de l'émergence et de l'évolution de l'identité québécoise. J'entends montrer qu'en divisant la notion d'identité nationale en trois types d'identité – civique, généalogique, culturelle et linguistique – et en mettant en évidence la pluralité d'influences qui ont gagné le Québec au XXe siècle, on peut en arriver à mieux rendre compte de la complexité des transformations d'identité qui caractérisent le Québec depuis les années 1960. L'exercice se fera en trois temps. Premièrement, la nécessité d'une redéfinition et d'une décomposition du concept d'identité nationale sera mise en lumière par l'évaluation critique de deux des études de l'identité québécoise les plus en vue au cours des dernières années, celles de Léon Dion et de Christian Dufour. Deuxièmement, des propositions théoriques seront développées autour d'une redéfinition de l'identité nationale. Troisièmement, sur cette base, je présenterai l'ébauche d'une interprétation alternative de l'identité québécoise. Nous y verrons que le passage de l'identité canadienne-française à

l'identité québécoise est le passage d'une période où règne une définition essentiellement généalogique et exclusive de la nation à une période de fragmentation et de
concurrence entre trois définitions plus inclusives. Dans l'ensemble, il devrait
apparaître clairement que l'identité nationale ne peut être considérée comme une réalité
statique donnée une fois et pour de bon.

## DEUX INTERPRÉTATIONS PROBLÉMATIQUES DE L'IDENTITÉ QUÉBÉCOISE

Durant la période trouble qui sépare la signature de l'accord du lac Meech (mai
1987) et la déconfiture de son processus de ratification (juin 1990), temps d'intense
questionnement au sujet de l'identité s'il en est un, Léon Dion et Christian Dufour
publient tour à tour des réflexions qui ont un certain écho. Lorsqu'il paraît vers la fin
de 1987, l'ouvrage de Dion est beaucoup plus que circonstanciel. C'est la première
partie d'un testament intellectuel attendu, celui d'un homme qui a étudié et fait le
Québec pendant près de quarante ans. Dans une démarche plutôt inhabituelle pour un
politologue, l'auteur se propose d'y cerner l'identité québécoise à travers l'examen non
systématique de la poésie, de la chanson et du roman.

Il ne saurait être question de reprocher à Dion de proposer l'intégration des
œuvres de création à l'analyse du social, et plus particulièrement à celle de l'identité
nationale. L'auteur vise juste lorsqu'il souligne que la dimension imaginaire de la
réalité est trop souvent négligée (Dion, 1987, p. 153-156). Son ouvrage me paraît
cependant pécher en sens inverse. Non seulement Dion privilégie-t-il la dimension
imaginaire de l'identité nationale, mais il en donne une définition très restrictive. S'il
admet que tous participent à leur façon à la création de l'imaginaire collectif, l'auteur
insiste néanmoins sur l'importance prépondérante des artistes, en particulier des
écrivains :

> Je vois chez un romancier comme Hubert Aquin, un poète comme Gaston Miron et un
> «homme qui chante» comme Félix Leclerc insiste pour qu'on le dénomme, des
> consciences valables du Québec à construire, des génies qui, tirant un meilleur profit
> de leurs expériences passées que les autres, voient en avant, des annonciateurs de la
> bonne ou mauvaise «nouvelle», voire des prophètes du pays tel qu'il veut en
> profondeur devenir et tel qu'il pourrait le devenir si seulement c'était l'imaginaire seul
> qui décidait de l'action. [...] L'imaginaire, considéré sous son angle spécifique,
> constitue au sens fort du terme la dimension tournée vers l'idéal du réel social. La
> littérature, explique Claude Racine, ne rend pas compte de ce qui est mais de ce qui
> tente de devenir. (Dion, 1987, p. 6-7).

Autrement dit, les écrivains sont les interprètes d'«une partie de nous-mêmes dont
nous n'avons qu'une conscience obscure et que souvent [...] nous nous obstinons à
refouler» (Dion, 1987, p. 8).

La démarche de Dion est problématique à deux égards. Premièrement, sur la base
d'un corpus d'analyse inadéquat, À la recherche du Québec offre une vision trop
partielle de l'identité québécoise. Il ne s'agit pas seulement de reprocher à l'auteur
d'avoir limité presque exclusivement son corpus au discours littéraire – ce qui en soi

implique un biais pour la dimension imaginaire de l'identité en écartant d'autres formes de discours – mais d'avoir également négligé la production d'une nouvelle génération d'écrivains et d'artistes. Dion souligne que les objets d'identification traditionnellement les plus présents dans l'imaginaire québécois – terre, langue et culture – semblent avoir une importance moindre, ou à tout le moins une signification différente, pour les jeunes d'aujourd'hui, artistes ou non (Dion, 1987, p. 38-40, 50-52). Or, en omettant des références explicites à la production artistique des moins de quarante ans, l'auteur ne peut mesurer la nature et l'ampleur des transformations qu'il pressent, particulièrement lorsqu'il juge l'évolution du nationalisme québécois. Les jeunes étant les plus disponibles aux nouvelles influences, l'omission paraît d'autant plus lourde de conséquences. Par ailleurs, un corpus d'analyse limité à des écrivains canadiens-français, qui expriment une identité canadienne-française de *souche*, ne peut d'aucune manière refléter l'évolution des trente dernières années.

Deuxièmement, en restreignant l'identité nationale à l'imaginaire artistique, l'auteur oppose ni plus ni moins une identité nationale idéale à l'existence des acteurs sociaux. Chez Dion, l'interprète privilégié – l'artiste – n'offre pas des représentations collectives auxquelles les acteurs s'identifient – plus ou moins consciemment – dans leurs interactions sociales. Il met plutôt à jour les «attentes profondes de la culture» – c'est-à-dire l'idéal qui pourrait en être tiré – qui leur sont souvent opposées (Jean-Charles Falardeau cité dans Dion, 1987, p. 7) et qu'il est seul à être en mesure de percevoir (Dion, 1987, p. 156). Or, le discours artistique n'a pas à être opposé aux identifications exprimées par les acteurs sociaux; il est une *partie* importante de la tradition narrative qui les nourrit. Certes, les représentations collectives qui en émergent ne sont pas toutes prisées par tous, ni par tous de la même façon et au même degré, mais toutes proviennent d'une tradition narrative à laquelle participent les artistes. Privilégier une lecture exclusive de l'identité nationale, c'est permettre à ceux qui en détiennent la clé de multiplier les accusations d'inconscience nationale ou de traîtrise[3]. Un pareil glissement est pourtant à des lieux du libéralisme défendu par Dion. D'ailleurs, en conclusion, l'auteur reproche lui-même à l'imaginaire québécois – tel qu'il l'a défini – de faire peu de cas des réalités *modernes* et nord-américaines, d'être quelque peu fermé (Dion, 1987, p. 160-161). À l'évidence, son approche ne permet pas de rendre compte de la pluralité des tendances «identitaires» qui se sont développées au Québec.

La démarche de Christian Dufour n'est pas plus heureuse. Dufour distingue entre identité collective «à un moment ou à un autre» et «inconscient collectif». Selon lui, une identité collective temporellement située est toujours sous l'effet d'un certain nombre d'événements historiques qui l'ont structurée. Ces événements constituent le cœur de l'identité nationale. Ayant marqué la psyché collective au point de provoquer parfois un *traumatisme*, il arrive qu'ils soient évacués de la mémoire collective, refoulés dans l'inconscient. Leurs effets n'en seraient alors pas moins présents, seulement plus sournois (Dufour, 1989, p. 14). À partir de cette perspective, l'auteur soutient que les identités québécoise et canadienne-anglaise se sont bâties sur la Conquête de 1760, mais que parce que Québécois et Canadiens anglais ont constamment refoulé l'événement dans leur inconscient collectif, ils n'ont jamais été en mesure d'en saisir la portée sur leurs identités respectives. Cette double inconscience aurait un effet dévastateur croissant pour le pays, ce qui expliquerait le rejet mutuel sur le plan conscient, c'est-à-dire la non-reconnaissance de la part de l'autre dans le processus de formation de chacune des deux identités. Aux yeux de Dufour, le traumatisme originel empêcherait notamment Québécois et Canadiens anglais de voir que face au géant américain, leur existence serait mieux garantie si chacun reconnaissait qu'une part de son identité provient de *l'autre*. Toute sa lecture de l'histoire est appuyée sur cette thèse. Voyons-en les grandes lignes.

Conquis en 1760 par les Anglais et abandonnés par la France, les colons français ont subi un choc qu'ils n'ont jamais pu assumer. Rongés par la peur de disparaître, privés d'un fort sentiment national et d'une véritable élite pour affronter l'adversité, ils se sont plutôt efforcés d'oublier la Conquête. Le refoulement fut d'autant plus aisé, écrit Dufour, que l'attitude de l'Angleterre durant l'occupation militaire (1760-1764) ne fut pas celle d'un conquérant (Dufour, 1989, p. 23). Selon l'auteur, le refoulement initial et l'attitude des premiers Anglais expliquent largement l'évolution de l'identité des anciens Canadiens, des Canadiens français et des Québécois. D'une part, jumelé à la défaite des Patriotes, le traumatisme de la Conquête expliquerait l'adoption de mesures de compensation psychologique, tantôt défensives (l'idéologie de survivance messianique qui domine le Québec des années 1840 aux années 1950, la loi 101), tantôt offensives (l'idéologie de rattrapage construite autour de l'État québécois dans les années 1960). D'autre part, la combinaison du comportement exemplaire des premiers Anglais et de l'attitude de conquérant insufflée par l'arrivée des loyalistes, puis renforcée après la rébellion de 1837-1838 et le rapport Durham, expliquerait l'ambivalence légendaire à l'égard du fait anglais au Canada. Ce serait là l'explication fondamentale du double nationalisme qui anime les Québécois depuis les années 1960, une dynamique autodestructrice selon l'auteur (Dufour, 1989, p. 73-84).

Aux dires de Dufour, l'attitude des loyalistes britanniques à l'égard de la Conquête a été tout aussi pernicieuse. Défaits dans les colonies américaines, ils vivent eux aussi le traumatisme du vaincu. Toutefois, aussitôt immigrés au Canada, ils se retrouvent sur le siège du conquérant. Assaillis par une peur de disparaître dirigée vers les États-Unis, mais culturellement peu différents des Américains, ils agiront en conquérants avec leurs nouveaux concitoyens de souche française, en se nourrissant de leur identité. Selon l'auteur, «l'histoire du Canada peut être vue comme un lent mais systématique siphonnage de l'identité québécoise par l'identité canadienne» (Dufour, 1989, p. 57). Cette dépendance à l'endroit de l'identité québécoise expliquerait que les Canadiens anglais aient toujours refusé de reconnaître les implications politiques de la Conquête, à savoir le caractère binational du Canada et l'arrangement institutionnel qui devrait en découler. À la reconnaissance de la dualité, on a préféré des politiques d'uniformisation – notamment la politique fédérale de bilinguisme – qui permettent de séparer le fait français de l'identité québécoise, de l'étendre à tous les citoyens canadiens. Pour Dufour, la loi constitutionnelle de 1982 est l'institutionnalisation de cette uniformité d'identification fictive, alors que la loi 178 et l'échec de Meech sont les plus récentes manifestations de l'exclusion mutuelle (Dufour, 1991, p. 112).

Ce travail de psychanalyse collective présente essentiellement deux difficultés. D'abord, quelques mots sur l'application de la psychologie au phénomène national. L'auteur admet d'entrée de jeu que son essai n'est qu'«une sommaire incursion sur un terrain [...] encore à explorer» (Dufour, 1989, p. 14). Pourtant, au lieu d'afficher une prudence de mise et de consacrer quelques développements aux fondements et aux mérites de son approche, il se lance tête baissée dans des analogies douteuses et en tire des conclusions téméraires. En outre, les parallèles récurrents entre l'histoire des Québécois et la psychologie individuelle laissent perplexe : l'abandon d'un enfant par ses parents ; la victime séduite par la bonté de son ravisseur (Dufour, 1989, p. 19, 26). Pareilles analogies confinent à penser le Québec comme une entité monolithique. Or, il ne l'était pas avant 1960 et l'est encore moins depuis. Par ailleurs, il est loin d'être certain que l'on puisse mettre sur un même pied la nature et l'intensité des sentiments éprouvés à l'égard d'une communauté imaginée[4] et le degré d'attachement qui nous lie à nos proches parents ou amis, sauf peut-être dans des contextes historiques très spécifiques[5]. Enfin, le psychologisme de Dufour est l'une des causes de son incapacité à envisager l'évolution de l'identité québécoise autrement que comme étant strictement déterminée par un «traumatisme originel» qui transcende les générations et les contextes. Cet ahistorisme est la deuxième et principale faiblesse de son analyse.

Dufour oppose les dimensions structurelle et existentielle de l'identité nationale. Elles ne sauraient pourtant être analysées en vase clos. Comme l'a bien montré Hans-Georg Gadamer, un événement passé ne prend de signification que par la situation dans laquelle nous l'interprétons, à savoir l'expérience nous séparant de l'événement en question (Gadamer, 1976, p. 130-148 ; 1982, p. 29-34). Autrement dit, on ne peut postuler, comme le fait Dufour, que la Conquête ait eu le même sens et le même effet – le refoulement – pour toutes les générations de descendants français depuis 1760. Un tel ahistorisme invalide la thèse de Dufour, surtout pour la période récente. Simon Langlois avance de solides arguments pour soutenir la thèse selon laquelle les Québécois francophones se perçoivent et se comportent de plus en plus comme une majorité (Langlois, 1991, p. 101-103). L'auteur va sans doute un peu loin en considérant qu'ils peuvent faire abstraction de leur situation dans le Canada (et en Amérique du Nord) et de la perception des autres Canadiens. Comme l'écrivain David Homel, je suis plutôt enclin à penser que nous oscillons entre un sentiment minoritaire et un sentiment majoritaire (Homel, 1992, p. 54). Toutefois, il est clair que dans le contexte interprétatif des dernières années, la Conquête peut prendre une signification différente de celle qu'elle avait autrefois, par exemple au lendemain du rapport Durham : avoir été conquis signifie certes être dans une situation minoritaire précaire au Canada et en Amérique, mais c'est aussi avoir survécu aux pressions assimilatrices et être devenu une réelle majorité au Québec, en faisant d'une province ce que Langlois appelle une *société globale,* c'est-à-dire une société complète où les francophones ont pu se donner l'occasion de prendre leur juste place dans toutes les sphères d'activité sociale. Comme on le verra dans la dernière partie du chapitre, l'édification d'une *société globale* francophone depuis la révolution tranquille permet de comprendre la montée au Québec d'un discours pluriel sur l'identité et d'une force sans précédent. Contrairement à ce qu'affirme Dufour, le discours actuel ne se limite pas à la seule langue française (Dufour, 1989, p. 92). C'est qu'en plus d'être prisonnier d'un déterminisme qui ramène tout à une perception statique de la Conquête, l'auteur analyse ses effets sur l'identité québécoise des dernières années en se concentrant sur le discours qui marque la période de ratification de l'accord du lac Meech. Une vision aussi partielle favorise le verdict de *fausse conscience,* implicite tout au long de l'ouvrage de Dufour.

## *QUELQUES PROPOSITIONS THÉORIQUES*

Pour rendre compte de l'identité québécoise telle qu'elle s'est développée depuis trente ans, il faut une approche interprétative qui soit davantage au fait de l'enracinement historique des acteurs sociaux et dont les conclusions reposent sur l'analyse d'un corpus discursif étendu et diversifié. Une définition alternative de l'identité nationale doit être au cœur de pareille approche.

En termes généraux, l'identité nationale peut être définie comme la base de l'allégeance à une communauté nationale, le fondement du sentiment d'appartenance, du sens de l'identité. Du point de vue de l'acteur individuel, elle est la définition ou l'image que l'on a de soi en tant que membre d'une nation. De la perspective de l'analyse des sociétés, l'identité nationale apparaît dans la configuration des significations et des valeurs partagées qui émergent d'interprétations de l'expérience collective constituant la tradition narrative d'une nation. Concrètement, ces significations et valeurs s'enracinent dans des pratiques et institutions sociales. Ce sont essentiellement ces pratiques et institutions porteuses de sens qui sont l'objet de l'identification des acteurs sociaux à une communauté nationale.

Dans «Cross-Purposes» (1989), Charles Taylor a établi une distinction fondamentale qui permet de définir avec plus de précision ce que sont les bases de l'allégeance nationale. Taylor distingue deux types de biens collectifs : les biens *convergents* et les biens *communs*. Les biens convergents sont des biens que seule une collectivité peut procurer, mais qui sont destinés à la jouissance individuelle. L'auteur donne l'exemple de la sécurité et de l'ordre assurés par l'armée, la police et les pompiers (Taylor, 1989, p. 169). En général, dans la tradition du libéralisme individualiste, les biens convergents sont les seuls biens collectifs qui soient concevables : une collectivité ne peut être plus qu'un instrument voué à la satisfaction des individus qui la composent. Du point de vue de traditions avec lesquelles Taylor a plus d'affinités – l'humanisme civique dans «Cross-Purposes», l'expressivisme dans d'autres textes (Taylor, 1979; 1992a, p. 52-54; 1992c) –, il existe des biens collectifs d'une autre nature. Ces biens sont ceux dont l'essentiel de la valeur réside dans le fait qu'ils procurent une satisfaction partagée, vécue en *commun*. Comme l'écrit l'auteur, «certaines choses ont de la valeur pour moi et pour toi [les biens convergents], et certaines choses ont essentiellement de la valeur pour nous [les biens communs]» (traduit de Taylor, 1989, p. 168). Dans ce dernier cas, la valeur est constituée en partie par une relation sociale. Les biens communs peuvent être *médiatisés* ou *immédiats*. Les premiers sont ceux qui offrent une satisfaction plus grande lorsqu'ils sont goûtés par plus d'une personne, pour lesquelles elles ont une signification commune. Par exemple, écrit Taylor, pour un individu, écouter un concert de l'Orchestre symphonique de Montréal en personne et en compagnie d'autres amants de la musique classique, ce n'est pas du tout la même chose qu'écouter l'enregistrement du même concert seul dans son salon. Dans une salle de concert, son amour de la musique fusionne avec celui de la foule des mélomanes, y trouve un écho et se traduit ultimement par un acte commun d'applaudissements enthousiastes (Taylor, 1989, p. 169). En fait, semblable constat vaut pour toute œuvre culturelle valorisée et pour tout souvenir commun significatif. Quant aux biens communs immédiats, ils donnent lieu à une valorisation encore plus grande. Ici, le caractère commun du bien n'est plus médiatisé, il réside dans la relation de partage elle-même, dans la communauté de signification, de valorisation et d'action. L'auteur donne l'exemple de l'autonomie gouvernementale républicaine, c'est-à-dire la liberté politique telle qu'elle est comprise par la tradition humaniste civique, source du patriotisme :

> [...] le patriotisme est fondé sur une identification avec les autres dans une entreprise commune déterminée. Je ne suis pas dédié à la défense de la liberté de qui que ce soit en particulier, mais je ressens le lien de solidarité avec mes compatriotes dans notre entreprise commune, manifestation commune de nos dignités respectives (traduit de Taylor, 1989, p. 166).

En d'autres termes, le bien est largement constitué par le partage (Taylor, 1989, p. 168; voir aussi p. 169-175). L'intérêt du propos de Taylor est non seulement d'insister sur le fait que ce sont les biens communs qui constituent le fondement de l'allégeance nationale et de toute allégeance *publique*, mais de montrer que seul le maintien et la force de ces allégeances est en mesure de protéger les biens convergents chers aux libéraux individualistes. Jamais une valeur collective n'est mieux protégée que lorsqu'elle s'enracine dans un lien d'appartenance communautaire. Au fil de la modernité, affirme Anthony Smith (1992, p. 58), l'identification nationale est devenue la loyauté collective dominante – bien que non exclusive – à travers le monde[6]. C'est dire que la vision de la modernisation défendue par bon nombre de libéraux individualistes n'est que partiellement juste, même en ce qui concerne l'Occident. Certes, la modernisation a entraîné une plus grande instrumentalisation des biens communs à la base de l'identification nationale, ou encore le confinement de certains d'entre eux au domaine privé. Mais, s'il est vrai que les pratiques et institutions religieuses sont désormais limitées à l'identification privée dans la plupart des sociétés occidentales, il est beaucoup plus difficile d'accepter la thèse individualiste selon laquelle les pratiques et institutions politiques ont perdu ou seraient destinées à perdre toute dimension identificatrice, alors que la langue et la culture seraient vouées à l'identification privée.

Taylor a raison de prétendre que la cohésion d'un État libéral ne pourrait se maintenir très longtemps si la masse des citoyens en venaient à le considérer froidement, comme une institution de services :

> Les diverses sources atomistes de l'allégeance n'ont pas seulement été insuffisantes à générer une vigoureuse réaction défensive à la Watergate [...]. Un pur intérêt individuel ne remuera jamais suffisamment les gens pour constituer une réelle menace pour les despotes et les putschistes potentiels (traduit de Taylor, 1989, p. 175)[7].

Historiquement, on peut considérer que l'identification nationale s'est faite sur trois bases : civique, généalogique, culturelle et linguistique. La distinction la plus classique, telle qu'on la retrouve chez Anthony Smith, fait plutôt état de deux bases historiques, intégrant l'identification généalogique ainsi que l'identification culturelle et linguistique en une même catégorie, l'identité ethnique. Le *modèle civique*, pour reprendre l'appellation de Smith, est moins sujet à controverse. Surtout associé à l'Occident, il s'alimente au républicanisme classique ct prend originairement forme à travers les révolutions américaine et française. La solidarité nationale y repose essentiellement sur quatre éléments : un territoire historique, une communauté d'institutions politiques et de lois, l'égalité des droits politiques et civils pour tous les citoyens et, enfin, la socialisation à une culture civique commune qui assure une certaine intégration des valeurs qui précèdent (A. Smith, 1991, p. 8-11). En fonction de l'interprétation du républicanisme privilégiée, cet ensemble de valeurs s'est traduit par des identifications à tendance juridique ou à tendance participationniste. Aux États-Unis, l'identité civique s'est développée bien davantage autour de la garantie institutionnelle des droits civils et de la stabilité – notamment par le système des poids et contrepoids régissant le partage des pouvoirs – à laquelle tenait Madison, qu'autour des espaces de participation politique et de l'esprit de nouveauté privilégiés par Jefferson (Arendt, 1967, p. 317-417). En France, sur la base d'une appropriation très sélective de la pensée de Rousseau, les républicains ont davantage inscrit la dignité du citoyen dans l'action politique, mais en comprenant souvent l'idée de *la nation une et indivisible* comme la négation de la pluralité des espaces de délibération[8]. Cela dit, qu'elle soit d'orientation juridique ou participationniste, une identité civique se distingue d'abord et avant tout par son ouverture et son volontarisme. Quiconque le veut peut adhérer à des principes politiques et légaux. Il est vrai que ces principes ne sont pas aussi universels que l'ont souvent prétendu les défenseurs d'une identité purement civique. Le temps requis pour qu'un nouvel arrivant s'identifie à de tels principes et à la nation qu'ils incarnent peut varier très sensiblement en fonction des antécédents culturels et des expériences personnelles. Néanmoins, le fait est qu'il n'y a de barrière infranchissable ni à l'inclusion ni à l'adhésion[9].

Ainsi que le souligne Smith, le modèle civique trouve son inspiration dans le mouvement néo-classique qui marque les milieux intellectuels de l'Europe occidentale et des 13 colonies américaines dans la seconde moitié du XVIIIe siècle. Pour les néo-classiques, les républiques grecques et romaines de l'Antiquité représentent le summum historique de la civilisation. C'est donc en prenant acte de leurs réalisations qu'il faut modeler la civilisation moderne, pour éventuellement atteindre des sommets encore plus élevés. C'est un autre mouvement intellectuel occidental de la deuxième moitié du XVIIIe qui alimente les représentations concurrentes au modèle civique. Alors que le Moyen-Âge apparaît aux néo-classiques comme une période de déclin caractérisée par un retour à une société plus barbare et rurale, les tenants du «médiévisme littéraire» considèrent que c'est seulement par une revitalisation du Moyen-Âge – à travers sa littérature – que l'on peut retrouver l'authenticité et le génie propres à chaque nation (A. Smith, 1991, p. 87-90). Au cœur de ce mouvement intellectuel, l'expressivisme de Herder permet d'en mieux comprendre les fondements. Selon le philosophe allemand, l'identité de chaque être humain est unique, et la quête de cette identité passe par l'appartenance nationale. En effet, pour que l'individu s'interroge sur sa propre nature et ultimement la réalise, il lui faut une culture et une langue que seule une certaine forme d'appartenance communautaire peut procurer (Taylor, 1979, p. 2). Or, chez Herder, l'identité des communautés culturelles est tout aussi unique et naturelle que celle des individus :

[Herder] conteste la civilisation au nom des civilisations. Pour [lui], la nation ne résulte pas d'une volonté politique ancestrale mais d'un déterminisme culturel. Ce n'est pas un individu abstrait forgé par des hommes mais un collectif individué, unique, particulier. «La politique crée les États, la nature crée les nations», pense-t-il. [...] Comme tout individu, toute nation a la vocation d'exprimer sa créativité et son originalité. Ainsi convient-il de réhabiliter le Moyen-Âge, qui fut une époque communautaire épanouie, (Delannoi, 1991, p. 25).

À la différence de Smith, je crois que ce mélange d'individualisme et de communautarisme a alimenté deux modèles d'identité nationale qu'il convient de distinguer. D'abord un modèle généalogique, c'est-à-dire qui fait de la communauté de descendance – en grande partie mythique, faut-il le préciser – le critère déterminant de l'appartenance nationale. Certes, ce modèle ne peut se passer d'une insistance récurrente sur la langue et les coutumes vernaculaires, sans lesquelles il serait difficile de donner réalité et sens à la nation à reconstruire, à sauvegarder, à libérer ou à unifier. La langue et la culture y tirent toutefois l'essentiel de leur valeur d'une mythologie des origines qui les fige dans l'image statique d'une pureté à atteindre. Autrement dit, même l'assimilé dont la maîtrise linguistique est sans reproche ne peut être considéré comme un membre à part entière de la nation. Dans le modèle généalogique, l'appartenance nationale est fondée sur des critères qui se veulent objectifs plutôt que sur la volonté d'adhésion. Ce modèle s'est surtout manifesté hors des frontières occidentales. Selon les circonstances historiques et les idéologies, il a donné lieu à des nationalismes protectionnistes, sécessionnistes, irrédentistes, racistes et, enfin, aux pan-nationalismes. Il considère généralement que l'appartenance et les frontières politiques sont des dérivés naturels de la descendance.

Le modèle culturel et linguistique se distingue par une inversion de l'ordre des priorités caractérisant le modèle généalogique : la culture et la langue y constituent le critère déterminant de l'appartenance nationale, alors que l'histoire nationale en général – c'est-à-dire conçue comme lieu d'expérience ouvert et en perpétuel mouvement – donne forme et sens à la nation à sauvegarder et à promouvoir. Ici, l'appartenance nationale passe par l'*assimilation* ou l'*intégration* à une ou des cultures et langues nationales. L'appartenance politique s'y trouve liée de manière plutôt souple, ce qui ouvre la voie à des arrangements institutionnels de type fédéral. Pour l'essentiel, ce troisième modèle s'incarne dans certains nationalismes autonomistes et sécessionnistes occidentaux, et révèle souvent des allégeances culturelles et linguistiques partagées[10].

Il va sans dire que ces trois *modèles* se retrouvent rarement à l'état pur et que les éléments qui les composent peuvent donner lieu à de multiples combinaisons. Par exemple, l'allégeance républicaine française, qui se voulait à l'origine purement civique, s'est rapidement doublée de l'allégeance à une culture nationale. Prédominante depuis peu, cette identité se heurte encore à des identifications régionales de nature culturelle et linguistique, de même qu'à des identifications généalogiques. Aux États-Unis, en raison du jeune âge de la nation, l'édification d'une identité essentiellement civique a rencontré peu d'obstacles à l'origine, ce qui a permis de constituer le mythe du *melting pot* culturel. Toutefois, sous le poids des années et du nombre, la culture *wasp* (White anglo-saxon protestant) a gagné l'identité nationale et généré une réaction multiculturelle qui n'a cessé de gagner en force depuis 1945.

La définition de l'identité nationale qui précède n'est pas en complète rupture avec celles élaborées par Dion et Dufour. Comme ces dernières, elle implique la nécessité de penser la constitution de l'identité nationale à plus d'un niveau et de travailler avec une approche interprétative[11]. Cependant, les différents paliers constitutifs de l'identité nationale s'y articulent d'une tout autre façon, selon les préceptes de l'herméneutique de Gadamer. Ainsi, l'histoire d'une collectivité y est conçue comme la matière d'une perpétuelle auto-interprétation d'où émerge une certaine configuration de significations communes, susceptible d'évoluer à mesure que la tradition narrative de la collectivité concernée s'enrichit de nouvelles expériences. C'est dire qu'il y a effectivement une base historique qui structure et limite ce que peut être une identité nationale particulière, mais que cette base n'est pas statique, ne peut se voir attribuer une signification définitive. Par ailleurs, la définition en question fait une distinction entre les principales composantes historiques de l'identité nationale et permet ainsi de caractériser avec plus de précision – c'est-à-dire dans sa pluralité – l'évolution de toute identité nationale. Finalement, elle ne préjuge pas du type de discours qui doit être interprété pour rendre compte de l'identité nationale. En fait, on ne peut prétendre offrir un portrait vraiment représentatif sans analyser différents genres d'activités discursives et sans couvrir une période significative. C'est le seul moyen d'en arriver à prendre la mesure de la pluralité des allégeances et à séparer le discours «identitaire» du discours instrumental.

L'évolution de toute identité nationale est un phénomène très complexe. L'image gadamerienne de la *fusion des horizons* permet d'en rendre compte un peu plus simplement. Gadamer décompose artificiellement la situation herméneutique en trois horizons de signification : l'horizon historique et culturel dans lequel est situé l'interprète ; l'horizon du phénomène passé que l'interprète cherche à comprendre (interprétation verticale) ; l'horizon extra-culturel avec lequel l'interprète entre en contact (interprétation horizontale). Selon un tel schéma, une identité nationale se transforme au gré des échanges entre l'horizon de signification présent d'une nation et ses horizons historique et extra-culturel. Autrement dit, bien qu'inhérente à la condition des humains en société, la question de l'identité collective n'est pas toujours objet de questionnements et de discussions publiques. Pour qu'elle le soit, il faut qu'une société se trouve sous l'influence significative de plus d'une tradition de pensée, ou encore qu'une tradition prépondérante soit traversée par des interprétations profondément conflictuelles. De la défaite des Patriotes de 1837-1838 à la fin de la Deuxième Guerre mondiale, le Bas-Canada puis le Québec ne remplissent aucune de ces deux conditions. La situation collective précaire et la grande homogénéité culturelle des descendants des colons français favorisent le repli sur soi et l'identification massive aux mythes et institutions de la survivance messianique[12]. Il faut attendre le XXe siècle pour que l'uniformité commence à être sérieusement érodée par une série de transformations, ayant pour effet de rendre la société canadienne-française plus perméable et plus autocritique : accélération de l'industrialisation et de l'urbanisation au tournant du siècle, institutionnalisation des sciences sociales dans les années 1940 et 1950[13], avènement de la télévision. Les conditions sont désormais en place pour une réorientation majeure des allégeances.

## LE QUÉBEC MODERNE : ENTRE LA « SOUCHE » ET L'ATOMISATION

Le passage de l'identité canadienne-française à l'identité québécoise est le passage d'une période où règne une définition essentiellement généalogique et exclusive de la nation à une période de fragmentation et de concurrence entre un certain nombre de définitions plus inclusives. Un Canadien français était un Français du Canada (c'est-à-dire un descendant direct de Français ayant colonisé le Canada et un héritier de la grande culture française), catholique, à la destinée particulière sur un continent à majorité anglaise et protestante, et dont les allégeances institutionnelles correspondaient grandement à l'organisation religieuse de la société (Église, paroisse, famille), même en ville[14]. Il va sans dire que pareille insistance sur une descendance et une religion communes n'était pas particulièrement propice à l'ouverture et au mélange des ethnies, des croyances et des idées. La *survivance* passait quasi exclusivement par un taux de natalité élevé. La révolution tranquille va contribuer de façon significative à la redéfinition de la communauté nationale. L'État québécois non seulement prend en charge les processus de modernisation ayant vu le jour avant 1960, mais il les met prioritairement au service de la majorité de langue française. L'ascension rapide de cet État au rang d'institution première et la nouvelle jonction de l'État et de la nation expliquent largement l'accélération du déclin de l'identité canadienne-française. Depuis lors, plusieurs tendances concernant l'identité se sont développées concurremment. La religion et la descendance y ont à peu près perdu toute influence au profit de la culture, de la langue et des composantes civiques de l'identité nationale (territoire historique, institutions politiques, lois, droits politiques et civils égaux, système public de socialisation). La suite de ce chapitre est consacrée aux trois tendances les plus marquantes.

La première tendance est du type civique-juridique. Son importance tient davantage à ceux qui s'en sont faits les promoteurs et à sa popularité hors Québec qu'au nombre de Québécois qu'elle rallie. Dès les années 1950, la plupart des animateurs de la revue *Cité libre* abhorraient le mot nation. Marqués au fer rouge par leur confrontation avec le nationalisme canadien-français traditionnel et, plus généralement, par les formes extrêmes qu'a revêtues le nationalisme à la fin du XIX^e siècle et dans la première moitié du XX^e siècle, ils attaquent avec virulence et généralement sans distinction toutes les formes de nationalisme. Ce contexte est à la source de la vision du Québec et du Canada mise de l'avant par Pierre Elliott Trudeau et un certain nombre de ses compagnons d'armes aux lendemains de l'ère duplessiste.

Très tôt, il apparaîtra que l'antinationalisme de ces citélibristes n'est plus aussi aveugle qu'il le semblait dans les années 1950[15]. Désormais, leurs critiques s'adressent principalement au nouveau particularisme culturel et linguistique qui gagne le Québec. À tort, ils le représentent comme la nouvelle forme d'une vieille allégeance ethnique. Plus généralement, ce sont toutes les allégeances nationales débordant le cadre des institutions politiques et des lois qui sont visées. Dans le cas d'une fédération linguistiquement et culturellement divisée comme le Canada, il va sans dire que les institutions et les lois défendues par ces intellectuels sont fédérales, canadiennes. Or, au milieu des années 1960, la carte canadienne des allégeances nationales est loin de présenter une telle uniformité. Une part considérable de la majorité canadienne-anglaise tient encore à ses racines britanniques. Ce sentiment d'identité est certes grandement axé vers les institutions politiques, mais ces dernières comprennent la monarchie, à laquelle bien peu d'autres Canadiens s'identifient. Par ailleurs, quoique moins forts qu'à l'origine, certains régionalismes persistent toujours. Pour leur part, les néo-Canadiens ont tendance à s'attacher tout particulièrement à l'égalité politique et juridique, souvent peu présente dans leur pays d'origine. Quant aux Québécois d'origine française, ils sont à se redéfinir autour de leur langue, de leur culture et d'une nouvelle *citoyenneté* québécoise. Finalement, les autochtones – alors très peu organisés, peu mobilisés et encore moins considérés qu'ils ne le sont aujourd'hui – se débattent entre l'identification généalogique et le déracinement favorisés par la *Loi sur les Indiens*.

Devant cette situation, ceux qu'on appelle aujourd'hui les *trudeauistes* vont graduellement affirmer leur conception du pays et se lancer dans une entreprise d'uniformisation de la citoyenneté canadienne, de construction d'une identité réellement pancanadienne. La tentative avortée d'élimination du statut spécial des autochtones (le livre blanc de 1969), la politique de bilinguisme (1969), la politique de multiculturalisme (1971), le rapatriement de la constitution et l'enchâssement d'une charte canadienne des droits et libertés (1981-1982) sont les principaux jalons de leur parcours. Quelle que soit l'interprétation que l'on donne des fondements de ce nationalisme civique-juridique canadien, on en arrive à la conclusion qu'il a eu des effets majeurs sur le sentiment d'appartenance de bon nombre de Canadiens. D'une part, la démarche a rempli certains de ses objectifs, notamment en ce qui a trait à l'attachement des Canadiens aux dispositions de la Charte relatives à la protection des droits et libertés individuels (Cairns, 1991 ; Taylor, 1992d). D'autre part, comme le remarque Miriam Smith, les politiques trudeauistes ont également eu la conséquence non désirée de renforcer certaines identités particulières, principalement au Canada hors Québec. Cette conclusion s'avère valable même en ce qui concerne la Charte :

> [l]a grande surprise de 1982 n'a pas été causée par l'opposition des provinces à cette vision «nationalisante». [...] C'est la transformation de la Charte elle-même sous les pressions des mouvements sociaux qui surprend. Les Premières Nations, les représentants de minorités ethniques et le mouvement féministe ont été les groupes les plus militants dans la lutte pour faire inscrire leurs garanties dans la Charte. Les articles 25, 27 et 28 qui comprennent des énoncés fermes relatifs à la protection des droits acquis des autochtones, à la reconnaissance du caractère multiculturel du Canada et à l'égalité de la femme en vertu de la Charte sont le résultat de ces luttes (M. Smith, 1992, p. 87).

Désormais, ajoute l'auteure, ces identités sont constitutionnalisées et elles «remettent en question à la fois l'idée d'une nation canadienne unique et celle du binationalisme» (M. Smith, 1992, p. 89)[16]. Au Québec, si l'on excepte une part non négligeable de la minorité anglophone et des minorités néo-québécoises qui y ont été traditionnellement associées, les politiques canadiennes de *nation-building* n'ont pas eu l'effet escompté. Elles ont sans doute contribué à renforcer le sentiment d'allégeance civique de la majorité de langue française, mais pas toujours et exclusivement auprès de la communauté nationale canadienne. En effet, comme le souligne Simon

Langlois (1991), la pression homogénéisatrice des politiques fédérales a renforcé et accéléré le processus québécois de constitution d'une *société globale* amorcé sous la révolution tranquille, notamment par la création de tout un réseau parallèle d'institutions politiques et sociales. Qui plus est, le développement d'une quasi-citoyenneté québécoise – et corrélativement d'une identité civique québécoise – est très étroitement lié aux allégeances culturelle et linguistique de la majorité. Le mariage de l'identification civique avec l'identification culturelle et linguistique a donné naissance aux deux autres tendances «identitaires» marquantes des trente dernières années.

À l'instar de la tendance civique-juridique, une seconde tendance s'enracine dans les luttes intellectuelles qui précèdent la révolution tranquille, telles que les décrit Michael Behiels. À l'époque, écrit Behiels, les courants citélibriste et néo-nationaliste[17], tous deux vigoureusement opposés au nationalisme canadien-français traditionnel, n'arriveront jamais à faire cause commune (Behiels, 1985, p. 51-54). Très proches en ce qui concerne leur pensée socio-économique, ces courants sont guidés par des alternatives à l'identité généalogique qui sont fort différentes. La composante civique n'est nullement absente de la définition des néo-nationalistes. Dès la fin des années 1940, ils affirment que la masse de la nation canadienne-française est libérale, démocratique et réformiste. C'est plutôt leur insistance soutenue sur l'attachement à des racines culturelles et linguistiques françaises qui indispose les citélibristes. En fait, visiblement sous l'influence de l'univers intellectuel de l'Hexagone, les néo-nationalistes ont en tête une version nord-américaine de l'identité républicaine française.

Initialement, les propositions politiques du courant néo-nationaliste allaient dans le sens de l'abandon de la monarchie et de la création d'une république canadienne binationale (Behiels, 1985, p. 49). Après 1960, au fil d'espoirs déçus, la plupart des intellectuels néo-nationalistes vont gagner graduellement le mouvement indépendantiste québécois. Encore là, l'influence française sera omniprésente. Dans un article récent, Stanley Hoffmann résume fort bien l'identité républicaine française. À l'origine essentiellement civique comme aux États-Unis, cette identité nationale a rapidement acquis une dimension culturelle plus importante. L'auteur explique ainsi la différence entre les deux identités :

> [...] parce que la nationalité française n'est pas uniquement contractuelle – l'adhésion aux principes de la constitution, comme aux États-Unis – mais comprend une lourde composante historique, la dimension publique est *à la fois* politique et culturelle : elle requiert l'assimilation de la culture française par le biais du système scolaire. Qui plus est, à la suite de longues luttes, les principes politiques [sont] plus spécifiques ou militants (traduit de Hoffmann, 1993, p. 64).

C'est dire que pour les républicains français, l'idée d'un certain multiculturalisme paraît difficilement acceptable, même dans la sphère privée : «[i]l y a seulement *une* culture française, et les cultures secondaires *séparées* ne sont pas les bienvenues dans la mesure où elles font obstacle à l'assimilation à la culture française» (traduit de Hoffmann, 1993, p. 64). Comme il a été mentionné plus haut, ce mariage de l'identité civique-participationniste et de la variante *assimilationniste* de l'identité culturelle et linguistique en est venu à prédominer sous la Ve République. Une part significative du mouvement indépendantiste québécois s'est alimentée à ce modèle de représentation nationale. On la retrouve essentiellement au *Devoir*, à *L'Action nationale*, à la Société Saint-Jean-Baptiste, au Mouvement Québec français et, sur la scène électorale, successivement au Rassemblement pour l'indépendance nationale (RIN), au Mouvement souveraineté-association (MSA) et au Parti québécois (PQ). Le plus récent livre de Jean-Marc Léger, autrefois journaliste au *Devoir* et l'un des principaux intellectuels néo-nationalistes selon Behiels, incarne à merveille la version québécoise de l'identité républicaine française.

Aux yeux de Léger, «[...] nous, Québécois français, ou de *souche*, nous sommes non seulement francophones, nous sommes des Français, issus de Français, comme il en va, par exemple, des Wallons ou des Romands» (Léger, 1993, p. 61). La langue, la culture et l'histoire – cette dernière jusqu'au milieu du XVIII$^e$ siècle – de France sont nôtres, nous appartiennent «autant qu'aux Français d'aujourd'hui» (Léger, 1993, p. 131). Cette insistance sur l'enracinement français conduit l'auteur à trois conclusions. D'abord, il diagnostique une perte de mémoire et de sens de l'identité chez la majorité des Québécois de *souche*. Ensuite, il considère la survie de ces derniers comme étant encore plus précaire qu'elle ne l'était avant 1960, alors que l'homogénéité, un certain isolement et une remarquable vitalité démographique procuraient un solide rempart de protection (Léger, 1993, p. 57, 79, 81). Enfin, s'appuyant sur la précarité de la situation, certes, mais encore davantage sur le modèle français de l'État-nation[18] et sur la grandeur de la langue, de la culture et de l'histoire françaises, Léger propose une politique de population très restrictive. Sans vouloir *fermer* le Québec comme jadis, il recommande un vigoureux encouragement nataliste et une sélection parcimonieuse des immigrants selon des critères principalement linguistiques et culturels, de manière à favoriser leur *assimilation*. Pour l'auteur, les familles immigrantes modèles sont celles dont les enfants deviennent de «parfaits Québécois, c'est-à-dire des Franco-Québécois, dont rien dans le comportement ni même l'accent ne [peut] donner à penser que leurs parents étaient d'origine étrangère» (Léger, 1993, p. 80). Si cet assimilationnisme québécois est aujourd'hui moins opposé qu'auparavant à la reconnaissance d'un statut de minorité nationale pour les nations autochtones et les Anglo-Québécois, il n'en fait cependant jamais une priorité et ne semble pas disposé à aller très loin dans ce qu'il considère clairement comme une concession. Par exemple, c'est un aspect extrêmement marginal du discours de Léger. Pour lui, au Québec, l'urgence n'est pas au respect des droits des minorités, mais à ceux de la majorité française, menacée de disparaître (Léger, 1993, p. 68-69). Cette représentation du Québec est soutenue par la plupart des écrivains cités par Dion, mais elle n'est jamais parvenue à rassembler une majorité, même parmi les Franco-Québécois.

La troisième tendance «identitaire» s'est manifestée plus tardivement, dans l'espace qui sépare les courants inaugurés par les intellectuels citélibristes et néo-nationalistes. Multiples, ses origines ne peuvent être ciblées avec autant de précision. Elle s'est développée parallèlement à la reconfiguration du Québec comme *société globale* et en réaction à l'incapacité des deux autres tendances à intégrer des allégeances nationales multiformes et partagées. Elle est constituée par un mélange de l'identité civique et de la variante *intégrationniste* de l'identité culturelle et linguistique. Dépeignant les Franco-Québécois comme une majorité linguistique et culturelle de plus en plus forte – plutôt que comme une annexe fragile du grand univers culturel français – et la citoyenneté démocratique libérale comme un bien commun de cette majorité, elle conçoit le Québec comme une terre ouverte à toutes les cultures, cherche l'intégration plutôt que l'assimilation des nouveaux arrivants et insiste sur la nécessité de garantir certains droits collectifs aux minorités nationales québécoises, à savoir les anglophones et les autochtones. Dans cette optique, la langue et la culture de la majorité représentent un bien commun à préserver et à promouvoir, mais pas au mépris de la multiplicité des formes d'allégeance et de l'intégration de ce que les autres cultures ont de meilleur[19]. Depuis le début des années 1980, cette représentation mitoyenne paraît être en nette progression dans le discours public québécois[20]. Son potentiel de rassemblement réside dans sa capacité de superposer trois formes d'allégeance au Québec : celle d'allophones qui manifestent une double ou une triple allégeance ; celle de francophones et d'anglophones qui s'identifient à la fois au Canada et au Québec ; enfin, celle d'un bon nombre d'indépendantistes québécois. Parce qu'il n'est pas évident et contredit la rhétorique antinationaliste, ce dernier cas mérite quelques précisions.

Depuis ses débuts, le Parti québécois, principal regroupement nationaliste indépendantiste depuis vingt-cinq ans, a régulièrement été déchiré par l'affrontement entre deux tendances «identitaires» : d'une part, une identification civique et culturelle-linguistique à dominante assimilatrice ; d'autre part, une identification civique et culturelle-linguistique à dominante intégrationniste. Or, contrairement à ce que laissent généralement entendre les adversaires du parti, la tendance intégrationniste a souvent pris le dessus. Comme le note Gérard Bergeron, «[a]ux jours maintenant lointains du MSA et du regroupement éventuel avec le RIN, [René Lévesque] avait mis sa tête en jeu sur le principe des droits linguistiques du groupe minoritaire [anglophone]» (Bergeron, 1985, p. 164). Plusieurs années plus tard, à la suite du congrès péquiste de décembre 1981 – où tant le radicalisme des propos que celui des résolutions avaient surpris les intégrationnistes –, Lévesque mit de nouveau sa tête sur le billot lors du désormais célèbre *Renérendum* postal. Au terme du manifeste qui leur était adressé, on demandait aux membres s'ils étaient d'accord pour souscrire à trois principes fondamentaux qui devaient guider l'action du parti. Le troisième s'énonçait comme suit :

> [...] que le parti réaffirme son respect et son ouverture à l'endroit de tous les Québécois et de toutes les Québécoises, quelle que soit leur origine ethnique ou culturelle, et notamment par la reconnaissance du droit de la minorité anglophone à ses établissements essentiels, scolaires ou autres (cité dans Bergeron, 1985, p. 277).

Là également, la tendance intégrationniste s'imposa comme la politique officielle du parti. Douze ans plus tard, au printemps 1993, dans un document d'orientation, le PQ réaffirmait les droits historiques des Anglo-Québécois et ajoutait que la culture québécoise ne saurait être monolithique et devait se nourrir de l'apport des citoyens d'origines ethniques et de traditions culturelles variées (Parti québécois, 1993, p. 57-60). Enfin, tout récemment, au congrès d'août 1993, les deux tendances se mesuraient de nouveau. À l'ouverture du congrès, en considération de la levée de boucliers des jours précédents, la direction du Parti québécois retirait sa proposition de bilinguisme dans l'affichage commercial, pourtant très conservatrice (O'Neill, 1993, p. A1). Toutefois, deux jours après, non sans un débat houleux et l'opposition du quart des délégués, la direction réussissait à faire inscrire dans le programme que la constitution d'un Québec souverain reconnaîtrait à la communauté anglophone une série de droits spécifiques (Bellefeuille, 1993, p. A1 ; Turenne, 1993, p. A1).

La principale faiblesse de la représentation intégrationniste réside clairement dans son incapacité à inclure la manière autochtone d'être québécois et canadien. S'il en est ainsi, c'est que la dynamique majorité-minorités y est centrale, même en ce qui concerne les peuples autochtones. Comme le souligne Daniel Salée (1992, p. 384), en dépit d'un bilan comparatif supérieur à celui des autres provinces et de déclarations de principes en apparence très généreuses en matière de relations avec les autochtones,

> [l]e Québec entend rester maître d'œuvre, tout comme le gouvernement fédéral, de la gestion des domaines qui touchent aux autochtones. Il choisit, en d'autres mots, «d'être celui qui, en définitive, fixera les règles du jeu et déterminera le contenu de l'autonomie gouvernementale des peuples autochtones». [...] La conception non autochtone de l'autodétermination autochtone se limite en réalité à la délégation ou, au mieux, à la décentralisation de certains pouvoirs étatiques à l'intérieur d'un cadre institutionnel et administratif qui rappelle l'organisation actuelle entre les municipalités et la province.

Or, loin de se percevoir comme des minorités – ethniques ou nationales – à la recherche d'une intégration à la société majoritaire, la plupart des autochtones se définissent comme communautés nationales ayant un droit inhérent à l'autonomie politique, culturelle et économique. En d'autres termes, les peuples autochtones se considèrent comme les égaux des deux autres peuples fondateurs du Canada et veulent renouer avec ces derniers les liens fédéraux originaires, toujours fondés en droit mais absents des politiques autochtones du gouvernement fédéral et des gouvernements provinciaux (voir Tully dans ce volume). Malgré l'étonnante similarité de la perception qu'ils ont de leurs relations avec le Canada, les Québécois francophones sont encore peu disposés à penser leurs rapports avec les autochtones en ces termes, hormis certains intellectuels et les dirigeants des quelques organisations civiles membres du Forum paritaire québécois-autochtone (voir notamment Salée, 1992 ; Karmis, 1993 ; Balthazar dans ce volume ; Forum paritaire québécois-autochtone, 1993). Il va sans dire que les réticences à l'égard des revendications autochtones ont des sources diverses : l'antinationalisme chez les trudeauistes ; une mentalité d'assiégés et la pensée républicaine française chez les assimilationnistes ; une identité majoritaire encore jeune et fragile chez les intégrationnistes ; enfin, des intérêts politico-économiques et une conscience historique pauvre dans les trois groupes[21]. Les intégrationnistes en sont les moins éloignés, mais il leur faudrait arriver à repousser les limites de leur conception de la diversité pour accepter une relation d'égal à égal avec les autochtones dans un cadre fédératif plurinational, qu'il soit canadien ou québécois. Alors seulement les nations concernées pourraient s'entendre équitablement sur l'identité des langues et des valeurs communes qui devraient souder leur union[22].

Cela dit, un portrait des grandes tendances «identitaires» québécoises serait incomplet sans au moins quelques mots sur l'individualisation et l'atomisation des sociétés modernes, dont il a été brièvement question en deuxième partie. Comme les autres sociétés occidentales modernes, il est évident que le Québec ne connaît plus le degré d'identification nationale auquel donnait lieu un amalgame du type généalogie-religion. Des allégeances collectives plus ouvertes et *partagées*[23] produisent nécessairement une identification nationale moins inconditionnelle, avec les avantages que cela comporte pour la démocratie et le libéralisme. Il y a ici individualisation au sens où l'être humain aux multiples appartenances gagne en autonomie morale et politique. L'atomisation est autre chose. Elle pervertit l'individualisation en la radicalisant à l'extrême. Par exemple, à long terme, sous sa variante néo-libérale, l'interpénétration sans limites des cultures et des marchés pourrait contribuer non seulement à l'effritement des identités nationales supportées par des moyens d'affirmation réduits, mais aussi à l'affaiblissement de toute solidarité collective fondée sur un *bien commun*, c'est-à-dire sur autre chose que de purs intérêts individuels. Pareille pression atomisante affecte les tendances «identitaires» québécoises à des degrés divers, mais pas encore à un niveau critique. Entre autres mesures, elle pourrait être contrée par un enseignement prolongé et amélioré de l'histoire[24], ce qui permettrait à chaque individu de se familiariser minimalement avec l'importance de certains biens communs, sans lesquels il n'est pas de société démocratique libérale possible.

## CONCLUSION

Nous avons vu que pour interpréter l'identité nationale, particulièrement dans une société ouverte, pluriculturelle et plurinationale comme l'est devenu le Québec depuis une trentaine d'années, il faut utiliser une définition complexe de l'identité nationale et une approche interprétative au fait de l'enracinement historique des acteurs sociaux. C'est clairement en cela que des interprétations comme celles qu'ont proposées Dion et Dufour sont inadéquates. L'interprétation alternative esquissée en dernière partie de chapitre peut très certainement être raffinée et enrichie. Par exemple, elle ne s'inspire pas d'une analyse des œuvres de création québécoises aussi approfondie que celle de Dion, bien qu'elle ait cherché à pallier certaines carences de l'analyse de ce dernier. De plus, elle gagnerait sans doute à être plus explicite quant à l'impact des perceptions extérieures sur l'identité québécoise. Néanmoins, cette interprétation permet déjà d'éclairer quelques zones sombres des débats politiques québécois et canadiens des dernières années.

D'abord, elle montre que le Québec, même francophone, n'est pas une société monolithique. Le mouvement nationaliste québécois est lui-même traversé par deux courants qui ont peu à voir avec le portrait qu'en font encore aujourd'hui les trudeauistes. Ces divisions permettent de mieux comprendre un certain nombre de conflits politiques, notamment à l'intérieur du Parti québécois. Ensuite, cette interprétation souligne le fait que beaucoup de Québécois sont partagés entre un sentiment majoritaire et un sentiment minoritaire, déchirement fort bien illustré par le débat post-Meech sur la définition de la clause de la société distincte. En effet, devant la définition en trois points de la société distincte[25] et les propositions de centralisation économique de

*Bâtir ensemble l'avenir du Canada* (Canada, 1991), un bon nombre de Québécois francophones, et pas tous indépendantistes, ont fait valoir le caractère distinct de leurs institutions économiques. Qu'elles le soient ou non a ici peu d'importance, et l'on peut douter sérieusement qu'il s'agisse d'une composante de l'identité québécoise. L'intérêt de cette requête est d'illustrer un double sentiment (et souvent une double allégeance) : celui d'être une minorité à protéger au Canada, mais d'avoir édifié au Québec une *société globale* à majorité francophone, c'est-à-dire une société qui compte également ses propres institutions économiques. Enfin, l'interprétation en question montre que le règlement des différends communautaires, que ce soit à l'intérieur du cadre fédératif canadien ou d'un Québec indépendant, est affaire d'échanges intercommunautaires accrus, de compréhension mutuelle et d'acceptation de plusieurs degrés de diversité. Il s'agit de mieux comprendre les différences et revendications des autres communautés, leurs allégeances, le type de société auquel elles aspirent. Un tel processus de rapprochement ne peut être que graduel et nécessite un dialogue intercommunautaire dépassant le cercle des élites qui représentent chacune des communautés. C'est seulement lorsqu'un niveau de compréhension mutuelle plus élevé sera atteint qu'il deviendra possible de s'entendre sur les fondements d'une citoyenneté commune qui n'équivaudra pas à la négation des différences. Évidemment, chaque degré de diversité pose des problèmes qui lui sont propres. Celui auquel aspirent les peuples autochtones est présentement le plus difficile à accepter pour la majorité. Aucune entente durable ne sera possible sans une meilleure connaissance de ce que sont et de ce que veulent les autochtones. Le fait que ces derniers traversent une très profonde crise d'identité n'est pas sans compliquer encore davantage la situation.

## NOTES

1. Je tiens à remercier Josée Bergeron, Alain-G. Gagnon et Diane Lamoureux. Leurs commentaires et suggestions ont été fort appréciés. Le soutien financier du Conseil de recherches en sciences humaines du Canada doit également être souligné.

2. Il va sans dire que l'année 1960 doit être considérée comme une démarcation nécessaire à l'analyse, plutôt que comme une séparation qui rend parfaitement compte de l'évolution du phénomène étudié.

3. Pour des exemples d'écrivains adoptant ce genre d'attitude, voir les textes d'Emmanuel Aquin et de Paul Chamberland, dans la revue littéraire *Liberté* (vol. 34, no 5, octobre 1992, p. 14-16 et 26-29).

4. Le terme revêt ici le sens que lui donne Benedict Anderson : «[...] imaginée parce que même les membres de la plus petite nation ne connaîtront jamais la plupart de leurs compatriotes, pas plus qu'ils ne les rencontreront ou même ne les entendront. Néanmoins, dans les pensées de chacun réside l'image de leur communion.» (traduit d'Anderson, 1991, p. 6).

5. Par exemple, dans les sociétés totalitaires, l'objectif est non seulement de faire primer la part collective de l'identité, mais d'annihiler la part individuelle. Dans pareilles sociétés, il ne sera pas incongru que l'on trahisse ses proches au nom du «bien» de la communauté.

6. D'ailleurs, la vieille notion de *patrie* de même que ses dérivés plus récents (*patriote* et *patriotisme*), associés à des loyautés collectives de nature et d'étendue différentes selon la période historique considérée, se confondent souvent aujourd'hui avec les concepts de *nation* et de *nationalisme*. Pour une histoire conceptuelle du patriotisme, voir Dietz (1989). Sa compréhension de l'évolution récente du concept est toutefois à nuancer. Sur le rapport entre identité nationale et autres identités collectives, voir A. Smith (1991, p. 1-18 et 1992, p. 58-60).

7. Voir aussi Taylor (1992b, p. 142-143).

8. Sur l'appropriation sélective et contestable des idées de Rousseau par les révolutionnaires français, voir Hampson (1983, 1986) et Hayward (1991, p. 11-14).

9. Cela dit, il est impératif de préciser que la signification que revêt l'*égalité* à laquelle renvoie le modèle civique est indissociable des conceptions dominantes de l'être humain et de l'organisation sociale qui se sont succédées en Occident depuis la fin du XVIII$^e$ siècle. Pour une histoire de l'exclusion des femmes et des Noirs de la pleine citoyenneté américaine et une interprétation originale de ses conséquences sur la conception contemporaine de la citoyenneté aux États-Unis, voir Shklar (1991). Sur l'exclusion dans la France républicaine, voir Rosanvallon (1992).

10. À l'examen, la pensée de Herder paraît présenter plus d'affinités avec pareil modèle qu'avec le modèle généalogique (Laforest, 1991, p. 328-333).

11. La science sociale empirique est en mesure d'identifier des significations convergentes, mais pas des significations communes (Taylor, 1985).

12. En fait, c'est seulement dans les années 1850 et 1860, avec le libéralisme sans compromis des Rouges, que l'on est en présence d'une définition vraiment concurrente de l'identité canadienne-française qui repose sur une organisation solide. Toutefois, l'idée d'annexion aux États-Unis et l'anticléricalisme des Rouges sont trop étrangers au sentiment national majoritaire pour que la vision des héritiers des Patriotes puisse triompher (Balthazar, 1986, p. 73-77).

13. Pour une présentation de cette institutionnalisation comme source importante de l'ouverture de la société québécoise à d'autres traditions de pensée et du renforcement de courants déjà présents, voir Brooks et Gagnon (1988, p. 23-40). Sur les débats intellectuels qui marquent la période 1945-1960 au Québec, voir Behiels (1985).

14. Sur la capacité de ce type d'organisation sociale à être transposée en milieu urbain, voir Dumont (1987, p. 266).

15. Il est évident que cette évolution ne peut être expliquée pleinement sans une certaine prise en considération des intérêts idéologiques et politiques en cause, particulièrement à partir du moment où Trudeau, Pelletier et Marchand se joignent au Parti libéral du Canada.

16. Cela dit, contrairement à Miriam Smith, je considère que l'identité autochtone est en grande partie territoriale – bien que fondée sur une conception très différente du territoire – et qu'elle peut s'insérer dans une vision plurinationale du Canada (Karmis, 1993).

17. Les représentants de ce dernier courant se regroupent principalement autour du *Devoir* et de *L'Action nationale*.

18. Il est impératif de préciser que l'auteur s'inspire d'une vision très idéalisée du cas français. D'abord, contrairement à ce qu'il semble croire, la V$^e$ République n'est pas encore parvenue à résoudre le problème de l'assimilation de son imposante population maghrébine, et des débats de fond sur la pertinence du modèle assimilationniste ont lieu (Hollifield, 1991, p. 135-142 et Hoffmann, 1993, p. 65-69. Par ailleurs, Léger ne semble pas au fait de la longue et douloureuse histoire de résistance des minorités nationales opposées à l'uniformité des allégeances. Une grande nation «une et indivisible» ne naît pas par l'opération du Saint-Esprit ; il a souvent fallu casser de bien gros œufs, en France comme ailleurs.

19. C'est dire que cette tendance n'a rien à voir avec le multiculturalisme radical qui s'est développé sur les campus américains et qui a récemment essaimé au Canada. Pour les intégrationnistes québécois, une société doit reposer sur une langue et un certain nombre de valeurs communes à tous.

20. Par exemple, on la retrouve très explicitement dans le consensus multipartite que constitue le rapport de la Commission sur l'avenir politique et constitutionnel du Québec (1991, p. 17-27). Il est vrai que l'on a souvent exagéré le caractère consensuel de ce rapport. Cependant, il convient de souligner qu'aucun des commentaires en *addenda* ne visait à dissocier son auteur de la section portant sur la définition du Québec moderne.

21. Lors d'une conférence donnée le 26 janvier 1994, dans le cadre de la série «Dialogue McGill-Québec» à l'Université McGill, l'anthropologue Sylvie Vincent faisait ressortir la pauvreté du discours historique du gouvernement du Québec concernant ses relations avec les autochtones. Moins d'un mois plus tard, un autre anthropologue, Rémi Savard (1994), soulignait l'ignorance des médias québécois pour tout ce qui touche à l'histoire des peuples autochtones.

22. Voir la notion de *diversité profonde* développée par Taylor (1992d, p. 211-214).

23. Parmi lesquelles il faut inclure les allégeances politiques qui se manifestent à l'intérieur des nouveaux mouvements sociaux.

24. Notamment par un volet majeur consacré entièrement à l'histoire civique.

25. 1) Une majorité d'expression française ; 2) une culture unique en son genre ; 3) une tradition de droit civil.

## BIBLIOGRAPHIE

ANDERSON, Benedict, 1991, *Imagined Communities : Reflections on the Origin and Spread of Nationalism*, Londres, Verso.

APPEL, Fredrick, 1993, «Instrumentalist and Interpretive Approaches to Québec Political Culture : A Critical Analysis» dans Alain-G. GAGNON (dir.), *Québec : State and Society*, 2$^e$ édition, Scarborough, Nelson, p. 130-145.

AQUIN, Emmanuel, 1992, «Diagnostic : Québécois» dans *Liberté*, vol. 34, n$^o$ 5 (octobre), p. 14-16.

ARENDT, Hannah, 1967, *Essai sur la révolution*, Paris, Gallimard.

BALTHAZAR, Louis, 1986, *Bilan du nationalisme au Québec*, Montréal, L'Hexagone.

BEHIELS, Michael D., 1985, *Prelude to Quebec's Quiet Revolution : Liberalism versus Neo-Nationalism 1945-1960*, Montréal et Kingston, McGill-Queen's University Press.

BELLEFEUILLE, Roger, 1993, 23 août, «Le PQ a frôlé le précipice» dans *Le Soleil*, p. A1.

BERGERON, Gérard, 1985, *Notre miroir à deux faces*, Montréal, Québec/Amérique.

BROOKS, Stephen et Alain-G. GAGNON, 1988, *Social Scientists and Politics in Canada : Between Clerisy and Vanguard*, Kingston et Montréal, McGill-Queen's University Press.

CAIRNS, Alan C., 1991, *Disruptions : Constitutional Struggles, from the Charter to Meech Lake*, Toronto, McClelland and Stewart.

CANADA, 1991, *Bâtir ensemble l'avenir du Canada*, Ottawa, Approvisionnements et Services Canada.

CHAMBERLAND, Paul, 1992, «Les Rocheuses font partie de la paroisse» dans *Liberté*, vol. 34, n⁰ 5 (octobre), p. 26-29.

COMMISSION SUR L'AVENIR POLITIQUE ET CONSTITUTIONNEL DU QUÉBEC (rapport Bélanger-Campeau), 1991, *L'Avenir politique et constitutionnel du Québec*, Québec, mars.

DELANNOI, Gil, 1991, «Nations et Lumières, des philosophies de la nation avant le nationalisme : Voltaire et Herder» dans Gil DELANNOI et Pierre-André TAGUIEFF (dir.), *Théories du nationalisme*, Paris, Kimé, p. 15-28.

DIETZ, Mary G., 1989, «Patriotism» dans Terence BALL, James FARR et Russell L. HANSON (dir.), *Political Innovation and Conceptual Change*, Cambridge, Cambridge University Press, p. 177-193.

DION, Léon, 1987, *À la recherche du Québec*, Sainte-Foy, les Presses de l'Université Laval.

DUFOUR, Christian, 1989, *Le Défi québécois*, Montréal, L'Hexagone.

DUFOUR, Christian, 1991, «Le mal canadien» dans Louis BALTHAZAR, Guy LAFOREST et Vincent LEMIEUX (dir.), *Le Québec et la restructuration du Canada 1980-1992 : enjeux et perspectives*, Sillery, Septentrion, p. 109-118.

DUMONT, Fernand, 1987, *Le Sort de la culture*, Montréal, L'Hexagone.

FORUM PARITAIRE QUÉBÉCOIS-AUTOCHTONE, 1993, *Manifeste concernant l'avenir des relations entre les autochtones et les Québécois*, automne.

GADAMER, Hans-Georg, 1976, *Vérité et méthode*, Paris, Seuil.

GADAMER, Hans-Georg, 1982, «Le problème herméneutique» dans Hans-Georg GADAMER, *L'Art de comprendre. Écrits I : Herméneutique et tradition philosophique*, Paris, Aubier Montaigne, p. 27-47.

GELLNER, Ernest, 1983, *Nations and Nationalism*, Oxford, Basil Blackwell.

HAMPSON, Norman, 1983, *Will & Circumstances : Montesquieu, Rousseau and the French Revolution*, London, Duckworth.

HAMPSON, Norman, 1986, «From Regeneration to Terror : The Ideology of the French Revolution» dans Noel O'SULLIVAN (dir.), *Terrorism, Ideology, and Revolution*, Boulder, Westview Press, p. 49-66.

HAYWARD, Jack, 1991, *After the French Revolution : Six Critics of Democracy and Nationalism*, London, Harvester Wheatsheaf.

HOBSBAWM, E.J., 1990, *Nations and Nationalism since 1780 : Programme, Myth, Reality*, Cambridge, Cambridge University Press.

HOFFMANN, Stanley, 1993, «Thoughts on the French Nation Today» dans *Daedalus*, vol. 122, no 3 (été), p. 63-79.

HOLLIFIELD, James F., 1991, «Immigration and Modernization» dans James F. HOLLIFIELD et George ROSS (dir.), *Searching for the New France*, New York, Routledge, p. 113-150.

HOMEL, David, 1992, «Un pays ? Quel pays ?» dans *Liberté*, vol. 34, no 5 (octobre), p. 53-57.

KARMIS, Dimitrios, 1993, «Cultures autochtones et libéralisme au Canada : les vertus médiatrices du communautarisme libéral de Charles Taylor» dans *Revue canadienne de science politique*, vol. 26, no 1 (mars), p. 69-96.

KEANE, John, 1993, «Démocratie républicaine, nation, nationalisme : repenser les *Droits de l'Homme* de Thomas Paine» dans Bernard VINCENT (dir.), *Thomas Paine ou la république sans frontières*, Nancy, Presses Universitaires de Nancy/Ligue des Droits de l'Homme, p. 137-158.

LAFOREST, Guy, 1991, «Herder, Kedourie et les errements de l'antinationalisme au Canada» dans Raymond HUDON et Réjean PELLETIER (dir.), *L'Engagement intellectuel. Mélanges en l'honneur de Léon Dion*, Sainte-Foy, les Presses de l'Université Laval, p. 313-337.

LANGLOIS, Simon, 1991, «Le choc de deux sociétés globales» dans Louis BALTHAZAR, Guy LAFOREST et Vincent LEMIEUX (dir.), *Le Québec et la restructuration du Canada 1980-1992 : enjeux et perspectives*, Sillery, Septentrion, p. 93-108.

LÉGER, Jean-Marc, 1993, *Vers l'indépendance ? Le pays à portée de main*, Montréal, Leméac.

MEADWELL, Hudson, 1989, «Cultural and Instrumental Approaches to Ethnic Nationalism» dans *Ethnic and Racial Studies*, vol. 12, no 3 (juillet), p. 309-328.

O'NEILL, Pierre, 1993, 21 août, «Congrès du PQ. La proposition sur l'affichage commercial retirée» dans *Le Devoir*, p. A1.

PARTI QUÉBÉCOIS, 1993, *Le Québec dans un monde nouveau*, Montréal, VLB.

ROSANVALLON, Pierre , 1992, *Le Sacre du citoyen*, Paris, Gallimard.

SALÉE, Daniel, 1992, «Autodétermination autochtone, souveraineté du Québec et fédéralisme canadien» dans François ROCHER (dir.), *Bilan québécois du fédéralisme canadien*, Montréal, VLB, p. 372-405.

SAVARD, Rémi, 1994, 19 février, «Les dangers de l'amnésie collective» dans *La Presse*, p. B3.

SHKLAR, Judith, 1991, *La Citoyenneté américaine*, Paris, Calmann-Lévy.

SMITH, Anthony D., 1991, *National Identity*, Londres, Penguin.

SMITH, Anthony D., 1992, «National Identity and the Idea of European Unity» dans *International Affairs*, vol. 68, no 1 (janvier), p. 55-76.

SMITH Miriam, 1992, «Le choc des identités au Canada : du rejet de la dualité à la quête d'une identité plurielle» dans François ROCHER (dir.), *Bilan québécois du fédéralisme canadien*, Montréal, VLB, p. 79-92.

TAYLOR, Charles, 1979, *Hegel and Modern Society*, Cambridge, Cambridge University Press.

TAYLOR, Charles, 1985, «Interpretation and the Sciences of Man» dans Charles TAYLOR, *Philosophy and the Human Sciences*, Cambridge, Cambridge University Press, p. 15-57.

TAYLOR, Charles, 1989, «Cross-Purposes : The Liberal-Communitarian Debate» dans Nancy L. ROSENBLUM (dir.), *Liberalism and the Moral Life*,Cambridge, Mass., Harvard University Press, p. 159-182.

TAYLOR, Charles, 1992a, «Pourquoi les nations doivent-elles se transformer en États?» dans Charles Taylor, *Rapprocher les solitudes. Écrits sur le fédéralisme et le nationalisme au Canada*, Sainte-Foy, les Presses de l'Université Laval, p. 45-68.

TAYLOR, Charles, 1992b, «Les institutions dans la vie nationale» dans Charles TAYLOR, *Rapprocher les solitudes. Écrits sur le fédéralisme et le nationalisme au Canada*, Sainte-Foy, les Presses de l'Université Laval, p. 135-151.

TAYLOR, Charles, 1992c, «La tradition d'une situation» dans Charles Taylor, *Rapprocher les solitudes. Écrits sur le fédéralisme et le nationalisme au Canada*, Sainte-Foy, les Presses de l'Université Laval, p. 153-158.

TAYLOR, Charles, 1992d, «Convergences et divergences à propos des valeurs entre le Québec et le Canada» dans Charles TAYLOR, *Rapprocher les solitudes. Écrits sur le fédéralisme et le nationalisme au Canada*, Sainte-Foy, les Presses de l'Université Laval, p. 179-214.

TURENNE, Martine, 1993, 23 août, «Jacques Parizeau satisfait que les droits de la minorité anglophone aient été réglés» dans *Le Devoir*, p. A1.

# CHAPITRE 15

## Le Québec et la question autochtone

ÉRIC GOURDEAU

## INTRODUCTION

Il est probablement superflu de rappeler aux lecteurs que la question autochtone demeure au Québec un sujet d'importance primordiale et de grande actualité. Peu de gens en effet, s'il en est, auront oublié le choc produit par les événements d'Oka à l'été et à l'automne de 1990 : Amérindiens mohawks postés à Kanesatake pendant 78 jours derrière des barricades érigées au travers d'une route secondaire conduisant au site de développement proposé d'un territoire dont ils avaient réclamé en vain la propriété en vertu de droits historiques ou ancestraux ; fermeture du pont Mercier par leurs frères mohawks de Kahnawake dans un geste de solidarité qui, pendant quelque 55 jours, affecta très significativement le trafic quotidien de dizaines de milliers de Montréalais ; humiliation subie par des autorités politiques et judiciaires affolées, forcées de rentrer leurs griffes face à un petit groupe de *warriors* ayant réussi à identifier artificiellement leurs objectifs personnels, et pas nécessairement altruistes, aux objectifs d'autochtones frustrés d'un bout à l'autre du Canada ; traumatisant recours du Québec aux forces armées canadiennes ; jugements exagérés et exacerbés portés par les observateurs d'ici et de l'extérieur sur l'attitude générale des Québécois à l'égard des Amérindiens et des Inuit.

De fait, tout cela a sans doute contribué à sensibiliser plusieurs strates de la population demeurées jusqu'alors indifférentes, sinon amorphes, à la question autochtone au Québec. Cependant, il est bon de mentionner que Québec, probablement plus systématiquement et sérieusement que toute autre juridiction provinciale au Canada, avait graduellement développé, au cours des trois décennies précédentes, une intéressante et respectueuse politique au sujet de ses relations avec les peuples autochtones habitant sur le territoire. Le triple propos de ce chapitre est de rappeler cette politique, d'en souligner quelques aspects particulièrement significatifs et d'en souligner quelques problèmes d'application courants et à venir.

## LA POLITIQUE DU GOUVERNEMENT DU QUÉBEC

### Première étape : le rejet de l'indifférence historique

Depuis le début des années 1960, les gouvernements provinciaux qui se sont succédé à Québec ont dû développer des approches, sinon des politiques, à propos de leurs relations avec les Amérindiens et les Inuit que le Québec avait traditionnellement considérés en quelque sorte comme des citoyens uniquement fédéraux. Rappelons à ce sujet qu'en 1939 la Cour suprême du Canada avait elle-même sanctionné la position du gouvernement québécois de l'époque, à savoir que, pour les fins d'interprétation de l'Acte de l'Amérique du Nord Britannique de 1867, même les Inuit devaient être considérés comme des Indiens (S.C.R., 1939, p. 104). À la suite de quoi, la formulation de politiques gouvernementales concernant les Inuit devait être perçue par le gouvernement du Québec comme étant de la seule responsabilité d'Ottawa, ainsi d'ailleurs que la dispensation de services qui sont normalement de compétence provinciale, par exemple l'éducation, la santé, etc.

Au début des années 1960, toutefois, Québec eut à faire face à des demandes de permis d'exploration et d'exploitation minière dans la partie septentrionale de son territoire, où pratiquement les seuls résidants permanents étaient des Inuit et des Amérindiens. Et, en dépit de son statut constitutionnel de propriétaire des ressources qui s'y trouvaient, comme c'est le cas dans le reste du territoire provincial, le gouvernement du Québec était largement absent de ce territoire, où il n'avait rien fait de plus que de commander, au milieu des années 1950, des inventaires hydrologiques confiés à des firmes d'ingénierie privées pour le compte du ministère des Ressources hydrauliques. Ce ministère, une fois amalgamé avec le ministère des Mines, devait devenir en 1961 le nouveau ministère des Richesses naturelles, à l'intérieur duquel fut créée en avril 1963 la Direction générale du Nouveau-Québec «pour assumer dans le territoire du Nouveau-Québec, à l'exception des portions territoriales déjà reliées au Québec organisé, l'administration de toutes les activités gouvernementales excepté celles relevant de la police provinciale, de la justice et des terres et forêts» (Décret ministériel, 1963, p. 613).

Face à la nouvelle situation, une politique gouvernementale de développement du territoire devait de toute évidence tenir compte des peuples autochtones qui y résidaient, spécialement des Inuit qui vivent dans les parties les plus septentrionales, là où les permis miniers avaient été requis du Québec par des développeurs privés. En conséquence, l'approche approuvée par le cabinet, deux mois après la création de la Direction générale du Nouveau-Québec, était centrée sur le rôle des Inuit dans le développement économique du Nouveau-Québec (Gourdeau, 1963).

Cette approche nouvelle du gouvernement d'alors – le gouvernement de la Révolution tranquille – signifiait un renversement complet de la position traditionnelle. Désormais, le gouvernement du Québec considérait qu'il était dans ses meilleurs intérêts que les habitants du territoire, bien adaptés à un environnement éloigné et dur, fussent appelés à jouer un rôle majeur dans son développement moderne et fussent préparés en conséquence. Des mesures furent prises dans les domaines de l'éducation, de la santé et de la formation professionnelle ; des infrastructures physiques et financières furent mises en place dans les différentes localités habitées par les Inuit.

*Deuxième étape : politique touchant les Inuit, les Cris et les Naskapis*

Une autre étape fut franchie en 1974 avec l'adoption par le gouvernement du Québec d'une politique à l'égard des autochtones. Ce fut à l'occasion de la négociation de la Convention de la Baie James et du Nord québécois, et, cette fois encore, en vue de promouvoir les intérêts du Québec. Cette fois-ci, cependant, il ne revint pas au gouvernement d'arrêter, dans une attitude paternaliste, les règles, les moyens et les façons d'assurer la participation des autochtones à la mise en valeur du moyen Nord ; au contraire, le gouvernement québécois et sa commission hydro-électrique, qui avaient ignoré les droits historiques des autochtones, furent forcés à la négociation par une injonction accordée en Cour supérieure du Québec et favorable aux Cris, aux Inuit et aux Naskapis bénéficiaires de ces droits (Kanatewatt *et al./* Société de développement de la Baie James, 1974). Et c'est le document de quelque 500 pages résultant de cette négociation – la Convention de la Baie James et du Nord québécois – qui établit ce qui put dès lors être considéré comme une politique gouvernementale compréhensive à l'égard des Inuit et des Cris. La Convention du Nord-Est québécois de 1978 eut le même effet pour les Naskapis.

Ce qui est particulièrement nouveau ici, en termes de processus d'établissement de politiques, c'est le fait que cette politique, résultat de négociations serrées et dures étalées sur une période de deux ans, n'émana pas que de la sagesse de politiciens et de fonctionnaires non autochtones ; établie conjointement par les gouvernements et les bénéficiaires des droits ancestraux, elle devait déboucher obligatoirement sur la reconnaissance explicite de droits bien définis ainsi que sur leur exercice à travers des régimes spécifiques mutuellement acceptés et pleinement protégés par la législation de l'Assemblée nationale et celle du Parlement canadien.

De plus, cette politique diffère de la précédente en ce que, premièrement, elle reconnaît aux nations autochtones un rôle-clé dans leur propre gouvernement local ainsi que dans l'opération et l'administration des secteurs de l'éducation, de la santé, des services sociaux et de la police ; deuxièmement, elle confère une valeur économique aux activités ancestrales des autochtones et permet de ce fait à certains éléments essentiels de leur identité culturelle de survivre et de se développer ; troisièmement, elle leur procure d'importantes sommes d'argent qu'ils peuvent utiliser pour des fins communautaires comme ils l'entendent ; et quatrièmement, elle établit clairement leurs titres de propriété sur des terres de catégorie 1 dans certaines portions (bien que limitées) du territoire de 400 000 milles carrés – les deux tiers du Québec – couvert par ces ententes, ainsi que leurs droits exclusifs à la trappe sur l'ensemble du territoire, à la chasse et à la pêche sur les terres de catégorie 2.

*Troisième étape : la politique générale à l'égard des autochtones*

C'est entre l'année 1978 et l'année 1985 que se développa graduellement une politique générale touchant l'ensemble de la population autochtone québécoise. Le processus débuta par la tenue d'une conférence de trois jours à Québec en décembre 1978, qui regroupait les représentants du gouvernement et les représentants des Amérindiens *de statut* en provenance de tous les coins de la province. Les 125 participants amérindiens, délégués par leurs 9 nations et les 40 bandes qui les constituent, eurent alors l'occasion de s'initier aux rouages de l'administration provinciale, d'exposer certains de leurs problèmes et de communiquer leurs préoccupations aux 12 ministres qui participèrent à la rencontre, y compris le premier ministre (*Rencontre*, 1978).

Non seulement les dirigeants autochtones y saisirent-ils l'occasion de rappeler, parfois durement, les blocages historiques et actuels aux bonnes relations entre eux et le gouvernement provincial, ils exprimèrent aussi leurs convictions profondes touchant l'indéfectibilité de leurs droits collectifs ancestraux : «Nous entendons laisser savoir au gouvernement provincial qu'il doit comprendre que nous ne pouvons plus tolérer quelque politique gouvernementale que ce soit dont l'objectif soit l'extinction de nos droits amérindiens [...]» (Delisle, 1979) ; à propos de la route judiciaire qu'ils étaient toujours obligés de prendre pour assurer le respect de leurs droits et de leurs intérêts : «Comment se fait-il que le seul recours touchant nos problèmes de juridiction et les droits des Amérindiens doivent se régler dans les cours?» (Dedam, 1979) ; et, sur leur statut particulier : «Quand allez-vous enfin nous reconnaître comme des nations?» (Delisle, 1979).

À la suite de cette rencontre, de nouvelles formes de représentation autochtone verront le jour pour favoriser le dialogue avec le gouvernement du Québec. Des structures représentatives avaient, il est vrai, été établies dans la Convention de la Baie James et du Nord québécois (1975) et la Convention du Nord-Est québécois (1978) pour permettre aux 8 000 Cris, aux 5 000 Inuit et aux 400 Naskapis de traiter directement avec le gouvernement québécois. Mais, dans le cas des 30 000 autres Amérindiens «de statut» vivant au Québec, la tutelle du gouvernement fédéral sur eux était encore omniprésente et les communications autochtones directes avec le gouvernement québécois étaient rares, pour ne pas dire inexistantes.

Représentant 3 000 Attikameks et 7 000 Montagnais, le Conseil attikamek montagnais (CAM) fut la première organisation politique autochtone à approcher le gouvernement du Québec dans les mois qui suivirent la conférence, dans le but de faire valoir leurs revendications territoriales sur la base des droits ancestraux. Par la suite, soit vers la fin de 1982, les Indiens *statués* et *non statués* ainsi que les Inuit créèrent un front commun à la fois pour solliciter du Québec la reconnaissance de leurs droits tels qu'ils sont identifiés et définis dans les 15 principes (voir l'Annexe 1 de ce chapitre) et pour requérir la présence du premier ministre du Québec à la Conférence constitutionnelle des premiers ministres du Canada (en avril 1983) sur «les matières affectant directement les peuples autochtones du Canada, incluant l'identification et la définition des droits de ces peuples [...]».

Malgré d'intenses discussions préliminaires en 1980 et 1981, les véritables négociations entre le CAM et le Québec ne démarrèrent pas vraiment, et cela même si Québec avait accepté – en se démarquant ainsi de la politique fédérale – de ne pas faire de l'extinction des droits ancestraux un préalable aux négociations. Un des principaux motifs du piétinement des pourparlers, jamais invoqué officiellement par le CAM, pour remettre à répétition des rencontres et des discussions pourtant planifiées, fut sans doute relié aux espoirs qu'il entretenait à ce moment-là, tout comme les autres organismes autochtones à travers le Canada, de voir la Conférence imminente des premiers ministres, prévue dans l'Acte constitutionnel de 1982, renforcer son pouvoir de négociation grâce à l'enchâssement de la nature et de la portée des droits aborigènes que l'article 35 leur reconnaissait désormais. Comme chacun sait, la Conférence des premiers ministres du Canada en 1983 ne combla pas de tels espoirs, mais le front commun autochtone québécois avait réussi à assurer la participation du Québec à cette conférence (ainsi qu'aux trois autres conférences constitutionnelles sur la même question, soit en 1984, 1985 et 1987), et cela en dépit de la réticence profonde du Québec à participer à toute rencontre officielle tenue sous l'égide d'une constitution adoptée contre sa volonté formelle et catégorique. L'extrait suivant de la déclaration d'ouverture que fit René Lévesque à la Conférence de 1983 constitue un bon rappel des circonstances.

> Monsieur le Président, en tout respect, je suis sûr que vous comprenez que ce n'est pas parce que vous nous avez convoqués à cette Conférence que nous sommes ici aujourd'hui. La seule et unique raison de notre présence ici vient de notre respect pour les peuples autochtones, par-dessus tout évidemment ceux vivant au Québec. Leurs représentants élus ont fortement insisté pour que nous soyons présents, et, par solidarité et en quelque sorte à notre propre risque, nous avons décidé de venir (Discours et interventions des délégués du Québec, Conférence des premiers ministres, mars 1983, p. 9).

Et, dans ses remarques à la conclusion de la Conférence de 1985, le premier ministre du Québec proclama l'engagement de son gouvernement à «demeurer associé au processus au moins aussi longtemps que les autochtones du Québec trouveraient que cela est désirable» (SAGMAI, 1986).

Québec est probablement la seule province au Canada à avoir été *forcée* à participer à cet exercice constitutionnel canadien par les nations autochtones unies entre elles à cette fin. Cela les a incitées à travailler activement pour orienter les politiques du Québec à l'égard des Amérindiens et des Inuit et pour désigner leurs propres représentants dans les délégations québécoises aux Conférences des premiers ministres. En principe et en fait, les délégations du Québec à ces conférences devaient obligatoirement comprendre une majorité de délégués autochtones. Bien que la Conférence de 1983 ne marquât pas de progrès substantiels en général quant à la nature et à la portée des droits autochtones, elle enchâssa dans l'article 35 un amendement ayant pour effet de conférer une protection constitutionnelle aux droits spécifiques des Cris, des Naskapis et des Inuit stipulés dans les Conventions de la Baie James et du Nord québécois et du Nord-Est québécois.

À la fin de novembre de 1983, six mois après la Conférence constitutionnelle, une commission parlementaire fut tenue à l'Assemblée nationale du Québec pour entendre les rapports soumis par les bandes, les groupes et les peuples autochtones sur leurs droits et leurs besoins. Ces audiences durèrent trois jours et valurent à l'ensemble des représentants élus de l'Assemblée nationale un début de conscientisation aux droits et aux besoins des peuples autochtones du Québec ainsi qu'à la nécessité de développer des approches susceptibles de contribuer à la solution des problèmes présents et à venir. C'est également à la faveur des travaux de cette commission parlementaire que prit naissance le projet de soumettre éventuellement à l'Assemblée nationale une politique d'ensemble touchant les Autochtones (*Rencontre*, 1984).

*Quatrième étape : formulation de la politique d'ensemble*

Un an et demi plus tard, le 20 mars 1985, l'Assemblée nationale du Québec adoptait la résolution suivante :

### MOTION PORTANT SUR LA RECONNAISSANCE DES DROITS AUTOCHTONES

Que cette assemblée

Reconnaisse l'existence au Québec des Nations abénaquise, algonquine, attikamek, crie, huronne, micmacque, mohawk, montagnaise, naskapie et inuit ;

Reconnaisse leurs droits ancestraux existants et les droits inscrits dans les conventions de la Baie-James et du Nord québécois et du Nord-est québécois ;

Considère que ces conventions, de même que toute autre convention ou entente future de même nature, ont valeur de traités ;

Souscrive à la démarche que le gouvernement a engagée avec les Autochtones afin de mieux reconnaître et préciser leurs droits, cette démarche s'appuyant à la fois sur la légitimité historique et sur l'importance pour la société québécoise d'établir avec les Autochtones des rapports harmonieux fondés sur le respect des droits et la confiance mutuelle ;

Presse le gouvernement de poursuivre les négociations avec les Nations autochtones en se fondant, sans s'y limiter, sur les quinze principes qu'il a approuvés le 9 février 1983 en réponse aux propositions qui lui ont été transmises le 30 novembre 1982 et à conclure avec les Nations qui le désirent ou l'une ou l'autre des communautés qui les constituent des ententes leur assurant l'exercice :

(a) du droit à l'autonomie au sein du Québec ;

(b) du droit à leur culture, leur langue, leurs traditions ;

(c) du droit de posséder et de contrôler des terres ;

(d) du droit de chasser, pêcher, piéger, récolter et participer à la gestion des ressources fauniques ;

(e) du droit de participer au développement économique du Québec et d'en bénéficier,

de façon à leur permettre de se développer en tant que nations distinctes ayant leur identité propre et exerçant leurs droits au sein du Québec ;

Déclare que les droits des Autochtones s'appliquent également aux hommes et aux femmes ;

Affirme sa volonté de protéger dans ses lois fondamentales les droits inscrits dans les ententes conclues avec les Nations autochtones du Québec ; et

Convienne que soit établi un forum parlementaire permanent permettant aux Autochtones de faire connaître leurs droits, leurs aspirations et leurs besoins.

Assemblée nationale du Québec, le 20 mars 1985

*La philosophie sous-jacente*

À l'instar de la politique touchant les Inuit, les Cris et les Naskapis, la politique officielle exprimée dans la résolution de 1985 est centrée sur la signature d'accords négociés et la protection légale à leur conférer. Mais elle s'en démarque, d'une part, en ce qu'elle n'est pas limitée à la négociation dans le cadre de projets de développement impliquant le règlement de réclamations territoriales et, d'autre part, en ce qu'elle ne repose pas sur l'extinction des droits aboriginaux. La politique est plutôt fondée sur la reconnaissance par le Québec, à travers la législation de l'Assemblée nationale, du statut particulier des Amérindiens et des Inuit.

Lorsque le premier ministre déposa cette résolution à la Conférence des premiers ministres d'avril 1985 à Ottawa, il exprima ainsi la philosophie sous-tendant l'approche et la politique du Québec :

> Mais finalement, quelles que soient la nature des droits autochtones et leur constitutionnalisation, il restera toujours d'importance primordiale que ces droits puissent s'exercer concrètement et, dans la mesure du possible, qu'ils soient exercés dans l'harmonie. Il est évident que les tribunaux auront toujours un rôle important à jouer pour la sauvegarde des droits enchâssés, mais nous devons pouvoir être capables de trouver ensemble les moyens de définir des modes de coexistence qui tiennent compte non seulement, et peut-être même pas principalement, de l'épée de Damoclès que représente le système judiciaire, mais d'abord et avant tout du fait que nous vivons ensemble et nous côtoyons pour ainsi dire quotidiennement, dans un territoire donné (SAGMAI, 1986).

Comme on le voit par cette déclaration et la résolution elle-même, le fondement de la politique québécoise est la reconnaissance des nations amérindiennes et inuit vivant au Québec et possédant une identité spécifique, historique, linguistique, culturelle et sociale ; son objectif est de conclure des contrats sociaux permettant à ces nations d'exercer leur nationalité et leurs droits sur les terres provinciales. Parmi ces droits, il y a évidemment ceux qui sont déjà enchâssés dans la constitution canadienne. Il y a de plus ceux que le Québec peut reconnaître et même enchâsser dans sa propre constitution. Dans ce dernier cas, alors qu'ils ne peuvent être capricieusement et unilatéralement modifiés, les droits peuvent être facilement modifiés avec le consentement de l'Assemblée nationale et de la nation autochtone concernée, comme on l'a vu, par les nombreuses modifications déjà apportées à différentes pièces législatives adoptées depuis 1978 pour mettre en application la Convention de la Baie James et du Nord québécois et celle du Nord-Est québécois ; et cela le plus souvent à la requête même des bénéficiaires, toujours avec leur consentement.

La politique actuelle en matière autochtone, telle qu'elle est exprimée dans la résolution de 1985 et dans les 15 principes de 1983, s'est cristallisée sous un gouvernement différent de celui qui devait lui succéder en 1986, et dont les porte-parole s'étaient prononcés à l'unanimité contre la résolution de 1985 alors que les libéraux constituaient l'opposition à l'Assemblée nationale. Ils avaient alors invoqué non pas l'essence de la résolution mais le fait que certains représentants de nations autochtones s'étaient montrés insatisfaits du libellé du texte, pas assez précis selon eux et trop restreint à l'approche provinciale ; ou encore, dans le cas de quelques autres, réticents à l'idée qu'un parlement provincial, spécialement avant le terme du processus constitutionnel, pût proclamer une politique en matière autochtone, « ce que seul le Parlement fédéral aurait l'autorité de faire ».

Toutefois, on peut dire que les interventions des ministres québécois ont par la suite confirmé l'appui du gouvernement libéral québécois non seulement à l'enchâssement constitutionnel du droit des autochtones à l'autonomie gouvernementale, mais aussi à négocier des ententes sur la façon d'assurer l'exercice de ces droits à l'intérieur du Québec.

## LES STRUCTURES GOUVERNEMENTALES

### Le SAGMAI

À la fin de 1977, le gouvernement du Québec prit deux décisions à caractère structurel à propos de ses relations avec les Amérindiens et les Inuit résidant dans la province. Premièrement, il abolit la Direction générale du Nouveau-Québec devenue inutile. En effet, le mandat confié en 1963 à la DGNQ touchait les parties non organisées du territoire septentrional québécois. Avec l'adoption imminente par l'Assemblée nationale de la législation prévue aux Conventions de la Baie James et du Nord québécois et du Nord-Est québécois, l'ensemble du territoire allait constituer un territoire politiquement et socialement organisé à l'instar de toute autre portion du territoire québécois. En conséquence, les divers ministères de l'administration devaient reprendre les compétences et les responsabilités qui avaient été transférées à la DGNQ. Deuxièmement, le gouvernement décida que tous les secteurs de l'Administration provinciale devraient désormais offrir leurs services et programmes aux peuples autochtones partout dans la province, non plus seulement à ceux qui étaient les bénéficiaires des Conventions sus-mentionnées. Cette décision à double volet était fondée sur le principe que les Indiens et les Inuit ont été les premiers habitants du pays.

> Je puis vous donner l'assurance que notre gouvernement, dans l'effort qu'il fait pour assurer la survie et l'épanouissement de la nation française québécoise, cherchera toujours à favoriser au mieux les minorités qui vivent au Québec parce que leurs valeurs humaines et culturelles, à la condition qu'elles continuent de s'exprimer et de se développer, enrichissent notre patrimoine et sont un gage additionnel de civilisation saine.

> Plus que toutes autres, les minorités autochtones méritent pareille considération. Leur appartenance aux nations amérindiennes et inuit, qui furent les premières à habiter ce pays et à le mettre en valeur au profit de l'homme, pose à la société québécoise dans son ensemble des exigences certaines ; parfois une reconnaissance de droits particuliers, toujours un droit strict à bénéficier en plénitude des services offerts à la population en général. Davantage encore peut-être, les populations autochtones doivent pouvoir compter sur la normalisation de leurs relations avec l'ensemble de la société québécoise. C'est sans doute d'ailleurs là une condition préalable au développement chez elles d'une attitude pleinement confiante qu'elles n'ont pas toujours

manifestée, et on les comprend, à l'égard d'une société dominante qui plus souvent qu'autrement a manifesté à leur endroit de l'ignorance et même, il ne faut pas avoir peur des mots, une ignorance touchant au mépris ou à tout le moins perçue comme telle (SAGMAI, 1981).

C'est sur la base de cette décision que fut établi, le 18 janvier 1978, le Secrétariat des activités gouvernementales en milieu amérindien et inuit (SAGMAI). Placé sous la responsabilité ministérielle directe du premier ministre, il reçut pour mandat d'assurer la coordination et la cohérence des interventions gouvernementales et para-gouverne-mentales en milieu amérindien et inuit; d'établir, en consultation avec les intéressés, une politique québécoise globale qui devrait être appliquée en milieu amérindien et inuit; et de fournir à ces milieux l'information générale pertinente concernant l'Administration (Décret ministériel, 1978, p. 154-178). De toute évidence ce mandat, bien qu'il confiât un rôle central au SAGMAI, ne lui assignait pas de responsabilités administratives directes touchant les peuples autochtones du Québec. Le SAGMAI ne fut pas créé en tant que ministère ou en tant que substitut de ministère, de département ou d'agence pour assumer des responsabilités sectorielles. Au contraire, ces responsa-bilités furent laissées aux structures gouvernementales régulières, qui reçurent comme mandat de mettre leurs programmes à la disposition des peuples aborigènes en les adaptant ou en en créant de nouveaux au besoin, en considération de leur statut et de leurs droits et besoins spécifiques. Le Secrétariat devait, à l'instar des autres structures (comités ministériels permanents du développement économique, du développement social, du développement culturel et de l'aménagement du territoire) établies au sein du ministère du Conseil exécutif, demeurer une structure de coordination légère com-posée, tout au plus, d'une dizaine de cadres et professionnels et du personnel de soutien.

Aussi, en adoptant le Décret ministériel créant le SAGMAI, le gouvernement ordonna-t-il du même souffle à une douzaine de ministères stratégiques de déterminer et d'établir à l'intérieur de leurs structures respectives au moins une position exécutive dont le titulaire serait en quelque sorte considéré comme étant la conscience du minis-tère en matière autochtone – c'est-à-dire que le titulaire devait assurer que les programmes et activités destinés aux Amérindiens et aux Inuit soient développés en consultation avec eux et soient compatibles avec la politique québécoise d'ensemble touchant les peuples autochtones.

En 1987, le nom du SAGMAI fut changé pour celui de Secrétariat aux affaires autochtones (Décret ministériel, 1987, p. 17-87) et, bien que toujours situé à l'intérieur du ministère du Conseil exécutif – dont le ministre responsable est le premier ministre –, il est maintenant dirigé par un ministre délégué aux Affaires autochtones dont le sous-ministre est secrétaire général associé du Conseil exécutif.

*Fonctionnement du Secrétariat*

Le Secrétariat aux affaires autochtones utilise un certain nombre de moyens pour remplir son mandat. La table des coordonnateurs ministériels se réunit chaque mois sous son égide pour évaluer les progrès, pour constituer au besoin des groupes multidisciplinaires chargés d'examiner de nouveaux projets, d'étudier certaines demandes particulières présentées par les autochtones, et pour échanger sur les politiques. La table est constituée de coordonnateurs et autres représentants délégués par les ministères et agences gouvernementales. Comme nous l'avons mentionné plus haut, lorsque fut créé le SAGMAI en 1978, quelque 12 coordonnateurs ministériels furent nommés en vertu de la directive du gouvernement. Au milieu de l'année 1986, leur nombre avait été volontairement accru à 25, ce qui démontre l'intérêt des divers secteurs de l'Administration pour cette forme de coordination gouvernementale institutionnalisée.

Des rencontres *ad hoc* sont aussi convoquées par le Secrétariat en réponse à des requêtes spécifiques ou à sa propre initiative pour discuter de nouvelles politiques ou trouver des solutions à des problèmes qui se présentent de temps à autre. Le plus souvent, ces rencontres sont convoquées à la demande de groupes autochtones insatisfaits des règlements, des décisions, de l'attitude de l'un ou l'autre secteur de l'Administration provinciale. Assez souvent aussi, un ministère ou une agence gouvernementale, cherchant à coordonner ses activités avec les autres ministères, demandera au Secrétariat de convoquer les parties intéressées. De telles rencontres sont également organisées par le Secrétariat à sa propre initiative pour exécuter des mandats qui lui sont confiés par le Conseil des ministres ou le Conseil du trésor.

Ajoutons que, comme le responsable du Secrétariat aux affaires autochtones reçoit tout projet devant être soumis à l'approbation du gouvernement, le Secrétariat peut en examiner les impacts éventuels et, au besoin, suggérer des modifications pour assurer que les politiques gouvernementales à l'égard des Amérindiens et des Inuit soient respectées.

Enfin, le Secrétariat maintient un centre de référence et de documentation permettant aux Amérindiens et aux Inuit, ainsi qu'aux fonctionnaires et autres intéressés, d'obtenir de l'information sur diverses matières concernant les peuples autochtones. Il produit également de l'information écrite et audiovisuelle au bénéfice des Amérindiens et des Inuit. Sa principale publication est *Rencontre*, un magazine publié quatre fois par année en anglais et en français, et qui atteint chaque foyer amérindien et inuit du Québec. L'objectif de cette publication, depuis son lancement au printemps de 1979, est triple : fournir de l'information sur les institutions gouvernementales et autres qui peuvent être d'un intérêt particulier pour les autochtones ; procurer l'information sur les programmes qui leur sont accessibles ; et rendre compte d'initiatives prises par et en milieu amérindien et inuit. Une traduction de la plupart des textes du magazine dans leur langue respective est insérée dans le magazine français rejoignant les Montagnais et dans le magazine anglais rejoignant les familles cries et inuit.

## *QUELQUES ASPECTS SIGNIFICATIFS*

### *Indiennité*

En octobre 1980, le gouvernement québécois renonça à la distinction que fait le gouvernement fédéral entre Indien de statut et Indien non statué ; il reconnut comme indien, pour ce qui est de l'application de sa propre législation et de ses règlements, tous ceux qui sont indiens «en vertu de leur héritage et de leur appartenance à l'identité amérindienne». Ce changement fut effectué en réponse à des requêtes spécifiques faites par l'Association des femmes autochtones du Québec, au nom de milliers de femmes privées de leur statut. Rétroactivement à janvier de cette année-là, les femmes amérindiennes qui avaient perdu leur statut légal à la suite de leur mariage avec un non-Indien furent éligibles aux mêmes exemptions de taxes provinciales que l'étaient les Indiens enregistrés au gouvernement fédéral. Et, depuis 1981, la définition fédérale de *Indien* apparaissant dans les décrets provinciaux a été effacée pour être remplacée par les mots *une personne d'appartenance amérindienne*. En d'autres mots, la politique québécoise actuelle ne permet pas de faire une distinction statutaire entre les Indiens enregistrés et les Indiens non enregistrés, *de jure* et *de facto*, ou statués et non statués.

Depuis lors, parce que le gouvernement du Québec reconnaît la réserve comme l'endroit central où les Amérindiens peuvent développer et maîtriser leur destinée, son approche n'est pas nécessairement compatible avec les aspirations de ces autres Amérindiens qui ont toujours vécu hors des réserves – les enfants des Indiens dépossédés de leur indienneté par le statut fédéral et que le gouvernement du Québec a jusqu'à maintenant refusé de considérer comme appartenant aux peuples métis mentionnés dans la partie 2 de l'Acte constitutionnel de 1982. En dépit de cela, le gouvernement du Québec s'associe aux politiques fédérales touchant les Indiens sans statut (par exemple, dans le domaine du logement) et procure à l'occasion une aide particulière aux Amérindiens non statués pour les aider à organiser et à mettre en route certains projets. Mais, à ce jour, l'objectif d'ensemble du gouvernement a été de favoriser plutôt le rapprochement entre les non-statués et les statués en vue de préserver, sinon de restaurer, l'intégrité des nations amérindiennes.

Quant au principe lui-même de la réserve – le mode d'occupation amérindienne imposé par l'Acte de l'Amérique du Nord Britannique de 1867 et ses législations subséquentes – Québec a adopté une politique officielle (SAA, décision 82-361) pour en favoriser la création ou l'agrandissement en tant que place résidentielle[1].

Il va sans dire que le concept de la réserve, aux yeux du gouvernement québécois – comme c'était généralement le cas aux yeux des autres gouvernements provinciaux – constituait encore à la fin des années 1970 un mode d'établissement passéiste, une sorte de ghetto, dont le statut légal contribuait en quelque sorte à ségrégationner les Amérindiens et à les isoler. Par ailleurs, il était devenu bien évident que la réserve devait être dorénavant considérée sous un nouveau jour, en considération du rôle privilégié qu'elle peut tenir dans l'affirmation et la promotion de l'indienneté.

*La culture*

La politique de développement culturel du Québec promulguée en 1978 accorde une considération spécifique aux peuples autochtones : «Les Autochtones, Indiens et Inuit vivant à l'intérieur des frontières du Québec ne peuvent pas être regardés comme formant une ou plusieurs minorités de la même façon que les groupes dont les membres sont arrivés ici plus récemment [...] Les Autochtones ont le droit de recevoir encouragement et assistance financière du gouvernement dans la poursuite de leurs objectifs.» (Québec, 1978)

En 1977, la Charte de la langue française (loi 101) avait établi dans son préambule que «l'Assemblée nationale du Québec reconnaît aux Amérindiens et Inuit, descendants des premiers habitants de ce pays, leur droit de maintenir et de développer leur culture et langue d'origine». La loi prévoyait, dans ses articles 87, 88, 95 et 96, certaines applications particulières dans le cas des autochtones. En bref, la politique culturelle québécoise officielle reconnaît le droit des autochtones vivant au Québec non seulement de maintenir et de développer leur culture – ce qu'elle fait pour d'autres minorités – mais le droit de demeurer culturellement différents du reste de la société québécoise ; ce dont on trouvait déjà une illustration dans les institutions créées par – ou pour se conformer à – la Convention de la Baie James et du Nord québécois, où les Cris et les Inuit peuvent notamment assumer la direction et l'administration des opérations, des activités et des programmes de leurs commissions scolaires.

Un aspect significatif de la politique du Québec concernant le développement culturel des Amérindiens et des Inuit est sa référence traditionnelle à l'utilisation des langues vernaculaires en éducation, à laquelle le Québec attacha une importance primordiale dès le début des années 1960. La première politique éducationnelle appliquée dans le Nord par la DGNQ prévoyait l'instruction en inuktitut, la langue inuit, à la maternelle et durant les deux premières années du cours primaire – pas d'anglais ni de français. Cette politique était fondée principalement sur l'hypothèse que l'outil principal de l'enfant dans son apprentissage du savoir est l'expression de sa curiosité, et que, en conséquence, une politique éducationnelle ne permettant pas à l'enfant d'utiliser sa langue maternelle – la seule dans laquelle il peut aisément et spontanément s'exprimer – peut retarder son développement mental et même en quelque sorte le paralyser. L'hypothèse reposait en partie sur une analyse comparative de dessins faits par des petits Esquimaux n'ayant pas encore été à l'école et un autre groupe formé d'étudiants de deuxième année ; l'analyse révéla un certain blocage chez ceux qui fréquentaient l'école, forcément dans une langue étrangère (l'anglais), comparativement à ceux qui n'étaient pas encore entrés dans le système scolaire.

Maintenant qu'ils ont le contrôle de leur propre système d'éducation, les Inuit, les Cris et les Naskapis du Québec décident eux-mêmes si cette politique doit être maintenue, modifiée ou abandonnée. Le gouvernement du Québec n'a plus rien à dire à cet égard. Les résultats ne sont pas uniformes, puisque les décisions sont prises au niveau local par les parents ou la communauté et que les approches peuvent différer, quelquefois d'une façon très significative. Ailleurs, le gouvernement du Québec a apporté un certain appui aux écoles sur les réserves, de compétence fédérale, introduisant la langue vernaculaire comme langue d'instruction au cours des premières années d'enseignement.

En ce qui a trait à la promotion en général des langues vernaculaires, le Québec a cherché à octroyer ses subventions là où la langue d'origine était régulièrement parlée dans la communauté et a soutenu des projets instaurés dans et par le milieu. À cet égard, et parce qu'il s'agit là d'un accomplissement unique en son genre, le dictionnaire totalement et uniquement en inuktitut (27 000 mots), réalisé sur une période de dix ans par TAAMUSI QUMAQ de Povungnituk et publié récemment, mérite d'être mentionné (Inuit uqansillaringit, 1991). Financée entièrement par le gouvernement du Québec, cette réalisation témoigne de la politique québécoise d'appui aux langues autochtones encore vivantes.

## Les activités traditionnelles

Dans le domaine des activités traditionnelles telles que la chasse, la pêche et la trappe, la Convention de la Baie James et du Nord québécois a prévu, parmi les mesures compensatoires aux Cris, un programme véritablement novateur, celui de la sécurité du revenu des trappeurs et chasseurs, financé en entier par le gouvernement du Québec à un coût annuel de quelque 15 millions de dollars. Près de 30 % de la population totale crie vivant sur le territoire bénéficie directement de ce programme. Exerçant leurs principales activités économiques dans le domaine de la chasse, de la pêche et de la trappe, les bénéficiaires reçoivent leurs revenus d'un office non gouvernemental créé par législation québécoise et administré par les Cris. Depuis son adoption en 1976, la législation québécoise a été amendée à quelques reprises à la requête des Cris, notamment pour accroître à 350 000 personnes par jour le maximum annuel de 150 000 prévu dans la Convention de la Baie James et du Nord québécois.

D'une part, ce programme offre aux bénéficiaires une alternative honorable et payante aux traditionnelles mesures de sécurité sociale; mais, plus important encore, il reconnaît dans les faits que les activités traditionnelles, lorsqu'elles sont exercées professionnellement, doivent être rétribuées. De ce point de vue, le programme représente probablement la façon la plus significative pour chaque bénéficiaire d'apporter sa contribution – même en termes monétaires – à l'évolution sociale de sa communauté, sans perdre ce qui constitue l'essence de son identité, la relation terre-personne. L'utilisation de la terre, comme le faisaient les ancêtres, remplit un rôle éducationnel de première importance dans la population.

Le programme correspondant pour les Inuit est davantage orienté vers la communauté, mais il est aussi basé sur la poursuite d'activités traditionnelles. Les fonds, entièrement fournis par le gouvernement du Québec au coût annuel de quelque deux millions de dollars, sont administrés par l'Administration régionale kativik qui, sur approbation des projets soumis, les transmet aux gouvernements municipaux pour leur réalisation. Depuis ses débuts, le programme québécois de soutien aux activités inuit dans le domaine de la chasse, de la pêche et de la trappe a aidé les communautés nordiques à financer une série de projets locaux favorisant l'utilisation et la mise en valeur des ressources terrestres et maritimes.

## Le gouvernement autonome

Il existe au Québec trois principaux modes d'institutions gouvernementales contrôlées par les peuples autochtones en vertu de législations provinciales. Deux d'entre eux, prévus dans la Convention de la Baie James et du Nord québécois, concernant les Inuit, les Cris et les Naskapis, sont le fruit de négociations serrées entre ces populations et le gouvernement du Québec (1975). Le troisième résulte de la négociation entre les Amérindiens mohawks de Kahnawake et le gouvernement du Québec (1984).

## Chez les Inuit

Parmi les institutions placées sous le contrôle des Inuit dans le Nord québécois, deux sont à caractère ethnique : la Corporation Makivik, qui est le fiduciaire et l'administrateur des compensations monétaires (approximativement 90 millions de dollars) accordées aux Inuit, à leurs conjoints et à leurs descendants par la Convention de la Baie James et du Nord québécois, et les Corporations foncières locales, qui sont les fiduciaires et les administrateurs des terres de catégorie 1 reconnues dans la Convention comme étant la propriété des Inuit. Les autres institutions gouvernementales en territoire inuit (commissions scolaires, gouvernements régionaux et locaux, conseils de la santé et des services sociaux et forces policières régionales) sont légalement à caractère non ethnique. Leurs responsabilités et certaines de leurs compétences s'appliquent à l'ensemble du territoire et à tous les gens qui y vivent, non seulement aux Inuit. Dans les faits, ces institutions sont sous contrôle inuit parce que leurs directions administratives sont élues par l'ensemble de la population, à 90 % inuit.

Dans le cas des deux institutions ethniques, la Corporation Makivik et la Corporation foncière, l'autonomie des Inuit est presque complète. La seule contrainte significative imposée par la loi est que la Corporation Makivik ne peut pas dépenser, sur une période de vingt ans (1975-1995), plus que 50 % du capital et des intérêts accrus. Chacune des autres institutions se rapporte au ministère québécois responsable du secteur visé. Ainsi, le conseil scolaire Kativik se rapporte au ministère de l'Éducation, l'administration régionale Kativik au ministère des Affaires municipales et ainsi de suite. En termes légaux, l'autorité administrative de ces institutions, sous le contrôle administratif des Inuit, est large et surpasse à certains égards l'autorité d'institutions similaires ailleurs au Québec.

Ce système d'institutions gouvernementales, calqué sur des modèles *sudistes*, a été décrié d'une façon continue par une forte minorité de la population inuit du Québec – représentée par l'Association Inuit Tungavingat Nunamini – parce que, entre autres raisons, elles ne sont pas investies de l'autonomie qui leur permettrait d'allouer des fonds, sur la base de leurs propres priorités, aux divers secteurs de leurs activités. À la commission parlementaire de 1963 mentionnée plus haut, le gouvernement du Québec s'était engagé à appuyer une proposition de cette nature qui devait être élaborée et recevoir l'assentiment mutuel des *dissidents* inuit et des signataires de la Convention de la Baie James. Des discussions longues et intenses suivirent alors et, en octobre 1987, un référendum fut tenu dans les 14 communautés inuit du Nord québécois pour décider de la sélection d'un groupe de travail chargé de préparer des recommandations au sujet de la formation et de la structure d'un nouveau type de gouvernement régional (*Rencontre*, 1987). Le 27 juin 1991, un protocole d'entente fut signé entre le gouvernement du Québec et les représentants inuit concernant la finalisation par négociations d'une forme de gouvernement autonome pour les résidants du territoire nunavut (SAA, mémorandum).

## Chez les Cris et les Naskapis

Les institutions gouvernementales sous contrôle cri et naskapi diffèrent de celles qui se trouvent en milieu inuit. Premièrement, elles sont légalement à caractère ethnique – c'est-à-dire que leur autorité administrative s'applique en général seulement aux Cris et sur les terres qui leur sont réservées. Deuxièmement, certaines de ces institutions ont été établies par statut provincial, d'autres par statut fédéral.

La commission scolaire crie, le conseil cri de la santé et des services sociaux et les corporations municipales cries (terres de catégorie 1B) sont des créatures légales du gouvernement du Québec et se rapportent aux ministères concernés. Quant aux conseils de bandes, ils jouissent d'un statut fédéral spécifique, la loi crie-naskapie, pour gouverner leurs activités quotidiennes dans les terres de catégorie 1A, là où réside la population locale crie. Le bureau de compensation cri, créé par législation provinciale en tant que tuteur et administrateur des compensations monétaires prévues à la Convention de la Baie James et du Nord québécois, jouit d'un degré d'autonomie similaire à celui de Makivik dans le cas des Inuit. Il en est de même des corporations foncières locales. Elles possèdent en franc-alleu – affranchie de toute obligation – les terres de catégorie 1B jouxtant celles de catégorie 1A.

## Chez les Mohawks

Les institutions gouvernant les Cris, les Inuit et les Naskapis résultèrent de négociations entreprises il y a plus de vingt ans, et la plupart d'entre elles ont été légalement instituées dans les six premiers mois de l'année 1978. Depuis cette date, le gouvernement québécois a introduit graduellement de nouveaux éléments dans sa politique touchant les peuples autochtones, généralement à la faveur de nombreux échanges avec leurs représentants et par leur insistance à être traités non pas seulement avec respect mais sur la base même de leurs droits. Par exemple, même après la signature de la Convention de la Baie James et du Nord québécois et celle du Nord-Est québécois, le gouvernement du Québec répondit en 1980 au conseil attikamek-montagnais qu'«il reconnaissait leur droit à leur propre philosophie en ce qui concerne les services éducatifs et sociaux» (*Rencontre*, 1980). Au début de 1983, cette position avait évolué : «Les nations autochtones ont le droit d'avoir et de contrôler, dans le cadre d'ententes avec le gouvernement, des institutions qui correspondent à leurs besoins dans les domaines de la culture, de l'éducation, de la langue, de la santé, des services sociaux et du développement économique.» (voir l'Annexe 1 de ce chapitre).

C'est dans ce contexte qu'un accord intervint en 1984 entre le gouvernement du Québec et les indiens mohawks de Kahnawake pour la construction et l'opération d'un hôpital local entièrement financé par Québec. En vertu de la loi d'application générale sur la santé et les services sociaux, Québec ne pouvait fournir le financement requis que par l'intermédiaire d'une corporation provinciale spécifiquement créée à cette fin. L'hôpital et son administration devaient en plus être sujets à la loi provinciale régissant les hôpitaux. Certaines de ses clauses, à caractère administratif, ne s'appliquaient pas à la situation de Kahnawake, et Québec était prêt à amender sa loi en conséquence. Mais le conseil mohawk, dans sa quête d'autonomie politique, ne voulait pas être assujetti à un statut provincial, même amendé. Il voulait que le gouvernement du Québec reconnaisse aux Mohawks le droit de construire, de posséder et d'administrer leur hôpital selon leurs propres règles et priorités.

Les Mohawks se dirent prêts cependant à négocier une entente qui à la fois reconnaîtrait leur droit au gouvernement autonome et satisferait les exigences de la politique de santé du Québec. C'est ce qui fut fait. La loi québécoise de santé et des services sociaux fut amendée par l'Assemblée nationale pour statuer que, dans le cas de Kahnawake, l'accord négocié prévalait sur toute autre clause de la législation provinciale en cas d'incompatibilité. L'accord lui-même devint un statut provincial, mais pas avant que le conseil mohawk de Kahnawake lui eût donné son accord formel. En conséquence, l'organisation et la dispensation des services de santé ainsi que l'administration de l'hôpital sont gouvernées par un accord ayant force de loi à la fois pour Québec et pour Kahnawake et qui prévaut sur toutes les lois provinciales d'application générale en cas de conflit. L'Annexe 2 de ce chapitre reproduit cet accord, auquel on a souvent fait référence en tant qu'accord de gouvernement à gouvernement, directement négocié et signé entre les Mohawks et le gouvernement du Québec sans engagement d'une tierce partie.

## PROBLÈMES ACTUELS ET PROBLÈMES À L'HORIZON

### Les revendications territoriales

#### Territoire indien

À ce jour, des dix nations autochtones du Québec, seulement trois, soit environ 18 500 personnes, ont vu leurs revendications territoriales réglées : les Inuit (avec une population de quelque 6 500 personnes), les Cris (12 000), et les Naskapis (500). Il reste approximativement 37 000 Indiens statués vivant sur des réserves indiennes, qui n'ont jamais renoncé à leurs droits. Parmi eux, quelque 20 000 Algonquins, Attikameks et Montagnais vivent sur des réserves situées à l'intérieur ou tout près du vaste territoire désigné par la Proclamation royale de 1763 comme *territoire indien*.

Il y a quinze ans, les nations montagnaises et attikameks s'unirent dans le but de négocier un règlement compréhensif de leurs revendications territoriales. Pour des raisons mentionnées plus haut, les discussions entre eux et les deux gouvernements (fédéral et provincial) sont longtemps demeurées au point mort. Elles semblent maintenant avoir sérieusement repris et, s'il en est ainsi, la nation algonquine pourrait saisir l'occasion de manifester son intérêt. Sans sa participation, en effet, l'exercice des droits de ces trois nations, qui tomberaient probablement sous la section 35 de l'Acte constitutionnel de 1982 – puisqu'ils sont historiques dans leur nature et n'ont jamais été rendus ou éteints –, pourraient donner lieu à des conflits inter-nations en l'absence d'un règlement mutuellement accepté.

Mais, quoi qu'il en soit, la politique québécoise d'ensemble à l'égard des autochtones – celle qu'a promulguée en 1985 l'Assemblée nationale – va pouvoir se

344

concrétiser à l'égard de ces trois nations. Cette politique stipule, en effet, que c'est par des accords négociés assurant l'exercice de droits reconnus et convenus que passe l'harmonisation des relations; or, c'est précisément par cette voie que devra passer le règlement des contentieux concernant les Attikameks, les Montagnais, les Algonquins et les gouvernements. Comme on l'a vu dans le cas des Cris, des Naskapis et des Inuit, une entente globale négociée sur les droits et l'exercice de ces droits devient en quelque sorte inéluctable pour le règlement, à l'amiable, de revendications territoriales globales.

La similarité est frappante entre les droits pré-conventionnels des trois nations «nordiques» (crie, naskapie, inuit) et ceux des trois autres (attikamek, montagnaise et algonquine). Il s'agit de droits ancestraux demeurés indéfinis, imprécis, mais qui, de toute évidence, constituent une sorte d'hypothèque sur le territoire et, à ce titre, un important obstacle à lever pour en assurer une mise en valeur respectueuse des autochtones qui l'ont depuis toujours habité.

Ajoutons que, en dépit de cette similarité, la situation actuelle présente d'importantes différences. Comme on l'a vu plus haut, le gouvernement du Québec avait déjà indiqué en 1980 son désir de trouver une solution à la traditionnelle clause de l'extinction des droits, présente dans l'accord de la Baie James et du Nord québécois et dans celui du Nord-est québécois. Aujourd'hui, l'opposition des Premières Nations elles-mêmes au principe de l'extinction des droits a gagné beaucoup de poids et est ouvertement affirmée et réaffirmée depuis une dizaine d'années publiquement ou devant des comités parlementaires. De plus, à la suite de l'introduction de l'article 35 dans la constitution du Canada, l'extinction unilatérale des droits autochtones par le Parlement s'avérerait sans doute inconstitutionnelle.

*Territoire du gouvernement du Québec*

Dans le *territoire du gouvernement du Québec*, les 17 000 autres Amérindiens, membres des nations abénaquise, huronne, malécite, micmaque et mohawk, vivent tous sur ou à proximité des réserves. Conséquemment, des revendications territoriales globales de leur part sont plutôt improbables, ce qui ne signifie pas qu'elles ne vont pas chercher à récupérer des territoires qui leur avaient été alloués avant 1867 et dont leur tuteur fédéral a disposé par la suite; et à obtenir des gouvernements la reconnaissance de droits fondamentaux qui leur permettraient de jouir à la fois de l'autonomie administrative et d'un certain degré d'autonomie politique, ainsi que du développement des terres et des ressources qu'ils exigent de posséder, d'administrer ou de co-administrer. La politique globale du gouvernement du Québec, telle qu'elle a été officiellement promulguée par l'Assemblée nationale, va dans cette direction. La politique du gouvernement fédéral également, comme on a pu le voir clairement durant les conférences des premiers ministres de 1983, 1984 et 1985 et dans le rapport déposé à la Chambre des communes le 3 novembre 1983 par le comité Penner[2].

La composante territoriale de la politique du Québec restera par ailleurs plus difficile d'application dans le cas de ces groupes amérindiens qui n'ont pas de *droits constitutionnels* à faire valoir pour appuyer leurs revendications territoriales globales.

À ceux d'entre eux qui désirent une base territoriale qui leur permettrait de contrôler leur développement économique, le gouvernement du Québec devrait être prêt, en vertu de sa politique d'ensemble, à accorder en exclusivité l'utilisation de certaines portions de son territoire. Mais, par ailleurs, une réticence sérieuse à le faire pourrait également se manifester étant donné que les terres ainsi «réservées à l'usage exclusif des Indiens» pourraient être déclarées «terres fédérales» par les cours en vertu de la section 94 de la loi sur les Indiens ; et, en conséquence, pourraient constituer une série d'enclaves menaçant sérieusement l'intégrité du territoire québécois et le rôle du gouvernement provincial dans son aménagement. La façon la plus sûre de lever cet obstacle potentiel serait sans doute pour le gouvernement du Québec d'obtenir que la constitution du Canada soit amendée pour assurer que les terres provinciales ainsi mises de côté au bénéfice exclusif des Indiens – c'est-à-dire des terres dont le statut serait similaire à celui des terres de catégorie 1B transférées aux Cris de la Baie James – ne tomberaient pas sous l'autorité constitutionnelle du gouvernement fédéral. Un tel amendement a été en fait apporté dans la constitution canadienne en 1983 (article 35 :3), mais seulement en ce qui concerne les terres en franc-alleu transférées aux Cris, aux Inuit et aux Naskapis par le gouvernement du Québec à l'occasion du règlement de *revendications territoriales*.

En outre, l'application de la politique du Québec sera plus complexe à l'intérieur du *territoire du gouvernement du Québec*, puisque c'est principalement là que le développement industriel et urbain s'est effectué. Il n'existe en effet à peu près plus de superficies importantes laissées inoccupées dans le corridor du Saint-Laurent. On peut toutefois prévoir que des accords pourront y être conclus entre le gouvernement du Québec et les nations amérindiennes dans le but de permettre à celles-ci d'exercer leurs droits indiens (les droits constitutionnellement reconnus) ou encore les droits des Indiens (c'est-à-dire ceux qui seront formellement reconnus à la suite de négociations) dans le respect soit de la politique du Québec soit de celle du Canada. De tels accords seront vraisemblablement modelés sur l'accord de Kahnawake reproduit à l'Annexe 2 de ce chapitre et devraient à tout le moins refléter son approche de gouvernement à gouvernement, qui reconnaît dans les faits à cette nation amérindienne une existence politique libérée de la tutelle gouvernementale.

### Problèmes administratifs

L'implantation du processus législatif nécessaire à la mise en application de la politique globale du Québec en matière autochtone s'est souvent heurtée, et cela va vraisemblablement continuer, à des problèmes administratifs marqués d'hésitations, de délais et de retards susceptibles d'entretenir la méfiance entre le gouvernement québécois et les nations autochtones. En bonne partie, de tels problèmes peuvent être attribuables au fait que le processus administratif, en dépit de nouvelles structures spécifiques mises en place, est en quelque sorte bloqué par un processus législatif encore largement fondé sur des prémisses étrangères à la reconnaissance des nations autochtones en tant que groupes différents des autres au Québec, dans le domaine des droits collectifs.

Pour prévenir les délais administratifs, les remises et autres complexités dans l'application de la politique du Québec, il a été suggéré que l'Assemblée nationale adopte une loi-cadre qui établirait en termes clairs, au bénéfice à la fois des Amérindiens et des administrateurs du gouvernement, comment sa politique pourrait être légalement et concrètement appliquée. Une loi-cadre stipulerait, entre autres choses, que tout accord conclu entre une nation autochtone et le gouvernement peut être ratifié par l'Assemblée nationale et que ses dispositions l'emporteront dès lors sur toute autre clause incompatible avec les lois provinciales, et ce, même dans le cas de législations futures, à moins que celles-ci n'aient spécifiquement prévu le contraire. Auquel cas, les signataires des accords ainsi affectés seraient obligatoirement appelés devant l'Assemblée nationale pour exprimer leurs points de vue avant l'adoption finale. Cette loi-cadre dispenserait des fonctionnaires dévoués – parfois indûment zélés – de scruter l'ensemble de la législation provinciale dans le but de trouver quelles lois ou parties de lois doivent être amendées pour qu'un accord, pourtant jugé acceptable par toutes les parties, puisse être signé.

À cet égard, un projet de loi fut introduit à l'Assemblée nationale au début de 1987 (Assemblée nationale du Québec, 1987), pour être aussitôt retiré par son proposeur, le ministre délégué aux Affaires autochtones, devant la protestation de leaders autochtones dont l'opposition inattendue semble pouvoir être expliquée uniquement par une insuffisance d'information ou par la résistance obstinée de certains de leurs conseillers à l'adoption d'une législation provinciale dans un domaine de compétence fédérale. Paradoxalement, ce retrait de la législation a été un baume pour ces nombreux fonctionnaires qui, pendant plusieurs années, s'étaient régulièrement opposés à ce que ce type de traitement spécial au bénéfice des autochtones soit introduit dans le processus législatif régulier[3].

*L'engagement financier*

Une autre difficulté provient de la réticence du gouvernement du Québec à injecter des fonds provinciaux lorsque cela est nécessaire pour mettre en application sa politique. Le cas d'Oka est à ce sujet révélateur. Depuis 1983, le gouvernement du Québec a donné aux Mohawks de Kanesatake l'assurance que, en vertu de sa politique, il était prêt à favoriser la création d'une réserve selon les termes de la décision de 1982, dès qu'il recevrait une requête à cet effet. Les Mohawks de Kanesatake préférèrent alors attendre que fût complété à Ottawa une nouvelle étude touchant leurs droits ancestraux, et dont la décision défavorable fut finalement rendue en 1987. Le gouvernement du Québec entreprit dès lors la discussion d'un schéma de consolidation qui permettrait la création de la réserve. Mais, en même temps, Québec écarta la possibilité du financement, à ses propres frais, des coûts entraînés par la consolidation territoriale requise et consacra plutôt ses efforts à convaincre le gouvernement fédéral de les assumer ; le gouvernement fédéral était réticent à le faire, étant donné le précédent que cela allait créer pour l'ensemble du Canada[4]. Le résultat de ce chassé-croisé devait remettre pour des mois la solution prévue dans la politique québécoise.

Peut-être que l'éclatement des sentiments générés par les événements d'Oka aura-t-il fait davantage pour sensibiliser la population québécoise à la cause autochtone que ne l'aurait fait une solution rapide du problème, mais cette crise a révélé que le refus du gouvernement du Québec de s'engager financièrement a probablement été la raison principale pour laquelle sa propre politique n'a pas été appliquée telle qu'il l'avait planifiée et constitue, conséquemment, le plus important facteur explicatif de la dégradation de la situation à ce moment.

## La volonté politique

La réticence manifestée par le gouvernement du Québec à assumer ses responsabilités financières dans le règlement d'Oka ne peut vraiment pas être attribuée aux seules préoccupations financières, du moins pas d'une façon prépondérante. Les montants concernés, en effet, paraissent peu importants par rapport à l'ensemble du budget québécois total et la dépense ne pouvait sûrement pas être considérée comme un précédent coûteux puisque la bande de Kanesatake était la seule à ce moment au Québec à demander une allocation de terres non publiques pour des fins résidentielles.

On doit plutôt regarder du côté de l'absence de volonté politique pour expliquer l'attitude attentiste du gouvernement. Alors que bien des secteurs de l'appareil gouvernemental ont continué à élaborer leurs relations avec les nations aborigènes sur la base des 15 principes et de la résolution de l'Assemblée nationale, le gouvernement lui-même, c'est-à-dire le Conseil des ministres, semble avoir adopté une attitude plutôt tiède à l'égard de la réalité autochtone au Québec.

Le processus visant l'harmonisation des relations avec les premiers occupants du territoire, à la suite de la Convention de la Baie James et du Nord québécois (1975) et de la Convention du Nord-est québécois (1978), se déroula d'une façon systématique sous le gouvernement du Parti québécois, à la faveur d'une série de rencontres entre les représentants des Premières Nations, le premier ministre et les membres élus de l'Assemblée nationale. De toute évidence, le gouvernement du Parti libéral n'attacha pas, à compter de 1986, la même importance à ce processus. Graduellement, le nouveau premier ministre se défit lui-même de sa responsabilité ministérielle directe en matière autochtone. Il ne se présenta pas à la 4e Conférence constitutionnelle des premiers ministres sur les questions autochtones (1987), il nomma tour à tour trois ministres sur une période de six ans pour s'occuper du Secrétariat aux affaires autochtones et, à l'occasion, il invoqua l'autorité et la tutelle du gouvernement fédéral pour justifier ce qui semble bien avoir été un manque de volonté politique de passer à l'action et de respecter les engagements pris.

Un de ces engagements touche la création, annoncée lors de l'adoption de la résolution de l'Assemblée nationale de mars 1985, d'un forum parlementaire permanent qui permettrait aux représentants des nations autochtones de rencontrer annuellement les parlementaires, de discuter avec eux de leurs besoins, de leurs droits et de leurs aspirations. Neuf ans plus tard, rien encore n'a été fait à ce sujet. De toute évidence, le gouvernement a préféré s'en remettre à quelques personnes à l'intérieur de l'appareil gouvernemental pour se faire lui-même une idée de la situation, au lieu de favoriser une analyse à ciel ouvert de la question autochtone avec la participation réelle de toutes les parties intéressées.

Cette absence de volonté politique a sûrement influencé pour beaucoup les relations entre le gouvernement du Québec et les nations autochtones lors des événements d'Oka, même s'il faut noter que peu de leurs représentants ont alors fait croisade contre le Québec. Ils restaient en effet conscients des démarches significatives prises par le gouvernement du Québec pour les reconnaître en tant que Nations distinctes ayant droit à leurs propres gouvernements, ainsi que des progrès réalisés dans certains domaines.

Par ailleurs, dans leurs luttes pour assurer que la nature et la portée de leurs droits soient enchâssées dans la constitution, les autochtones du Québec s'efforcent de demeurer solidaires de leurs collègues des autres parties du Canada et ils évitent à cette fin de prendre ouvertement leurs distances. Au nom de cette solidarité, certains d'entre eux ont même, à l'occasion des événements d'Oka, accepté de servir de *caution* à des leaders autochtones *canadiens* ignorants de la situation québécoise et transmettant des messages que leur confiaient, le plus souvent, des spéculateurs ayant des préjugés, anti-Québec et souvent non autochtones.


## *ANNEXE 1*

### *LES 15 PRINCIPES ADOPTÉS PAR LE GOUVERNEMENT DU QUÉBEC\**


(1)    Le Québec reconnaît que les peuples aborigènes du Québec sont des nations distinctes qui ont droit à leur culture, à leur langue, à leurs coutumes et traditions ainsi que le droit d'orienter elles-mêmes le développement de cette identité propre.

(2)    Le Québec reconnaît également aux nations autochtones, dans le cadre des lois du Québec, le droit de posséder et contrôler elles-mêmes les terres qui leur sont attribuées.

(3)    Les droits mentionnés aux paragraphes 1 et 2 doivent s'exercer au sein de la société québécoise et ne sauraient par conséquent impliquer des droits de souveraineté qui puissent porter atteinte à l'intégrité du territoire du Québec.

(4)    Les nations autochtones peuvent exercer, sur des territoires dont elles ont ou auront convenu avec le gouvernement, des droits de chasse, de pêche, de piégeage, de cueillette de fruits, de récolte faunique et de troc entre elles; dans la mesure du possible, la désignation de ces territoires doit tenir compte de leur occupation traditionnelle et de leurs besoins; les modalités d'exercice de ces droits doivent être définies dans des ententes particulières avec chaque nation.

(5)    Les nations autochtones ont le droit de participer au développement économique de la société québécoise; le gouvernement est prêt à leur reconnaître également le droit d'exploiter, à leur bénéfice, dans le cadre des lois du Québec, les ressources renouvelables et non renouvelables des terres qui leur sont attribuées.

(6)    Les nations autochtones ont le droit, dans le cadre des lois du Québec, de se gouverner sur les terres qui leur sont attribuées.

(7)    Les nations autochtones ont le droit d'avoir et de contrôler, dans le cadre d'ententes avec le gouvernement, des institutions qui correspondent à leurs besoins dans les domaines de la culture, de l'éducation, de la langue, de la santé, des services sociaux et du développement économique.

(8)    Les nations autochtones ont le droit de bénéficier, dans le cadre des lois d'application générale ou d'ententes conclues avec le gouvernement, de fonds publics favorisant la poursuite d'objectifs qu'elles jugent fondamentaux.

(9)    Les droits reconnus aux Autochtones par le Québec sont reconnus également aux hommes et aux femmes.

(10)   Du point de vue du Québec, la protection des droits existants des Autochtones s'étend également aux droits inscrits dans des ententes conclues avec lui dans le cadre de revendications territoriales ; de plus la Convention de la Baie James et du Nord québécois et celle du Nord-est québécois doivent être considérées comme des traités et avoir plein effet.

(11)   Le Québec est prêt à considérer que les droits existants issus de la Proclamation royale du 7 octobre 1763 concernant les nations autochtones puissent être explicitement reconnus dans ses lois.

(12)   Le Québec est prêt à considérer cas par cas la reconnaissance des traités signés à l'extérieur du Canada ou avant la Confédération, le titre aborigène, ainsi que les droits des peuples aborigènes qui en découleraient.

(13)   Les Autochtones du Québec, en vertu de situations qui leur sont particulières, peuvent bénéficier d'exemptions de taxes selon les modalités convenues avec le gouvernement.

(14)   Le Québec, s'il légifère sur des sujets qui concernent les droits fondamentaux reconnus par lui aux nations autochtones, s'engage à les consulter par le truchement de mécanismes à déterminer avec elles.

(15)   Les mécanismes mentionnés au paragraphe 14, une fois déterminés, pourraient être institutionnalisés afin que soit assurée la participation des nations autochtones aux discussions relatives à leurs droits fondamentaux.

* Décision du Gouvernement 83-20, 9 février 1983, reproduite dans «Les fondements de la politique gouvernementale touchant les peuples autochtones», Gouvernement du Québec, SAA, ministère du Conseil exécutif, mars 1988.

## ANNEXE 2

Entente concernant la construction et l'exploitation d'un centre hospitalier dans le territoire de Kahnawake ENTRE LES MOHAWKS DE KAHNAWAKE représentés par leur Conseil élu, (ci-après appelés «LES MOHAWKS DE KAHNAWAKE») ET LE GOUVERNEMENT DU QUÉBEC représenté par monsieur René Lévesque, Premier ministre, et monsieur Camille Laurin, m.d., ministre des Affaires sociales, (ci-après appelé «LE GOUVERNEMENT»).

CONSIDÉRANT QUE LE GOUVERNEMENT A RECONNU :

a) QUE les peuples aborigènes du Québec sont des nations distinctes qui ont droit à leur culture, à leur langue, à leurs coutumes et traditions ainsi que le droit d'orienter elles-mêmes le développement de cette identité propre ;

b) QUE les nations autochtones ont le droit d'avoir et de contrôler, des institutions qui correspondent à leurs besoins dans les domaines de la culture, de l'éducation, de la langue, de la santé, des services sociaux et du développement économique ;

c) QUE les nations autochtones ont le droit de bénéficier, dans le cadre d'ententes conclues avec LE GOUVERNEMENT, de fonds publics favorisant la poursuite d'objectifs qu'elles jugent fondamentaux ;

CONSIDÉRANT QUE LES MOHAWKS DE KAHNAWAKE possèdent et exploitent un centre hospitalier connu sous le nom de KATERI MEMORIAL HOSPITAL CENTRE dont le bâtiment est devenu vétuste et qu'il est urgent de le remplacer par un édifice moderne, fonctionnel et sécuritaire ;

CONSIDÉRANT QUE LES MOHAWKS DE KAHNAWAKE ont démontré leur capacité de maintenir et d'exploiter un centre hospitalier et d'offrir des services de santé de qualité tant pour les soins de longue durée que pour des soins d'hébergement et ce, malgré l'état peu propice des lieux ;

LES MOHAWKS DE KAHNAWAKE ET LE GOUVERNEMENT s'entendent comme suit :

1) LES MOHAWKS DE KAHNAWAKE s'engagent :
    a) à construire dans leur territoire un centre hospitalier comprenant 43 lits à vocation de soins de longue durée et d'hébergement et incluant quelques lits polyvalents ou d'observation, selon des plans et devis approuvés par les deux parties ;
    b) à en confier l'exploitation au KATERI MEMORIAL HOSPITAL CENTRE, celle-ci étant une raison sociale enregistrée à la Cour supérieure de Montréal, en 1955, et que le Conseil a mandaté à cette fin et à prendre toutes les mesures nécessaires pour que le KATERI MEMORIAL HOSPITAL CENTRE respecte les règles de l'art en matière de santé et de services hospitaliers ;
    c) à permettre audit organisme de discuter, en son nom, avec le ministre des Affaires sociales ou ses représentants, des budgets annuels requis pour en assurer le bon fonctionnement.

2) LE GOUVERNEMENT s'engage :
    a) à fournir les fonds nécessaires aux MOHAWKS DE KAHNAWAKE pour la construction du centre hospitalier mentionné ci-dessus ;
    b) à assurer le budget annuel requis pour le fonctionnement du centre hospitalier, selon les normes et barèmes convenus chaque année entre les parties ;

c) à fournir l'assistance technique et le support administratif nécessaires aux MOHAWKS DE KAHNAWAKE pour assurer le bon fonctionnement du centre hospitalier.

3) Le centre hospitalier offrira notamment les services de santé suivants :
   a) services de clinique externe et d'urgence mineure
   b) soins de longue durée
   c) services d'hébergement
   d) services de santé communautaire.

4) LES MOHAWKS DE KAHNAWAKE fourniront, à la fin de l'exercice financier, au ministre des Affaires sociales les états financiers annuels du centre hospitalier, préparés par des experts-comptables, ainsi que les rapports périodiques usuels et permettront à celui-ci ou à ses représentants de faire les vérifications requises.

5) LES MOHAWKS DE KAHNAWAKE s'engagent à accueillir dans leur centre hospitalier, dans la mesure où des lits seraient disponibles, des patients venant de l'extérieur du territoire.

6) LE GOUVERNEMENT pourra mettre fin au financement annuel de fonctionnement s'il advenait que le centre hospitalier ne soit plus utilisé aux fins décrites au paragraphe 3 ci-dessus ou si les services offerts n'étaient plus adéquats.

7) LES MOHAWKS DE KAHNAWAKE s'engagent à demander des soumissions publiques pour la construction du centre hospitalier aussitôt que possible après la date d'entrée en vigueur de la présente entente, à octroyer le contrat au plus bas soumissionnaire, à veiller à ce que les travaux progressent le plus rapidement possible de façon à ce que les travaux soient complétés au plus tard deux ans après l'entrée en vigueur de la présente entente. La politique de demande de soumissions des Mohawks de Kahnawake s'appliquera (Annexe).

8) Pour donner effet à la présente entente, les MOHAWKS DE KAHNAWAKE s'engagent à faire adopter une résolution par leur Conseil et LE GOUVERNEMENT à présenter à l'Assemblée nationale, dans les meilleurs délais, un projet de loi.

Le projet de loi prévoira également que la Loi sur les services de santé et les services sociaux (L.R.Q. 1977, c. S-5) s'appliquera au nouvel établissement, dans la mesure où elle n'est pas incompatible avec les dispositions de la présente entente.

9) La présente entente entrera en vigueur dès que la résolution et le projet de loi mentionnés à l'article précédent entreront en vigueur, conformément aux procédures habituelles.

*Politique de demande de soumissions du Conseil des Mohawks de Kahnawake*

Le Conseil des Mohawks de Kahnawake énonce en ces termes sa politique de demande de soumissions :

Dans l'attribution du travail à forfait, le Conseil des Mohawks a l'intention de promouvoir la justice et de donner priorité à l'engagement des membres de la bande.

Tout travail pour lequel un entrepreneur est requis devra être offert aux membres de la bande par demande de soumissions publiques de la bande.

Priorité sera accordée aux membres de la bande, pour tout travail à forfait lié au fonctionnement du Conseil des Mohawks, de ses organismes affiliés ou pour tout projet d'immobilisations.

Pour obtenir la priorité, le travail devra être de qualité égale ou supérieure à celui qu'on attendrait de la part d'un entrepreneur non indien.

Les entrepreneurs non mohawks ne seront invités à soumissionner par demande de soumissions publiques que lorsqu'aucun entrepreneur mohawk ne sera disponible.

En présence de soumissions faites par des entrepreneurs mohawks et non mohawks et dans l'hypothèse où la soumission faite par un entrepreneur mohawk serait rejetée sur une question de coûts, l'entrepreneur mohawk pourra malgré tout obtenir le contrat, à condition que le coût total des travaux ne dépasse pas de plus d'un certain pourcentage, qui reste à être établi, la soumission de l'entrepreneur non mohawk et pourvu qu'aucune augmentation de coûts ne soit encourue dans le déroulement de ce projet particulier.

## APPLICATION

La présente politique s'applique aux projets d'immobilisations du Conseil des Mohawks comme les aqueducs et les égouts, les bâtisses de la bande des Mohawks et aux projets d'organismes affiliés financés sous les auspices du Conseil des Mohawks.

Les demandes de soumissions devront être affichées (2) deux semaines à l'avance pour tous les projets de plus de 1 000 $, par avis public dans plusieurs endroits publics et annoncées sur les ondes de la station radiophonique CKRK.

Les demandes de soumissions devront contenir les spécificités des travaux, l'échéance et les informations connexes.

Les soumissions seront étudiées par un comité composé comme suit :
1) Membre du conseil
2) Gérant de la bande
3) Coordonnateur des travaux
4) Ingénieur de la bande

Les critères généraux seront la qualité du travail, le prix des contrats, l'échéance pour l'achèvement des travaux, et chacun de ces critères devra respecter les exigences particulières de chacun des projets.

## NOTES

1. À la suite de la signature de la Convention de la Baie James et du Nord québécois, les communautés cries et naskapies ne constituent plus des réserves ; leur statut est défini par la loi sur les Cris et les Naskapis et non plus par la loi sur les Indiens.
2. Le Comité parlementaire spécial fut créé en 1982 pour examiner l'autonomie politique des bandes indiennes et recommanda à l'unanimité de l'enchâsser dans la constitution du Canada.
3. Pour de plus amples informations sur la justification de la législation proposée, voir «Le gouvernement et les nations autochtones du Québec : Harmonisation des relations», SAA, Gouvernement du Québec, p. 50-55.
4. Une réserve indienne est normalement une terre provinciale dont le contrôle et l'administration, et non pas la propriété, sont transférés par la province au gouvernement fédéral pour le bénéfice exclusif des Indiens.

## BIBLIOGRAPHIE

ASSEMBLÉE NATIONALE DU QUÉBEC, 1987, Projet de loi 50 ; 1re session, 33e législature.
DEDAM, Anthony, 1979, «Discours et Ateliers», SAGMAI.
DELISLE, Andrew, 1979, «Discours et Ateliers», SAGMAI.
GOURDEAU, Éric, 1963, «Perspectives de développement du Nouveau-Québec», communication présentée dans le cadre du congrès des Sociétés savantes aux membres de l'Association canadienne de sciences politiques, 8 juin ; miméographié, gouvernement du Québec, ministère du Conseil exécutif, SAA.
INUIT UQANSILLARINGIT, 1991, Dictionnaire de définitions en nunavik (Québec Artic) inuktitut, Avataq Cultural Institute, Montréal.
QUÉBEC, (s.d.), ministère du Conseil exécutif, «Mémoire portant sur l'entente intervenue entre Québec et le comité nunavik sur la Constitution», SAA, 3 pages.
QUÉBEC, 1978, La Politique québécoise du développement culturel, vol. I, Québec, Éditeur officiel.
Rencontre, 1978, vol. 1, no 1, gouvernement du Québec, ministère du Conseil exécutif, SAA.
Rencontre, 1980, vol. 2, no 2, SAA.
Rencontre, 1983, vol. 4, no 3, SAA.
Rencontre, 1984, vol. 5, no 3 (rapport des audiences), SAA.
Rencontre, 1987, vol. 9, no 2, SAA.
SAGMAI, 1979, «Discours et Ateliers», La rencontre des Amérindiens du Québec et du gouvernement québécois, 13, 14 et 15 décembre 1978 ; français et anglais, SAA, gouvernement du Québec, Conseil exécutif.
SAGMAI, 1981, «Discours prononcé par le Premier Ministre René Lévesque devant l'Association des Centres d'Amitié autochtones du Canada», le 16 juin 1978, gouvernement du Québec, ministère du Conseil exécutif, SAGMAI.

SAGMAI, 1986, « Déclarations et interventions des membres de la délégation québécoise, Conférence des premiers ministres d'avril 1985 », gouvernement du Québec, ministère du Conseil exécutif.

SAGMAI, 1983, « Déclarations et interventions des membres de la délégation québécoise, Conférence des premiers ministres », mars, gouvernement du Québec, ministère du Conseil exécutif, SAA.

# CHAPITRE 16

## Blokes, frô ou autres : éléments d'une histoire des communautés de langue anglaise au Québec[1]

### ROBERT C. H. SWEENY

Parmi les soldats démobilisés à Montréal, peu après la Conquête de 1760, on retrouvait un certain sergent Gourlay. Comme plusieurs autres militaires, il accepta un lopin de terre en guise de paiement pour ses services. Cette terre se trouvait dans le comté de Lindsay, à environ 200 kilomètres en amont de Montréal, qui n'était alors qu'une petite ville de 6 000 habitants. Mais le rêve était plus beau que la réalité et après être monté voir sa terre, en canot et à pied, Gourlay rentra chez lui, à Dundee en Écosse, pour de bon. On raconta sans doute l'histoire de son périple maintes fois au sein de sa famille avant qu'Anne Gourlay, son arrière-petite-fille, convainquît son mari, John Cole Grey, d'émigrer à Montréal en 1884, peu après la naissance de leur troisième enfant. Avec l'aide de sa belle-famille, demeurée à Dundee, Grey ouvrit une usine de fabrication de sacs en toile de jute, la Gourlay Bag Company, non loin des écluses de Côte-Saint-Paul, dans le quartier Pointe-Saint-Charles.

Isaac et Elizabeth Vipond n'eurent ni la possibilité de repartir, comme le sergent Gourlay, ni les chances qui s'offraient à John et à Anne Grey. À la suite des guerres napoléoniennes et devant les brutales rationalisations de la tenure des terres agricoles, connues en anglais sous le nom d'*enclosures*, ce couple de paysans quitta Alston, dans le Cumberland (Angleterre), en 1829. Avec leurs trois fils, ils arrivèrent à Québec, qui avait alors la même taille et la même composition ethnique que Montréal : 30 000 habitants, et autant d'anglophones que de francophones. Mais ils en repartirent dès le printemps suivant pour prendre possession d'une concession à Côte-Saint-Charles, dans la seigneurie de Vaudreuil. Le choix de cette destination ne fut pas le fruit du hasard, car cette localité était déjà peuplée par des dizaines de familles de leur comté natal, dont plusieurs familles méthodistes, comme les Vipond. D'ailleurs, au moment de leur départ, un tract vantant les mérites de cette petite colonie anglaise faisait le tour des paroisses rurales du Cumberland. Installés sur des terres seigneuriales québécoises, les trois fils Vipond ont tous épousé des filles méthodistes du Cumberland.

L'offre de John Redpath était attirante et Charles et Mary Sweeny désiraient une meilleure vie pour leur famille grandissante. Cependant, la décision de retourner vivre sous la couronne anglaise ne dut pas être facile. Nés à Killybegs, au Donegal (Irlande), Charles et Mary, comme la plupart des migrants catholiques irlandais, avaient délibérément choisi d'émigrer aux États-Unis, plutôt que dans une colonie anglaise comme l'était le Canada-Uni de l'époque. En revanche, quitter un poste de contremaître à Rutherford, au New Jersey, pour être nommé directeur de la production à la toute nouvelle raffinerie de sucre que Redpath venait de faire construire le long du canal Lachine était toute une promotion ! De plus, parmi les quelque 60 000 habitants de Montréal en 1853, il y avait une communauté catholique irlandaise assez forte. Bref, il s'agissait d'une occasion à ne pas manquer. Onze de leurs douze enfants grandirent à Pointe-Saint-Charles et leur rêve d'une meilleure vie pour leurs enfants semblait en voie de se réaliser quand leur plus jeune fils, Charles, épousa la fille d'un propriétaire d'usine. Une histoire d'amour qui ne fut pas sans difficultés, car Mary Grey n'était ni irlandaise d'origine ni catholique. Peut-être eût-il été en fait préférable que Charles père décédât bien avant le mariage de son fils dans une église presbytérienne. À la suite du mariage, Charles continua de pratiquer sa religion autant que faire se pouvait, même après qu'il fut excommunié pour avoir trop milité au sein de sa communauté irlandaise de Montréal, au moment de la révolte de Pâques, en 1916.

L'attrait que pouvait exercer un emploi à Montréal explique aussi l'arrivée de Tobie Walsh en 1901. Mais la ville avait beaucoup changé et ce fut son rôle de métropole financière pancanadienne, plus encore que les occasions de travail qu'elle offrait dans le secteur industriel, qui y attira ce jeune commis de banque né à Millbrooke, en Ontario. Montréal était alors devenue une ville de près d'un demi-million d'habitants et Tobie n'y connaissait presque personne. Mais il était né d'une bonne famille : son grand-père, John Wesley Walsh, originaire de Cavan Town, en Irlande, était l'un des fondateurs de la chapelle de leur village et sa mère, Charlotte Howden, y était organiste et directrice du chœur. Le révérend Halpenny, son cousin germain et pasteur de l'église méthodiste située au coin des rues Sherbrooke et Clark, avait déjà offert à Tobie l'une des chambres du presbytère. Quelques années plus tard, lors d'une fête à l'église méthodiste Douglas, Tobie rencontra Ruth Vipond, arrière-petite-fille d'Isaac et d'Elizabeth, qui venait de terminer sa formation d'institutrice au tout nouveau collège Macdonald, à Sainte-Anne-de-Bellevue. Ils se marièrent peu de temps après.

Ces quatre tableaux n'ont pas été choisis au hasard. Tobie Walsh, Ruth Vipond, Charles Sweeny et Mary Grey étaient mes grands-parents. Mais si l'échantillon n'est pas des plus scientifiques, ces brèves tranches de vie illustrent quand même plusieurs éléments importants permettant de comprendre l'histoire de la communauté anglophone au Québec.

D'abord, tout au long de cette histoire, les identités nationales et religieuses jouèrent un rôle extrêmement important. Ce n'est que très lentement, au cours de la dernière moitié du XXe siècle, qu'une *communauté anglophone* commença à se constituer au Québec. Auparavant, les considérations sociales, nationales, religieuses et culturelles qui divisaient les citoyennes et les citoyens d'expression anglaise étaient plus importantes que les facteurs qui les unissaient.

Ensuite, la présence de ces femmes et de ces hommes sur le sol québécois fut le résultat d'un choix conscient de leur part, d'un choix fait en pleine connaissance de cause. La migration en chaîne, le rôle central de la famille et l'importance des diverses communautés socio-culturelles faisaient que l'intégration des immigrants était relativement facile, mais par rapport à la majorité francophone, partielle.

En outre, ce choix fut fait à la lumière des ouvertures et des contraintes d'un monde – non pas seulement québécois mais aussi nord-atlantique – en pleine mutation.

Nous ne pouvons pas comprendre l'histoire de ces femmes et de ces hommes sans l'intégrer dans l'histoire plus vaste des changements industriels et sociaux qui transformaient alors le monde.

Finalement, le fait que les personnages de ces tableaux étaient tous d'origine britannique ou irlandaise est significatif. Exception faite des Acadiens, la vaste majorité des gens qui ont émigré au Québec entre la Conquête et le début du XXe siècle étaient d'origine anglaise, écossaise ou irlandaise. Comme nous allons le voir, l'enracinement de ces communautés socio-culturelles au Québec fut un facteur important dans l'intégration des immigrants au XXe siècle, et elles furent très diversifiées sur les plans national, religieux et linguistique.

## MIGRATIONS, CHANGEMENTS ÉCONOMIQUES ET POLITIQUES ÉTATIQUES

Quatre des cinq raisons invoquées par le gouvernement britannique pour justifier la conquête de la Nouvelle-France étaient économiques. La sauvegarde de l'industrie de la pêche à la morue dans le golfe du Saint-Laurent et l'expansion du commerce des fourrures dans Les Pays-d'en-Haut occupaient alors une place cruciale dans les politiques étatiques britanniques. On n'envisageait pas, à Londres, au milieu du XVIIIe siècle, une politique de peuplement de la vallée du Saint-Laurent, ce qui explique les provisions extraordinairement libérales de la Proclamation royale de 1763, concernant les Amérindiens, et de l'Acte de Québec de 1774, pour ce qui a trait aux catholiques de la colonie. Ainsi, les premières décennies qui suivirent la Conquête virent peu de changements importants et très peu d'immigration d'origine britannique.

Le changement le plus important que l'on put observer fut l'intégration d'un nombre restreint d'officiers de l'État et de l'armée britanniques au sein de la couche sociale dominante de l'ancien régime. Par la voie du mariage ou d'achat de lopins de terre, ces hommes devinrent seigneurs ; position sociale certes, mais aussi statut de plus en plus important sur le plan économique, au fil de l'occupation des terres agricoles. Parfois, comme dans le cas du général Christie, propriétaire de cinq seigneuries dans le Haut-Richelieu, ces nouveaux seigneurs en arrivaient même à influencer le développement de toute une région (Noël, 1992).

L'intégration du Québec au sein de l'Empire ne fut donc que partielle et, malgré des politiques monétaires néfastes pour la communauté commerçante (Sweeny, 1990), plusieurs marchands canadiens purent continuer à faire des affaires (Igartua, 1973). Pour la majorité de la population de la colonie, composée de familles de paysans et d'artisans, une fois remise des dommages causés par la guerre, particulièrement graves à Québec et sur la rive sud en aval de Québec, la vie reprit plus ou moins son cours normal.

Les choses changèrent brusquement et pour de bon en 1784. L'accession des 13 colonies américaines à l'indépendance allait transformer le rôle stratégique et économique du Québec dans les politiques britanniques. D'une voie d'entrée en Amérique tout à fait secondaire pour les Britanniques, la vallée du Saint-Laurent devint la seule voie commerciale véritablement viable, la route de la baie d'Hudson étant trop vulnérable à cause des vicissitudes du climat.

Plusieurs des maisons commerciales britanniques établies à New York, à Boston, à Baltimore et à Philadelphie déménagèrent leurs opérations à Québec ou encore, pour les maisons œuvrant dans le commerce de la fourrure, à Montréal. Intégrées aux maisons commerciales les plus influentes de la métropole, ces succursales québécoises et montréalaises allaient opposer une concurrence redoutable aux maisons canadiennes, lesquelles se verraient de plus en plus exclues du commerce avec la métropole et du très important commerce intercolonial (Burgess et Heap, 1978 ; Sweeny, 1984).

De plus, près de 40 000 loyalistes désireux de rester sujets britanniques se réfugièrent en Nouvelle-Écosse, au Nouveau-Brunswick et au Québec. Près de la moitié d'entre eux, forts d'une aide importante de la part du gouvernement britannique, s'établirent en sol québécois, dans les cantons situés le long de la nouvelle frontière avec les États-Unis, de même qu'en amont de Montréal, jusqu'aux Grands Lacs.

Ces changements économiques et sociaux marquent la véritable conquête, car, très rapidement, la classe marchande de la colonie fut dominée par des maisons commerciales anglo-écossaises et l'ancien territoire du Québec fut coupé en deux. Les loyalistes militèrent en faveur de l'établissement d'une colonie véritablement anglaise, qui serait donc régie par des lois et des coutumes anglaises, non pas seulement pour ce qui a trait à la liberté testamentaire et à la tenure – ce qui était déjà chose faite dans les cantons – mais aussi quant à la totalité du *common law*, qu'ils voulaient voir remplacer le droit coutumier de Paris. Ils souhaitaient également obtenir un mode de représentation électorale au sein du gouvernement colonial.

Leurs aspirations commencèrent à se réaliser en grande partie dès 1791. L'Acte constitutionnel de 1791 divisa le Québec en deux. Dorénavant, la riche région en amont de Montréal serait le Haut-Canada, une colonie anglaise au sens strict du terme. Dans le Bas-Canada, en revanche, l'on créa une Assemblée législative, où le droit de vote fut restreint aux propriétaires fonciers aisés et qui ne constituerait qu'une des chambres d'un système bicaméral où les véritables pouvoirs demeureraient aux mains du gouverneur et de son Conseil législatif. Ce dernier était, quant à lui, dominé par les seigneurs et les marchands les plus importants de la colonie.

La perte des colonies américaines fut la plus importante défaite de l'histoire de l'Empire britannique et elle influença les politiques de la Grande-Bretagne à l'endroit de ces colonies de peuplement, jusqu'aux années 1840. Ce que Whitehall et ses gouverneurs coloniaux abhorraient fut une répétition du désastre américain. Ainsi, dès 1784, les politiques étatiques visèrent à assurer un développement colonial dans le cadre économique du mercantilisme et dans un cadre politique très conservateur. Eu égard au peuplement par des immigrants loyalistes des cantons canadiens, ces politiques se traduisaient par une tentative de créer rapidement une hiérarchie sociale au sein des communautés dotées déjà d'une homogénéité confessionnelle et nationale. L'octroi des terres fut très inégal, alors que des immigrants venant des diverses régions des États-Unis furent répartis géographiquement conformément à leur origine britannique, sans égard pour leur provenance coloniale. Bref, la création d'une élite socio-économique dans les cantons, élite qui devait devenir le pendant des seigneurs que l'on retrouvait ailleurs dans la colonie, allait de pair avec l'enracinement d'une identité britannique plutôt qu'américaine.

Ces politiques avaient aussi l'avantage d'encourager une distribution fondée sur l'origine britannique des nouveaux immigrants provenant de la métropole, car la migration en chaîne consolida la distribution géographique par nationalité et par religion mise en place par l'État. Certes, cette politique paternaliste fut importante surtout dans le Haut-Canada, où elle facilita le développement d'une culture politique canadienne-anglaise conservatrice au cours du XIXe siècle, mais elle contribua aussi au développement d'identités régionales très fortes dans les Cantons de l'Est et les territoires bas-canadiens situés à l'ouest de Montréal. Ces identités se développèrent d'autant plus facilement que, après l'arrivée massive des loyalistes au cours des années 1780, les guerres imposèrent à l'immigration un répit de vingt-cinq ans.

Les développements socio-économiques et politiques reliés aux guerres napoléoniennes eurent néanmoins un effet sensible dans la colonie. Deux industries d'exportation contrôlées par des marchands anglo-écossais se développèrent de façon bien différente à cause de la guerre.

La première en importance était le commerce des fourrures. Avant la victoire décisive de Trafalgar en 1805, l'insécurité des voies maritimes transatlantiques affectait fortement la Compagnie de la Baie d'Hudson, alors que l'embargo imposé en 1808 aux Américains sur leur commerce extérieur nuisait aux intérêts américains. Devant cette situation précaire, des marchands montréalais prirent l'initiative de rationaliser leurs activités en formant une association, connue sous le nom de Compagnie du Nord-Ouest. Malgré des coûts de transport élevés, cette société réussit à tenir le coup devant le retour de la concurrence britannique et américaine, à la fin de la décennie. Avant 1812, le pillage systématique des territoires amérindiens s'étendit à des régions aussi lointaines que le Grand Lac des Esclaves. Certains de ces bourgeois du Nord-Ouest, dont James McGill, Simon McTavish, William McGillivray, Joseph Frobisher et la société Forsyth et Richardson, accumulèrent de grandes fortunes grâce aux échanges inégaux qui furent la caractéristique principale de ce commerce (Sweeny, 1994). Il s'agit ici d'un processus significatif d'un point de vue historique.

À partir de ce moment, les grandes fortunes au Québec allaient principalement être détenues par des familles d'origine anglo-écossaise, grâce notamment aux affaires qu'elles faisaient par-delà les frontières du Québec. Au cours du XIXe siècle et de la première moitié du XXe siècle, alors que le secteur privé dominait les secteurs de l'éducation et des services sociaux, cette inégalité devant l'accès à la richesse eut des retombées très importantes.

La deuxième industrie d'exportation en importance, celle du bois équarri, se développa en fonction des intérêts stratégiques de la Grande-Bretagne. Afin d'assurer l'approvisionnement en bois de ses chantiers navals à l'intérieur de l'Empire, la Grande-Bretagne avait établi, dès 1796, des tarifs préférentiels coloniaux, qui atteignirent un sommet en 1814. Dans le port de Québec, principal point de transbordement des Canadas, il se forma un groupe influent de marchands, propriétaires des quais d'embarquement, qui fournit le capital nécessaire à l'établissement de chantiers sur les affluents du fleuve Saint-Laurent. Dominé par des sociétés liées aux maisons commerciales de Glasgow et de Liverpool, ce commerce étendit l'influence des hommes d'affaires anglo-écossais au-delà des terres agricoles de la colonie. Ainsi, l'établissement de villes comme celle de Hull remonte à l'époque des chantiers de

Philemon Wright, alors que la région du Saguenay fut pratiquement, pendant près d'un siècle, le fief de la famille Price (Greenlaw *et al.*, 1982).

La paix revenue, en 1815, ce commerce se diversifia et, dès 1825, les chantiers maritimes et la fabrication d'une variété étonnante de produits en bois destinés à l'exportation furent des éléments-clés de l'économie de la Vieille Capitale (Rice, 1978 ; Sweeny, 1984).

Le coût énorme de cette guerre, qui dura une vingtaine d'années, provoqua une flambée inflationniste sans précédent. Cela eut des répercussions indirectes, mais très significatives, sur le plan politique. L'Acte constitutionnel de 1791 avait fixé à un niveau relativement élevé la valeur minimale des biens qu'il fallait posséder pour avoir droit de vote. La chute de la valeur réelle de la monnaie, assortie d'une augmentation des prix des fermes – due au fait que les terres fertiles de la colonie étaient presque toutes occupées –, permit à plusieurs, dans les régions rurales, y compris à de nombreuses femmes, d'acquérir le droit de vote. Ainsi, le Bas-Canada devint un des États où le droit de vote était le plus répandu. Sur cette base démocratique, les représentants à l'Assemblée législative créèrent, en 1809, le Parti patriote afin de contrer les visées assimilationnistes prônées par le Parti écossais, fondé au début de la décennie[2].

À la longue, pour la colonie, l'impact le plus important de l'inflation reliée à la guerre se fit sentir non pas ici mais dans la métropole. Les rentes, jusqu'alors adéquates, des grands propriétaires fonciers britanniques étaient en train de fondre à vue d'œil et, dans la foulée des changements de l'économie rurale qui en découlaient, les droits coutumiers des paysans britanniques et irlandais étaient sérieusement compromis. Ainsi, de la fin des hostilités, en 1815, jusqu'au début des années 1850 eut lieu la grande vague d'immigration vers l'Amérique britannique du Nord. Des centaines de milliers de paysans et d'artisans durent prendre la difficile décision de quitter leurs paroisses natales et d'embarquer sur les bateaux affectés au commerce du bois à destination de Québec. Au début, ils venaient surtout des campagnes anglaises, mais, assez rapidement, le fléau des «*enclosures*» atteignit les îles et les régions montagneuses d'Écosse, avant de produire ses effets les plus néfastes en Irlande. Entre 1815 et 1853, il n'y eut que trois saisons de navigation où moins de 20 000 immigrants débarquèrent chaque saison dans le port de Québec. Les pires années de famine en Irlande virent même ce nombre dépasser les 50 000 âmes (Cowan, 1961).

L'histoire sociale de cette vague d'immigration fait l'objet d'un débat important dans l'historiographie québécoise depuis les années 1970 (Sweeny, 1989). Au début, la position majoritaire affirmait que l'importance de cette migration avait eu un impact catastrophique sur la viabilité des artisans canadiens et contribua ainsi à la ruralisation de la société canadienne. Les historiens ont alors cru que, à partir de 1830, la majorité des citoyens des classes populaires urbaines et la vaste majorité des hommes d'affaires étaient d'origine britannique ou irlandaise (Ouellet, 1973). Il ne faut donc pas s'étonner que, lorsque la révolution industrielle arriva au milieu du XIXe siècle, les citoyens de langue anglaise aient joué un rôle prépondérant (Pentland, 1981). Une minorité d'historiens ont même cru que ce balayage du monde artisanal canadien avait été annoncé par l'intégration progressive de l'économie québécoise dans le commerce international pendant les guerres napoléoniennes (Wallot, 1973 ; Hardy et Ruddell,

1977; Tremblay, 1979). Dans ce contexte, la rébellion de 1837 prit davantage des allures de guerre civile entre constitutionnalistes de langue anglaise, d'une part, et patriotes canadiens, d'autre part. Mais une production historiographique nouvelle remet en doute, à plusieurs égards, cette vision simpliste à consonance stéréotypée.

Commençons – comme le faisaient d'ailleurs les immigrants – en ville. La plupart des immigrants ne furent que de passage à Québec et à Montréal. La majorité d'entre eux se dirigèrent vers le Haut-Canada aussitôt que leurs économies le leur permirent. Quant aux artisans, il semble que moins de 15 % de ceux qui sont arrivés entre 1815 et 1831 restèrent au Québec pour y exercer leur métier (Burgess, 1986). La minorité qui s'installa en milieu urbain était principalement formée d'artisans non conformistes et de leurs familles, c'est-à-dire de gens pratiquant divers cultes protestants qui ne jouissaient pas du soutien de l'État. Ces artisans et leurs familles vécurent davantage à l'intérieur de communautés socio-confessionnelles distinctes où les pratiques démo-cratiques, même si elles étaient fortement patriarcales, furent la norme (Greenlaw, 1993). La main-d'œuvre qualifiée semblait se reproduire davantage à l'intérieur de ces communautés populaires. De ce fait, les communautés canadiennes de métiers ne furent pas directement affectées par cette vague d'immigration et ces communautés, caractérisées par des hiérarchies en mutation articulées autour de véritables dynasties familiales, continuèrent de croître (Lauzon et Stewart, 1983; Burgess, 1986). Ce développement diversifié est lié au rôle important qu'ont joué les villes de Québec et de Montréal dans la production destinée à leur marché régional respectif, assez prospère d'ailleurs. La plus grande partie de la communauté marchande, elle-même fortement hiérarchisée, servit de lien entre ces centres de production artisanale et les fournisseurs des produits semi-manufacturiers venant de la métropole, ou encore avec les consommateurs eux-mêmes, vivant à la campagne. La division linguistique entre ces deux activités s'explique dans la mesure où la même division existait entre fournis-seurs et consommateurs. Les sociétés commerciales les plus influentes étaient quand même anglo-écossaises, mais elles remontaient pour la plupart aux mutations de la fin du XVIIIe siècle et, au moins dans le cas de Montréal, n'étaient pas des maisons de premier plan dans l'exportation des denrées de base, après 1821. Elles devaient leurs positions principalement à leurs contacts privilégiés avec l'État et l'important com-merce intercolonial (Burgess et Heap, 1978; Sweeny, 1984), alors que la bourgeoisie canadienne-française était particulièrement active dans l'immobilier et l'industrie de la construction (Linteau et Robert, 1974). Dans ces villes manufacturières pré-industrielles, même si la plupart des immigrants irlandais catholiques travaillaient comme journaliers ou domestiques, cette communauté ne fut pas pour autant entiè-rement de statut modeste.

À la campagne, les différences de pratiques agricoles fondées sur l'origine ethnique n'affectèrent guère le niveau de productivité (McInnis, 1982), sauf dans certains écoumènes particulièrement difficiles où des différences de traditions culturelles exercèrent une influence réelle (Little, 1991). En général, on put observer le même type de diversification économique et de spécialisation orientées vers les marchés intérieurs indépendamment de l'origine nationale. De plus, on avait sérieu-sement sous-estimé le nombre et le rôle des petits centres urbains dans les campagnes seigneuriales et cantonales (Courville, 1990). Il n'y eut pas de crise agricole, mais, dès les années 1830, une crise de reproduction sociale au sein de la paysannerie affecta grandement la vie politique (Dessureault, 1989 ; Sweeny, 1990 ; Wien, 1990 et 1992). Cependant, pour les familles paysannes, immigrantes ou canadiennes, qui possédaient de bonnes terres, concentrées dans la grande plaine de Montréal, les échanges entre la ville et la campagne furent relativement favorables (Sweeny, 1988). La situation fut beaucoup plus difficile pour les familles, dont bon nombre d'immigrants, qui choisirent de coloniser les Bois-Francs et les Laurentides (Dessureault, 1979 ; Little, 1991).

Malgré l'importance de cette production nouvelle, nous sommes loin d'en arriver à un consensus sur plusieurs points et des questions importantes demeurent sans réponse. Par exemple, pourquoi tant d'artisans immigrants choisirent-ils de continuer leur route vers des centres beaucoup moins importants et plus rudes du Haut-Canada, au lieu de rester à Québec et surtout à Montréal, qui était une ville majoritairement anglophone en 1830 ? Burgess, dans son étude magistrale sur les métiers du cuir, choisit de ne pas poser cette question, mais certaines de ses statistiques laissent entrevoir la possibilité que les boutiques artisanales anglo-montréalaises aient été nettement plus grandes que celles de leurs confrères canadiens. Si cela avait été le cas ici, et de même dans d'autres métiers, la soif de l'indépendance associée au fait d'être maître – beaucoup plus difficile d'accès à Montréal vu la taille des boutiques existantes – aurait peut-être constitué une raison de ne pas y rester. Évidemment, une différence marquée dans la taille des boutiques aurait eu des implications pratiques quant à la division du travail des compagnons – prérequis du machinisme – et quant à l'accumulation du capital par les maîtres établis.

Il est clair tout de même que jusqu'à la veille des rébellions, les divisions politiques au Bas-Canada obéissaient aux lignes de clivage social plutôt qu'à celles de la religion ou de l'origine nationale. Sur des questions concernant le développement économique et le rôle de l'État colonial dans les affaires sociales et dans l'éducation, il y avait plutôt unanimité à l'Assemblée législative (Dever, 1975). Ce consensus populaire ne survit cependant pas à l'appel aux armes. On ne sait toujours pas pourquoi et on est loin de comprendre les raisons pour lesquelles les soulèvements furent si localisés. Une chose est certaine, les classes populaires anglophones perdirent aussi des acquis importants lors de la dictature militaire qui fut imposée à la colonie (Young, 1986 ; Fecteau, 1989), alors que l'imposition de l'Union en 1840 ne faisait l'affaire que d'une minorité urbaine aisée au sein de la population de langue anglaise.

Les débats et les recherches historiques sur ces questions continueront sans doute, mais il est très évident que les nombreuses vagues d'immigration modifièrent sensiblement la nature de la société québécoise. En 1851, une personne sur quatre au Québec était de langue anglaise. La distribution géographique de cette population, déjà composée en grande partie de gens nés au pays, était loin d'être uniforme. La concentration géographique dans des régions rurales spécifiques et sa composition diversifiée en ville méritent un examen plus détaillé, car les dispositions constitutionnelles de l'Acte de l'Amérique du Nord britannique de 1867 qui touchaient spécifiquement cette partie de la population furent taillées sur mesure pour elle, et leur caractère antidémocratique et discriminatoire nous en dit long sur ces communautés en évolution.

## CONSOLIDATION DES COMMUNAUTÉS PROTESTANTES ET POUVOIR POLITIQUE

La distribution géographique des communautés de langue anglaise au Québec qui caractérisa cette population tout au long du XIX<sup>e</sup> siècle fut perceptible dès le recensement de 1842, dont les résultats ont été publiés en 1844. À partir du golfe, à l'est, jusqu'aux terres en amont de Hull, un archipel de communautés différenciées, où vit près de 90 % de la population de langue anglaise, se créa : dans les îlots de familles de pêcheurs aux abords du golfe ; à Québec et dans ses environs immédiats ; le long du chemin Craig, à travers les terrains difficiles des Bois-Francs ; en remontant la rivière Saint-François et le long de la frontière avec la Nouvelle-Angleterre, à l'est des terres fertiles du Richelieu ; à Montréal ; au sud du lac Saint-François, sur les bords de la rivière Châteauguay ; puis, finalement, au nord du lac des Deux-Montagnes, entre les bords de l'Outaouais et les montagnes de la Gatineau. Un constat important s'impose : on était alors loin des meilleures terres de la colonie. Cette population, paysanne pour l'essentiel, devait travailler très fort en famille et avec ses voisins afin que ces terres moins fertiles produisent. Fait à souligner, la forte présence anglophone dans les deux villes de la colonie ne se traduisit pas par une occupation des terres agricoles avoisi-nantes. Ces terres fertiles, surtout sur l'île de Montréal, étaient disproportionnellement exploitées par des familles canadiennes. Nous faisons donc face à une division importante entre la population urbaine et la population rurale, cette dernière étant généralement assez éloignée des marchés importants.

Dès 1842, la majorité de la population de langue anglaise dans les régions rurales de la colonie était née au pays. Au cours des années 1840 et 1850, cette population a crû plus rapidement que la population anglophone urbaine, et ce, malgré l'apport très significatif des migrants irlandais catholiques. À la campagne il y avait aussi des différences marquées entre les régions. En Gaspésie, où en termes relatifs la croissance fut la plus importante, les nouveaux migrants venaient surtout des colonies du sud. Lié à l'expansion de l'industrie de la pêche, ce mouvement migratoire présageait du peuplement de la Basse-Côte-Nord par les familles terre-neuviennes vers la fin du siècle (Thornton, 1990). La situation fut plus complexe dans les Cantons de l'Est. La migration vers les vieux comtés établis le long de la frontière venait surtout des États-Unis, alors que le long du chemin Craig, les migrants furent surtout d'origine irlandaise et écossaise. En amont de Montréal, l'importance relative des migrants irlandais a crû aux dépens de la population d'origine écossaise. Dans ce dernier cas, les différences nationales et religieuses furent moins importantes que les différences socio-économiques. Dans la vallée du Châteauguay et, dans une moindre mesure, dans le comté d'Argenteuil, une agriculture mixte et commerciale dominait, alors que dans les comtés de Pontiac et d'Ottawa le développement fut davantage structuré autour d'une nouvelle industrie forestière de bois scié orientée vers les marchés américains.

Au cours des années 1850, la croissance de la population rurale amena la création de nouveaux comtés, mais il s'agissait là d'une opération délicate. Les circonscriptions électorales correspondaient aux comtés dans les régions rurales. La recherche d'une certaine homogénéité linguistique, voire nationale et confessionnelle, derrière la

L'origine de la population non-canadienne-française
dans les villes et les comtés où au moins 20 % de la population en 1842
et 30 % en 1861 étaient de langue anglaise.

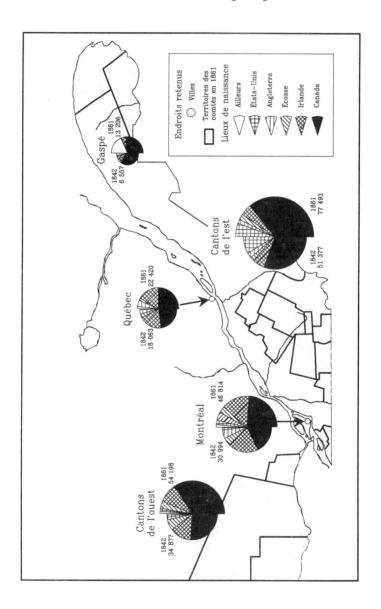

Source : Recensement du Canada, 1871.          Recherche et graphisme : Robert C.H. Sweeny.

création des nouveaux comtés de Richmond, Compton, Brome, Châteauguay, Huntingdon, Argenteuil et Pontiac répondait à des considérations hautement politiques. L'importance de cette opération politique fut davantage visible lors des négociations, au cours des années 1860, qui devaient conduire à l'adoption de la constitution de 1867. On accorda à 12 circonscriptions (11 comtés et la ville de Sherbrooke) qui avaient une importante population anglophone un statut tout à fait unique, qu'ils garderont d'ailleurs jusqu'en 1964. Les frontières de ces comtés, en tant que circonscriptions provinciales et fédérales, furent garanties par l'article 80 de l'Acte de l'Amérique du Nord britannique, indépendamment de la taille de leur population. De plus, à cause de la formule complexe adoptée pour déterminer la représentation à Ottawa, le statut privilégié de ces 12 circonscriptions contribua à une privation graduelle de la portée du droit de vote des électeurs ailleurs au Québec, de même que celle des nouveaux migrants francophones dans certains des comtés protégés[3]. Ces atteintes importantes au principe de la représentation conforme à la population n'avait pas comme raison d'être la sauvegarde des *communautés anglophones*. Trois comtés à forte majorité francophone, Mégantic, Shefford et Ottawa, ont aussi fait l'objet de cette protection. Cependant, les comtés choisis avaient tous une caractéristique en commun : à l'encontre de comtés plus anglophones mais exclus, leur population de langue anglaise était majoritairement protestante.

Il y a eu un chevauchement certain entre l'origine nationale et la pratique religieuse. Les églises anglicane et presbytérienne furent des églises établies, c'est-à-dire officiellement reconnues et faisant partie de l'État, en Angleterre et en Écosse respectivement. Alors que l'église congrégationaliste a été l'église établie de plusieurs des anciennes colonies de la Nouvelle-Angleterre, d'où venaient bon nombre des loyalistes. La composition nationale des églises méthodiste et baptiste fut plus complexe : le méthodisme est né d'une scission au sein de l'église anglicane au XVIIIe siècle et les baptistes furent majoritairement d'origine américaine. Ces deux dernières églises furent les cultes protestants les plus évangélistes au Canada et un certain nombre de leurs adhérents furent des convertis, les baptistes de Deux-Montagnes et d'Argenteuil, dont les Mohawks d'Oka, en faisant foi. Si la majorité des catholiques anglophones fut d'origine irlandaise, il ne s'agissait pas d'une équation simple. Au moins à la campagne, plusieurs familles d'origine irlandaise furent méthodistes, et il y eut aussi des paroisses catholiques composées principalement de familles d'origine écossaise.

L'importance relative de ces diverses confessions protestantes sur le territoire québécois eut un impact significatif lors des discussions constitutionnelles au milieu des années 1860. On pouvait s'entendre pour accorder au gouvernement du Québec la compétence en matière d'éducation et de services sociaux, parce qu'on ne les considérait pas comme étant du domaine public mais du ressort du secteur privé, c'est-à-dire une question d'intérêt local. Certes, la hiérarchie de l'Église catholique, qui était alors à bâtir tout un système privé, fut d'accord, surtout après les événements tumultueux qui entourèrent la «guerre des éteignoirs[4]» (Young, 1986). Imposer un système public, surtout à la campagne, où les diverses confessions protestantes avaient leurs propres collèges, aurait été politiquement suicidaire à l'époque. Alexander Tilloch Galt, député de Sherbrooke, ministre des Finances et instigateur de l'idée d'une confédération, fit plutôt en sorte que les garanties constitutionnelles en matière de commissions scolaires

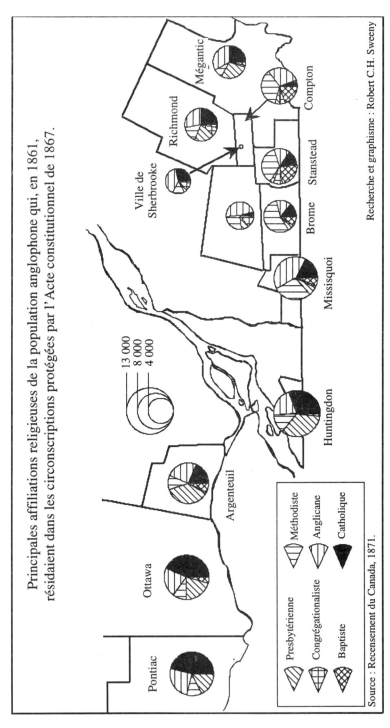

Principales affiliations religieuses de la population anglophone qui, en 1861, résidaient dans les circonscriptions protégées par l'Acte constitutionnel de 1867.

Recherche et graphisme : Robert C.H. Sweeny

Source : Recensement du Canada, 1871.

Presbytérienne

Méthodiste

Congrégationaliste

Anglicane

Baptiste

Catholique

13 000
8 000
4 000

Mégantic

Richmond

Compton

Stanstead

Ville de Sherbrooke

Brome

Missisquoi

Huntingdon

Argenteuil

Ottawa

Pontiac

plutôt en sorte que les garanties constitutionnelles en matière de commissions scolaires ne soient pas linguistiques mais bien confessionnelles.

Ce souci de protéger l'archipel protestant anglais en région rurale dépassait les seules questions d'élections et d'éducation, comme en témoignent les dispositions exceptionnelles qui concernaient le Sénat et le Conseil législatif. Pour être nommé sénateur, il fallait satisfaire à des exigences peu ordinaires, soit être propriétaire d'immeubles qui valaient au moins £1 000, soit plus de 13 fois le revenu annuel moyen d'une famille à l'époque. Ailleurs au pays, ces propriétés pouvaient être situées n'importe où en Ontario ou dans les provinces maritimes, mais, au Québec, le territoire fut divisé en 24 sous-régions et un sénateur devait posséder ses immeubles à l'intérieur de la sous-région spécifique qu'il représentait. Cette garantie d'une présence non élue des élites locales au sein du gouvernement fédéral fut étendue également au gouvernement de la province de Québec. Le Québec fut la seule des quatre provinces établies en 1867 à se voir imposer un système bicaméral. Pour être nommé membre à vie du Conseil législatif, il fallait satisfaire aux mêmes exigences financières qu'un sénateur.

Cette série de mesures anti-démocratiques et discriminatoires démontrent à quel point, à l'instar du *Colonial Office* après 1784, les élites anglo-protestante et canadienne-française étaient, encore en 1867, hantées par le souvenir de 1837. Miser sur une hiérarchie sociale en région et respecter les divers intérêts socio-confessionnels des communautés protestantes ne furent guère des politiques propices à encourager la création d'une nouvelle identité pancanadienne dans une société qui faisait face à des changements sur les plans démographique et socio-économique. D'une part, la colonisation des cantons et des basses terres des Laurentides, amorcée dès les années 1830 par la population canadienne-française, prenait un nouvel essor pendant les années 1870 et 1880. D'autre part, ces mesures élaborées d'abord en fonction des pressions rurales offraient très peu à l'importante population anglophone en milieu urbain. Les communautés catholiques irlandaises à Montréal et à Québec faisaient face à des difficultés et à des contraintes énormes, et leurs situations étaient devenues encore plus complexe à la suite des changements qui découlaient de la révolution industrielle. De ces problèmes sociaux, l'Acte constitutionnel de 1867 ne dit mot. Des municipalités, l'instance étatique responsable des mesures de santé, d'hygiène et de services publics, il n'y eut aucune mention. Bref, les divisions sociales et confessionnelles au sein des communautés de langue anglaise se révélèrent alors beaucoup plus importantes que le seul facteur susceptible de les réunir : la langue.

## *DE LA RÉVOLUTION INDUSTRIELLE AU DÉCLIN DU* ENGLISH MONTREAL

Au milieu du siècle, Montréal devint le centre industriel de l'Amérique britannique du Nord, une position que la politique nationale de 1879 (chemins de fer, colonisation de l'Ouest derrière des barrières tarifaires élevées) du gouvernement fédéral consolida. Cette politique, déjà perceptible dans les budgets de Galt à la fin des années 1850, appuya une révolution industrielle semblable, au moins dans ses grandes lignes, à celles d'ailleurs au XIXe siècle : partielle, inégale et différenciée. Le développement rapide de nouvelles industries fut directement lié à l'expansion des modes de production plus anciens, surtout dans la production des biens de consommation. L'augmentation du nombre de manufactures dispersées, le recours de plus en plus systématique au travail manuel, la prolongation des heures de travail, l'expansion de l'emploi des femmes et des enfants en usine et dans de nombreuses petites boutiques de finition, ainsi que les luttes visant à protéger les acquis des métiers spécialisés face au machinisme constituèrent la réalité quotidienne d'une partie très importante de la population de langue anglaise à Montréal. Ainsi se créa la véritable division qui marque toute l'histoire de la métropole depuis ce temps : l'écart entre les quartiers populaires, *en bas de la côte*, et les quartiers aisés, *en haut de la falaise*. Dans cette ville, décrite par un statisticien précoce de l'ère industrielle comme *the city of wealth and death*, les disparités entre les classes sociales s'accrurent, au cours de la dernière moitié du siècle, davantage au sein de la population anglophone que dans la nation québécoise.

Pendant près de vingt ans, l'historiographie de cette période charnière de l'histoire du Québec moderne fut dominée par une image misérabiliste de la révolution industrielle. On dépeignit l'évolution de la vie des quartiers populaires avec une palette de tons très sombres (Copp, 1974 ; De Bonville, 1975 ; Bradbury, 1992). Depuis quelques années, grâce à l'impulsion des travaux pionniers portant sur des quartiers distincts (Lauzon, 1992), on réévalue les questions que l'on pose concernant cette mutation profonde. Le monde industriel créa des ouvertures et des contraintes nouvelles. Certes, ces changements eurent un impact différent pour les femmes de la classe ouvrière, de langue anglaise ou française, qui connurent une perte réelle d'autonomie et de pouvoir coïncidant avec le fait que l'économie familiale dépendait de plus en plus du salaire des hommes. Néanmoins, grâce à l'économie, à la sagesse et à des années de travail très dur, une amélioration certaine des conditions de vie fut possible pour la majorité des familles de la classe ouvrière. Dans l'histoire des groupes linguistiques, l'aspect le plus important de cette amélioration fut sans doute les différentes routes migratoires, à l'intérieur de la ville et de ses banlieues, empruntées par les diverses communautés. Pour les familles de langue anglaise, le chemin de l'ascension sociale partait de Pointe-Saint-Charles et de Griffintown, et menait surtout vers Verdun et Notre-Dame-de-Grâce à l'ouest, alors que, pour les familles québécoises, ce mouvement se fit plutôt vers Maisonneuve, Saint-Jean-Baptiste et Rosemont au nord-est. Au centre de la métropole, en revanche, des quartiers immigrants allophones ont commencé à se développer dès les années 1890.

Jusque vers la fin du siècle, la famille et les réseaux de quartier furent sans doute plus importants que les services sociaux formels – très modestes d'ailleurs – et fournis principalement par des églises et associations à caractère national. La croissance spectaculaire de la haute bourgeoisie canadienne-anglaise, à la suite de la construction du chemin de fer du Canadien Pacifique (CPR) en 1885, changea la nature et la qualité des services offerts. La rentabilité des entreprises administrées par cette haute bourgeoisie fut telle que même l'octroi d'une portion mineure de leurs profits aux bonnes œuvres éducatives et sociales de langue anglaise changea qualitativement la portée et, donc, la clientèle des réseaux sociaux et éducatifs privés à Montréal. L'hôpital Royal Victoria fut sans doute le geste philanthropique le plus spectaculaire de cette époque.

Deux hommes d'affaires associés à la CPR donnèrent chacun une contribution de plus d'un million de livres sterling pour sa construction afin de marquer le 60e anniversaire du règne de Victoria. Aucun homme d'affaires québécois ne valait une somme aussi fabuleuse en 1897. Ainsi, l'écart déjà important entre les services sociaux et éducatifs privés disponibles en anglais et ceux qui étaient disponibles en français se creusa encore. Ce facteur non négligeable explique l'assimilation des nouveaux immigrants à la population anglaise de la ville.

Cette largesse fut d'autant plus remarquable qu'elle survint au tout début de la plus importante période de croissance de la bourgeoisie canadienne-anglaise de Montréal. Entre 1896 et 1928, trois très grands groupes financiers virent le jour au Canada, chacun d'eux articulé autour d'une banque à charte canadienne. Deux de ces groupes avaient leur siège social rue Saint-Jacques : la Banque de Montréal et la Banque Royale. On estime que, en 1930, près de 60 % des hommes d'affaires les plus importants du dominion habitaient à Montréal (Piedalue, 1976). Les compagnies associées au groupe de la Banque de Montréal comptaient parmi les plus importantes entreprises familiales de la révolution industrielle (Redpath, Ogilvy et Molson), en plus du Canadien Pacifique et de sociétés beaucoup plus jeunes nées de fusions qui créèrent de véritables monopoles dans les secteurs-clés de l'économie. Dominion Textile, pendant très longtemps le plus grand employeur privé au Québec, fut la plus importante de ces sociétés. Le groupe de la Banque Royale vit le jour beaucoup plus tard, et les nouvelles industries d'hydro-électricité et de pâtes et papiers, de même que celles des transports maritime et urbain, occupèrent une position privilégiée au sein de ce groupe. Malgré les différences, ces deux rivaux avaient en commun une caractéristique importante : tous deux exploitaient des réseaux pancanadiens, voire internationaux. Ainsi, des revenus générés à travers le pays et à l'étranger s'accumulèrent à Montréal et « Saint James Street » devint la capitale financière du pays.

Cette position privilégiée de la métropole sonna le glas des communautés d'affaires anglophones de Québec et de Sherbrooke. Longtemps privée de liens ferroviaires avec le Canada central et progressivement ignorée par les flottes opérant à partir du port de Montréal, reconstruit à grands frais par le gouvernement Laurier, Québec connut une période de déclin économique dès les années 1860. Alors qu'un petit nombre de familles bourgeoises protestantes continuaient de faire des affaires à Québec, l'évolution des banques à charte de la vieille capitale en dit long sur ce centre urbain en déclin. La Union Bank déménagea son siège social à Winnipeg quelques années avant que la Banque Royale achète, en 1917, l'actif de la Bank of Quebec – la première banque à charte au pays. La faillite de la compagnie Price au cours des années 1920 marqua véritablement la fin.

À Sherbrooke, le chemin de fer arriva très tôt, construit par des Irlandais catholiques au tout début des années 1850. Celui-ci favorisa le développement précoce d'une industrie manufacturière. Cependant, nombre de ces entreprises, qui avaient ciblé les marchés régionaux, furent amalgamées dans les nouvelles sociétés pancanadiennes créées par les courtiers à la Bourse de Montréal au tournant du siècle. Ainsi, dès la première décennie du XXe siècle, la Eastern Townships Bank chercha davantage à se créer des occasions d'affaires dans l'Ouest canadien que dans les Cantons de l'Est.

Lorsque la Bank of Commerce de Toronto acheta ses actifs en 1912, il ne resta plus d'actionnaires importants à Sherbrooke.

Cette concentration à Montréal de l'activité économique et de l'influence politique eut des répercussions importantes sur l'archipel des communautés de langue anglaise en province. Premièrement, contrairement aux bourgeois protestants de Québec, les principaux hommes d'affaires montréalais n'eurent jamais de liens significatifs avec les anciens terroirs anglophones situés dans les Cantons de l'Est et dans l'Outaouais. Leur lieu d'attache au Québec fut Montréal, et d'ailleurs une partie assez circonscrite de la ville. Leurs gestes philanthropiques envers les institutions éducatives et sociales des Cantons de l'Est et de l'Outaouais se firent aussi modestes que rares. Après tout, pourquoi appuyer l'Université Bishop alors qu'on peut donner son nom à un pavillon de l'Université McGill ?

Deuxièmement, l'expansion à travers le Québec de sociétés contrôlées à partir de Montréal ne créa en région que quelques centaines de postes de superviseurs ou de gérants. Ces postes, pour lesquels une connaissance de l'anglais était essentielle, stimulèrent une certaine migration à l'intérieur et entre les régions et contribuèrent ainsi à affaiblir les communautés locales sans pour autant offrir des chances réelles de promotion au siège social pour les personnes concernées ou du développement économique pour les régions touchées.

Troisièmement, l'importance croissante de la communauté d'affaires montréalaise attira vers la métropole des milliers de jeunes anglophones de Québec et des autres régions. Certes, l'urbanisation affectait aussi le monde rural québécois. Toutefois, les communautés locales de langue anglaise devinrent de plus en plus chancelantes, ce qui amplifia l'impact de cette migration interne. En 1901, 40 % de la population de langue anglaise demeurait à Montréal, contre 18 % des Canadiens français ; en 1931, ces chiffres étaient respectivement de 61 % et 27 % (Levine, 1990).

Au cours des années 1920, on assista à la montée d'une nouvelle identité : celle du *English Montreal*. Protestante, antisémite et complaisante, cette identité culturelle connut assez peu de rayonnement, mais, dans les parties aisées de la société montréalaise, elle survécut jusqu'aux bombes felquistes des années 1960. Au sortir de la crise économique des années 1930, le flambeau de l'initiative économique passa à Toronto. En 1937, la valeur des titres négociés sur le parquet de la Bourse de Toronto dépassa celle des actions vendues à Montréal. Exception faite de la famille Timmins, il semble que peu d'hommes d'affaires montréalais comprirent l'importance des investissements miniers[5] qui furent au centre de cette réorientation des marchés de capitaux canadiens. Dès 1948, la majorité des dirigeants des principales compagnies d'assurance-vie au pays, responsables des investissements à long terme dans les marchés de capitaux canadiens, vivait à Toronto. Bay Street avait définitivement éclipsé la rue Saint-Jacques, même si on continua à l'appeler *Saint James Street*.

Dès la fin du XIXe siècle, le taux de natalité des communautés de langue anglaise connut un déclin. Ainsi, le maintien de la part relative de la population de langue anglaise au Québec passa par du recrutement dans les diverses communautés allophones. À Montréal, les services éducatifs et sociaux exercèrent un pouvoir d'attraction très important. Mais ce fut davantage l'usage presque exclusif de l'anglais comme langue de travail dans les bureaux et les grandes entreprises qui fut le facteur déterminant. Même le conseil d'administration de *La Presse* rédigeait ses procès-verbaux en anglais au début du siècle. L'attrait pour la majorité des nouveaux immigrants fut quand même mitigé. Le taux de roulement des immigrants dans les grands complexes industriels fut extrêmement élevé. Avant la Première Guerre mondiale, bon nombre d'immigrants, peut-être un sur trois dans certaines communautés, choisirent de rentrer dans leur pays d'origine après seulement quelques années de travail – et de chômage selon le cas – au Canada. D'autres estimèrent plutôt que la stabilité économique passait davantage par la création de leur propre emploi dans les petites entreprises, desservant leur propre communauté culturelle. Ainsi, l'assimilation, à Montréal du moins, demeura plutôt partielle jusqu'à la fin de la Deuxième Guerre mondiale. En région, il semble que la situation fut semblable. Les études en cours concernant les immigrants d'Europe de l'Est, qui formaient la majorité de la population des villes minières d'Abitibi entre les deux guerres, suggèrent que ces «frô» apprirent l'anglais tout en restant très différenciés sur les plans national et, surtout, politique (Vincent, 1993).

En ce qui concerne la population de langue anglaise dans les Cantons de l'Est, face à cette hégémonie du *English Montreal*, ni un renouvellement culturel ni une vision différente des rapports entres les communautés culturelles ne fut possible après la Deuxième Guerre mondiale. Les facteurs économiques et culturels déjà invoqués furent primordiaux, mais on aurait tort de ne pas reconnaître l'impact très localisé et très spécifique que la guerre eut sur l'Estrie. Les Royal Rifles, un contingent de 962 jeunes volontaires provenant surtout des petits villages des Cantons de l'Est, furent l'un des deux régiments envoyés *in extremis* à Hong Kong en décembre 1941. Un tiers furent tués ou grièvement blessés lors de la chute de Hong Kong, mais les années de prison et de travaux forcés au Japon furent encore plus dévastatrices. Cent quatre-vingt-dix-neuf moururent sur place et des centaines rentrèrent chez eux, à l'automne 1945, après avoir subi des blessures physiques et psychiques qui ne devaient jamais guérir. Une génération sacrifiée au moment même où les communautés locales en avaient le plus besoin... Certes, une certaine relève en réchappa, mais elle demeura affaiblie. Aussi longtemps que des entreprises actives principalement en région continuèrent à jouer un certain rôle – la plus importante et certainement la dernière étant la Southern Canada Power – subsistèrent les bases d'une élite locale. Mais chez plusieurs grands employeurs de la région, la Howard Smith Paper à Windsor Mills, la Johns-Manville à Asbestos et à Thetford, la Celanese à Drummondville et, surtout, la Dominion Textile, omniprésente dans la région, la haute direction venait davantage de l'extérieur et était sans liens familiaux ou affectifs avec les communautés locales. Il faut reconnaître, par contre, que même si ces hommes d'affaires furent de passage et ne prévoyaient rester qu'aussi longtemps que l'exigeaient leurs plans de carrière, ils assumèrent quand même un rôle de première importance dans la mise sur pied des institutions éducatives et sociales locales au début de la révolution tranquille.

## À PARTIR DES BANLIEUES, UNE NOUVELLE IDENTITÉ

L'expansion économique des «trente glorieuses», après la Deuxième Guerre mondiale, transforma les modes de vie et les formes de socialisation pour l'ensemble de la population du Québec. La supériorité économique de Toronto sur Montréal se consolida, mais, pour la plupart des familles des communautés de langue anglaise, l'amélioration réelle de leur niveau de vie fut l'aspect le plus important. La répartition inégale, entre les divers groupes socio-culturels, des bénéfices de cette expansion économique fut particulièrement significative. L'importance et l'évolution des disparités socio-économiques entre ces groupes constituèrent la trame de toute cette période[6]. Jusqu'aux années 1970, la petite-bourgeoisie de langue anglaise fut particulièrement choyée. L'expansion du secteur administratif des grandes entreprises canadienne-anglaise et américaine, qui continueraient de fonctionner presque exclusivement en anglais, procura les bases économiques de cette amélioration; mais les effets de l'oppression nationale ne se limitaient pas aux milieux d'affaires. Les écarts entre les groupes linguistiques, déjà importants en termes d'accès à l'enseignement supérieur et de qualité des services de santé, ne cessaient de s'accroître.

L'amélioration du niveau de vie de la plupart des familles anglophones passa par une migration interne qui suivit les grandes lignes déjà tracées. Plus de 70 % de la population de langue anglaise demeurait sur l'île de Montréal en 1961, mais de plus en plus d'anglophones résidaient à l'extérieur des limites de la ville proprement dite. En 1971, tout près de 75 % des anglophones demeuraient dans les banlieues situées à l'ouest de la métropole. Principalement composée de familles de petits-bourgeois ou de familles de travailleurs spécialisés, cette migration interne laissait, en ville même, une population de langue anglaise de plus en plus polarisée. En haut de la falaise, entre le campus de l'Université McGill à l'est et les nouvelles maisons de Hampstead à l'ouest, se trouvaient une série de quartiers aisés. Alors qu'en bas de la côte, les vieux quartiers populaires de Griffintown et de Pointe-Saint-Charles devinrent synonymes de pauvreté, surtout après la destruction insensée du quartier Victoria, sur la Pointe[7].

Les nouveaux modes de vie et nouvelles formes de socialisation qui caractérisèrent le West Island provenaient des États-Unis. On remplaça l'archipel des communautés par une série de centres commerciaux reliés par les autoroutes. Dans cette nouvelle société, la connaissance du monde extérieur était formée davantage par la culture populaire américaine que par l'expérience canadienne ou les traditions britanniques. Cette population, de plus en plus déracinée, est aussi devenue de plus en plus séculière. Ainsi, la religion – un facteur historique aussi crucial, sinon plus, pour les anciennes communautés de langue anglaise qu'il ne le fut pour la nation québécoise – occupera dorénavant une place plutôt négligeable dans la vie quotidienne.

Ironiquement, la nouvelle culture de consommation qui marqua cette communauté anglophone émergente permit pour la première fois l'intégration des enfants des immigrants allophones du XXᵉ siècle. Certes, l'antisémitisme et le racisme demeurèrent. La ségrégation de l'espace urbain s'est même approfondie avec la création des nouveaux ghettos de Côte-Saint-Luc et la rue Walkley. Mais devant la montée du nationalisme québécois, cette nouvelle communauté trouva que plusieurs des anciennes barrières qui l'avaient autrefois isolée et protégée perdaient de plus en plus leur importance. Action symbolique significative, à peine quelques années avant le célèbre «dorénavant» de Paul Sauvé, sans grande fanfare, l'Université McGill laissait tomber son quota contre les juifs.

La révolution tranquille modifia sensiblement le partage des pouvoirs entre les ordres de gouvernement au Québec[8]. Il s'ensuivit un réaménagement des secteurs éducatif et social qui fut extrêmement important pour le réseau de pouvoir au sein des communautés de langue anglaise. D'une position qui la dotait d'un droit de *veto*, la philanthropie de la bourgeoisie canadienne-anglaise devint plutôt un point d'appui important, même s'il était secondaire, pour plusieurs institutions desservant ces communautés. À l'extérieur de Montréal, écoles et hôpitaux régionaux inaugurèrent une nouvelle période de coopération entre les communautés et contribuèrent elles-mêmes à la redéfinition des frontières de ces dernières. Ces changements facilitèrent la professionnalisation accrue des secteurs éducatif et social. Les petits-bourgeois professionnels assumèrent, pour la première fois, un rôle de porte-parole dans leurs institutions et leurs communautés. Bref, le rôle dominant et relativement peu contesté des hommes d'affaires montréalais au sein de la communauté, en termes politiques au moins, tirait à sa fin.

De ces changements sociaux, culturels et politiques émergea une nouvelle identité. Pour la première fois, on se définit en termes linguistiques, ce qui facilitera la naissance d'une communauté anglophone. L'homogénéité sociale des banlieues du West Island a facilité cette mutation profonde au chapitre de l'identité. Tout au long de leur histoire, les communautés de langue anglaise au Québec ont été marquées par une différenciation sociale grandissante. On ne mesure pas la distance entre Westmount et Pointe-Saint-Charles en termes de kilomètres mais plutôt en termes d'argent. Cependant, pour la majorité des banlieusards, ces deux extrêmes de la vie sociale furent inconnus. Membres pour la plupart de classes moyennes et partageant un mode de vie et des valeurs similaires, menacés, craignaient-ils, par un nationalisme qui s'appuyait sur la question linguistique, ils se tournaient de plus en plus vers les professionnels de la langue pour articuler leurs vœux et pour les défendre au nom de la communauté[9].

Aussitôt reconstituée, cette nouvelle communauté fait face à une crise de première importance. Pour cette communauté en mutation, l'exode de sa jeunesse au cours des années 1960 et 1970 fut un élément décisif. Entre 1966 et 1986, le bilan de la migration anglophone entre le Québec et le reste du pays est fortement déficitaire : 395 300 personnes sont parties et seulement 143 000 sont arrivées (Arbour, 1992). Lorsqu'une communauté perd un quart de million de ses effectifs, tout le monde se sent concerné. Certes, cette migration vers l'Ouest a pu être observée à l'échelle nord-américaine. Elle démontre d'ailleurs à quel point l'intégration de cette nouvelle communauté anglophone dans une culture nord-américaine progresse depuis la fin de la Deuxième Guerre mondiale. De plus, cette migration trouve ses racines dans le déclin économique de Montréal, qui date d'avant la guerre. Cependant, l'influence du mouvement nationaliste québécois fut incontestable. Plus de 130 000 personnes quittèrent le Québec entre 1976 et 1981, c'est-à-dire au cours du premier mandat péquiste. Cette émigration massive fut principalement composée de jeunes anglophones unilingues, mal préparés et culturellement indisposés à vivre dans un Québec qui s'affirmait. La perte des jeunes, c'est la perte de l'avenir, et l'ampleur de ce mouvement a mobilisé la communauté anglophone et ses nouveaux porte-parole. Le débat qui s'ensuivit fut un dialogue de sourds.

L'ampleur de cette migration mérite notre attention. L'importance accordée à la question linguistique, que ce soit dans l'affichage ou concernant l'accès à l'école, par la communauté anglophone qui prenait part à ce débat au Québec doit être reliée à sa composition sociale et à ses valeurs politiques. Dans ce débat s'affrontent une vision politique qui privilégie les droits collectifs et une vision qui privilégie les droits individuels. Alors que le nationalisme québécois propose un discours qui vise à mobiliser l'ensemble de la nation, constituée de diverses classes sociales, les porte-parole de la communauté anglophone articulent un discours qui nie l'importance des classes sociales, car ils parlent au nom d'une communauté foncièrement petite-bourgeoise. Pour eux, le problème politique essentiel n'est pas l'existence des graves disparités socio-économiques au sein de la société québécoise, mais le rapport entre l'individu et l'État. Dans cette perspective libérale, qui doit davantage à l'influence grandissante de la culture américaine qu'aux traditions britannique ou canadienne-anglaise, dans la mesure où l'on minimise le rôle de l'État, on maximise les possibilités d'avancement socio-économique et donc de bonheur des individus. Alors toute politique étatique qui vise à redresser les inégalités sociales ou nationales est perçue comme une contrainte potentielle qui menace le plein épanouissement et la réalisation de soi. L'urgence de cette contradiction fut d'autant plus réelle pour cette communauté anglophone à la suite de la saignée de sa jeunesse. Même si la réalité fut tout autre[10], on considéra que les jeunes avaient dû quitter le Québec afin de se réaliser pleinement.

Le dialogue de sourds qui caractérise ce débat ne doit surprendre personne. Devant une société québécoise en pleine mutation, une nouvelle communauté anglophone s'est constituée autour d'un projet de *société distincte* et même antithétique. Cela explique en partie la peur, la nostalgie, la haine et surtout l'incompréhension qui marquent si souvent depuis trente-cinq ans le discours des leaders petits-bourgeois des associations anglophones. L'irrationalité politique collective, visible dans les *ruées* vers l'Union nationale en 1976 et le Parti Égalité en 1989, témoigne de l'insécurité qui, pour la première fois, s'installe au sein de la communauté anglophone du Québec.

Le refus du fait français a caractérisé l'ensemble de l'histoire des communautés de langue anglaise au Québec. À partir de cette triste tradition coloniale et de la consolidation sur le plan socio-économique des disparités nationales, s'est construit au cours des trente-cinq dernières années une nouvelle définition de la communauté anglophone. Cette nouvelle identité constituait à la fois une rupture sur le plan culturel avec son passé multidimensionnel et un désaveu sur le plan social de sa propre diversité. Si la communauté anglophone a un avenir au Québec – et, pour la première fois depuis deux cent dix ans, c'est problématique – cet avenir exigera une définition de la communauté différente de celle qui a émergé du West Island au cours des dernières décennies. Il y a des milliers d'anglophones – surtout concentrés à Montréal mais présents aussi dans les Cantons de l'Est et les basses Laurentides – qui ne veulent pas participer pleinement à la vie québécoise tout en étant fiers de faire partie d'une communauté culturelle et linguistique ayant une longue, complexe et importante histoire au Québec. Si ces femmes et ces hommes peuvent réaliser ce rêve, ce n'est pas à un historien de le prédire. Par contre, je peux leur souhaiter, au nom de Tobie, Ruth, Charles et Mary, la meilleure des chances. Elles et ils en auront besoin.

## NOTES

1. Ce texte a été traduit de l'anglais par Stéphane Éthier (Université McGill).
2. La politique assimilationniste du Parti écossais ne fut appuyée que par une partie de la population de langue anglaise, comme en témoigne l'élection d'un patriote pour représenter le comté fortement loyaliste de Missisquoi. Cependant, ces positions furent appuyées par plusieurs marchands importants et la presse coloniale de langue anglaise, comme indique cette prise de position du *Mercury* de Québec de 1806 : «Pour une colonie britannique, cette province est beaucoup trop française. Il est absolument nécessaire que nous déployions tous nos efforts et prenions tous les moyens de restreindre la progression des Français et la portée de leur influence. Après 47 ans de possession, il n'est que juste que la province devienne véritablement britannique.» (Traduction libre)
3. L'article 51 de la constitution prévoyait qu'un nombre fixe de 65 députés à la Chambre des communes viendraient du Québec, alors que pour qu'une circonscription ailleurs au pays ait une représentation à la Chambre, elle devait avoir une population équivalant à un soixante-cinquième de la population québécoise. L'existence des 12 circonscriptions protégées, qui avaient des populations moyennes moins importantes que la norme québécoise, fit que les résidants des 53 autres circonscriptions fédérales au Québec furent pénalisés. De plus, la croissance rapide d'une population urbaine francophone dans quatre des comtés protégés ne se traduisait pas par une redéfinition des limites de ces circonscriptions. Ces écarts de population ne cessèrent de s'accroître au cours des XIXe et XXe siècles. En 1921, lorsque la moyenne québécoise fut calculée pour déterminer l'établissement de nouveaux comtés ailleurs au Canada, le résultat obtenu était de 36 326 habitants. Les huit comtés protégés, surtout situés dans les régions rurales, ne comptaient en moyenne que 18 934 habitants, alors que les circonscriptions non protégées en comptaient en moyenne 38 943. Le comté de Hull/Ottawa comptait 55 025 habitants. Cet écart continua d'augmenter pour n'être corrigé au niveau fédéral qu'en 1943, époque où la plupart des anglophones du Québec avaient déjà déménagé à Montréal.
4. À la suite de l'imposition d'un impôt spécial pour l'éducation, en 1846, il y eut une période de contestation populaire fort importante, particulièrement dans les régions rurales au centre du Canada-Est. Parfois assez violent, surtout en 1849-1850, ce mouvement, pour le moins ambigu, fut la plus importante contestation populaire au Québec entre la rébellion de 1837-1838 et la crise de la conscription de 1917.
5. Après tout, à la Bourse de Montréal, rue Saint-François-Xavier, si quelqu'un voulait investir dans des actions si spéculatives que celles des mines, il n'avait

qu'à sortir sur le trottoir, où se tenait le *curb market*, bourse informelle pour des titres qui ne méritaient pas d'être négociés sur le vrai parquet.

6. En 1961, le salaire annuel moyen d'un anglophone unilingue mâle était de 5 749 $, contre 4 201 $ pour un francophone bilingue et 2 975 $ pour un francophone unilingue. L'écart se rétrécit entre l'anglophone unilingue et le francophone bilingue au cours des années 1960 et, surtout, des années 1970. En 1985, les salaires moyens étaient respectivement de 27 601 $, 27 160 $ et 20 699 $. Fait à souligner, il était maintenant rentable, pour la première fois depuis la Conquête, pour un anglophone d'apprendre le français, car, en 1985, les anglophones bilingues gagnaient en moyenne 29 071 $ (Levine, 1990).

7. Seul ancien quartier populaire à Montréal où la majorité des résidants étaient propriétaires de leur maison, Victoria fut démoli afin de permettre la construction d'un terrain de stationnement pour l'Expo 67 : plus de cent ans d'histoire détruits pour faciliter le stationnement des voitures des banlieusards pendant six mois.

8. Si la part de l'État dans l'activité économique ne changea guère, passant de 39 % du produit national brut, en 1960, à 43 %, en 1976, l'instance gouvernementale responsable de ces activités se modifia complètement. Alors que le gouvernement du Québec n'était, en 1960, responsable que d'un tiers des dépenses étatiques, la situation était inversée en 1981 alors que le gouvernement fédéral occupait ce rôle (Langlois, 1990).

9. Il s'agit bien sûr d'un phénomème qui a déjà fait l'objet d'analyses en ce qui concerne la culture québécoise contemporaine, mais on n'a pas suffisamment examiné au sein de la communauté anglophone l'importance et la spécificité du rôle des professionnels du journalisme et de l'écriture (George Springate, Nick Auf der Maur, Royal Orr, Gordon Atkinson, Mordecai Richler), de l'enseignement (Joan Doherty, Graham Decarie, Bob Keaton) et du droit (Alex Paterson, Peter Blaikie, Richard Holden).

10. L'insularité culturelle grandissante du West Island a souvent influencé les choix des parents anglophones, qui ont exercé ici un rôle insoupçonné : moins d'enfants anglophones se sont inscrits dans les école françaises en 1985 qu'en 1961 (Langlois, 1990).


## BIBLIOGRAPHIE

ARBOUR, Pierre, 1992, *Québec Inc and the Temptation of State Capitalism*. Montréal, Davies Publishing.

BRADBURY, Bettina, 1992, *Working Families : Age, Gender and Daily Survival in Industrializing Montreal*, Toronto, McClelland and Stewart.

BURGESS, Joanne et Margaret HEAP, 1978, « Les marchands de Montréal et le commerce du Bas-Canada 1818-1838 », congrès de l'Institut d'histoire de l'Amérique française.

BURGESS, Joanne, 1986, *Work Family and Community : Montreal Leather Artisans, 1791-1831*, thèse de doctorat en histoire, Université du Québec à Montréal.

CARPENTER, P.P., 1869, « On some of the Causes of Excessive Mortality of Young Children in the City of Montreal » dans *Canadian Naturalist and Journal of Science*, New Series, nº 4.

COPP, Terry, 1974, *The Anatomy of Poverty*, Toronto, McClelland and Stewart.

COURVILLE, Serge, 1990, *Entre ville et campagne : l'essor du village dans les seigneuries du Bas-Canada*, Sainte-Foy, les Presses de l'Université Laval.

COWAN, Helen, 1961, *British Emigration to British North America : The first hundred years*, Toronto, University of Toronto Press.

DE BONVILLE, Jean, 1975, *Jean-Baptiste Gagnepetit, les travailleurs montréalais à la fin du XIXe siècle*, Montréal, l'Aurore.

DESSUREAULT, Christian, 1979, *La seigneurie du lac des Deux- Montagnes, 1780-1825*, mémoire de maîtrise en histoire, Université de Montréal.

DESSUREAULT, Christian, 1987, « L'égalitarisme paysan dans l'ancienne société rurale de la vallée du Saint-Laurent : élements pour une réinterprétation » dans *Revue d'histoire de l'Amérique française*, vol. 40, p. 373-407.

DESSUREAULT, Christian, 1989, « Crise ou modernisation ? La société maskoutaine durant le premier tiers du XIXe siècle » dans *Revue d'histoire de l'Amérique française*, vol. 42, p. 359-387.

DEVER, Alan, 1975, *Economic Development and the Lower Canadian Assembly, 1828-1840*, mémoire de maîtrise en histoire, Université McGill.

FECTEAU, Jean-Marie, 1989, *Un nouvel ordre des choses : la pauvreté, le crime, l'État au Québec, de la fin du XVIIIe siècle à 1840*, Montréal, VLB.

GARNEAU, Grant, 1980, *The Record of a Canadian Infantry Battalion in the Far East, 1941-1945*, Sherbrooke, Progressive Publisher.

GREENLAW, Jane, Peter ORR et Robert C.H. SWEENY, 1982, *A Social History of Scots in Lower Canada, 1760-1840*, Ottawa, Musée de l'homme.

GREENLAW, Jane, 1989, *Fractious Individuals : Protestant Non-conformity in Montreal, 1825-1842*, mémoire de maîtrise en histoire, Université du Québec à Montréal.

GREENLAW, Jane, 1992, « Choix pratiques et choix des pratiques. Le non-conformisme protestant à Montréal (1825-1845) » dans *Revue d'histoire de l'Amérique française*, vol. 46, p. 91-113.

HARDY, Jean-Pierre et Thierry RUDDELL, 1977, *Les Apprentis Artisans à Québec 1660-1815*, Montréal, les Presses de l'Université du Québec.

IGARTUA, José, 1973, « A Change of Climate : The conquest and the Marchands of Montreal », Historical Papers.

LANGLOIS, Simon (dir.), 1990, *La Société québécoise en tendances, 1960-1990*, Québec, Institut québécois de recherche sur la culture.

LAUZON, Gilles et Alan STEWART, 1983, *Les Métiers de la construction à Montréal, 1815-1830*, congrès de l'Institut d'histoire de l'Amérique française.

LAUZON, Gilles, 1992, « Cohabitation et déménagements en milieu ouvrier montréalais. Essai de réinterprétation à partir du cas du village Saint-Augustin » dans *Revue d'histoire de l'Amérique française*, vol. 46, p. 115-142.

LEVINE, Marc, 1990, *The Reconquest of Montreal : Language policy and social change in a bilingual city*, Philadelphia, Temple University Press.

LINTEAU, Paul-André et Jean-Claude ROBERT, 1974, «Propriété foncière et société à Montréal : une hypothèse» dans *Revue d'histoire de l'Amérique française*, vol. 28, p. 45-66.

LITTLE, J.I., 1991, *Crofters and Habitants, Settler society, economy and culture in a Québec township, 1848-1881*, Montréal, McGill-Queen's Press.

MCINNIS, Marvin, 1982, «A Reconsideration of the State of Agriculture in Lower Canada in the first half of the 19th century» dans *Canadian Papers in Rural History*, vol. III.

NOEL, Françoise, 1992, *The Christie Seigneuries : Estate Management and Settlement in the Upper Richelieu Valley, 1760-1854*, Montréal, McGill-Queen's Press.

OUELLET, Fernand, 1971, *Histoire économique et sociale du Québec 1760-1850*, Montréal, Fides.

OUELLET, Fernand, 1973, *Éléments de l'histoire sociale du Bas-Canada*, Montréal, Hurtubise.

PENTLAND, H. Claire, 1981, *Labour and Capital in Canada, 1650-1860*, Toronto, James Lorimer.

PIEDALUE, Gilles, 1976, *La bourgeoisie canadienne et le problème de la réalisation des profits*, thèse de doctorat en histoire, Université de Montréal.

RICE, Richard, 1978, *Shipbuilding in British North America 1787-1890, An introductory study*, thèse de doctorat en histoire, University of Liverpool.

RYERSON, Stanley B., 1968, *Unequal Union : Confederation and the Roots of Conflict in the Canadas*, Toronto, Progress Books.

SWEENY, Robert C.H., 1984, *Protesting History : Four Papers*. Montréal, MBHP.

SWEENY, Robert C.H., 1988, *Les Relations ville campagne : le cas du bois de chauffage*, Montréal, MBHP.

SWEENY, Robert C.H., 1989, «Un passé en mutation : bilan et perspectives pour une histoire socio-économique du Montréal au XIXᵉ siècle» dans *Montréal au XIXᵉ siècle*, Montréal, Leméac, p. 13-33.

SWEENY, Robert C.H., 1990, «Paysan et ouvrier : du féodalisme laurentien au capitalisme québécois» dans *Sociologie et sociétés*, vol. XXII, p. 143-161.

SWEENY, Robert C.H., 1994, «The Staples as the Significant Past : A case study in historical theory and method» dans *Canadian Issues*, printemps.

THORNTON, Patricia, 1990, «The Transition from the Migratory to the Resident Fishery in the Strait of Belle Isle» dans Rosemay E. OMMER (dir.), *Merchant Credit and Labour Strategies in Historical Perspective*, Fredericton, Acadiensis Press, p. 138-166.

TREMBLAY, Robert, 1979, «La formation matérielle de la classe ouvrière à Montréal entre 1780 et 1830» dans *Revue d'histoire de l'Amérique française*, vol. 33, p. 39-50.

VINCENT, Odette, 1993, «Des mondes parallèles? Groupes ethniques et réseaux communautaires dans l'espace abitibien, 1920-1955», congrès de l'Institut d'histoire de l'Amérique française.

WALLOT, Jean-Pierre, 1973, *Un Québec qui bougeait : trame socio-politique au tournant du XIXᵉ siècle*, Sillery, Boréal Express.

WIEN, Thomas, 1990, « Les travaux pressants, Calendrier agricole, assolement et productivité au Canada au XVIIIᵉ siècle » dans *Revue d'histoire de l'Amérique française*, vol. 43, p. 535-558.

WIEN, Thomas, 1992, « Le commerce du blé au XVIIIᵉ siècle », congrès de l'Institut d'histoire de l'Amérique française.

YOUNG, Brian, 1986, *In their Corporate Capacity, the Seminary of Saint Sulpice as Business Institution*, Montréal, McGill-Queen's University Press.

# CHAPITRE 17

## Éducation et politique au Québec: l'adaptation des structures du XIX^e siècle aux défis du XXI^e siècle[1]

HENRY MILNER

Le système d'éducation est sensible aux changements sociétaux comme peu d'autres institutions. En plus, il est lui-même responsable de certains changements fondamentaux. Ce chapitre analyse les récents développements dans le système scolaire primaire et secondaire du Québec[2] et fait le lien avec des questions plus larges. Je concentre mon étude sur la région de Montréal, où vivent presque un tiers des quelque six millions et demi de Québécois, et sur la Commission des écoles catholiques de Montréal (CÉCM), qui administre la plupart des écoles publiques (180 écoles fréquentées par 90 000 étudiants) de la Ville de Montréal. L'objectif est d'établir un lien entre l'état actuel du système scolaire et le développement général de la société québécoise.

Plus d'un million d'étudiants, un quart de la population scolaire du Canada, fréquentent les écoles primaires et secondaires du Québec, et le quart de ces élèves a sa résidence sur l'île de Montréal, la métropole du Québec. À peine plus de la moitié de la population de l'île de Montréal vit à l'intérieur des limites de la ville de Montréal. Le reste a sa résidence dans l'une des 28 autres municipalités (voir la figure 1). Les transports en commun, le service de police et les programmes environnementaux sont administrés à un palier intermédiaire, la Communauté urbaine de Montréal (CUM). L'éducation n'est de la compétence ni de la CUM ni des municipalités.

On s'accorde généralement pour dire que la situation des écoles publiques de Montréal comporte des problèmes. C'est le cas de la performance scolaire des étudiants et des problèmes sociaux qui sont le reflet de l'évolution de la société en général. La baisse des normes de réussite dans les écoles secondaires américaines est un phénomène bien connu et documenté (Coleman *et al.*, 1982), et les mêmes tendances sont présentes dans d'autres sociétés occidentales. Les degrés de violence et de tension sociale sont plus élevés dans les *high schools* au cœur des villes américaines qu'à Montréal. Néanmoins, la spécificité de la situation ethnolinguistique du Québec, et surtout de Montréal, contribue au caractère particulier de ces problèmes. De plus, je tenterai de démontrer que les structures en place n'ont pu les résoudre parce qu'elles étaient inadéquates. Cette analyse du fonctionnement des structures d'éducation met l'accent sur les facteurs conditionnant la participation des parents et des citoyens et postule qu'à long terme on ne pourra faire progresser l'éducation de façon continue qu'en canalisant efficacement l'énergie et les ressources des personnes concernées.

Figure 1
Le territoire de la Communauté urbaine de Montréal (CUM)

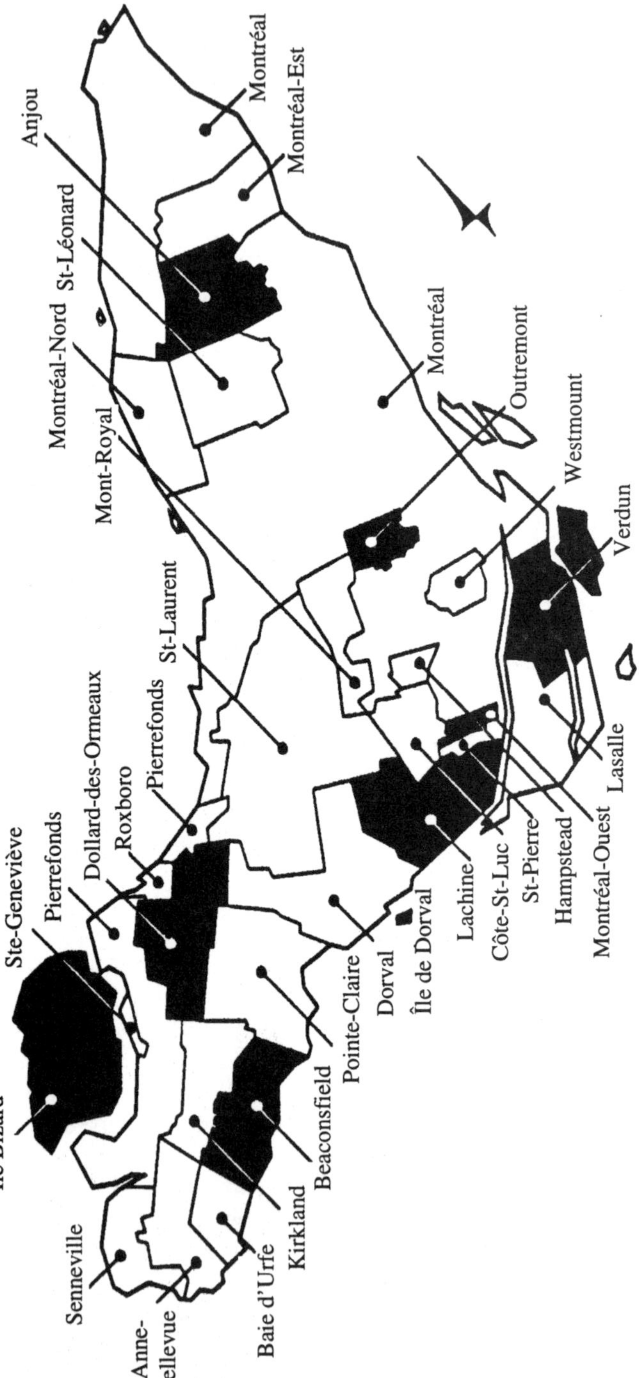

## QUELQUES INDICES D'UN SYSTÈME ÉDUCATIF EN DIFFICULTÉ

Bien qu'on ne trouve dans aucune publication scientifique de méthode à toute épreuve pour comparer les performances éducatives entre les différentes sociétés, quelques indicateurs semblent étayer les critiques les plus fréquentes des performances du système d'éducation du Québec (Balthazar et Bélanger, 1989; Migué et Marceau, 1989; Desbiens, 1989). L'une des mesures entendues le plus fréquemment est la longueur de l'année scolaire. Une comparaison récente place le Québec à égalité avec les États-Unis à l'avant-dernier rang, à 180 jours (Barrett, 1990, p. 79). Qui plus est, si on se fie à un rapport du ministère de l'Éducation du Québec (MEQ) datant de 1990, la véritable moyenne se rapprocherait davantage de 170 que de 180 jours. Pourtant, en 1979, même avec une année scolaire plus courte, 45,8 % des garçons et 31,9 % des filles abandonnaient l'école avant la fin de leur cours secondaire (Demers, 1990; voir aussi Allaire, 1993, pour une analyse troublante des tendances de décrochage chez les garçons). De plus, le MEQ a révélé en 1990 que 30 % des 6 000 jeunes (âgés de quinze à trente ans) fréquentant des classes d'alphabétisation avaient terminé au moins neuf ans de scolarité (Léger, 1990).

Il y a depuis longtemps une grande insatisfaction envers la qualité de l'apprentissage linguistique dans les écoles du Québec : certains calculs déterminent qu'environ un cinquième des étudiants du secondaire ont une connaissance satisfaisante de la grammaire (MEQ, 1990). L'analyse de données nationales et internationales, qui ne traitent habituellement pas le Québec séparément du Canada, confirment cette impression. Une étude de Statistique Canada pour le compte du Secrétariat national de l'alphabétisme a révélé, en septembre 1990, que 30 % des gradués du secondaire n'ont pas une capacité de lecture suffisante pour faire face aux besoins quotidiens normaux. Et c'est 36 % qui n'ont pas la capacité de calcul nécessaire. Une comparaison des habitudes d'étude quotidienne a montré que seulement 25 % des étudiants canadiens de treize ans font en moyenne deux heures et plus de devoirs à la maison, ce qui place le Canada en dernière position parmi les six pays étudiés (Sprout, 1990, p. 50). Les Canadiens du dernier cycle du secondaire se sont classés derniers en chimie et avant-derniers en physique dans l'étude de dix pays de l'Association internationale d'éducation (Sprout, 1990, p. 51). Dans le test Gallop (National Geographic) de géographie (Grosvenor, 1989), les jeunes Canadiens se classaient exactement au milieu, tandis que les Américains étaient classés bons derniers[3].

À l'intérieur du Québec, la performance des élèves de la CÉCM aux examens de français ont placé cette dernière au 115e rang parmi 127 commissions scolaires (Demers, 1990, p. 34). Cela ne surprend pas, puisque la CÉCM administre plusieurs des écoles multi-ethniques urbaines de la région de Montréal. Il y a une relation certaine entre la performance scolaire et les conditions sociales de la clientèle scolaire. D'abord et avant tout, on a raison de croire que ces problèmes sont liés à l'absence grandissante des familles de classe moyenne des 2 558 écoles publiques du Québec, parce qu'ils choisissent d'envoyer leurs enfants aux 320 écoles privées élémentaires et secondaires.

Bien que l'école privée joue un rôle utile en introduisant une compétition dans le système scolaire, la situation québécoise, surtout dans les écoles secondaires en milieu urbain, a atteint le point où l'impact négatif de cette concurrence a dépassé son effet bénéfique. Au Québec, spécialement à Montréal, les écoles privées drainent trop de ressources hors du système public d'éducation, privant les écoles publiques de leurs éléments les plus dynamiques, des parents, des éducateurs et des administrateurs très engagés. Des 1 100 000 étudiants du primaire et du secondaire au Québec, 10 % fréquentent l'école privée (MEQ, 1989a), dont plus des trois quarts au niveau secondaire. On trouve la plus grande concentration d'écoles privées dans la région de Montréal. Pourtant, les places y sont en nombre insuffisant (Bernier, 1990). La proportion d'étudiants québécois dans les écoles privées est la plus élevée des provinces canadiennes – le double de celle de l'Ontario. Dans les années 1980, la proportion diminua en Ontario, tandis qu'elle augmenta de 15 % au Québec. Bien que d'autres facteurs puissent expliquer les niveaux réduits de participation à l'éducation publique, il y a une relation de cause à effet entre ces niveaux et la place relative des écoles privées. Un véritable cercle vicieux s'est installé et nous empêche de distinguer la cause de l'effet. Soulignons que l'éducation privée est généreusement subventionnée, dans une proportion de 60 % environ. Par conséquent, elle n'est pas hors de la portée de la couche inférieure de la classe moyenne (Bezeau, 1979). Devant cette possibilité, bien des parents engagés retirent leurs enfants des écoles publiques dans le but d'éviter les problèmes que leur participation aurait pu aider à solutionner.

## LA RELIGION ET LA DIVISION DE LA STRUCTURE SCOLAIRE PUBLIQUE

Les politiques de subvention gouvernementale à l'école privée sont une cause immédiate de la perte de ressources humaines des écoles publiques. Mais ce phéno-mène reflète également des défauts plus profonds dans le système d'éducation, qui l'empêchent de faire face aux problèmes que les écoles doivent affronter. Il y a trois dimensions à cette question : la première est légale et constitutionnelle, la seconde, démographique, et la troisième, politique et administrative. Sous la première catégorie, soulignons la protection constitutionnelle du caractère confessionnel du système sco-laire montréalais ; la seconde comprend l'immigration, la composition ethnique et la langue ; la dernière a trait aux effets de la négociation centrale.

L'île de Montréal est divisée en six commissions scolaires catholiques et en deux commissions scolaires protestantes, chacune étant subdivisée en circonscriptions territoriales représentées par une commissaire scolaire. Ces circonscriptions n'ont rien à voir avec les districts municipaux, et les élections scolaires sont tenues à une date différente des municipales. (Une carte des territoires couverts par les commissions scolaires de la région de Montréal apparaît à la figure 2.) Il n'y a aucun doute que la complexité de ce système de représentation inhibe la participation du citoyen dans le système scolaire (Milner, 1986). La nature confessionnelle de cette structure, qui oblige les gens qui veulent s'engager à s'identifier par leur affiliation religieuse, même si cela ne leur convient pas, accentue le problème. À preuve, les catégories énumérées ci-dessous, tirées d'une lettre envoyée dans la région de Montréal à l'automne 1990, pour indiquer si le destinataire était un électeur éligible pour la commission scolaire protestante (CÉPGM-PSBGM). Pas étonnant que la participation ait été faible.

1. Protestant, ou ni protestant ni catholique, sans enfants d'âge scolaire ;

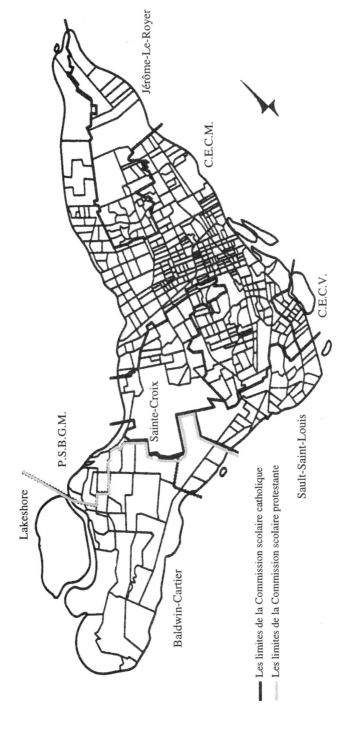

Figure 2

Les territoires des Commissions scolaires de la région montréalaise (1986)

Source : Recensement Canada, 1986 ; préparé pour le Conseil scolaire de l'île de Montréal par le service de la cartographie de l'INRS-Urbanisation, 1990.

2. Protestant, ou ni protestant ni catholique, dont les enfants fréquentent des écoles de la CÉPGM.

3. Protestant, ou ni protestant ni catholique, dont les enfants fréquentent une école de la CÉPGM et une école d'une autre commission scolaire.

4. Protestant, ou ni protestant ni catholique, dont les enfants fréquentent une école appartenant à une commission scolaire autre que la CÉPGM ou la CÉCM.

Une explication historique s'impose ici. Les efforts faits par le gouvernement du Québec pour déconfessionnaliser le système, c'est-à-dire pour remplacer les commissions scolaires séparées en commissions catholiques et protestantes par des commissions françaises et anglaises, ont toutes échoué – jusqu'à maintenant du moins. Bien qu'on ait dit que la modernisation rapide des infrastructures du Québec pendant les années 1960 – la révolution tranquille – fut d'abord identifiée aux changements qu'elle a instaurés en éducation, il demeure qu'un élément-clé de la réforme n'a jamais vu le jour. Cela laisse l'éducation publique au Québec entre les mains de 175 commissions scolaires catholiques et 29 protestantes. Dans la région de Montréal, les commissions protestantes et catholiques administrent un réseau d'écoles anglaises aussi bien que françaises. Partout ailleurs, à quelques exceptions près, les écoles catholiques sont françaises, et les écoles protestantes sont anglaises.

Cette structure n'est pas seulement fastidieuse, elle est également coûteuse : Statistique Canada a révélé qu'en 1982, il en coûtait 38 % de moins pour éduquer un enfant en Ontario qu'au Québec. Ces coûts excessifs sont supportés par le système d'éducation, qui les absorbe en utilisant des manuels désuets, des locaux vétustes et des équipements insuffisants. Une étude récente des bibliothèques scolaires fait une démonstration éclatante de la privation qui en résulte. Le nombre moyen de livres dans les écoles du Québec est de 7 par élève, comparé à 20 aux États-unis et 39 au Danemark. Ce petit nombre s'explique partiellement par l'histoire : le système d'éducation du Québec a longtemps accusé un retard et le ministère de l'Éducation n'a été constitué qu'en 1964. Mais les contraintes financières ont rendu le rattrapage impossible. Québec n'a dépensé que 5,27 $ par étudiant pour les livres de bibliothèque, comparativement à 6,74 $ aux États-unis, 33,48 $ au Danemark, et 14 $ dans la province du Manitoba (MEQ, Comité d'étude, 1989b, p. 35-36).

La structure actuelle et les coûts qu'elle implique sont le résultat d'une modernisation graduelle entreprise en 1964 devant l'impossibilité de déconfessionnaliser le système. Le gouvernement de l'Union nationale de la fin des années 1960 et l'administration libérale des années 1970 ont tenté d'éliminer les commissions scolaires confessionnelles dans la région de Montréal, comme cela avait été recommandé en 1966 par l'illustre rapport Parent. Ces lois ont été cassées par les tribunaux, en raison de la section 93 de l'Acte de l'Amérique du Nord britannique (AANB) et ses garanties imprécises pour les droits religieux à l'éducation. Par conséquent, les gouvernements du Québec ont choisi de reculer plutôt que d'affronter l'opposition pleine de détermination et de cohésion des intégristes des commissions scolaires catholiques et protestantes, qui se sont toujours montrés prêts à aller devant les tribunaux. Mais les pressions pour un palliatif législatif n'ont pas diminué, particulièrement dans la foulée des lois 22 et 101, dans les années 1970, qui exigent que les nouveaux arrivants envoient leurs enfants aux écoles françaises. Cela signifie fréquenter une école française catholique – peu importe les croyances religieuses des immigrants – ou les écoles françaises protestantes plus sécularisées – là où il y en a.

L'initiative d'une nouvelle réforme est venue d'en bas. Des parents, des enseignants et des administrateurs de Notre-Dame-des-Neiges, une école élémentaire de Montréal, se sont donné pour but de créer un environnement éducatif pluraliste pour servir tout autant une communauté comprenant des membres immigrants de trente origines ethniques que les enfants du personnel de l'Université de Montréal. En 1979, les parents ont demandé à la CÉCM de révoquer le statut catholique de l'école. La requête a été refusée, et la position de la CÉCM fut maintenue subséquemment par les tribunaux sur des fondements constitutionnels, ce qui ramena la question dans le camp des politiciens. En 1982, Camille Laurin, ministre de l'Éducation, a publié un livre blanc sur la réforme scolaire, qui proposait non seulement de déconfessionnaliser mais aussi d'effectuer une décentralisation radicale des structures scolaires. Dans la version modifiée de son plan, le projet de loi 40, déposé à l'Assemblée nationale en 1983, les structures à base religieuse devaient être remplacées, sur l'île de Montréal, par deux structures linguistiques distinctes, l'une desservant les écoles françaises, l'autre, les écoles anglaises. Devant l'opposition qui se manifesta, les dispositions furent assouplies de nouveau, en 1984, et Laurin fut remplacé. Pourtant, même cette version, le projet de loi 3, fut finalement jugée inconstitutionnelle peu après que le Parti québécois (PQ) de René Lévesque eut été remplacé par les libéraux en décembre 1985.

Le nouveau gouvernement libéral réagit en proposant une réforme encore plus modérée, le projet de loi 107. Celle-ci suggère de préserver tous les privilèges confessionnels dans les écoles et de perpétuer les commissions scolaires confessionnelles (dont les frontières territoriales seraient tracées par des critères déterminés par les directives des tribunaux), qui coexisteraient avec de nouvelles commissions scolaires linguistiques dans la région de Montréal. Mais l'implantation de cette réforme fut retardée par une requête devant les tribunaux. En septembre 1990, la Cour d'appel du Québec statua sur la constitutionnalité du projet de loi 107 et, par un vote majoritaire, jugea que les commissions scolaires confessionnelles actuelles n'avaient pas de droits territoriaux acquis ou différents de ceux qu'on retrouve dans l'ensemble du Québec. Il s'agit du droit qu'ont les minorités religieuses de se retirer d'une commission scolaire publique et de constituer une commission *dissidente*. Ce jugement fut immédiatement porté en appel devant la Cour suprême du Canada par les commissions scolaires protestantes. Elles firent valoir que la propriété des biens des écoles existantes était protégée par la constitution. Leur appel, qui a été longuement retardé par une succession d'élections scolaires, fut appuyé par la CÉCM.

Certains événement survenus à la CÉCM au cours de cette période sont dignes de mention. La très faible participation lors des élections scolaires des années 1970 et 1980 ont permis aux intégristes catholiques de dominer la CÉCM (Milner, 1986). Il s'agit d'un groupe *déconnecté* de la majorité des commissaires d'écoles catholiques, telle qu'elle est représentée par la Fédération des commissions scolaires catholiques (FCSQ) qui a annoncé, au début de 1991, son intention de retirer le mot «catholique» de son appellation, au grand dam de la CÉCM. Quant à elles, les politiques et les décisions des commissaires scolaires de la CÉCM ont empiré la situation. En plus de gaspiller de précieuses sommes d'argent dans la défense légale de la confessionnalité, leur système, fondé sur une conception étroite de la confessionnalité, a dissuadé non seulement des non-catholiques d'envoyer leurs enfants dans les écoles de la CÉCM, mais aussi des Canadiens français catholiques modérés, de même que plusieurs parents de groupes ethniques divers (catholiques et non catholiques) refusant de placer leurs enfants dans un environnement scolaire perçu comme étroit et peu propice à l'intégration.

Pour un nombre de plus en plus grand de familles de classe moyenne ou aisée, les écoles privées laïques constituent un refuge contre le système catholique confessionnel. Pour plusieurs familles d'immigrants, ainsi qu'un nombre relativement petit de familles canadiennes-françaises, ce rôle est joué par les écoles protestantes (dirigées dans les faits par des anglophones). Ce dernier phénomène est un paradoxe, car un objectif principal des lois linguistiques des années 1970 était d'encourager l'intégration des familles néo-québécoises dans les institutions de la majorité. Le manque apparent d'ouverture des écoles catholiques françaises en a conduit plusieurs aux écoles gérées par les commissions protestantes, qui avaient la réputation d'être davantage pluralistes[4]. Par conséquent, on a ouvert des écoles protestantes françaises pour satisfaire la demande. En dix ans, jusqu'à 1990, le secteur français est passé de moins de 1 000 à presque 12 000 étudiants – plus du tiers de la population étudiante de la CÉPGM. Puisque ces étudiants étaient concentrés dans les premières années scolaires, on s'attend à ce que leur nombre croisse à plus de 50 % dans les prochaines années. Déjà, en 1986, 62 % des étudiants dans le secteur français de la Commission scolaire protestante du Grand Montréal (CÉPGM) n'étaient pas francophones.

Bien qu'il soit téméraire de comparer la qualité globale de l'éducation dans les écoles catholiques et protestantes, on peut dire que les écoles protestantes jouissent d'une meilleure réputation au point de vue scolaire. Une partie de l'explication réside dans le poids de l'histoire, à l'époque où le financement scolaire était confessionnel et que les écoles protestantes avaient accès à de plus grandes ressources fiscales. Mais il est à craindre que cela s'explique également par la force d'attraction des écoles protestantes pour ces familles qui ont plus d'énergie à investir, énergie que perdent les écoles catholiques. En somme, l'inhibition que provoquent les structures confessionnelles envers la participation populaire, et l'existence de ces soupapes que sont les écoles protestantes privées et subventionnées, ont alimenté un cercle vicieux qui crée des problèmes pour les écoles catholiques françaises et les prive des ressources pour leur faire face.

Dans ces circonstances, ce fut tout un événement lorsque la participation aux élections scolaires de 1990 atteignit 15 %[5], et qu'en conséquence les partisans de la déconfessionnalisation, sous l'étiquette de Mouvement pour une école ouverte et moderne (MÉMO), ont fait bien meilleure figure que lors de leurs premières tentatives (voir Milner, 1986) en remportant 10 des 21 postes de commissaires. Ainsi, les intégristes du Regroupement scolaire confessionnel (RSC) se sont retrouvés avec une mince majorité. Cependant, leur leader controversé, le président sortant de la CÉCM, Michel Pallascio, fut battu dans son district.

## DIVISIONS LINGUISTIQUES ET TENSIONS ETHNIQUES

Les gestes et les déclarations de Pallascio étaient les symptômes des difficultés posées par l'intégration d'immigrants non francophones, qui représentent la seconde dimension des problèmes sous-jacents. À l'automne de 1989, la CÉCM a commandé un sondage. Une des questions se lisait ainsi : «Voudriez-vous voir les enfants d'immigrants dans des écoles séparées?» (Leclerc, 1990). Un an plus tard, en rendant publique la position du RSC devant la Commission sur l'avenir constitutionnel du Québec, Pallascio demanda qu'on donne la préférence aux immigrants qui partagent les *valeurs judéo-chrétiennes du Québec*. On comprend que les représentants des groupes néo-québécois aient été scandalisés, interprétant de telles déclarations comme la preuve d'un manque d'ouverture du système scolaire catholique.

Évidemment, le besoin d'intégrer un grand nombre d'enfants provenant de cultures diverses, qui parlent des langues différentes à la maison, est un défi auquel font face des autorités scolaires ailleurs qu'à Montréal. Mais en ce qui concerne Québec, et surtout Montréal, une dimension supplémentaire réside dans le fait que, traditionnellement, les nouveaux venus s'intégraient en passant par l'école anglaise et se percevaient comme arrivant dans l'Amérique du Nord anglophone. Dans ce contexte, leur demander d'envoyer leurs enfants aux écoles françaises est une seconde source de tensions inter-ethniques, qui apparaît au milieu des années 1970.

On doit faire une distinction entre les commissaires de la CÉCM et son personnel enseignant et administratif. En général, le personnel a une attitude positive envers l'intégration des étudiants immigrants, et plusieurs individus ont travaillé dur à cette tâche, particulièrement dans les «classes d'accueil» mises sur pied pour leur enseigner le français et pour les aider à s'adapter à leur nouvel environnement. Le résultat global ne fut pas parfait : les personnes concernées étaient souvent mal préparées et n'avaient pas l'appui nécessaire de leurs dirigeants politiques (Ferland et Rocher, 1987; Beauchesne et Hesler, 1987). Le manque d'expérience des institutions francophones d'éducation dans l'intégration d'un grand nombre de non-francophones fut un facteur supplémentaire. L'ampleur de la relation entre les difficultés décrites et le leadership particulier de la CÉCM durant cette période reste à déterminer. Pallascio n'est plus président, mais, en dépit de l'opposition plus grande, le RSC contrôle toujours la CÉCM.

Ces problèmes sont accentués par la répartition géographique des groupes ethniques. Bien que les Québécois dont la langue maternelle n'est ni le français ni l'anglais ne forment que 7 % de la population, ils constituent presque 25 % de celle de l'île de Montréal, où s'installent 93 % des nouveaux immigrants au Québec (Grandjean, 1990; Levine, 1990). Sur l'île, l'aménagement ethnique est en forme de *mosaïque*. Chaque groupe y est concentré dans une région particulière de la ville, avec certaines zones connues pour leur composition particulièrement *ethnique*. Par ailleurs, en plus d'être *visibles* par la couleur de leur peau et par leurs habitudes vestimentaires (70 % des immigrants dans les années 1980 sont considérés comme *visibles*; Levine, 1990), les immigrants récents ont tendance à posséder de faibles ressources, et à provenir des pays les plus pauvres d'Asie, d'Afrique et d'Amérique centrale (voir les figures 3 et 4).

Figure 3
La pauvreté chez les familles d'immigrants
(1985)

Familles avec au moins un enfant en dessous de l'âge de 13 ans dont le revenu se situe sous le
seuil de la pauvreté, d'après Statistique Canada, et dont le père (ou la mère célibataire) est né à
l'extérieur du Canada

Île des Sœurs

Île Bizard

Nombre de familles par
secteur de recensement :

moins de 75

75-99

100-414

Source : Recensement Canada, 1986 ; préparé pour le Conseil de l'île de Montréal par le service de
cartographie de l'INRS-Urbanisation, 1989.

392

Figure 4
Familles d'immigrants ne parlant ni anglais ni français
(1985)

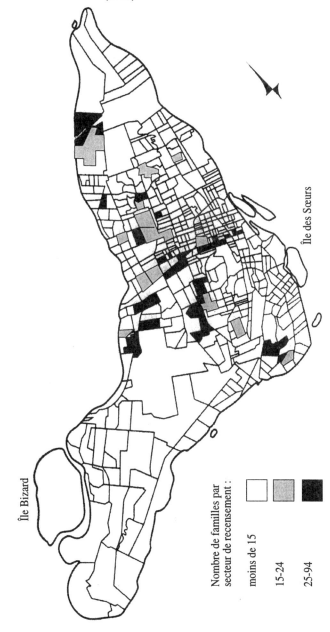

Source : Recensement Canada, 1986 ; préparé pour le Conseil de l'île de Montréal par le service de cartographie de l'INRS-Urbanisation, 1989.

Dans son mémoire de janvier 1991 à l'Assemblée nationale du Québec sur la politique d'immigration, le Conseil scolaire de l'île de Montréal, qui représente les commissions scolaires, prédisait que bientôt, 50 % des étudiants de l'île de Montréal n'auraient pas le français comme langue maternelle, tout en soulignant que déjà, en 1989, la majorité dans 13 % de ses écoles était non francophone (Grandjean, 1990).

La plupart de cette quarantaine d'écoles et plus étaient parmi les 100 désignées comme étant établies dans des zones de pauvreté (un quart des écoles sur l'île), où 12 % des enfants souffraient de malnutrition (Léger, 1991). La majorité de ces écoles étaient administrées par la CÉCM. En tout, 35 % des étudiants de la CÉCM ont une langue maternelle qui n'est ni le français ni l'anglais ; dans les premières années du primaire, c'est 50 %. Plusieurs de ces élèves sont en *classes d'accueil*, des classes de rattrapage en français, pour leur permettre de rejoindre les classes régulières. En 1987, 20 % de ces étudiants âgés de douze à seize ans avaient plus de deux ans de retard dans leurs études (Léger, 1991). Aux difficultés inhérentes à l'intégration de nouveaux citoyens dans ces conditions, s'ajoute la tension entre l'anglais et le français. Dans plusieurs écoles françaises où les familles non francophones sont majoritaires, la langue commune des étudiants est l'anglais. De plus, les familles de plusieurs de ces étudiants sont toujours offusquées de l'obligation d'éduquer leurs enfants en français (surtout lorsqu'une éducation complète en anglais est disponible pour les Canadiens anglophones) puisqu'ils croyaient immigrer dans un pays de langue anglaise. Ce ressentiment se reflète dans l'attitude des enfants envers leur école. Le refus systématique de parler français de ces enfants a amené la CÉCM, au printemps de 1990, à envisager publiquement l'obligation d'utiliser le français à l'extérieur des classes, une politique considérée comme inacceptable par la plupart des gens et inapplicable par plusieurs. À tout le moins, ce débat remit la question de la langue d'usage à l'avant-plan de l'actualité, bien que cela n'ait en rien amélioré l'image déjà ternie de la CÉCM chez les néo-Québécois. Un phénomène distinct, bien que relié, est l'augmentation des incidents violents dans les écoles secondaires, dont quelques-uns ont un rapport avec les tensions inter-ethniques (Rioux, 1990). Cependant, une partie seulement de la hausse des altercations dans lesquelles sont utilisés des couteaux, des leviers de démolition, des bâtons de baseball, etc., peut être attribuable à de telles tensions[6]. La plupart sont imputées aux drogues ou à d'autres formes de comportement asocial que l'on retrouve fréquemment chez les jeunes d'âge du secondaire dans les grands centres urbains.

## BUREAUCRATIE, RELATIONS DE TRAVAIL ET ÉDUCATION

La troisième dimension de notre analyse porte sur une critique souvent exprimée à l'encontre de l'école publique, et qui est basée sur l'approche du *public choice* de l'analyse des politiques. Le *choix public* inscrit la prestation des services publics dans un modèle économique néo-classique. Jugés à partir de critères qui privilégient le libre choix des acteurs dans un marché concurrentiel, le système actuel n'est forcément pas convenable. En éducation, le système optimal serait un système où on utiliserait des *tickets de service* et qui, on le présume, limiterait le gaspillage public en favorisant le choix des consommateurs (Chubb et Moe, 1988). Sans entrer dans des considérations théoriques, nous observons que l'application de l'approche du *choix public* au domaine de l'éducation est plutôt complexe (Witte, 1990). Nous avons affirmé plus haut que l'accessibilité de l'école privée comporte autant de conséquences négatives que de positives. L'élément-clé de notre approche – l'investissement des ressources humaines en éducation – nous amène à partager certaines allégations des observateurs critiques identifiés au *choix public* (par exemple : Migué et Marceau, 1989 ; Desbiens, 1989), c'est-à-dire qu'un appareil bureaucratique trop centralisé amenuise la participation des parents et des citoyens. Cependant, contrairement à ces critiques, nous craignons qu'une extension de l'école privée à travers les *tickets de service*, qui équivalent aux subventions actuelles aux écoles privées (Bezeau, 1979), n'exacerbe les problèmes d'exode des ressources hors des écoles publiques.

Au Québec, on considère souvent que l'école publique est trop dirigée du centre. Néanmoins, l'inefficacité n'est pas nécessairement le résultat d'une trop grande centralisation. Elle peut être attribuable à un contrôle central inadéquat doublé d'une perception que les règles sont déterminées par une bureaucratie distante et insensible. Une manifestation de ce phénomène est le cri d'alarme poussé par le ministre de l'Éducation, Michel Pagé, au début de 1991. Il trouvait inacceptable que les commissions scolaires reçoivent des fonds supplémentaires pour un nombre inusité d'étudiants (144 000 en tout) qui prétextaient des troubles d'apprentissage et dont les dossiers étaient protégés par le sceau du secret. Le problème n'est pas que les décisions qui découlent des règles en vigueur au Québec sont insensibles aux besoins des communautés locales. En effet, un certain degré d'insensibilité est inévitable si l'on veut que des normes minimales et des procédures comptables reconnues s'appliquent et si on désire réduire l'inégalité des dépenses par élève (Bezeau, 1985). Le problème résiderait plutôt dans des structures qui ne sont pas assez clairement responsables devant la communauté scolaire active et un peu trop redevables au ministère de l'Éducation. Nous avons déjà vu combien une structure confessionnelle démobilise les éléments potentiellement actifs dans la communauté locale. Nous croyons que l'application des conventions collectives provinciales en éducation ont eu le même effet.

Au risque d'être mal interprété, affirmons dès le départ que le régime de négociation centralisée n'est pas le problème, pas plus que la négociation centralisée avec les professeurs elle-même. Les négociations centrales peuvent être source de productivité économique et de justice sociale (Milner, 1989b). Les négociations centrales avec les employés du secteur public, y compris avec les enseignants, tant qu'elles se limitent aux salaires et autres conditions connexes et s'inscrivent dans des paramètres déterminés par les négociations dans le secteur privé, peuvent en être un complément. Au Québec, cependant, le secteur public a pris le leadership de la négociation collective, et cela est encore plus vrai dans le secteur de l'éducation.

Dès le début du siècle, les syndicats québécois avaient une orientation plutôt conservatrice. Ils décourageaient les travailleurs canadiens-français membres de la Confédération des travailleurs catholiques du Canada (CTCC) de s'engager à fond dans le développement industriel, sous peine de se perdre dans le matérialisme sur lequel il était fondé (Milner, 1978). Bien que la CTCC fût davantage militante après la Deuxième Guerre mondiale, elle fit peu de progrès, se heurtant à l'opposition du gouvernement réactionnaire de Duplessis et, en général, au climat conservateur qui régnait dans les années 1950. L'arrivée au pouvoir, en 1960, du libéral Jean Lesage a marqué une nouvelle ère de coopération entre le gouvernement et une CTCC fraîchement déconfessionnalisée (elle devint la CSN sous Jean Marchand). Alors l'État québécois et les syndicats du secteur public ont connu un essor simultané. Le nouveau ministère de l'Éducation du Québec était presque entièrement constitué d'employés syndiqués. À la fin de la décennie, au moment où les syndicats ont connu une période de militantisme accru, la négociation centralisée est devenue la norme dans le secteur public. Dans les années 1970, les négociations des professeurs à l'échelle provinciale ont été incorporées dans un cartel de négociation, un *front commun* de tous les employés des secteurs public et parapublic. À cette époque, des intellectuels radicaux et enclins à la confrontation ont acquis des positions de leadership, notamment à la Confédération des syndicats nationaux (CSN) et à la Centrale de l'enseignement du Québec (CEQ) composée d'enseignants et d'autres employés de l'éducation, ce qui leur permit de dominer le front commun et de miner le gouvernement libéral de Robert Bourassa (Milner, 1977).

Le gouvernement Lévesque est arrivé au pouvoir en 1976 avec un *préjugé favorable* envers les travailleurs et les syndicats, comme sa législation anti-briseurs de grève tend à le démontrer. Le Parti québécois espérait établir la concertation tripartite à l'européenne (la coopération entre les travailleurs et les patrons comme en Scandinavie – Tellier, 1977, 1978 ; Boisvert, 1980). Trois sommets socio-économiques *nationaux* et plus de trente sommets sectoriels ont été convoqués et ont réuni le gouvernement, les syndicats et le patronat. Mais comme ce fut le cas avec l'opinion publique lors du référendum de 1980 sur la souveraineté, le PQ avait mal prévu la réaction de ses *partenaires*. La CSN et la CEQ étaient parfois réticentes ne serait-ce qu'à s'asseoir à la même table que leurs *ennemis de classe*. À l'exception de *corvée habitation* et du fonds d'investissement de solidarité de la Fédération des travailleurs et des travailleuses du Québec (FTQ), le *Fonds de solidarité*, les sommets nationaux n'ont pas produit de résultats durables (Bellemare et Poulin-Simon, 1986). La réticence des *partenaires* s'est accrue avec le début de la récession. En 1981, des milliers de compagnies du Québec ont cessé leurs opérations. Le taux de chômage a atteint 15,5 %, et l'économie québécoise s'est contracté de 6,3 % (Milner, 1986, p. 103).

Au dernier sommet national (1982), le premier ministre René Lévesque a tenté d'obtenir la coopération des travailleurs des secteurs public et parapublic pour faire face à cette conjoncture difficile, puisqu'il n'était pas question, avec les taux d'intérêt astronomiques qui avaient alors cours, de hausser le déficit pour payer les comptes courants. Il ne pouvait non plus être question de réduire les programmes d'assistance directe à la population, car elle souffrait déjà suffisamment. Les employés non syndiqués, c'est-à-dire le personnel cadre, les juges, les médecins, ont encaissé un gel de leur salaire. Mais le front commun des 300 000 travailleurs des secteurs public et parapublic a refusé d'abandonner ne serait-ce qu'une partie du 14 % d'augmentation de salaire qui figurait à la dernière année de leur contrat. Devant cette épreuve, la concertation a échoué.

À l'été de 1982, la réponse du gouvernement fut une législation qui prévoyait une réduction de salaire de trois mois, dans le but de récupérer 500 millions de dollars dans la masse salariale à la fin du contrat. De son côté, en vue du nouveau contrat, le front commun a présenté des revendications qui, de son propre aveu, ne tenaient pas compte de la crise économique. Après l'échec d'un ultime appel pour une négociation au sommet, le gouvernement réduisit effectivement les salaires et imposa les termes du nouveau contrat de travail. La grève des enseignants qui suivit fut un des conflits les plus dramatiques dans l'histoire de l'éducation au Québec. À la fin de février, d'autres groupes étaient rentrés au travail, pliant sous la menace d'une sévère loi de retour au travail. Les enseignants se sont retrouvés seuls aux piquets de grève. Ce sont eux qui avaient le plus à perdre puisque leur contrat comprenait une formule complexe d'embauche et d'ancienneté qui avait permis de garder constant le nombre d'enseignants, malgré un taux de natalité qui avait baissé de 29 % dans les années 1970. Ils ont refusé de considérer toute modification dans la gestion du personnel qui tiendrait compte des fluctuations économiques et des besoins régionaux et locaux. Cette grève était une croisade pour sauvegarder un principe fondamental. Elle fut donc une des plus dures de ces dernières années. Elle se termina avec une sévère loi de retour au travail, ce qui provoqua de grandes dénonciations, polarisa davantage les partis politiques et accentua l'aspect symbolique de la cause défendue par les syndicats.

Dans les mois qui suivirent ce conflit, le PQ perdit de nombreux membres actifs. Les syndicats du secteur public s'en trouvèrent affaiblis eux aussi. Ainsi, les deux négociations subséquentes avec le nouveau gouvernement libéral, dirigé par un Robert Bourassa ressuscité, furent de véritables capitulations de la part des syndicats, par comparaison avec les séances antérieures. Mais cette incapacité d'obtenir plus de concessions ne doit pas être interprétée comme le résultat d'une attitude plus coopérative. Après la défaite de leur croisade (la trahison du PQ, dirent certains), les enseignants se sont retrouvés amers et découragés, et, d'après le discours syndical, ils étaient démoralisés, surmenés et généralement frustrés. Sans en imputer la faute à quiconque, il faut se rendre à l'évidence que, dans le climat qui en résulta, les enseignants et leurs syndicats n'étaient pas disposés à collaborer avec les organismes consultatifs ou à accepter l'assouplissement de l'application de certaines règles. Aujourd'hui, on s'accorde à dire que certaines rigidités de contrats, par exemple la supériorité de l'ancienneté sur la compétence dans une matière, comme critères d'allocation des tâches d'enseignement ont rendu inapte le système tout entier. Comme l'a dit un observateur : «La négociation collective centralisée [...] a engendré des conséquences génératrices de conflits. [...] L'évaluation des professeurs est pratiquement impossible. [...] Jusqu'à un certain point [...] des procédures uniformes ont remplacé la responsabilité individuelle, ce qui a entraîné l'apathie des administrateurs.» (Papale, 1981) Un autre observateur a décrit le processus comme une *partie de bras de fer* entre le gouvernement et les syndicats (Lauroesch, 1979). (Notons que ces déclarations furent faites avant le conflit de 1983.) En somme, on peut en déduire, sans crainte de se tromper, que parmi les conséquences de ces pratiques, la participation parentale fut découragée et l'exode vers l'école privée favorisée.

Pourtant, le portrait n'était pas sombre partout. En général, le contexte des relations ouvrières avait changé, avec le résultat paradoxal qu'en contribuant à la défaite du PQ par un refus de ses appels à la concertation, les syndicats ont commencé à redéfinir la social-démocratie en termes de coopération à la scandinave. La centrale la plus modérée et la plus proche du secteur privé, la Fédération des travailleurs et travailleuses du Québec (FTQ), a donné le ton. Lors de son congrès de mai 1990, la CSN a suivi, en appuyant publiquement la concertation avec les patrons et le gouvernement.

Le *Forum pour l'emploi* de novembre 1989 (Milner 1989a) est un point tournant d'une évolution vers la concertation (mais il est presque complètement passé inaperçu à l'extérieur du Québec francophone). Il a réuni 1 500 participants des mondes syndical, patronal et gouvernemental, ainsi que des secteurs coopératif et communautaire, pour discuter des moyens de coopérer pour réduire le chômage. Une plénière thématique sur «le rôle des partenaires dans le marché de l'emploi» a permis à d'importants hommes d'affaires et à des leaders syndicaux de comparer leurs approches de la *concertation,* de la *politique économique* et de l'*emploi*, avec les représentants patronaux et syndicaux de la Suède. Lors de la dernière séance plénière, les membres de la direction du Forum ont soumis une déclaration conjointe, suivie des témoignages des principaux leaders syndicaux et patronaux participants. On y a remarqué l'engagement ferme de Gérald Larose, président de la CSN, à l'égard de la concertation avec les employeurs. Et Lorraine Pagé, présidente de la CEQ, dans une déclaration empreinte d'autant d'esprit positif, a reconnu l'état déplorable du système québécois d'éducation, notamment dans la préparation des jeunes au marché du travail, un constat maintes fois répété dans les discussions en atelier. Elle a promis que son organisation essaierait de remédier à cette lacune, avec les employeurs et les administrateurs.

Quelques années auparavant, une telle déclaration de la part d'un chef de syndicat d'enseignants aurait été inconcevable. En ce qui concerne la formation des travailleurs, on ne peut plus systématiquement tourner le dos à la coopération avec l'entreprise, comme on le faisait dans les années 1970 et au début des années 1980. Bien sûr, on ne sait pas encore jusqu'à quel point ces professions de foi envers la concertation se traduiront en attitudes nouvelles dans les écoles et en progrès réel. On espère depuis longtemps des améliorations sur plusieurs plans. Par exemple, un rapport récent affirme qu'en dépit d'un besoin criant de diplômés dans les secteurs techniques, contrairement au marché encombré pour les diplômés du secteur général, la proportion d'étudiants de cégeps dans ces secteurs est passée de 51 à 44 % entre 1980 et 1989. Dans les domaines névralgiques de l'électrotechnique et de l'informatique, la diminution entre 1984 et 1989 fut de 48,2 et 51,3 % respectivement. Il y avait moins de la moitié des diplômés nécessaires pour combler les postes disponibles de techniciens en génie civil et mécanique, en électronique et en contrôle des instruments (Brunet, 1991).

Les raisons de se réjouir sont relativement peu nombreuses. Cependant, quelques initiatives locales et régionales provoquent un peu d'optimisme, bien qu'on ne possède encore que peu d'information à leur sujet. Quelques-unes d'entre elles se trouvent dans le sud-ouest de Montréal, où au moins trois *tables de concertation éducation-industrie* sont actives. L'une d'elles concerne Granby et Bromont, la seconde se trouve dans la région de Sorel-Tracy, et la troisième couvre les industries régionales consommatrices d'acier. Autour de chacune de ces tables, des représentants des commissions scolaires et des cégeps ont travaillé de concert avec des industriels afin de procurer une formation adéquate aux travailleurs, mais avec un succès mitigé (Henripin, 1990). Parmi les obstacles à surmonter, on retrouve le manque de flexibilité des structures administratives du MEQ et des autres ministères, ainsi que l'absence, jusqu'à maintenant, des syndicats d'enseignants. On se demande encore si l'esprit tripartite d'une initiative durable comme le *Forum pour l'emploi* va migrer vers les enseignants à la base et changer leur attitude.

## CONCLUSION

On peut dire sans crainte de se tromper que les enseignants seront les derniers à changer. Mais ce changement est plausible, surtout dans les régions à l'extérieur de Montréal, où la solidarité locale et la cohésion permettent une adaptation plus rapide aux nouveaux besoins de la population. À titre d'exemple, les comités de parents de Montréal ont répondu moins rapidement à la directive issue de la nouvelle loi de l'éducation de mettre sur pied des *comités d'orientation* (77 %, comparativement à 92 % dans le reste de la province ; Morazain, 1990). Ces conseils (majoritairement formés de parents) sont responsables de l'adoption d'un *projet éducationnel*, des règles de conduite et des politiques de changements d'horaire et d'activités à l'extérieur de l'école[7]. En général, l'évolution du Québec de la confrontation à la concertation (Milner, 1990) se trouve ralentie à Montréal. En plus de la nature confessionnelle et très complexe de son système public d'éducation, il y a la diversité ethnique et socio-culturelle qui dilue les solidarités locales, déjà relativement faibles dans les villes où les enseignants et les autres employés de l'école ne résident habituellement pas dans la communauté que leur école dessert[8].

Que nous réserve l'avenir ? Si notre analyse est exacte, on ne peut sérieusement s'attaquer à ces problèmes qu'en éliminant les obstacles structurels à la mobilisation de l'énergie humaine. Sur ce plan, il y des raisons d'être optimiste : le 17 juin 1993, la Cour suprême du Canada a confirmé le jugement de la Cour d'appel du Québec sur le projet de loi 107. Cela ouvre enfin la voie au remplacement des commissions scolaires catholiques et protestantes par des commissions scolaires françaises et anglaises. Le tribunal a reconnu les pouvoirs du gouvernement du Québec sur la création de commissions scolaires linguistiques, neutres au point de vue confessionnel, sur la définition de leurs territoires et sur la réallocation des biens des anciennes commissions scolaires. Bien que l'ajustement à ce nouveau système risque d'être compliqué, et spécialement cahotique dans la ville de Montréal, où la CÉCM et la CÉPGM seront autorisées à continuer leurs activités en tant que commissions scolaires confessionnelles[9], un tel progrès pourrait entraîner, à long terme, une plus grande participation grâce à un meilleur investissement des ressources humaines et financières dans les écoles publiques.

Nous ne pouvons mettre fin à cette présentation sans envisager un changement constitutionnel plus profond dans l'avenir, qui aurait certainement des effets très prononcés sur le système d'éducation. Devant l'impossibilité de faire accepter l'accord constitutionnel du lac Meech aux Canadiens, en juin 1990, le Québec a mis sur pied une commission parlementaire étendue pour consulter le peuple et faire rapport sur son avenir constitutionnel. Les délibérations de la commission Bélanger-Campeau, comme le déplacement spectaculaire, depuis 1989, de la majorité de l'opinion publique québécoise en faveur de la souveraineté, nous amène à penser qu'un changement de ses relations avec le Canada est en gestation. Une voie de solution possible aurait été une redistribution des pouvoirs, ce qui renforcerait le contrôle déjà très grand du gouvernement du Québec sur l'éducation, puisqu'il aurait compétence sur tout ce qui touche de près ou de loin à l'éducation, depuis les garderies jusqu'à l'éducation permanente. Cela comprend tous les aspects de la formation et du recyclage, y compris l'assurance-chômage, de même que des domaines connexes, tels que la radio et la télédiffusion, l'immigration et la culture, de façon à assurer la cohérence globale des politiques qui touchent à la diffusion de la connaissance, de l'information et de la compétence au Québec. Soulignons qu'une telle redistribution a été endossée par le Parti libéral du Québec, qui est *fédéraliste*, à son congrès de mars 1991. Cependant, elle n'a pas été incluse dans l'accord de Charlottetown d'août 1992, qui a été rejeté par le Québec et le Canada dans son ensemble, le 26 octobre 1993. Par conséquent, il est difficile d'envisager d'autres moyens que la transformation du Québec en État souverain par voie de référendum. Ainsi, le peuple du Québec serait en position d'établir sans interférence des structures conformes à ses besoins.

Pourtant, malgré le succès du Bloc québécois et la victoire du Parti québécois, nous n'y sommes pas encore. Il reste un référendum à gagner et son dénouement est bien incertain. À tout le moins, la souveraineté du Québec aurait le mérite de clarifier les enjeux et les défis dans le domaine de l'éducation. Dans ces circonstances, les néo-Québécois sauraient sans ambiguïté qu'ils s'installent dans une entité distincte, et que c'est en direction de Québec qu'ils doivent orienter l'essentiel de leur effort d'intégration. Même si cette intégration sera toujours laborieuse, l'effacement graduel de la seconde dimension, l'amertume des nouveaux arrivants d'avoir à s'intégrer à ce qu'ils perçoivent comme une minorité, devrait améliorer le climat dans lequel l'éducation s'accomplit au Québec.

La dernière question, celle de la participation des enseignants et de leurs syndicats à un effort de coopération sur plusieurs plans, dans le but d'améliorer le système d'éducation, peut également être influencée par l'évolution constitutionnelle. Est-ce que la recrudescence de la participation pourrait diminuer la polarisation qui caractérise les relations dans ce secteur ? En dernière analyse, le succès d'un Québec souverain dans la réalisation de ses objectifs repose moins sur sa relation constitutionnelle avec le Canada et plus sur l'établissement d'institutions qui servent les besoins à long terme de sa population en comptant sur ses ressources et sur ses énergies. Aucune institution n'est plus importante à ce point de vue que l'école. Aucune institution n'éprouve plus de problèmes et ne tolère plus de lacunes que l'école publique, surtout dans la région de Montréal. C'est là que la volonté politique sera mise à l'épreuve.

Nous n'aurons pas à en attendre les résultats bien longtemps. Que ce soit en réponse au jugement de la Cour suprême avalisant le projet de loi 107 ou par un nouvel arrangement constitutionnel, les Montréalais pourront établir de nouvelles structures pour encadrer les écoles publiques, en conformité avec les réalités présentes et leurs besoins futurs. Le succès de cette entreprise, non seulement dans la déconfessionnalisation des institutions mais aussi dans la restructuration du système d'éducation et son harmonisation avec les institutions municipales, qui devraient libérer l'énergie positive des parents et des éducateurs, sera un test important. Comme on l'a clairement vu, il y a de nombreuses choses à améliorer.

En éducation, les problèmes n'attendent pas. Est-ce que les discours des syndicalistes, des intellectuels, des politiciens, des principaux entrepreneurs qui articulent les aspirations collectives du Québec ne sont que paroles en l'air ? Ou tous ces gens seront-ils capables, le temps venu, de traduire ces paroles en actes ?

## *NOTES*

1. Ce texte a été traduit de l'anglais par Michel Sarra-Bournet (Université d'Ottawa).
2. La constitution canadienne accorde aux provinces une compétence exclusive sur l'éducation.
3. Il y a eu une réaction significative à ces statistiques dans le système d'éducation aux États-Unis. Jusqu'à ce jour, on n'a pas observé de réaction semblable au Québec. Par exemple, plusieurs États américains s'apprêtent à allonger l'année scolaire.
4. Un ex-officier haut placé dans une commission protestante a résumé ce phénomène dans une conversation privée avec l'auteur. «Nous savions quand Pallascio [le président de la CÉCM] faisait l'une de ses sorties, parce que nous recevions soudain une série de demandes de renseignements à propos de l'inscription dans nos écoles.»
5. Lors de cette élection chaudement contestée, à la CÉCM, la participation augmenta relativement peu comparativement aux 12 % de 1987. Bien que la participation fût un peu plus élevée dans les autres commissions scolaires, au total, plus de la moitié des postes disponibles dans les commissions scolaires du Québec ont été comblés par acclamation.
6. Par exemple, le procès-verbal de la réunion du 26 avril 1989 des commissaires de la CÉCM cite un étudiant qui prétend avoir vu : «Des pistolets dans des casiers, des couteaux portés par des élèves ou gardés dans des casiers, des barres à clous ou des matraques dans les sacs d'école.»
7. Les syndicats de professeurs, y compris non seulement les associations régionales affilées à la CEQ mais des groupes n'appartenant pas à la CEQ comme les organisations de professeurs protestants et catholiques anglophones, ainsi que les syndicats de professeurs de cégeps, ont généralement mal accueilli l'extension du pouvoir des parents dans l'école. Si le MÉMO, qui favorise un tel changement, prend le pouvoir à la CÉCM, il faudra voir s'il ira de l'avant, étant donné qu'il a l'appui moral et financier de l'Alliance des professeurs de Montréal, affiliée à la CEQ.
8. Des conversations de l'auteur avec des officiers de l'Alliance ont laissé l'impression que non seulement plusieurs de leurs membres vivaient loin de leur école, mais que ces derniers habitaient à l'extérieur du territoire de la CÉCM !
9. La CÉPGM perdra ses étudiants non protestants et la CÉCM, ses étudiants non catholiques, bien qu'il ne soit pas encore clair comment on déterminera l'affiliation religieuse de chacun. Cela entraînera probablement la fermeture du

secteur français de la CÉPGM. En plus, on s'attend à ce que les catholiques anglophones inscrits à la CÉCM passent aux nouvelles commissions scolaires de langue anglaise. Enfin, il est impossible de prédire combien d'enfants éligibles à l'inscription dans les petites commissions scolaires confessionnelles de Montréal continueraient à fréquenter ces commissions scolaires. On peut cependant s'attendre à ce qu'un processus de transition très complexe rende difficile le respect de l'objectif que le gouvernement du Québec s'est fixé pour la mise en place du nouveau système, soit l'automne de 1996.

## BIBLIOGRAPHIE

ALLAIRE, Luc, 1993, « Les filles réussissent mieux que les gars : une revanche ou un drame » dans *Nouvelles CEQ*, mai-juin, p. 16-17.

BALTHAZAR, Louis et Jules BÉLANGER, 1989, *L'École détournée*, Montréal, Boréal.

BARRETT, Michael J., 1990, « The Case for More School Days » dans *The Atlantic Monthly*, novembre, p. 78-106.

BEAUCHESNE, André et Hélène HESLER, 1987, *L'École française à clientèle pluri-ethnique de l'île de Montréal : situation du français et intégration psychosociale des élèves*, Montréal, Conseil de la langue française.

BELLEMARE, Diane et Lise POULIN-SIMON, 1986, *Le Défi du plein emploi*, Montréal, Conseil de la langue française.

BERNIER, Nicole France, 1990, 16 novembre, « Le secteur privé en croissance constante » dans *Le Devoir* (cahier spécial « Écoles privées »), p. 4-5.

BEZEAU, Lawrence M., 1979, « The Public Finance of Private Education in the Province of Quebec » dans *Canadian Journal of Education*, vol. 4, n° 2, p. 23-42.

BEZEAU, Lawrence M., 1985, « Level of Inequality of per Pupil Expenditure as a Function of Finance Centralization », communication présentée au congrès annuel de la Société canadienne pour l'étude de l'éducation, Montréal, mai.

BOISVERT, M.A., 1980, *Le Canada face à l'expérience des pays nordiques. Les implications économiques de la souveraineté-association*, Montréal, les Presses de l'Université de Montréal.

BRUNET, Alain, 1991, 3 janvier, « La formation technique au collégial : emplois nombreux, pénurie de diplômés » dans *La Presse*, p. 2-3.

CHUBB, John E. et Terry M. TOE, 1988, *Politics, Markets, and American Schools*, Washington, D.C., Brookings Institution.

COLEMAN, James S., Thomas HOFFER et Sally KILGORE, 1982, *High School Achievement*, New York, Basic Books.

DEMERS, Dominique, 1990, 1er septembre, « La CÉCM est-elle de bonne foi ? » dans *L'actualité*, p. 34-38.

DESBIENS, Jean-Paul, 1989, « Préface » de Jean-Luc MIGUÉ et Richard MARCEAU, *Le Monopole public de l'éducation*, Québec, les Presses de l'Université du Québec.

FERLAND, Mireille et Guy ROCHER, 1987, *La loi 101 et l'école primaire à clientèle pluri-ethnique de l'île de Montréal : perceptions des intervenants*, Montréal, Conseil de la langue française.

GRANDJEAN, Patrick, 1990, 22 janvier, « Immigration : le fait français dans l'île de Montréal menacé, selon la CSIM » dans *La Presse*, p. B7.

GROSVENOR, Gilbert, 1989, « Superpowers not super in Geography » dans *National Geographic*, décembre, p. 816-818.

HENRIPIN, Marthe, 1990, *Partenariat Éducation-Monde du travail 1, 2, 3*, Québec, Direction générale de la formation professionnelle, MEQ.

LAUROESCH, William, 1979, « Québec : Early Warning System for American Higher Education ? » dans *Journal of Collective Negotiations in the Public Sector*, vol. 8, nº 4, p. 333-338.

LECLERC, Jean-Claude, 1990, 7 novembre, « La bêtise d'un "sondage" » dans *Le Devoir*.

LÉGER, Marie-France, 1990, 27 novembre, « Au Québec, le quart des analphabètes ont plus d'une neuvième année de scolarité » dans *La Presse*, p. A16.

LÉGER, Marie-France, 1991, 19 février, « Il faut 56 millions pour les enfants pauvres et immigrants » dans *La Presse*, p. A1-2.

LEVINE, Marc V., 1990, *The Reconquest of Montreal : Language Policy and Social Change in a Bilingual City*, Philadelphia, Temple University Press.

MEQ, 1989a, *Statistiques de l'éducation*, Direction générale de la recherche et du développement, Québec.

MEQ, COMITÉ D'ÉTUDE, 1989b, *Les Bibliothèques scolaires québécoises*, Québec, mai.

MEQ, 1990, « La qualité du français à l'école : une responsabilité partagée » dans *Avis au ministre de l'Éducation*, octobre.

MIGUÉ, Jean-Luc et Richard MARCEAU, 1989, *Le Monopole public de l'éducation*, Québec, les Presses de l'Université du Québec.

MILNER, Henry, 1977, « The Rise and the Fall of the Quebec Liberals : Some Contradiction in the Contemporary Quebec State » dans Leo PANITCH (dir.), *The Canadian State : Political Economy and Political Power*, Toronto, University of Toronto Press.

MILNER, Henry, 1978, *Politics in the New Québec*, Toronto, McClelland and Stewart.

MILNER, Henry, 1986, *The Long Road to Reform : Restructuring Public Education in Québec*, Montréal, McGill-Queen's University Press.

MILNER, Henry, 1989a, « Le *Forum pour l'emploi*: A Sign of Things to Come in Québec ? », communication présentée au congrès de l'ACSUS, San Francisco.

MILNER, Henry, 1989b, *Sweden : Social Democracy in Practice*, Oxford, Oxford University Press.

MILNER, Henry, 1990, « Québec in Retrospect : Beyond Political Nostalgia » dans *Québec Studies*, vol. 11, p. 75-82.

MORAZAIN, Jeanne, 1990, 17 août, « Les parents ont-ils une influence réelle ? » dans *Le Devoir* (cahier spécial « Éducation : école et démocratie »), p. C1, C1b.

PAPALE, Antimo, 1981, « The Impact of Centralized Bargaining in Québec » dans *Phi Delta Kappan*, vol. 63, nº 4, p. 250-251.

RIOUX, Christiane, 1990, 1ᵉʳ septembre, «Ghettos, mode d'emploi» dans *L'actualité*, p. 39-44.

SPROUT, Alison L., 1990, «Do U.S. Schools Make the Grade?» dans *Fortune* (printemps), p. 50-52.

TELLIER, Luc Normand, 1977, *Le Québec : État nordique*, Montréal, Quinze.

TELLIER, Luc Normand, 1978, *Étude des possibilités de rapprochement économique entre le Québec, le Canada, et les pays scandinaves*, Québec, ministère des Affaires intergouvernementales.

WITTE, John F., 1990, «Understanding High School Achievement : After a Decade of Research, Do We Have Any Confident Policy Recommendations?», communication présentée au congrès de l'*American Political Science Association*, San Francisco.

# PARTIE 4

# L'économie politique

# CHAPITRE 18

## *Le chômage en héritage*[1]

ALAIN NOËL

«On peut continuer de critiquer, dire que ça n'a pas de bon sens. C'est vrai que ça n'a pas de bon sens.»

Gérald Tremblay, ministre de l'Industrie, du Commerce et de la Technologie, 9 mai 1991

Au Québec, plus de 1,2 million d'individus vivent sous le seuil de la pauvreté[2]. La seule région de Montréal compte plus de personnes qui doivent faire face à la pauvreté que les quatre provinces atlantiques réunies. De toutes les régions métropolitaines du Canada, seules celles de Trois-Rivières et de Sherbrooke – également au Québec – connaissent de pires conditions. Dans la ville de Montréal elle-même, autrefois métropole du Canada, la situation s'avère encore plus dramatique : près d'un tiers de la population vit dans la pauvreté (Tremblay et Van Schendel, 1991, p. 340-347 ; Pépin, 1991). Dans 117 des 154 écoles primaires de la Commission des écoles catholiques de Montréal (CÉCM), plus de 20 % des élèves viennent de familles pauvres. Dans certaines de ces écoles, les enseignants évitent de donner des examens à la fin du mois, car trop d'enfants arrivent à l'école sans avoir mangé et sont incapables de se concentrer (Demers, 1990, p. 42 ; Noël, 1990)[3].

Comment expliquer que la pauvreté soit si importante dans le Québec contemporain ? Compte tenu de tout ce qui a été dit sur le développement d'un État québécois moderne et sur la montée d'une nouvelle classe d'affaires francophone, on pourrait s'attendre à de meilleurs résultats. Les pauvres ont-ils été oubliés dans ce processus de transformation ? Plusieurs le pensent. De ce point de vue, la révolution tranquille et les changements qui ont suivi ont été le fait d'élites principalement intéressées par leur propre situation économique et politique. Fascinées par les affaires et les subtilités constitutionnelles, ces élites auraient tout simplement négligé l'appauvrissement d'une province qu'elles dirigeraient sans véritable opposition (Pelletier, 1991 ; Resnick, 1990, p. 32). Comme toute légende, celle-ci contient une part de vérité. Il est vrai, par exemple, que la nouvelle classe d'affaires du Québec n'est pas particulièrement intéressée par la justice sociale. Mais, en soi, cela explique peu de choses. Y a-t-il un pays au monde où les gens d'affaires s'inscrivent à l'avant-plan de la lutte contre la pauvreté ?

La société québécoise n'est pas pauvre simplement parce qu'elle a des élites qui ne se préoccupent que de leur sort, et elle ne changera pas grâce à quelque miraculeuse conversion de ceux qui sont au pouvoir. La pauvreté et le chômage sont des problèmes politiques et sociaux complexes, enracinés dans l'histoire, les institutions et les politiques publiques. Au Québec, comme ailleurs, les changements en ce qui concerne de telles questions relèvent moins de la bonne volonté que de larges conflits politiques et sociaux à propos de la croissance économique, de la distribution des revenus et de l'intervention de l'État. Pour comprendre la situation actuelle, il est donc nécessaire de revoir l'histoire du Québec en tant que province pauvre, d'expliquer les difficultés propres aux années 1980 et de définir les forces politiques et sociales susceptibles de jouer un rôle dans les années à venir.

Pendant plus d'un siècle, le Québec a eu de plus bas salaires et de plus hauts taux de chômage que les provinces voisines (à l'exception des provinces atlantiques). La première partie de ce chapitre traite des origines et de la signification de cette situation historique. Elle montre, en particulier, comment la pauvreté du monde rural québécois et la spécificité du Québec comme société francophone en Amérique du Nord ont contribué à créer un marché du travail caractérisé par un taux élevé de chômage et de bas salaires. Cette condition économique a par ailleurs influencé la politique québécoise et rendu difficile l'adoption de politiques publiques susceptibles de s'attaquer au problème.

Après la Deuxième Guerre mondiale, et encore plus dans les années 1960 et 1970, la situation du Québec commence à s'améliorer. De nombreux problèmes persistent tout de même et les années 1980 amènent d'importants reculs. La deuxième partie du chapitre tente d'établir ce qui s'est passé dans les années 1960 et 1970, et notamment d'expliquer comment le Québec a pu rattraper l'Ontario durant cette période. La troisième partie traite des années 1980, années où on assiste au retour d'un écart important entre les taux de chômage de l'Ontario et du Québec, alors même que l'économie québécoise était supposée s'améliorer. Cette dernière décennie montre fort bien les limites et la fragilité de ce qui a été accompli jusqu'à aujourd'hui.

La quatrième et dernière partie complète l'analyse avec une discussion de la politique de la pauvreté et du chômage dans les années 1990. Sans aller jusqu'à prédire les politiques qui seront adoptées, il est possible de déterminer les principales forces sociales et les politiques qu'elles risquent de mettre de l'avant. Au-delà d'un vague consensus sur la nécessité de faire quelque chose, trois alternatives semblent ressortir : l'option libérale, ou néo-libérale, qui propose le *statu quo* ou des politiques inspirées par les États-Unis ; l'option néo-corporatiste, inspirée par l'Allemagne ; et l'option du plein-emploi, dont la Suède est la référence principale. La première option prévaudra probablement à court terme, mais les deux autres conserveront néanmoins une influence durable. La conclusion du chapitre évalue brièvement l'importance du débat sur la pauvreté et le chômage pour les années à venir. Dans les années 1990 et probablement au-delà, ce débat devrait pour une bonne part définir la politique au Québec.

## *UNE RÉGION DE BAS SALAIRES DANS UN CONTINENT À SALAIRES ÉLEVÉS*

Le fermier du Québec, écrivait à la fin des années 1930 Everett C. Hughes (1972, p. 24-25), sociologue à l'Université de Chicago, « n'est pas pauvre » mais,

On s'attend moins à le voir posséder une auto, un radio, un téléphone, ou s'abonner aux journaux des villes que son compatriote rural anglophone de l'Ontario. La route qui passe devant sa maison n'est pas aussi bien pavée ; l'école du rang n'a pas si belle apparence ; l'institutrice a une formation moins complète et est moins rétribuée.

Dans les villes, la situation est semblable : «Le téléphone, l'automobile et le radio sont tous moins fréquents dans le Québec rural et urbain que dans l'Ontario.» (1972, p. 333) Cette pauvreté relative, notait Hughes, affectait surtout les Canadiens français. Dans la petite ville industrielle qu'il étudiait, 19 % des hommes détenant un emploi possédaient une automobile, comparativement à 52 % pour les anglophones (p. 332). À la veille de la Deuxième Guerre mondiale, quand Hughes réalisait l'étude de terrain pour son essai *French Canada in Transition*, les Canadiens français lui apparaissaient comme un groupe ethnique relativement pauvre vivant dans une province relativement pauvre.

Cette pauvreté n'était pas transitoire. Établie et reconnue depuis longtemps au Québec, elle n'était pas non plus sur le point de disparaître. De la seconde moitié du XIXe siècle jusqu'aux années 1980, le Québec a conservé des revenus per capita inférieurs et des taux de chômage supérieurs à ceux de l'Ontario (McRoberts, 1979, p. 298 ; Raynauld, 1961, p. 32 et 63 ; Economic Council of Canada, 1977, p. 35 ; Gouin et Chouinard, 1989, p. 161-162). Au Québec même, les francophones prédominaient dans les emplois peu qualifiés et mal payés, alors que les anglophones occupaient les postes de direction et les emplois qualifiés (McRoberts, 1988, p. 67-68). Cette division linguistique du travail faisait des francophones québécois un des groupes ethniques les plus pauvres de la province. En 1961, ceux-ci ne gagnaient environ que 66 % du salaire moyen obtenu par les Québécois d'origine britannique. À l'époque, même le bilinguisme personnel ne corrigeait pas les disparités. En moyenne, un francophone bilingue gagnait moins qu'un anglophone bilingue, qui lui-même avait des revenus moindres que ceux d'un anglophone unilingue. «L'origine ethnique», notait la Commission royale sur le bilinguisme et le biculturalisme, semble avoir «un impact plus important sur les revenus que la connaissance linguistique» (traduction de l'auteur ; 1969, p. 21-23). Ce n'est qu'avec le début des années 1980 que l'écart entre les francophones et les anglophones québécois a diminué suffisamment pour apparaître comme minime en comparaison avec les inégalités de revenus affectant d'autres catégories de la population (les femmes, les autochtones et les immigrants récemment arrivés notamment ; Boulet et Lavallée, 1983, p. 66 ; S. Langlois, 1990, p. 259)[4].

L'infériorité économique, tant de la province que de sa majorité francophone, a fait l'objet de nombreux débats en histoire et en sciences sociales. Les premières explications mettaient l'accent sur des facteurs spécifiques à la province, tels que l'influence débilitante de la Conquête de 1760, le traditionalisme de la culture canadienne-française ou le biais anti-industriel des premiers marchands montréalais (pour une introduction critique, voir Durocher et Linteau, 1971 ; McCallum, 1980, p. 121). Ces explications culturelles étaient problématiques à plusieurs égards. Contrairement à ce que l'on pense souvent, avant 1960 le Québec n'était pas une société rurale traditionnelle, imperméable au changement et à l'industrialisation. Avec l'Ontario, la province constituait en fait le cœur industriel et urbain du Canada. Dès 1915, plus de la moitié de la population du Québec vivait en ville et, durant les années 1930 et 1940, la province était même plus urbanisée que l'Ontario (McRoberts, 1988, p. 72 ; Salée, 1990, p. 89). Étroitement intégrées, les économies des deux provinces fluctuaient ensemble et croissaient au même rythme. «Nous sommes loin», écrivait l'économiste André Raynauld, «d'une province de Québec autarcique, de ces images d'une économie fermée sur elle-même» (1961, p. 46-52).

Bien sûr, un taux de croissance équivalent ne pouvait pas éliminer l'écart initial entre les deux provinces centrales, et la division linguistique du travail propre au Québec persistait également. Dans un texte récent, l'historien Fernand Ouellet insiste sur ces deux problèmes pour sauvegarder l'interprétation culturelle (1990). Mais des lacunes culturelles peuvent difficilement expliquer la persistance d'un désavantage initial. Si la culture était le moteur de la croissance économique, l'évolution parallèle des deux provinces indiquerait qu'elles avaient la même et non pas deux cultures.

Les explications culturelles s'avèrent peu utiles parce qu'elles posent le problème du changement économique et social en termes trop simples, dichotomiques. De ce point de vue, une société ne peut qu'être en retard ou en avance, traditionnelle ou moderne, sous-développée ou normale[5]. Le problème du Québec, cependant, n'était pas son retard. Après tout, peu de pays dans le monde avaient le niveau de développement de la province[6]. Les difficultés du Québec n'étaient pas absolues mais relatives : il s'agissait d'une région de bas salaires dans un continent à salaires élevés, et les francophones supportaient de façon disproportionnée le poids de cette situation. La culture a peut-être joué un rôle, mais des facteurs économiques et institutionnels expliquent l'essentiel des disparités.

Prenons d'abord le statut du Québec comme région de bas salaires. Tel qu'il a été mentionné plus haut, l'écart entre le Québec et l'Ontario remonte au XIXe siècle (Raynauld, 1961, p. 63). À l'époque, l'agriculture était l'activité économique principale. En 1850, environ les deux tiers de la population canadienne vivaient sur une ferme (McCallum, 1980, p. 50). La situation des fermiers différait toutefois de façon marquée entre les deux Canada. Au Bas-Canada (maintenant le Québec), les fermiers étaient pauvres et pessimistes face au futur, alors que dans le Haut-Canada (maintenant l'Ontario), ils prospéraient et avaient toutes les raisons d'être confiants (Norrie et Owram, 1991, p. 150-152 et 174-185).

Traditionnellement, les difficultés des fermiers québécois étaient liées à leur conservatisme. «L'*habitant* du Québec», affirmait encore récemment John Isbister, «était un paysan pauvre et auto-suffisant, pas un homme d'affaires.» Ignorant les technologies et les approches modernes, les fermiers du Québec auraient été responsables de leurs propres difficultés (traduction de l'auteur ; Isbister, 1987, p. 67). En fait, les fermiers du Québec et de l'Ontario faisaient face à des conditions agricoles fort différentes. La terre et le climat de l'Ontario d'avant la Confédération «étaient admirablement adaptés à la culture du blé», une denrée qui pouvait être exportée avec profit (traduction de l'auteur ; McCallum, 1980, p. 3-9). À l'opposé, les conditions climatiques du Québec ne permettaient pas des récoltes de blé suffisamment abondantes pour l'exportation. En l'absence de substitut commercial évident, les fermiers du Québec persévéraient néanmoins dans la culture du blé ou revenaient tout simplement «à une agriculture de subsistance caractérisée par des pénuries de nourritures épisodiques, des niveaux de vie en déclin et un endettement croissant» (traduction de l'auteur; McCallum, 1980, p. 29-34).

Chaque année entre 1850 et 1867, en vendant leurs produits, les fermiers ontariens encaissaient de trois à cinq fois plus d'argent que leurs homologues québécois (McCallum, 1980, p. 5). Cet avantage initial eut trois conséquences majeures pour l'Ontario : premièrement, il stimula la croissance économique de la province et créa des conditions favorables à l'industrialisation. Deuxièmement, il prépara mieux les fermiers de l'Ontario à abandonner la culture du blé après la Confédération de 1867. Troisièmement, il fit de l'Ontario un marché du travail à salaires élevés.

La contribution la plus évidente du surplus généré par la culture du blé fut son effet positif sur le développement urbain et industriel de l'Ontario. Les fermiers dépensaient l'essentiel de leurs revenus localement, et une variété de petites industries bénéficiaient de ces dépenses. Scieries, moulins, tanneries, forges et autres prospéraient jusqu'à atteindre, dans certains cas, la taille de petites manufactures (McCallum, 1980, p. 90-91). L'impact du surplus agricole apparaît clairement lorsqu'on observe les évolutions contrastées de Toronto, de Hamilton, de Kingston et de Bytown (maintenant Ottawa). Alors que les deux premières bénéficient de la prospérité de la culture du blé dans leur région, les deux dernières, loin des meilleures terres agricoles, demeurent de petites villes centrées sur l'industrie du bois : «En 1830, Kingston avait une population supérieure à celle de York [qui deviendra Toronto] et à peu près quatre fois plus d'habitants que Hamilton; dès 1851 elle avait été surpassée par Hamilton et avait moins de 40 % de la population de Toronto» (traduction de l'auteur; McCallum, 1980, p. 67). Pendant ce temps, au Québec, plusieurs marchands et artisans échouent parce que les fermiers locaux ne peuvent tout simplement pas se permettre d'acheter leurs biens et services, et les villes progressent lentement, tout comme les communautés de l'est de l'Ontario, dont le développement demeure axé sur l'industrie du bois. Ville commerciale de première importance, Montréal se développe alors sans avoir beaucoup de liens avec l'agriculture de la province (McCallum, 1980, p. 70-74).

Après la Confédération, l'épuisement du sol et la compétition des fermiers des provinces des Prairies, dont la productivité est supérieure, forcent les fermiers de l'est du pays à se tourner vers de nouvelles denrées, comme les fruits et légumes, la viande et les produits laitiers. Bien établis, dotés d'épargnes et proches d'un marché local prospère, les fermiers de l'Ontario réalisent cette transition avec succès. Pour les fermiers du Québec, en revanche, qui sont endettés et éloignés des meilleurs marchés, la même transition s'avère difficile (McCallum, 1980, p. 45-53; Isbister, 1987, p. 68-69; Pomfret, 1987).

En somme, l'avantage géographique de l'Ontario donnait à la province du capital, des fermes prospères et des villes et industries dynamiques, alors que l'agriculture du Québec ne réussissait pas à produire un surplus. Dans ces conditions, le développement du Québec ne pouvait qu'être inférieur à celui de l'Ontario. Le plus surprenant, note John Isbister, c'est encore que le désavantage du Québec ait eu si peu d'impact (1987, p. 69). Dotées de ressources inégales, les deux provinces ont eu une croissance à peu près équivalente (Raynauld, 1961, p. 46-52). Selon les économistes, les dotations en facteurs ne déterminent pas la croissance économique (Economic Council of Canada, 1977, p. 23-25). Le Québec et l'Ontario avaient de fait des économies étroitement intégrées. Les ressources naturelles, les biens manufacturés et le capital circulaient librement, et les conditions d'affaires étaient semblables (Raynauld, 1961, p. 52). La différence majeure allait ressortir dans le marché du travail de chaque province. De son passé, le Québec hériterait d'un marché du travail où les salaires seraient bas.

Dans une économie essentiellement agricole, le revenu des fermiers a une grande influence sur le niveau des salaires industriels. Lorsque les bonnes terres sont rares et les fermiers pauvres, le nombre de personnes disposées à accepter des emplois industriels peu qualifiés et mal payés est élevé. À l'opposé, lorsque les bonnes terres sont abondantes et les fermiers prospères, les travailleurs non qualifiés sont relativement peu disponibles et coûteux (Raynauld, 1961, p. 202-203). Si les travailleurs et les industries se déplaçaient librement d'une région à l'autre, les différences de revenus entre les régions à bas salaires et les régions à salaires élevés disparaîtraient éventuellement. Cependant, les marchés du travail et du capital ne fonctionnent jamais parfaitement. Entre 1830 et 1930, environ un million de Québécois ont quitté la province à la recherche d'une vie meilleure aux États-Unis (Rouillard, 1985, p. 11). D'autres se sont déplacés vers l'ouest, en Ontario ou au-delà (Faucher, 1964). Le chômage et le sous-emploi au Québec sont tout de même demeurés élevés et, ajoutés aux faibles revenus agricoles, ont continué d'exercer une pression à la baisse sur les salaires (Raynauld, 1961, p. 203-204 ; McCallum, 1980, p. 117-118).

La situation du Québec comme économie de bas salaires sur un continent à salaires élevés a favorisé les investissements dans des secteurs comme le textile et le vêtement, qui demandent en abondance des travailleurs non qualifiés et peu coûteux. Moins productifs que ceux qui utilisaient plus de capital, ces secteurs payaient des salaires peu élevés et reproduisaient ainsi le désavantage initial du Québec. Selon André Raynauld (1961, p. 213-215), avec une croissance plus lente de la population, ce désavantage aurait dû se résorber graduellement. Des études récentes sur le développement régional montrent en fait que les disparités initiales ont tendance à se maintenir, peu importe les tendances démographiques. Les hauts taux de chômage, la faible productivité manufacturière et les bas salaires hérités par le Québec allaient durer fort longtemps (Economic Council of Canada, 1977 ; Altman, 1988).

La pauvreté relative de la province jouera par ailleurs un rôle-clé dans la constitution d'une division linguistique du travail. Avec la Conquête, les élites de la Nouvelle-France perdent leur pouvoir, leurs marchés impériaux et leurs réseaux financiers, et une nouvelle classe de marchands anglo-saxons, basée à Montréal, accapare le lucratif marché des fourrures et, plus tard, celui du bois. Exclus des activités économiques principales de la colonie, les marchands canadiens-français se retrouvent confinés à un marché intérieur relativement pauvre (Saint-Germain, 1973, p. 356-377 ; Sales, 1979, p. 290-291). Après la Confédération, ils se marginalisent encore plus devant la montée des grandes entreprises modernes et l'arrivée du capital américain (Bélanger et Fournier, 1987, p. 17-36). En soi, la prédominance des entreprises anglophones aurait suffi à engendrer une division du travail linguistique, puisque les gestionnaires et les travailleurs ne parlaient pas la même langue. La propriété n'explique toutefois pas la faible représentation des francophones aux niveaux intermédiaires. Les multinationales contemporaines montrent bien qu'une entreprise peut opérer dans n'importe quelle langue locale. On peut même penser qu'il y a des avantages à fonctionner ainsi. Les entreprises étaient-elles efficaces lorsque des usines qui avaient une main-d'œuvre francophone employaient des unilingues anglophones jusqu'aux plus bas niveaux de direction? Comment expliquer qu'un tel choix ait prévalu dans tant d'industries pendant si longtemps?

Pour expliquer de telles politiques d'embauche, on a fait référence alternativement à des facteurs culturels, aux différences dans les niveaux d'éducation, aux qualifications linguistiques et à la discrimination. Les explications en termes de culture ou d'éducation sont les moins convaincantes. Les différences présumées dans les valeurs des francophones et des anglophones laissent trop d'éléments inexpliqués, notamment le fait que cette division linguistique ait progressé pendant une certaine période et se soit ensuite atténuée jusqu'à disparaître (Boulet, 1980, p. 42). Pour ce qui est des niveaux d'éducation, des études ont démontré que des anglophones pouvaient obtenir des promotions sans formation, alors qu'une bonne éducation ne pouvait garantir un avancement pour les francophones (McRoberts, 1979, p. 305). Le concept de qualification linguistique offre, en revanche, une explication plus plausible. Du point de vue économique, la langue constitue une qualification recherchée par les employeurs. Or, pendant de nombreuses années, au Québec, la demande pour une bonne maîtrise de l'anglais a excédé l'offre. Des francophones bilingues occupaient certains des postes qui demandaient une bonne connaissance de l'anglais, mais ils demeuraient nécessairement désavantagés par rapport aux anglophones. Ces derniers profitaient de la situation et en retiraient des revenus élevés, jusqu'à ce que des changements sociaux, la progression des entreprises francophones et les politiques linguistiques fassent monter la demande pour une bonne connaissance de la langue française (Vaillancourt, 1986; McRoberts, 1979, p. 305-306). Cette dernière explication correspond mieux aux données historiques que celles qui mettent l'accent sur la culture. Elle permet de comprendre, par exemple, pourquoi les disparités ont augmenté avec l'industrialisation. Certains aspects de la question demeurent toutefois problématiques. L'explication économique postule en effet que les entreprises déterminent la langue de chaque poste de façon rationnelle, en considérant la langue des gestionnaires, celle des clients et celle des travailleurs (Vaillancourt, 1986, p. 405-407). Or, de nombreuses pratiques ne paraissent pas justifiées par de tels calculs rationnels. La prédominance d'anglophones unilingues dans les postes de contremaîtres ou d'agents de sécurité à l'intérieur d'entreprises dont la main-d'œuvre était francophone, par exemple, ne semble pas maximiser le rendement ou améliorer l'efficacité (sur ces cas, voir Hughes, 1972, p. 100-109). Dans de tels cas, les décisions d'embauche semblent tenir plus de la discrimination que des qualifications ou de la rationalité.

Contrairement à ce que croient souvent les économistes, la logique du marché n'élimine pas la discrimination. En fait, le marché du travail renforce souvent les préjugés existants en donnant une structure stable à des préférences ethniques transitoires (Wright, 1986, p. 189). Prenons le cas du Québec au début du siècle. Un surplus de main-d'œuvre non qualifiée diminuait les salaires réels de la majorité. En même temps, comme dans toute économie en voie d'industrialisation, les compétences techniques et managériales demeuraient rares. Souvent les entreprises devaient attirer des spécialistes et des ouvriers qualifiés d'Europe ou des États-Unis. «Chaque nouvelle industrie d'importance», observait Everett C. Hughes dans la ville qu'il étudiait, «a amené avec elle des gérants nouveaux qui, bien que de même langue et de même religion que les citoyens anglais précédents, leur sont aussi peu apparentés qu'aux familles canadiennes-françaises de l'endroit.» (1972, p. 65) Expérimentés, mobiles et demandés en de nombreux endroits, ces travailleurs venus de l'extérieur fonctionnaient à l'intérieur d'un marché du travail distinct, en quelque sorte une enclave à salaires élevés à l'intérieur d'une économie de bas salaires. Dans les sociétés divisées sur une base ethnique, de tels clivages dans le marché du travail ont tendance à perdurer, parce que l'ethnie devient un code tant pour les employeurs que pour les travailleurs. Dans le sud des États-Unis, par exemple, un facteur sans aucun rapport avec l'efficacité – la couleur de la peau – est devenu central dans le marché du travail parce que les premiers ouvriers qualifiés étaient des Blancs venus de l'extérieur de l'économie régionale à bas salaires. Tant que les employeurs ont continué à associer qualifications et «ethnicité», le code s'est confirmé : les victimes de discrimination n'avaient pas de raisons d'acquérir des qualifications que les employeurs ne reconnaîtraient pas (Wright, 1986, p. 158 et 189-194). Ainsi, alors que les ouvriers qualifiés amenés au Canada par les industries ontariennes avaient tendance à se fondre dans la main-d'œuvre locale, le marché du travail québécois demeurait segmenté (sur l'Ontario, voir Heron, 1988, p. 74-87). Qualifiés ou non, les anglophones québécois avaient accès au segment supérieur du marché du travail en vertu de leur identité, alors que les francophones qualifiés demeuraient souvent confinés au segment inférieur, pour la même raison. Inutile de dire que les anglophones faisaient tout ce qu'ils pouvaient pour éviter d'être associés à ceux qui se trouvaient du mauvais côté du marché du travail. Les Irlandais, par exemple, insistaient peu sur un catholicisme qui les rapprochait des Canadiens français mal payés (Hughes, 1972, p. 210).

Le sort du Québec et des francophones de la province a donc été largement déterminé par des désavantages initiaux, confirmés année après année par le fonctionnement de forces institutionnelles et marchandes. Dans le sud des États-Unis, la pauvreté régionale et la discrimination systématique sur le marché du travail n'ont été défaites que par des interventions politiques visant à changer les règles du jeu. Des années 1930 aux années 1960, des politiques fédérales et l'action des syndicats ont contribué à relever les salaires sur le plan national, et, dans les années 1960, le mouvement pour les droits civiques a complété cette évolution en éliminant la ségrégation. Ayant cessé d'être une région à bas salaires, le Sud américain se donna, avec l'appui des différents États, une économie moderne et intensive en capital (Wright, 1986, p. 250-268). L'évolution du Québec après la Deuxième Guerre mondiale n'est pas sans ressemblance avec celle du Sud américain. Des forces politiques ont transformé le Québec et, de diverses façons, amélioré sa situation. Dans les années 1980, par exemple, la productivité et les salaires ont presque rejoint les niveaux canadiens. L'évolution de la province laissa tout de même d'importants problèmes non résolus, notamment des taux élevés de chômage et de pauvreté.

## *LA FIN DES BAS SALAIRES*

Après la Deuxième Guerre mondiale, les conséquences du passé du Québec en tant que région à bas salaires et à taux de chômage élevés étaient toujours visibles. Grâce à une croissance rapide, stimulée par la guerre et par le boum intérieur de l'après-guerre, le taux de chômage demeura remarquablement bas pendant quelques années (Noël, 1987, p. 99-100 ; Fortin, 1991, p. 200). Néanmoins, pour reprendre les termes de l'économiste François-Albert Angers, le Québec était toujours la province du textile, et l'Ontario, celle du fer et de l'acier. La demande militaire pour des produits chimiques et métalliques avait engendré de nouvelles activités manufacturières au Québec, mais ces activités reculèrent avec la fin de la guerre. L'industrie lourde de la province n'obtenait que l'excédent de demandes que les entreprises ontariennes ne pouvaient satisfaire en temps de boum et le reperdait dès que la croissance ralentissait (Angers, 1952, p. 338 ; Boismenu, 1981, p. 131 et 149). Au-delà de ses traditionnelles activités intensives de travail, l'économie québécoise fonctionnait comme un complément de celle de l'Ontario, comme un marché du travail secondaire absorbant les chocs lors des retournements cycliques. Près du plein-emploi pendant la guerre et immédiatement après, le Québec fut ainsi la première province à ressentir l'impact de la récession du début des années 1950[7].

Très tôt, les politiques macro-économiques fédérales aggravent les difficultés propres à l'industrie et au marché du travail québécois. Plus préoccupé par la menace d'inflation que par le chômage, le gouvernement fédéral maintient une orientation passive et tolère une montée séculaire du taux de chômage (Campbell, 1991, p. 6-14). À 1,8 % en 1948, le taux de chômage du Québec monte autour de 4 % entre 1956 et 1966, à 6,6 % en 1974, à 9,6 % en 1979 et à 10,1 % en 1990[8]. En comparaison de l'Ontario, la province conserve également un faible ratio emploi-population, ce qui signifie que plusieurs personnes qui auraient travaillé en Ontario sont inactives au Québec. Ces individus n'augmentent pas le taux de chômage parce qu'ils sont des chercheurs d'emplois «découragés», c'est-à-dire qu'ils ont décidé de se retirer du marché du travail. Les rangs des «découragés» augmentent avec le taux de chômage, et l'écart entre les ratios emploi-population des deux provinces augmente de plus du double entre les années 1940 et les années 1980 (Dépatie, 1971 ; Fortin, 1991, p. 200-201).

Le désavantage relatif du Québec persiste également en ce qui concerne les revenus. Entre la guerre et les années 1950, les salaires réels augmentent considérablement, mais l'écart avec l'Ontario demeure essentiellement inchangé (Boismenu, 1981, p. 305). Des années 1930 jusqu'à la fin des années 1950, le revenu per capita du Québec ne dépasse jamais 72 % de celui de l'Ontario (Raynauld, 1961, p. 210). Mais les choses commencent à changer. Maintenu par les taux élevés de chômage et de sous-emploi du Québec, l'écart de revenu entre les deux provinces masque des améliorations modestes dans le secteur manufacturier et, en général, pour ceux qui travaillent (Raynauld, 1961, p. 200). De nouvelles forces entrent en jeu dans le monde du travail, qui viendront éventuellement à bout de disparités bien enracinées.

La Deuxième Guerre mondiale donne lieu à la première attaque sociale et politique contre l'écart de revenu Québec/Ontario. L'effort de guerre amène le gouvernement fédéral à intervenir massivement sur le marché du travail, avec des contrôles sur l'emploi, les salaires et les conditions de travail. Dans une situation de pénurie de main-d'œuvre, Ottawa planifie la production et gèle les salaires, afin d'éviter les conflits de travail et de prévenir l'inflation. N'étant plus un produit «naturel» du marché, la distribution des revenus devient pour la première fois le résultat d'une décision politique explicite visant à geler les disparités existantes (MacDowell, 1983, p. 16-21). Au Québec, où le plein-emploi du temps de guerre crée une occasion sans précédent d'obtenir de meilleurs salaires, la politique fédérale des salaires paraît particulièrement injuste. Les travailleurs québécois, affirme en 1941 un local montréalais des Métallos, ont «autant le droit que ceux des autres provinces au même niveau de vie» (Gérin-Lajoie, 1982, p. 35). La tradition, plaident encore les Métallos québécois en 1945, ne devrait pas justifier les inégalités : «Il y a injustice flagrante», expliquent-ils devant la Commission des relations de travail en temps de guerre, «lorsque des employés travaillant sur la même sorte de machinerie, réalisant les mêmes opérations, donnant à peu près la même production, et des biens similaires vendus sur le même marché au même prix, ne reçoivent pas les même taux de salaires» (traduction de l'auteur; Métallos québécois, cités dans Cardin, 1992, p. 342). De nombreuses tentatives, appuyées par les syndicats canadiens, qui se considèrent comme affaiblis par les salaires inférieurs d'une région, échouent à produire un contrat unique pour l'ensemble de l'industrie de l'acier. Néanmoins, elles ouvrent la voie, après la guerre, aux négociations types *(pattern bargaining)*, une procédure de négociation qui recourt à la coordination nationale pour réduire les disparités régionales (Gérin-Lajoie, 1982, p. 35-45). Jusqu'au début des années 1960, les négociations types et des demandes répétées pour des contrats nationaux, ou au moins pour des standards nationaux, ne réussissent pas à éliminer le retard salarial québécois, qui persiste dans la plupart des secteurs industriels (Raynauld, 1961, p. 200-205). Une porte a tout de même été ouverte. Maintenant qu'il ne paraît plus naturel ou nécessaire, le statut du Québec comme région à bas salaires peut être remis en question par les travailleurs et leurs syndicats. Dans les secteurs les plus syndiqués, les travailleurs québécois commencent d'ailleurs à rattraper leurs homologues ontariens (Ostry, 1960; Raynauld, 1961, p. 245). Dans l'industrie des pâtes et papiers, par exemple, presque entièrement syndiquée, les salaires moyens deviennent quasiment équivalents dans les deux provinces à partir de 1950 (Charland, 1990, p. 292)[9].

Le point tournant viendra après 1960, lorsque le militantisme syndical et l'intervention de l'État changeront définitivement les règles du jeu. En Europe de l'Ouest et en Amérique du Nord, la croissance économique des années 1950 et du début des années 1960 est d'une vigueur et d'une stabilité sans précédent et crée des conditions favorables à la montée de nouvelles demandes sociales et politiques. À plusieurs égards, la décennie s'avère marquante : les interventions de l'État se multiplient, les programmes sociaux se développent, les syndicats progressent et deviennent de plus en plus militants, et une gamme de nouveaux mouvements sociaux redéfinit la politique et la culture des pays capitalistes avancés (Wee, 1987, p. 62-84; Heclo, 1981, p. 394-398). Au Québec, la croissance régulière et le conservatisme fiscal des années 1950 donne au gouvernement libéral élu en 1960 une marge de manœuvre suffisante pour introduire de nombreux changements (Lipsig-Mummé, 1984, p. 299). «Pendant quelques années», note Kenneth McRoberts, «*tout* semble possible» (traduction de l'auteur; 1988, p. 130). Favorables à l'intervention de l'État, les libéraux modernisent et accroissent la fonction publique, et ils lui donnent une foule de nouveaux mandats, en matière de développement économique, d'éducation, de santé, de sécurité sociale et de culture.

En dix ans, pendant les années 1960, la fonction publique double presque son personnel, les entreprises publiques se multiplient, et les institutions para-publiques dans les secteurs de l'éducation, de la santé et des services sociaux se développent considérablement (Gow, 1986, p. 331-334). Le secteur public devient une source première d'emploi pour une nouvelle génération de travailleurs, qui est éduquée, largement professionnelle ou col blanc et souvent issue de familles ouvrières (Lipsig-Mummé, 1984, p. 300; Gow, 1986, p. 336). Cette nouvelle génération d'employés des services publics joint massivement les syndicats. Partout au Canada, les travailleurs du secteur public s'organisent. En 1961, les syndicats du secteur public comptaient 183 000 membres, ce qui représentait un syndiqué sur huit; dix ans plus tard, ils en regroupaient 572 000, puis 1 500 000 en 1981, ce qui équivalait alors à 40 % des syndiqués du pays (Kumar, 1986, p. 115). Au Québec, ces nouveaux membres ont des attentes élevées. En 1961, les travailleurs du secteur public gagnent en moyenne 25 % de moins que ceux du secteur privé. Ces travailleurs attendent de meilleurs salaires et de meilleures conditions de travail de la part d'un gouvernement qui s'est engagé à élargir et à améliorer la fonction publique (Rouillard, 1989a, p. 377).

Au départ, le nouveau gouvernement libéral est ambivalent face aux syndicats. Proche d'un mouvement syndical qui appuie son programme d'intervention étatique et de modernisation, le gouvernement veut bien revoir le Code du travail, mais pas jusqu'à accorder à ses propres employés les pleins droits à la négociation collective : «La Reine», dit le premier ministre Jean Lesage, «ne négocie pas avec ses sujets.» (McRoberts, 1988, p. 159-161). Les dirigeants syndicaux eux-mêmes ne sont pas certains que tous les employés du secteur public devraient avoir le droit de grève. Les pressions des membres, exprimées notoirement par une série de grèves illégales en 1963 et 1964, amènent finalement les dirigeants à demander les pleins droits à la négociation collective, que le gouvernement accorde en deux étapes, en 1964 et 1965 (Rouillard, 1989a, p. 298-300). Le nouveau Code du travail est sans précédent en Amérique du Nord. Seule la Saskatchewan avait donné des droits semblables aux employés du secteur public, en 1944, à la suite de la première élection du CCF, et la réforme avait eu peu d'impact[10]. L'adoption du nouveau Code du travail québécois, en revanche, combinée au militantisme des travailleurs québécois du secteur public, amène rapidement des changements semblables à Ottawa et dans les autres provinces (Panitch et Swartz, 1988, p. 24). Tirant pleinement avantage de leurs droits nouvellement acquis, les employés du secteur public québécois font des gains majeurs et forcent le gouvernement à réagir. Tentant de contrôler le processus et, surtout, d'éviter les tactiques de surenchère (où les gains concédés par une institution faible deviennent des précédents pour les autres négociations), le gouvernement québécois centralise la négociation collective à un degré unique en Amérique du Nord (Bauer, 1989, p. 44; Conseil du trésor, 1985). En réaction, des syndicats traditionnellement divisés créent un «Front commun», et les séances successives de négociations collectives deviennent des confrontations sur les salaires et les conditions de travail qui affectent l'ensemble de la province.

Unique en Amérique du Nord, le régime de relations industrielles du Québec engendre des résultats économiques et sociaux tout aussi uniques. Ce régime, observe l'économiste Robert Lacroix, augmentait tellement la rentabilité des grèves dans le secteur public qu'un faible degré de militantisme aurait été surprenant (1987, p. 106). Non seulement les travailleurs du secteur public sont-ils militants mais, collectivement, ils tentent de transformer la société québécoise. Les syndicats définissent en effet le Front commun comme un instrument pour corriger, sinon éliminer, les inégalités salariales créées par le marché. Les Fronts communs successifs ont trois objectifs : premièrement, réduire les inégalités à l'intérieur du secteur public, entre les mieux et les moins biens payés ; deuxièmement, assurer aux travailleurs du secteur public une participation aux bénéfices de la croissance économique et une amélioration graduelle de leur revenu ; et, troisièmement, entraîner vers le haut les salaires du secteur privé, en particulier ceux des travailleurs qui sont au bas de l'échelle (Beaucage, 1989, p. 57-59). En Ontario, les syndicats du secteur public agissent de façon plus conservatrice parce que les règlements salariaux qui entraînent l'ensemble des salaires sont établis dans le secteur privé, par les syndicats des industries manufacturières à salaires élevés. Au Québec, les bas salaires qui prévalent dans le secteur manufacturier laissent le leadership aux syndicats du secteur public. Plus fréquentes qu'en Ontario, les grèves dans le secteur privé semblent suivre dans la foulée des ententes dans le secteur public (Rouillard, 1983, p. 221-222 ; Lacroix, 1987, p. 107).

Entre 1971 et 1983, le Front commun réussit à réduire les écarts salariaux dans le secteur public de 15 à 20 % et améliore de façon significative les salaires réels de ses membres (Beaucage, 1989, p. 76-79). Plus important, le Front commun semble avoir atteint son objectif le plus improbable : augmenter les salaires dans le secteur privé. Dans les années 1970, les augmentations de salaires obtenues par le Front commun influencent les négociations dans le secteur privé en encourageant le militantisme et en élevant les salaires dans les emplois comparables, surtout dans les petites villes (Lacroix, 1987, p. 104-107). Au Canada, cette évolution est unique (Riddell, 1986, p. 25-27). Les syndicats du secteur public réussissent là où les syndicats internationaux avaient échoué pendant et après la guerre : ils imposent ce qui ressemble à une politique des revenus visant à mettre fin au statut historique du Québec comme région à bas salaires (Boismenu, 1990, p. 179-180). Au début des années 1980, comme l'indique le graphique 1, les travailleurs québécois des secteurs public et privé avaient atteint la parité salariale avec ceux de l'Ontario (Fortin, 1991, p. 210-211). Dans les industries manufacturières à bas salaires, comme le textile ou les vêtements, les salaires québécois surpassent même ceux de l'Ontario et, proportionnellement, il y a plus de travailleurs à bas salaires en Ontario qu'au Québec (Cousineau, Lacroix et Vaillancourt, 1982, p. 79 ; Cournoyer, 1988, p. 102).

Le militantisme syndical n'est pas l'unique cause de cette évolution. Le développement de la sécurité du revenu et la montée concomitante du salaire minimum dans les années 1960 et 1970 améliorent également les salaires, surtout pour les moins bien payés du secteur privé. Convaincu que le salaire minimum doit maintenir l'incitation au travail et assurer un revenu suffisamment au-dessus de ce que les programmes de

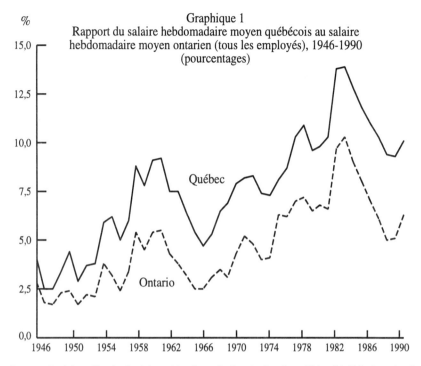

%

Graphique 1
Rapport du salaire hebdomadaire moyen québécois au salaire
hebdomadaire moyen ontarien (tous les employés), 1946-1990
(pourcentages)

Sources : Statistique Canada, *Statistiques historiques du Canada*, deuxième édition (11-516), *Annuaire du Canada* (11-402), et L'emploi et le revenu en perspective (75-001).

sécurité du revenu garantissent, le gouvernement du Québec augmente régulièrement celui-ci entre 1965 et 1978 (Boivin, 1987, p. 137-140). En 1970, la province a toujours un salaire minimum inférieur à celui de l'Ontario ; en 1978, ses taux sont de 18 % supérieurs, grâce en partie au conservatisme de l'Ontario (Fortin, 1980, p. 46). Ce salaire minimum relativement élevé entraîne vers le haut tous les salaires, mais encore plus ceux qui se situent juste au-dessus du minimum, c'est-à-dire ceux des industries manufacturières comme le vêtement et des services comme la restauration et l'hôtellerie (Fortin, 1978, p. 45). Parallèlement, les réformes des années 1960 dans l'éducation de même que la promotion active du français au travail créent de meilleures occasions au sommet et mettent fin à la vieille division linguistique du travail (Vaillancourt, 1986)[11]. Une série de politiques touchant le marché du travail, la protection sociale, l'éducation et la langue renforcent donc l'impact du militantisme syndical. Ensemble, ces diverses interventions constituent une tentative délibérée, quoique non planifiée, de mettre fin aux deux «infériorités» économiques traditionnelles du Québec, tentative qui réussira presque.

## DEUX QUÉBEC DANS UN

Des augmentations de salaires obtenues grâce au militantisme syndical ou à des interventions gouvernementales peuvent avoir un effet positif sur la productivité si elles forcent les employeurs à améliorer leurs équipements, à revoir leurs méthodes organisationnelles ou à mieux former leurs employés (Freeman et Medoff, 1984, p. 162-180). Lorsqu'une telle réaction se produit, des revenus supérieurs se trouvent justifiés par la capacité accrue de l'économie à générer de la richesse, et une croissance économique soutenue, de hauts niveaux d'emploi ainsi que des prix stables peuvent être obtenus. Si, à l'inverse, les gains de productivité traînent derrière les augmentations de salaires, des salaires plus élevés risquent de mener certaines entreprises à la faillite et de créer du chômage, souvent au détriment des travailleurs les plus vulnérables et les moins mobiles (Cousineau, Lacroix, et Vaillancourt, 1982, p. 125-126). Pour les syndicats et pour les gouvernements progressistes, une telle situation constitue un dilemme. D'une part, l'acceptation de salaires peu élevés risque de devenir perpétuelle et de décourager les investissements nécessaires pour garantir la compétitivité face à des producteurs bénéficiant de salaires encore plus bas. D'autre part, rien ne garantit que des pressions à la hausse sur les salaires vont stimuler les investissements plutôt que d'augmenter le chômage. Incapables de contrôler ou même de prédire les décisions des entreprises, les syndicats et les gouvernements peuvent adopter trois stratégies. Ils peuvent rechercher les gains salariaux et l'égalité sans se soucier du chômage, ils peuvent laisser de côté une conception large de la solidarité sociale et miser sur des gains salariaux sectoriels liés à la productivité et à l'emploi ou, encore, ils peuvent accepter de faire des gains salariaux modestes en échange de garanties en termes de justice sociale et de niveaux d'emploi élevés. Les mouvements ouvriers hésitent toujours entre ces trois possibilités, parce que chacune implique des pertes sur l'un des trois objectifs qu'ils poursuivent (Swenson, 1989, p. 111-128).

Au Québec, dans les années 1960 et 1970, l'accent a été mis davantage sur les revenus et l'égalité que sur l'emploi, et les gains en termes de salaires et d'équité ont probablement contribué à augmenter le taux de chômage. Les estimations économiques indiquent, cependant, que l'impact des salaires sur le chômage est demeuré fort modeste (Fortin, 1991, p. 210). Rétrospectivement, le militantisme syndical paraît justifié : dans les années 1980, une bonne partie du terrain gagné a été perdu et, néanmoins, le chômage a continué à s'aggraver. Les augmentations du salaire minimum sont devenues rares et ont échoué à protéger les travailleurs les moins bien payés contre l'inflation ; la plupart des grandes négociations collectives ont établi des gains salariaux inférieurs à l'inflation, et l'écart de revenus entre le Québec et l'Ontario est revenu à son niveau de 1973, alors que les salaires per capita du Québec étaient à 93 % de ceux de l'Ontario (McRoberts, 1988, p. 371 ; R. Langlois, 1990, p. 28-29 ; Fortin, 1991, p. 210-211 et 227). Logiquement, note l'économiste Pierre Fortin, si les pertes salariales n'ont pas amené un plus haut niveau d'emploi, les gains salariaux ne peuvent pas être la cause première du chômage (1991, p. 211).

Les efforts pour éliminer les traditionnelles disparités salariales entre le Québec et l'Ontario et pour augmenter les plus bas salaires au Québec ont probablement contribué à augmenter le chômage. La cause première, cependant, se situe ailleurs. Entre les années 1950 et les années 1980, le taux de chômage a augmenté partout au Canada, en grande partie à cause des politiques macro-économiques fédérales. Le gouvernement canadien n'a jamais fait de l'emploi une priorité. L'inflation et la menace pressentie d'inflation ont régulièrement suscité des politiques restrictives, qui augmentaient le taux de chômage sans véritablement résoudre le problème de l'inflation (Noël, 1990; Fortin, 1991, p. 217). À partir de 1975, la stabilité des prix est devenue pratiquement l'unique objectif des politiques, et le gouvernement fédéral s'est montré prêt à provoquer des récessions et à laisser monter le taux de chômage d'autant que de 5 % afin de combattre l'inflation. La récession de 1981-1982, par exemple, était largement délibérée (Campbell, 1991, p. 12-14). Le problème avec une telle approche, c'est que les récessions ne sont pas simplement des ralentissements économiques temporaires. Elles détruisent de façon permanente les emplois de personnes qui pourraient ne jamais retrouver une autre situation stable, parce qu'elles se trouvent au mauvais endroit, ont les mauvaises qualifications, ou sont jugées trop âgées ou de quelque façon inadéquates (Kaliski, 1987). Les récessions, disent les économistes, ont un effet «cliquet»: chacune laisse le taux de chômage des années de reprise plus élevé qu'il ne l'était auparavant. Au Québec, cet effet «cliquet» s'est avéré particulièrement désastreux. Menées en fonction de la menace pressentie d'inflation dans le Toronto métropolitain, les politiques macro-économiques fédérales ont généré des ralentissements alors que le chômage était encore élevé au Québec: le Conseil économique du Canada estimait en 1977 que «pour dix personnes mises en chômage par la récession en Ontario, il y en avait vingt-neuf dans la région atlantique et vingt au Québec» (1977, p. 99). Les récessions frappent plus, et plus durablement, une économie encore loin du plein-emploi et plus dépendante d'industries vulnérables, intensives en travail (Fortin, 1991, p. 218-219).

Ces récessions régulières ont également eu un effet négatif sur la situation fiscale des gouvernements. Le déficit fédéral, par exemple, a augmenté dramatiquement à la suite de la récession de 1981-1982 (Bloskie, 1989). Après cette récession, des paiements élevés en intérêts sur la dette et des réductions d'impôt discrétionnaires ont maintenu le déficit à un haut niveau, en dépit de dépenses sociales stables (Mimoto et Cross, 1991). Au Québec, la récession de 1981-1982 a également réduit les revenus et accru la demande de dépenses sociales. Comme ils durent faire face à des contraintes financières plus importantes, les gouvernements provinciaux ont modifié leurs priorités et «une période de liberté relative quant aux dépenses» a cédé la place à «une ère de restrictions sévères» (traduction de l'auteur; Dion et Gow, 1989, p. 82). Ironiquement, les déficits budgétaires hérités de politiques d'austérité excessives ont à leur tour encouragé la poursuite de ces mêmes politiques.

En Europe et en Amérique du Nord, les années 1960 et le début des années 1970 ont constitué plus ou moins un âge d'or caractérisé par des revenus et une productivité en constante progression. Les interventions de l'État et les négociations collectives soutenaient la croissance économique et créaient des conditions favorables à une augmentation continue de la productivité et des salaires (Temin, 1989, p. 126-128). Les salaires canadiens atteignaient les niveaux américains, alors même que le Québec rejoignait l'Ontario, et les indices de productivité convergeaient (Boismenu, 1990, p. 181). Des revenus qui augmentaient constamment et de hauts niveaux d'emploi engendraient des pressions inflationnistes et, dans les pays où la gauche était faible, les gouverne-ments ont eu tendance à adopter des politiques faisant alterner récessions et reprises; à long terme, ces politiques ont nui tant à la stabilité des prix qu'à l'emploi (Cameron, 1984). Jusqu'aux années 1970, la propension des gouvernements centristes et conser-vateurs à négliger l'emploi a été retenue par des considérations électorales, mais le choc pétrolier de 1973 a levé ces contraintes. Parce qu'il apparaissait comme un désastre international et semblait dissocier les difficultés économiques des politiques internes, le choc pétrolier «diminuait le risque électoral de laisser augmenter le chômage et incitait plusieurs gouvernements à utiliser le chômage comme solution à l'inflation» (traduction de l'auteur; Korpi, 1991, p. 336). Les uns après les autres, les pays capitalistes avancés abandonnent alors les orientations politiques ambivalentes des années 1960 et du début des années 1970, et tournent clairement vers la droite. Dès lors, les politiques macro-économiques sont conçues sans égard au chômage, le déve-loppement des programmes sociaux est laissé en plan et les syndicats font face à une opposition accrue (Boyer, 1986, p. 210-225). Ce virage politique est particulièrement évident dans des pays comme la Grande-Bretagne, les États-Unis et le Canada, où l'engagement envers le plein-emploi était déjà le plus faible, où les difficultés écono-miques paraissaient plus prononcées et où les systèmes électoraux permettaient aux partis conservateurs de gouverner sans coalition (Castles, 1990).

Les conservatrices années 1950 et les activistes années 1960 du Québec étaient en phase avec la politique tant en Amérique du Nord qu'en Europe de l'Ouest. La même chose est vraie pour les années 1980, alors que les valeurs individualistes et le marché prennent toute la place. Du référendum de 1980 à sa défaite électorale de 1985, le gouvernement du Parti québécois devient graduellement plus conservateur. La vision péquiste d'un État souverain et interventionniste a été défaite deux fois en deux ans : d'abord avec le référendum, lorsque les électeurs ont refusé au gouvernement québé-cois le mandat de négocier la souveraineté-association, et ensuite en 1982, lorsqu'une entente constitutionnelle signée sans le Québec mettait un terme à la longue recherche québécoise de pouvoirs additionnels. Sans stratégie de rechange claire, le gouverne-ment Lévesque fait également face, en 1981-1982, à ce qui deviendra «de loin la plus profonde» récession de l'après-guerre (Commission royale, 1985, p. 44). Largement déterminée par des facteurs externes, et notamment par les politiques fédérales, la récession et les difficultés financières qu'elle engendre donnent de la crédibilité à un nouveau discours insistant sur les limites à l'intervention de l'État et aux programmes sociaux, et sur la nécessité de concessions de la part des syndiqués du secteur public (McRoberts, 1988, p. 356-365). Pendant dix ans, dans les années 1980, les politiques provinciales et fédérales se combinent à de nouvelles stratégies des entreprises pour augmenter le chômage, le sous-emploi et la pauvreté. En moins d'une décennie, la société québécoise perd ainsi les gains réalisés après la révolution tranquille, et elle devient suffisamment polarisée pour être décrite comme «deux Québec dans un» (Conseil des affaires sociales, 1989; voir le graphique 1 plus haut et le 2 ci-dessous).

Alors même que les taux de chômage montent, Ottawa et Québec redéfinissent leurs politiques sociales et leurs interventions sur le marché du travail afin de limiter le rôle de l'État et de réduire les avantages sociaux. Les deux paliers de gouvernement ne démantèlent pas l'État-providence, mais ils le circonscrivent et restreignent la plupart

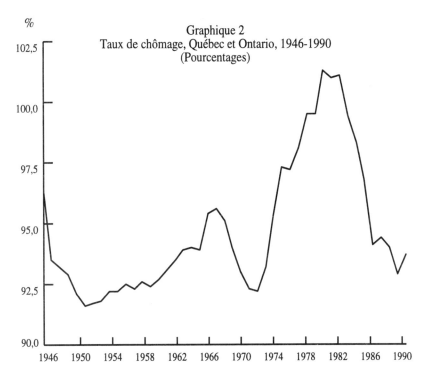

Graphique 2
Taux de chômage, Québec et Ontario, 1946-1990
(Pourcentages)

Sources : Statistique Canada, *Statistiques historiques du Canada*, deuxième édition (11-516), *Annuaire du Canada* (11-402), et L'emploi et le revenu en perspective (75-001).

des programmes (Houle, 1990, p. 432). La sécurité du revenu, par exemple, devient moins généreuse et moins accessible, rendant les sans-emplois plus pauvres et plus susceptibles d'accepter des emplois instables et mal payés. Dans les années 1960, le gouvernement du Québec haussait le salaire minimum régulièrement pour maintenir une incitation au travail pour les moins bien payés ; avec les années 1980, on réduit plutôt le revenu des bénéficiaires de la sécurité du revenu aptes au travail lorsqu'ils refusent de participer à des mesures qui offrent peu d'espoir d'échapper à la pauvreté (Conseil des affaires sociales, 1990, p. 39-47 ; R. Langlois, 1990, p. 78-85). En même temps, la taxation devient plus régressive, plus favorable à ceux qui ont des revenus élevés et moins avantageuses pour les pauvres. Les pauvres dépensent maintenant une plus grande part de leurs ressources que les riches dans le but de réduire le déficit fédéral (R. Langlois, 1990, p. 88). Enfin, une série de programmes sociaux est également mise en cause. En dollars constants, le Québec dépensait 15,3 % de moins pour l'éducation primaire et secondaire en 1988 qu'en 1981. Les hôpitaux, le logement social, la protection de l'enfance, les services aux personnes en difficultés, tous les aspects de l'État-providence sont touchés par le manque de ressources financières, à un moment où les besoins ont rarement été si importants (R. Langlois, 1990, p. 79-81).

Les politiques publiques changent aussi en ce qui concerne les syndicats. Dans le secteur public tant fédéral que provincial, la négociation collective cède graduellement le pas à des lois d'exception et à des règlements par décret (Panitch et Swartz, 1988). En 1982, le gouvernement Lévesque va jusqu'à suspendre la Charte québécoise des droits et libertés pour imposer des réductions de salaires et des conditions de travail plus strictes aux 320 000 employés du secteur public (McRoberts, 1988, p. 371-375 ; Rouillard, 1989a, p. 388-393). Dans les années qui suivent, nombre de conflits se terminent par des mesures législatives moins spectaculaires mais tout de même similaires, et les salaires du secteur public chutent en termes réels, car ils progressent moins rapidement que l'inflation. Dans le secteur privé, les gains salariaux sont légèrement supérieurs mais demeurent aussi en deçà du taux d'inflation (Rouillard, 1989b, p. 162 ; Blais et Vaillancourt, 1989, p. 37-38). Les travailleurs cessent de bénéficier de la croissance économique et perdent graduellement du terrain, si bien qu'à la fin de la décennie, la part des salariés dans le revenu total du Québec est réduite à une proportion jamais vue en plus de vingt ans (Rouillard, 1990, p. 126). La modération salariale ne prévient même pas les stratégies anti-syndicales. Dans le secteur public comme dans le secteur privé, des taux de chômage élevés et des syndicats affaiblis facilitent le développement de nouvelles formes d'emplois caractérisées par leur instabilité. Pour de nombreux jeunes Québécois, des emplois réguliers procurant une situation stable à temps plein, à l'année, avec un employeur unique apparaissent comme une chose du passé. Quarante pour cent des emplois créés depuis 1975 sont des emplois à temps partiel, dont plusieurs sont acceptés par des personnes qui cherchent à travailler à temps plein. Le travail à contrat, autonome, par la voie d'agences de travail temporaire, se multiplie également, ce qui fait qu'en 1986 à peine la moitié de la main-d'œuvre du Québec occupe des emplois réguliers à temps plein (Tremblay, 1990, p. 81-98). Dans la plupart des cas, les nouvelles formes d'emplois génèrent des revenus faibles et incertains, des mauvaises conditions de travail et à peu près aucun avantage social. Ces emplois contribuent fortement à la polarisation des revenus des années 1980, observable au Québec et au Canada aussi bien qu'aux États-Unis (Economic Council of Canada, 1990, p. 11-18).

Compte tenu du peu d'engagement de l'État envers le plein-emploi, la sécurité du revenu, les programmes sociaux et des conditions minimales de travail, compte tenu de l'incapacité des syndicats à protéger la part des travailleurs dans le revenu total et compte tenu de la montée des formes précaires d'emploi, la société québécoise devait nécessairement changer. L'écart de revenus entre le Québec et l'Ontario est de fait réapparu, et la province est de nouveau un marché du travail à fort taux de chômage, où la pauvreté atteint des proportions sans précédent (voir les graphiques 1 et 2 plus haut). En 1973, le taux de pauvreté du Québec plaçait celui-ci au cinquième rang parmi les provinces ; en 1986, le Québec était tombé au huitième rang, loin derrière l'Ontario et près des deux provinces ayant les plus hauts taux de pauvreté, Terre-Neuve et la Saskatchewan. La cause première de cette évolution relève du faible ratio emploi/ population du Québec ou, en d'autres termes, des taux élevés de chômage et de sous-emploi du Québec (Ministère de la Main-d'œuvre, de la Sécurité du revenu et de la Formation professionnelle, 1990, p. 200-205). Résultat pour l'essentiel des politiques économiques, le taux de chômage élevé a été utilisé pour justifier un salaire minimum plus bas, des programmes sociaux redéfinis et des concessions syndicales. Ce taux de chômage a également contribué à la montée de nouvelles formes d'emplois précaires et mal payés. En bout de piste, le résultat est une société polarisée, bien représentée par l'expression du Conseil des affaires sociales : «deux Québec dans un» (Conseil des affaires sociales, 1989).

En 1989, la région de Montréal comptait trois fois plus d'organismes distribuant de la nourriture aux pauvres qu'en 1970. Mais ces 374 organismes échouaient toujours à satisfaire la demande, dans une région où, selon leurs estimations, une personne sur cinq ne mangeait pas à sa faim. Seule une «conspiration du silence», dénonçait la Table de concertation sur la faim à Montréal, peut expliquer le peu d'attention accordée au problème (R. Langlois, 1990, p. 10-11). Pendant presque toutes les années 1980, les élites du Québec ont célébré leurs réussites économiques. La création d'un réseau institutionnel spécifique, le développement d'entreprises francophones, l'élimination virtuelle de la division linguistique du travail et les gains de productivité obtenus ne sont pas de minces résultats. Ils masquent, cependant, non seulement des disparités croissantes, mais également des problèmes qui risquent de miner tout ce qui a été accompli jusqu'ici. En 1989, lorsque le Conseil des affaires sociales publiait *Deux Québec dans un*, peu de gens s'inquiétaient du chômage, de la pauvreté, du déclin de plusieurs régions et de nombreuses industries, et de la fragilité générale de l'économie québécoise. Rapidement, une majorité allait prendre conscience de ses problèmes.

## LA SUÈDE, L'ALLEMAGNE OU LES ÉTATS-UNIS ?

En septembre 1991, le ministre québécois de l'Industrie, du Commerce et de la Technologie, Gérald Tremblay, déclarait l'économie du Québec «en état d'urgence». De tous les pays de l'OCDE, notait-il, seules l'Irlande et l'Espagne ont pour les années 1980 des taux de chômage pires que ceux du Québec et, si on ajoute aux chômeurs les personnes aptes au travail qui reçoivent de l'aide sociale, on peut dire qu'un travailleur sur cinq ne peut contribuer à la croissance économique. En même temps, des milliers de postes demeurent vacants faute de candidats qualifiés. Près de 40 % des jeunes du Québec quittent l'école secondaire sans diplôme et la même proportion de la population adulte a des difficultés à lire des documents simples. Les entreprises n'investissent presque pas dans la formation et semblent incapables de se moderniser et d'améliorer leur productivité. Le Canada se classe vingt-deuxième parmi les 24 pays de l'OCDE pour les gains de productivité entre 1961 et 1990, et devant des compétiteurs internationaux solides, des secteurs industriels entiers s'écroulent. Les gouvernements, concluait le ministre libéral, doivent amener des changements majeurs ou envisager la possibilité de gérer les crises de plus en plus sévères d'une société qui s'enfonce dans la pauvreté (Tremblay, 1991b et 1991c).

L'alarme sonnée par le ministre libéral n'est pas passée inaperçue. Divers éditorialistes, des politiciens de plusieurs tendances, des associations d'affaires, des syndicats, et nombre d'individus et de groupes se sont entendus pour féliciter le ministre d'avoir parlé comme les politiciens au pouvoir le font rarement et d'avoir exposé clairement l'état désastreux de l'économie québécoise (voir, par exemple, Dubuc, 1991b; Picher, 1991). L'attitude des gens d'affaires s'est avérée particulièrement intéressante. Deux semaines plus tôt, le plus important regroupement de gens d'affaires du Québec, le Conseil du patronat du Québec, avait lui-même dénoncé le caractère «intolérable» du chômage au Québec et avait annoncé des «Rendez-vous économiques» qui réuniraient les entreprises, les syndicats et divers autres groupes (Cauchon, 1991). Tenus une semaine après le discours de Tremblay, les «Rendez-vous» ont montré une remarquable cohérence entre les gens d'affaires et le mouvement ouvrier, qui se sont entendus sur plusieurs recommandations de politiques et sur 48 projets spécifiques visant à renforcer, sans subventions gouvernementales, différents secteurs industriels (Turcotte, 1991; Lefebvre, 1991).

Tardivement, les leaders du milieu des affaires québécois découvraient que le succès économique et la compétitivité internationale ont peu à voir avec des bas salaires et des marchés du travail sans contraintes et relèvent beaucoup, au contraire, de politiques visant à développer des industries à haute valeur ajoutée, une main-d'œuvre qualifiée et des relations industrielles harmonieuses (Block, 1987). Qu'une récession sévère et un sentiment généralisé de perte de terrain aient été nécessaires à cette prise de conscience n'en réduit pas pour autant l'importance. Bien sûr, comme nous l'avons mentionné plus haut, la lutte contre le chômage et la pauvreté ne dépend pas simplement des attitudes des élites. Le consensus récent et encore fragile sur le chômage et la pauvreté cache des différences critiques dans la lecture de la situation et dans la compréhension des solutions possibles. Ce consensus laisse également ouvertes les questions les plus difficiles, celles qui ont trait aux choix, aux concessions et aux compromis que les principaux acteurs sociaux doivent faire pour créer de nouveaux arrangements institutionnels.

Tout le monde est pour la croissance économique et contre le chômage, pour la justice sociale et contre la pauvreté. Les désaccords commencent lorsque les acteurs sociaux discutent sur la façon d'atteindre ces objectifs. Au Québec, les options qui s'affrontent peuvent être ramenées à trois visions politiques différentes. Premièrement, il y a la vision libérale[12], traditionnellement prédominante au Québec et au Canada, selon laquelle des marchés libres et la croissance économique devraient, à long terme, apporter une solution à la pauvreté et au chômage; deuxièmement, la vision social-démocrate, qui fait du plein-emploi la priorité absolue des politiques et qui est mise de l'avant en premier lieu par le *Forum pour l'emploi*; troisièmement, la vision néo-corporatiste d'une économie de marché plus organisée et concertée, proposée par Gérald Tremblay et potentiellement fort influente.

Typique des États-Unis, de la Grande-Bretagne et du Canada, la vision libérale a eu plusieurs années pour démontrer sa valeur et elle a échoué. Au Québec comme dans le reste du Canada, les politiques libérales des années 1980 ont engendré un haut taux de chômage, de faibles gains de productivité, des revenus polarisés et tous les problèmes sociaux associés à la pauvreté. Rétrospectivement, ces résultats ne sont pas véritablement surprenants. Dans tous les pays fidèles à la vision libérale, l'oubli du chômage et la préférence pour des bas salaires, des emplois incertains et des programmes sociaux peu généreux ont produit des résultats semblables (Leborgne et Lipietz, 1990; Harrison et Bluestone, 1990). Au Québec, la vision libérale demeure néanmoins très forte. Le gouvernement fédéral, l'essentiel du Parti libéral du Québec et les milieux d'affaires en général continuent d'en accepter les prémisses essentielles. Invité à réagir au discours de Tremblay sur les difficultés économiques du Québec, Jean Corbeil, alors ministre conservateur fédéral responsable du développement économique pour la région de Montréal, expliquait que les Montréalais eux-mêmes devaient trouver des solutions et créer leurs propres emplois. Le gouvernement fédéral ne pouvait rien faire d'autre que de réduire le déficit (Presse canadienne, 1991). De la même façon, Daniel Johnson, alors ministre québécois responsable de la région de Montréal, ne proposait rien de plus concret que d'appuyer les entreprises exportatrices et d'attirer les investissements étrangers (Venne, 1991 ; Lessard, 1991a). Dans la même veine, le ministre de l'Éducation du Québec, Michel Pagé, annonçait alors que le gouvernement allait chercher à réduire l'abandon scolaire sans nommer de mesures concrètes, sinon celle de donner plus d'autonomie aux commissions scolaires (Gruda, 1991 ; Sheppard, 1991). Pour sa part, le gouvernement fédéral annonçait qu'il allait consacrer les surplus de l'assurance-chômage à la formation, la même année où il diminuait sa contribution d'ensemble à l'éducation et à la formation (Girard, 1991 ; Lessard, 1991b). Dans l'ensemble, les stratégies des conservateurs à Ottawa et des libéraux à Québec sont demeurées fidèles à la vision libérale. Avec quelques nuances, la même chose pourrait être dite du nouveau gouvernement libéral fédéral (Drohan, 1994). La critique péquiste pour l'Industrie, le Commerce et la Technologie, Pauline Marois, n'avait pas tort de conclure que le diagnostic et les propositions de Gérald Tremblay éloignaient le ministre de la philosophie économique de son propre gouvernement (Marois, 1991).

La position opposée consiste à faire du plein-emploi une priorité institutionnalisée. Associée à la social-démocratie, cette vision est également possible dans un contexte politique conservateur. Partageant un engagement politique ferme envers le plein-emploi, des pays aussi différents que la Suède, la Norvège, la Suisse, l'Autriche et le Japon ont été capables de maintenir tant des niveaux élevés d'emploi que de faibles taux d'inflation, même dans les années 1980 (Therborn, 1986). Dans ces pays, les politiques macro-économiques sont conçues afin d'éviter les ralentissements cycliques coûteux, des politiques actives du marché du travail sont utilisées pour aider les travailleurs déplacés par la compétition internationale ou les changements économiques, et diverses formes d'arrangements dans les relations industrielles sont utilisées pour maintenir la stabilité des prix et des salaires. Au Québec, la stratégie du plein-emploi a d'abord été défendue par deux économistes, Diane Bellemare et Lise Poulin-Simon, qui ont tenté de convaincre les acteurs sociaux, les partis politiques et les gouvernements qu'une nouvelle approche était à la fois souhaitable et réalisable (1983 et 1986). Leurs idées se sont avérées attrayantes parce qu'elles s'attaquaient à un problème historique crucial pour le Québec et parce qu'elles s'inspiraient du succès de petits pays comparables. Les syndicats et des éléments progressistes du milieu des affaires ont organisé en novembre 1989 un *Forum pour l'emploi* pour discuter de la possibilité d'adopter une telle approche. Les syndicats, les associations patronales ainsi que des représentants des groupes populaires, des gouvernements et de diverses associations ont ainsi commencé une large discussion qui, sans engendrer des résultats tangibles à court terme, a au moins amené la création d'un point de rencontre et d'une structure institutionnelle capable d'appuyer cette nouvelle vision économique (Milner, 1990/1991, p. 80). Le Parti québécois a également adopté la perspective du plein-emploi (Parti québécois, 1991, p. 80-97). On peut mettre en cause le sérieux de cet engagement, mais, à tout le moins, l'objectif du plein-emploi occupe maintenant une place centrale dans le discours politique québécois. Le nouveau gouvernement péquiste, des groupes majeurs et une partie de la presse francophone appuient l'idée (Dubuc, 1991a). Même le très libéral Conseil économique du Canada, plus tard aboli par le gouvernement conservateur, a admis que cette approche pourrait servir le Canada mieux que la vision libérale traditionnelle (Conseil économique du Canada, 1990, p. 41-64).

Une troisième vision occupe l'espace entre le libéralisme et le plein-emploi, une vision complexe et plus ambiguë, difficile à résumer à quelques principes. La composante centrale de cette approche est le néo-corporatisme, et le meilleur modèle en est l'Allemagne contemporaine. Comparée à la vision libérale, cette approche maintient l'essentiel des programmes sociaux et de la négociation collective, et privilégie l'emploi régulier à plein temps. Elle ne donne pas, cependant, priorité au plein-emploi. En Allemagne, par exemple, l'engagement envers le plein-emploi a été abandonné dans les années 1980 et le chômage a atteint des niveaux presque aussi élevés qu'au Canada (Bellemare et Poulin-Simon, 1986, p. 395-410). En même temps, « il n'y a pas eu d'attaque massive contre les programmes de l'État-providence ou contre la position des syndicats », et une forte polarisation des revenus a été évitée (traduction de l'auteur ; Katzenstein, 1989a, p. 8 ; Myles, 1991, p. 362). Des taux de chômage élevés ont exclu une partie significative de la main-d'œuvre du marché du travail, augmenté les coûts des programmes sociaux et découragé l'investissement, mais ils n'ont pas transformé les relations industrielles. Toujours forts, les syndicats ont forcé les employeurs à rechercher la compétitivité à travers les gains de productivité et la coopération dans l'entreprise plutôt que par des bas salaires et des conditions de travail précaires. De la sorte, l'Allemagne a maintenu une industrie hautement compétitive capable, sinon de créer suffisamment d'emplois, au moins de générer des emplois de qualité et bien payés en nombre suffisant pour couvrir les coûts croissants de la protection sociale (Esping-Andersen, 1990, p. 186 ; Mahon, 1987, p. 52). Les fondements de la stratégie allemande se trouvent dans sa tradition bien établie de néo-corporatisme, mais la concertation entre les entreprises et le mouvement ouvrier n'aurait pas seule suffi. L'Allemagne a prospéré, écrit Peter Katzenstein, « à cause de la densité de sa vie institutionnelle ». La négociation collective, la coopération dans l'entreprise, les programmes sociaux, les systèmes de formation, les politiques industrielles, tous les aspects de la vie allemande sont structurés de façon que les changements ne se produisent qu'à « petites doses ». Les pressions externes et les événements sans précédent sont filtrés et absorbés à travers les institutions stables dont la vocation est de réduire l'incertitude, les risques et la résistance au changement (traduction de l'auteur ; 1989b, p. 346).

En avril 1991, Gérald Tremblay lançait un appel aux entreprises et aux syndicats, dans le but de mettre en place une version québécoise du modèle allemand. Afin de promouvoir la qualité, la formation et le développement technologique, le ministre de l'Industrie, du Commerce et de la Technologie suggérait aux entreprises de garantir des emplois, de la formation et des investissements à leurs employés, en retour de contrats de travail plus longs et plus flexibles, et d'engagements à ne pas faire de grèves (Le Cours, 1991 ; Tremblay, 1991a). Les syndicats et les milieux d'affaires ont réagi prudemment. Les associations patronales voyaient un tel modèle comme étranger aux traditions d'affaires nord-américaines, et les syndicats souhaitaient des discussions plus larges dans les secteurs industriels. Quelques précédents locaux furent néanmoins établis. Avec les aciers Sammi-Atlas et Marine industries de Sorel, Tremblay a convaincu les employeurs et les travailleurs de signer des ententes à long terme et flexibles, incluant des garanties d'emploi (Gibbon, 1991a and 1991b ; April, 1991). À peu près au même moment, dans une démonstration sans précédent de modération salariale, les syndicats du secteur public acceptaient un gel des salaires de six mois pour 1992 (Berger, 1991).

Au Québec, plusieurs facteurs militent en faveur de réformes inspirées par le modèle allemand. Plusieurs années d'interventions étatiques dans divers domaines y ont créé une densité de structures institutionnelles et de réseaux qui pourrait se comparer à celle de l'Allemagne (Latouche, 1990, p. 149, 181-182 et 282 ; et Katzenstein, 1989b). On retrouve notamment des structures financières qui recréent en Amérique du Nord quelque chose comme la banque «universelle» à l'européenne : au Québec, des institutions financières gouvernementales, privées, coopératives et syndicales agissent ensemble, de diverses façons, pour promouvoir le développement économique, pour appuyer les politiques industrielles ou pour prévenir les prises de contrôle étrangères (Courchene et Wolfe, 1990, p. 10-11). De la même façon, avec plus de 40 % de la main-d'œuvre syndiquée, un taux comparable à celui de l'Allemagne avant l'unification, les syndicats québécois sont les plus puissants en Amérique du Nord. Dans les deux premières années de la décennie 1990, la syndicalisation a progressé, alors que presque partout elle reculait (Tremblay et Van Schendel, 1991, p. 561-563 ; Fournier, 1990). L'interventionnisme étatique et la force des syndicats ont donné naissance à un milieu patronal presque aussi organisé, capable de se coordonner sur des questions politiques et de participer à des efforts de concertation (Boivin et Guilbault, 1989, p. 112-120). Dans le passé, ces efforts de concertation ont été justement critiqués pour avoir été trop centrés sur les objectifs gouvernementaux et pour leur manque de succès (Tanguay, 1984). Les syndicats et les entreprises ont néanmoins continué à appuyer l'idée (Guénard, 1991). Au minimum, estiment-ils, la concertation amène l'autre côté à considérer de nouvelles dimensions du développement économique : les syndicats accordent plus d'attention à la productivité et à la compétitivité ; les employeurs commencent à accepter l'importance de l'emploi, des qualifications et de la formation (Jalbert, 1990, p. 353-356). Six mois de discussions dans le cadre de la commission Bélanger-Campeau semblent avoir contribué à ce processus et avoir facilité la rare unanimité démontrée par le Conseil du patronat et les syndicats lors des «Rendez-vous» de septembre 1991 (Nadeau, 1991, p. 73 ; Turcotte, 1991).

Des trois visions présentées ici, la première, la vision libérale, semble la plus probable parce qu'elle constitue l'option «par défaut», le choix que la pure inertie imposerait. Le libéralisme domine au palier fédéral et, au Québec, demeure l'option préférée du monde des affaires et de la plupart des libéraux. Cette vision a également d'importants défenseurs à l'intérieur du Parti québécois. La réforme libérale de la sécurité du revenu, par exemple, qui encourageait la montée du travail précaire, était inspirée par un livre blanc préparé par Jacques Parizeau alors qu'il était ministre des Finances (Bissonnette, 1988 ; Boismenu et Rocher, 1986). En principe, le PQ est favorable au plein-emploi, mais cet engagement n'a pas encore été testé. Lors de la campagne électorale de 1989, le parti a à peine soulevé la question de la pauvreté (Picher, 1989). Dans un pays ayant une forte tradition libérale, le test véritable ne se trouve pas dans les discours politiques mais plutôt dans les mesures concrètes concernant les sans-emploi, les pauvres, les programmes sociaux, l'éducation et les syndicats.

Cela étant dit, il y a de bonnes raisons de croire que le Québec pourrait évoluer vers l'une ou l'autre des deux visions alternatives. Les spécialistes des relations industrielles considèrent la province comme «une anomalie dans le domaine de la consultation, où les syndicats, les employeurs et le gouvernement semblent avoir une solide compréhension commune leur permettant de travailler ensemble» (traduction de l'auteur ; Kumar et Ryan, cités dans Milner, 1990/1991, p. 79). Des années de conflits ont laissé les syndicats et les entreprises suffisamment solides et organisés pour considérer des compromis assez larges (Francœur, 1991). Les désavantages historiques du Québec, sa petitesse et la fragilité de son économie ont également encouragé une recherche de consensus et une flexibilité typique des petits pays européens (Courchene, 1991, p. 50 ; Katzenstein, 1985). Mais concertation ne signifie pas plein-emploi. Un «Québec inc.» réussi a plus de chances de ressembler au modèle allemand, un modèle qui combine compétitivité et chômage élevé. Pour que la vision social-démocrate puisse prévaloir, un engagement en faveur du plein-emploi doit être institutionnalisé, coulé dans le ciment par l'adoption de programmes et d'institutions spécifiques. Les pays qui ont réussi à maintenir le plein-emploi ont construit toutes leurs politiques autour de cet objectif (Therborn, 1986, p. 110-111). Même dans ces cas, la poursuite de cette stratégie s'est avérée difficile ces dernières années, en partie à cause de l'internationalisation des marchés financiers, qui rend désuets plusieurs instruments politiques (Kurzer, 1991, Scharpf, 1991, p. 244-55). Pour conclure, rien n'empêche le Québec d'institutionnaliser le plein-emploi, mais étant donné les forces en présence, une variante plus ou moins libérale du modèle allemand semble plus probable pour les années à venir.

## CONCLUSION

Les Québécois ont payé un prix élevé pour les débuts difficiles de leur province. Doté de ressources agricoles comparativement pauvres, le Québec s'est développé très tôt comme économie de chômage et de bas salaires. Sans accès aux principaux réseaux financiers et commerciaux, les francophones ont occupé une place marginale dans l'industrie et ont été confinés aux échelons inférieurs d'un marché du travail divisé en fonction de la langue. Après la Deuxième Guerre mondiale, les syndicats internationaux ont été à l'avant-plan de l'effort pour hausser les salaires au niveau canadien, mais une structure industrielle dominée par des industries dépendantes de bas salaires rendait la tâche presque impossible à l'extérieur de quelques secteurs industriels modernes.

Ce n'est qu'avec la révolution tranquille que la situation change. Un État interventionniste engagé envers la modernisation, l'éducation, les programmes sociaux et l'usage du français au travail s'associait alors à un mouvement syndical militant déterminé à effacer l'écart de revenu établi depuis longtemps entre le Québec et l'Ontario. Ensemble, l'interventionnisme étatique et le militantisme syndical ont éliminé la division linguistique du travail et les disparités de revenus que celle-ci perpétuait, amélioré les conditions de vie des plus pauvres et haussé les salaires réels au niveau de ceux de l'Ontario. Les disparités de revenu ont diminué, la productivité s'est approchée de celle de l'Ontario, et la société québécoise s'est transformée en économie tertiaire moderne dotée de ressources institutionnelles uniques en Amérique du Nord.

Avec la récession de 1981-1982, tout change de nouveau, cette fois dans la direction opposée. Comme la Grande-Bretagne et les États-Unis, le Québec et le Canada tournent à droite. Les objectifs en termes de justice sociale cèdent le pas aux impératifs du marché, les programmes sociaux sont circonscrits, et les syndicats battent en retraite. Dans le secteur public, des lois d'exception rendent l'utilisation de la grève moins effective, alors que dans le secteur privé, la montée des nouvelles formes d'emplois prévient la syndicalisation de larges catégories de la population, particulièrement chez les jeunes et les femmes (Lipsig-Mummé et Roy, 1989). Couverts par le chœur ostentatoire d'une nouvelle classe d'affaires qui chante ses succès, le chômage et la pauvreté atteignent silencieusement de nouveaux sommets.

En 1990-1991, le Canada connaît une seconde récession en moins de dix ans. Cette fois-ci, même les « gagnants » sont touchés. Les problèmes de Raymond Malenfant, l'homme d'affaires qui dénonçait l'intervention de l'État mais n'a jamais manqué une subvention, et la chute de Lavalin, un des géants québécois de l'ingénierie, sont les plus spectaculaires d'une série de revers qui force tous les secteurs de la société à reconnaître les limites de dix ans de politiques et de pratiques libérales (Gagnon, 1991 ; McKenna et Gibbon, 1991). Un nouveau discours, mis de l'avant notamment par le ministre de l'Industrie, du Commerce et de la Technologie, Gérald Tremblay, émerge et fait appel à la concertation pour favoriser la formation, la productivité et la compétitivité. Enraciné dans les arrangements sociaux propres au Québec, ce discours semble plausible parce qu'il fait référence à l'expérience de plusieurs pays européens qui ont refusé la vision libérale, même dans les années 1980 (Garrett et Lange, 1991). Au Québec, cependant, le contenu d'une telle approche reste à définir.

Les employeurs du Québec continuent de faire confiance à la tradition libérale de la province, les syndicats revendiquent le plein-emploi, et les principaux partis politiques hésitent entre le libéralisme et une variante du néo-corporatisme à l'allemande. Les désaccords sur le statut constitutionnel du Québec reflètent ces orientations divergentes : la vision libérale serait renforcée par un *statu quo* constitutionnel qui rendrait toute transformation majeure improbable ; l'indépendance, en revanche, forcerait des ajustements institutionnels et rendrait donc plus accessibles de nouveaux arrangements. L'indépendance en elle-même, bien sûr, n'apporte aucune garantie à cet égard.

Miné par la pauvreté et le chômage, le Québec constitue malgré tout une société riche, l'une des plus riches du monde. Quand les récessions se terminent, il est facile pour les électeurs et les politiciens d'oublier des problèmes sociaux qu'ils préfèrent ne pas voir (Blais et Deschênes, 1989). «Le vert», écrivait Lise Bissonnette pendant la campagne électorale québécoise de 1989, «est la couleur à la mode de cette élection, et l'affreux gris des programmes sociaux n'est pas près de faire compétition» (traduction de l'auteur; 1989). Les inquiétudes récentes à propos de la pauvreté et du chômage sont-elles donc temporaires ou superficielles? Après tout, la Commission sur l'avenir politique et constitutionnel du Québec a fait peu de place aux chômeurs et aux pauvres (Front commun des personnes assistées sociales du Québec, 1991). Seul le temps pourra le dire.

Dans un essai sur les cycles politiques, l'historien américain Arthur M. Schlesinger fils (1986, p. 32) note que les États-Unis passent épisodiquement de «la politique de l'intérêt public [...] à la politique des intérêts privés» et, à l'inverse, du conservatisme à «l'idéalisme et aux réformes» Les conservatrices années 1920 ont été suivies par les réformistes années 1930, les placides années 1950 par les années 1960, et les grouillantes années 1960 et 1970 par les années 1980 de Ronald Reagan. Au cours de ce siècle, la politique québécoise a évolué au même rythme que la politique américaine et a produit des cycles semblables de préoccupations publiques ou privées. Ces cycles ne sont pas véritablement expliqués et quelques récurrences dans le temps ne permettent pas, bien sûr, les prédictions[13]. Ils nous enseignent néanmoins que les attitudes et orientations politiques s'avèrent habituellement transitoires. Au Québec comme aux États-Unis, les années 1990 n'ont pas forcément à être comme les années 1980.

## NOTES

1. Je souhaite remercier André Blais, Gérard Boismenu, Stéphane Dion, Pascale Dufour, Alain-G. Gagnon, Marie-France Le Blanc, Henry Milner, Tim Thompson et deux évaluateurs anonymes pour leurs commentaires sur des versions antérieures de ce chapitre. Ce travail a été financé par le CAFIR (Université de Montréal), le Fonds FCAR et le Conseil de recherches en sciences humaines du Canada.

2. Ces chiffres sont pour 1986; en 1991, la situation était probablement pire (R. Langlois, 1990, p. 34; Pépin, 1991). Statistique Canada définit la pauvreté comme une situation où plus de 58,5 % du revenu personnel avant impôts est consacré à la nourriture, au logement et aux vêtements (la famille moyenne consacre 38,5 % de son revenu avant impôts à ces besoins) (Tremblay et Van Schendel, 1991, p. 341).

3. À la fin de mai 1991, le ministère de l'Éducation annonçait de nouveaux programmes pour nourrir les enfants à l'école. Lise Bissonnette, directrice du *Devoir*, notait que, toutes nécessaires qu'elles soient, ces mesures reconnaissaient l'importance de la pauvreté sans s'attaquer au problème lui-même (Bissonnette, 1991).

4. L'écart qui persiste s'explique par les différences dans les niveaux d'éducation des deux groupes. En 1980, à niveaux équivalents d'éducation, les francophones

avaient en fait un léger avantage sur les anglophones (l'inverse était vrai jusqu'à la fin des années 1970; Conseil de la langue française, 1991, p. 60-63).

5. De telles dichotomies, souvent utilisées dans le passé pour décrire les pays du Tiers-Monde, ont été largement rejetées par les spécialistes des sciences sociales, en faveur de modèles plus modestes, plus spécifiques et mieux ancrés dans l'histoire (Migdal, 1983; Tilly, 1984).

6. En 1953, le revenu per capita du Québec était faible en comparaison de ceux du Canada et des États-Unis, mais plus élevé que celui de tout autre pays du monde (Raynauld, 1961, p. 54).

7. Sur le concept de marché du travail secondaire, voir Piore et Sabel, 1984, p. 56-57.

8. En 1991, le taux de chômage montait au-dessus de 12%, ce qui constituait un sommet de récession semblable au 13,9% de 1983. Le 10% de 1990 est probablement plus près de ce qui est maintenant le taux permanent (Fortin, 1991, p. 200; Juneau, 1991, p. A8).

9. Les salaires horaires québécois demeurent cependant un peu plus bas. Les travailleurs québécois travaillent de plus longues heures pour compenser (Charland, 1990, p. 293 et 345).

10. «Il n'y a même jamais eu une menace de grève de la part des employés gouvernementaux de la Saskatchewan, dans les trente ans qui ont suivie la loi le permettant.» (traduction de l'auteur; Goldenberg, 1990, p. 296) Cette modération n'est que partiellement expliquée par la coopération que le mouvement ouvrier et le gouvernement CCF considéraient devoir maintenir dans un environnement hostile au socialisme, puisque la défaite du CCF en 1964 n'a pas été suivie par une augmentation de l'activité de grève (Horowitz, 1968, p. 145; Richards et Pratt, 1979, p. 143-144).

11. «Alors qu'à peine la moitié des jeunes Québécois – et encore moins, bien sûr, parmi les francophones – atteignaient la neuvième année en 1960, 95% le font maintenant. De plus, en 1982 presque 15% continuaient à l'université, contre seulement 4% en 1960» (traduction de l'auteur; Fortin, 1982, p. 5).

12. Le terme «libéral» est utilisé ici dans son sens européen et décrit la perspective favorable au marché partagée par les partis centristes et conservateurs. Il n'y a qu'aux États-Unis que le terme «libéral» est associé à la gauche.

13. Quoiqu'en 1949, le père de Schlesinger, lui aussi historien, estimait que le conservatisme de l'après-guerre se terminerait «en 1962, avec une marge d'erreur d'une ou deux années dans l'une ou l'autre direction» et que «la prochaine époque conservatrice... commencerait autour de 1978» (traduction de l'auteur; 1986, p. 24-25)!

## BIBLIOGRAPHIE

ALTMAN, M., 1988, «Economic Development with High Wages: An Historical Perspective» dans *Explorations in Economic History*, vol. 25, nº 2, p. 198-224.

ANGERS, F.-A., 1952, « Progrès industriels du Québec » dans *L'Actualité économique*, vol. 28, n° 2, p. 332-338.

APRIL, P., 1991, 27 juin, « Tremblay exige un nouveau contrat social de la CSN afin de sauver MIL Davie » dans *Le Devoir*, p. 5.

BAUER, J., 1989, « La syndicalisation dans le secteur public québécois ou la longue marche vers la centralisation » dans Y. BÉLANGER et L. LEPAGE (dir.), *L'Administration publique québécoise : évolutions sectorielles, 1960-1985*, Montréal, les Presses de l'Université du Québec, p. 35-61.

BEAUCAGE, A., 1989, *Syndicats, salaires et conjoncture économique : l'expérience des fronts communs du secteur public québécois de 1971 à 1983*, Sillery, les Presses de l'Université du Québec.

BÉLANGER, Y. et P. FOURNIER, 1987, *L'Entreprise québécoise : développement historique et dynamique contemporaine*, Montréal, Hurtubise HMH.

BELLEMARE, D. et L. POULIN-SIMON, 1983, *Le Plein-Emploi : pourquoi ?*, Montréal, les Presses de l'Université du Québec.

BELLEMARE, D. et L. POULIN-SIMON, 1986, *Le Défi du plein-emploi,* Montréal, Albert Saint-Martin.

BERGER, F., 1991, 27 avril, « L'acceptation syndicale d'un gel de salaires inaugure-t-elle un "partenariat"? » dans *La Presse*, p. B6.

BISSONNETTE, L., 1988, 5 mars, « Parizeau Twists Toward Centre » dans *The Globe and Mail*, p. D2.

BISSONNETTE, L., 1989, 2 septembre, « Social Issues Fail to Stir Well-Heeled Voters » dans *The Globe and Mail*, p. D2.

BISSONNETTE, L., 1991, 29 mai, « Après le petit déjeuner » dans *Le Devoir*, p. A8.

BLAIS, A. et L. DESCHÊNES, 1989, « L'économie en rose » dans *Recherches sociographiques*, vol. 30, n° 1, p. 101-109.

BLAIS, A. et F. VAILLANCOURT, 1989, « Le budget » dans D. MONIÈRE (dir.), *L'Année politique au Québec 1987-1988*, Montréal, Québec-Amérique, p. 33-40.

BLOCK, F., 1987, « Rethinking the Political Economy of the Welfare State » dans F. BLOCK *et al.* (eds.), *The Mean Season : The Attack on the Welfare State*, New York, Pantheon, p. 109-160.

BLOSKIE, C., 1989, novembre, « An Overview of Different Measures of Government Deficits and Debt » dans *Canadian Economic Observer*, Ottawa, Statistics Canada, p. 3.1-3.20.

BOISMENU, G., 1981, *Le Duplessisme : politique économique et rapports de force, 1944-1960*, Montréal, les Presses de l'Université de Montréal.

BOISMENU, G., 1990, « L'État et la régulation du rapport salarial depuis 1945 » dans G. BOISMENU et D. DRACHE (dir.), *Politique et régulation : modèle de développement et trajectoire canadienne*, Montréal, Méridien, p. 155-203.

BOISMENU, G. et F. ROCHER, 1986, « Vers une réorientation des politiques sociales au Canada ? » dans *Revue internationale d'action communautaire*, 15/56, p. 119-130.

BOIVIN, J., 1987, *Essai d'interprétation de la transformation du rapport salarial et de sa gestion étatique au Québec, 1960-1976*, mémoire de maîtrise, Département de science politique, Université de Montréal.

BOIVIN, J. et J. GUILBAULT, 1989, *Les Relations patronales-syndicales*, 2ᵉ édition, Boucherville, Gaëtan Morin.

BOULET, J.-A., 1980, *La Langue et le revenu du travail à Montréal*, Ottawa, Approvisionnements et Services Canada (étude préparée pour le Conseil économique du Canada).

BOULET, J.-A. et L. LAVALLÉE, 1983, *L'Évolution des disparités linguistiques de revenus de travail au Canada de 1970 à 1980*, étude 245, Ottawa, Conseil économique du Canada.

BOYER, R., 1986, « Segmentations ou solidarité, déclin ou redressement : quel modèle pour l'Europe ? » dans R. BOYER (dir.), *La Flexibilité du travail en Europe*, Paris, La Découverte, p. 201-304.

CAMERON, D. R., 1984, « The Politics and Economics of the Business Cycle » dans T. FERGUSON et J. ROGERS (dir.), *The Political Economy : Readings in the Politics and Economics of American Public Policy*, New York, M.E. Sharpe, p. 237-262.

CAMPBELL, R. M., 1991, *The Full-Employment Objective in Canada, 1945-1985 : Historical, Conceptual, and Comparative Perspectives*, étude préparée pour le Conseil économique du Canada, Ottawa, ministère des Approvisionnements et Services.

CARDIN, J.-F., 1992, *Travailleurs industriels et syndicalisme en période de prospérité : conditions de travail, conditions de vie et conscience ouvrière des métallos montréalais durant la guerre et l'après-guerre (1940-1960)*, thèse de doctorat, Département d'histoire, Université de Montréal.

CASTLES, F. G., 1990, « The Dynamics of Policy Change : What Happened to the English-Speaking Nations in the 1980s » dans *European Journal of Political Research*, vol. 18, nº 5, p. 491-513.

CAUCHON, P., 1991, 28 août, « Le CPQ juge "intolérable" la situation de l'emploi » dans *Le Devoir*, p. 5.

CHARLAND, J.-P., 1990, *Les Pâtes et papiers au Québec, 1880-1980 : technologies, travail et travailleurs*, Québec, Institut québécois de recherche sur la culture.

COMMISSION ROYALE SUR L'UNION ÉCONOMIQUE ET LES PERSPECTIVES DE DÉVELOPPEMENT DU CANADA, 1985, *Rapport*, volume 2, Ottawa, Approvisionnements et Services Canada.

CONSEIL DE LA LANGUE FRANÇAISE, 1991, *Indicateurs de la situation linguistique au Québec*, Québec, Conseil de la langue française.

CONSEIL DES AFFAIRES SOCIALES, 1989, *Deux Québec dans un : rapport sur le développement social et démographique*, Boucherville, Gaëtan Morin.

CONSEIL DES AFFAIRES SOCIALES, 1990, *Agir ensemble : rapport sur le développement*, Boucherville, Gaëtan Morin.

CONSEIL DU TRÉSOR, 1985, *Rapport Cadieux-Bernier : Régime de relations de travail dans le secteur public de certains pays industrialisés*, Québec, gouvernement du Québec.

CONSEIL ÉCONOMIQUE DU CANADA, 1990, *Une décennie de transitions*, vingt-septième exposé annuel, Ottawa, ministère des Approvisionnements et Services.

COURCHENE, T. J., 1991, «Forever Amber» dans D. E. SMITH, P. MACKINNON, et J. C. COURTNEY (dir.), *After Meech Lake : Lessons for the Future*, Saskatoon, Fifth House Publishers, p. 33-60.

COURCHENE, T. J. et R. WOLFE, 1990, «Quebec Inc. : Overview and Implications» dans T. J. COURCHENE (dir.), *Quebec Inc. : Foreign Takeovers, Competition/Merger Policy and Universal Banking*, Kingston, School of Policy Studies, Queen's University, p. 3-16.

COURNOYER, M., 1988, «Les caractéristiques principales des personnes à bas salaires au Québec» dans *Interventions économiques*, nᵒ 19, p. 93-107.

COUSINEAU, J.-M., R. LACROIX et F. VAILLANCOURT, 1982, *Les Marchés du travail de Montréal et Toronto*, Montréal, École des Hautes Études Commerciales.

DEMERS, D., 1990, 15 septembre, «La capitale des pauvres» dans *L'actualité*, p. 40-44.

DÉPATIE, R., 1971, «Essai d'évaluation de l'ampleur réelle du chômage au Québec» dans *L'Actualité économique*, vol. 47, nᵒ 3, p. 534-548.

DION, S. et J. I. GOW, 1989, «The Budget Process under the Parti Québécois, 1975-1985» dans A. M. MASLOVE (dir.), *Budgeting in the Provinces : Leadership and the Premiers*, Toronto, The Institute of Public Administration of Canada, p. 55-85.

DROHAN, Madelaine, 1994, 8 juin, «OECD Unemployment Cure Gets Axworthy's Endorsement» dans *The Globe and Mail*, p. B5.

DUBUC, A., 1991a, 18 août, « Le temps du plein-emploi» dans *La Presse*, p. B2.

DUBUC, A., 1991b, 12 septembre, «Avant de sombrer, une deuxième Révolution tranquille» dans *La Presse*, p. B2.

DUROCHER, R. et P.-A. LINTEAU (dir.), 1971, *Le «Retard» du Québec et l'infériorité économique des Canadiens français*, Montréal, Boréal.

ECONOMIC COUNCIL OF CANADA, 1977, *Living Together : A Study of Regional Disparities*, Ottawa, Minister of Supply and Services.

ECONOMIC COUNCIL OF CANADA, 1990, *Good Jobs, Bad Jobs : Employment in the Service Economy,* Ottawa, Minister of Supply and Services.

ESPING-ANDERSEN, G., 1990, *The Three Worlds of Welfare Capitalism*, Princeton, Princeton University Press.

FAUCHER, A., 1964, «L'émigration des Canadiens français au XIXᵉ siècle : position du problème et perspectives» dans *Recherches sociographiques*, vol. 5, nᵒ 3, p. 277-317.

FORTIN, P., 1978, *Une évaluation de l'effet de la politique québécoise du salaire minimum sur la production, l'emploi, les prix et la répartition des revenus*, étude présentée à la Commission du salaire minimum et au secrétariat du Comité ministériel permanent du développement économique, Québec, ministère du Travail et de la Main-d'œuvre.

FORTIN, P., 1980, *Chômage, inflation et régulation de la conjoncture au Québec*, Montréal, Institut de recherches C. D. Howe.

FORTIN, P., 1982, *Economic Growth in Quebec (1978-1980) : The Human Capital Connection*, Policy Study nᵒ 82-4, Institute for Policy Analysis, University of Toronto.

FORTIN, P., 1991, «La question de l'emploi au Québec : la photo et le film» dans *Éléments d'analyse économique pertinents à la révision du statut politique et constitutionnel du Québec*, document de travail numéro 1, Québec, Commission sur l'avenir politique et constitutionnel du Québec, p. 167-241.

FOURNIER, L., 1990, 1er mai, «Remontée syndicale au Québec?» dans *Le Devoir*, p. 7.

FRANCŒUR, J., 1991, 15 octobre, «Un syndicalisme en santé» dans *Le Devoir*, p. 14.

FREEMAN, R. B. et J. L. MEDOFF, 1984, *What Do Unions Do ?* New York, Basic Books.

FRONT COMMUN DES PERSONNES ASSISTÉES SOCIALES DU QUÉBEC, 1991, mémoire présenté à la Commission sur l'avenir politique et constitutionnel du Québec, Québec.

GAGNON, L., 1991, 10 octobre, «La garde tombante» dans *La Presse*, p. B3.

GARRETT, G. et P. LANGE, 1991, «Political Responses to Interdependence : What's "Left" for the Left?» dans *International Organization*, vol. 45, n° 4, p. 539-564.

GÉRIN-LAJOIE, J., 1982, *Les Métallos, 1936-1981*, Montréal, Boréal.

GIBBON, A., 1991a, 9 avril, «Atlas Gets Labour Peace in $ 500-Million Expansion» dans *The Globe and Mail*, p. B1.

GIBBON, A., 1991b, 5 juillet, «Workers Vow Not to Strike» dans *The Globe and Mail*, p. B3.

GIRARD, M., 1991, 30 août, «Ottawa réduit le budget de l'éducation dans les provinces» dans *La Presse*, p. B4.

GOLDENBERG, S. B., 1990, «Strikes Against the Government : An Overview of the Canadian Experience» dans J. A. WILLES (dir.), *Labour Relations in Canada : Readings and Cases*, Scarborough, Prentice-Hall, p. 294-299.

GOUIN, P. et Y. CHOUINARD, 1989, «L'évolution socio-économique du Québec depuis la récession de 1982» dans *Le Québec statistique*, Québec, les Publications du Québec, p. 145-169.

GOW, J. I., 1986, *Histoire de l'administration publique québécoise, 1867-1970*, Montréal, les Presses de l'Université de Montréal.

GRUDA, A., 1991, 11 septembre, «Les vœux pieux du ministre Pagé» dans *La Presse*, p. B2.

GUÉNARD, M., 1991, «Contrat social : Gérald Tremblay entre le banc d'essai... et le pilori» dans *Magazine Avenir* (mai), p. 3-14.

HARRISON, B. et B. BLUESTONE, 1990, «Wage Polarization in the US and the "Flexibility" Debate» dans *Cambridge Journal of Economics*, vol. 14, n° 3, p. 351-373.

HECLO, H., 1981, «Toward a New Welfare State?» dans P. FLORA et A. J. HEIDENHEIMER (dir.), *The Development of Welfare States in Europe and America*, New Brunswick, Transaction Books, p. 383-406.

HERON, C., 1988, *Working in Steel : The Early Years in Canada, 1883-1935*, Toronto, McClelland and Stewart.

HOROWITZ, G., 1968, *Canadian Labour in Politics*, Toronto, University of Toronto Press.

HOULE, F., 1990, «Economic Renewal and Social Policy» dans A.-G. GAGNON et J. P. BICKERTON (dir.), *Canadian Politics : An Introduction to the Discipline*, Peterborough, Broadview Press, p. 424-445.

HUGHES, Everett C., 1972, *Rencontre de deux mondes : la crise d'industrialisation du Canada français*, Montréal, Boréal.

ISBISTER, J., 1987, «Agriculture, Balanced Growth, and Social Change in Central Canada Since 1850 : An Interpretation» dans D. McCALLA (dir.), *Perspectives on Canadian Economic History*, Toronto, Copp Clark Pitman, p. 58-80.

JALBERT, P., 1990, *La concertation comme mode étatique de gestion des rapports sociaux*, thèse de doctorat, Département de science politique, Université de Montréal.

JUNEAU, A., 1991, 13 février, «La plaie du chômage» dans *Le Devoir*, p. A8.

KALISKI, S. F., 1987, «Accounting for Unemployment : A Labour Market Perspective» dans *Canadian Journal of Economics*, vol. 20, n° 4, p. 665-693.

KATZENSTEIN, P. J., 1985, *Small States in World Markets : Industrial Policy in Europe*, Ithaca, Cornell University Press.

KATZENSTEIN, P. J., 1989a, «Industry in a Changing West Germany» dans P. J. KATZENSTEIN (dir.), *Industry and Politics in West Germany : Toward the Third Republic*, Ithaca, Cornell University Press, p. 3-29.

KATZENSTEIN, P. J., 1989b, «Stability and Change in the Emerging Third Republic» dans P. J. KATZENSTEIN (dir.), *Industry and Politics in West Germany : Toward the Third Republic*, Ithaca, Cornell University Press, p. 307-353.

KORPI, W., 1991, «Political and Economic Explanations for Unemployment : A Cross-National and Long-Term Analysis» dans *British Journal of Political Science*, vol. 21, n° 3, p. 315-348.

KUMAR, P., 1986, «Union Growth in Canada : Retrospect and Prospect» dans W. C. RIDDELL (dir.), *Canadian Labour Relations*, Studies for the Royal Commission on the Economic Union and Development Prospects for Canada, vol. 16, Toronto, University of Toronto Press, p. 95-160.

KURZER, P., 1991, «Unemployment in Open Economies : The Impact of Trade, Finance and European Integration» dans *Comparative Political Studies*, vol. 24, n° 1, p. 3-30.

LACROIX, Robert, 1987, *Les Grèves au Canada : causes et conséquences*, Montréal, les Presses de l'Université de Montréal.

LANGLOIS, R., 1990, *S'appauvrir dans un pays riche*, Montréal, Albert Saint-Martin.

LANGLOIS, S., 1990, «Inégalités sociales» dans S. LANGLOIS (dir.), *La Société québécoise en tendances, 1960-1990*, Québec, Institut québécois de recherche sur la culture, p. 257-260.

LATOUCHE, D., 1990, *Le Bazar : des anciens Canadiens aux nouveaux Québécois*, Montréal, Boréal.

LEBORGNE, D. et A. LIPIETZ, 1990, «Pour éviter l'Europe à deux vitesses» dans *Travail et société*, vol. 15, n° 2, p. 189-210.

LE COURS, R., 1991, 5 avril, «Travail : Québec veut instaurer le "modèle allemand"» dans *La Presse*, p. A1.

LEFEBVRE, M., 1991, 23 septembre, «La façon québécoise de s'en sortir» dans *Le Devoir*, p. 12.

LESAGE, G., 1991, 11 octobre, «Remettre le Québec à l'ouvrage» dans *Le Devoir*, p. A7.

LESSARD, D., 1991a, 19 septembre, «Pour relancer Montréal, exportations et investissements étrangers» dans *La Presse*, p. A3.

LESSARD, D., 1991b, 19 septembre, «55 millions dans la formation : Ottawa court-circuite Québec» dans *La Presse*, p. A1.

LIPSIG-MUMMÉ, C., 1984, «The Web of Dependence : Quebec Unions in Politics Before 1976» dans A.-G. GAGNON (dir.), *Quebec : State and Society*, Toronto, Methuen, p. 286-313.

LIPSIG-MUMMÉ, C. et R. ROY, 1989, «La population syndiquée au Québec» dans *Labour/Le Travail*, n° 23, p. 119-157.

MACDOWELL, L. S., 1983, *« Remember Kirkland Lake :» The Gold Miners' Strike of 1941-1942*, Toronto, University of Toronto Press.

MAHON, R., 1987, «From Fordism to ? New Technology, Labour Markets and Unions» dans *Economic and Industrial Democracy*, vol. 8, n° 1, p. 5-60.

MAROIS, P., 1991, 19 septembre, «Économie en état d'urgence : "Il ne faut pas en rester aux vœux pieux !"» dans *La Presse*, p. B3.

McCALLUM, J., 1980, *Unequal Beginnings : Agriculture and Economic Development in Quebec and Ontario until 1870*, Toronto, University of Toronto Press.

McKENNA, B. et A. GIBBON, 1991, 29 janvier, «Few Bright Spots Seen for Quebec Economy» dans *The Globe and Mail*, p. B18.

McROBERTS, K., 1979, «Internal Colonialism : The Case of Quebec» dans *Ethnic and Racial Studies*, vol. 2, n° 3, p. 293-318.

McROBERTS, K., 1988, *Quebec : Social Change and Political Crisis*, 3e édition, Toronto, McClelland and Stewart.

MIGDAL, J. S., 1983, «Studying the Politics of Development and Change : The State of the Art» dans A. W. FINIFTER (dir.), *Political Science : The State of the Discipline*, Washington, D.C., APSA, p. 309-338.

MILNER, H., 1990/1991, «Quebec in Retrospect : Beyond Political Nostalgia» dans *Quebec Studies*, n° 11, p. 75-82.

MIMOTO, H. et P. CROSS, 1991, juin, «The Growth of the Federal Debt» dans *Canadian Economic Observer*, Ottawa, Statistics Canada, p. 3.1-3.18.

MINISTÈRE DE LA MAIN-D'ŒUVRE, DE LA SÉCURITÉ DU REVENU ET DE LA FORMATION PROFESSIONNELLE, 1990, *La pauvreté au Québec : situation récente et évolution de 1973 à 1986*, Québec, les Publications du Québec.

MYLES, J., 1991, «Post-Industrialism and the Service Economy» dans D. DRACHE et M. S. GERTLER (dir.), *The New Era of Global Competition : State Policy and Market Power*, Montréal, McGill-Queen's University Press, p. 351-366.

NADEAU, J. M., 1991, août, «L'homme à tout faire du patronat» dans *L'actualité*, p. 61-73.

NOËL, A., 1987, «L'après-guerre au Canada : politiques keynésiennes ou nouvelles formes de régulation?» dans G. BOISMENU et G. DOSTALER (dir.), *La « Théorie générale» et le keynésianisme*, Montréal, ACFAS, p. 91-107.

NOËL, A., 1990, «Jobs ! Jobs ! Jobs ! The Political Management of Unemployment» dans A.-G. GAGNON et J. P. BICKERTON (dir.), *Canadian Politics : An Introduction to the Discipline*, Peterborough, Broadview Press, p. 446-470.

NOËL, André, 1990, 3 novembre, « On ne peut plus parler de poches de pauvreté à Montréal, mais de poches d'aisance » dans *La Presse*, p. B5.

NORRIE, K. et D. OWRAM, 1991, *A History of the Canadian Economy*, Toronto, Harcourt Brace Jovanovich.

OSTRY, S., 1960, « Inter-Establishment Dispersion of Occupational Wage Rates, Ontario and Quebec, 1957 » dans *Canadian Journal of Economics and Political Science*, vol. 26, nº 2, p. 277-288.

OUELLET, F., 1990, « The Quiet Revolution : A Turning Point » dans T. S. AXWORTHY et P. E. TRUDEAU (dir.), *Towards a Just Society : The Trudeau Years*, Markham, Ont., Viking, p. 313-341.

PANITCH, L. et D. SWARTZ, 1988, *The Assault on Trade Union Freedoms : From Consent to Coercion Revisited*, Toronto, Garamond.

PARTI QUÉBÉCOIS, 1991, *Programme du Parti québécois, édition 1991*, Montréal, Parti québécois.

PELLETIER, G., 1991, « Du pain avant les jeux, même constitutionnels » dans *Cité libre*, vol. 19, nº 1, p. 5-6.

PÉPIN, A., 1991, 28 mars, « La pauvreté gagne du terrain dans la région de Montréal » dans *La Presse*, p. B1.

PICHER, C., 1989, 2 septembre, « Cette pauvreté dont personne ne parle... » dans *La Presse*, p. B1.

PICHER, C., 1991, 12 septembre, « La saine colère d'un ministre tranquille » dans *La Presse*, p. D1.

PIORE, M. et C. SABEL, 1984, *The Second Industrial Divide : Possibilities for Prosperity*, New York, Basic Books.

POMFRET, R., 1987, « The Mechanization of Reaping in Nineteenth-Century Ontario : A Case Study of the Pace and Causes of the Diffusion of Embodied Technical Change » dans D. McCALLA (dir.), *Perspectives on Canadian Economic History*, Toronto, Copp Clark Pitman, p. 81-95.

PRESSE CANADIENNE, 1991, 19 septembre, « Ottawa invite les Montréalais à créer leurs propres emplois » dans *La Presse*, p. D3.

RAYNAULD, A., 1961, *Croissance et structure économiques de la province de Québec*, Québec, ministère de l'Industrie et du Commerce.

RESNICK, P., 1990, *Letters to a Québécois Friend*, Montréal, McGill-Queen's University Press.

RICHARDS, J. et L. PRATT, 1979, *Prairie Capitalism : Power and Influence in the New West*, Toronto, McClelland and Stewart.

RIDDELL, W. C., 1986, « Canadian Labour Relations : An Overview » dans W. C. RIDDELL (dir.), *Canadian Labour Relations*, Studies for the Royal Commission on the Economic Union and Development Prospects for Canada, vol. 16, Toronto, University of Toronto Press, p. 1-93.

ROUILLARD, J., 1983, « Le militantisme des travailleurs au Québec et en Ontario, niveau de syndicalisation et mouvement de grève » dans *Revue d'histoire de l'Amérique française*, vol. 37, nº 2, p. 201-225.

ROUILLARD, J., 1985, *Ah les États ! Les travailleurs canadiens-français dans l'industrie textile de la Nouvelle-Angleterre d'après le témoignage des derniers migrants*, Montréal, Boréal.

ROUILLARD, J., 1989a, *Histoire du syndicalisme au Québec : des origines à nos jours*, Montréal, Boréal.

ROUILLARD, J., 1989b, « Le mouvement syndical » dans D. MONIÈRE (dir.), *L'Année politique au Québec 1987-1988*, Montréal, Québec-Amérique, p. 149-164.

ROUILLARD, J., 1990, « Le mouvement syndical » dans D. MONIÈRE (dir.), *L'Année politique au Québec 1989-1990*, Montréal, Québec-Amérique, p. 125-134.

ROYAL COMMISSION ON BILINGUALISM AND BICULTURALISM, 1969, *Report*, volume 3A, Ottawa, Queen's Printer.

SAINT-GERMAIN, M., 1973, *Une économie à libérer : le Québec analysé dans ses structures économiques*, Montréal, les Presses de l'Université de Montréal.

SALÉE, D., 1990, « Reposer la question du Québec ? Notes critiques sur l'imagination sociologique » dans *Politique*, n° 18, p. 83-106.

SALES, A., 1979, *La Bourgeoisie industrielle au Québec*, Montréal, les Presses de l'Université de Montréal.

SCHARPF, F. W., 1991, *Crisis and Choice in European Social Democracy*, Ithaca, Cornell University Press.

SCHLESINGER, Arthur M. fils, 1986, *The Cycles of American History*, Boston, Houghton Mifflin.

SHEPPARD, R., 1991, 12 septembre, « Let Distinct Flowers Bloom » dans *The Globe and Mail*, p. A17.

SWENSON, P., 1989, *Fair Shares : Unions, Pay, and Politics in Sweden and West Germany*, Ithaca, Cornell University Press.

TANGUAY, A. B., 1984, « Concerted Action in Quebec, 1976-1983 : Dialogue of the Deaf » dans A.-G. GAGNON (dir.), *Quebec : State and Society*, Toronto, Methuen, p. 365-385.

TEMIN, P., 1989, *Lessons from the Great Depression*, Cambridge, MIT Press.

THERBORN, G., 1986, *Why Some Peoples Are More Unemployed Than Others*, London, Verso.

TILLY, C., 1984, *Big Structures, Large Processes, Huge Comparisons*, New York, Russell Sage Foundation.

TREMBLAY, D.-G., 1990, *L'Emploi en devenir*, Québec, Institut québécois de recherche sur la culture.

TREMBLAY, D.-G. et V. VAN SCHENDEL,1991, *Économie du Québec et de ses régions*, Montréal, Albert Saint-Martin.

TREMBLAY, G., 1991a, 17 avril, « Les entreprises doivent créer un nouveau modèle de succès au Québec » dans *La Presse*, p. B3.

TREMBLAY, G., 1991b, 11 septembre, « Nous vivons dans une économie en état d'urgence ! » dans *La Presse*, p. B3.

TREMBLAY, G., 1991c, 12 septembre, « Économie en état d'urgence : Tremblay propose des solutions » dans *La Presse*, p. B3.

TURCOTTE, C., 1991, 19 septembre, « La situation économique alerte patrons et syndicats » dans *Le Devoir*, p. A1.

VAILLANCOURT, F., 1986, « Le français, les francophones et les législations linguistiques au Québec : une analyse économique » dans G. LAPOINTE et M. AMYOT (dir.), *L'état de la langue française au Québec : bilan et prospective*, Québec, Conseil de la langue française, p. 397-452.

VENNE, M., 1991, 19 septembre, «Johnson croit que c'est aux Montréalais à trouver remède à leur mal économique» dans *Le Devoir*, p. A1.

WEE, H., 1987, *Prosperity and Upheaval : The World Economy, 1945-1980*, Berkeley, University of California Press.

WRIGHT, Gavin, 1986, *Old South, New South : Revolutions in the Southern Economy Since the Civil War*, New York, Basic Books.

# CHAPITRE 19

## Québec inc.:
## la dérive d'un modèle?

YVES BÉLANGER

Après avoir connu la gloire, voici que *Québec inc.* est l'objet de vives critiques. La formule miracle et relativement originale qui devait contribuer à l'émancipation économique des Québécois aurait-elle failli ? Les accusations lancées à l'automne 1993 par Pierre Arbour à l'endroit de ce qu'il a appelé le dirigisme d'État nous incitent en effet à penser qu'on s'active de plus en plus ouvertement à déboulonner un des derniers monuments de la révolution tranquille. Mais à quoi s'attaque-t-on exactement ? Les différents appareils de l'État québécois autour desquels s'est articulée la politique économique des trente dernières années sont de plus en plus pointés du doigt pour leur interventionnisme aussi coûteux qu'envahissant. Ce serait l'État qui aurait lamentablement échoué. Dans le but de corriger cette perception pour le moins réductrice, le présent chapitre vise à resituer les apports respectifs des secteurs privé et public au cours de ce long processus qui a appuyé le développement de *Québec inc.*

Il convient certainement au départ de se demander à quoi correspond exactement *Québec inc.* Bien que le terme soit souvent associé au groupe d'entrepreneurs privés qui s'est constitué depuis 1960, la plupart des analystes s'entendent pour reconnaître que le concept chapeaute plus qu'une simple classe d'affaires, il recouvre un véritable projet de société (Fraser, 1987). *Québec inc.* serait l'expression d'un modèle de développement fondé sur une alliance particulière entre les pouvoirs économiques public et privé, un modèle par ailleurs appuyé par de nombreuses organisations socio-économiques et dont l'objectif a été et continue d'être la poursuite d'une politique de croissance par la prise en main des leviers économiques du Québec. *Québec inc.* aurait donc bel et bien cherché à promouvoir la création d'une classe d'affaires proprement québécoise, non pas dans une perspective nombriliste ou dans le but de permettre à de nouveaux riches d'envahir Westmount, mais dans l'optique de supporter le développement de la collectivité québécoise, tout en respectant les règles de base du système capitaliste.

## LES LOINTAINES ORIGINES DE QUÉBEC INC.
## ET L'ENJEU DU CONTRÔLE DE L'ÉCONOMIE QUÉBÉCOISE

En s'appuyant sur les statistiques compilées par Jacques Viger vers 1825, Fernand Ouellet (1971) concluait que les francophones devaient représenter environ 35 % de l'ensemble de la communauté bourgeoise de la colonie à l'aube de l'ère industrielle. Joanne Burgess (1977) a déjà expliqué comment l'industrie de la chaussure avait contribué à la naissance d'une entreprise sous propriété francophone au milieu du XIXᵉ siècle. Un ouvrage remarquable de Ronald Rudin (1985) situe l'apport stratégique des banques régionales du Québec au développement de la communauté d'affaires francophone entre 1900 et 1925. L'émergence des premières grandes fortunes francophones, au tournant du siècle, a également mené à la publication de précieux témoignages regroupés notamment dans les monographies d'Émile Benoît (1925), d'Ernest L'Heureux (1930) et de Victor Barbeau (1936). Dans leur histoire du Québec contemporain, Linteau, Durocher et Robert (1979) ont brossé un tableau très révélateur de cette bourgeoisie francophone. À la suite d'une première évaluation scientifique de l'influence des milieux d'affaires francophones menée en 1959, l'économiste André Raynauld (1969, p. 189) constatait :

> Nous avouerons que ces résultats sont plus favorables à la communauté canadienne-française que nous l'avions cru. Et même s'il est impossible de le démontrer rigoureusement, ces résultats démontrent un progrès sensible sur la situation qui existait en 1936 quand M. Victor Barbeau a publié *Mesure de notre taille.*

Le travail de Raynauld indiquait notamment la présence de francophones dans 50 % des conseils d'administration qui faisaient partie d'un échantillon représentatif des entreprises en activité dans la province. La compilation des données recueillies au cours de l'enquête révélait en outre que 21,7 % de ces entreprises étaient sous la direction exclusive de francophones. Un premier constat s'impose : il est faux de prétendre qu'il n'existait aucune classe d'affaires francophone avant les années 1960.

Il faut cependant préciser que cette classe d'affaires avait à composer avec d'importantes lacunes. L'héritage économique et culturel, non seulement du régime de Maurice Duplessis, mais également de ceux qui l'avaient précédé, avait en un sens confiné l'entrepreneurship francophone à un espace économique rattaché aux traditions rurales comme le commerce, le traitement des denrées agricoles et l'exploitation des produits de la forêt. Sauf pour quelques rares exceptions, le développement de la grande industrie dont la croissance connaît un bond spectaculaire pendant et après la Deuxième Guerre mondiale lui était demeuré pratiquement inaccessible.

Le modèle d'exploitation des ressources naturelles par les grandes sociétés étrangères fait également obstacle à l'entrée dans les réseaux d'affaires qui contrôlent la base même de l'économie québécoise. Dans plusieurs régions, l'entrepreneurship local est canalisé vers les industries de services, comme le transport et la construction, destinées aux grandes sociétés anglophones. L'accélération de l'urbanisation, la modernisation de l'industrie, l'intégration croissante de l'économie québécoise à celle de l'Ontario et des États-Unis constituent autant de phénomènes qui militeront en faveur d'une certaine marginalisation des milieux d'affaires francophones.

Contrairement à ce que nous donnent à penser diverses interprétations de l'histoire propagées au cours des dernières années, l'entrepreneurship n'est aucunement en train de mourir lorsque s'amorce la révolution tranquille. Selon les données des recensements, on comptait 35 046 administrateurs et propriétaires francophones en 1941. En 1961, ils totalisent 89 987[1]. La prospérité de la période de l'après guerre, en atteignant les régions, permet en fait à une nouvelle élite de se constituer. Elle porte des noms encore évocateurs aujourd'hui : Lévesque, Simard, Bienvenue, Brillant, Masson, Hamel, Vachon, Raymond, Baillargeon, etc.

Mais cette croissance est malheureusement insuffisante. Le rythme soutenu de développement économique et l'évolution vers l'industrie lourde creusent le fossé entre les communautés d'affaires francophone et anglophone. Le pouvoir des conseils d'administration des grandes sociétés sous contrôle canadien-anglais et étranger ne cesse de s'étendre au détriment de celui des petites entreprises familiales où se retrouve l'élite francophone. Le jugement tombe : pour sauver la race, il faut réformer l'entreprise.

Au cours des années 1950, plusieurs mots d'ordre sont lancés vers l'industrie privée dans le but de l'inciter à se redéployer. Différents analystes lui proposent de mettre sur pied des conseils d'administration en vue de donner des assises plus permanentes à ses entreprises, de travailler à la concentration industrielle pour sortir de la marginalité, de lancer des campagnes d'achat chez nous pour consolider son marché, de créer un service d'orientation économique, etc. Mais plusieurs ont compris que le problème est d'abord lié à la rareté du capital. Il faudra donc avant tout imaginer une solution financière, et c'est le projet d'établissement d'une banque d'affaires proposé par Jean Delage en 1948, puis repris par Esdras Minville et Jacques Melançon (1956, p. 464) au milieu des années 1950, qui rallie les plus larges appuis.

> La Banque d'Affaires, avec le temps, pourra représenter une concentration de capitaux qui signifiera en retour une influence importante dans le milieu économique canadien [...] Cinquante entreprises ayant un capital de un million de dollars chacune n'ont pas l'influence sur le milieu économique d'une seule entreprise ayant un capital de cinquante millions de dollars.

La proposition de créer une banque d'affaires reçoit l'appui des Chambres de commerce et ses lettres de noblesse en 1957. Pour concrétiser cet engagement, grâce à la participation de représentants des plus grandes familles bourgeoises francophones de l'époque, on inaugure Corpex en 1958. La nouvelle banque d'affaires se lancera dans une série d'acquisitions au début des années 1960 et deviendra en cinq ans une des plus grandes sociétés privées sous contrôle francophone avec un actif de 80 millions de dollars. D'autres projets d'une nature semblable comme Roynat, Les placements collectifs et la Compagnie nationale de gestion viendront ultérieurement donner un peu plus de fermeté au réseau de capital destiné aux entrepreneurs francophones.

Il faut donc bien comprendre que, même si un autre débat sur l'interventionnisme d'État s'amorce au tournant des années 1960, ce n'est pas vers le secteur public, mais bien vers le secteur privé que sont canalisées les énergies en vue de combler cette inquiétante «infériorité économique des Canadiens français» (Durocher et Linteau, 1971), et c'est ce modèle d'un développement d'abord orienté vers l'entreprise privée qui s'offre au nouveau gouvernement formé par *l'équipe du tonnerre* de Jean Lesage.

## L'INITIATIVE PASSE DANS LE CAMP GOUVERNEMENTAL

Que recherche le nouveau gouvernement ? Au cours des années 1960, la politique économique repose sur l'objectif principal de récupérer le pouvoir de décider des orientations du développement du Québec et il y avait sans doute lieu de s'inquiéter. Entre 1953 et 1960, le total annuel net des investissements étrangers au Québec triple. Un sommet historique, jamais plus égalé depuis, sera atteint entre 1957 et 1961. Selon Dorval Brunelle, l'objectif poursuivi par le capital américain, grand artisan du développement à l'époque de Duplessis, consiste à prendre en main le contrôle des ressources naturelles, notamment les gisements miniers, en vue d'assurer les approvisionnements américains, une nécessité posée par la guerre froide qui connaît alors ses années les plus noires (chasse aux sorcières, mise en place du NORAD, Baie-des-Cochons, crise des missiles d'octobre, etc.). Pour plusieurs analystes québécois, la menace est double. D'une part, on voit fuir vers les États-Unis les bénéfices liés à l'exploitation des ressources les plus profitables; d'autre part, on constate avec dépit que ce modèle de développement appuyé sur les capitaux étrangers creuse le fossé entre le Québec et l'Ontario (Parizeau, 1962). La prise de conscience se fait aussi dans l'entreprise privée :

> L'industrie manufacturière, dans la plupart des secteurs, est déjà passée sous le contrôle étranger; seuls, la sidérurgie, les textiles et les breuvages restent encore entre les mains des Canadiens. Nos voisins [l'Ontario] ont pris une rapide avance dans l'industrie automobile, et nous n'y jouons pratiquement aucun rôle; le caoutchouc, le pétrole, le gaz, les mines, la métallurgie sont dominés par le capital étranger; nous ne possédons même qu'un intérêt minoritaire dans l'industrie de la pâte et du papier, où le Canada figure pourtant comme le plus puissant producteur du monde en raison de l'abondance de ses produits forestiers. N'y a-t-il pas lieu de réviser sérieusement nos objectifs, en présence d'une prospérité qui dissimule mal le danger d'asservissement que nous consentons à courir? (Banque d'épargne, 1960, p. 2).

Le gouvernement Lesage veut aussi freiner le développement de l'appareil administratif fédéral qui, sous l'impulsion de la Deuxième Guerre mondiale et la mise en place subséquente d'une politique interventionniste, occupe un espace grandissant dans le développement économique. Or, à Québec, on croit déceler une menace. La politique gazière, la politique de transport maritime et la politique d'attribution des contrats militaires serviraient prioritairement l'objectif de développer le cœur industriel de l'Ontario, en utilisant notamment l'épargne des Québécois. De 1945 à 1970, le Québec exporte ses capitaux, alors que ses propres entreprises souffrent de sous-investissement chronique (Moreau, 1977). On veut donc freiner ce processus. Débuteront les nombreuses processions à Ottawa en vue de récupérer des pouvoirs et des points d'impôt destinés à soutenir la mise en place d'un État capable de développer, pour le Québec, des projets comparables à ceux qui alimentent l'économie ontarienne.

On ne peut pas dire que les objectifs poursuivis par le gouvernement Lesage sont, en soi, très originaux. C'est la façon de les transposer sur le terrain qui est novatrice. Dans le but, rappelle Dorval Brunelle (1978), de veiller à ce que tous les appareils de production soient mis à contribution dans ce vaste projet, le gouvernement se lance dans une opération de concertation qui se traduira par la participation de représentants de l'entreprise privée et des milieux socio-économiques au Conseil d'orientation économique du Québec (COEQ) chargé d'élaborer une stratégie économique.

Le programme d'action gouvernemental propose cinq objectifs : moderniser les structures d'encadrement de la société, promouvoir une société plus juste dans le but de soutenir l'enrichissement collectif, réformer le système d'éducation, contenir l'influence des pouvoirs économiques extérieurs et supporter le développement d'une classe d'affaires francophone.

Nous laissons à d'autres le soin d'analyser les résultats obtenus en regard des trois premiers objectifs pour nous concentrer sur les deux derniers, qui vont constituer pour trois décennies, avec le concours successif des gouvernements Johnson, Bourassa et Lévesque, la pierre d'assise de la politique économique québécoise. La poursuite de ces deux objectifs va s'appuyer sur la mise en place d'une économie mixte où la priorité est accordée au secteur privé et où l'État se voit confier essentiellement un rôle de support et de substitution dans les domaines inoccupés par les milieux d'affaires québécois.

En effet, ce n'est pas à l'État mais bien à l'entreprise privée que revient la responsabilité de jeter les bases d'un nouveau pouvoir économique et de faire la lutte aux grandes sociétés sous contrôle anglophone et étranger. Cette mission est plus spécifiquement confiée aux familles bourgeoises les plus fortunées de l'époque, dont les Lévesque, les Simard, les Brillant et les Bienvenue qui s'étaient précisément engagées dans la mise en place de nouveaux outils de développement à la fin des années 1950.

L'approche élaborée par cette élite visera essentiellement l'objectif de créer de grands groupes industriels diversifiés et de mettre en place une organisation financière plus puissante. Le groupe formé par Jean-Louis Lévesque constitue sans doute le symbole le plus évocateur du pouvoir économique québécois. Ce groupe comprend à l'époque plusieurs sociétés industrielles (Fashion Craft, Alfred Lambert, L'Allemand, Slater Shœ, Daoust-Lalonde), un puissant empire commercial (Dupuis frères, Quincaillerie Durand, Chaussures Trans-Canada, Payette Radio, Palais du commerce) et une organisation financière au développement tentaculaire (Lévesque-Beaubien, La Prévoyance, Crédit interprovincial, Corporation de valeurs Trans-Canada, participations à la Banque provinciale et à la Banque canadienne nationale). Les Brillant de Rimouski vont également connaître une expansion considérable à la suite de la prise de contrôle de Corpex en 1964.

On réalise toutefois très rapidement la vulnérabilité du secteur privé. Tous les fondateurs des petits empires financiers et industriels qui incarnent le renouveau économique québécois arrivent, au cours des années 1960, au terme de leur vie active. Comme c'est souvent le cas dans les entreprises familiales, divers problèmes de succession se posent. Pour empêcher que cela ne se traduise par des ventes à des institutions étrangères, le gouvernement québécois met en place en 1962 sa première société d'État, la Société générale de financement (SGF), avec le mandat de renforcer le nouveau réseau des banques d'affaires en se concentrant plus spécifiquement sur le sauvetage d'entreprises en difficulté. En vue d'éviter d'être mal perçue par le milieu des affaires, la SGF se donnera une structure de capitalisation mixte qui n'aura d'ailleurs pas beaucoup de succès. Tout au long des années 1960, la société achètera des entreprises menacées de vente ou de liquidation comme Forano, (1963), David Lord (1964) et Marine industries (1965).

Ce transfert de propriété vers le secteur public a-t-il relégué l'entreprise privée au second plan ? Nous pensons plutôt que le déclin des grandes familles auquel nous assistons au milieu des années 1960 est causé par l'absence d'une relève compétente et l'effet dévastateur des querelles familiales. Ainsi, après la mort du fondateur, le groupe dirigé par la famille Simard éclate. La prise en charge de l'empire Brillant par les successeurs de Jules va également conduire à la vente des actifs les plus productifs du groupe. Le gouvernement ne parvient pas, non plus, à empêcher Jean-Louis Lévesque d'amorcer progressivement la liquidation de son empire en mettant en vente l'Industrielle en 1964. Suivront Fashion Craft, la Corporation de valeurs Trans-Canada, Dupuis frères et La Prévoyance.

Un des plus durs coups portés à la bourgeoisie québécoise viendra toutefois de la famille Bienvenue qui, après s'être délestée de différents actifs au début des années 1960, semble s'être trouvé un nouveau porte-étendard en la personne de Marc Masson-Bienvenue, un jeune loup qui bâtira en moins d'une dizaine d'années, en utilisant la technique de l'achat pyramidal, un groupe financier qui vaut déjà 50 millions de dollars en 1967. Masson-Bienvenue commet toutefois l'erreur de s'engager dans l'aventure de la Banque de l'Ouest, une nouvelle institution qui devait contribuer à accroître la concurrence au sein d'un système bancaire trop fermé selon la Commission royale d'enquête sur le système bancaire et financier (commission Porter, 1964). Minée par les luttes de pouvoir entre les réseaux financiers de Toronto, d'Ottawa et de Montréal, la banque fera faillite avant même son ouverture, entraînant dans sa déconvenue l'ensemble du groupe Masson-Bienvenue et certains avoirs de la famille Brillant en plus de secouer sérieusement Corpex (Bélanger et Fournier, 1987).

Cette série d'échecs provoque une prise de conscience des limites de l'entrepreneurship privé et de son incapacité à assumer le leadership du développement économique. Le besoin d'une relève moins vulnérable se fera sentir avec plus de force. Il fallait un véhicule pour transférer le pouvoir de l'ancienne à la nouvelle élite, et c'est l'État qui va assumer cette tâche. Il fallait également établir des plans susceptibles de relancer l'économie québécoise, et c'est de nouveau l'État qui va prendre la responsabilité de les formuler et d'en amorcer la réalisation.

Il faut dire que la lune de miel entre l'État et l'entreprise privée était déjà chose du passé. Même si l'opération ne visait pas l'entrepreneurship québécois mais les capitaux anglo-canadiens et américains, la « nationalisation » de l'hydro-électricité en 1962 avait suscité de vives critiques non seulement chez les entrepreneurs anglophones mais aussi chez les hommes d'affaires francophones. Fait significatif, le malaise ne concernait pas tant le principe de la nationalisation que celui de l'accroissement du pouvoir de l'État. Quelques années plus tard, l'opposition au projet de créer une sidérurgie d'État, SIDBEC, se manifeste avec encore plus de force. Pour se donner une voix plus puissante, certaines associations patronales préconiseront à partir de 1965 le projet de rallier l'ensemble des forces patronales à l'intérieur d'un Conseil du patronat (CPQ).

La concertation entre le patronat, les syndicats et le gouvernement qui a servi d'appui à la stratégie mise en forme au début des années 1960 est également remise en question. La période de flottement social et d'instabilité au sein des milieux d'affaires qui suit l'élection de l'Union nationale en 1966 convainc plusieurs politiciens et hauts fonctionnaires de la nécessité de donner plus de moyens au secteur public. Après l'achat de DOSCO par SIDBEC, qui entre ainsi en phase de développement, SOQUIP, SOQUEM et REXFOR, trois sociétés d'État à vocation sectorielle, sont constituées.

Mais quel est le but de cette manœuvre ? Chargé de réfléchir sur la réforme du système financier, le Comité d'étude sur les institutions financières (comité Parizeau), créé par Daniel Johnson quelques mois après son accession au pouvoir, apporte quelques éléments de réponse dans son rapport :

> Il s'agit autant qu'il est possible de favoriser la fusion d'entreprises de façon à faire apparaître quelques grands groupes offrant tous les services financiers que la clientèle demande. À partir du moment où le secteur public dispose de suffisamment de moyens pour permettre à l'État de réaliser, de concert avec les intérêts privés si cela est possible, seul si cela est inévitable, les objectifs qu'il s'est fixés, on doit laisser ces groupes financiers importants s'exposer non seulement à la concurrence qu'ils peuvent se livrer entre eux, mais à la concurrence qui peut leur venir de l'extérieur (Québec, 1969, p. 239).

Le comité Parizeau suggère de créer, en utilisant au maximum les leviers dont l'État dispose, un réseau de grandes entreprises ouvert sur la concurrence extérieure. L'idée sera développée quelques mois plus tard dans un des documents d'analyse les plus lucides des années 1970. On lit dans *Horizon 1980*:

> L'objectif est donc la constitution ou le renforcement d'un petit nombre d'entreprises ou de groupes de taille internationale capables d'affronter les groupes étrangers, dans la plupart des grands secteurs de l'industrie, le nombre de ces groupes devant être limité, souvent même réduit à quelques-uns (Lebel, 1970).

L'État ne s'est-il pas donné les moyens de cette ambition ? La valeur des actifs des sociétés d'État totalise 5 milliards de dollars en 1970, comparativement à 2 milliards en 1965. Elle double de nouveau entre 1970 et 1975, pour atteindre 25,8 milliards de dollars à la fin des années 1970. En utilisant son immense potentiel, la machine gouvernementale se dote en l'espace de quelques années des leviers financiers que le secteur privé a été incapable de développer, provoquant ainsi le véritable démarrage de *Québec inc.*

L'État va donc s'engager directement dans la formation de cette nouvelle génération de grandes entreprises québécoises. Mais son intention n'est pas de se substituer au secteur privé. Dès la fin des années 1960, plusieurs organismes d'État travaillent activement à la constitution de nouvelles entreprises privées. La Caisse de dépôt et placement est la grande responsable de la création de Provigo et de Câblevision national. Hydro-Québec soutient activement le développement des grandes sociétés d'ingénierie telles que SNC et Lavalin. La réforme de la loi des Caisses d'épargne et de crédit permet la création de Culinar. Le marché public et l'appui des sociétés d'État sectorielles servent de tremplin et d'outil de modernisation à une foule d'entreprises de taille moyenne comme Normick Perron, La Vérendrye, Cascades et Tembec.

Les milieux d'affaires voient néanmoins d'un mauvais œil cet interventionnisme. Dans *Le Devoir* du 9 novembre 1973, le président du CPQ, Charles Perreault, écrit :

> L'État devient chaque jour envahissant et intervient de plus en plus dans la vie quotidienne de l'entreprise [...] Après une décennie d'interventions étatiques plus ou

moins heureuses dans le domaine économique, il convient peut-être de s'arrêter et même de songer à effectuer un retour à l'entreprise privée, ou à tout le moins vers la gestion privée de certains services qui pourraient continuer à émerger du budget de l'État (Perreault, 1973).

Ce discours sur les bienfaits de l'entreprise privée et de la PME est en trop profonde rupture avec le modèle élaboré par la machine gouvernementale pour être totalement compris, mais une partie du message est néanmoins entendue. Le rapport Descoteaux, déposé en 1974 par le ministère québécois de l'Industrie et du Commerce, reconnaît une certaine dérive dans la gestion gouvernementale du dossier du développement économique et propose un coup de barre vers l'entreprise privée en suggérant notamment de ne plus chercher à favoriser la prise en charge directe du développement par les pouvoirs publics. Il suggère un accroissement des initiatives privées en concertation avec le gouvernement. Il reviendra à l'État de planifier, d'organiser et de définir les politiques, mais à l'entreprise privée de les exécuter (Marcotte, 1976). Le rapport Descoteaux propose une stratégie en quatre points : 1) favoriser la relance de l'économie en misant en priorité sur les ressources québécoises et principalement sur celles de l'entreprise privée ; 2) participer à l'émergence de grandes entreprises sous contrôle québécois ; 3) favoriser une plus grande interaction des entreprises québécoises et des sociétés étrangères, et, pour réaliser ces trois premiers objectifs, 4) utiliser au maximum les ressources de l'État provincial.

## LA MISE EN ŒUVRE DE LA NOUVELLE STRATÉGIE

C'est toutefois au gouvernement du Parti québécois élu en novembre 1976 qu'il revient de mettre en œuvre le programme d'action du rapport Descoteaux. Il va en respecter l'esprit, même si le nouveau Conseil des ministres n'a pas beaucoup de sympathie à l'endroit de l'entreprise privée. Après six années dans l'opposition à dénoncer l'inaction gouvernementale et muni d'un programme de parti d'orientation social-démocrate qui mise essentiellement sur l'État pour combattre les iniquités sociales et économiques, le parti ministériel a un penchant beaucoup plus naturel pour l'expansion de la machine gouvernementale. René Lévesque (1972) n'avait-il pas lui-même affirmé : « Nous sommes à la fois contre le socialisme doctrinaire et l'étatisme étouffant et d'autre part le capitalisme tel qu'il a fonctionné jusqu'à maintenant. »

Le gouvernement du PQ aurait sans doute préféré d'autres partenaires économiques, comme les coopératives. Plusieurs efforts sont d'ailleurs déployés en vue d'accélérer la progression du secteur coopératif, mais quelques expériences malheureuses, dont celle de Tricofil, auront vite fait de remettre les pendules à l'heure de l'entreprise privée. De toute façon, le gouvernement sait très bien que la relance de l'économie et l'échéance de la souveraineté ne peuvent être abordées avec des chances raisonnables de succès sans que les Québécois soient rassurés au sujet de leur capacité de survivre économiquement à une rupture du lien fédéral et sans un appui minimal de la part des milieux d'affaires.

Dans l'espoir de faire émerger la solidarité attendue et de permettre un rapprochement des différents acteurs économiques, on réinvente la concertation en faisant appel à la formule un peu amidonnée, mais très médiatique, des sommets économiques. Sur le plan national, ces sommets permettent au gouvernement de mieux faire comprendre son approche au Conseil du patronat et de passer un message d'ouverture aux plus grandes entreprises francophones, sans que cela se traduise toutefois par des appuis très tangibles. Au cours du premier sommet, le gouvernement propose à cette nouvelle garde un plan de développement dont l'objectif est la reprise en main de l'économie québécoise grâce à l'action commune, concertée et coordonnée des secteurs public et privé sous propriété québécoise.

Ce plan est formalisé en 1978, avec la publication de *Bâtir le Québec*. Le gouvernement propose un retour à l'entreprise privée et à ses valeurs à l'intérieur d'un programme de développement qui lui confie le rôle de fer de lance dans une foule de secteurs. Là où l'apport du capital étranger demeure indispensable, on recommande une stratégie d'alliance aux entreprises québécoises.

Plus concrètement, la machine d'État donne son soutien actif à la constitution d'une nouvelle génération de grandes entreprises québécoises. La réalisation de cet objectif s'appuie essentiellement sur un important mouvement de concentration largement facilité par l'intervention des sociétés d'État, dont celle fort remarquée de la Caisse de dépôt et placement et l'adoption, en 1979, du Régime d'épargne-actions (RÉA), qui cherche à améliorer la capitalisation des entreprises et donc à accroître leur potentiel financier.

Nulle part le mouvement n'atteint autant d'ampleur que dans le secteur financier. D'après François Moreau (1992), ce domaine est d'ailleurs le seul où les milieux d'affaires francophones sont véritablement parvenus à renverser la domination anglophone (entendre la domination des grandes institutions pancanadiennes). Selon les compilations de Raynauld, de Vaillancourt et de Carpentier, la part de l'emploi du secteur financier attribuable aux institutions sous contrôle francophone serait passée de 25,8 % en 1961 à 58,2 % en 1987 (Raynauld et Vaillancourt, 1980 ; Vaillancourt et Carpentier, 1989). Cette progression est largement redevable à une des plus puissantes vagues de concentration qu'ait connue le secteur au Québec. Entre 1977 et 1983, on dénombre une cinquantaine de transactions financières majeures dont la fusion entre la Banque canadienne nationale et la Banque provinciale pour créer la Banque nationale et l'intégration de plusieurs fédérations de caisses d'épargne et de crédit au Mouvement Desjardins. Cette concentration va aider à élargir l'emprise des principales institutions francophones et à supporter les transformations de groupes commerciaux et industriels.

Les milieux d'affaires francophones prennent également le contrôle d'entreprises anglophones, surtout dans l'optique d'ouvrir des portes sur les marchés extérieurs. Certaines percées dans l'environnement économique ontarien, dont l'achat de Loeb par Provigo et de Domtar par la Caisse de dépôt et placement, vont provoquer de vives réactions au Canada anglais. On se souviendra du projet de loi S-31 déposé à la Chambre des communes après avoir été introduit au Sénat, puis retiré, dont l'objet explicite était de freiner l'action boursière de la Caisse. Cet épisode un peu scabreux de l'histoire financière canadienne met en lumière l'étendue de la prise de conscience au sein de la communauté d'affaires québécoise et un mouvement de solidarité face à la Caisse qui surprendra plus d'un observateur. Comme l'a confirmé une enquête menée conjointement par Marcel Côté et Léon Courville (1984), l'action de la Caisse divisera profondément les milieux d'affaires anglophones et francophones.

Comme le souhaitaient le rapport Descoteaux et *Bâtir le Québec*, d'autres percées s'opèrent sur la base d'alliances avec des entreprises étrangères et quelques éléments de la bourgeoisie anglo-canadienne moins hostiles aux milieux d'affaires québécois. Ces alliances vont surtout prendre corps dans le secteur des ressources comme le bois et les pâtes et papiers puis, plus tard, dans le secteur de l'aluminium, encore une fois en s'appuyant sur les sociétés d'État incluant la SGF, REXFOR et la Caisse de dépôt et placement.

Même s'il y a eu des ratés, cette politique a donné des résultats et on peut affirmer que l'entreprise québécoise a subi une profonde transformation au cours des neuf années du gouvernement Lévesque. C'est pendant cette période qu'a émergé la première génération de grandes entreprises privées proprement québécoises (Bombardier, Provigo, Cascades, Banque nationale, Lavalin, groupe La Laurentienne, Métro-Richelieu, etc.) et que s'est concentré et renforcé le réseau coopératif (Mouvement Desjardins, Coopérative fédérée, etc). Cette transformation se fera toutefois au prix d'un important endettement des entreprises qui vont incarner cette nouvelle garde. L'opération ne sera pas non plus sans coût pour le gouvernement.

D'importantes critiques ont d'ailleurs été formulées à l'endroit de cette stratégie du grand bond nationaliste par la création d'une nouvelle élite d'affaires. Léopold Lauzon (1993), après une analyse exhaustive des émissions d'actions réalisées sous l'égide du RÉA, a démontré que ce programme a permis d'accroître la capitalisation des entreprises et donc de fournir un financement aux entreprises québécoises, mais à un prix trop élevé pour les investisseurs et les contribuables. Pierre Arbour (1993) a, pour sa part, vertement dénoncé plusieurs décisions d'investissement de la Caisse, dont les transactions qui ont mené à l'achat de Gaz métropolitain et de Domtar. Selon son estimation, les pertes reliées à l'interventionnisme de la Caisse auprès des entreprises auraient totalisé 1,4 milliard de dollars.

Les auteurs de ces critiques, sans doute fondées, ont cependant perdu de vue le fait qu'il ne s'offrait pas beaucoup d'autres possibilités au gouvernement québécois. Ils omettent également de mentionner que les efforts déployés par le gouvernement fédéral pour offrir une alternative *canadienne* aux milieux d'affaires francophones[2], en même temps qu'un cadre d'action aux entreprises du Canada, se sont soldés par des échecs lamentables (Programme énergétique national, troisième option, politique de développement régional, etc.).

La seule question pertinente reste de savoir quelle approche a le mieux servi les intérêts de la communauté québécoise. Celle qui a été appuyée par le gouvernement a permis de donner aux Québécois une plus grande capacité de contrôler le développement du Québec. On ne saura jamais comment aurait évolué l'économie de la province sans *Québec inc.* Il faut par ailleurs rappeler que l'entreprise privée a échoué dans sa tentative de développer un véritable leadership à partir de ses bases traditionnelles. Sans l'appui massif que lui a consenti l'État et sans ce plan de modernisation qui lui a été en grande partie imposé par le gouvernement, il est probable qu'une nouvelle génération d'entreprises n'aurait pas pu se constituer. Le secteur privé a cependant toujours refusé de reconnaître l'évidence, et c'est avec soulagement qu'il accueille le retour au pouvoir de Robert Bourassa en 1985.

## BOURASSA : RUPTURE OU CONTINUITÉ ?

Le gouvernement de Robert Bourassa prend le pouvoir au plus fort du débat sur le désengagement de l'État et la privatisation des entreprises publiques. Même si Robert Bourassa peut être considéré comme un des plus purs produits de la révolution tranquille, plusieurs membres de son cabinet, dont Reed Scowen, Pierre Fortier, Paul Gobeil, mais aussi Daniel Johnson, qui incarnent une nouvelle génération de gestionnaires venus du secteur privé, vont se faire les chantres d'un capitalisme entièrement dévoué à l'entrepreneurship privé et aux forces du marché. Un nouveau questionnement soulève donc non pas la pertinence de poursuivre une politique de soutien à l'entreprise privée francophone, ce volet du modèle québécois continuant semble-t-il de faire consensus, mais la nécessité de le faire en recourant à des méthodes d'intervention fondées sur sa prise en charge par l'État.

> Dans les années 1960, on voulait doter le Québec d'une infrastructure économique et managériale pour lui permettre d'occuper la place qui lui revenait dans l'espace économique nord-américain. La présence gouvernementale se substituait aux carences d'un secteur privé où les Québécois francophones étaient sous-représentés. Aujourd'hui, la réalité est très différente. Le Québec de 1986 reflète le rattrapage des vingt-cinq dernières années de la révolution tranquille. Une nouvelle classe managériale francophone s'est imposée dans divers secteurs de l'économie. Un nombre record d'entreprises dynamiques ont percé, comme en témoignent les nouvelles inscriptions à la Bourse de Montréal. En fait, il est de plus en plus difficile de justifier l'interventionnisme du gouvernement au nom des carences de l'entrepreneurship québécois (Québec, rapport Fortier, 1986).

L'étude coûts-bénéfices esquissée dans le rapport Fortier critique surtout la faible rentabilité et la concurrence jugée déloyale des sociétés d'État. Comme le lui reprochera Pierre Fournier quelques années plus tard, c'était là une façon de réduire à une question d'intérêts singuliers une démarche qui visait beaucoup d'autres objectifs dont celui, plus important, de développer le Québec. De toute manière, ajoute Fournier (1990, p. 124), «La preuve n'a certainement pas été faite que le secteur privé est en mesure d'assurer seul le développement de l'économie du Québec, ou que les entreprises québécoises ont maintenant les reins assez solides pour se passer de l'État.»

Des privatisations dont bénéficieront divers groupes privés québécois ainsi qu'un nouvel examen des mandats des sociétés d'État mèneront à la mise en place d'un contrôle plus serré des activités de ces mêmes sociétés et, surtout, à l'établissement de règles de conduite visant à mettre fin à ce que le patronat dénonçait comme des avantages indus sur le plan de la concurrence. Ce processus amènera non seulement les sociétés d'État, mais tout l'appareil gouvernemental, à se faire beaucoup plus discret et à redonner à l'entreprise privée une grande partie de l'initiative en matière de développement économique.

Le secteur privé a donc les coudées franches. Or, que fait-il ? Entre 1985 et 1989, l'entreprise québécoise se prépare à la mondialisation des marchés (libre-échange, décloisonnement des marchés financiers, etc.) et ressent plus que jamais l'urgence de provoquer l'émergence d'entreprises encore plus grandes, si possible d'envergure internationale. Pour atteindre cet objectif, les milieux d'affaires privés plongent tête baissée dans une diversification hors des champs d'expertise qui amène plusieurs groupes à se comporter comme les plus puissantes sociétés de portefeuille. Provigo achète Sport Expert, SNC investit massivement dans la fabrication, Lavalin se porte acquéreur d'une série d'entreprises engagées dans des secteurs variés allant de la construction navale à l'assemblage de camions en passant par la pétrochimie, Bombardier se lance dans l'aventure aérospatiale avec l'achat de Canadair, Socanav prend le contrôle de Steinberg, etc.

Même si le débat sur l'État se poursuit après 1985 et que différents services gouvernementaux et sociétés d'État sont mis à contribution dans la réalisation de la nouvelle stratégie d'expansion de l'entreprise québécoise, l'initiative demeure clairement dans le camp de l'entreprise privée et c'est l'entreprise privée qui, sur le terrain, dicte le rythme et une grande partie des modalités de l'intervention gouvernementale. L'application d'une politique nouvelle de « faire-faire » permet par ailleurs à une véritable fourmilière de consultants privés d'influer au sein de la machine gouvernementale sur le processus de compréhension et d'interprétation des actions du secteur privé.

Cette vaste stratégie de réorganisation de la base entrepreneuriale québécoise, développée et animée par l'entreprise privée, s'est révélée une campagne très mal planifiée. Très peu d'entreprises ont vu venir la difficile récession dont nous commençons à peine à sortir en 1994 et beaucoup se sont investies dans la diversification sans trop se préoccuper des risques d'échec. Le résultat a été catastrophique, comme en témoignent les déconfitures successives de Steinberg et de Lavalin, les difficultés de Provigo, les faillites, dont celle, spectaculaire, du groupe Les Prévoyants, et les nombreuses fermetures d'entreprises. Beaucoup d'efforts visant des implantations à l'étranger ont conduit à des résultats décevants.

L'effet combiné des problèmes auxquels se sont heurtées les entreprises privées et de la léthargie du secteur public fait que le modèle offert par *Québec inc.* est maintenant en crise. Au cours des deux dernières années, des dizaines d'entreprises ont été cédées à des intérêts non québécois. Le groupe Commerce, par exemple, a été vendu à des Hollandais, qui viennent par ailleurs d'acquérir, en décembre 1993, la compagnie d'assurance La Saint-Maurice. Steinberg a cédé ses parts de Club Price à des investisseurs américains. André Lalonde Sport vient pour sa part d'être cédée à un homme d'affaires suisse, alors que Distribution aux consommateurs est passée sous le contrôle de Belges et d'Anglo-Canadiens. Citons enfin la vente des intérêts québécois dans la division du matériel électrique du Groupe MIL à la firme française GEC-Alsthom (Gagné, 1994). Il importe de s'interroger sur l'impact de cet affaiblissement du pouvoir économique québécois. L'accroissement de l'influence des centres de décision situés à l'extérieur du Québec va-t-il contribuer à redynamiser notre économie ? Les capitaux étrangers accepteront-ils de donner leur soutien aux politiques visant, par exemple, à renforcer et à diversifier la base industrielle du Québec? Quel peut être leur apport au développement des régions?

Il faut reconnaître l'évidence, le développement de l'entreprise privée, par l'entreprise privée, pour l'entreprise privée auquel nous avons eu droit au cours des dernières années n'a pas livré la marchandise. Il faut également reconnaître que le modèle québécois largement fondé sur la croissance de *Québec inc.* n'a pas répondu complètement aux attentes de la collectivité québécoise, qui continue de vivre une situation économique difficile.

## CONCLUSION

Comme le fait remarquer un rapport préparé par SECOR et l'INRS-Urbanisation (1990) pour le compte du Comité ministériel permanent du Grand Montréal, nous avons un problème de renouvellement de la base économique. Le problème auquel nous faisons maintenant face n'est pas, à notre avis, lié à la décision de soutenir ou non la croissance de la propriété québécoise. Dans ce domaine, nous n'avons pas vraiment le choix, puisque de toute façon aucune autre force économique n'était, il y a trente ans, et n'est, encore aujourd'hui, en mesure d'offrir une alternative. Mais en voulant à tout prix créer notre propre bourgeoisie privée, nous avons dans une certaine mesure laissé l'arrivisme, l'opportunisme et une certaine médiocrité prendre le contrôle de l'économie.

Comme la nouvelle élite s'est essentiellement appuyée sur des instruments collectifs de développement pour progresser, c'est toute la communauté qui doit maintenant payer le prix des erreurs passées, un prix qui se mesure à l'aune du chômage et de l'endettement de l'État qui, quoi qu'en disent ceux qui occupent actuellement le pouvoir, n'a pas pour seule origine nos programmes sociaux, mais aussi ces innombrables subventions improductives qui ont été versées si généreusement aux entreprises.

Le modèle québécois et *Québec inc.* ont en main des outils qui peuvent encore permettre de réaliser des ambitions économiques importantes. Mais des correctifs doivent être apportés. L'histoire des trente dernières années permet de constater les limites qui sont présentement celles de l'entreprise privée. Le pouvoir d'une classe d'affaires, si inventive et dynamique soit-elle, ne peut se constituer que sur la base d'une longue accumulation au cours de laquelle elle peut acquérir l'expérience et la maturité qui l'inciteront à se détacher un peu des objectifs de rendement à court terme et d'une pratique centrée uniquement sur l'enrichissement individuel (Tremblay, 1993). Entre temps, elle doit être encadrée. Nous possédons sans doute aujourd'hui quelques entreprises qui occupent un espace économique plus étendu au sein du marché québécois, mais ces entreprises assument-elles un véritable leadership? Sont-elles financièrement moins vulnérables qu'il y a trente ans? Qu'ont fait ces grandes entreprises du réseau de solidarité sociale qui a rendu leur modernisation possible?

Avant de se lancer dans la rédaction de nouvelles politiques économiques, le gouvernement doit repenser son approche du développement et tirer les leçons qui s'imposent. À au moins deux moments au cours des trois dernières décennies, soit au début des années 1960 et lors du retour de Robert Bourassa en 1985, l'entreprise privée québécoise a eu l'occasion d'exercer son leadership. Et on doit constater que, dans ces deux cas, cela a mené à l'échec. Il faut reconnaître que ce sont encore les institutions de propriété communautaire comme le Fonds de solidarité du Québec, le Mouvement Desjardins ou plusieurs sociétés d'État qui ont fourni les meilleurs outils de développement et qui, par leur engagement dans le soutien de l'emploi, ont le plus aidé à la lutte contre le chômage. La gestion des affaires publiques des dix dernières années démontre que le renoncement de l'État n'a en rien aidé l'avancement de la cause économique des Québécois. Et il n'est pas évident qu'on parviendra à améliorer la situation, par exemple, en poussant plus loin l'expérience des privatisations.

*Québec inc.* ne semble aller nulle part présentement parce qu'on a abandonné les efforts visant la formulation d'une vision d'avenir. Il faut donc résister aux modes, à la démagogie anti-étatiste et, pour retrouver le sens perdu des intérêts de la communauté québécoise, revenir à un point d'équilibre qui permettra de tirer le meilleur du dynamisme, de la capacité d'adaptation et du potentiel de création d'emploi de l'entreprise privée, tout en préservant la capacité de l'État non seulement de rédiger des rapports et de faire exécuter des études, mais de planifier et d'orienter le développement économique.

## NOTES

1. Canada, Statistique Canada, données de recensement.
2. Une alternative qui proposera aux milieux d'affaires québécois de s'intégrer à la grande bourgeoisie canadienne pour disposer d'un marché plus vaste et d'une assise présumément plus solide afin de concurrencer les firmes étrangères.

## BIBLIOGRAPHIE

ALLEN, P., 1954, « La réussite des Canadiens français » dans *L'Action nationale*, vol. 68, p. 6.

ARBOUR, P., 1993, *Québec inc. et la tentation du dirigisme*, Montréal, L'Étincelle.

BANQUE D'ÉPARGNE DE LA CITÉ ET DU DISTRICT DE MONTRÉAL, 1960, (devenue la Banque Laurentienne), *Rapport annuel 1959*.

BARBEAU, V., 1936, *Mesure de notre taille*, Montréal, *Le Devoir*.

BÉDARD, M. G. *et al.*, 1983, *L'Homme d'affaires québécois des années 80*, Montréal, Hurtubise/HMH.

BÉLANGER, Y. et P. FOURNIER, 1987, *L'Entreprise québécoise*, Montréal, Hurtubise/HMH.

BENOÎT, E., 1925, *Monographies économiques*, Montréal, *Le Devoir*.

BRUNELLE, D., 1978, *La Désillusion tranquille*, Montréal, Hurtubise/HMH.

BURGESS, J., 1977, «L'industrie de la chaussure à Montréal : 1840-1870. Le passage de l'artisanat à la fabrique» dans *Revue d'histoire de l'Amérique française*, vol. 31, no 2 (septembre).

CHAMPAGNE, R., 1988, *La situation linguistique dans les grandes entreprises québécoises au moment de l'adoption de la Charte de la langue française*, Montréal, Office de la langue française du Québec.

COMMISSION ROYALE D'ENQUÊTE SUR LE SYSTÈME BANCAIRE ET FINANCIER, (commission Porter), 1964, *Rapport*, Ottawa, Imprimeur de la Reine.

CONSEIL DE LA PLANIFICATION, 1980, *Les Données d'une politique industrielle pour le Québec*, Québec, Éditeur officiel du Québec.

CORPORATION DES COMPTABLES EN MANAGEMENT DU QUÉBEC, 1986, *Guerriers de l'émergence*, Montréal, Québec/Amérique.

CÔTÉ, M. et L. COURVILLE, 1984, «La perception de la Caisse de dépôt et placement du Québec par les chefs d'entreprises» dans Claude E. FORGET, *La Caisse de dépôt et placement du Québec, sa mission, son impact et sa performance*, Toronto, Institut C.D. Howe.

DUROCHER, R. et P.A. LINTEAU, 1971, *Le «Retard» du Québec et l'infériorité économique des Canadiens français*, Montréal, Boréal Express.

FOURNIER, P. (dir.), 1978, *Le Capitalisme au Québec*, Montréal, Albert Saint-Martin.

FOURNIER, P., 1979, *Les Sociétés d'État et les objectifs économiques du Québec : une évaluation préliminaire*, Québec, Éditeur officiel du Québec.

FOURNIER, P., 1990, «La privatisation au Canada : une analyse critique de la situation» dans *Revue internationale des sciences administratives*, vol. 56, 1.

FRASER, M., 1987, *Québec inc. Les Québécois prennent d'assaut le monde des affaires*, Montréal, L'Homme.

GAGNÉ, J.P., 1994, 15 janvier, «Recul du contrôle de l'entrepreneuriat québécois sur les entreprises canadiennes» dans *Les Affaires*.

(L')INFORMATEUR, 1981, *Profils d'entreprises québécoises*, Montréal, l'Informateur.

LAUX, J., 1987, «La privatisation des sociétés d'État au Canada» dans *Interventions économiques*, no 18.

LAUZON, L.-P., 1993, *Le régime d'épargne-actions du Québec : une analyse critique*, Montréal, Service aux collectivités de l'UQAM.

LEBEL, G., 1970, *Horizon 1980. Étude sur l'évolution de l'économie du Québec de 1946 à 1968 et sur ses perspectives d'avenir*, Québec, ministère de l'Industrie et du Commerce.

LÉVESQUE, R., 1972, 8 avril, «Le système économique du Parti québécois» dans *La Presse*.

L'HEUREUX, E., 1930, *La participation des Canadiens français à la vie économique*, Québec, L'Action nationale.

LINTEAU, P.-A., R. DUROCHER et J.-C. ROBERT, 1979, *Histoire du Québec contemporain. De la confédération à la crise*, Montréal, Boréal Express.

MARCOTTE, R., 1976, *Rapports d'orientation : dimension financière, résumés des rapports*, ministère de l'Industrie et du Commerce, texte ronéotypé.

MELANÇON, J., 1956, «Rôle et financement d'une Banque d'affaires» dans *L'Actualité économique*, vol. 32, nº 3 (octobre-décembre).

MINVILLE, E., 1950, «L'aspect économique du problème canadien-français» dans *L'Actualité économique*, avril-juin.

MOREAU, F., 1977, «Les flux de capitaux Québec-extérieur» dans *Prospective socio-économique du Québec, 1ʳᵉ étape, sous-système extérieur, dossier technique (3.1) L'environnement international et le rôle du Québec dans la division du travail*, Québec, OPDQ.

MOREAU, F., 1992, «La résistible ascension de la bourgeoisie québécoise» dans Gérard DAIGLE et Guy ROCHER (dir.), *Le Québec en jeu*, Montréal, les Presses de l'Université de Montréal.

NIOSI, J., 1980, *La Bourgeoisie canadienne*, Montréal, Boréal Express.

OPDQ, 1977, *Prospective socio-économique du Québec*, Québec, Éditeur officiel du Québec.

OUELLET, F., 1971, *Histoire économique et sociale du Québec 1760-1850*, Montréal, Fides.

PARIZEAU, J., 1962, «Les investissements étrangers à long terme et la structure industrielle canadienne» dans *Cahiers de l'institut de la science économique appliquée*, 128, avril.

PARIZEAU, J., 1983, 27 août, «Un vibrant plaidoyer pour la nouvelle garde des entrepreneurs québécois» dans *Magazine Plus, La Presse*.

PERREAULT, C., 1973, 9 novembre, dans *Le Devoir*.

QUÉBEC, COMITÉ D'ÉTUDE SUR LES INSTITUTIONS FINANCIÈRES (comité Parizeau), 1969, *Rapport*, Québec, Éditeur officiel du Québec.

QUÉBEC, 1984, *Développement économique, Le virage technologique, Bâtir le Québec phase 2, programme d'action économique 1982-1986*, Québec, Éditeur officiel du Québec.

QUÉBEC, 1986, MINISTÈRE DES FINANCES, MINISTRE DÉLÉGUÉ À LA PRIVATISATION, 1986, *Privatisation de sociétés d'État, orientations et perspectives* (rapport Fortier), Québec, février.

QUÉBEC, MINISTRE DÉLÉGUÉ AUX FINANCES ET À LA PRIVATISATION, (1988a), *Privatisation des sociétés d'État, rapport d'étape 1986-1988*, Québec, octobre.

QUÉBEC, 1988b, *Plan d'action en matière de développement régional*, Québec.

RAYNAULD, A., 1969, «Les problèmes économiques de la province de Québec» dans R. J. BÉDARD (dir.), *L'Essor économique du Québec*, Montréal, Beauchemin.

RAYNAULD, A. et F. VAILLANCOURT, 1980, *L'Appartenance des entreprises : le cas du Québec en 1978*, Québec, Éditeur officiel du Québec.

RUDIN, R., 1985, *Banking en français : The French Banks of Québec 1835-1925*, Toronto, University of Toronto Press.

SALES, A., 1979, *La Bourgeoisie industrielle au Québec*, Montréal, les Presses de l'Université de Montréal.

SALES, A. et N. BÉLANGER, 1985, *Décideurs et gestionnaires*, Québec, Éditeur officiel du Québec.

SECOR et INRS URBANISATION, 1990, *Le Développement économique de la région de Montréal*, ronéotypé.

TREMBLAY, M., 1993, 24 décembre, « Les copains d'abord » dans *La Presse*.

VAILLANCOURT, F. et J. CARPENTIER, 1989, *Le Contrôle de l'économie du Québec*, Montréal, Office de la langue française du Québec.

# CHAPITRE 20

## Le Québec en Amérique du Nord : la stratégie continentale

### FRANÇOIS ROCHER

Le Québec ne peut faire abstraction de son «destin continental». Celui-ci est multiforme. Il renvoie bien sûr aux relations économiques et commerciales qui lient le Québec à ses partenaires, soit les autres provinces canadiennes et les États-Unis, mais aussi aux dimensions politiques qui influencent la nature et la profondeur de ces relations. La question qui se pose est de savoir dans quelle mesure le Québec a su assumer son intégration continentale à la lumière des enjeux qui se posent pour l'avenir. En effet, si le Québec doit entretenir, par la force des choses, des rapports privilégiés avec ses partenaires continentaux, il l'a fait de manière diversifiée à travers les époques. Ainsi, le régime fédéral et la dynamique politique interne du Québec ont balisé la façon dont le Québec a historiquement appréhendé son insertion continentale. D'une acceptation résignée des contraintes imposées par cette réalité, le Québec a récemment cherché à en revoir les paramètres.

La prise en considération des enjeux québécois de la réalité continentale soulève quatre questions qui font l'objet du présent chapitre. D'abord, quelle est l'ampleur de l'intégration continentale du Québec? Cette interrogation renvoie à la structure des rapports économiques qui lient le Québec et ses partenaires continentaux. En filigrane, il s'agit non seulement d'évaluer l'importance des relations commerciales, mais surtout de prendre la mesure des contraintes qu'elles induisent. Ensuite, quelles dimensions structurelles conditionnent l'intégration du Québec à l'économie continentale? En d'autres termes, le développement économique du Québec se caractérise par un phénomène de double dépendance, d'une part à l'égard du Canada et, d'autre part, à l'égard du marché américain dont on ne peut minimiser l'importance. Ce phénomène pose des limites aux choix politiques qui se sont historiquement offerts au Québec. En outre, de quelle façon les différents gouvernements provinciaux québécois, depuis notamment la fin de la Deuxième Guerre mondiale, ont-ils géré politiquement l'approfondissement des rapports continentaux et ont-ils intégré cette réalité dans leurs stratégies de développement économique? Les réponses peuvent être multiples et parfois contradictoires. Finalement, comment peut-on évaluer, en termes de rapports socio-politiques, l'adhésion du Québec à la stratégie fédérale qui a conduit à l'adoption de l'accord de libre-échange canado-américain? Loin de s'expliquer par l'adhésion des élites économiques et politiques aux thèses néo-libérales, la stratégie québécoise d'intégration continentale représente une phase de transition de l'idéologie nationaliste marquée par la maturation du capital francophone qui cherche à revoir son mode d'intégration aux marchés tant canadien qu'américain. La stratégie continentale se situe donc dans la mouvance d'une reconfiguration des rapports de force au Québec. Celle-ci tient compte aussi bien des nouveaux impératifs posés par l'économie mondiale que des problèmes structurels auxquels doit faire face l'économie québécoise.

## VUE D'ENSEMBLE DES ÉCHANGES COMMERCIAUX DU QUÉBEC

Tout comme celle du Canada, l'économie québécoise est fondamentalement ouverte. Il est par ailleurs étonnant de constater que les analyses portant sur le commerce international du Québec ne sont pas légions (Proulx et Cauchy, 1991, p. 55). Les échanges commerciaux, tant avec les autres provinces qu'avec l'étranger, accaparent une part importante de son produit intérieur brut (PIB). Les exportations du Québec vers les autres provinces et les autres pays représentent environ 40 % de son PIB. Ce ratio est l'un des plus élevés au sein des pays qui connaissent une économie de marché. Parler du Québec dans une perspective continentale ne peut se limiter à prendre en considération les seuls rapports Québec-États-Unis. Nous devons aussi, sinon davantage, considérer les liens économiques qui unissent le Québec au marché canadien, liens qui orientent la façon dont le Québec peut entrevoir son avenir économique. Il s'agira ici d'établir l'ampleur de l'intégration de l'économie québécoise à l'ensemble économique nord-américain et d'en démontrer les forces et les faiblesses. Ces dernières conditionnent donc largement les contraintes auxquelles doit faire face le Québec dans les rapports qu'il entretient à la fois avec les États-Unis et avec le reste du Canada.

Au cours des dernières décennies, les échanges commerciaux ont évolué dans un contexte global marqué, d'une part, par la mondialisation des économies nationales et, d'autre part, par de rapides changements technologiques qui imposent à ces dernières la nécessité d'améliorer leur position concurrentielle. Le Québec ne peut se dissocier de ce processus et de sa proximité géographique avec les États-Unis de sorte que, à l'instar du Canada, sa marge de manœuvre est réduite (Rocher, 1988a, p. 197-220). La valeur des exportations internationales du Québec pour l'année 1991 s'élevait à environ 26 milliards de dollars (Proulx, 1993, p. 26-27). Toutefois, la part du Québec dans les exportations internationales du Canada est moins élevée qu'auparavant. Ainsi, alors qu'en 1968 les exportations internationales du Québec correspondaient à 22,5 % des exportations canadiennes, cette proportion n'était plus que de 16,2 % en 1987 (Québec, 1988a, p. 9). De la même manière, les exportations du Québec vers les États-Unis ne représentaient plus que 16 % des exportations canadiennes vers ce pays, comparativement à 27 % en 1965. C'est dire que si l'économie québécoise est relativement ouverte, sa situation est vulnérable.

On doit considérer plusieurs éléments pour obtenir une image exacte des échanges commerciaux du Québec. Au chapitre des exportations, quatre caractéristiques retiennent particulièrement l'attention.

Premièrement, les échanges commerciaux du Québec se dirigent de plus en plus vers les États-Unis. Alors qu'en 1980, ceux-ci recevaient 58 % des exportations québécoises, cette proportion atteignait 73,5 % en 1991 (ce qui constituait à peu de chose près la même proportion que les exportations canadiennes vers ce pays pour cette même année). Par ailleurs, les exportations québécoises sont nettement plus concentrées que celles du Canada. Les 10 principaux produits accaparaient près de 50 % des exportations internationales totales et les 25 principaux produits plus de 68 %. Pour le Canada, ces proportions étaient respectivement de 32 % et de 54 %. Le Québec exporte plus de matières travaillées non comestibles (49,3 %) que de produits finis non comestibles (37,3 %). Notons que les exportations québécoises étaient surtout concentrées dans trois groupes de produits, le bois et les papiers (24,3 % des exportations totales), les métaux et les minéraux (22,7 %) et le matériel de transport (17,3 %). De la même manière, les exportations vers les États-Unis affichaient un haut niveau de concentration. Ainsi, le Québec exportait surtout du papier d'impression (17,3 % des exportations), de l'aluminium et des alliages (11,5 %), ainsi que des automobiles et des châssis (5,8 %) (Québec, 1988a, p. 9). Par contre, même si les exportations québécoises demeurent très concentrées dans certains secteurs, entre 1968 et 1989 la part des produits finis est passée de 24 à 40 % du total des exportations. Le Québec vend à l'étranger, pour ne pas dire surtout aux États-Unis, de nombreux produits finis comme le matériel de télécommunication, les moteurs et pièces d'avions, les machines et le matériel de bureau, les avions complets et une gamme de produits du papier (Pélouas, 1991, p. C-2). Ainsi, les produits d'exportation tendent à se diversifier, en dépit du fait que les produits fabriqués à base de ressources naturelles demeurent fort importants. L'image voulant que le Québec exporte des matières premières et importe des produits finis est loin de rendre justice à la complexité de la réalité économique (Proulx et Shipman, 1986, p. 79).

Deuxièmement, les exportations du Québec vers les États-Unis sont géographiquement concentrées. Ainsi, la région de l'Atlantique, de la Nouvelle-Angleterre et du Centre Nord-Est constituaient environ 64 % des exportations à destination des États-Unis en 1991 (Proulx, 1993, p. 29-31). À titre de comparaison, les exportations du Canada vers ces trois régions à la fin des années 1980 étaient de l'ordre de 69 %, dont 40 % étaient dirigées uniquement vers le Centre Nord-Est en raison des automobiles que le Canada expédie vers les États-Unis. En somme, la proximité géographique des marchés régionaux américains semble jouer un rôle de premier plan.

Troisièmement, on ne saurait sous-estimer l'importance des exportations réalisées par les petites et moyennes entreprises (PME) à l'échelle du Canada et des États-Unis. Celles-ci sont passées de 1975 à 1986 de 6,6 à 16,8 milliards de dollars. De plus, l'importance relative des exportations des PME destinées au marché international, comparativement à l'ensemble des exportations des PME, est passée de 4,4 % en 1975 à 7,4 % en 1984. Encore ici, c'étaient les États-Unis qui recevaient 78 % des produits exportés par les PME en 1984. Tout comme pour l'ensemble des exportations, les produits expédiés par les PME québécoises sont fortement concentrés. Sept groupes industriels étaient responsables des deux tiers des exportations internationales en 1984, à savoir le bois (15,3 %), les aliments et boissons (14,6 %), la machinerie manufacturière (9,8 %), les produits électriques (6,8 %), les vêtements (6,7 %), le caoutchouc et les plastiques (6,7 %) ainsi que les produits du métal (5,5 %) (Québec, 1988b, p. 182-188). Même si les PME concentrent leurs activités sur le marché domestique, il faut rappeler que leurs activités se composent en grande partie de sous-traitance à destination de grandes entreprises, celles-ci étant davantage tournées vers l'exportation.

Finalement, si les exportations québécoises sont de plus en plus destinées au marché américain, il importe de souligner que l'économie du Québec fut tradition-nellement et dans une large mesure dépendante du marché canadien. En effet, en 1984 les exportations à l'étranger de produits primaires et manufacturés équivalaient à 21,3 % des livraisons totales alors que celles qu'on destinait aux autres provinces étaient de 26,5 %; pour l'année 1989, ces proportions étaient respectivement de 26,6 % et de 27 % (Statistics Canada, 1993, p. 4).

À la lumière de ces données, nous pouvons affirmer que sur le marché « conti-nental », au sens large du terme, le Québec dépend plus des autres provinces que des États-Unis. En comparaison, l'Ontario est davantage tournée vers son voisin du sud, notamment en raison de l'importance des exportations d'automobiles découlant du Pacte de l'automobile. En fait le Québec est la province qui dépend le plus du marché intérieur canadien, alors que l'Ontario se situe deux points de pourcentage sous la moyenne canadienne de 19 % (Raynauld, 1990, p. 13). La situation est identique pour les PME. Celles-ci expédient surtout leurs produits aux autres provinces canadiennes, soit près de 75 % de leurs exportations. L'Ontario à elle seule accapare un peu moins des deux tiers des exportations des PME vers les autres provinces.

Cette réalité doit toutefois être située dans un contexte plus large qui tient compte des développements récents. Il faut remarquer que, sur une longue période, les exportations internationales du Québec se sont accrues au détriment de celles qui étaient destinées au marché intérieur. Ce phénomène reflète la libéralisation des échanges qui découlent des accords du GATT. Ainsi, au cours de la décennie 1974-1984, les exportations internationales ont augmenté en moyenne de 30 % annuelle-ment, alors que les exportations interprovinciales n'ont crû qu'à un rythme de 3 % par année (Pélouas, 1991, p. C-2). Nous pouvons penser que cette tendance risque de s'accentuer en raison du traité de libre-échange avec les États-Unis, ce qui contribue-rait à diminuer l'importance relative du commerce interprovincial. En d'autres termes, si cette tendance se maintient, le Québec exportera dans un avenir rapproché davantage vers l'étranger que vers les autres provinces.

La structure des exportations est donc fortement déterminée par le marché continental, et nous ne saurions sous-estimer la dépendance du Québec à l'égard des marchés canadien et américain. La situation est toutefois quelque peu différente en ce qui concerne les importations. En 1991, la valeur des importations internationales du Québec s'élevait à 32,8 milliards de dollars. Toutefois, elles étaient plus diversifiées que les exportations. Ainsi, près de 44,1 % des importations québécoises provenaient des États-Unis, alors que l'Europe occidentale fournissait 25,5 % des produits que le Québec achetait de l'étranger. Le Québec importait surtout des produits finis (Statistics Canada, 1993, p. 3; Proulx, 1993, p. 27).

La structure des relations commerciales entre le Canada et les États-Unis se caractérise par un phénomène atypique au sein des pays industrialisés, à savoir l'importance du commerce intrafirme. À la fin des années 1970, près de 60 % des exportations canadiennes se réalisaient dans le cadre du commerce intrafirme. De la même manière, 72 % des exportations canadiennes en 1978 étaient réalisées par des filiales de firmes étrangères (Perron, 1985, p. 19-20; Bonin, 1984, p. 22-23). La situa-tion du Québec au début des années 1980 ne différait guère de celle de l'ensemble du

Canada : près de 40 % des exportations québécoises s'effectuaient dans le cadre d'échanges intrafirmes (Martin, 1993, p. 6).

En somme, le degré d'interdépendance de l'économie québécoise et de l'économie continentale s'avère très élevé. Étant donné l'asymétrie des économies, il est même possible de parler ici de double rapport de dépendance. D'abord, le commerce interprovincial constitue un élément non négligeable de la réalité économique québécoise. Cependant, compte tenu de l'approfondissement des relations économiques du Québec avec l'étranger, cette dépendance à l'égard du marché canadien s'estomperait graduellement. Ensuite, les relations commerciales Québec-États-Unis sont fortement développés, notamment au chapitre des exportations. Cette réalité rend compte non seulement du caractère extraverti de l'économie du Québec, mais aussi de sa dépendance à l'égard du commerce avec ses principaux partenaires. Ainsi, le Québec est particulièrement vulnérable aux ralentissements économiques qui peuvent se produire aux États-Unis, notamment au chapitre des fluctuations de la demande des matières premières. Les problèmes qu'affronte l'industrie de l'amiante en fournissent une éloquente démonstration. La faiblesse de la demande intérieure qui se manifeste aux États-Unis en temps de crise contribue à limiter la croissance des importations et à faire croître les exportations du Québec. Cela illustre la vulnérabilité de l'économie du Québec aux changements conjoncturels qui peuvent se produire chez son principal partenaire commercial étranger.

## DIMENSIONS STRUCTURELLES DES RELATIONS CONTINENTALES

Rendre compte de l'importance quantitative des relations commerciales du Québec à l'échelle continentale ne présente qu'un aspect tronqué de la réalité. Les contraintes structurelles, et donc plutôt d'ordre qualitatif, auxquelles fait face l'économie québécoise ne sont pas sans soulever de nombreux problèmes quant à la nature de cette intégration continentale qui va en s'approfondissant. Nous avons déjà souligné que les exportations québécoises étaient fortement concentrées, qu'elles se dirigeaient surtout vers les États américains du Nord-Est, que le commerce interprovincial était très important et que le commerce intrafirme occupait une place de première importance dans la structure des échanges. Tous ces éléments illustrent la dépendance du Québec à l'endroit de ses principaux partenaires commerciaux et la fragilité de son commerce extérieur, compte tenu de son degré de concentration. On peut aussi prendre la mesure des contraintes qui affectent l'économie québécoise dans le cadre continental en considérant deux autres indicateurs, la composition de la structure manufacturière et son degré de spécialisation ainsi que le contrôle de la propriété des entreprises par des intérêts extérieurs.

L'économie québécoise a longtemps été caractérisée par sa dépendance structurelle à l'égard d'un Canada lui-même économiquement dominé par les États-Unis (Henry, 1976, p. 295). En effet, l'insertion du Québec dans l'économie canadienne s'est traduite par la mise en place d'une structure industrielle tronquée. Les problèmes particuliers du Québec doivent aussi tenir compte d'autres phénomènes dont le déplacement de l'activité économique vers l'Ouest et ce, à l'échelle continentale, et le comportement des entreprises étrangères. Ces divers facteurs ont marqué, à différentes époques, le développement économique du Québec et contribué à modifier les avantages comparés du Québec par rapport aux autres régions.

Au moment où le commerce entre le Canada et l'Angleterre était à son apogée, le Québec possédait un avantage de localisation industrielle sur l'Ontario puisqu'il constituait la porte d'entrée pour le Canada. Avec le déclin de l'Angleterre et l'approfondissement des échanges dans l'axe nord-sud, particulièrement concentrés dans la région des Grands Lacs, l'Ontario a été en mesure de s'emparer du marché situé à l'ouest de Montréal. Cette situation a contribué à marginaliser l'économie québécoise par rapport aux principaux marchés nord-américains (Fréchette, Jouandet-Bernadat et Vézina, 1975, p. 91; Gagnon et Montcalm, 1982, p. 32-33). Cet avantage, lié à la situation géographique de l'Ontario, a été approfondi par la concentration des activités financières à Toronto dès la fin du siècle dernier et par l'importance des investissements étrangers, surtout américains. Ces derniers ont dû investir le marché canadien en réponse à la politique nationale, adoptée par le gouvernement fédéral en 1879, qui imposait d'importantes barrières tarifaires. Cette politique eut aussi pour effet de favoriser la mise en place au Québec d'une structure industrielle basée sur les « secteurs mous » (Proulx et Cauchy, 1991, p. 56). De plus, à cause de l'importante dotation du Canada en ressources naturelles, bon nombre d'entreprises étrangères y ont vu l'occasion de s'assurer de bonnes sources d'approvisionnement. Cela ne veut pas dire que le Québec n'ait pas obtenu sa part des investissements étrangers. Toutefois, cela s'est fait dans une proportion nettement moindre et par des entreprises de la Nouvelle-Angleterre, elle-même en déclin par rapport à la région des Grands Lacs. En somme, l'insertion de l'économie québécoise au sein du marché continental s'est réalisée dans des conditions fort différentes de celles de l'Ontario.

Le développement économique du Québec a aussi été marqué par un ensemble de politiques économiques adoptées par le gouvernement fédéral en vue d'accélérer la croissance de l'économie canadienne. Toutefois, l'incidence de ces politiques sur les régions est inégale. En fait, elles ont particulièrement favorisé l'Ontario au détriment du Québec. À titre d'exemple, on peut mentionner la construction de la voie maritime du Saint-Laurent (1959), qui a eu pour effet de diminuer les avantages du Québec en matière de transport; la politique nationale du pétrole (1961), qui a miné l'industrie pétrolière québécoise; le Pacte de l'automobile (1965), qui a concentré l'industrie automobile en Ontario; la politique fédérale de développement régional (1969), qui n'a pas contribué à modifier les faiblesses structurelles de l'économie québécoise; les politiques monétaires restrictives qui furent adoptées à différentes époques, essentiellement en fonction des conditions économiques sud-ontariennes; les investissements publics du gouvernement fédéral, notamment en recherche et développement, qui se sont surtout concentrés en Ontario, etc.

C'est dire que, dans l'ensemble, la structure industrielle québécoise a historiquement été pénalisée par des facteurs sur lesquels le Québec a peu d'emprise. Ainsi, les principaux avantages comparatifs dont dispose le Québec ont trait à l'abondance des ressources naturelles, au faible coût de l'énergie hydro-électrique et, jusqu'au milieu des années 1970, à la présence d'une main-d'œuvre bon marché. Par ailleurs, il faut rappeler l'importance des industries traditionnelles pour le Québec (textile, vêtement, bonneterie, chaussure, cuir, etc.). Sa structure industrielle se caractérise par sa concentration dans les secteurs intensifs en main-d'œuvre faiblement qualifiée et à faible capitalisation. Ces producteurs québécois sont donc vulnérables et s'avèrent généralement incapables de concurrencer à l'extérieur du marché canadien, lui-même protégé par des barrières tarifaires et non tarifaires contre les importations provenant soit des nouveaux pays industrialisés qui disposent d'une main-d'œuvre bon marché, soit des États-Unis qui comptent d'importantes entreprises. Bien qu'au cours de la dernière décennie la situation des industries œuvrant dans les secteurs traditionnels se soit améliorée du fait de la modernisation de nombre d'entre elles et de la disparition des firmes les moins concurrentielles, ces industries continuent de compter une proportion de travailleurs supérieure à sa part du produit provincial brut (Hero et Balthazar, 1988, p. 308-309). De plus, ces industries ont historiquement bénéficié d'une importante protection tarifaire, ce qui rend leur intégration dans le marché continental fort problématique. Au contraire, une réduction des barrières commerciales devrait se traduire par une relocalisation de ces activités aux États-Unis, qui disposent de firmes technologiquement avancées, ou vers les pays nouvellement industrialisés où la main-d'œuvre est abondante et coûte peu (Proulx, Dulude et Rabeau, 1978, p. 380).

Les principaux produits manufacturiers exportés en 1986 vers les autres provinces étaient, par ordre décroissant, les aliments et boissons (11,3 % du total des exportations manufacturières), l'industrie chimique (11 %), les papiers et les produits connexes (9,7 %), les vêtements (9,3 %), les appareils et les matériels électriques (8,3 %), les métaux primaires (7,3 %) et le textile (7,1 %). Plusieurs secteurs considérés comme traditionnels y occupent donc une place de choix. La structure des exportations vers l'étranger diffère sensiblement. On y retrouve un haut degré de concentration dans quelques produits, le matériel de transport (25,4 % – en raison du Pacte de l'automobile), les papiers et produits connexes (24,5 %) ainsi que les métaux primaires (19 %). Les secteurs traditionnels n'y occupent qu'une place marginale.

L'importance des barrières commerciales imposées par le Canada explique en partie la situation de dépendance commerciale du Québec à l'égard de l'Ontario. Les entreprises manufacturières qui ont évolué dans les secteurs protégés expédiaient près des deux tiers de leur production ailleurs au Canada, et l'Ontario à elle seule en recevait plus de la moitié. Le haut degré de protection du marché canadien a fait que le Québec expédiait davantage ses produits vers l'Ontario que vers les États-Unis et, dans l'ensemble, davantage vers le Canada que vers l'ensemble des autres pays. En d'autres termes, la structure tarifaire canadienne a contribué à faire du Québec une société économiquement dépendante du reste du Canada. L'ouverture des marchés devra se traduire par une restructuration des entreprises œuvrant dans les secteurs traditionnels par le biais de fusion et de modernisation des installations. Cela se traduira inévitablement par des pertes d'emplois et l'accroissement du secteur tertiaire de l'économie.

Parmi les dimensions structurelles de l'intégration continentale de l'économie québécoise, on doit considérer la question du contrôle de la propriété des entreprises par des intérêts extérieurs. Il est possible de connaître la répartition du contrôle entre les différents types d'employeurs du Québec par secteur et sous-secteur d'activité économique et pour l'ensemble de l'économie. Il est intéressant de noter que dans le

secteur privé, 56,3 % de l'emploi en 1987 était sous-contrôle franco-canadien, 33,6 %
sous contrôle anglo-canadien et 10,1 % sous contrôle étranger (Vaillancourt et
Carpentier, 1989, p. 37). Par ailleurs, si l'on inclut le secteur public, la part des emplois
sous contrôle franco-canadien progresse sensiblement aux dépens des deux autres
groupes ; ces proportions passent respectivement à 61,6 %, 30,6 % et 7,8 %
(Vaillancourt et Carpentier, 1989, p. 39).

Globalement, les emplois sous contrôle francophone sont prépondérants dans les
secteurs primaire et tertiaire. La situation qui prévaut dans les industries manufacturières varie grandement selon les sous-secteurs d'activité. Ainsi, à l'exception du sous-
secteur des mines, carrières et puits de pétrole, où les emplois contrôlés par des
francophones canadiens n'étaient que de 35 % en 1987, la propriété était essentiellement francophone dans le secteur primaire. La situation est quelque peu différente dans
le secteur manufacturier. Les francophones ne contrôlaient que 39,3 % des emplois.
Toutefois, ils contrôlaient presque totalement l'industrie du bois (90,4 %) et leur
situation était favorable dans plusieurs autres sous-secteurs, meubles (65,9 %),
imprimerie et édition (60,8 %), aliments et boissons (54,2 %), fabrication de produits
minéraux non métalliques (51,2 %) et fabrication de produits en métal (50,3 %). Les
Anglo-Canadiens étaient surtout présents dans l'industrie de l'habillement (71,5 %), du
textile (66,6 %), du cuir (57,6 %) et du papier (51,8 %). Finalement les non-Canadiens
contrôlaient l'industrie du tabac (99,3 %), l'industrie chimique (60,7 %) ainsi que la
fabrication des produits du pétrole et du charbon (56,7 %), et occupaient une place
importante dans les sous-secteurs de la fabrication des produits électriques (47,2 %), de
la fabrication d'équipement de transport (43,9 %) et d'équipement divers (43,1 %). La
situation de la propriété dans le secteur tertiaire indique que les francophones exercent
une grande influence dans les domaines des services d'utilité publique (notamment à
cause de la présence d'Hydro-Québec), du commerce de détail (61,7 %), des finances
(56,8 %), des assurances (47,2 %) et des affaires immobilières (65,8 %)(Vaillancourt et
Carpentier, 1989, p. 21-26).

L'ensemble de ces données met clairement en évidence l'importance du rôle
désormais joué par les francophones dans l'économie québécoise. Évidemment, dans
certains secteurs, la présence des intérêts anglo-canadiens et étrangers demeure
importante. Néanmoins, on a assisté au cours des dernières décennies à une évolution
dans l'importance de la propriété francophone dans les secteurs des institutions
financières, de la fabrication, de la construction, des mines et du transport, de la
communication et des services d'utilité publique. Il est intéressant de noter que, de 1961
à 1978, ces gains se sont surtout réalisés aux dépens des Anglo-Canadiens, alors que de
1978 à 1987, ils ont été faits surtout aux dépens des étrangers. Cette croissance soutenue
depuis le début des années 1960 s'explique par la modernisation et la consolidation du
secteur public québécois, l'intervention de l'État dans le secteur privé et l'apparition
d'entrepreneurs francophones. Elle traduit aussi une plus grande diversification des
activités économiques de la part des francophones, ceux-ci étant relativement moins
confinés dans les secteurs traditionnels et problématiques (Sales, 1979, p. 182-186).

Cette croissance a modifié la structure de l'entrepreneuriat francophone, de telle
sorte que celui-ci est maintenant davantage en mesure de s'insérer dans le cadre de
l'économie continentale et que plusieurs entreprises québécoises sont capables de

concurrencer les sociétés canadiennes et étrangères. La consolidation de la position des entreprises contrôlées par des francophones, notamment dans le secteur des richesses naturelles (bois, pâtes et papiers, énergie) et dans le secteur manufacturier, s'est faite dans les domaines les plus concurrentiels. Ces succès ont été en partie rendus possibles à cause de la consolidation du pouvoir financier québécois et de la participation de ces institutions financières dans le financement des entreprises (Moreau, 1981, p. 105-113). De plus, et de manière tout à fait paradoxale, la crise du début des années 1980 a favorisé le mouvement de concentration et de regroupement des entreprises, particulièrement dans le secteur tertiaire, et a donc contribué à l'assainir. En somme, les changements survenus dans la structure de propriété de l'économie québécoise au profit des entrepreneurs francophones ont permis à plusieurs de ceux-ci de s'engager davantage dans la vague d'internationalisation des capitaux et ont favorisé leur expansion, notamment vers le marché nord-américain (Bélanger et Fournier, 1987, p. 175-181).

En dépit des changements qui ont affecté la structure de propriété, l'économie québécoise demeure dans une position de fragilité. En effet, le nouveau rôle joué par les francophones québécois dans l'économie n'a pas modifié substantiellement les problèmes structurels auxquels elle doit faire face. Même si la situation semble s'être améliorée, notons qu'à la fin des années 1970, les entreprises détenues par des francophones étaient plus petites, elles affichaient une plus faible productivité du travail, on y retrouvait des salaires moins élevés et elles desservaient principalement le marché local. C'est dire qu'en comparaison avec les entreprises canadiennes-anglaises ou étrangères, les entreprises francophones expédiaient une proportion nettement moins grande de leur production à l'extérieur de la province. Qui plus est, elles n'étaient responsables en 1979 que de 15 % des exportations totales du Québec, alors que les établissements étrangers dominaient au chapitre des exportations (Raynauld et Vaillancourt, 1984, p. 120-123). C'est aussi dire que si un certain nombre de grandes entreprises francophones sont en mesure de faire face à la continentalisation de l'économie, les entrepreneurs francophones sont surtout concentrés dans les PME qui se caractérisent par leur insertion sectorielle dans les industries de biens de consommation traditionnels, le commerce de détail, la construction, les services et la sous-traitance. Elles répondent donc aux besoins des marchés locaux et régionaux ou à ceux de la sous-traitance (Sales et Bélanger, 1985, p. 58-61).

En somme, si la situation s'est améliorée pour plusieurs entreprises francophones québécoises, on ne saurait conclure à un renforcement définitif de la structure industrielle et commerciale du Québec. Au contraire, elle s'est peu modifiée au cours des deux dernières décennies. Les secteurs traditionnels faisant l'objet d'une forte concurrence demeurent toujours fort importants (Romulus et Deblock, 1985, p. 225).

## STRATÉGIES POLITIQUES ET RÉALITÉ CONTINENTALE

Bien que la dépendance du Québec à l'égard du marché continental constitue une réalité établie depuis longtemps, les pouvoirs publics n'ont cherché que relativement récemment à en tenir compte dans leurs stratégies de développement économique.

La politique économique de l'après-guerre fut marquée par le régime instauré par Maurice Duplessis et l'Union nationale. Tout compte fait, Duplessis a poursuivi la ligne de conduite adoptée par ses prédécesseurs (Roby, 1976). La philosophie mise de l'avant à l'époque était fort simple : l'État doit limiter son intervention directe dans les activités économiques tout en appuyant leur croissance et en assurant des conditions sociales et matérielles favorables. Cette position a alimenté les politiques gouvernementales jusqu'à la fin des années 1950 en favorisant les investissements étrangers et en accordant à ceux-ci d'importantes concessions territoriales pour stimuler l'exploitation des richesses naturelles. L'insistance mise sur le secteur de l'exploitation des richesses naturelles par les entreprises étrangères, surtout américaines, devait provoquer la croissance du secteur manufacturier. Ainsi, cette stratégie s'insérait dans un modèle d'accumulation qui conférait aux investissements directs étrangers le rôle moteur du développement économique. Cela peut s'expliquer par les conditions structurelles de l'économie québécoise, le marché intérieur restreint et la faiblesse des institutions financières locales nécessaires pour soutenir d'importants investissements. La stratégie qui s'offrait alors consistait à se tourner vers le marché continental pour obtenir les stimulations économiques nécessaires à l'industrialisation et à la création d'emplois. L'intégration continentale de l'économie québécoise non seulement était le fruit du libéralisme économique mis de l'avant sous Duplessis, mais était fortement encouragée par le gouvernement, qui y voyait un moyen d'assurer la reconversion de l'économie québécoise. C'est dans cette perspective que le gouvernement sollicitait activement les investissements américains tant pour le secteur manufacturier que pour le secteur des richesses naturelles. Dans ce cas, on peut parler d'acceptation empressée de l'état de dépendance à l'égard des États-Unis (Boismenu, 1981, p. 125).

La prise du pouvoir par le Parti libéral en 1960 a marqué le début de la révolution tranquille. Même si la question de l'intégration économique continentale n'était pas l'enjeu au cœur des nombreuses réformes adoptées, celles-ci ont eu un impact sur la façon dont le Québec va se situer par rapport à son principal partenaire commercial. D'une part, l'économie du Québec présentait des caractéristiques similaires à celles des économies des pays sous-développés. Selon Gaudet (1980, p. 251), « la province manquait d'un élément essentiel à toute économie développée, à savoir une structure commerciale touchant les industries qui soit à la fois cohérente et bien intégrée ». D'autre part, en prenant la mesure de la faiblesse du statut socio-économique des francophones québécois par opposition à la domination exercée par la bourgeoisie anglophone sur la grande industrie, le secteur financier et le commerce, l'État québécois cherchait moins à remettre en question le capitalisme qu'à promouvoir le développement d'une bourgeoisie francophone. De plus, en réaction à la politique d'accueil à l'égard des investissements américains adoptée précédemment, certains ont contesté la surexploitation des ressources naturelles du Québec au nom du nationalisme et ont réclamé l'intervention étatique dans ce secteur.

Face à la domination étrangère exercée sur l'économie québécoise, l'État est apparu comme un moyen d'intervention efficace en mesure de limiter cette présence étrangère massive, de favoriser l'accession de francophones à des postes de direction et, ultimement, de solidifier les assises d'une bourgeoisie francophone. C'est ainsi que la nouvelle élite politique va développer un ensemble d'institutions publiques permettant aux membres de la nouvelle classe moyenne d'occuper des postes de techniciens ou de direction, comme Hydro-Québec, la Société générale de financement, la Caisse de dépôt et placement, etc. L'État cherchait essentiellement à soutenir les petites et moyennes entreprises détenues surtout par des francophones (Pelletier, 1989, p. 202-203). Il s'agissait donc avant tout d'une volonté de reprise en main d'une économie largement contrôlée par le capital canadien-anglais et étranger (Raynauld, 1974, p. 81). C'est ainsi que le projet de nationalisation de l'électricité présenté par le Parti libéral du Québec en 1962 s'inscrivait dans le processus de libération économique du Québec. L'appropriation collective d'une importante richesse naturelle se voulait le premier jalon d'un processus de *décolonisation* de l'économie. Il importe toutefois de rappeler que la nationalisation de l'électricité ne touchait que les secteurs de la production et de la distribution aux particuliers. Est demeurée sous contrôle privé la production hydro-électrique faite par les entreprises dans le cadre de leurs activités industrielles. Ainsi, le Québec ne s'appropriait pas l'ensemble des ressources hydro-électriques, mais laissait aux entreprises (généralement de type monopoliste et détenues par des intérêts étrangers comme l'Alcan) le soin d'exploiter leurs propres barrages, ce qui représentait 30 % de la production totale au Québec (Brunelle, 1976, p. 145). Par ailleurs, pour limiter la vulnérabilité du Québec à l'endroit du contrôle étranger, plusieurs sociétés de la couronne furent créées et devinrent les pivots de la stratégie économique gouvernementale et de la promotion du statut socio-économique des francophones (Montcalm et Gagnon, 1990, p. 352).

Ce processus n'est pas sans avoir soulevé la difficulté de réconcilier le besoin continu d'obtenir des capitaux étrangers et la volonté de promouvoir une plus grande intégration de ces nouveaux investissements au sein de l'économie québécoise. En effet, la politique de l'État québécois au cours des décennies qui suivirent a toujours cherché à accroître en même temps le contrôle québécois sur l'économie et les investissements étrangers. En d'autres termes, on a constamment essayé de démontrer que le nationalisme québécois pouvait être compatible avec une grande ouverture à l'égard des capitaux provenant de l'extérieur. Ainsi, le gouvernement du Québec s'est toujours refusé à attribuer l'origine de tous ces problèmes économiques à la présence des investisseurs étrangers. Toutefois, il a insisté sur le fait que le développement économique ne pouvait pas continuer à reposer exclusivement sur la capacité d'attirer les capitaux étrangers.

Alors qu'au Canada se manifestait un nationalisme économique, à travers notamment les rapports Gordon (1958), Watkins (1968) et Gray (1972), le gouvernement du Québec n'a pas perçu la question des investissements étrangers dans les mêmes termes. Sa préoccupation concernait davantage la nécessité de participer à son économie que la volonté de limiter, par voie législative, la nature et l'importance de la pénétration des capitaux américains en sol québécois (Gaudet, 1980, p. 253-254). C'est ainsi que la réaction québécoise à l'adoption de la loi créant l'Agence de tamisage des investissements étrangers mettait l'accent sur l'absence d'attention portée par le gouvernement fédéral aux dimensions régionales d'une telle initiative. De plus, le gouvernement du Québec craignait que les critères adoptés contribuent à renforcer la structure industrielle existante au détriment des efforts par le Québec pour modifier sa propre structure industrielle et pour stimuler la participation des entrepreneurs locaux au sein de ce processus. En fait, l'opposition du Québec à l'initiative fédérale reflétait un ordre différent de priorité allant dans le sens d'un accroissement du capital étranger, non vers sa limitation. L'attitude du Québec à l'égard des investissements étrangers renvoie au cadre spécifique de l'économie québécoise. Ainsi, les investissements étrangers continuent à être perçus comme nécessaires au maintien du rythme de croissance de l'économie et à l'accroissement de sa marge de manœuvre à l'égard du Canada anglais. Cette ligne de conduite fut suivie par tous les premiers ministres québécois qui ont succédé à Jean Lesage. D'ailleurs, le gouvernement libéral dirigé par M. Bourassa de 1970 à 1976 a affiché une plus grande ouverture à l'endroit des investissements étrangers.

Le gouvernement du Parti québécois a publié deux énoncés de politique économique dans lesquels il exposait les fondements de sa stratégie industrielle (Québec, 1979 et 1982). La promotion du capital québécois, particulièrement dans les secteurs de base de l'économie et dans les secteurs de pointe, constituait un des axes prioritaires du gouvernement. Dans la lignée du nationalisme économique étaient posés comme objectifs l'accroissement de la part du marché interne du capital québécois dans certains secteurs-clés (télécommunications, transport, finance, sidérurgie) et l'augmentation de la capacité d'exportation du Québec (Romulus et Deblock, 1985, p. 202-203). Toutefois, les domaines des ressources naturelles et de l'hydro-électricité constituaient les deux principales assises de cette stratégie. Ainsi, l'intention d'accroître la présence des intérêts québécois dans la structure de propriété visait clairement le secteur des ressources naturelles. Pourtant, même si la politique gouvernementale cherchait à encourager l'entrepreneurship local, nulle part n'est mentionné que cela allait devoir se faire au détriment des investisseurs étrangers. L'intention était, notamment, de rechercher l'intégration des filiales étrangères, l'accroissement du contenu québécois au sein des produits et l'accessibilité des firmes aux circuits d'achat et d'investissement des multinationales (Romulus et Deblock, 1985, p. 203). Par ailleurs, comme le soulignait Bonin (1984, p. 33-34), « la politique industrielle québécoise n'identifiait pas clairement l'apport souhaité provenant des entreprises contrôlées par des intérêts étrangers ou, plus généralement, des relations avec les partenaires économiques du Québec à l'étranger ».

Bien que l'interventionnisme étatique ait visé tous les secteurs d'activité, les résultats furent les plus probants dans le secteur des richesses naturelles. D'ailleurs, c'est dans les secteurs de la forêt et des mines que le capital francophone s'est le plus accru au cours des vingt dernières années. Ainsi, les emplois sous contrôle étranger dans le secteur de la forêt sont passés de 37,7 % en 1978 à 0 % en 1987, et de 64,9 % à 24,6 % pour le secteur des mines (Vaillancourt et Carpentier, 1989, p. 53). Cette croissance exceptionnelle du rôle joué par les francophones est en grande partie attribuable à la stratégie étatique, mise en place au cours des années 1960, qui visait à l'établissement d'infrastructures nécessaires à une meilleure exploitation des ressources naturelles. Si le Québec s'est doté de nombreuses entreprises publiques dans un grand nombre de secteurs économiques, celui des richesses n'a pas échappé à cette stratégie. On y retrouve, entre autres, la Société québécoise d'exploration minière (SOQUEM), la Société québécoise d'initiative pétrolière (SOQUIP), la Société de récupération et d'exploitation forestière (REXFOR), la Sidérurgie du Québec

(SIDBEC) et la Société de développement de la Baie James (SDBJ). Ces multiples sociétés d'État ont permis au Québec de mieux contrôler l'exploitation des ressources naturelles. Le marché de prédilection pour écouler ces ressources demeure les États-Unis, mais leur exploitation ne dépend plus des stratégies élaborées outre-frontière. Incidemment, le gouvernement du Québec s'est fait beaucoup plus interventionniste que celui de l'Ontario en matière de ressources naturelles, ce qui reflète une tendance plus marquée du Québec à agir pour encourager et régler le secteur de l'extraction des ressources (Finbow, 1983, p. 126).

En somme, la stratégie gouvernementale cherche moins à diminuer la dépendance du Québec à l'égard du marché américain qu'à s'assurer que les francophones occupent une meilleure position à l'intérieur de l'espace économique québécois. La croissance des emplois sous contrôle francophone s'explique donc par des prises de contrôle d'entreprises étrangères soit par l'État (achat d'Asbestos Corporation et d'autres mines d'amiante par des francophones; prise de contrôle de Domtar par la Caisse de dépôt et placement), soit par d'autres entreprises (entreprises papetières par Cascades) ou par l'expansion de certaines firmes (Noranda, Cambior).

La gestion gouvernementale de la dépendance de l'économie québécoise à l'égard de l'économie continentale a pris aussi d'autres formes. Le gouvernement du Québec a établi de nombreuses délégations aux États-Unis (notamment à New York, à Boston, à Chicago, à Los Angeles, à Atlanta) et celles-ci ont, entre autres missions, celles de promouvoir les échanges commerciaux, de rechercher de nouvelles technologies et d'être à l'affût d'éventuels investisseurs intéressés par le Québec. De plus, ces délégations offrent une assistance technique aux gens d'affaires québécois qui veulent pénétrer le marché américain (Québec, 1988b, p. 188-190). Ces initiatives québécoises répondaient aux doléances formulées par le monde des affaires francophone à l'égard du manque d'engagement et des problèmes d'assistance venant d'Ottawa, particulièrement lorsqu'ils voulaient concurrencer les producteurs provenant des autres provinces canadiennes (Balthazar, 1984, p. 223).

Même si l'ouverture de l'économie québécoise aux influences étrangères a été considérée par certains comme un frein à un développement économique autocentré (Parenteau, 1970, p. 679-696), l'intérêt porté à l'accroissement des relations commerciales Québec-États-Unis insistait surtout sur les avantages offerts par un cadre continental par opposition aux contraintes imposées par la politique canadienne qui a historiquement privilégié l'axe est-ouest. C'est ainsi qu'en 1983, le ministre péquiste du Commerce extérieur, Bernard Landry, se déclarait en faveur de l'établissement d'un marché commun entre le Québec et les États-Unis. Les arguments avancés avaient trait à la volonté d'abaisser le coût des produits importés en réduisant les tarifs et d'intégrer davantage les marchés, ce qui devait se traduire par une plus grande intégration des processus productifs (Perron, 1985, p. 24). Toutefois, les Américains ont rejeté l'ouverture faite par le Québec, prétextant qu'ils préféraient négocier avec tout le Canada, et donc le gouvernement central, plutôt qu'avec l'un des gouvernements provinciaux (Balthazar, 1984, p. 220). Devant l'impossibilité de s'entendre directement avec le gouvernement américain, le soutien au projet de libre-échange présenté par le gouvernement Mulroney apparaissait comme une alternative valable aux yeux de certains nationalistes québécois.

Le débat québécois sur le libre-échange a toujours été lié à la question de la nature des relations économiques que le Québec entretient avec le reste du Canada. Deux problèmes furent soulevés. D'abord, l'approfondissement des relations économiques selon l'axe nord-sud implique une remise en cause de l'axe traditionnel est-ouest. Ensuite, le débat doit être situé dans la dynamique imposée par le cadre constitutionnel canadien. Il peut apparaître étonnant de lier cette dernière question au débat sur le libre-échange. Mais il faut rappeler que le gouvernement central établissait une équation entre l'élimination des barrières interprovinciales au commerce, qui contribuent à fragmenter la structure industrielle canadienne, et l'instauration du libre-échange. Ainsi, les problèmes économiques spécifiques au Québec ont toujours conduit les gouvernements québécois à revendiquer non seulement une plus grande marge de manœuvre dans l'administration des politiques définies au palier fédéral, mais aussi un respect de l'actuel partage des compétences constitutionnelles. Les positions présentées par le Parti québécois et le Parti libéral du Québec sur l'union économique et le libre-échange lors des audiences de la commission Macdonald reprend, avec des nuances, ces deux problèmes.

Le Parti québécois, dans son mémoire déposé lors des audiences de la commission Macdonald, soulignait la nécessité pour le gouvernement du Québec de contrôler entièrement les politiques de main-d'œuvre, d'éducation et de formation professionnelle dans le but de compenser pour les déséquilibres causés par la moins grande mobilité de sa population (Parti québécois, 1983, p. 28-30). En ce sens, la stratégie québécoise s'opposait en partie à la logique canadienne, qui accorde une prédominance à la mobilité de la main-d'œuvre en fonction de l'offre de travail. Elle mettait plutôt l'accent sur la création des emplois au Québec pour rétablir les équilibres sur le marché du travail. Dans cette perspective, le Parti québécois revendiquait une décentralisation des pouvoirs. Deux années plus tard, le premier ministre Pierre-Marc Johnson réitérait l'appui gouvernemental à la stratégie fédérale libre-échangiste en l'assortissant d'un certain nombre de conditions. Précisément, il demandait que le Québec soit associé au processus des négociations, que les mesures de transition soient développées conjointement par le fédéral et les provinces, que le gouvernement fédéral respecte la constitution de sorte que le Québec ne se considère lié dans les secteurs de sa compétence que dans la mesure où il aurait donné son accord et, finalement, que certains secteurs fassent l'objet de considérations spéciales (par exemple, l'agriculture et certains secteurs fortement protégés tels le textile, le vêtement et la chaussure) (Conférence annuelle des premiers ministres, 1985, p. 41-42).

L'accord de principe de certains nationalistes, comme Parizeau et Landry, à une politique libre-échangiste se situe dans le cadre d'un renforcement des relations économiques Québec-États-Unis sans pour autant y associer une réduction des pouvoirs de l'État québécois au profit du gouvernement fédéral. Les péquistes font donc un calcul stratégique qui pourrait être favorable, à long terme, au projet de souveraineté politique du Québec. Les flux commerciaux naturels suivent davantage l'axe nord-sud que l'axe est-ouest, ce dernier ayant été en quelque sorte imposé à l'aide des mesures protectionnistes de la *politique nationale*. Un rétablissement de l'axe naturel pourrait se traduire par un affaiblissement important de l'assise économique sur laquelle repose le Canada, ce qui permettrait au Québec de s'en dégager plus facilement (Rocher, 1987, p. 151-168). La reconfiguration de l'espace économique canadien pourrait éventuellement être favorable au projet souverainiste et diminuer les coûts de transition. C'est ainsi qu'il n'y a pas nécessairement de contradictions entre les principes libre-échangistes et ceux qui sont véhiculés par les nationalistes québécois (Martin, 1993).

Si l'argumentation du Parti québécois tourne essentiellement autour de la problématique centralisation-décentralisation, la position du Parti libéral du Québec (PLQ) vise surtout à faire des recommandations afin de garantir le marché commun canadien. Cependant, pour y arriver, le PLQ rejette l'établissement de nouvelles règles constitutionnelles limitant les pouvoirs des gouvernements provinciaux (Bourassa, 1984, p. 21-22). Ainsi, il n'est pas question pour le PLQ que l'État québécois se départe de leviers économiques essentiels au développement du Québec. Par ailleurs, la position du PLQ n'a pas toujours été libre-échangiste. Au moment où Robert Bourassa était chef de l'opposition, il manifestait certaines inquiétudes à l'égard du glissement possible de l'union économique vers l'union politique et finalement monétaire. Toutefois, à la lumière des sujets faisant l'objet de négociation, le chef du PLQ a adouci sa position. Prenant en considération le fait que l'on négociait plutôt la libéralisation du commerce, et ce sur une base sectorielle dont était exclue la culture, et qu'il était même question d'une période de transition, le libre-échange ne mènerait pas à une association politique (Blouin, 1986, p. 101). De plus, le PLQ considérait qu'une entente visant la libéralisation commerciale pouvait contribuer à améliorer et à garantir l'accès de la production québécoise au marché américain. Finalement, un éventuel gouvernement du Parti libéral n'entendait pas pousser l'intégration économique au point de confier au gouvernement central un rôle déterminant dans la définition des stratégies d'intervention économique de l'État québécois.

Une fois au pouvoir, le Parti libéral a conservé la même ligne de conduite. Les conditions énumérées par le gouvernement du Parti libéral sont demeurées à peu de choses près les mêmes que celles qui avaient été énoncées par le gouvernement précédent, à l'exclusion de la requête d'une participation provinciale au processus de négociation. La position du Québec sur le libre-échange posait des limites à l'intégration continentale puisqu'elle se fondait sur trois éléments : le respect intégral du cadre constitutionnel et des compétences législatives du Québec, la nécessité de conserver au gouvernement une marge de manœuvre suffisante pour travailler au renforcement de son tissu industriel et de sa base technologique, en pensant particulièrement aux petites et moyennes entreprises les plus vulnérables, et, finalement, la nécessité absolue de prévoir des périodes de transition et des programmes d'assistance pour certains secteurs touchés par le nouveau cadre (Québec, 1987a, p. 83-85). Une position similaire fut mise de l'avant par le gouvernement du Québec à l'endroit de l'accord de libre-échange nord-américain (Québec, 1993, p. 14-17).

La nécessité d'établir une période de transition assez longue reposait sur la reconnaissance de la disparité des économies et le fait que le Canada connaît un degré de protection plus élevé. Par ailleurs, lorsque le gouvernement du Québec parle de la nécessité de maintenir une marge de manœuvre suffisante, il entend la capacité d'intervenir dans les mécanismes du marché, notamment par les programmes d'aide à l'entreprise et de développement régional. La possibilité de maintenir de telles politiques impliquait que le gouvernement canadien tente de négocier des clauses d'antériorité *(grand-fathering clause)* de telle sorte que les gouvernements puissent continuer à soutenir le développement économique par le biais de programmes aux critères d'accessibilité plus généraux. Cette capacité d'intervention ne devait pas se traduire par une clause qui permettrait au gouvernement américain d'abuser du recours à des mesures de sauvegarde (Québec, 1993, p. 70-74).

L'évaluation du gouvernement libéral du contenu de l'accord canado-américain fut très positive. Cela tient au fait que le partage des compétences législatives et constitutionnelles ne fut pas affecté par l'accord et que les modifications législatives que les provinces devaient faire pour s'y conformer étaient plutôt limitées. De plus, en se fondant sur le libellé de l'entente, le gouvernement du Québec soutenait qu'aucune de ses dispositions n'entraînait des modifications touchant les secteurs des politiques sociales, des communications, de la langue et de la culture. Le gouvernement a ainsi pu prétendre avoir conservé sa marge de manœuvre pour atteindre ses objectifs de modernisation et de développement économique (Québec, 1987b, p. 25).

L'option libre-échangiste a réussi à rallier derrière elle les deux principaux partis politiques du Québec ainsi qu'une bonne fraction de la classe d'affaires. Puisque d'importants leaders d'opinion ont fait campagne pour une plus grande ouverture des marchés, certains y ont vu une preuve d'appui absolu de la part des Québécois (Resnick, 1989). Même s'il est vrai que les Québécois se sont montrés plus ouverts à l'idée de libre-échange que ne l'ont été les autres Canadiens lors de l'ouverture des négociations bilatérales (58 % se sont déclarés en faveur et 35 % s'y sont opposés au Québec contre 46 % et 50 % pour l'ensemble du Canada et 36 % contre 60 % pour l'Ontario – cité par Martin, 1993, p. 4), il faut toutefois rappeler qu'un important mouvement d'opposition au libre-échange s'est constitué au Québec, dirigé principalement par les principales centrales syndicales. Ce mouvement a repris l'essentiel des arguments avancés ailleurs au Canada par les opposants à cette option. On y dénonçait notamment les concessions exigées par les Américains, qui étaient vues comme autant de façons de réduire le pouvoir des gouvernements (fédéral et provinciaux) pour y substituer un développement industriel porté uniquement par les forces du marché et de réduire toute intervention de l'État pour orienter ou diriger le sens de l'évolution de l'activité économique (Coalition québécoise d'opposition au libre-échange, 1987, p. 15-22; Bakvis, 1993). Aux yeux des opposants, le Québec ne pourrait plus utiliser les mesures d'ajustement industriel (comme les programmes d'achat public, la fourniture d'électricité à bas tarif, les programmes de promotion et de développement des marchés d'exportation, les subventions à l'activité industrielle et les programmes de modernisation sectoriels); le Québec était la province qui avait le plus à perdre puisqu'elle avait mis de l'avant une politique cohérente et ciblée pour répondre à la faiblesse structurelle de son économie. On craignait pour l'avenir des programmes sociaux et des industries culturelles qui ne feraient pas le poids devant les exigences du géant américain. En somme, les opposants au libre-échange établissaient une équation simple entre cette solution et le retour aux seules forces du marché comme mécanisme de régulation économique et social. Ils privilégiaient plutôt une libéralisation multilatérale des échanges et une amélioration des règles du commerce dans le cadre du GATT. De plus, ils appelaient les gouvernements à adopter une stratégie de développement économique qui viserait à renforcer la structure industrielle et la productivité pour faire face à la mondialisation des économies nationales.

Compte tenu des implications du libre-échange sur la souveraineté politique du Canada, et donc du Québec, ainsi que des réaménagements qu'il imposera au chapitre de l'interventionnisme étatique, Brunelle et Deblock ont fait remarquer que cette stratégie continentale contredisait les thèses nationalistes fondées sur le recours à l'État (Brunelle et Deblock, 1989, p. 131-132). Ce changement s'expliquerait notamment par l'échec de l'interventionnisme étatique mis en place depuis la révolution tranquille. C'est donc dire que l'option continentale traduit une reconfiguration du nationalisme des années 1960 et 1970 qui reposait sur des mesures publiques d'intervention dans l'économie, la société et la culture.

## NÉO-NATIONALISME ET INTÉGRATION CONTINENTALE, OU LA GARDE MONTANTE AU POUVOIR

Il serait tentant de réduire la position des libre-échangistes à celle des néo-libéraux qui prônent un retour aux seules forces du marché comme mécanisme de la régulation économique et sociale. Toutefois, le débat qui s'est déroulé au Québec sur cette question n'a jamais mis de l'avant un retour à la stratégie de porte ouverte inconditionnelle préconisée au cours de la période qui a précédé la révolution tranquille, notamment sous le régime de Maurice Duplessis.

Le soutien d'une large fraction du patronat québécois à la stratégie continentaliste manifeste la nouvelle maturité acquise par le capital francophone. On peut penser que cette maturité s'est traduite notamment par la nécessité de renforcer les secteurs où les entreprises québécoises disposaient d'un avantage concurrentiel par rapport à ses compétiteurs étrangers. C'est dans cet esprit que la classe d'affaires québécoise s'est rangée derrière l'entente Mulroney-Reagan au cours de la campagne électorale fédérale de 1988. Ainsi, en réponse à la publicité négative véhiculée par les centrales syndicales québécoises, le monde des affaires a créé le Regroupement pour le libre-échange et financé une campagne de publicité favorable à cette solution. Néanmoins, le discours tenu par les grandes associations patronales illustre la complexité du débat. Compte tenu des problèmes structurels que connaît l'économie québécoise, il n'est pas étonnant de constater que les entreprises évoluant dans les secteurs fragiles ont exercé des pressions afin que l'appui des grandes organisations patronales soit pour le moins nuancé.

Il serait donc exagéré de prétendre que le monde des affaires s'est rangé unanimement derrière l'option continentaliste. Des clivages importants peuvent être décelés, tant au Canada qu'au Québec, au sein de la bourgeoisie. Deux aspects méritent ici d'être soulignés. D'une part, plusieurs études ont démontré que l'impact du libre-échange serait variable selon les secteurs. Ainsi, d'après le ministère québécois de l'Industrie et du Commerce, des 18 secteurs industriels examinés, le libre-échange aurait des effets bénéfiques pour 4 (produits minéraux non métalliques; articles de sport; fabrication de carreaux, de dalles et de linoléum; industrie du bois), il aurait des effets négatifs pour 12 (imprimerie et édition; bijouterie-orfèvrerie; fabrication d'instruments; produits en caoutchouc et en matière plastique; produits électriques; informatique; produits en métal; transformation première des métaux; chaussure; fabrication de machines; meuble; vêtement) et n'aurait aucun effet pour 2 autres (produits et intrants agricoles et industrie des jeux et jouets) (Blouin, 1986, p. 102-103). Par ailleurs, la prise en considération d'indicateurs généraux tels que la croissance des exportations, la proportion de la population hautement scolarisée, l'effort de recherche et de développement et les dépenses d'immobilisation montre les problèmes de concurrence auxquels le Québec devra faire face. Les firmes perdantes n'étaient évidemment pas enthousiastes à l'idée d'affronter de nouveaux concurrents sur un marché qui leur était traditionnellement acquis ou sur lequel elles détenaient une longueur d'avance. D'autre part, au-delà du bilan des gagnants et perdants probables, le clivage au sein de la classe d'affaires s'est effectué entre les entreprises qui sont déjà orientées vers le marché continental, soit directement comme exportateur ou indirectement à titre de sous-traitant de firmes liées à ce marché, et les autres qui desservent principalement le marché intérieur (Rocher, 1988b, p. 119-155). C'est dire que les grandes entreprises ne profiteront pas toutes du resserrement des liens commerciaux avec les États-Unis. De la même manière, bon nombre de petites et moyennes entreprises bénéficieront d'une telle stratégie, étant donné qu'elles sont déjà structurées en fonction du marché continental. On peut penser que ce sont les porte-parole de ces entreprises qui ont réussi à dominer le débat public sur le libre-échange et à imposer leur vision aux autres composantes de la classe d'affaires québécoise. Ce sont eux aussi qui composent la *garde montante* au Québec, à savoir les entrepreneurs francophones en mesure non seulement de s'imposer sur le marché local mais aussi d'occuper une position privilégiée au sein de l'économie continentale et, pour certains d'entre eux, de l'économie internationale.

Le soutien apporté par le monde patronal fut conditionnel à l'adoption de mesures gouvernementales permettant d'opérer une transition douce vers l'intégration continentale. En ce sens, pour minimiser les effets négatifs du libre-échange, le monde patronal a demandé une aide gouvernementale pour les secteurs à faible capacité concurrentielle et des actions pour accroître le virage technologique (Guay, 1989, p. 154-155). De plus, plusieurs intervenants, dont le Conseil du patronat du Québec (CPQ), ont réclamé, entre autres choses, que les gouvernements mettent sur pied des centres d'information afin de préparer la main-d'œuvre aux changements qui surviendront, qu'ils adoptent une politique de main-d'œuvre et que l'État soutienne les entreprises appartenant aux secteurs fragiles (Conseil du patronat du Québec, 1988, p. 8). En outre, pour faire face à la continentalisation de l'économie, le monde des affaires a aussi réclamé des stratégies d'interventions gouvernementales dans différents secteurs, notamment en ce qui concerne la modernisation technologique des équipements industriels et le financement des universités.

Sur le plan idéologique, les milieux d'affaires affichent un discours continentaliste qui ne rompt toutefois pas avec la nécessité d'obtenir un soutien étatique. Celui-ci est posé comme nécessaire à la progression des entreprises et à l'amélioration de leur capacité concurrentielle. Il serait donc abusif de considérer le courant libre-échangiste comme un simple néo-libéralisme. De plus, l'État doit jouer un rôle de première importance dans l'appui à apporter aux entreprises québécoises qui cherchent à pénétrer le marché américain ainsi que dans la protection de l'économie et de la société face aux réajustements internes qui découleront de l'ouverture du marché québécois aux firmes américaines (Brunelle et Deblock, 1987, p. 32).

Si l'aide aux entreprises est toujours posée comme une condition à l'ouverture du marché québécois, il n'en demeure pas moins que derrière cette stratégie peut se cacher une volonté de voir réduire le rôle joué par l'État, notamment en ce qui a trait à l'ensemble des programmes qui forment le filet de sécurité sociale pour l'ensemble de la population. Bien que cette question n'ait pas fait l'objet de discussion dans le cadre de l'accord de libre-échange, pour plusieurs entrepreneurs québécois, la ponction fiscale opérée par l'État pour financer ces programmes constitue un facteur qui peut nuire à leur compétitivité. Dans ce contexte, les termes de l'alternative sont simples : ou bien l'État réduit ses programmes destinés aux secteurs des affaires sociales et de la santé, ou bien il en transfère les coûts aux usagers ou aux contribuables. Cela a été clairement illustré dans le cas du débat concernant la question du financement des universités. Le milieu d'affaires est intervenu pour souligner l'importance de la formation dans le contexte du virage technologique, élément essentiel afin d'améliorer le rendement des entreprises. Or, le CPQ a fortement suggéré d'augmenter les frais de scolarité et d'accorder aux institutions universitaires la liberté de fixer leurs tarifs, quitte à devoir fermer certains départements dans les institutions les moins performantes. En somme, si le monde des affaires s'est dit favorable à l'interventionnisme étatique, c'est essentiellement dans un cadre sélectif reposant sur le critère de l'adaptabilité aux nouvelles conditions posées par l'économie continentale, voire mondiale.

Au total, il est donc possible de parler de néo-nationalisme pour décrire la position de la classe d'affaires à l'égard de la stratégie continentale. Elle supporte l'action de l'État à condition que celle-ci soit la moins contraignante possible tout en soutenant les entreprises québécoises dans leur processus d'ajustement aux réalités économiques contemporaines. Par ailleurs, le processus d'intégration continentale est perçu comme un moyen de renforcer, à terme, les assises du capital francophone. Peu importe que celui-ci soit surtout constitué d'entreprises de petite et de moyenne envergure dont plusieurs développent des activités de sous-traitance. Car il faut admettre que le succès remporté par quelques grandes entreprises québécoises contrôlées par des francophones (telles que Bombardier, SNC, Cascades) ne saurait faire oublier que l'essentiel du capital francophone se trouve ailleurs. De plus, même si l'ouverture manifestée par le Québec à l'endroit des États-Unis est loin d'être aussi inconditionnelle que celle de Duplessis, elle n'est jamais allée jusqu'à remettre en question l'importance des investissements étrangers au Québec qui, bien que déclinants, n'en demeurent pas moins importants. Finalement, on peut attribuer le succès remporté au Québec par l'option continentale à la *garde montante* qui s'est jointe aux éléments dominants de la classe d'affaires canadienne dans ce débat et qui a su convaincre les agents politiques, tant canadiens que québécois, de son fondement.

## CONCLUSION

Le Québec a, de tout temps, cherché à prendre en considération son insertion économique continentale. Il a dû le faire dans le cadre d'un régime politique qui a été un vecteur d'inégalité régionale et qui a conditionné le développement de la structure industrielle du Québec, celle-ci ayant historiquement été marquée par l'importance des secteurs qui posent des problèmes. Ainsi, cette insertion continentale est marquée par un ensemble de facteurs qui contribuent à limiter les choix politiques possibles pour en atténuer les effets non désirés. En effet, la structure des exportations du Québec est largement déterminée par le marché continental. Le Québec est l'une des provinces canadiennes qui exporte le plus vers le marché canadien, bien que cette tendance tende à s'atténuer. Par ailleurs, les exportations du Québec vers les États-Unis sont fortement concentrées alors que les importations sont nettement plus diversifiées. Cela souligne la fragilité de la base exportatrice du Québec aux soubresauts qui peuvent se produire chez son principal partenaire commercial. Cette fragilité est d'autant plus grande que le Québec entretient des relations avec les États américains limitrophes qui, eux-mêmes, doivent faire face à un problème de marginalisation dû au déplacement des grands centres de croissance vers l'Ouest. De plus, l'importance relative du contrôle anglo-canadien et américain sur l'économie québécoise ainsi que la nécessité de faire appel à des capitaux étrangers pour financer d'importants investissements publics contribuent à limiter la marge de manœuvre dont pourrait disposer un État québécois qui voudrait réduire la dépendance de l'économie québécoise à l'endroit du marché continental. Le choix de réduire la dépendance économique n'a jamais été en termes d'autarcie ou d'économie ouverte. La situation géo-économique du Québec ne permet pas de considérer, même l'espace d'un instant, cette alternative.

En bout de ligne, la stratégie adoptée par l'État québécois à l'égard de l'intégration continentale s'est caractérisée par deux attitudes. La première, qui fut celle de Duplessis et de ses prédécesseurs, fut d'accueillir indistinctement et avec un minimum de contraintes les investissements étrangers. Ce choix s'inscrivait dans la perception du libéralisme classique que l'on se faisait de l'intervention de l'État. La seconde, qui s'est manifestée au moment de la révolution tranquille et qui fut suivie par les gouvernements successifs, cherchait moins à limiter la dépendance économique du Québec à l'égard du marché continental qu'à s'assurer que le capital francophone jouerait un rôle plus important dans ce processus. En d'autres termes, il s'agissait non pas de transformer de fond en comble le tissu économique et industriel du Québec, bien que cet objectif ait été soulevé de temps à autre sous le vocable de *virage technologique*, mais plutôt d'accroître le statut socio-économique des francophones par l'intermédiaire d'un État interventionniste qui tentait de surcroît d'atténuer les effets pervers causés par la faiblesse structurelle endémique de l'économie québécoise. Car, tout compte fait, le succès remporté par le capital francophone au cours des dernières décennies n'a que faiblement modifié la structure industrielle du Québec et les problèmes auxquels elle doit faire face.

Le fait que le Québec ait adhéré pleinement à la stratégie libre-échangiste du gouvernement fédéral apparaît au premier abord paradoxal. L'apparent paradoxe tient à la double dynamique économique et politique associée à ce courant. Sur le plan économique, l'approfondissement des échanges commerciaux continentaux va dans le sens d'un renforcement des rapports selon l'axe nord-sud au détriment de l'axe est-ouest. Cette tendance, perceptible avant la signature de l'accord de libre-échange Canada-États-Unis, ne peut que se renforcer. Elle contribue à atténuer la dépendance plus que séculaire du Québec à l'endroit du marché canadien en *diversifiant* la structure des échanges. En ce sens, elle renforce le désir d'autonomie partagée par une large part de la population québécoise et véhiculée par les deux principaux partis politiques. Sur le plan politique toutefois, le libre-échange peut éventuellement diminuer la marge de manœuvre de l'État québécois en soumettant ce dernier à de nouvelles règles de conduite édictées par les termes de l'accord ou ses interprétations par de nouvelles instances bipartites Canada-États-Unis. Il renforce aussi la capacité du gouvernement central de se poser comme le seul définisseur de la politique commerciale canadienne. La logique libre-échangiste ne peut lever ce *paradoxe* que si elle se situe dans le sillage de la quête d'une plus grande autonomie politique pour le Québec. La réduction de la dépendance à l'endroit du marché canadien prend son sens dans un accroissement de la capacité d'intervention de l'État québécois. De plus, elle reflète l'illusion d'optique que constitue l'accroissement du contrôle par le capital francophone sur l'économie québécoise. Cette nouvelle réalité a alimenté une attitude volontariste de la classe d'affaires fière de ses succès et convaincue que les lendemains seront faits des mêmes succès. Le Québec cherche donc à établir des relations économiques avec le reste du Canada sur des bases semblables à celles qui lient le Québec aux États-Unis.

Finalement, le Québec ne cherche pas à rompre le rapport de dépendance qui caractérise son insertion continentale. Il tente plutôt de revoir les modalités de celui-ci au profit non pas du capital anglo-canadien mais du capital québécois. Dans ce processus, l'État du Québec a joué un rôle important. Compte tenu des fragilités de l'économie québécoise et des assises du capital francophone, la classe d'affaires continuera à réclamer un soutien étatique, préférablement dans des termes qui lui agréent.

## BIBLIOGRAPHIE

BAKVIS, P., 1993, «Free Trade in North America : Divergent Perspectives Between Québec and English Canada» dans *Québec Studies*, vol. 16 (printemps/été), p. 39-48.

BALTHAZAR, L., 1984, «Quebec's Policies Toward the United States» dans A.O. HERO fils et M. DANEAU (dir.), *Problems and Opportunities in U.S.-Quebec Relations*, Boulder et Londres, Westview Press.

BÉLANGER, Y. et P. FOURNIER, 1987, *L'Entreprise québécoise*, La Salle, Hurtubise HMH.

BLOUIN, J., 1986, *Le libre-échange vraiment libre ?*, Québec, Institut québécois de recherche sur la culture.

BOISMENU, G., 1981, *Le Duplessisme*, Montréal, les Presses de l'Université de Montréal.

BONIN, B., 1984, «U.S.-Quebec Economic Relations, Some Interactions Between Trade and Investment» dans A.O. HERO fils et M. DANEAU (dir.), *Problems and Opportunities in U.S.-Quebec Relations*, Boulder et Londres, Westview Press.

BOURASSA, R., 1984, *Mémoire présenté par le Parti libéral du Québec devant la Commission sur l'union économique*, texte ronéotypé, février.

BRUNELLE, D., 1976, *La Désillusion tranquille*, Montréal, Hurtubise HMH.

BRUNELLE, D. et C. DEBLOCK, 1987, «Défenseurs et adversaires du libre-échange avec les U.S.A., Études des positions des partis au Canada» dans P.J. HAMEL, *Un marché, deux sociétés?*, 2ᵉ partie, Montréal, ACFAS, «Les cahiers scientifiques».

BRUNELLE, D. et C. DEBLOCK, 1989, *Le Libre-échange par défaut*, Montréal, VLB.

COALITION QUÉBÉCOISE D'OPPOSITION AU LIBRE-ÉCHANGE, CEQ, CSN, FTQ, UPA, 1987, *Danger libre-échange*, Québec, la Coalition.

CONFÉRENCE ANNUELLE DES PREMIERS MINISTRES SUR L'ÉCONOMIE, 1985, *Compte rendu textuel*, Ottawa, Secrétariat des conférences intergouvernementales canadiennes.

CONSEIL DU PATRONAT DU QUÉBEC, 1988, *Des améliorations possibles dans un climat conjoncturel favorable*, éléments de discussion pour une rencontre avec les caucus du Parti libéral et du Parti québécois à l'Assemblée nationale, novembre.

FINBOW, R., 1983, «The State Agenda in Quebec and Ontario, 1960-1980» dans *Revue d'études canadiennes*, vol. 18, nᵒ 1, p. 17-35.

FRÉCHETTE, P., R. JOUANDET-BERNADAT et J.P. VÉZINA, 1975, *L'Économie du Québec*, Montréal, HRW.

GAGNON, A.-G. et M.B. MONTCALM, 1982, «Peripheralization and Quebec Unrest» dans *Revue d'études canadiennes*, vol. 17, nᵒ 2, p. 32-42.

GAUDET, G., 1980, «Forces Underlying the Evolution of Natural Resource Policies in Quebec» dans C.E. BEIGIE et A.O. HERO (dir.), *Natural Resources in U.S.-Canadian Relations, Volume I, The Evolution of Policies and Issues*, Boulder, Westview Press.

GUAY, J.-H, 1989, «Le patronat» dans D. MONIÈRE (dir.), *L'Année politique au Québec 1988-1989*, Montréal, Québec/Amérique.

HENRY, J., 1976, «La dépendance structurelle du Québec dans un Canada dominé par les États-Unis» dans R. TREMBLAY (dir.), *L'Économie québécoise*, Montréal, Les Presses de l'Université du Québec, p. 295-311.

HERO, A.O. et L. BALTHAZAR, 1988, *Contemporary Quebec & the United States. 1960-1985*, Lanham et Londres, University Press of America.

MARTIN, P., 1993, «When Nationalism Meets Continentalism: The Politics of Free Trade in Québec», non publié, novembre.

MONTCALM, M.B. et A.-G. GAGNON, 1990, «Quebec in the Continental Economy» dans A.-G. GAGNON et J.P. BICKERTON (dir.), *Canadian Politics. An Introduction to the Discipline*, Peterborough, Broadview Press.

MOREAU, F., 1981, *Le Capital financier québécois*, Laval, Albert Saint-Martin.

NIOSI, J., 1979, «The New French-Canadian Bourgeoisie» dans *Studies in Political Economy*, vol. 1, p. 113-161.

PARENTEAU, R., 1970, «L'expérience de la planification au Québec (1960-1969)» dans *L'Actualité économique*, vol. 45, nº 4 (janvier-mars).

PARTI QUÉBÉCOIS, 1983, *Mémoire présenté à la Commission d'enquête sur l'union économique canadienne*, Conseil exécutif national, texte ronéotypé, décembre.

PELLETIER, R., 1989, *Partis politiques et société québécoise. De Duplessis à Bourassa 1944-1970*, Montréal, Québec/Amérique.

PÉLOUAS, A., 1991, 1er février, «Plus tourné vers l'étranger, le Québec demeure malgré tout déficitaire dans ses échanges internationaux» dans *Le Devoir*.

PERRON, B., 1985, «Les contraintes dans les relations entre le Québec et les États-Unis» dans *Politique*, vol. 7 (hiver), p. 9-31.

PROULX, P.P. et G. CAUCHY, 1991, «Un examen des échanges commerciaux du Québec avec les autres provinces canadiennes, les États-Unis et le reste du monde» dans COMMISSION SUR L'AVENIR POLITIQUE ET CONSTITUTIONNEL DU QUÉBEC, *Éléments d'analyse économique pertinents à la révision du statut politique et constitutionnel du Québec, Document de travail numéro 1*, Québec, s.n., p. 55-165.

PROULX, P.P. et W.D. SHIPMAN, 1986, «Trade Relations Among Quebec, the Atlantic Provinces, and New England» dans W.D. SHIPMAN (dir.), *Trade and Investment Across the Northeast Boundary, Quebec, the Atlantic Provinces, and New England*, Montréal, Institute for Research on Public Policy, p. 47-84.

PROULX, P.P., L. DULUDE et Y. RABEAU, 1978, *Étude des relations commerciales Québec-USA, Québec-Canada*, Québec, gouvernement du Québec, ministère des Affaires intergouvernementales.

PROULX, P.P., 1993, «Québec in North America : Divergent Perspectives Between Québec and English Canada» dans *Québec Studies*, vol. 16 (printemps/été), p. 23-37.

QUÉBEC, 1987a, *La libéralisation des échanges avec les États-Unis. Une perspective québécoise*, Québec, texte ronéotypé, avril.

QUÉBEC, 1987b, *Éléments de l'Accord entre le Canada et les États-Unis, analyse dans une perspective québécoise*, Québec, s.n.

QUÉBEC, BUREAU DE LA STATISTIQUE DU QUÉBEC, 1988a, *Commerce international du Québec. Édition 1988*, Québec, Éditeur officiel.

QUÉBEC, 1988b, Rapport du ministre délégué aux PME 1987, *The State of Small and Medium-Sized Business in Québec*, Québec, Éditeur officiel.

QUÉBEC, 1993, *Québec and the North American Free Trade Agreement*, Québec, Éditeur officiel.

RAYNAULD, A., 1974, *La Propriété des entreprises au Québec, les années 60*, Montréal, les Presses de l'Université de Montréal.

RAYNAULD, A, 1990, *Les Enjeux économiques de la souveraineté*, mémoire soumis au Conseil du patronat du Québec, octobre.

RAYNAULD, A. et F. VAILLANCOURT, 1984, *L'Appartenance des entreprises, le cas du Québec en 1978*, Québec, Éditeur officiel.

ROBY, Y., 1976, *Les Québécois et les investissements américains, 1918-1929*, Québec, les Presses de l'Université Laval.

ROCHER, F., 1987, «Fédéralisme et libre-échange, vers une restructuration centralisée de l'État canadien» dans C. DEBLOCK et M. COUTURE (dir.), *Un marché, deux sociétés?* 1re partie, Montréal, ACFAS, «Les cahiers scientifiques», p. 151-168.

ROCHER, F., 1988a, «Économie canadienne et marché international, entre l'écartèlement et l'alignement» dans C. DEBLOCK et R. ARTEAU (dir.), *La politique économique canadienne à l'épreuve du continentalisme*, Montréal, ACFAS, «Politique et économie» (collection dirigée par le GRÉTSÉ).

ROCHER, F., 1988b, «La bourgeoisie canadienne et les paramètres de l'alliance continentaliste» dans *Politique*, vol. 14 (automne).

ROMULUS, M. et C. DEBLOCK, 1985, «État, politique et développement industriel du Québec» dans *Interventions économiques*, 14/15 (printemps), p. 293-330.

SALES, A., 1979, *La Bourgeoisie industrielle au Québec*, Montréal, les Presses de l'Université de Montréal.

SALES, A. et N. BÉLANGER, 1985, *Décideurs et gestionnaires*, Québec, Éditeur officiel.

STATISTICS CANADA, 1993, *The Daily*, 27 septembre, Cat. No 11-001E.

VAILLANCOURT, F. et J. CARPENTIER, 1989, *Le contrôle de l'économie du Québec, la place des francophones en 1987 et son évolution depuis 1961*, Québec, gouvernement du Québec/Office de la langue française.

# La Charte québécoise des droits et libertés de la personne

# La Charte des droits et libertés de la personne et la Commission des droits de la personne

*Loi adoptée le 27 juin 1975 par l'Assemblée nationale du Québec pour*
- *promouvoir* la cause des droits au Québec auprès des individus, des groupes et de la collectivité ;
- *susciter* le respect entre tous et l'exercice de la responsabilité de chacun à l'égard des autres et du bien-être général ;
- *aider* les individus et les groupes à faire connaître leurs droits et à les exercer dans les faits ;
- *protéger* de la discrimination et de l'exploitation.

## La Charte : le symbole des valeurs de la société québécoise

« Le but de la Charte, comme l'expliquent les considérants du projet de loi, est d'affirmer solennellement les libertés et droits fondamentaux de la personne afin que ceux-ci soient garantis par la volonté collective et mieux protégés contre toute violation. En fait, la Charte vise à régler les rapports entre les citoyens en fonction de la dignité humaine et à déterminer les droits et les facultés dont l'ensemble est nécessaire à l'épanouissement de la personnalité de chaque être humain.

Parmi les raisons qui rendent nécessaire l'adoption d'une Charte, il y a la complexité croissante des relations dans lesquelles sont impliqués les individus, l'intervention accrue de l'État dans la vie quotidienne des citoyens, la multiplication des lois et des situations où les droits et libertés de chacun risquent d'entrer en conflit, l'utilisation accrue de l'ordinateur et ses effets sur la vie privée, le développement du caractère cosmopolite de nos centres urbains. Le projet de loi signale d'ailleurs que les droits de l'homme sont inséparables du bien-être général et qu'ils constituent le fondement de la justice et de la paix. Le gouvernement reconnaît ainsi l'importance fondamentale du respect des droits de l'homme dans l'établissement de relations sociales harmonieuses et le maintien de la paix sociale. En somme, la Charte est le symbole des valeurs de la société québécoise.[1] »

---

1. Extrait d'un communiqué du gouvernement résumant le sens de la Charte, émis le 29 octobre 1974, à l'occasion de la présentation du projet de loi en première lecture.

## Table pour faciliter la lecture des différentes parties de la Charte

# Charte des droits et libertés de la personne

## Préambule

**Considérant** que tout être humain possède des droits et libertés intrinsèques, destinés à assurer sa protection et son épanouissement;
**Considérant** que tous les êtres humains sont égaux en valeur et en dignité et ont droit à une égale protection de la loi;
**Considérant** que les droits et libertés de la personne humaine sont inséparables des droits et libertés d'autrui et du bien-être général;
**Considérant** qu'il y a lieu d'affirmer solennellement dans une Charte les libertés et droits fondamentaux de la personne afin que ceux-ci soient garantis par la volonté collective et mieux protégés contre toute violation;
**À ces causes,** Sa Majesté, de l'avis et du consentement de l'Assemblée nationale du Québec, décrète ce qui suit:

### Partie I - Les droits et libertés de la personne
### Chapitre I - Libertés et droits fondamentaux

**1.** Tout être humain a droit à la vie, ainsi qu'à la sûreté, à l'intégrité et à la liberté de sa personne.

Il possède également la personnalité juridique.

**2.** Tout être humain dont la vie est en péril a droit au secours.

Toute personne doit porter secours à celui dont la vie est en péril, personnellement ou en obtenant du secours, en lui apportant l'aide physique nécessaire et immédiate, à moins d'un risque pour elle ou pour les tiers ou d'un autre motif raisonnable.

**3.** Toute personne est titulaire des libertés fondamentales telles la liberté de conscience, la liberté de religion, la liberté d'opinion, la liberté d'expression, la liberté de réunion pacifique et la liberté d'association.

**4.** Toute personne a droit à la sauvegarde de sa dignité, de son honneur et de sa réputation.

**5.** Toute personne a droit au respect de sa vie privée.

**6.** Toute personne a droit à la jouissance paisible et à la libre disposition de ses biens, sauf dans la mesure prévue par la loi.

**7.** La demeure est inviolable.

**8.** Nul ne peut pénétrer chez autrui ni y prendre quoi que ce soit sans son consentement exprès ou tacite.

**9.** Chacun a droit au respect du secret professionnel.

Toute personne tenue par la loi au secret professionnel et tout prêtre ou autre ministre du culte ne peuvent, même en justice, divulguer les renseignements confidentiels qui leur ont été révélés en raison de leur état ou profession, à moins qu'ils n'y soient autorisés par celui qui leur a fait ces confidences ou par une disposition expresse de la loi.

Le tribunal doit, d'office, assurer le respect du secret professionnel.

**9.1** Les libertés et droits fondamentaux s'excercent dans le respect des valeurs démocratiques, de l'ordre public et du bien-être général des citoyens du Québec.

La loi peut, à cet égard, en fixer la portée et en aménager l'exercice.

### Chapitre I.1 - Droit à l'égalité dans la reconnaissance et l'exercice des droits et libertés

**10.** Toute personne a droit à la reconnaissance et à l'exercice, en pleine égalité, des droits et libertés de la personne, sans distinction, exclusion ou préférence fondée sur la race, la couleur, le sexe, la grossesse, l'orientation sexuelle, l'état civil, l'âge sauf dans la mesure prévue par la loi, la religion, les convictions politiques, la langue, l'origine ethnique ou nationale, la condition sociale, le handicap ou l'utilisation d'un moyen pour pallier ce handicap.

Il y a discrimination lorsqu'une telle distinction, exclusion ou préférence a pour effet de détruire ou de compromettre ce droit.

**10.1** Nul ne doit harceler une personne en raison de l'un des motifs visés dans l'article 10.

**11.** Nul ne peut diffuser, publier ou exposer en public un avis, un symbole ou un signe comportant discrimination ni donner une autorisation à cet effet.

**12.** Nul ne peut, par discrimination, refuser de conclure un acte juridique ayant pour objet des biens ou des services ordinairement offerts au public.

**13.** Nul ne peut, dans un acte juridique, stipuler une clause comportant discrimination. Une telle clause est réputée sans effet.

**14.** L'interdiction visée dans les articles 12 et 13 ne s'applique pas au locateur d'une chambre située dans un local d'habitation, si le locateur ou sa famille réside dans le local, ne loue qu'une seule chambre et n'annonce pas celle-ci, en vue de la louer, par avis ou par tout autre moyen public de sollicitation.

**15.** Nul ne peut, par discrimination, empêcher autrui d'avoir accès aux moyens de transport ou aux lieux publics, tels les établissements commerciaux, hôtels, restaurants, théâtres, cinémas, parcs, terrains de camping et de caravaning, et d'y obtenir les biens et les services qui y sont disponibles.

**16.** Nul ne peut exercer de discrimination dans l'embauche, l'apprentissage, la durée de la période de probation, la formation professionnelle, la promotion, la mutation, le déplacement, la mise à pied, la suspension, le renvoi ou les conditions de travail d'une personne ainsi que dans l'établissement de catégories ou de classifications d'emploi.

**17.** Nul ne peut exercer de discrimination dans l'admission, la jouissance d'avantages, la suspension ou l'expulsion d'une personne d'une association d'employeurs ou de salariés ou de toute corporation professionnelle ou association de personnes exerçant une même occupation.

**18.** Un bureau de placement ne peut exercer de discrimination dans la réception, la classification ou le traitement d'une demande d'emploi ou dans un acte visant à soumettre une demande à un employeur éventuel.

**18.1** Nul ne peut, dans un formulaire de demande d'emploi ou lors d'une entrevue relative à un emploi, requérir d'une personne des renseignements sur les motifs visés dans l'article 10 sauf si ces renseignements sont utiles à l'application de l'article 20 ou à l'application d'un programme d'accès à l'égalité existant au moment de la demande. ·

**18.2** Nul ne peut congédier, refuser d'embaucher ou autrement pénaliser dans le cadre de son emploi une personne du seul fait qu'elle a été déclarée coupable d'une infraction pénale ou criminelle, si cette infraction n'a aucun lien avec l'emploi ou si cette personne en a obtenu le pardon.

**19.** Tout employeur doit, sans discrimination, accorder un traitement ou un salaire égal aux membres de son personnel qui accomplissent un travail équivalent au même endroit.

Il n'y a pas de discrimination si une différence de traitement ou de salaire est fondée sur l'expérience, l'ancienneté, la durée du service, l'évaluation au mérite, la quantité de production ou le temps supplémentaire, si ces critères sont communs à tous les membres du personnel.

**20.** Une distinction, exclusion ou préférence fondée sur les aptitudes ou qualités requises par un emploi, ou justifiée par le caractère charitable, philanthropique, religieux, politique ou éducatif d'une institution sans but lucratif ou qui est vouée exclusivement au bien-être d'un groupe ethnique est réputée non discriminatoire.

*Non en vigueur*

*De même, dans les contrats d'assurance ou de rente, les régimes d'avantages sociaux, de retraite, de rente ou d'assurance ou dans les régimes universels de rente ou d'assurance, est réputée non discriminatoire une distinction, exclusion ou préférence fondée sur des facteurs de détermination de risque ou des données actuarielles fixés par règlement.*

### Chapitre II - Droits politiques

**21.** Toute personne a droit d'adresser des pétitions à l'Assemblée nationale pour le redressement de griefs.

**22.** Toute personne légalement habilitée et qualifiée a droit de se porter candidat lors d'une élection et a droit d'y voter.

### Chapitre III - Droits judiciaires

**23.** Toute personne a droit, en pleine égalité, à une audition publique et impartiale de sa cause par un tribunal indépendant et qui ne soit pas préjugé, qu'il s'agisse de la détermination de ses droits et obligations ou du bien-fondé de toute accusation portée contre elle.

Le tribunal peut toutefois ordonner le huis clos dans l'intérêt de la morale ou de l'ordre public.

En outre, lorsqu'elles concernent des procédures en matière familiale, les audiences en première instance se tiennent à huis clos, à moins que le tribunal, à la demande d'une personne et s'il l'estime utile dans l'intérêt de la justice, n'en décide autrement.

**24.** Nul ne peut être privé de sa liberté ou de ses droits, sauf pour les motifs prévus par la loi et suivant la procédure prescrite.

**24.1** Nul ne peut faire l'objet de saisies, perquisitions ou fouilles abusives.

**25.** Toute personne arrêtée ou détenue doit être traitée avec humanité et avec le respect dû à la personne humaine.

**26.** Toute personne détenue dans un établissement de détention a droit d'être soumise à un régime distinct approprié à son sexe, son âge et sa condition physique ou mentale.

**27.** Toute personne détenue dans un établissement de détention en attendant l'issue de son procès a droit d'être séparée, jusqu'au jugement final, des prisonniers qui purgent une peine.

**28.** Toute personne arrêtée ou détenue a droit d'être promptement informée, dans une langue qu'elle comprend, des motifs de son arrestation ou de sa détention.

**28.1** Tout accusé a le droit d'être promptement informé de l'infraction particulière qu'on lui reproche.

**29.** Toute personne arrêtée ou détenue a droit, sans délai, d'en prévenir ses proches et de recourir à l'assistance d'un avocat. Elle doit être promptement informée de ces droits.

**30.** Toute personne arrêtée ou détenue doit être promptement conduite devant le tribunal compétent ou relâchée.

**31.** Nulle personne arrêtée ou détenue ne peut être privée, sans juste cause, du droit de recouvrer sa liberté sur engagement, avec ou sans dépôt ou caution, de comparaître devant le tribunal dans le délai fixé.

**32.** Toute personne privée de sa liberté a droit de recourir à l'habeas corpus.

**32.1** Tout accusé a le droit d'être jugé dans un délai raisonnable.

**33.** Tout accusé est présumé innocent jusqu'à ce que la preuve de sa culpabilité ait été établie suivant la loi.

**33.1** Nul accusé ne peut être contraint de témoigner contre lui-même lors de son procès.

**34.** Toute personne a droit de se faire représenter par un avocat ou d'en être assistée devant tout tribunal.

**35.** Tout accusé a droit à une défense pleine et entière et a le droit d'interroger et de contre-interroger les témoins.

**36.** Tout accusé a le droit d'être assisté gratuitement d'un interprète s'il ne comprend pas la langue employée à l'audience ou s'il est atteint de surdité.

**37.** Nul accusé ne peut être condamné pour une action ou une omission qui, au moment où elle a été commise, ne constituait pas une violation de la loi.

**37.1** Une personne ne peut être jugée de nouveau pour une infraction dont elle a été acquittée ou dont elle a été déclarée coupable en vertu d'un jugement passé en force de chose jugée.

**37.2** Un accusé a droit à la peine la moins sévère lorsque la peine prévue pour l'infraction a été modifiée entre la perpétration de l'infraction et le prononcé de la sentence.

**38.** Aucun témoignage devant un tribunal ne peut servir à incriminer son auteur, sauf le cas de poursuites pour parjure ou pour témoignages contradictoires.

## Chapitre IV - Droits économiques et sociaux

**39.** Tout enfant a droit à la protection, à la sécurité et à l'attention que ses parents ou les personnes qui en tiennent lieu peuvent lui donner.

**40.** Toute personne a droit, dans la mesure et suivant les normes prévues par la loi, à l'instruction publique gratuite.

**41.** Les parents ou les personnes qui en tiennent lieu ont droit d'exiger que, dans les établissements d'enseignement publics, leurs enfants reçoivent un enseignement religieux ou moral conforme à leurs convictions, dans le cadre des programmes prévus par la loi.

**42.** Les parents ou les personnes qui en tiennent lieu ont le droit de choisir pour leurs enfants des établissements d'enseignement privés, pourvu que ces établissements se conforment aux normes prescrites ou approuvées en vertu de la loi.

**43.** Les personnes appartenant à des minorités ethniques ont le droit de maintenir et de faire progresser leur propre vie culturelle avec les autres membres de leur groupe.

**44.** Toute personne a droit à l'information, dans la mesure prévue par la loi.

**45.** Toute personne dans le besoin a droit, pour elle et sa famille, à des mesures d'assistance financière et à des mesures sociales, prévues par la loi, susceptibles de lui assurer un niveau de vie décent.

**46.** Toute personne qui travaille a droit, conformément à la loi, à des conditions de travail justes et raisonnables et qui respectent sa santé, sa sécurité et son intégrité physique.

**47.** Les époux ont, dans le mariage, les mêmes droits, obligations et responsabilités. Ils assurent ensemble la direction morale et matérielle de la famille et l'éducation de leurs enfants communs.

**48.** Toute personne âgée ou toute personne handicapée a droit d'être protégée contre toute forme d'exploitation.

Telle personne a aussi droit à la protection et à la sécurité que doivent lui apporter sa famille ou les personnes qui en tiennent lieu.

## Chapitre V - Dispositions spéciales et interprétatives

**49.** Une atteinte illicite à un droit ou à une liberté reconnu par la présente Charte confère à la victime le droit d'obtenir la cessation de cette atteinte et la réparation du préjudice moral ou matériel qui en résulte.

En cas d'atteinte illicite et intentionnelle, le tribunal peut en outre condamner son auteur à des dommages exemplaires.

**50.** La Charte doit être interprétée de manière à ne pas supprimer ou restreindre la jouissance ou l'exercice d'un droit ou d'une liberté de la personne qui n'y est pas inscrit.

**51.** La Charte ne doit pas être interprétée de manière à augmenter, restreindre ou modifier la portée d'une disposition de la loi, sauf dans la mesure prévue par l'article 52.

**52.** Aucune disposition d'une loi, même postérieure à la Charte, ne peut déroger aux articles 1 à 38, sauf dans la mesure prévue par ces articles, à moins que cette loi n'énonce expressément que cette disposition s'applique malgré la Charte.

**53.** Si un doute surgit dans l'interprétation d'une disposition de la loi, il est tranché dans le sens indiqué par la Charte.

**54.** La Charte lie la Couronne.

**55.** La Charte vise les matières qui sont de la compétence législative du Québec.

**56.1.** Dans les articles 9, 23, 30, 31, 34 et 38, dans le chapitre III de la Partie II ainsi que dans la Partie IV, le mot «tribunal» inclut un coroner, un commissaire-enquêteur sur les incendies, une commission d'enquête et une personne ou un organisme exerçant des fonctions quasi judiciaires.

**56.2.** Dans l'article 19, les mots «traitement» et «salaire» incluent les compensations ou avantages à valeur pécuniaire se rapportant à l'emploi.

**56.3.** Dans la Charte, le mot «loi» inclut un règlement, un décret, une ordonnance ou un arrêté en conseil pris sous l'autorité d'une loi.

## Partie II - La Commission des droits de la personne
### Chapitre I - Constitution

**57.** Un organisme, ci-après appelé «La Commission», est constitué sous le nom de la «Commission des droits de la personne».

**58.** La Commission est composée d'au moins sept membres, dont le président et le vice-président. Ils sont nommés par l'Assemblée nationale sur la proposition du premier ministre, pour un mandat n'excédant pas dix ans.

Ces nominations doivent être approuvées par les deux tiers des membres de l'Assemblée nationale.

La durée du mandat, une fois fixée, ne peut être réduite.

**59.** Le gouvernement fixe le traitement et les conditions de travail ou, s'il y a lieu, le traitement additionnel, les honoraires ou les allocations de chacun des membres de la Commission.

Le traitement, le traitement additionnel, les honoraires et les allocations, une fois fixés, ne peuvent être réduits.

**60.** Les membres de la Commission restent en fonction jusqu'à leur remplacement, sauf en cas de démission.

**61.** La Commission peut constituer un comité des plaintes formé de trois de ses membres qu'elle désigne par écrit, et lui déléguer, par règlement, des responsabilités.

**62.** La Commission nomme les membres du personnel requis pour s'acquitter de ses fonctions ; leur nombre est déterminé par le gouvernement ; ils peuvent être destitués par décret de celui-ci, mais uniquement sur recommandation de la Commission.

La Commission peut, par écrit, confier à une personne qui n'est pas membre de son personnel soit le mandat de faire une enquête, soit celui de rechercher un règlement entre les parties, dans les termes des paragraphes 1 et 2 du deuxième alinéa de l'article 71, avec l'obligation de lui faire rapport dans un délai qu'elle fixe.

Pour un cas d'arbitrage, la Commission désigne un seul arbitre parmi les personnes qui ont une expérience, une expertise, une sensibilisation et un intérêt marqués en matière de droits et libertés de la personne et qui sont inscrites sur la liste dressée périodiquement par le gouvernement suivant la procédure de recrutement et de sélection qu'il prend par règlement. L'arbitre agit suivant les règles prévues au Livre

VII du Code de procédure civile, à l'exclusion du chapitre II du Titre I, compte tenu des adaptations nécessaires.

Une personne qui a participé à l'enquête ne peut se voir confier le mandat de rechercher un règlement ni agir comme arbitre, sauf du consentement des parties.

**63.** Le gouvernement établit les normes et barèmes de la rémunération ou des allocations ainsi que les autres conditions de travail qu'assume la Commission à l'égard des membres de son personnel, de ses mandataires et des arbitres.

**64.** Avant d'entrer en fonction, les membres et mandataires de la Commission, les membres de son personnel et les arbitres prêtent les serments ou affirmations solennelles prévus à l'annexe I : les membres de la Commission, devant le Président de l'Assemblée nationale et les autres, devant le président de la Commission.

**65.** Le président et le vice-président doivent s'occuper exclusivement des devoirs de leurs fonctions.

**66.** Le président est chargé de la direction et de l'administration des affaires de la Commission, dans le cadre des règlements pris pour l'application de la présente Charte. Il peut, par délégation, exercer les pouvoirs de la Commission prévus à l'article 61, aux deuxième et troisième alinéas de l'article 62 et au premier alinéa de l'article 77.

Il préside les séances de la Commission.

**67.** D'office, le vice-président remplace temporairement le président en cas d'absence ou d'empêchement de celui-ci ou de vacance de sa fonction. Si le vice-président, appelé à remplacer le président, est lui-même absent ou empêché ou que sa fonction est vacante, le gouvernement désigne, pour le remplacer temporairement, un autre membre de la Commission dont il fixe, s'il y a lieu, le traitement additionnel, les honoraires ou les allocations.

**68.** La Commission, ses membres, les membres de son personnel, ses mandataires et un comité des plaintes ne peuvent être poursuivis en justice pour une omission ou un acte accompli de bonne foi dans l'exercice de leurs fonctions.

Ils ont de plus, aux fins d'enquête, les pouvoirs et l'immunité des commissaires nommés en vertu de la Loi sur les commissions d'enquête (L.R.Q. chapitre C-37), sauf le pouvoir d'ordonner l'emprisonnement.

**69.** La Commission a son siège à Québec ou à Montréal selon ce que décide le gouvernement par décret entrant en vigueur sur publication dans la *Gazette officielle du Québec*; elle a aussi un bureau dans l'autre ville.

Elle peut établir des bureaux à tout endroit du Québec.

La Commission peut tenir ses séances n'importe où au Québec.

**70.** La Commission peut faire des règlements pour sa régie interne.

### Chapitre II - Fonctions

**71.** La Commission assure, par toutes mesures appropriées, la promotion et le respect des principes contenus dans la présente Charte.

Elle assume notamment les responsabilités suivantes :

1° faire enquête selon un mode non contradictoire, de sa propre initiative ou lorsqu'une plainte lui est adressée, sur toute situation qui lui paraît constituer soit un cas de discrimination au sens des articles 10 à 19, y compris un cas visé à l'article 86, soit un cas de violation du droit à la protection contre l'exploitation des personnes âgées ou handicapées énoncé au premier alinéa de l'article 48 ;

2° favoriser un règlement entre la personne dont les droits auraient été violés ou celui qui la représente, et la personne à qui cette violation est imputée ;

3° signaler au Curateur public tout besoin de protection qu'elle estime être de la compétence de celui-ci, dès qu'elle en a connaissance dans l'exercice de ses fonctions ;

4° élaborer et appliquer un programme d'information et d'éducation, destiné à faire comprendre et accepter l'objet et les dispositions de la présente Charte ;

5° diriger et encourager les recherches et publications sur les libertés et droits fondamentaux ;

6° relever les dispositions des lois du Québec qui seraient contraires à la Charte et faire au gouvernement les recommandations appropriées ;

7° recevoir les suggestions, recommandations et demandes qui lui sont faites touchant les droits et libertés de la personne, les étudier, éventuellement en invitant toute personne ou groupement intéressé à lui présenter publiquement ses observations lorsqu'elle estime que l'intérêt public ou celui d'un groupement le requiert, pour faire au gouvernement les recommandations appropriées ;

8° coopérer avec toute organisation vouée à la promotion des droits et libertés de la personne, au Québec ou à l'extérieur ;

9° faire enquête sur une tentative ou un acte de représailles ainsi que sur tout autre fait ou omission qu'elle estime constituer une infraction à la présente Charte, et en faire rapport au Procureur général.

**72.** La Commission, ses membres, les membres de son personnel, ses mandataires et un comité des plaintes doivent prêter leur assistance aux personnes, groupes ou organismes qui en font la demande, pour la réalisation d'objets qui relèvent de la compétence de la Commission suivant le chapitre III de la présente partie, les Parties III et IV et les règlements pris en vertu de la présente Charte.

Ils doivent, en outre, prêter leur concours dans la rédaction d'une plainte, d'un règlement intervenu entre les parties ou d'une demande qui doit être adressée par écrit à la Commission.

**73.** La Commission remet au Président de l'Assemblée nationale, au plus tard le 31 mars, un rapport de ses activités et de ses recommandations pour l'année civile précédente.

Ce rapport est déposé devant l'Assemblée nationale si elle est en session ou, si elle ne l'est pas, dans les 30 jours de l'ouverture de la session suivante. Il est publié et distribué par l'Éditeur officiel du Québec, dans les conditions déterminées par décret du gouvernement.

### Chapitre III - Plaintes

**74.** Peut porter plainte à la Commission toute personne qui se croit victime d'une violation des droits relevant de la compétence d'enquête de la Commission. Peuvent se regrouper pour porter plainte, plusieurs personnes qui se croient victimes d'une telle violation dans des circonstances analogues.

La plainte doit être faite par écrit.

La plainte peut être portée, pour le compte de la victime, par un organisme voué à la défense des droits et libertés de la personne ou au bien-être d'un groupement. Le consentement écrit de la victime ou des victimes est nécessaire, sauf s'il s'agit d'un cas d'exploitation de personnes âgées ou handicapées prévu au premier alinéa de l'article 48.

**75.** Toute plainte reçue par le Protecteur du citoyen et relevant de la compétence de la Commission lui est transmise à moins que le plaignant ne s'y oppose.

La plainte transmise à la Commission est réputée reçue par celle-ci à la date de son dépôt auprès du Protecteur du citoyen.

**76.** La prescription de tout recours civil, portant sur les faits rapportés dans une plainte ou dévoilés par une enquête, est suspendue de la date du dépôt de la plainte auprès de la Commission ou de celle du début de l'enquête qu'elle tient de sa propre initiative, jusqu'à la première des éventualités suivantes :

1° la date d'un règlement entre les parties ;

2° la date à laquelle la victime et le plaignant ont reçu notification que la Commission soumet le litige à un tribunal ;

3° la date à laquelle la victime ou le plaignant a personnellement introduit l'un des recours prévus aux articles 49 et 80 ;

4° la date à laquelle la victime et le plaignant ont reçu notification que la Commission refuse ou cesse d'agir.

**77.** La Commission refuse ou cesse d'agir en faveur de la victime, lorsque :

1° la victime ou le plaignant en fait la demande, sous réserve d'une vérification par la Commission du caractère libre et volontaire de cette demande ;

2° la victime ou le plaignant a exercé personnellement, pour les mêmes faits, l'un des recours prévus aux articles 49 et 80.

Elle peut refuser ou cesser d'agir en faveur de la victime, lorsque :

1° la plainte a été déposée plus de deux ans après le dernier fait pertinent qui y est rapporté ;

2° la victime ou le plaignant n'a pas un intérêt suffisant ;

3° la plainte est frivole, vexatoire ou faite de mauvaise foi ;

4° la victime ou le plaignant a exercé personnellement, pour les mêmes faits, un autre recours que ceux prévus aux articles 49 et 80.

La décision est motivée par écrit et elle indique, s'il en est, tout recours que la Commission estime opportun ; elle est notifiée à la victime et au plaignant.

**78.** La Commission recherche, pour toutes situations dénoncées dans la plainte ou dévoilées en cours d'enquête, tout élément de preuve qui lui permettrait de déterminer s'il y a lieu de favoriser la négociation d'un règlement entre les parties, de proposer l'arbitrage du différend ou de soumettre à un tribunal le litige qui subsiste.

Elle peut cesser d'agir lorsqu'elle estime qu'il est inutile de poursuivre la recherche d'éléments de preuve ou lorsque la preuve recueillie est insuffisante. Sa décision doit être motivée par écrit et elle indique, s'il en est, tout recours que la Commission estime opportun ; elle est notifiée à la victime et au plaignant. Avis de sa décision de cesser d'agir doit être donné, par la Commission, à toute personne à qui une violation de droits était imputée dans la plainte.

**79.** Si un règlement intervient entre les parties, il doit être constaté par écrit.

S'il se révèle impossible, la Commission leur propose de nouveau l'arbitrage ; elle peut aussi leur proposer, en tenant compte de l'intérêt public et de celui de la victime, toute mesure de redressement, notamment l'admission de la violation d'un droit, la cessation de l'acte reproché, l'accomplissement d'un acte, le paiement d'une indemnité ou de dommages exemplaires, dans un délai qu'elle fixe.

**80.** Lorsque les parties refusent la négociation d'un règlement ou l'arbitrage du différend, ou lorsque la proposition de la Commission n'a pas été, à sa satisfaction, mise en œuvre dans le délai imparti, la Commission peut s'adresser à un tribunal en vue d'obtenir, compte tenu de l'intérêt public, toute mesure appropriée contre la personne en défaut ou pour réclamer, en faveur de la victime, toute mesure de redressement qu'elle juge alors adéquate.

**81.** Lorsqu'elle a des raisons de croire que la vie, la santé ou la sécurité d'une personne visée par un cas de discrimination ou d'exploitation est menacée, ou qu'il y a risque de perte d'un élément de preuve ou de solution d'un tel cas, la Commission peut s'adresser à un tribunal en vue d'obtenir d'urgence une mesure propre à faire cesser cette menace ou ce risque.

**82.** La Commission peut aussi s'adresser à un tribunal pour qu'une mesure soit prise contre quiconque exerce ou tente d'exercer des représailles contre une personne, un groupe ou un organisme intéressé par le traitement d'un cas de discrimination ou d'exploitation ou qui y a participé, que ce soit à titre de victime, de plaignant, de témoin ou autrement.

Elle peut notamment demander au tribunal d'ordonner la réintégration, à la date qu'il estime équitable et opportune dans les circonstances, de la personne lésée, dans le poste ou le logement qu'elle aurait occupé s'il n'y avait pas eu contravention.

**83.** Lorsqu'elle demande au tribunal de prendre des mesures au bénéfice d'une personne en application des articles 80 à 82, la Commission doit avoir obtenu son consentement écrit, sauf dans le cas d'une personne visée par le premier alinéa de l'article 48.

**84.** Lorsque, à la suite du dépôt d'une plainte, la Commission exerce sa discrétion de ne pas saisir un tribunal, au bénéfice d'une personne, de l'un des recours prévus aux articles 80 à 82, elle le notifie au plaignant en lui en donnant les motifs.

Dans un délai de 90 jours de la réception de cette notification, le plaignant peut, à ses frais, saisir le Tribunal des droits de la personne de ce recours, pour l'exercice duquel il est substitué de plein droit à la Commission avec les mêmes effets que si celle-ci l'avait exercé.

**85.** La victime peut, dans la mesure de son intérêt et en tout état de cause, intervenir dans l'instance à laquelle la Commission est partie en application des articles 80 à 82. Dans ce cas, la Commission ne peut se pourvoir seule en appel sans son consentement.

La victime peut, sous réserve du deuxième alinéa de l'article 111, exercer personnellement les recours des articles 80 à 82 ou se pourvoir en appel, même si elle n'était pas partie en première instance.

Dans tous ces cas, la Commission doit lui donner accès à son dossier.

## Partie III - Les programmes d'accès à l'égalité

**86.** Un programme d'accès à l'égalité a pour objet de corriger la situation de personnes faisant partie de groupes victimes de discrimination dans l'emploi, ainsi que dans les secteurs de l'éducation ou de la santé et dans tout autre service ordinairement offert au public.

Un tel programme est réputé non discriminatoire s'il est établi conformément à la Charte.

**87.**

*Non en vigueur*

*Tout programme d'accès à l'égalité doit être approuvé par la Commission à moins qu'il ne soit imposé par un tribunal.*

La Commission, sur demande, prête son assistance à l'élaboration d'un tel programme.

**88.** La Commission peut, après enquête, si elle constate une situation de discrimination prévue par l'article 86, proposer l'implantation, dans un délai qu'elle fixe, d'un programme d'accès à l'égalité.

La Commission peut, lorque sa proposition n'a pas été suivie, s'adresser à un tribunal et, sur preuve d'une situation visée dans l'article 86, obtenir dans le délai fixé par ce tribunal l'élaboration et l'implantation d'un programme. Le programme ainsi élaboré est déposé devant ce tribunal qui peut, en conformité avec la Charte, y apporter les modifications qu'il juge adéquates.

**89.** La Commission surveille l'application des programmes d'accès à l'égalité. Elle peut effectuer des enquêtes et exiger des rapports.

**90.** Lorsque la Commission constate qu'un programme d'accès à l'égalité n'est pas implanté dans le délai imparti, ou n'est pas observé, elle peut, s'il s'agit d'un programme qu'elle a approuvé, retirer son approbation ou, s'il s'agit d'un programme dont elle a proposé l'implantation, s'adresser à un tribunal conformément au deuxième alinéa de l'article 88.

**91.** Un programme visé dans l'article 88 peut être modifié, reporté ou annulé si des faits nouveaux le justifient.

Lorsque la Commission et la personne requise ou qui a convenu d'implanter le programme s'entendent, l'accord modifiant, reportant ou annulant le programme d'accès à l'égalité est constaté par écrit.

En cas de désaccord, l'une ou l'autre peut s'adresser au tribunal auquel la Commission s'est adressée en vertu du deuxième alinéa de l'article 88, afin qu'il décide si les faits nouveaux justifient la modification, le report ou l'annulation du programme.

Toute modification doit être établie en conformité avec la Charte.

**92.** Le gouvernement doit exiger de ses ministères et organismes l'implantation de programmes d'accès à l'égalité dans le délai qu'il fixe.

Les articles 87 à 91 ne s'appliquent pas aux programmes visés dans le présent article. Ceux-ci doivent toutefois faire l'objet d'une consultation auprès de la Commission avant d'être implantés.

**Partie IV - Confidentialité**

**93.**   Malgré les articles 9 et 83 de la Loi sur l'accès aux documents des organismes publics et sur la protection des renseignements personnels (L.R.Q., chapitre A-2.1), un renseignement ou un document fourni de plein gré à la Commission et détenu par celle-ci aux fins de l'élaboration, l'implantation ou l'observation d'un programme d'accès à l'égalité est confidentiel et réservé exclusivement aux fins pour lesquelles il a été transmis ; il ne peut être divulgué ni utilisé autrement, sauf du consentement de celui qui l'a fourni.

Un tel renseignement ou document ne peut être révélé par ou pour la Commission devant un tribunal, ni rapporté au Procureur général malgré le paragraphe 9° de l'article 71, sauf du consentement de la personne ou de l'organisme de qui la Commission tient ce renseignement ou ce document et de celui des parties au litige.

Le présent article n'a pas pour effet de restreindre le pouvoir de contraindre par assignation, mandat ou ordonnance, la communication par cette personne ou cet organisme d'un renseignement ou d'un document relatif à un programme d'accès à l'égalité.

**94.**   Rien de ce qui est dit ou écrit à l'occasion de la négociation d'un règlement prévue à l'article 78 ne peut être révélé, même en justice, sauf du consentement des parties à cette négociation et au litige.

**95.**   Sous réserve de l'article 61 du Code de procédure pénale (1987, chapitre 96) un membre ou un mandataire de la Commission ou un membre de son personnel ne peut être contraint devant un tribunal de faire une déposition portant sur un renseignement qu'il a obtenu dans l'exercice de ses fonctions ni de produire un document contenant un tel renseignement, si ce n'est aux fins du contrôle de sa confidentialité.

**96.**   Aucune action civile ne peut être intentée en raison ou en conséquence de la publication d'un rapport émanant de la Commission ou de la publication, faite de bonne foi, d'un extrait ou d'un résumé d'un tel rapport.

**Partie V - Réglementation**

**97.**   Le gouvernement, par règlement :

1°   peut déterminer les données actuarielles et les facteurs de détermination de risque qui ne constituent pas de la discrimination dans les contrats d'assurance ou de rente, les régimes d'avantages sociaux, de retraite, de rente ou d'assurance ou dans les régimes universels de rente ou d'assurance, établir dans quels cas et selon quel type de contrat ou de régime ces données et facteurs sont réputés non discriminatoires et prévoir, aux fins de ces contrats et régimes, toute disposition incidente à l'application du principe de non discrimination et les règles relatives à la notion de conjoint ;

2°   peut fixer les critères, normes, barèmes, conditions ou modalités concernant l'élaboration, l'implantation ou l'application de programmes d'accès à l'égalité, en établir les limites et déterminer toute mesure nécessaire ou utile à ces fins.

3°   édicte la procédure de recrutement et de sélection des personnes aptes à être désignées à la fonction d'arbitre ou nommée à celle d'assesseur au Tribunal des droits de la personne.

Le règlement prévu au paragraphe 3°, notamment :

1°  détermine la proportionnalité minimale d'avocats que doit respecter la liste prévue au troisième alinéa de l'article 62 ;

2°  détermine la publicité qui doit être faite afin de dresser cette liste ;

3°  détermine la manière dont une personne peut se porter candidate ;

4°  autorise le ministre de la Justice à former un comité de sélection pour évaluer l'aptitude des candidats et lui fournir un avis sur eux ainsi qu'à en fixer la composition et le mode de nomination des membres ;

5°  détermine les critères de sélection dont le comité tient compte, les renseignements qu'il peut requérir d'un candidat ainsi que les consultations qu'il peut faire ;

6°  prévoit que la liste des personnes aptes à être désignées à la fonction d'arbitre ou nommées à celle d'assesseur au Tribunal des droits de la personne, est consignée dans un registre établi à cette fin au ministère de la Justice.

Les membres d'un comité de sélection ne sont pas rémunérés, sauf dans le cas, aux conditions et dans la mesure que peut déterminer le gouvernement. Ils ont cependant droit au remboursement des dépenses faites dans l'exercice de leurs fonctions, aux conditions et dans la mesure que détermine le gouvernement.

98.   Le gouvernement, après consultation de la Commission, publie son projet de règlement à la *Gazette officielle du Québec* avec un avis indiquant le délai après lequel ce projet sera déposé devant la Commission des institutions et indiquant qu'il pourra être pris après l'expiration des 45 jours suivant le dépôt du rapport de cette commission devant l'Assemblée nationale.

Le gouvernement peut, par la suite, modifier le projet de règlement. Il doit, dans ce cas, publier le projet modifié à la *Gazette officielle du Québec* avec un avis indiquant qu'il sera pris sans modification à l'expiration des 45 jours suivant cette publication.

99.   La Commission, par règlement :

1°  peut déléguer à un comité des plaintes constitué conformément à l'article 61, les responsabilités qu'elle indique ;

2°  prescrit les autres règles, conditions et modalités d'exercice ou termes applicables aux mécanismes prévus aux chapitres II et III de la Partie II et aux Parties III et IV, y compris la forme et les éléments des rapports pertinents.

Un tel règlement est soumis à l'approbation du gouvernement qui peut, en l'approuvant, le modifier.

### Partie VI - Le Tribunal des droits de la personne
### Chapitre I - Constitution et organisation

100.   Est institué le Tribunal des droits de la personne, appelé le « Tribunal » dans la présente partie.

101.   Le Tribunal est composé d'au moins sept membres, dont le président et les assesseurs, nommés par le gouvernement. Le président est choisi, après consultation du juge en chef de la Cour du Québec, parmi les juges de cette cour qui ont une expérience, une expertise, une sensibilisation et un intérêt marqués en matière de droits

et libertés de la personne ; les assesseurs le sont parmi les personnes inscrites sur la liste prévue au troisième alinéa de l'article 62.

Leur mandat est de cinq ans, renouvelable. Il peut être prolongé pour une durée moindre et déterminée.

Le gouvernement établit les normes et barèmes régissant la rémunération, les conditions de travail ou, s'il y a lieu, les allocations des assesseurs.

**102.** Avant d'entrer en fonction, les membres doivent prêter les serments ou affirmations solennelles prévus à l'annexe II ; le président, devant le juge en chef de la Cour du Québec et tout autre membre, devant le président.

**103.** Le gouvernement peut, à la demande du président et après consultation du juge en chef de la Cour du Québec, désigner comme membre du Tribunal, pour entendre et décider d'une demande ou pour une période déterminée, un autre juge de cette cour qui a une expérience, une expertise, une sensibilisation et un intérêt marqués en matière de droits et libertés de la personne.

**104.** Le Tribunal siège, pour l'audition d'une demande, par divisions constituées chacune de trois membres, soit le juge qui la préside et les deux assesseurs qui l'assistent, désignés par le président. Celui qui préside la division décide seul de la demande.

Toutefois, une demande préliminaire ou incidente ou une demande présentée en vertu de l'article 81 ou 82 est entendue et décidée par le président ou par le juge du Tribunal auquel il réfère la demande ; cette demande est cependant déférée à une division du Tribunal dans les cas déterminés par les règles de procédure et de pratique ou si le président en décide ainsi.

**105.** Le greffier et le personnel de la Cour du Québec du district dans lequel une demande est produite ou dans lequel siège le Tribunal, l'une de ses divisions ou l'un de ses membres, sont tenus de lui fournir les services qu'ils fournissent habituellement à la Cour du Québec elle-même.

Les huissiers sont d'office huissiers du Tribunal et peuvent lui faire rapport, sous leur serment d'office, des significations faites par eux.

**106.** Le président s'occupe exclusivement des devoirs de ses fonctions.

Il doit notamment :

1° favoriser la concertation des membres sur les orientations générales du Tribunal ;

2° coordonner et répartir le travail entre les membres qui, à cet égard, doivent se soumettre à ses ordres et directives, et veiller à leur bonne exécution ;

3° édicter un code de déontologie, et veiller à son respect. Ce code entre en vigueur le 15e jour qui suit la date de sa publication à la *Gazette officielle du Québec* ou à une date ultérieure qui y est indiquée.

**107.** Un juge désigné en vertu de l'article 103 remplace le président en cas d'absence, d'empêchement ou de vacance de sa fonction.

**108.** Malgré l'expiration de son mandat, un juge décide d'une demande dont il a terminé l'audition. Si la demande n'a pu faire l'objet d'une décision dans un délai de 90 jours, elle est déférée par le président, du consentement des parties, à un autre juge du Tribunal ou instruite de nouveau.

**109.** Sauf sur une question de compétence, aucun des recours prévus aux articles 33 et 834 à 850 du Code de procédure civile ne peut être exercé ni aucune injonction accordée contre le Tribunal, le président ou un autre membre agissant en sa qualité officielle.

Un juge de la Cour d'appel peut, sur requête, annuler sommairement toute décision, ordonnance ou injonction délivrée ou accordée à l'encontre du premier alinéa.

**110.** Le président, avec le concours de la majorité des autres membres du Tribunal, peut adopter des règles de procédure et de pratique jugées nécessaires à l'exercice des fonctions du Tribunal.

### Chapitre II - Compétence et pouvoirs

**111.** Le Tribunal a compétence pour entendre et disposer de toute demande portée en vertu de l'un des articles 80, 81 et 82 et ayant trait, notamment, à l'emploi, au logement, aux biens et services ordinairement offerts au public, ou en vertu de l'un des articles 88, 90 et 91 relativement à un programme d'accès à l'égalité.

Seule la Commission peut initialement saisir le Tribunal de l'un ou l'autre des recours prévus à ces articles, sous réserve de la substitution prévue à l'article 84 en faveur d'un plaignant et de l'exercice du recours prévu à l'article 91 par la personne à qui le Tribunal a déjà imposé un programme d'accès à l'égalité.

**112.** Le Tribunal, l'une de ses divisions et chacun de ses juges ont, dans l'exercice de leurs fonctions, les pouvoirs et l'immunité des commissaires nommés en vertu de la Loi sur les commissions d'enquête, sauf le pouvoir d'ordonner l'emprisonnement.

**113.** Le Tribunal peut, en s'inspirant du Code de procédure civile, rendre les décisions et ordonnances de procédure et de pratique nécessaires à l'exercice de ses fonctions, à défaut d'une règle de procédure ou de pratique applicable.

Le Tribunal peut aussi, en l'absence d'une disposition applicable à un cas particulier et sur une demande qui lui est adressée, prescrire avec le même effet tout acte ou toute formalité qu'auraient pu prévoir les règles de procédure et de pratique.

### Chapitre III - Procédure et preuve

**114.** Toute demande doit être adressée par écrit au Tribunal et signifiée conformément aux règles du Code de procédure civile, à moins qu'elle ne soit présentée en cours d'audition. Lorsque ce Code prévoit qu'un mode de signification requiert une autorisation, celle-ci peut être obtenue du Tribunal.

La demande est produite au greffe de la Cour du Québec du district judiciaire où se trouve le domicile ou, à défaut, la résidence ou la place d'affaires principale de la personne à qui les conclusions de la demande pourraient être imposées ou, dans le cas d'un programme d'accès à l'égalité, de la personne à qui il est ou pourrait être imposé.

**115.** Dans les 15 jours de la production d'une demande qui n'est pas visée au deuxième alinéa de l'article 104, le demandeur doit produire un mémoire exposant ses prétentions, que le Tribunal signifie aux intéressés. Chacun de ceux-ci peut, dans les 30 jours de cette signification, produire son propre mémoire que le Tribunal signifie au demandeur.

Le défaut du demandeur peut entraîner le rejet de la demande.

**116.** La Commission, la victime, le groupe de victimes, le plaignant devant la Commission, tout intéressé à qui la demande est signifiée et la personne à qui un programme d'accès à l'égalité a été imposé ou pourrait l'être, sont de plein droit des parties à la demande et peuvent intervenir en tout temps avant l'exécution de la décision.

Une personne, un groupe ou un organisme autre peut, en tout temps avant l'exécution de la décision, devenir partie à la demande si le Tribunal lui reconnaît un intérêt suffisant pour intervenir ; cependant, pour présenter, interroger ou contre-interroger des témoins, prendre connaissance de la preuve au dossier, la commenter ou la contredire, une autorisation du Tribunal lui est chaque fois nécessaire.

**117.** Une demande peut être modifiée en tout temps avant la décision, aux conditions que le Tribunal estime nécessaires pour la sauvegarde des droits de toutes les parties. Toutefois, sauf de leur consentement, aucune modification d'où résulterait une demande entièrement nouvelle, n'ayant aucun rapport avec la demande originale, ne peut être admise.

**118.** Toute partie peut, avant l'audition, ou en tout temps avant décision si elle justifie de sa diligence, demander la récusation d'un membre. Cette demande est adressée au président du Tribunal qui en décide ou la réfère à un juge du Tribunal, notamment lorsque la demande le vise personnellement.

Un membre qui connaît en sa personne une cause valable de récusation, est tenu de la déclarer par un écrit versé au dossier.

**119.** Le Tribunal siège dans le district judiciaire au greffe duquel a été produite la demande.

Toutefois, le président du Tribunal et celui qui préside la division qui en est saisie peuvent décider, d'office ou à la demande d'une partie, que l'audition aura lieu dans un autre district judiciaire, lorsque l'intérêt public et celui des parties le commandent.

**120.** D'office ou sur demande, le président ou celui qu'il désigne pour présider l'audition en fixe la date.

Le Tribunal doit transmettre, par écrit, à toute partie et à son procureur, à moins qu'elle n'y ait renoncé, un avis d'audition d'un jour franc s'il s'agit d'une demande visée au deuxième alinéa de l'article 104 et de 10 jours francs dans les autres cas. Cet avis précise :

1° l'objet de l'audition ;

2° le jour, l'heure et le lieu de l'audition ;

3° le droit d'y être assisté ou représenté par avocat ;

4° le droit de renoncer à une audition orale et de présenter ses observations par écrit ;

5° le droit de demander le huis clos ou une ordonnance interdisant ou restreignant la divulgation, la publication ou la diffusion d'un renseignement ou d'un document ;

6° le pouvoir du Tribunal d'instruire la demande et de rendre toute décision ou ordonnance, sans autre délai ni avis, malgré le défaut ou l'absence d'une partie ou de son procureur.

**121.** Le Tribunal peut, d'office ou sur demande et dans l'intérêt de la morale ou de l'ordre public, interdire ou restreindre la divulgation, la publication ou la diffusion d'un renseignement ou d'un document qu'il indique, pour protéger la source de tel renseignement ou document ou pour respecter les droits et libertés d'une personne.

**122.** Le Tribunal peut instruire la demande et rendre toute décision ou ordonnance, même en l'absence d'une partie ou de son procureur qui, ayant été dûment avisé de l'audition, fait défaut de se présenter le jour de l'audition, à l'heure et au lieu de celle-ci, refuse de se faire entendre ou ne soumet pas les observations écrites requises.

Il est néanmoins tenu de reporter l'audition si l'absent lui a fait connaître un motif valable pour excuser l'absence.

**123.** Tout en étant tenu de respecter les principes généraux de justice, le Tribunal reçoit toute preuve utile et pertinente à une demande dont il est saisi et il peut accepter tout moyen de preuve.

Il n'est pas tenu de respecter les règles particulières de la preuve en matière civile, sauf dans la mesure indiquée par la présente partie.

**124.** Les dépositions sont enregistrées, à moins que les parties n'y renoncent expressément.

### Chapitre IV - Décision et exécution

**125.** Une décision du Tribunal doit être rendue par écrit et déposée au greffe de la Cour du Québec où la demande a été produite. Elle doit contenir, outre le dispositif, toute interdiction ou restriction de divulguer, publier ou diffuser un renseignement ou un document qu'elle indique et les motifs à l'appui.

Toute personne peut, à ses frais mais sous réserve de l'interdiction ou de la restriction, obtenir copie ou extrait de cette décision.

**126.** Le Tribunal peut, dans une décision finale, condamner l'une ou l'autre des parties qui ont comparu à l'instance, aux frais et débours ou les répartir entre elles dans la proportion qu'il détermine.

**127.** Le Tribunal peut, sans formalité, rectifier sa décision qui est entachée d'une erreur d'écriture, de calcul ou de quelque autre erreur matérielle, tant qu'elle n'a pas été exécutée ni portée en appel.

**128.** Le Tribunal peut, d'office ou sur demande d'un intéressé, réviser ou rétracter toute décision qu'il a rendue tant qu'elle n'a pas été exécutée ni portée en appel :

1° lorsqu'est découvert un fait nouveau qui, s'il avait été connu en temps utile, aurait pu justifier une décision différente;

2° lorsqu'un intéressé n'a pu, pour des raisons jugées suffisantes, se faire entendre;

3° lorsqu'un vice de fond ou de procédure est de nature à invalider la décision.

Toutefois, dans le cas du paragraphe 3°, un juge du Tribunal ne peut réviser ni rétracter une décision rendue sur une demande qu'il a entendue.

**129.** Le greffier de la Cour du Québec du district où la demande a été produite fait signifier toute décision finale aux parties qui ont comparu à l'instance et à celles que vise le premier alinéa de l'article 116, dès son dépôt au greffe.

Une décision rendue en présence d'une partie, ou de son procureur, est réputée leur avoir été signifiée dès ce moment.

**130.** Une décision du Tribunal condamnant au paiement d'une somme d'argent devient exécutoire comme un jugement de la Cour du Québec ou de la Cour supérieure, selon la compétence respective de l'une et l'autre cour, et en a tous les effets à la date de son dépôt au greffe de la Cour du Québec ou de celle de son homologation en Cour supérieure.

L'homologation résulte du dépôt par le greffier de la Cour du Québec du district où la décision du Tribunal a été déposée, d'une copie conforme de cette décision au bureau du protonotaire de la Cour supérieure du district où se trouve le domicile ou, à défaut, la résidence ou la place d'affaires principale de la personne condamnée.

Une décision finale qui n'est pas visée au premier alinéa est exécutoire à l'expiration des délais d'appel, suivant les conditions et modalités qui y sont indiquées, à moins que le Tribunal n'en ordonne l'exécution provisoire dès sa signification ou à une autre époque postérieure qu'il fixe.

Toute autre décision du Tribunal est exécutoire dès sa signification et nonobstant appel, à moins que le tribunal d'appel n'en ordonne autrement.

**131.** Quiconque contrevient à une décision du Tribunal qui lui a été dûment signifiée, et qui n'a pas à être homologuée en Cour supérieure, se rend coupable d'outrage au Tribunal et peut être condamné, avec ou sans emprisonnement pour une durée d'au plus un an, et sans préjudice de tous recours en dommages intérêts, à une amende n'excédant pas 50 000 $.

Quiconque contrevient à une interdiction ou à une restriction de divulgation, de publication ou de diffusion imposée par une décision du Tribunal rendue en vertu de l'article 121, est passible de la même sanction sauf quant au montant de l'amende qui ne peut excéder 5 000 $.

### Chapitre V - Appel

**132.** Il y a appel à la Cour d'appel, sur permission de l'un de ses juges, d'une décision finale du Tribunal.

**133.** Sous réserve de l'article 85, les règles du Code de procédure civile relatives à l'appel s'appliquent, avec les adaptations nécessaires, à un appel prévu par le présent chapitre.

### Partie VII - Les dispositions finales

**134.** Commet une infraction :

1° quiconque contrevient à l'un des articles 10 à 19 ou au premier alinéa de l'article 48 ;

2° un membre ou un mandataire de la Commission ou un membre de son personnel qui révèle, sans y être dûment autorisé, toute matière dont il a eu connaissance dans l'exercice de ses fonctions ;

3° quiconque tente d'entraver ou entrave la Commission, un comité des plaintes, un membre ou un mandataire de la Commission ou un membre de son personnel, dans l'exercice de ses fonctions ;

4° quiconque enfreint une interdiction ou une restriction de divulgation, de publication ou de diffusion d'un renseignement ou d'un document visé à la Partie IV ou à un règlement pris en vertu de l'article 99 ;

5° quiconque tente d'exercer ou exerce des représailles visées à l'article 82.

**135.** Si une corporation commet une infraction prévue par l'article 134, tout officier, administrateur, employé ou agent de cette corporation qui a prescrit ou autorisé l'accomplissement de l'infraction ou qui y a consenti, acquiescé ou participé, est réputé être partie à l'infraction, que la corporation ait ou non été poursuivie ou déclarée coupable.

**136.** Une poursuite pénale en vertu de la présente Charte est intentée par la Commission, par le Procureur général ou par la personne qu'il autorise à cette fin.

**137.** Les articles 11, 13, 16, 17 et 19 de la présente Charte ne s'appliquent à un régime de rentes ou de retraite, à un régime d'assurance de personnes ou tout autre régime d'avantages sociaux que si la discrimination est fondée sur la race, la couleur, la religion, les convictions politiques, la langue, l'origine ethnique ou nationale ou la condition sociale.

**138.** Le ministre de la Justice est chargé de l'application de la présente Charte.

## ANNEXE I
### Serments ou affirmations d'office et de discrétion
### (Article 64)

« Je, (désignation de la personne), jure (ou affirme solennellement) que je remplirai mes fonctions avec honnêteté, impartialité et justice et que je n'accepterai aucune autre somme d'argent ou considération quelconque, pour ce que j'aurai accompli ou accomplirai dans l'exercice de mes fonctions, que ce qui me sera alloué conformément à la loi.

De plus, je jure (ou affirme solennellement) que je ne révélerai et ne laisserai connaître, sans y être dûment autorisé, aucun renseignement ni document dont j'aurai eu connaissance, dans l'exercice de mes fonctions.

(Dans le cas d'une prestation de serment, ajouter : « Ainsi Dieu me soit en aide. ») »

## ANNEXE II
### Serments ou affirmations d'office et de discrétion
### (Article 102)

«Je, (désignation de la personne), jure (ou affirme solennellement) de remplir fidèlement, impartialement, honnêtement et en toute indépendance, au meilleur de ma capacité et de mes connaissances, tous les devoirs de ma fonction, d'en exercer de même tous les pouvoirs.

De plus, je jure (ou affirme solennellement) que je ne révélerai et ne laisserai connaître, sans y être dûment autorisé, aucun renseignement ni document dont j'aurai eu connaissance, dans l'exercice de ma fonction.

(Dans le cas d'une prestation de serment, ajouter : «Ainsi Dieu me soit en aide».)»

# DANS LA MÊME COLLECTION

Achevé d'imprimer en décembre 1994
sur les presses des Ateliers graphiques Marc Veilleux,
Cap-Saint-Ignace, Québec.